国土空间规划理论研究与实践探索

主 编 毛蒋兴 毛 兵
副主编 尹 伟 熊元鑫 刘 芳

广西科学技术出版社

图书在版编目（CIP）数据

国土空间规划理论研究与实践探索 / 毛蒋兴，毛兵主编. —南宁：广西科学技术出版社，2020.9
ISBN 978-7-5551-1413-0

Ⅰ.①国… Ⅱ.①毛… ②毛… Ⅲ.①国土规划—研究—中国—文集 Ⅳ.①F129.9-53

中国版本图书馆CIP数据核字（2020）第169710号

国土空间规划理论研究与实践探索
GUOTU KONGJIAN GUIHUA LILUN YANJIU YU SHIJIAN TANSUO

毛蒋兴　毛　兵　主编

策　　划：方振发
助理编辑：苏深灿
封面设计：韦娇林
责任编辑：程　思
责任校对：阁世景
责任印制：韦文印

出 版 人：卢培钊
出版发行：广西科学技术出版社
社　　址：广西南宁市青秀区东葛路66号
邮政编码：530023
网　　址：http://www.gxkjs.com

印　　刷：广西民族印刷包装集团有限公司
地　　址：广西南宁市高新区高新三路1号
邮政编码：530007
开　　本：889 mm×1194 mm　1/16
字　　数：800千字
印　　张：31.5
版　　次：2020年9月第1版
印　　次：2020年9月第1次印刷
书　　号：ISBN 978-7-5551-1413-0
定　　价：120.00元

目 录

第三编　城市更新规划与设计

第四编　市政工程规划与建设

第五编　乡村振兴规划与发展

第六编　城乡产业规划与发展

第七编　城市防疫规划探索

第一编

国土空间规划与实践

江苏省收缩城市空间特征及影响因素研究

□仲济玲，沈丽珍

摘要：以人口流失为主要表现的城市收缩现象已经成为全球议题，近年来引起了学术界的广泛关注。本文以江苏省为例，基于全国第五次和第六次人口普查数据，从地级市和县辖区两个层面对江苏省全省进行收缩识别，得出江苏省城市收缩的典型模式。结果显示，在两次人口普查年间，江苏省内从南向北存在广泛的收缩现象，其中苏北地区形成围绕各市区的穿孔式收缩，苏中地区普遍轻度收缩。农村劳动力异地城镇化、区域发展差异造成的竞争型收缩，以严重的人口老龄化、少子化为特征的人口自然衰退引发的绝对收缩，以及劳动力短缺、行政区划的调整等造成城市内生动力不足等是收缩的主要动因。

关键词：城市收缩；人口流失；影响因素；动因机制；江苏省

1　研究背景

收缩城市一词最先由德国学者 Schrumpfende Städte 提出，指的是德国城市随着去工业化历程，人口减少与经济逐步衰退。第二次世界大战以后，欧美国家逐步开始郊区化进程，城市不断突破原有的建设边界转而向广阔的郊区蔓延，随着产业结构的转变、人口的老龄化与迁出，许多城市经历了大规模的人口流失。事实上，城市的收缩现象已经成为全球议题，全球各个区域都存在着一定程度的城市收缩。在欧洲，有学者提出人口超过 10 万的城市中每 4 个就有 1 个面临收缩问题，近 1/5 的欧洲城市在 1990—2010 年间经历了人口流失。收缩普遍存在于典型的德国老工业城市集聚区域，以及西班牙北部和意大利南部边缘区，尤其是发生了政治和经济变革的区域最易产生收缩现象。据悉，2000 年之后，3/4 的东欧城市仍面临着人口流失问题。在美国，随着郊区化进程的推进及从 20 世纪 50 年代开始东北部“冰雪带”出现的制造业的转移与产业转型的失败，引发了区域性的收缩，如“汽车城”底特律、“钢铁城”扬斯敦等前工业中心城市。日本经历了泡沫经济的破灭后，从 2006 年开始迎来总人口的增长停滞乃至减少，严重的老龄化和都市区人口流入的减少使大部分郊区面临收缩难题。

改革开放以后，我国大部分城市经历了持续增长与扩张的发展历程，但单一的产业结构、人口总量的绝对减少等城市收缩的内在因素逐渐显现。城市收缩问题引起了国内学者的关注。黄鹤论述了美国扬斯敦出现的收缩现象，以及当地如何通过精明收缩解决城市长期存在的困境。刘迪介绍了日本的城市收缩潮，认为发达国家都存在城市收缩的问题。龙瀛等人利用 2000 年和 2010 年乡镇街道尺度的人口数据，识别出我国有 180 个城市发生了收缩，同时指出我国的城市收缩存在人口收缩与土地扩张共存的矛盾。高舒琦、龙瀛针对东北地区的城市收缩进行识别与分析，发现其存在着“退二进一”“逆城镇化”等特殊现象。张莉以四川省和河南省信阳市为例，指出我国中西部地区普遍存在的增长的城市和收缩的区域的人口分布重构现象。李郇、吴康等人利用人口普查数据证实了珠三角地区局部收缩现象的存在。吴康、龙瀛等人对京津冀城市群和长三角城市群两个区域的收缩状况进行了考察，指出京津冀和长三角均呈现市（县、区）的局部收缩。随着城市收缩含义的拓展、城市产业结构的升级，单纯地从人口流失层面来识别一个城市是否收缩，其科学性与准确性已经引起部分学者的注意。目前，在实证研究中出现了许多多维度的识别收缩的方法。张学良、刘玉博等人分别从人口结构、经济结构和社会状况三个维度考察收缩县（市、区）的发展状态。林雄斌、杨家文等人基于地级市尺度的人口、劳动力、经济、空间扩张和财政状况等数据，建立综合评价体系测度城市收缩现象，并建立回归模型理解城市收缩的影响因素。杨东峰、龙瀛通过人口流失指数及空间扩张指数的测算，对城市收缩悖论进行现象观察和类型学描述。杜志威、李郇等人结合经济、人口和用地三个维度，对不同类型的城镇进行区分。

虽然相关研究较多，但现阶段国内外学者对于城市收缩的概念、内涵、判定标准等仍然存在诸多争议。Clark 指出城市收缩通常表现为人口流失、失业人口剧增及街区生活质量下降。2004 年，伯利克大学成立了“收缩城市国际研究网络”（SCIRN，Shrinking City International Research Network），将收缩城市明确界定为人口规模在 1 万以上的城市区域，面临人口流失超过两年，并经历结构性的经济危机。Schilling 和 Logan 将城市收缩定义为 40 年内人口流失超过 25%，空间上表现出资产废弃、厂房闲置、场地荒凉的老工业区。Schetke、Haase 对城市收缩的研究内容不仅限于人口数量与结构，还包括城市住房结构、城市基础设施、就业机会、社会环境质量、城市吸引力与活力等诸多方面。

国内学者对城市收缩的研究从城市收缩的概念、内涵、动因机制等问题的引介到国外典型收缩城市案例与模式的介绍，从一开始的单一跟踪、引入到后期运用定量方法识别本土城市收缩的现象进而展开定性分析，城市收缩在中国特色的时代背景、体制机制及地方差异下表现出一系列新的内涵。目前，国内的收缩城市研究多集中在经济发展相对较缓的东北地区、人口迁移明显的中部地区，但根据国际最新研究发现，经济发达区域同样存在收缩现象，因此本文针对经济发展水平相对较高的江苏省全域的收缩进行识别，在研究其区域城市收缩特征的同时，探寻我国经济发达地区城市收缩的影响因素。

2　研究对象

改革开放以来，我国东部沿海城市开启了快速的工业化、城镇化、现代化进程，江苏省作为长三角经济圈的重要组成部分实现了经济的飞跃式发展。2016 年末，江苏省总人口占长三角地区总人口的 50%，地区生产总值占 50.7%，实际使用外资占 46%，进出口总额占 39.8%（表 1）。2010 年以后，江苏省的外贸依存度虽有所下降，但其无论是经济总量还是增长速度都始终保持着全国领先，市场开放程度高，是一个典型的外向型经济大省，同时也是长三角地区重要的经济贡献体和战略抓手（图 1）。

表 1　2016 年江苏省各个区域主要发展指标统计数据

	2016 年总人口（万）	城镇人口（万）	GDP（万元）	财政收入（万元）	实际使用外资（亿元）	人均可支配收入（元）	进出口总额（亿美元）	土地面积（平方千米）
苏南地区	3333.60	2531.29	44795.8	4520.94	167.46	49920	4316.78	28084
苏中地区	1643.92	1052.89	15319.4	1903.96	49.36	37585	508.65	22927
苏北地区	3021.08	1832.47	18160.2	1696.30	43.74	28515	271.58	54865
江苏省	7998.60	5416.65	78275.4	8121.20	245.40	32070	5097.01	107200
江苏占长三角比重	50%	33.86%	50.7%	41%	46%	—	39.8%	49.8%

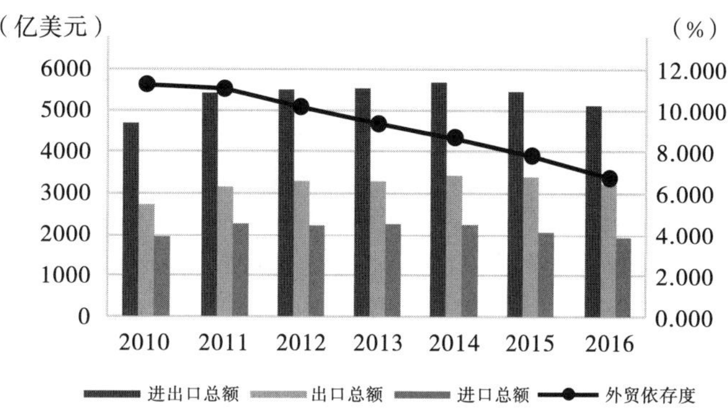

图 1　2010—2016 年江苏省进出口总额及外贸依存度

但是，从 2000 年和 2010 年两次人口普查的统计数据来看（图 2），江苏省的人口年龄结构正从增长走向稳定，人口红利给发展带来的后发优势正逐渐减弱，并出现老龄化现象。在局部地区，老龄化率甚至达到了 16.51%。江苏省地域狭长，南北发展水平差异显著，在经济社会结构的转型及全球普遍收缩的背景下，其收缩可以说是必然存在的。事实上，已经有研究证实了苏北地区的确存在着城市收缩现象。

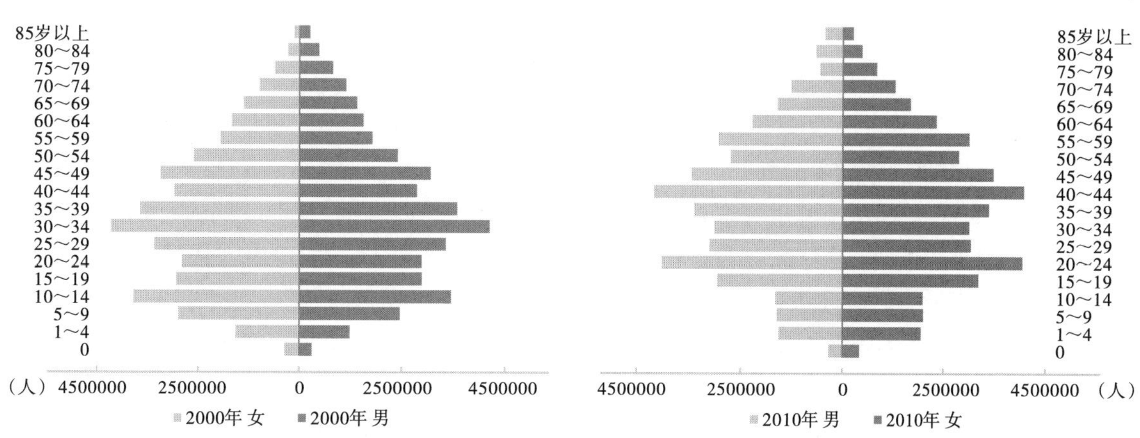

图 2　2000 年和 2010 年两次人口普查年间江苏省人口结构

3 数据来源与方法

基于我国的城市行政等级，本文从两个层面来定义城市收缩：第一个层面是地级及以上城市（盟、自治州、地区），指整个市域范围内的一段时间内常住人口增长率为负的地区；第二个层面是指地级及以上城市（盟、自治州、地区）的市辖区常住人口增长率一段时间内为负的地区，县（市）的街道范围内常住人口增长率为负的地区。两个层面分别从宏观和中观角度反映城市收缩的总体分布特征，以及具体的人口统计的变化。利用第五次和第六次人口普查数据及各类统计年鉴的数据，从人口统计学和经济重构两个维度识别江苏省的收缩城市。

本文将江苏省的城市收缩定义为：2000—2010年两次人口普查年间常住人口增长率为负的地区即为收缩地区。在县（市、区）层面，对人口收缩的程度进行划分：人口减少在10%以内为轻度收缩，人口减少在10%～20%之间为中度收缩，人口减少20%以上为重度收缩。2010年江苏省共有13个地级市，106个县（市、区），其中有26个县级市。相比于2000年，2010年江苏省户籍人口从6634.86万增加到7471.1万，增长率为12.6%；总人口从7304.36万增加到7866.35万，增长率为7.69%；城镇人口从3085.64万增加到4737.16万，增长率为53.5%，城镇化水平从42.9%提高到59.1%，仍处于快速的城镇化进程中。

为了挖掘收缩背后的地域性影响因素，本文利用人口统计学的变化和经济重构的指标变化两个层次来分析，重点考察不断变化的整体区域环境对城市收缩的影响。人口统计学的指标选取自然增长率、老龄化率、城镇人口、迁入人口。其中，自然增长率、老龄化率用以说明一个地区的人口出生、死亡、衰老的基本情况，为城市的增长提供了基础；城镇人口与迁入人口用以说明该地区大致的城镇化进程，以及劳动力市场对人才的吸引力。经济重构指标选取地区生产总值、实际使用外资、从业人员、进出口总额。地区生产总值用以说明该地区的经济发展水平，而江苏省是外向型经济大省，外资的使用差异是导致江苏省内部区域发展不平衡的主要原因之一，因此引入实际使用外资情况和进出口总额来说明该地区的经济对外开放程度和可持续发展程度。本文计算2000—2010年间江苏省全域内的106个县（市、区）的人口统计学指标（自然增长率、老龄化率、城镇人口、迁入人口）和经济重构指标（地区生产总值、实际使用外资、从业人员、进出口总额）的发展速度，并通过欧氏距离标准化之后进行聚类。

4 收缩特征及分析

4.1 地级市层面

2000—2010年，江苏省的常住人口由7304.36万增长到7866.35万，增长率为7.69%。相较于2000年，2010年苏南五市（南京市、无锡市、常州市、苏州市、镇江市）人口处于增长状态，城镇化水平不断得到提高。而苏北五市（徐州市、连云港市、宿迁市、盐城市、淮安市）和苏中三市（南通市、泰州市、扬州市）在城镇人口快速增加的背景下，总人口却在下降：苏中地区总人口从1688.72万下降到1636.12万，人口规模下降了3.11%；苏北地区总人口从3135.02万下降到2975.36万，人口规模下降了5.09%（表2）。其中，江苏北部的宿迁和连云港，城镇人口增长率分别达到了89.41%和85.00%，但总人口却严重减少。虽然13个地级市都有人口流入，但是2010年除苏南五市以外，其他8个地级市人口的流出也相当严重，其中流失最为严重的是苏北地区的经济核心徐州市。快速的城镇化过程加速了农业人口向城镇人口的身份转变，地区城镇化率大大提升。同时，农村劳动力发生转移，这在一定程度上减少了当地的人口基数，地区及全省的城镇化整体水平得到提高。

表 2　2000 年和 2010 年江苏省各地人口及城镇化指标

城市	2000 年			2010 年			总人口增长率（%）	城镇人口增长率（%）
	总人口（万）	城镇人口（万）	城镇人口比重（%）	总人口（万）	城镇人口（万）	城镇人口比重（%）		
南京市	612.62	435.53	71.10	800.47	623.82	77.90	30.66	9.56
无锡市	508.66	296.30	58.30	637.26	448.19	70.30	25.28	20.58
徐州市	891.40	298.18	33.50	858.05	456.15	53.20	−3.74	58.81
常州市	377.63	203.13	53.90	459.20	290.10	63.20	21.60	17.25
苏州市	679.22	387.73	57.10	1046.60	732.95	70.00	54.09	22.59
南通市	751.29	251.98	33.50	728.28	406.44	55.80	−3.06	66.57
连云港市	456.99	128.03	28.00	439.39	227.39	51.80	−3.85	85.00
淮安市	503.82	144.85	28.80	480.34	243.87	50.80	−4.66	76.39
盐城市	794.65	282.98	35.60	726.02	377.28	52.00	−8.64	46.07
扬州市	458.86	195.90	42.70	445.98	253.09	56.80	−2.81	33.02
镇江市	284.49	143.45	50.40	311.34	192.99	62.00	9.44	23.02
泰州市	478.58	188.61	39.40	461.86	257.01	55.60	−3.49	41.12
宿迁市	506.16	128.97	25.50	471.56	227.88	48.30	−6.84	89.41
苏南地区小计	2462.62	1466.74	59.60	3254.87	2288.05	70.30	32.17	17.95
苏中地区小计	1688.72	636.49	37.70	1636.12	916.54	56.00	−3.11	48.54
苏北地区小计	3135.02	983.01	31.20	2975.36	1532.56	51.50	−5.10	65.06

4.2 县（市、区）层面

两次普查年间人口的增长主要在苏南、苏中的大部分地区及苏北的市辖区，形成了明显的极化效应。苏北地区收缩最为明显，市辖区不收缩或轻微收缩，围绕市辖区的区（县）则基本存在收缩情况，形成了明显的以增长的市辖区为核心的穿孔式收缩片区。以灌云县、泗阳县、阜宁县为代表的县分别紧邻各自的市辖区，尤其泗阳县位于淮安市市辖区和宿迁市市辖区之间，人口流失了 39.86%，收缩情况最为严重。苏中地区普遍为轻度收缩，人口流失在 10%以内，但是覆盖范围较广，其中南通市普遍收缩，扬州市和镇江市部分收缩（兴化、泰兴、姜堰、高邮、宝应）。在 106 个县（市、区）中，有 48 个县（市、区）发生了收缩，占所有县（市、区）的 45.28%。其中，苏北地区占收缩区域的 60.41%，且超过 70%的县（市、区）人口流失在 10%以上，为中度收缩；苏中地区占 29.16%，大多为轻度收缩；苏南地区占 10.43%，除丹徒区外，全部为重度收缩。苏南地区基本不收缩，部分收缩区域也是因为区划调整出现数据偏差（查看相关统计年鉴对数据进行校正后发现）（表 3）。

表 3　江苏省各市收缩的详细情况

城市	不收缩的县（区、市）（>0）	轻度收缩的县（区、市）（0～10%）	中度收缩的县（区、市）（10%～20%）	重度收缩的县(区、市）（20%以上）	收缩数占比（%）
南京市	全部	—	—	—	0
常州市	全部	—	—	—	0
无锡市	崇安区、南长区、北塘区、滨湖区、江阴市、宜兴市	—	—	锡山区、惠山区	25.0
镇江市	京口区、润州区、丹阳市、扬中市、句容市	—	丹徒区	—	17.0
苏州市	沧浪区、平江区、虎丘区、吴中区、常熟市、张家港市、昆山市、吴江市、太仓市	—	—	金阊区、相城区	18.0
南通市	崇川区、港闸区	海安县、如东县、如皋市、海门市、启东市	通州区	—	75.0
扬州市	邗江区、维扬区	仪征市、高邮市、江都市	—	广陵区	71.4
泰州市	海陵区、高港区、靖江市	—	兴化市、泰兴市、姜堰市	—	50.0
连云港市	连云区、新浦区、海州区	赣榆县	东海县、灌南县	灌云县	57.0
淮安市	清河区、楚州区、清浦区	盱眙县	涟水县、洪泽县、金湖县	淮阴县	62.5
盐城市	亭湖区	响水县、滨海县、建湖县、大丰市	盐都区、射阳县、东台县	阜宁县	88.8
徐州市	鼓楼区、云龙区、泉山区	丰县、沛县、新沂市、邳州市	九里区、贾汪区、铜山县、睢宁县	—	72.0
宿迁市	宿城区	—	沭阳县、泗洪县	宿豫区、泗阳县	80.0

注：上述各市所辖的县（区、市）均用2010年的名称。

5　收缩的成因分析

研究通过对2000—2010年间全省的市县辖区进行人口统计学指标（自然增长率、老龄化率、城镇人口、迁入人口）和经济重构指标（地区生产总值、实际使用外资、从业人员、进出口总额）的统计、标准化，并通过欧氏距离进行聚类分析，得到江苏省地域收缩的三个典型模式（图3），并结合上述收缩机理的特征，具体分析江苏省城市收缩的影响因素。

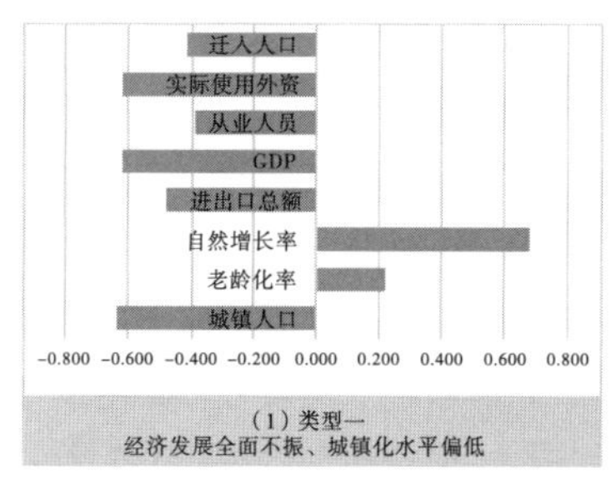

（1）类型一
经济发展全面不振、城镇化水平偏低

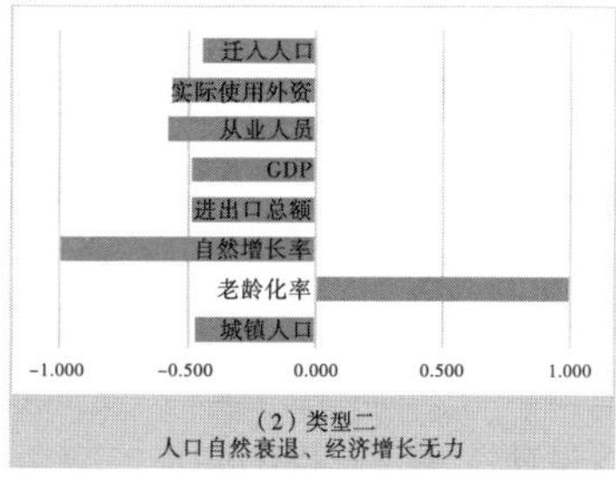

（2）类型二
人口自然衰退、经济增长无力

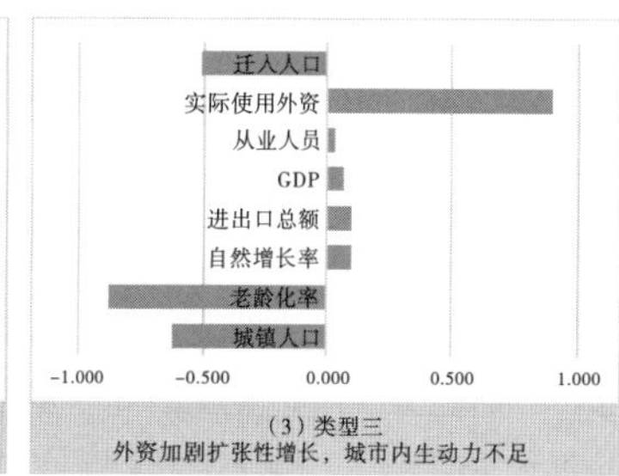

（3）类型三
外资加剧扩张性增长，城市内生动力不足

图 3 江苏省城市收缩三个典型模式

5.1 经济发展缓慢，异地城镇化加速收缩

长期以来，苏北地区一直处于江苏省的第三发展梯度，遭到长三角经济圈、环渤海经济圈的南北夹击，经济实力相对较弱，劳动力市场疲软，人口流失较为严重，在区域竞争中处于劣势地位而导致竞争型收缩。2016 年，苏北地区生产总值 18160.2 亿元，仅占江苏省地区生产总值的 23.2%。较高的第一产业比重、经济发展水平的相对落后导致苏北地区居民人均收入水平低下，2016 年，苏北地区人均可支配收入为 28238.2 元，远低于苏南地区的 48163.6 元和苏中地区的 37244.7 元，农村劳动力因此大量外迁（表 4）。十六大以来，江苏省把促进劳动力转移作为实现农民增收、经济结构升级的重要抓手，进一步加快了全省的农村劳动力转移，这是因素之一。

表 4 江苏省 2016 年三大区域主要社会发展指标数据

	人均可支配收入（元）	普通高等学校（个）	每万人拥有图书馆建筑面积（平方米）	每万人拥有医院、卫生院床位数（张）	城镇职工基本医疗保险年末参保职工（万人）	建成区绿化覆盖面积（公顷）	每万人拥有公共交通车辆（标台）
苏南地区	48163.6	18.8	167.8	51.38	232.39	17102.2	19.94
苏中地区	37244.7	5.7	128.3	46.77	105.64	688.7	19.40
苏北地区	28238.2	6.0	126.4	51.68	71.79	7477.0	15.36
全省均值	37980.2	11.0	142.9	50.20	145.06	11170.2	18.26

相较于 2000 年，2010 年苏北地区实现了快速的农业人口转为非农业人口，城镇化水平大幅提高，10 年间城镇人口增长率高达 65.06%，远超苏中地区的 48.54%和苏南地区的 17.95%。从数字上看，苏北地区的城镇化率正在以较快的速度追赶苏中地区和苏南地区，苏南地区已经进入城市化后期，城镇化速度放缓，两者的差距正在逐步减小。但是，苏北地区的城市建设水平、文化教育、科技卫生等各项社会建设指标均落后于全省均值，城市的吸引力、综合实力低于省内其他城市，而较低水平的基础设施建设不仅阻碍了资本的进入，也难以长期留住技术型人才，因此进入了一个恶性循环。

从宏观来看，由上海及苏南地区组成的长三角中心区域，是东部沿海的核心区域，苏北地区处于长三角经济圈的外围边缘，其城市普遍收缩是由于生产要素流失而导致边缘区域竞争失败，符合典型的核心—边缘理论。而这一理论同样适用于苏北地区的内部收缩。根据苏北五市市辖区增长而其他区域收缩的穿孔式收缩特征来看，其生产要素流向中心城区，导致外围区域发展缓慢，甚至停滞，人口大量流失，从而出现收缩和普遍的“空心村”现象。

5.2 人口自然衰退，城市增长无力

人口的自然衰退是城市收缩的重要成因之一。这在计划生育政策执行较早、效果较好的苏中地区尤为明显。相较于苏北地区的竞争型收缩，苏中地区则更多的是人口的绝对收缩。2000—2010年间，苏中三市总人口增长率为－17.73％，这一数字甚至已经超过苏北地区。江苏中部的南通、泰州、扬州65岁以上人口占比均超10％，盐城南部的东台、大丰、建湖等也存在着老龄化的现象，受人口城镇化的影响，这些城市的人口自然衰退大多发生在除中心城区以外的地区。其中，以老龄化最为严重的南通市最为典型。早在20世纪80年代，南通市就已经先于其他地区进入老龄化；2010年，南通市65岁以上人口占比达到16.51％，为全省最高；2015年南通市65岁以上人口占总人口的18.75％（图4），远超全省和全国平均水平，并且中心城区同市域其他地区一样也陷入了人口老龄化。根据《南通市“十三五”人口发展规划》，南通市“超少子化”和“深度老龄化”已经长达12年，人口长期净流出持续25年，预测至2020年全市劳动年龄人口以每年1.15％的速度逐年下降，全市实有劳动年龄人口将比2015年净减少50.06万人。

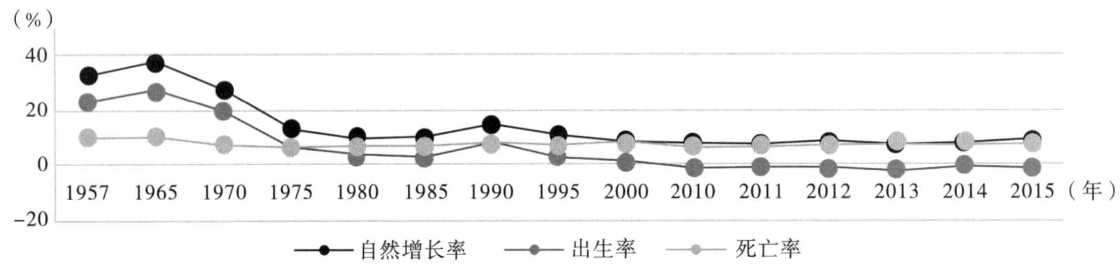

图4 南通市1957—2015年人口自然增长情况

相比于竞争型收缩，人口的绝对收缩对城市未来发展的影响更为致命。由于老年人口大幅增加，城市劳动人口结构发生改变，生产力增长缓慢，就业率下降，城市要想发展就必须更多地依赖于流入人口对劳动力市场的补充。同时，城市的自然衰退是一个较长的收缩周期，短期内无法逆转。同时，紧邻经济和就业市场更为强劲的苏南、苏中地区将不得不面临迁入人口的下行压力。值得注意的是，南通市是建筑大市，2015年建筑业地区生产总值5261600万元，占第二产业的17.67％，全市建筑队伍人数160万，常年遍布多个国家和地区，给人口的外迁带来一定的影响。

5.3 外资加剧扩张性增长，城市内生动力不足

江苏省是一个外向型经济大省，外商直接投资是城镇化的重要动力之一，也是导致地区间经济差异的主要原因。2000—2010年间，苏南地区得益于“园区经济”的大力推行，大量外资直接投资建厂，为地方创造了大量的就业岗位和税收收入，城区得以快速进入城镇化阶段。这一时期苏南部分地区，尤其是县级市、辖区如镇江、丹徒等地外资经济表现突出。但在全球化发展的背景下，伴随着产业结构升级、产业的转移，劳动密集型产业逐渐被高新技术产业所挤压，就业市场对劳动力的需求减少，再加上地区人口老龄化的双重作用，城市青年人口流失，经济发展缓慢，内生动力不足，如镇江、丹徒等外资优势明显但从业人员相对减少的地区在未来的人口发展中处于不利地位。这在一定程度上也说明了经济发展相对较好的地区也可能出现收缩的现象。

同时，通过收缩识别的异常特征结合江苏省的城市发展历程，发现2000—2010年，江苏省

经历了频繁的撤县划区等行政区划调整。到2010年，全省县的数量减少了9个，从2000年的33个减少到2010年的24个，市辖区由44个增加到55个，县级市减少了5个。行政区划的调整对城市发展的趋势产生了重要的影响——破解了市县同城问题，释放中心城市的发展活力，加速了非农业人口的市民化和大量基础设施的建设，但在一定程度上压制了县（市）的良性发展。县（市）作为一级行政单位，具有较强的独立性，而区作为市政府的派出机构，必然在诸多方面受到上级政府的干预。这种人为的行政干预，事实上是在助推中心城区的扩张性增长，周边县（市）的经济活力受到抑制，人口和空间缓慢收缩。但城市的复杂系统性也决定了城市收缩的发生是城市多方面作用的结果，也是一个长期作用的非线性的结果，因此人为行政决策造成的收缩现象，在城市发展的历程中只会发生阶段性的作用，是可逆的。2010年以后，江苏省在随后的区划调整中更加趋于谨慎，城市的发展越来越取决于地方在区域竞争和劳动力市场中的角色。

6　结语

由于衡量人口指标的数据主要来自第五次全国人口普查和第六次全国人口普查，最新的人口数据也过去了近十年，但通过2016年其他指标数据对人口数据的补充，同样可以看到江苏省存在广泛的城市收缩现象。总的来说，江苏省的收缩程度由北向南逐次减弱，基本覆盖苏北地区和苏中地区，地级市层面的人口下降较为明显。县辖区层面收缩的主要特征是苏北地区的竞争型收缩——围绕城市中心区形成的穿孔式收缩，苏中地区的绝对型收缩——轻微但普遍的全域收缩。前者是区域竞争力和发展水平受限造成的人口流失和农业人口异地城镇化，后者是人口自然衰退和行政区划调整的结果。

江苏省地域收缩的特征和影响机制表明，收缩是城市发展阶段性的产物，同样会发生在经济表现良好的地区。随着经济全球化和工业化在全球范围的扩散，城市参与更广泛的区域竞争和合作，而城市收缩在特定的区域语境中可能存在着可逆的发展趋势。这需要决策者科学地认知并识别城市收缩现象是真正的城市发展危机还是阶段性的不良反应，进而施加科学有效的决策干预。例如，苏北地区普遍存在的经济发展缓慢导致的竞争型城市收缩，是发展资源、区位和区域政策等多方面因素长期作用的结果，想要短时间内实现城市竞争力的跃迁几乎是不可能的。城市收缩更多发生在城市边缘区域和农村地区，因此需要以新型城镇化为指导依据，制订长期的城市发展计划，集约开发，引入外资，着力提升城市综合实力，发掘地方特色的发展路径，制定人才政策来缓解经济发展不均衡带来的收缩问题。苏中地区面对严重的人口自然衰退造成的城市收缩，城市发展将长期受制于人口的减少，政府需要更集约、高效的城市基础设施建设，建设高品质的城市空间，制定人才政策，吸引更多外来人口落户，同时制定长期的人口发展和产业发展规划，保持城市在区域竞争中的吸引力。

[本研究得到国家自然科学基金面上项目（41871160）资助。]

[参考文献]

[1] 高舒琦. 收缩城市研究综述 [J]. 城市规划学刊，2015（3）：44-49.

[2] WOLFF M，WIECHMANN T. Urban growth and decline：Europe's shrinking cities in a comparative perspective 1990—2010 [J]. European Urban and Regional Studies，2017（3）：122-139.

[3] 黄鹤. 精明收缩：应对城市衰退的规划策略及其在美国的实践 [J]. 城市与区域规划研究，2011（3）：157-168.

[4] 刘迪. 日本迎来城市收缩潮 [J]. 新民周刊，2013 (8)：21.
[5] 龙瀛，吴康，王江浩. 中国收缩城市及其研究框架 [J]. 现代城市研究，2015 (9)：14-19.
[6] 高舒琦，龙瀛. 东北地区收缩城市的识别分析及规划应对 [J]. 规划师，2017 (1)：26-32.
[7] 张莉. 增长的城市与收缩的区域：我国中西部地区人口空间重构：以四川省与河南省信阳市为例 [J]. 城市发展研究，2015 (9)：74-80.
[8] 李郇，吴康，龙瀛，等. 局部收缩：后增长时代下的城市可持续发展争鸣 [J]. 地理研究，2017 (10)：1997-2016.
[9] 吴康，龙瀛，杨宇. 京津冀与长江三角洲的局部收缩：格局、类型与影响因素识别 [J]. 现代城市研究，2015 (9)：26-35.
[10] 张学良，刘玉博，吕存超. 中国城市收缩的背景、识别与特征分析 [J]. 东南大学学报（哲学社会科学版），2016 (4)：132-139.
[11] 林雄斌，杨家文，张衔春，等. 我国城市收缩测度与影响因素分析：基于人口与经济变化的视角 [J]. 人文地理，2017 (1)：82-89.
[12] 杨东峰，龙瀛，杨文诗，等. 人口流失与空间扩张：中国快速城市化进程中的城市收缩悖论 [J]. 现代城市研究，2015 (9)：20-25.
[13] 杜志威，李郇. 珠三角快速城镇化地区发展的增长与收缩新现象 [J]. 地理学报，2017 (10)：1800-1811.
[14] CLARK D. Urban decline：the British experience [M]. London：Routledge，1989：1-44.
[15] 马佐澎，李诚固，张婧，等. 发达国家城市收缩现象及其对中国的启示 [J]. 人文地理，2016 (2)：13-17.
[16] SCHILLING J，LOGAN J. Greening the rust belt：a green infrastructure model for right sizing America's shrinking cities [J]. Journal of the American Planning Association，2008 (4)：451-466.
[17] SCHETKE S，HAASE D. Multi-criteria assessment of socio-environmental aspects in shrinking cities：experiences from eastern Germany [J]. Environmental Impact Assessment Review，2008 (7)：483-503.
[18] 杜志威，李郇. 基于人口变化的东莞城镇增长与收缩特征和机制研究 [J]. 地理科学，2018 (11)：1837-1846.
[19] 张雅杰，于子涵，张丰. 长江经济带城市收缩格局及其影响因素识别 [J]. 测绘地理信息，2019 (2)：16-19.
[20] 周恺，钱芳芳，严妍. 湖南省多地理尺度下的人口"收缩地图" [J]. 地理研究，2017 (2)：267-280.
[21] 张学良，张明斗，肖航. 成渝城市群城市收缩的空间格局与形成机制研究 [J]. 重庆大学学报（社会科学版），2018 (6)：1-14.
[22] 赵丹，张京祥. 竞争型收缩城市：现象、机制及对策：以江苏省射阳县为例 [J]. 城市问题，2018 (3)：12-18.
[23] 胡舒扬，罗震东. 省域城镇化加速期行政区划调整的机制、特征与影响研究：以江苏省为例 [J]. 现代城市研究，2015 (2)：79-86.

[作者简介]
仲济玲，南京大学建筑与城市规划学院硕士研究生。
沈丽珍，博士，副教授，任职于南京大学建筑与城市规划学院。

四川省收缩型城镇空间分布及影响因素量化解读

□尹伟，秦珺

摘要：本文对四川省的城市收缩进行识别和影响因素分析，首先以四川省统计年鉴人口数据为基础，在四川省共计181个行政单元中识别出109个收缩城镇样本，总结其收缩的空间分布特点；然后通过GIS技术手段，确定四川省收缩型城镇空间分布，再通过SPSS软件综合分析相关人口、自然、经济等因素量化指标，探究并确定其分区形态，分析各分区内的影响因素之间的定量关系，并在此基础上探究其内在影响机制关系；最终总结出四川省收缩型城镇各类影响因素的作用机制。

关键词：收缩型城镇；空间分布；影响因素；量化；四川省

1　引言

改革开放以来，我国经济发展取得了非凡的成就，但区域发展不平衡问题反而越发尖锐。一方面是中心城市特别是东部地区的沿海城市更为发达，另一方面是边缘城市尤其是中部、东北部地区城市表现出大面积收缩现象。收缩型城市的发展因为人口流失面临着巨大挑战。

由于经济原因，四川省在人口外迁的影响下出现明显的城市收缩现象，且具有一定的代表性。国内对城市收缩方面相关的研究涉及建筑、规划、人文、地理等多个学科，而如今四川省收缩型城镇的研究尚处于起步发展阶段。从目前的研究成果上看，还没有比较明确清晰的城镇空间分布相关的研究，更缺乏对造成区域分布不平衡的影响要素的深入分析，及其内在规律和综合影响机制的剖析整理。

本文利用Arc GIS 10.2空间分析工具和SPSS统计分析软件，对四川省收缩型城镇的空间分布进行定量分析，并进行核密度测算，在此基础上针对其差异性深入量化研究，探究四川省收缩型城镇的空间分布及其特征。

2　研究对象和数据

2.1　研究区域基本情况

四川省位于中国西南部，面积约48.6万平方千米，北有秦岭巴山，南有凉山，西为川北高寒带，东有乌蒙山，辖区内有1个副省级城市、17个地级市和3个自治州。

在整理数据时发现，四川省21个市（州）中有16个出现人口收缩现象，且收缩城市空间分布呈现明显不平衡状态。

2.2 四川省收缩型城镇的识别

综合国内外研究中对于收缩型城镇的定义，通常选择从广义和狭义两个层面对收缩型城市的人口及空间范围进行定义。广义上的收缩型城镇指的是以市或县域常住人口为研究范围，可以清楚地反映人口的分布和流动状况。

2.2.1 研究范围和空间单元界定

研究范围是四川省域，因而将研究对象定为广义层面上的收缩型城镇。同时，考虑到四川省行政区划的改变，以 2010 年四川省县级行政单元为基本研究单元。最终，研究对象确定为四川省全部县级行政单元（地级市市辖区为一个基本研究单元），共包括 183 个研究单元。

2.2.2 人口数据

收集的四川省收缩型城镇数据信息主要来源于四川省统计年鉴、国家第五次人口普查和第六次人口普查统计数据。

最终从四川省 183 个行政单元中筛选出了 109 个城镇收缩行政单元。综合考虑国内外城市人口收缩度的划分标准和四川省人口变动情况，本文将收缩程度分为四类：轻度收缩（0～2.9%）、中度收缩（3.0%～9.9%）、重度收缩（10.0%～29.9%）、严重收缩（≥30.0%）。

整理数据后，得到四川省共 109 个收缩型城镇及其具体分布情况（表 1）。最终将每一个发生收缩的区、县抽象为空间上的点，制作成四川省收缩型城镇分布示意图（图 1）。

表 1　四川省收缩型城镇各市（州）具体分布情况汇总

单位：个

市（州）	辖内县（区）数量	轻度收缩	中度收缩	重度收缩	严重收缩	收缩数量小计	收缩程度（%）
成都市	19	6	1	0	0	7	42.62
自贡市	6	2	1	2	0	5	−10.89
攀枝花市	5	2	0	0	0	2	11.16
泸州市	7	1	0	4	0	5	−12.50
德阳市	6	2	1	1	1	5	−14.76
绵阳市	10	3	1	2	1	7	−5.89
广元市	7	0	3	2	0	5	−14.30
遂宁市	5	1	1	3	0	5	−15.93
内江市	5	1	0	2	1	4	−11.70
乐山市	11	6	1	2	0	9	−7.44
南充市	9	0	1	5	1	7	−14.37
眉山市	6	3	1	0	1	5	−14.17
宜宾市	10	0	5	4	0	9	−14.66
广安市	6	0	1	2	2	5	−34.02
达州市	6	0	0	5	1	6	−15.87
雅安市	8	4	0	0	0	4	−0.47
巴中市	4	0	2	1	1	4	−22.32

续表

市（州）	辖内县（区）数量	轻度收缩	中度收缩	重度收缩	严重收缩	收缩数量小计	收缩程度（%）
资阳市	4	0	0	1	3	4	−27.58
阿坝藏族羌族自治州	14	3	0	0	0	3	6.59
甘孜藏族自治州	18	0	0	0	0	0	19.71
凉山彝族自治州	17	8	0	0	0	8	4.89

图 1 四川省收缩型城镇分布示意图

3 空间分布特征分析

可以看到，四川省收缩型城镇整体表现出一种此消彼长、两极分化的特点，且在空间分布上大都表现出一定程度的集聚特征，其中收缩的区域都表现出了以市辖区为核心的集聚特征，且多数市（州）人口减少超过10%。

3.1 空间分布密度

由于受地理环境差异的影响，四川省收缩型城镇空间分布密度呈现出明显的差异性，收缩型城镇空间分布平均密度为5.12个/万千米^2。就市（州）尺度来说，自贡市的密度最大，达到11.41个/万千米^2；遂宁市密度次之，为9.39个/万千米^2；第三为德阳市，密度为8.46个/万千米^2；甘孜藏族自治州密度最低，为0；阿坝藏族羌族自治州密度最低，仅是0.36个/万千米^2，不到自贡市的1/32（表2）。

表 2　四川省收缩型城镇分布密度统计表

序号	城市名称	行政区域土地面积（万千米^2）	收缩城镇的数量（个）	收缩城镇空间分布密度（个/万千米^2）
1	成都市	1.43350	7	4.88
2	自贡市	0.43806	5	11.41
3	攀枝花市	0.74014	2	2.70
4	泸州市	1.22362	5	4.09
5	德阳市	0.59098	5	8.46
6	绵阳市	2.02484	7	3.46
7	广元市	1.63111	5	3.07
8	遂宁市	0.53232	5	9.39
9	内江市	0.53847	4	7.43
10	乐山市	1.27230	9	7.07
11	南充市	1.24772	7	5.61
12	眉山市	0.71395	5	7.00
13	宜宾市	1.32662	9	6.78
14	广安市	0.63405	5	7.89
15	达州市	1.65820	6	3.62
16	雅安市	1.50462	4	2.66
17	巴中市	1.22933	4	3.25
18	资阳市	0.57440	4	6.96
19	阿坝藏族羌族自治州	8.30163	3	0.36
20	甘孜藏族自治州	14.95993	0	0.00
21	凉山彝族自治州	6.02944	8	1.33

3.2　空间分布核密度分析

利用 Arc GIS 软件中的 Kernel Density 工具对四川省收缩型城镇进行核密度分析，发现四川省收缩型城镇空间分布存在 1 个重度收缩区、2 个中度收缩区。重度收缩区位于成都市及其周边市，其中以成都市核密度值最高；2 个中度收缩区分别位于成都市外环和攀西大凉山区，轻度收缩区分散在外围，呈同心圆状。距离市辖区越远的市县收缩程度越弱。攀枝花市虽位于偏远地区，但由于产业结构转型等原因也表现出了人口减少趋势。四川省收缩型城镇存在明显的区域不平衡性。

3.3　空间分布的区域差异

将四川省收缩型城镇数量细分至四川省各个市（州），分析市（州）级收缩型城镇数量分布情况，得到四川省收缩型城镇数量分布示意图（图 2）。可以发现，四川省大部分市（州）都有收缩型城镇的存在，但依然有局部空白，这块空白在甘孜藏族自治州。余下的浅色区域基本位于四川省西部，囊括了阿坝藏族羌族自治州和攀枝花市。

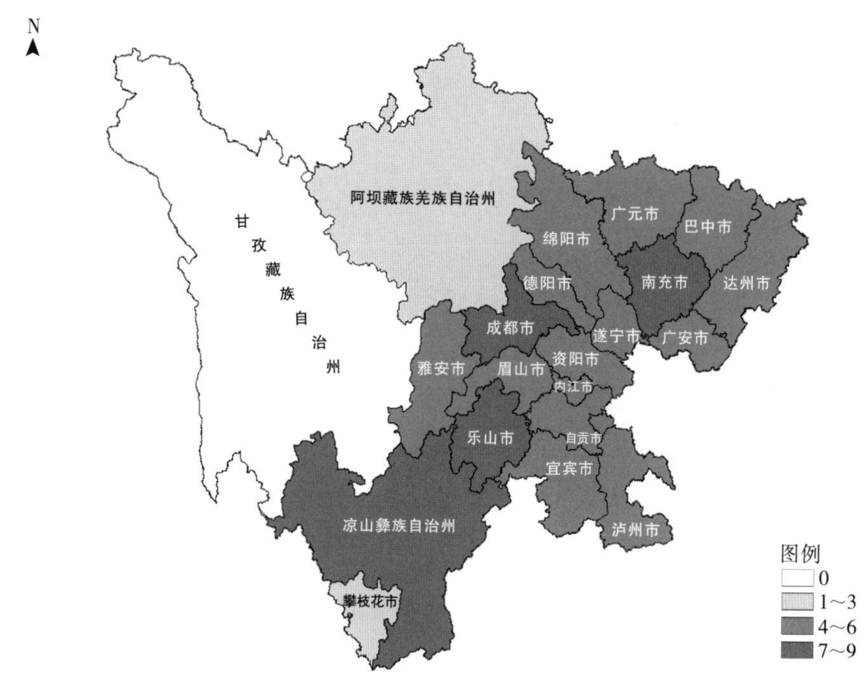

图 2 四川省收缩型城镇数量分布示意图

4 空间分布影响因素

由于受到各种外界因素的影响，四川省收缩型城镇的分布表现出明显不均衡的状态。因此，本文从量化分析的角度出发，通过对各种影响因素进行相关性对比，找到四川省收缩型城镇分布特征背后主要的影响因素。由之前的分析，将四川省内 20 个存在收缩型城镇的市（州）划分为四类：环核心城市收缩区、中部丘陵区收缩型城镇聚集区、川北高寒偏远收缩型城镇区和山区欠发达收缩型城镇区。

4.1 四个区域

通过搜集各市统计年鉴资料，从经济、人口、公路建设量、耕地面积和一二三产业指数、旅游收入和平均气温等多个影响因素来研究。众所周知，各个城市收缩的影响因素不尽相同，因此首先使用 SPSS 软件中的描述工具，对相关数据进行描述性统计分析，接着依靠聚类分析工具进行分类，再运用皮尔逊相关性分析法对研究的 21 个市（州）进行聚类分析（图 3）。从谱系图可以清晰地看到 21 个市（州）在不同指数下的聚类情况：当指数为 10 时，可分为六类；当指数为 20 时，可以分为四类。为了使分类更具有代表性和意义，本文选择指数为 20 的模式，从而得到四个类型区域的分布示意图（图 4）。

第一类为环核心城市收缩区：成都市。

第二类为中部丘陵收缩型城镇聚集区：自贡市、遂宁市、眉山市、泸州市、宜宾市、内江市、资阳市、德阳市、雅安市、南充市、绵阳市、乐山市。

第三类为川北高寒偏远收缩型城镇区：阿坝藏族羌族自治州。

第四类为山区欠发达收缩型城镇区：广元市、达州市、凉山彝族自治州、巴中市、自贡市、攀枝花市。

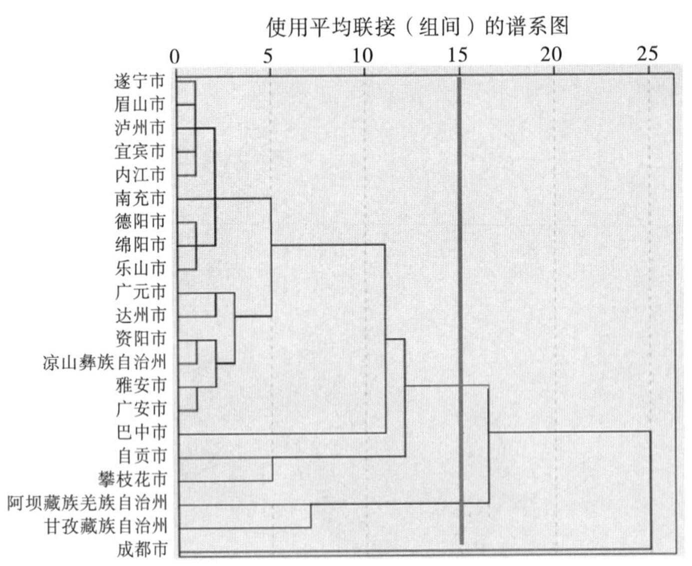

图 3　四川省各地市聚类分析结果谱系图

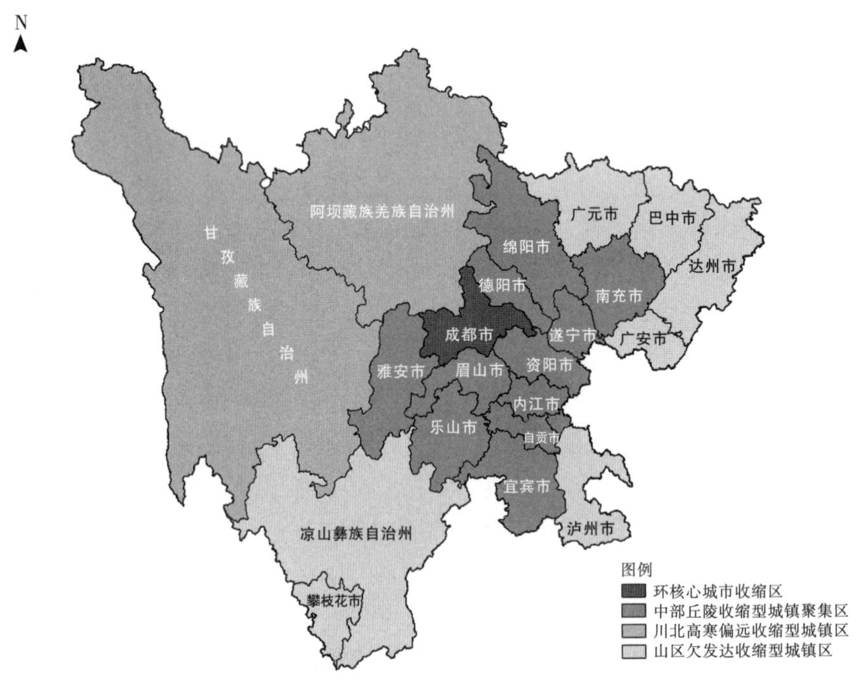

图 4　四个区域空间分布示意图

4.2　第一类区域影响分析

环核心城市收缩区：在此区域内，区域核心周边的县级市和县存在大范围的收缩，且收缩城镇收缩度与和区域核心的距离成正比，越靠近区域核心城市其人口往区域中心流动的趋势越明显。这是受到了省会城市成都市的虹吸效应影响。成都市是进城务工人员的主要聚集地，而成都市的竞争力在落户政策放宽的情况下又变得更加强大，这就给一些城镇带来了人口流失的强大“拉力”。

4.3　第二类区域影响分析

中部丘陵收缩型城镇聚集区：从收缩型城镇区域空间分布来看，第二类区域的分布主要在中部丘陵区。这一区域包含12个市，收缩型城镇数量总计64个，占总数的58.7%。区域面积1076428平方千米，占四川省面积的22.1%。

此区域在收缩型城镇形成过程中受到的影响因素一致。利用SPSS软件的相关性分析工具，探究这一区域的主要影响因素，取得具体相关性分类（表3）。

表3　第二类区域影响要素的相关性分析

	收缩型城镇数量	
	皮尔逊相关性	显著性（双尾）
行政区划面积	−0.320	0.310
地区生产总值	−0.951**	0.000
人均地区生产总值	−0.966**	0.000
第一产业指数	−0.454	0.138
第二产业指数	−0.941**	0.000
第三产业指数	−0.966**	0.000
耕地面积	−0.059	0.856
粮食产量	−0.042	0.896
公路里程	−0.401	0.196
2017年旅游收入	−0.964**	0.000
平均气温	0.541	0.070

注：*．相关性在0.05层上显著（双尾）；**．相关性在0.01层上显著（双尾）。

通过对表中的相关性数据进行分析，可以看到在这一区域中，收缩型城镇的数量与地区生产总值、人均地区生产总值、第二产业指数、第三产业指数和2017年旅游收入等5个要素有显著的相关性，而其他因素与收缩型城镇的数量无太大关系。这5个要素的显著层面均是在0.01层面的负相关，因此在该类区域中最显著、最主要的影响因素是经济因素，即经济越发达，收缩型城镇的数量就越少。

4.4　第三类区域影响分析

川北高寒偏远收缩型城镇区：从收缩型城镇区域空间分布来看，第三类区域的分布主要在川西北高寒藏羌区。区域涵盖2个州，收缩型城镇数量总计3个，占总数的0.28%。区域面积2326156平方千米，占四川省面积的47.9%。该区域在收缩型城镇数量较少的同时，涵盖的2个州收缩度也为正，收缩现象并不明显。其收缩原因以基础设施因素为主导，人口结构因素是次要的。

4.5 第四类区域影响分析

山区欠发达收缩型城镇区：从收缩型城镇区域空间分布来看，第四类区域主要由攀西凉山山区、川北秦巴山区和川南乌蒙山区构成。这一区域包含 7 个市，收缩型城镇数量总计 35 个，占总数的 32.1%。区域面积 1314589 平方千米，占四川省面积的 27.0%。

利用 SPSS 软件中的相关性分析法分析该区域中的影响因素，但该类区域和其他区域比起来，山区收缩型城镇赋值很小，直接利用其数据做比较的话，此因素和其他影响因素关系都不明显，但并不是说明这个区域的收缩型城镇数量没有受到外界影响。本文通过数量计算收缩型城镇密度，利用密度值与其他影响要素进行相关性分析（表 4）。

表 4　第四类区域影响要素的相关性分析

	收缩型城镇数量		收缩型城镇密度	
	皮尔逊相关性	显著性（双尾）	皮尔逊相关性	显著性（双尾）
收缩城市数量	1	—	−0.434	0.331
收缩城市密度	0.203	0.663	1	—
地区生产总值	0.481	0.275	−0.831*	0.020
人均地区生产总值	−0.556	0.195	0.952**	0.001
第一产业指数	−0.229	0.621	0.954**	0
第二产业指数	−0.043	0.928	−0.209	0.653
第三产业指数	0.56	0.191	−0.763*	0.046
耕地面积	−0.371	0.413	0.986**	0
粮食产量	0.749	0.053	−0.706	0.076
公路里程	0.524	0.228	−0.789	0.035
2017 年旅游收入	0.397	0.378	−0.888*	0.008
平均气温	−0.458	0.301	0.998**	0

注：*. 相关性在 0.05 层上显著（双尾）；**. 相关性在 0.01 层上显著（双尾）。

从表 4 相关性分析中，可以看到收缩型城镇的密度与地区生产总值、人均地区生产总值、第一产业指数、第三产业指数、耕地面积、2017 年旅游收入和平均气温有较为明显的相关性，说明在该类区域中产业结构因素对收缩型城镇的影响比较大，而其他因素对收缩型城镇的影响不甚明显。其中，人均地区生产总值、第一产业指数、耕地面积和平均气温显著性小于 0.01，皮尔逊值为正，表现在 0.01 层面上显著的正相关。因此在此类区域中，最显著、最主要的影响因素是第一产业的高占比，即第一产业比重越大，收缩型城镇数量越多。第三产业指数与收缩型城镇密度二者之间处于相关性为 0.05 层面，而 0.01 层面的相关性要比 0.05 层面的相关性更为显著，因此第三产业指数的影响力要弱于第一产业指数，而且对于收缩型城镇密度而言，是一种负相关关系，即第三产业比重越小，收缩型城镇越多。

5 结语

本文利用国家第五次人口普查、第六次人口普查数据和四川省统计年鉴对应年份的数据，从四川省 181 个研究单元中最终识别出了 109 个收缩单元，阐述了其收缩的空间分布特点，并通过软件分析了收缩型城镇的影响因素，得出以下两个方面的结论。

（1）四川省收缩型城镇的空间分布。

四川省收缩型城镇空间分布呈现出明显的不平衡状态，多数收缩型城镇集中于四川中部至东北部。根据收缩程度的不同分为四类：轻度 8 个、中度 9 个、重度 8 个、严重收缩 1 个。空间分布方面，呈现收缩两极分化的特点，且表现出了一定程度的集聚特征。从地区的收缩型城镇分布水平来看，呈现出四类区域：环核心城市收缩区、中部丘陵收缩型城镇聚集区、川北高寒偏远收缩型城镇区和山区欠发达收缩型城镇区。

（2）四川省收缩型城镇的影响因素。

影响四川收缩型城镇空间分布的最重要因素主要有经济方面和环境方面。首先是经济因素，第一产业比重过大的影响对收缩型城镇最为突出。研究中发现，第一产业指数与收缩型城镇数量呈现正相关关系，第一产业比重过大的地区收缩型城镇数量多。其次是环境因素，区位条件相对劣势导致经济落后，以及气候条件差，不适宜生产生活。就四川省总体水平而言，偏远山区如果没有资金和政策的扶持，收缩现象将会一直持续下去。

一个城市出现收缩现象的因素很复杂，也很多元，城市吸引、产业分布、基础设施、人口结构、区位因素和气候因素等都可能造成城市收缩。但城市的收缩其实并不单是负面的，一些通过积极转型升级从而走上生态化道路的城市就是良好的例子，有些会帮助城市更好的发展。

人口外流只是收缩的外在表现，根本动因其实是经济发展和资源分配失衡等问题。区位条件相对劣势及气候条件不适宜生产生活等因素是四川省城镇收缩的外部影响因素。但造成收缩的不仅是这些，还有产业结构不合理、第一产业占比过大等经济因素，日益明显的老龄化及高精人才的大量外流等人口结构因素，以及基础设施体系不完备等设施因素，这些内部因素才是四川省城镇收缩主要的、个性化的因素。

［参考文献］

［1］龙瀛，吴康，王江浩. 中国收缩城市及其研究框架［J］. 现代城市研究，2015（9）：14-19.

［2］杨东峰，龙瀛，杨文诗，等. 人口流失与空间扩张：中国快速城市化进程中的城市收缩悖论［J］. 现代城市研究，2015（9）：20-25.

［3］李郇，杜志威，李先锋. 珠江三角洲城镇收缩的空间分布与机制［J］. 现代城市研究，2015（9）：36-43.

［4］刘合林. 收缩城市量化计算方法进展［J］. 现代城市研究，2016（2）：17-22.

［5］杨琳，何邕健. 吉林省收缩城市的空间分布与影响因素分析［J］. 西部人居环境学刊，2018（3）：21-27.

［6］张茹，陆琦. 广西传统村落空间分布及影响因素量化解读［J］. 小城镇建设，2019（4）：72-79.

［7］牛强. 城市规划 GIS 技术应用指南［M］. 北京：中国建筑工业出版社，2012.

［8］孙逸敏. 利用 SPSS 软件分析变量间的相关性［J］. 新疆教育学院学报，2007（2）：120-123.

［9］高舒琦. 收缩城市的现象、概念与研究溯源［J］. 国际城市规划，2017（3）：50-58.

［10］刘春阳，杨培峰. 中外收缩城市动因机制及表现特征比较研究［J］. 现代城市研究，2017（3）：64-71.

［作者简介］

尹伟，西南民族大学建筑学院副教授。

秦珺，西南民族大学建筑学院本科生。

广西沿边地区城镇化发展特征及驱动力研究

□李琳，莫滨

摘要：本文以广西沿边地区为研究对象，分析该地区城镇化的发展特征，探究其城镇化的发展动力。经研究，可知该地区城镇化尚处于发展的初期阶段，城镇处于低水平均衡分布状态，人口城镇化发展相对滞后，沿边地区各口岸与城镇的协同发展水平差异较大，部分口岸“过货化”特征明显。本文对广西沿边地区城镇化发展的动力进行量化分析，得知产业发展和城镇人均收入的提升是带动广西沿边城镇化发展的主要动力；同时提出沿边地区应借助口岸区位优势引导资源要素集聚，打造跨境经济合作的城镇职能空间，促进口岸与沿边城镇的协同发展。

关键词：沿边地区；城镇化综合水平；驱动力；口岸；广西

广西位于祖国南疆，具有优越的区位优势，是我国联系东南亚最便捷的陆路通道，同时也是边疆地区、民族地区、欠发达地区。党的十八大以来，习近平总书记赋予广西“三大定位”的新使命，为广西新时期的发展建设指明了方向。2019 年 5 月，广西印发《关于进一步解放思想改革创新扩大开放担当实干加快建设壮美广西共圆复兴梦想的决定》，提出“着力打造北部湾港及沿边口岸连接东盟国家和我国西南中南地区、东部沿海地区的陆海双向货运通道”。推动广西沿边地区城镇化发展，是推动形成开放开发新格局、培育国际经济合作和竞争新优势的需要，也是实现区域协调发展、带动沿边地区全面建成小康社会的实际诉求。

1 概况

广西沿边地区主要包括东兴、凭祥、靖西、龙州、大新、宁明、那坡等 7 个县（市）及防城港市防城区。自然地形整体为西高东低，西北部为云贵高原余脉，地势由西北向东南逐渐降低。东南部地势较低，地形较为平整；东兴市域、防城区沿海一带为滨海平原，海拔一般低于 100 米，地势较为平坦，部分有浅丘起伏；靖西、那坡、大新、宁明、龙州、凭祥均为丘陵山地地貌，山地多为中山地貌，部分丘陵比较破碎，地形自然坡度较大。

目前，广西沿边地区城镇设有陆路铁路口岸 1 个，为凭祥口岸；一类公路陆路口岸 6 个，分别为友谊关、东兴、水口、爱店、龙邦、平孟等；二类公路陆路口岸 5 个，分别为峒中、硕龙、岳圩、科甲、平而等；边民互市点 26 个（表 1）。

表 1　广西陆路边境口岸

县（市）	一类公路陆路口岸	二类公路陆路口岸	边民互市点
防城区		峒中	峒中、里火、滩散
东兴市	东兴		东兴、杨屋
凭祥市	凭祥（铁路）友谊关	平而	浦寨（弄尧）、油隘、平而、叫隘
龙州县	水口	科甲	水口、布局、那花、科甲
宁明县	爱店		爱店、北山、板烂
大新县		硕龙	硕龙、岩应、德天
靖西市	龙邦	岳圩	龙邦、岳圩、新兴、孟麻
那坡县	平孟		平孟、百南、那布

本文研究对象主要为广西沿边地区 7 个县（市），包括东兴、凭祥、靖西、龙州、大新、宁明、那坡。

2　城镇化发展特征

2.1　城镇集中度：城镇规模分布相对均衡

2017 年，广西沿边地区常住人口城镇化率为 32.6%，低于广西全区城镇化率 16.6 个百分点。由城镇化发展的阶段来看，广西沿边地区尚处于城镇化发展的起步阶段。

本文借助赫芬达尔指数分析广西沿边地区城镇集中度水平。赫芬达尔指数是各城镇常住人口数占总城镇常住人口数比例的平方和，用以衡量城镇体系中规模分布的离散度。广西沿边地区 7 个县（市），赫芬达尔指数可能值域为 0.143～1，数值越大，则城镇规模分布越集中，反之城镇规模分布越分散。从测算结果来看，2017 年广西沿边地区赫芬达尔指数为 0.174，表明广西沿边地区城镇集中度处于较低水平，区域内的集聚核心尚未形成，各城镇间规模相对均衡，城镇规模分布处于低水平相对均衡状态。

2.2　沿边地区城镇化综合水平测度：增速较快，子系统存在较大差异

为全面了解广西沿边地区城镇化发展水平，本文采用城镇化综合水平测度的方式综合考察沿边地区经济发展、社会生活、设施建设、人口等方面的城镇化水平。

2.2.1　指标体系建构建

结合欧向军、陈明星、魏冶、韩玉刚等人的研究成果，本文考虑对城镇化综合发展水平进行系统性、完整性的刻画，从人口城镇化、经济城镇化、基础设施城镇化、社会生活城镇化四个方面构建综合城镇化水平指标体系。

人口城镇化指标反映人口由农村向城镇聚集的程度，指标包括建城区人口规模、城镇人口占区域总人口比重、建成区人口密度和年末人口规模等。

经济城镇化反映着城镇经济发展水平及产业结构向非农产业转变的过程，指标包括人均 GDP、人均工业总产值、第二产业和第三产业产值比重、第二产业和第三产业产值密度等。

基础设施城镇化反映建设过程中空间地域景观的变化，指标包括建成区规模、人均建成区面积、人均公园绿地面积、人均城市道路面积等。

社会生活城镇化主要反映社会生活方式的转变，包括人均用电量、万人拥有医生数、万人医院床位数、年末移动电话用户数等。

2.2.2 城镇化综合水平测度分析

为避免主观判断的偏差，城镇化综合测度采用量化方式指标权重确定，采用熵值法确定指标权重，根据熵值大小计算出城镇化综合水平得分（数据来自《广西建设统计年鉴》《广西统计年鉴》）。具体见图 1、图 2。

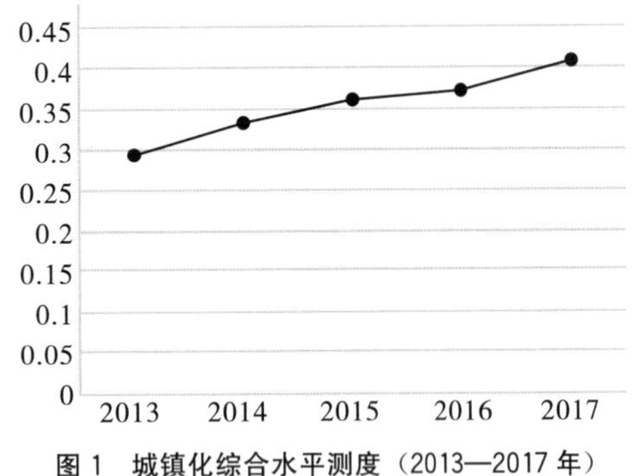

图 1 城镇化综合水平测度（2013—2017 年）

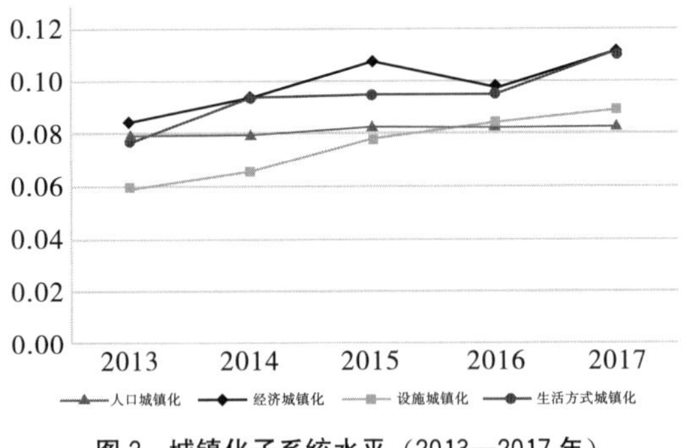

图 2 城镇化子系统水平（2013—2017 年）

从指标权重上看，人均工业总产值所占权重最高，表明工业的发展在广西沿边地区各市县的城镇化推进过程中扮演最重要的角色；人均用电量由于工业用电比重较高在城镇化进程中成为重要指标；城镇人口占区域总人口比重、人均公园绿地面积、万人医院床位数、年末人口规模、万人拥有医生数、建成区人口规模、人均城市道路面积所占权重均在 0.05 以上，说明它们对沿边地区的综合城镇化发展产生积极作用（表 2）。

表 2 沿边地区城镇化综合水平测度指标权重

子系统	评价指标	权重	子系统	评价指标	权重
人口城镇化	建城区人口规模（万人）	0.056	基础设施城镇化	建成区规模（平方千米）	0.046
	城镇人口占区域总人口比重	0.088		人均建成区面积（平方米）	0.021
	建成区人口密度（万人/千米^2）	0.021		人均公园绿地面积（平方米）	0.083
	年末人口规模（万人）	0.078		人均城市道路面积（平方米）	0.054
经济城镇化	人均 GDP（元）	0.041	社会生活城镇化	人均用电量（度）	0.151
	人均工业总产值（元）	0.153		万人拥有医生数（人）	0.066
	第二产业和第三产业产值比重	0.003		万人医院床位数（张）	0.079
	第二产业和第三产业产值密度（万元/千米^2）	0.022		年末移动电话用户数（户）	0.040

从测算结果来看，广西沿边地区 2013—2017 年综合城镇化水平增速较快，从 0.295 增长到 0.406，年均增长幅度为 2.8%。就城镇化子系统而言，各子系统的发展水平和增长速度差异较大，其中设施城镇化水平从 0.059 增长到 0.089，年均增长水平达到 12.64%。在实施“兴边富民”政策之后，广西沿边地区的建设成效逐步显现，沿边城镇的城市建成区规模不断扩大，道路、通关口岸等基础设施不断完善。总体而言，社会生活城镇化在同期有较大的提升，年均增长水平达到 11.20%，沿边地区医疗卫生、教育、通信条件等社会生活水平均有不同程度的提升。经济城镇化水平在波动中提高，2016 年受经济形势和国际贸易影响，沿边部分城镇工业产

值下滑，经济增长放缓。人口城镇化在四个子系统中发展水平最低，并且增长速度最为缓慢，缺乏强大的城镇集聚核心是沿边地区人口城镇化较慢的主要原因。

2.3　口岸与城镇协同发展："岸—城"协同发展水平差异显著

广西沿边地区的口岸和城镇是区域发展的两个重要系统。口岸与城镇的协同发展是指在地区资源和区位的基础上，以产业集群和价值链为纽带，推动资本、技术、人才等要素的结合，从而形成相互耦合的区域经济协同体，支撑区域城镇化发展的进程。

先天良好的自然环境和区位条件为口岸与城镇的萌芽发展提供了基础条件。良好的区位条件是口岸开展边境贸易的先决条件，同时让城镇产业的产生和培育具备了天然优势，地理区位优势明显的城镇往往成为产业集群萌芽的聚集地。口岸和城镇的发展同样需要依托纵深的经济腹地，以生产要素的集聚促进口岸功能完善和城镇产业发育间的协同。口岸由于其特殊的地理位置，使得资金、技术、劳动力、知识、信息等生产要素产生集聚，推动地区城镇化进程（图3、图4）。

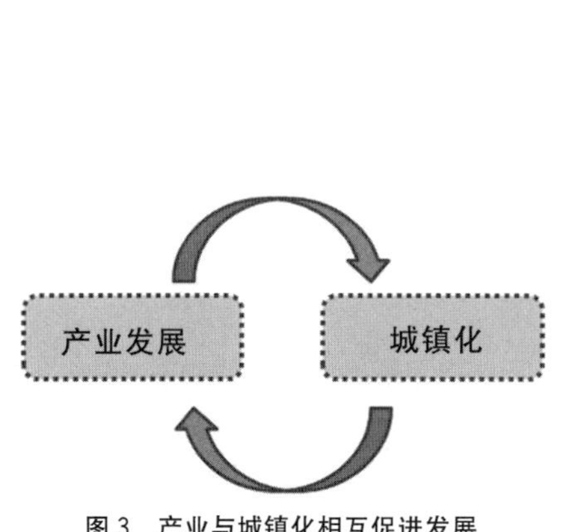

图3　产业与城镇化相互促进发展

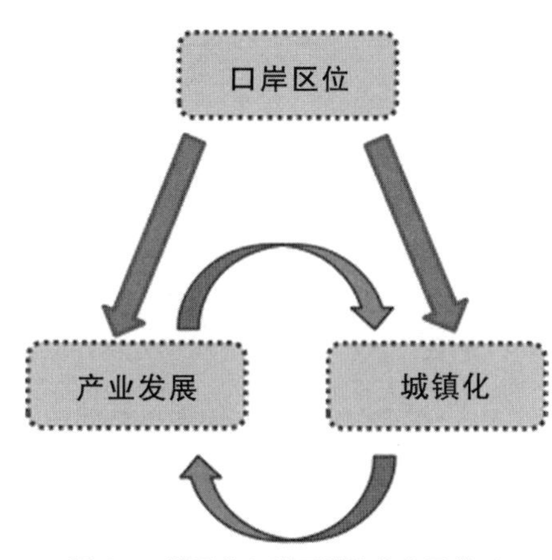

图4　口岸区位与地区城镇化发展关系

本文借鉴 *RCI* 指数分析广西沿边地区口岸与城市协同关系。*RCI*（Relative Concentration Index）指数是口岸与城市发展水平关系的衡量指标，计算公式为：

$$RCI=\frac{a\dfrac{T_i}{\Sigma_{i=1}^{n}T_i}+b\dfrac{R_i}{\Sigma_{i=1}^{n}R_i}}{\dfrac{P_i}{\Sigma_{i=1}^{n}P_i}}$$

式中，T_i 为口岸 i 的货物进出口量，$\Sigma_{i=1}^{n}T_i$ 为所有口岸货物的进出口总量；R_i 为口岸 i 的出入境人数，$\Sigma_{i=1}^{n}R_i$ 为所有口岸的出入境总人数；P_i 为口岸城市 i 的城市人口，$\Sigma_{i=1}^{n}P_i$ 为所有口岸城市的城市人口总数；n 为沿边口岸城市数量；a 为外贸货物吞吐量弹性系数，b 为出入境人员弹性系数，$a+b=1$。对于 a 和 b 的值，本文借鉴宋周莺等人对 2003—2013 年中国 95 个沿边口岸进行回归分析的结果，确定 a 值为 0.254，b 值为 0.746，并对其 *RCI* 进行了计算。

（1）枢纽口岸（$RCI>3$）。

东兴市 *RCI* 指标值为沿边城镇中最高，2017 年达到最高的 4.6，该类城镇口岸职能明显高于城市职能，流通地位显著，且"过货化"特征明显。东兴市 *RCI* 指数整体呈上升趋势，表明口岸发展水平高于城市，口岸职能在原有优势的基础上继续强化。

(2) 门户口岸 (1.25<*RCI*≤3)。

凭祥市2017年*RCI*指标值为2.0，表明该类别的口岸功能相对于城市功能更显著，口岸职能发展快于城镇发展，口岸对城市的带动作用较强。从*RCI*指数由2013年的3.3下降到2017年的2.0的变化可见，口岸职能仍重于城市职能，但两者的职能差异收敛。凭祥的综合保税区、物流园区及重点开发开放试验区等园区的设立和开放合作政策的落实，促使区位优势转化为发展动力，城市与口岸协同发展程度提高，逐渐步入良性互动阶段。

(3) 边境城市 (0.3≤*RCI*<0.75)。

龙州、宁明、那坡三县（市）2017年*RCI*指标值在0.58～0.68之间，城市功能强于口岸功能，城市自身发展对口岸的依赖程度较小，口岸与城市联系较弱，口岸职能与城镇发展关联不够紧密。

(4) 准内陆城市 (*RCI*<0.3)。

靖西市*RCI*指标值历年均为0.1左右，波动不明显，表明城市职能明显高于口岸职能，口岸与城市协同关系弱，城市发展与内陆地区城市发展轨迹相似，沿边口岸区位的作用不明显。

3 城镇化动力机制

本文根据城镇化动力的已有研究，同时考虑沿边地区口岸区位对城镇发展可能产生的影响，借鉴四维分析视角将推动城镇化的作用力归纳为行政引导力、产业推动力、外部力和内部力。

3.1 城镇化主要动力分析

3.1.1 行政引导力

政府干预对中国城镇化进程起着关键性的调控作用，政府通过制定和执行相关公共政策，在农村劳动力向城市转移、固定资产投资、土地开发利用、城市数量增加和规模扩张等方面发挥着主导作用。2013—2017年间，广西沿边地区共落实2.32亿元“兴边富民”口岸建设资金，用于广西沿边地区口岸、边民互市贸易点等基础设施建设，同期广西沿边地区7县（市）固定资产投资总额达2943.97亿元，有力地促进了沿边地区城镇建设及口岸基础设施建设，为沿边地区通关贸易、物流运输、城镇发展奠定了基础，促进城镇建成区规模不断扩大。

3.1.2 产业推动力

顾朝林认为：“城市化对区域产业结构具有支撑、拉动、载体等作用；工业化（城市工业化、农村工业化）及农村劳动力的结构转移，是中国城市化的动力机制……城市化与工业化相伴生。”城镇化进程表现为人口从农村进入城镇的过程，其实质是土地、劳动和资本在技术的作用下重新组合，技术是启动要素，新技术创新找出新的生产方式。改革开放以来，我国的城镇化进程始终与工业化进程相伴随，工业发展为地区提供就业岗位，并衍生相关服务行业，成为城镇人口流入的动力。当企业在城市的聚集效应抵消聚集经济所带来的成本的时候，产业会向一个地区聚集，形成自我强化的产业聚群，带动地区城镇化发展。广西沿边地区工业产值从2013年的184.7亿元提升到2017年的265.9亿元，增长了44%，工业发展推动了沿边地区城镇化进程。

3.1.3 外部力

沿边地区由于国界分隔造成地域的封闭，长期以来都是交通、信息、物资流通的末梢。1992年之后，国务院陆续批准了友谊关、水口、东兴等口岸恢复对外开放，同时批准设立龙邦、平孟、硕龙、爱店等口岸，沿边地区从国界屏蔽形成的封闭环境变成了具有口岸区位优势的连接中介，成为我国连接东盟国家的陆路通道。沿边口岸通过对资源要素的集聚，实现了国内与境外经济体的合作与开发，对腹地的发展具有内在牵引功能，为沿边地区城镇化发展带来了契机。

3.1.4　内部力

区域城镇化发展的内部力来源于城镇地区的创新。技术创新导致产业发展差异，而创新产生的外部效应会向外扩散，使得城镇与乡村之间存在劳动生产率的差异，城镇较高的劳动生产率意味着从业人员在相同时间内的产出效益更高，导致城镇地区的人均收入水平超出周边乡村地区，从而形成劳动力迁入城镇的吸引力。沿边地区口岸将带来对外贸易、加工制造、物流运输及生产性服务业等产业的发展，使生产效率提升，提供更多的就业机会，吸引周边区域人口迁入口岸城镇，促进沿边地区形成内生性的城镇化发展过程。

3.2　沿边地区城镇化动力的实证检验

为衡量以上四种动力对广西沿边地区城镇化发展的影响作用强度，本文选取广西沿边地区 7 县（市）固定资产投资额、工业总产值、口岸货物吞吐量、城镇居民人均可支配收入 4 个指标为自变量，分别代表政府引导力、产业推动力、外部力和内部力。本文收集 2013—2017 年城镇驱动力因素的面板数据（数据来自《广西统计年鉴》《中国口岸年鉴》），以广西沿边地区城镇化综合水平为因变量建立多元回归模型，借助统计分析软件 Stata 对数据进行处理。模型实证检验结果如表 3 所示。

表 3　实证检验结果

变量	标准化系数	标准误差	t 值	$P>\|t\|$	置信区间
固定资产投资额	−0.02926	0.0170900	−1.71	0.097	−0.0641～0.0056
工业总产值	0.11037***	0.01608300	6.86	0.000	0.0775～0.1432
口岸货物吞吐量	−0.01060	0.0104196	−1.02	0.317	−0.0318～0.0107
城镇居民人均可支配收入	0.07245***	0.0118602	6.11	0.000	0.0482～0.0966
常数项	0.35042***	0.0086380	40.59	0.000	0.3327～0.3680

注：*** 表示在 99% 的显著性水平上统计显著。

由分析结果可知，4 个自变量中工业总产值和城镇居民人均可支配收入 2 个变量统计显著，固定资产投资额和口岸货物吞吐量统计不显著，表明 2013—2017 年间广西沿边地区城镇化发展的最主要推动力是产业推动力，系数为 0.11037，工业化成为广西沿边地区城镇化的主要驱动力；其次是城镇居民人均可支配收入，系数为 0.07245，说明城镇人均收入水平的提高对周边区域人口流入产生吸引作用。政府主导的固定资产投资和外部推动力的口岸货物吞吐对广西沿边地区城镇化发展的作用不显著，口岸区位没有明显影响地区的城镇化发展。

4　结语

目前，广西沿边地区处于城镇化发展初期阶段，滞后于广西城镇化发展水平；沿边各城镇规模分布相对均衡，并没有形成区域城镇集聚核心。广西沿边地区 2013—2017 年综合城镇化水平不断增长，主要表现为经济城镇化和社会生活城镇化水平相对较高，设施城镇化水平提升幅度较大，在经历较长时期的基础设施、口岸设施投资建设后当地城市建设及设施配套的改善作用明显；人口城镇化明显滞后于其他城镇化子系统。口岸与城镇发展的协同发展方面，广西沿边地区“岸—城”作用关系呈现两极分化状态：部分口岸职能较强的城镇出现“过货化”现象，另一部分城镇的口岸区位未能充分发挥。东兴市口岸职能突出，龙州、宁明、那坡口岸与城市联系不够紧密，口岸对城镇发展的作用程度较小；靖西市“岸一城”协同作用弱，口岸职能不明显，城镇呈现准内陆式的发展模式；凭祥市口岸与城镇的关联互动较为紧密，园区建设及有利政策落地促使凭祥的口岸区位优势转化为集聚动力，促进城市职能完善。

广西沿边地区城镇化的主要动力是产业推动力和人均收入提高的内部力，工业发展的推动作用尤为重要，城镇人均可支配收入的提高将吸引更多人口从周边区域进入沿边城镇。目前，广西沿边城镇口岸区位的外部力并没有明显的推动地区城镇化发展，沿边城镇的发展要避免口岸“过货化”态势，充分发挥沿边口岸区位优势，吸引资源要素聚集，将通道经济结合城镇建设落地做强，依托口岸区位建设跨境经济合作的城镇空间，以实现口岸与沿边城镇的协同发展。

[参考文献]

[1] 谢小平，王贤彬. 城市规模分布演进与经济增长 [J]. 南方经济，2016 (6)：58-73.

[2] 陈明星，陆大道，张华. 中国城市化水平的综合测度及其动力因子分析 [J]. 地理学报，2009 (4)：387-398.

[3] 欧向军，甄锋，秦永东，等. 区域城市化水平综合测度及其理想动力分析：以江苏省为例 [J]. 地理研究，2008 (5)：993-1002.

[4] 韩玉刚，焦华富，韩会然. 省际边缘区城镇化水平变化特征及动力系统研究：以安徽省宁国市为例 [J]. 经济地理，2011 (2)：230-236.

[5] 魏冶，修春亮，孙平军. 21 世纪以来中国城市化动力机制分析 [J]. 地理研究，2013 (9)：1679-1687.

[6] 陈航，栾维新，王跃伟. 我国港口功能与城市功能关系的定量分析 [J]. 地理研究，2009 (2)：475-483.

[7] 宋周莺，车姝韵，王姣娥，等. 中国沿边口岸的时空格局及功能模式 [J]. 地理科学进展，2015 (5)：589-597.

[8] 顾朝林，吴莉娅. 中国城市化研究主要成果综述 [J]. 城市问题，2008 (12)：2-12.

[9] 孟晓晨. 城市化与城市化道路 [J]. 城市规划，1992 (3)：9-13.

[10] 奥沙利文. 城市经济学：第 6 版 [M]. 周京奎，译. 北京：北京大学出版社，2008.

[作者简介]

李琳，硕士，高级城市规划师，广西城乡规划设计院规划编研中心副主任。

莫滨，教授级高级工程师，任职于广西城乡规划设计院。

赣州城市空间形态演变及其复杂性研究

□温小军，谢昱，肖平，王研霞，徐护萍

摘要：在现代主义思想的影响下，诸多城市历史空间形态复杂性受到冲击，并趋于简单化。本文在历史资料、前人研究及研究区相关规划的基础上，运用地理信息科学和分形理论的相关理论和方法，从赣州的城市营建历史、空间形态演变及分形复杂性等方面研究了其空间形态演变及其复杂性。结果表明：①赣州城市营建主要以赣康盆地作为发展空间，并趋向其西南部发展；赣州城市空间形态受到城市山水环境的影响明显。②赣州古城的空间形态具有极高的复杂性，其历史和现状空间形态分维分别为1.7502和1.7943，拆除式城市更新可以降低其空间形态分维（1.7429）；赣州河套老区延续了古城区复杂的街巷网络，现状空间形态分维为1.7620，道路交叉口密度高达269个/千米^2。③控规层面上，相比赣州河套老区道路交叉口密度（68个/千米^2），章江新区和蓉江新区道路交叉口密度偏低，分别为32个/千米^2、28个/千米^2。研究指出，赣州城市发展应加强其固有复杂性研究，在尊重原有城市肌理和文化属性的基础上开展城市更新和新城建设，促进新旧城区的共生和可持续发展。

关键词：空间形态；分形理论；演变；复杂性；赣州

1　引言

城市空间形态以其独特的方式记载着城市发展的历史轨迹，是城市在自然环境、历史发展、城市功能结构、空间发展政策及规划管理等多因素相互作用下的结果，其发展演变是一种自组织过程，并最终形成一种具有丰富层级关系、连接性及高效运行的复杂分形结构。然而，受现代主义运动思潮的影响，功利化的城市营建使得城市空间形态发生剧变，城市形态固有的复杂空间布局被连接性极差的街区和道路网络及大体量的建筑所取代，而过于简单的城市空间形态使得人与城市之间的隔阂越来越大，导致现代城市结构失衡，城市活力和效率降低。

城市空间形态的演变具体表现为建设用地与生态用地的博弈过程，因其结构具有复杂性系统的相关特征，空间复杂性的刻画与信息熵相关，故可以借助分维数描述。分形概念由美籍法裔数学家曼德勃罗特于1967年提出，国外学者在城市形态的分形模拟方面开展了大量工作。1992年，中国学者在城市地理研究中引入分形理论，随后在分形城市形态方面开展了系统研究。本研究基于前人研究及历史文献，结合赣州相关城市规划成果，以地理信息科学和分形理论的相关方法为主要研究手段，对赣州城址变迁、质心演变及相关组团的空间形态分形特征进行研究，试图解析赣州城市空间形态的复杂性，为赣州城市新老城区空间形态的优化提供理论与实践参考。

2 赣州的城市营建历史

赣州位于江西省南部，其行政建制始于汉高祖六年（前 201 年），其城址先后在今赣州市西南蟠龙镇（前 201—289 年）、虎岗村（289—349 年）、龟角尾（349—411 年、552 年至今）、七里镇（411—552 年）发生迁移。赣州的城市营建起始时间可追溯到首次迁址龟角尾一带的 349 年，迄今已有 1600 多年历史。赣州行政建制始终位于罗霄山脉、雩山、武夷山脉和大庾岭之间的赣康盆地，而其城址几经变迁最终稳定在现赣州市龟角尾一带，并逐渐扩建成现赣州市河套老区（图 1）。

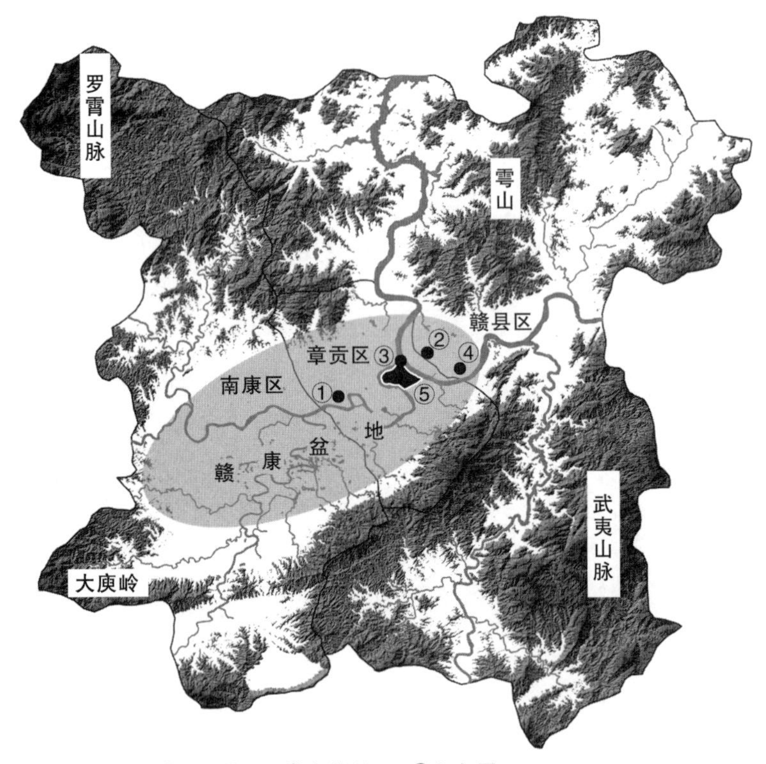

图 1 赣州古城区位示意图

赣州是我国第三批历史文化名城，其核心区域（赣州古城）具有丰富的历史文化景观遗存，依托城墙、江岸和历史街巷，形成了线状和网状组合的空间系统。江岸与城墙结合，使历史与现实、自然与文化景观有机联系。根据清同治十一年（1872 年）《赣县志》，其时赣州古城已经形成了非常完善而复杂的城市网络结构。古城内的建筑几经更迭，功能更是随着城市发展不断发生变化；在近代城市建设中，赣州古城虽遭受了较严重的破坏，但一些受重点保护的历史街巷与延续至今的总体街道格局，基本上保存了原有的城市空间结构（图 2）。

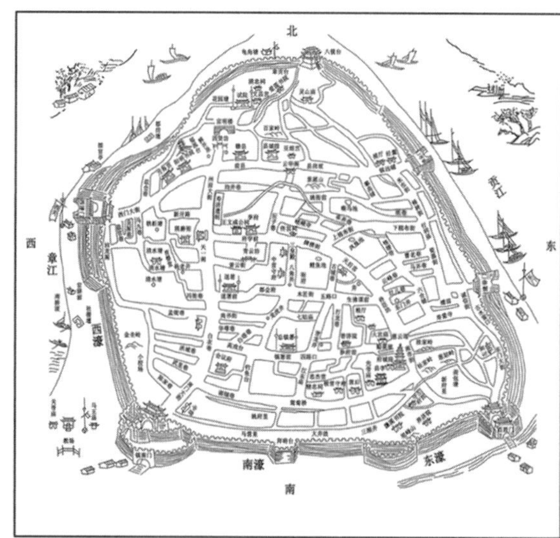

(1) 赣州府街市图（清同治十一年《赣县志》）

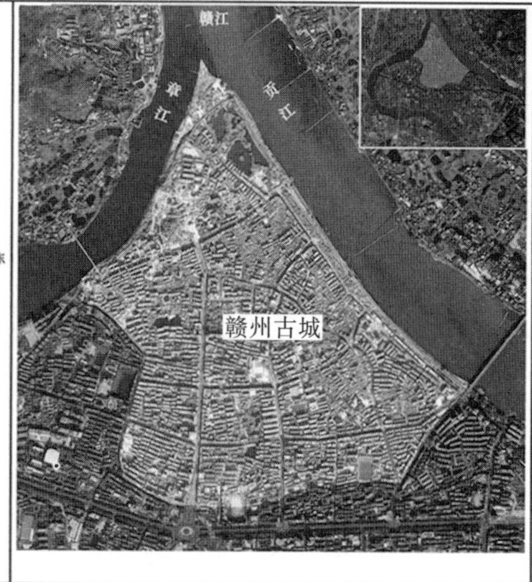

(2) 赣州古城现状街巷肌理

图 2　赣州古城街市及现状街巷肌理图

3　赣州城市空间形态演变的时空特征

自然山水是中国古代城市规划建设的永恒根基，赣州古城亦不例外。虽然其城址由于政治原因（战火）被迫迁离章贡二水汇合之处，却终迁回龟角尾一带并稳定至今，历经了“边城—山城—江城”的演变过程，但无论如何，自然山水格局一直是赣州古城空间形态演变的基准。赣州古城在城址和演变上受山水环境的影响，长期以来在河套老区开展城市建设，即使后期通过修建道路、桥梁等基础设施进行城市拓展，亦未偏离赣康盆地及章江、贡江、蓉江等水系。

3.1　赣州古城区空间形态演变的时空特征

城市是一个具有自组织特性的开放系统，其空间形态随着时间不断发生变化。赣州古城自 349 年初建于龟角尾一带，在 1600 多年的演变历史中，在社会、政治和经济等力量的影响下，其空间形态发生了一系列的变化。高琰土城建于 349 年，毁于卢循、徐道覆起义，赣州古城迁址七里镇；梁承圣元年（552 年），陈朝开国皇帝陈霸先复址于龟角尾一带，即为陈霸先土城；经卢光稠扩城形成了赣州古城区，期间开始修建著名的福寿沟排水系统；至 1073 年，赣州古城的“江城”形态已初步成形，并逐步向对岸发展，如北宋熙宁年间、南宋乾道六年（1170 年）、南宋淳熙年间分别修建西津桥、东津桥和南河浮桥，促进了水西、水东等乡镇的发展，七里镇也得到了一定的扩展；20 世纪 80 年代，由于人地矛盾突出，赣州进行了大规模的城市扩建，拆毁赣州古城西南侧城墙，为河套老城区的营建提供了便利，如今其周围规划形成了水西、水东、沙河、章江等组团。

3.2　赣州城市空间形态质心演变特征

根据高琰土城、陈霸先土城、卢光稠江城、河套老区、章江组团及《赣州市城市总体规划（2017—2035 年）》（简称《赣州 2035》）的赣州城市空间形态，通过 ArcGIS 软件生成各个阶段城市空间形态质心（图 3）。结果显示，早期以章江、贡江围合的河套老区为空间基础，古人严格遵循自然秩序进行城市营建，为解决水患及防御等问题修建了福寿沟排水系统及城墙和护城

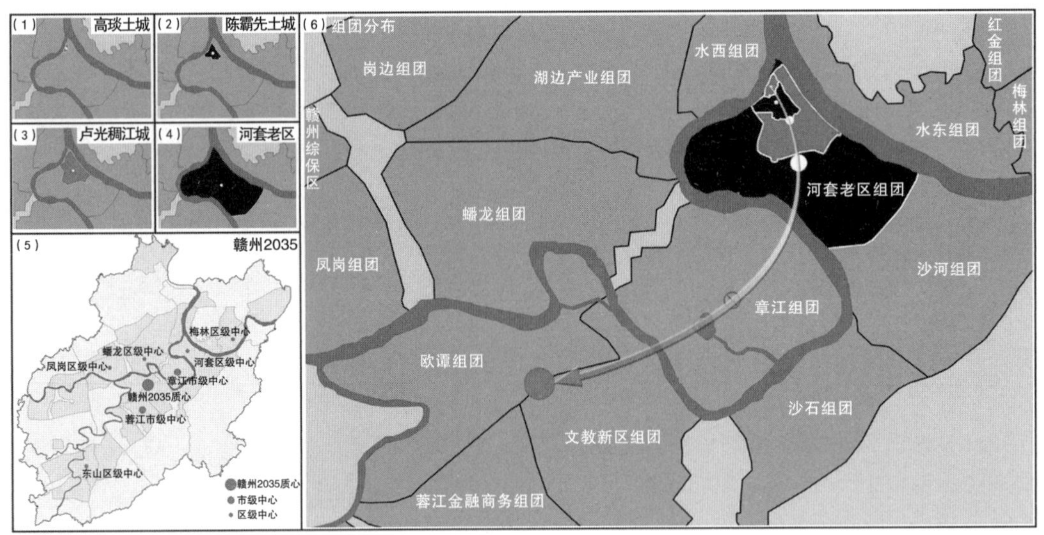

图 3　赣州城市空间形态质心演变图

河；进入近代，受现代主义城市规划影响，赣州城开始了快速的城市扩张模式，而西南侧城墙和护城河的破坏为这一模式的启动提供了契机，城市空间形态质心迅速从赣州东北部向西南部迁移。无论是低速的自组织生长阶段，还是快速的他组织发展阶段，赣州城市空间形态质心均在赣康盆地范围内，可理解为东北部存在一定规模的隘口且土地资源不具备优势等原因所致，也是自然和人为选择综合作用的结果。

赣州城市发展大致可分为三个阶段：第一阶段为历经 1600 多年才完成的慢速自组织生长过程，其范围为卢光稠时期修建的城墙、护城河及章江与贡江所围合的区域，即为赣州历史文化名城的核心保护区（3.22 平方千米），河套外周边区域在这个阶段有一定发展，但多表现为农业社会形态；第二阶段为 20 世纪 80 年代至 21 世纪初的快速扩张时期，为破解人地矛盾而拆毁西南侧城墙并填埋护城河及内城大量坑塘，在不到半个世纪的时间内建设形成河套老区组团（13.26 平方千米）和章江组团（18.33 平方千米），其周边区域由于基础设施建设（主要为道路与桥梁）也得到了较大的发展；第三阶段则是赣州新一轮总体规划所指的 2017—2035 年间，由于南康市和赣县的并入，赣州中心城区范围进一步扩张，其城市形态已经发生根本性改变。时至今日，赣州在规划上已形成章江市级中心、蓉江市级中心和梅林、河套、蟠龙、凤岗、东山 5 个区级中心节点的新旧城区协同发展的多中心城市。

4　赣州古城与河套老区空间形态分形特征

克里斯托弗·亚历山大曾指出，城市可分为自然城市和人工城市两种，自然城市的形态是一类更复杂、更具活力的城市形态结构，被认为是生物性系统或具有某种有机特征。历史古城随着时间的流逝形成了一种层级式、多重连接的半格状分形结构，这种结构具有生物分化属性，整体先于并优于部分的集合，其中的各个要素遵循帕累托分布（幂次法则）。

4.1　分形维数计算方法及其判定

分形理论的核心是用分形维数描述分形结构的自相似性，揭示复杂现象的基本特征及其运动规划，其中网格法、半径法、关联维数法、面积—周长关系法等方法均有广泛运用，而网格法（又称“盒子法”）具有较高的普适性。

盒子法在进行城市形态研究时运用 ArcGIS 将边长为 r 的盒子去覆盖整个城市区域，需要 N（r）个盒子（非空盒子）。改变盒子的边长 r，所需要的盒子数也随之发生变化，具有盒子边长 r 越小，所需要的盒子数量 N（r）越多的特点，因此 N（r）与 r 之间存在如下关系：

$$N(r) \propto r^{-D}$$

上式服从幂指数定律，可进行对数转换使之满足直线关系或部分直线关系，即：

$$\mathrm{Ln}N(r) = A - D\ln r$$

上式中的 D 值即为盒子分维。对于城市空间形态，盒子分维过高影响自然生态环境质量，过低则导致土地利用低效。理论上的城市最佳分维数为 1.71±0.02，此时的城市生存环境利用充分合理，城镇空间集聚和扩散比例合适，城市达到相对稳定和成熟的状态。城市分维偏离这个范围都可能出现问题，分维值越大，城市越拥挤，环境质量越差，过小则不符合城市土地高效集约利用原则。

有研究指出，若分维的标准误差 $\delta \leqslant 0.04$ 即可判断城市形态是自相似结构；亦有很多学者以拟合优度 $R^2 \geqslant 0.996$ 作为评价城市是否具有分形特征的标准；陈彦光认为分形是否存在应以是否通过显著性水平的检验为基准。本文综合前人研究，以第一次出现非空盒子时作为标度区的起点，往下计算 10 对数据（盒子边长和非空盒子数）进行线性拟合，分维测算结果均满足 $R^2 \geqslant 0.996$ 且通过 0.05 的显著性水平检验。

4.2　赣州古城空间形态分形特征

为使研究具有可比性，本文首先以赣州河套老区土地利用现状图为基础底图，结合复原后的赣州古城福寿沟排水系统图和棚户区改造土地利用规划图（未完全实施），采用 AutoCAD 对基础数据进行处理，即通过复原后的赣州古城护城河、坑塘系统将土地利用现状图中的建构筑物等进行替换，同时将赣州古城土地利用现状图中的拟改造棚户区删除，获取历史、现状和未来赣州古城空间形态。然后运用 ArcGIS 对获取的各个阶段赣州古城空间形态及河套老区空间形态的盒子分维进行测算，测算数据通过 SPSS 进行统计分析。最后，为研究老城区与新城区道路网络复杂性的差异，对赣州河套老区、章江新区和蓉江新区 3 个主要组团的路网结构进行了测算。

4.2.1　赣州古城历史空间形态分形特征

福寿沟排水系统被破坏前，赣州古城的盒子分维为 1.7502（图 4），城市空间形态虽超过理想分维值，但此时的赣州古城具有较高的土地利用效率，紧凑且符合人体尺度的空间形态营造出极高的城市活力，以非机动车交通主导的城市生态亦较优。需要指出的是，赣州古城空间形态并非他组织所形成，而是历经 1000 多年缓慢生长的自组织结果。唐代陈霸先土城的外围存有大量的“渚涘”及农业生产用地，其城墙之外只有少量人口居住；唐末卢光稠江城亦只是通过城墙将赣州古城进行围合，并未进行大规模的城市建设；到民国时期，其建成区范围还有较多空地。直到 20 世纪 80 年代，由于赣州古城人口增加，城内建设用地需求随之增大，进而引发了填埋城内坑塘获取内生土地资源，拆毁西南侧城墙和护城河以扩大城市建设用地范围等非理性城市建设行为。

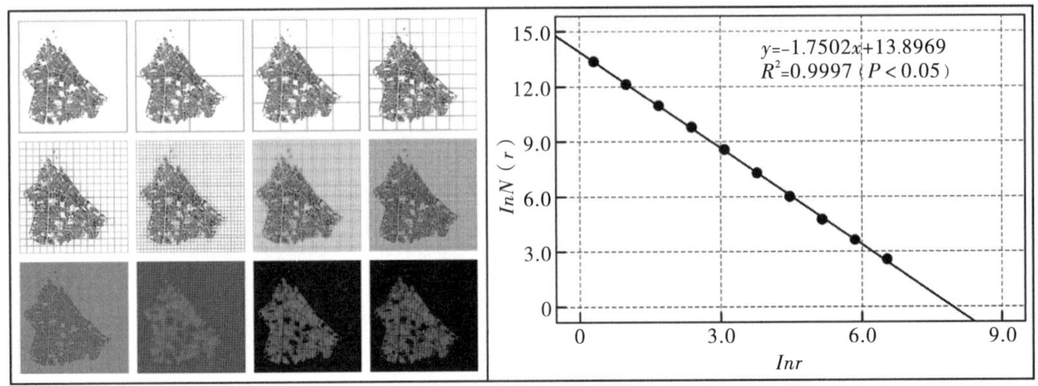

图 4　赣州古城历史空间形态分维

4.2.2　赣州古城现状空间形态分形特征

自 20 世纪 80 年代至今，经过近 40 年的城市建设，赣州古城填充式营建更为充分，其现状空间形态盒子分维已经达到 1.7943，此时的赣州古城空间形态具有极高的分形复杂性（图 5）。然而，随着机动车时代的到来，赣州古城的诸多城市问题开始涌现，交通拥堵，人与人、人与城市空间之间的连接性被机动车阻断，城市功能受到的干扰由低强度转变为高强度，人居环境质量下降。研究指出，当一个城市的分维达到 1.8 以后，大多会通过郊区化等自组织机制及有机疏散策略降低维数，这在河套老区空间形态分维测算中得到了验证，同时也说明城市分维的降低并非一蹴而就的他组织过程，而是一个长期的、缓慢的、自组织的、有机的系统过程。

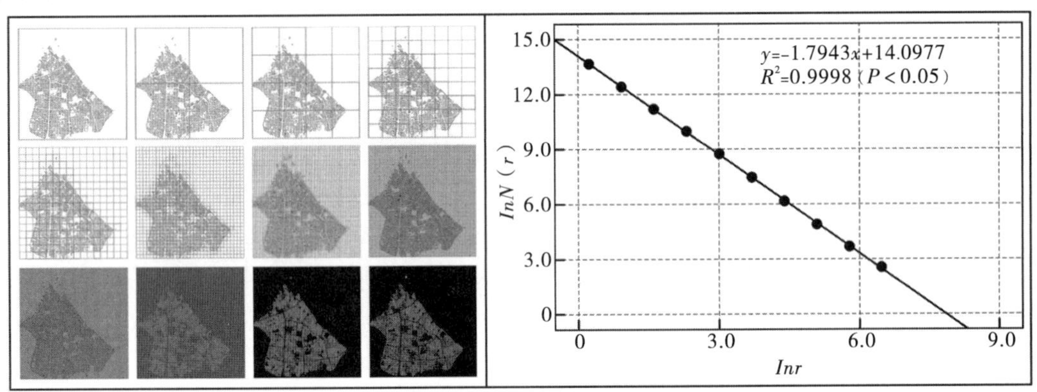

图 5　赣州古城现状空间形态分维

4.2.3　赣州古城未来空间形态分形特征

为缓解相关城市问题，赣州古城开展了阶段性棚户区改造工作。本研究尝试采用拆除式城市更新方式对赣州古城空间形态进行降维，更新后的城市空间形态分维为 1.7429（图 6）。从具体的城市物质空间来看，棚户区的拆除确实能够降低赣州古城的空间形态分维。但拆除棚户区的同时也破坏了原有城市空间形态的完整性和连接性，特别是原住居民的搬迁安置行为更加损害了赣州古城的市井文化，使得在规划工作中极力打造的空间（改造后的历史文化街区）徒有其表，历史城区长时间自组织形成的固有复杂性丧失。拆建式改造加上原住居民的迁出，使古城空间形态丧失人性化尺度和分形特征，这或许是赣州古城城市活力降低的重要隐患，并且有可能引发更深层次的社会问题。

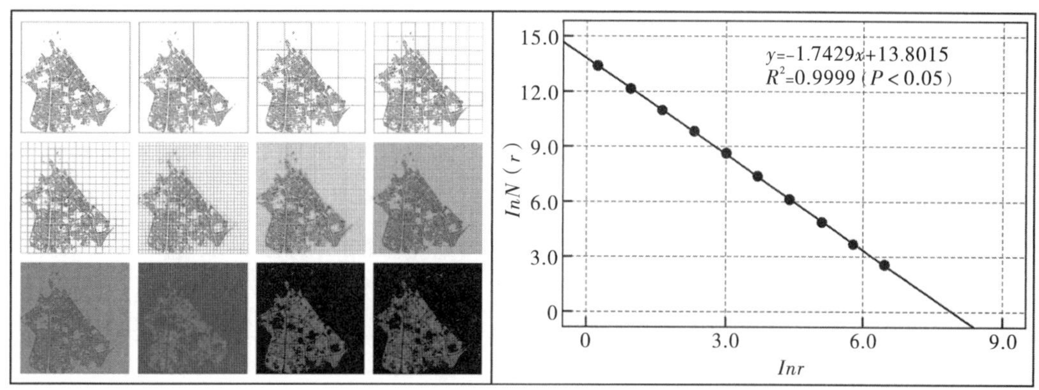

图 6　赣州古城未来空间形态分维

4.3　赣州河套老区空间形态分形特征

根据分形判定，赣州河套老区空间形态依然具有复杂的分形结构特征，其盒子分维值达到1.7620，且低于古城区现状分维（图 7）。从空间位置上看，赣州河套区和古城区都是章江、贡江所围合的区域，西南侧城墙的拆除及护城河的填埋为河套老区的空间发展提供了机遇。幸运的是，赣州古城的外延部分依然较好地遵循了原有的街巷结构、空间尺度和层级关系。因此，赣州河套老区应该是古城区空间形态的延续和发展，也是赣州城市历史文化的继承和发展，在某种程度上亦可认为是赣州城市特色营建的根基所在。虽然很多城市的古城区（老城区）一直处于被遗忘的状态，但是在新形势下，孕育和承载着丰富历史文化内涵的古城区应该得到重视和慎重对待。如赣州古城的三十六条街、七十二条巷、郁孤台、八镜台、阳明书院、濂溪书院、爱莲书院、文庙等，其中蕴含的人物传说、历史故事、文化遗产等，将为赣州城市名片的打造提供极为丰富的内容，是提升赣州城市形象和城市自信的重要资源。

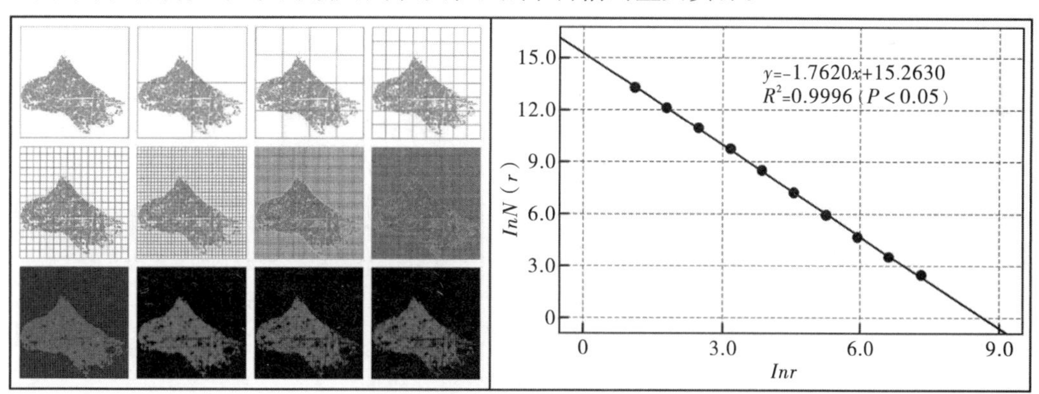

图 7　赣州河套老区空间形态分维

4.4　赣州城市重要组团路网复杂性

根据赣州河套老区、章江新区、蓉江新区 3 个片区控规层面交通系统规划及河套老区现状道路网络的道路中心线数据，通过 ArcGIS 软件生成道路交叉点。结果显示，3 个片区的道路交叉点数量和密度均存在较大差异（表 1）。

表 1　赣州城市典型组团的路网交叉口情况

组团名称	规划面积	交叉口数量	交叉口密度
河套老区（现状）	13.26 平方千米	3570 个	269 个/千米^2
河套老区（控规）	13.26 平方千米	905 个	68 个/千米^2
章江新区（控规）	18.33 平方千米	580 个	32 个/千米^2
蓉江新区（控规）	77.03 平方千米	2159 个	28 个/千米^2

历史城市的街区与道路是以分形方式组织在一起的，其道路网络遵循与街道频率和规模相关的尺度层级及逆幂律，在数量上符合帕累托分布，拥有良好的连接性和较高的复杂度，而现代主义引导的城市设计则逆转了这种关系，赣州市辖的 3 个主要城区亦体现出这种特点。河套老区的道路交叉口密度明显高于章江新区和蓉江新区，并且蓉江新区作为赣州未来发展的核心区域，其道路交叉口密度反而是最低的；河套老区现状路网的道路交叉口密度达到 269 个/千米^2，为城区的多重连接提供了较好的支撑；河套老区、章江新区和蓉江新区在控规层面的道路交叉口密度分别为 68 个/千米^2、32 个/千米^2 和 28 个/千米^2，新城区过于简单的路网结构有可能造成城市空间连接在层级关系上的缺失，进而导致城区的连接性减弱，这对城区社会秩序的构建存在负面影响。

5　结语

城市形态的演变是一个动态过程，也是城市生态系统一直寻求平衡的过程，具有悠久历史的传统城市聚落更是如此。在早期的城市建设过程中，城市为了抵御自然和人为的侵扰，大多营造了城墙、护城河等类似工事，内城则容纳一定规模的城市人口，人们在其中开展各类政治、经济、社会、文化和生态活动，城市土地利用和生态空间相对均衡，具有较高的城市活力。相比历史城市，形态简单的现代城市肌理分散碎化，街道连接度极低，建筑体量过大且不具备多样性，城市要素难以高效运转，造成人与人之间的隔阂，影响城市活力。对于赣州的城市发展，应充分理解老城区和新城区之间的差异性，一方面要在充分尊重历史文脉的基础上，慎重开展老城区城市更新工作；另一方面，新城区的规划建设应避免过于松散的城市结构，进一步提高街道网络的层级性、紧凑性和可达性。同时，关注城市形态的文化属性研究，充分挖掘宋城文化特征，在城市更新和新城建设中通过城市各种实体元素传承城市文化，突显赣州城市特色，促进城市整体形象的升华。

［本研究得到国家社会科学基金项目（17CG215）、江西省社会科学“十三五”规划项目（18SH09）、江西理工大学“赣南地区传统聚落空间形态研究团队”建设项目资助。］

［参考文献］

［1］WILSON A G. Complex spatial systems：The modelling foundations of urban and regional analysis［M］. Singapore：Pearson Education Asia Pte Ltd.，2000.

［2］潘竟虎，戴维丽. 1990—2010 年中国主要城市空间形态变化特征［J］. 经济地理，2015（1）：44-52.

［3］FORTUNA M A，GÓMEZ-RODRÍGUEZ C，BASCOMPTE J. Spatial network structure and amphibian persistence in stochastic environments［J］. Proceedings Biological Sciences，2006

(1592)：1429-1434.
[4] PORTUGALI J. Self-Organization and the City [M]. Berlin：Springer-Verlag，2000.
[5] 王豪伟，邱全毅，王翠平，等. 分形与元胞自动机耦合技术应用于厦门城市生态规划 [J]. 环境科学与技术，2012 (3)：168-172.
[6] 刘继生，陈彦光. 城市、分形与空间复杂性探索 [J]. 复杂系统与复杂性科学，2004 (3)：62-69.
[7] MANDELBROT B. How long is the coast of Britain? Statistical self-similarity and fractional dimension [J]. Science，1967 (3775)：636-638.
[8] BATTY M，LONGLEY P. Fractal Cities：A Geometry of Form and Function [M]. London：Academic Press Professional，1994.
[9] DE KEERSMAECKER M-L，FRANKHAUSER P，THOMAS I. Using fractal dimensions for characterizing intra-urban diversity：the example of Brussels [J]. Geographical Analysis，2003 (4)：310-328.
[10] THOMAS I，FRANKHAUSER P，BIERNACKI C. The morphology of built-up landscapes in Wallonia (Belgium)：a classification using fractal indices [J]. Landscape and Urban Planning，2008 (2)：99-115.
[11] ARIZA-VILLAVERDE A B，JIMÉNEZ-HORNERO FJ，GUTIÉRREZ DE RAVÉ E. Multifractal analysis of axial maps applied to the study of urban morphology [J]. Computers，Environment and Urban Systems，2013 (3)：1-10.
[12] 李后强，艾南山. 具有黄金分割特征和分形性质的市场网络 [J]. 经济地理，1992 (4)：1-5.
[13] 陈彦光. 分形城市系统：标度·对称·空间复杂性 [M]. 北京：科学出版社，2008.
[14] 吴庆洲. 龟城赣州营建的历史与文化研究 [J]. 建筑师，2012 (1)：64-73.
[15] 吴庆洲. 中国古城营建与仿生象物 [M]. 北京：中国建筑工业出版社，2015.
[16] 吴运江. 赣州古代城市发展及空间形态演变研究 [D]. 广州：华南理工大学，2016.
[17] 王树声，高元，李小龙. 中国城市山水人文空间格局研究 [J]. 城市规划学刊，2019 (1)：27-32.
[18] ALEXANDER C. A city is not a tree [J]. Architectural Forum，1965 (2)：58-62.
[19] 周庆华. 河谷中的聚落：适应分形地貌的陕北城镇空间形态模式研究 [M]. 北京：中国建筑工业出版社，2017.
[20] 童明. 城市肌理如何激发城市活力 [J]. 城市规划学刊，2014 (3)：85-96.
[21] SERGE S. 城市与形态：关于可持续城市化的研究 [M]. 北京：中国建筑工业出版社，2012.
[22] 许五弟，魏诺. 河谷聚落之分形：理论模型与现实引导途径 [M]. 北京：中国建筑工业出版社，2017.
[23] 田达睿. 城镇空间的分形测度与优化：基于陕北黄土高原城镇案例的研究 [M]. 北京：中国建筑工业出版社，2018.
[24] 冯健. 杭州城市形态和土地利用结构的时空演化 [J]. 地理学报，2003 (3)：343-353.
[25] BATTY M. Cities as Fractals：simulating growth and form [M] //CRILLY AJ，EARNSHAW R A，JONES H. Fractals and Chaos. NewYork：Springer-Verlag，c1991：43-69.
[26] 陈彦光. 分形城市与城市规划 [J]. 城市规划，2005 (2)：33-40.
[27] 刘继生，陈彦光. 东北地区城市体系分形结构的地理空间图式：对东北地区城市体系空间结构分形的再探讨 [J]. 人文地理，2000 (6)：9-16.

[28] CZAMANSKI D，BENGUIGUI L，MARINOV M，et al. When and where is a city fractal? [J]. Environment and Planning B Planning and Design，2000（4）：507-519.

[29] 姜世国，周一星. 北京城市形态的分形集聚特征及其实践意义 [J]. 地理研究，2006（2）：204-212.

[30] 陈彦光. 城市形态的分维估算与分形判定 [J]. 地理科学进展，2017（5）：529-539.

［作者简介］

温小军，博士，江西理工大学建筑与设计学院城乡规划与建筑学系讲师、城建党支部书记、城乡规划与建筑学实验中心副主任。

谢昱，硕士，助理工程师，赣州市自然资源局国土空间用途管制与自然资源开发利用科科员。

肖平，硕士，江西理工大学建筑与设计学院城乡规划与建筑学系讲师。

王研霞，东南大学博士研究生，江西理工大学建筑与设计学院设计学系副教授。

徐护萍，江西理工大学建筑与土木工程硕士研究生。

关于县级国土空间总体规划编制的思考

——以江西省浮梁县为例

□曾毅

摘要：国土空间规划是新时代我国做出的重大部署，是将主体功能区规划、土地利用规划、城乡规划等空间规划融合为统一的国土空间规划。现在全国上下都在编制国土空间规划，探索如何在编制国土空间总体规划中正确处理好几项关系，对编制好新的国土空间总体规划有一定的参考意义。本文以浮梁县为例，从生态保护与城乡建设之间的关系等六个方面展开思考，主要从土地利用规划与城市总体规划角度出发，多维度思考当下县级国土空间总体规划的编制，为编制一个好规划作出积极探索。

关键词：国土空间规划；城市规划；土地利用规划；浮梁县

1　前言

浮梁县位于江西省东北部，隶属景德镇市，地处赣、皖二省交界处，是鄱阳湖生态经济区38个重点县（市、区）之一，属高效集约发展区。浮梁县东邻婺源县，西毗鄱阳县，南接乐平市和景德镇市昌江区，北连安徽省祁门县和东至县。县域面积2851平方千米，耕地面积约2.51万公顷，辖10个建制镇、7个乡，总人口30万。

浮梁县地属亚热带季风气候，光照充足，雨量充沛，四季分明，风光明媚；县内平原、山区、丘陵交错，水网密布，素有“八山半水一分田，半分道路和庄园”之称。拥有数百种野生动物和上千种野生植物，森林面积约23.67万公顷，森林覆盖率高达81.4%。全县水质常年保持在二类以上，其中一类水质256天，占全年天数的72.6%。空气质量全年364天保持优或良。

浮梁自复县以来，牢固树立绿色发展理念，大力做好治山理水、显山露水、“生态+文化+发展”三篇文章，持之以恒推进生态文明建设。新增纳入国家重点生态功能区，被评为国家生态县、国家生态文明建设示范县、全国休闲农业与乡村旅游示范县、江西省生态文明先行示范县、省级森林城市。

2　规划编制基本情况

2.1　浮梁县城乡规划方面

（1）浮梁县城市总体规划。2019年2月，景德镇市人民政府正式批复浮梁县城市总体规划

(2017—2035)，规划确定浮梁县城的城市性质为：中国瓷茶文化名城、景德镇市副中心、山水秀丽的旅游城市。

预测县域常住人口规模 2020 年为 32.4 万，2025 年为 36.4 万，2030 年为 38.5 万，2035 年为 39.5 万；县域城镇化水平 2020 年为 53%，2025 年为 60%，2030 年为 67%，2035 年为 70%。

县城中心城区人口规模预测：到 2020 年，县城人口为 10.0 万，其中主城区为 9.4 万，三龙工业园区 0.6 万；到 2025 年，县城人口为 12.4 万，其中主城区为 11.7 万，三龙工业园区 0.7 万；到 2030 年，县城人口为 14.0 万，其中主城区为 13.2 万，三龙工业园区 0.8 万；到 2035 年，县城人口为 14.4 万，其中主城区为 13.6 万，三龙工业园区 0.8 万。

(2) 全域规划及“多规合一”。2017 年 12 月 6 日，浮梁县正式下发了《关于成立浮梁县全域规划暨多规合一领导小组的通知》，标志着浮梁县全域规划和“多规合一”工作正式启动，后由于国家启动国土空间规划编制工作而暂停。

(3) 专项规划及城市设计。浮梁县先后完成了县城道路交通专项规划及竖向设计、中心城区污水专项规划、中心城区排水（雨水）防涝专项规划、县城环卫设施专项规划、县城绿地系统专项规划、县域教育设施布点规划等专项规划，另委托开展了东部城区城市设计和三贤湖西岸城市设计。

2.2 土地利用规划方面

根据《浮梁县土地利用总体规划（2006—2020 年）修改方案（2018 版）》，城乡建设用地总规模为 8642.95 公顷。浮梁县 2006—2020 年新增建设用地总规模为 4020.74 公顷，其中占用耕地 1791.04 公顷。到 2020 年，建设用地总规模控制在 11768.60 公顷以内，其中预留 13.09 公顷建设用地规模专项用于不可预见的农村宅基地需求，预留的建设用地规模不需上图入库，实行台账管理。

3 存在主要问题

一是编制期末时间不一。浮梁县城市总体规划到 2035 年，而土地利用规划只到 2020 年。

二是编制目标不一。土地利用规划是从国土空间土地的保有量出发，特别是以对永久基本农田与耕地的严格管控为指导思想，注重行政对国土空间资源的管理，侧重土地单一要素对项目的管制。城市总体规划是以人口预测出发，结合经济、资源、交通、产业布局等诸多因素，从人的角度合理配置各项公共资源，构建人的生活、生产、交通、游憩与自然共生的和谐空间。

三是编制作用不一。土地利用规划编制是从土地管理的角度出发，确保我国土地资源的底线，尽量在有限的国土空间上开展各项建设活动，进而对单个具体项目有直接的决定权。城市总体规划是从全域的角度，尽量科学布局城镇空间、重大基础设施、重要公共服务设施，构建一个安全、快捷、生态的空间；同时作为传导，既是落实上位规划，又是指导乡镇总体规划、详细规划、专项规划及村庄规划等各项城乡规划编制的依据。

4 县级国土空间总体规划的几个关系

《中共中央　国务院关于统一规划体系更好发挥国家发展规划战略导向作用的意见》（中发〔2018〕44 号）的出台，标志着我国空间发展和空间治理进入了生态文明新时代、规划体制改革进入了建立空间规划体系的新时期、国土空间规划体系建立进入了落地实施的新阶段，这在我国规划发展史上具有里程碑意义。

首次将主体功能区规划、土地利用规划、城乡规划等空间规划融合为统一的国土空间规划，强化国土空间规划在空间开发保护领域的刚性管控和指导约束作用，为发展规划确定的重大战略任务落地实施提供空间保障，对其他规划提出的基础设施、城镇建设、资源能源、生态环保等开发保护活动提供指导和约束。

4.1　要正确处理好生态保护与城乡建设之间的关系

国家提出新的国土空间规划，就是要在生态方面统筹国土空间格局，明确空间发展目标，优化城镇化格局、农业生产格局、生态保护格局，确定空间发展策略，转变国土空间开发保护方式，提升国土空间开发保护质量和效率。

浮梁县作为第二批国家生态文明建设示范县，有着良好的生态禀赋，生态保护红线面积全省第一。要遵循“山水林田湖草生命共同体”理念，以问题和生态功能目标为导向，正确理解保护与发展的矛盾、眼前利益与长远利益的矛盾，既要注重当前的经济社会发展，又要留下今后永续发展的空间。当前国土空间用途管制是全区域、全类型、全要素的，土地用途管制的理念、方法和制度将推广到所有自然生态空间，要严格坚守生态红线、严格保护耕地，严禁不符合生态功能定位的各类开发活动。

各类城乡建设要牢牢树立绿色发展的理念，保护是建设的前提，建设是更好的保护。要在划定生态保护红线和永久基本农田的基础上，科学划定城市开发边界，通过“双评估”确定的合理环境资源与土地承载力来严格控制建设用地总规模。对土地空间的大分区要简洁明了，原土地利用规划对空间管制的“三界四区”统一调整为“三界三区”，即城乡建设边界的建设区、生态保护边界的保护区和农村生产边界的农业区，城乡建设一律在建设区内开展，保护区和农业区只许可“八类活动”开展。要树立大保护、大开发的理念，在确定全县生态保护整体目标的情况下，科学划分县域生态保护控制单元，根据控制单元合理划定中心城区、工业区、乡镇集中区、村庄、风景名胜区等各项建设的用地规模。

4.2　要正确处理好总体规划刚性与弹性的关系

城市总体规划一直以来就存在刚性不强的诟病，“规划规划，图上画画，墙上挂挂，不如领导一句话”。土地利用总体规划也存在1～2年进行一次局部调整的现象。这两个规划大都存在“规划跟着领导跑，领导跟着项目跑”的现象，严重损害了规划的权威性、科学性和合法性。但两个规划侧重点不同，土地利用规划在总量控制及分批指标控制方面管控比较到位，而城市总体规划在人与社会活动的规律、配置、指导等方面研究较深，因此，国土空间总体规划的编制要充分吸收原土地利用规划的刚性与城市总体规划的弹性，统筹自然生态保护与城乡开发建设。

此次国土空间总体规划时间段为2020—2035年，在确定总量规模控制的前提下，与国民经济社会发展5年规划相衔接，可分三个阶段均等分配各项用地空间指标。各项生态保护与用地指标以5年一个阶段下发到地方，地方上5年内不得突破这一阶段各项控制指标，且建设活动（除“八类活动”和国家、省重点工程除外）只能在城镇开发边界内实施。

开展5年一评估评价和年度审查工作，改变原来频繁的修改变更规划的局面，同时在城镇开发边界（城乡建设用地）范围内预留5%的空间作为弹性空间。对建设规划区内各类用地结构进行总量控制，严格执行城乡规划强制性规定，确保城乡规划区内各类建设用地在不突破总量的情况下，地方上可作局部空间调整；且城乡建设用地内的规划布局及各类建设用地结构，只能经5年评估通过后才能在城乡建设规划区内调整。

4.3 要正确处理好中心城区与镇村建设之间的关系

一般来说，各个地方的中心城区都是当地区域发展的引擎，中心城区的发展直接影响着当地的经济建设。要牢牢抓住以县城建设为发展龙头，把县城建设成为全县中心，成为对接景德镇国家陶瓷文化传承创新试验区的主战场。要做好县城的公共服务设施均衡化建设，不断满足人民对美好生活的需要；要建好县城的市政道路配套网格化建设，不断满足人民对提高生活质量的要求；要绘好县城的建设项目美化设计，不断完善人民对城市后花园的期盼。同时，要做好浮梁产业园、凤凰国际会议中心、高岭中国村、高岭瑶里风景名胜区、浯溪口水利枢纽建设、浮梁古县衙景区等重点建设项目，快速推进城乡一体化发展。

县城中心城区的建设要按市县同城的要求，对标景德镇中心城区的建设，以不低于景德镇市的建设水平规划好县城建设。各乡镇要充分挖掘本地资源，梳理本地区的文化传统特色，根据突出特色、规划紧凑、精致建设、美丽乡村的指导思想，统一谋划好本乡镇的总体规划编制；同时针对本区域内村庄的不同情况、不同地理、不同特色，分类指导村庄规划编制，以留得住乡愁、守得住记忆，走出一条生态、文明、特色、和谐的秀美浮梁乡村。

4.4 要正确处理好总体规划与专项规划之间的关系

总体规划是以国民经济和社会发展为目标编制，具有战略性、权威性、纲领性，而专项规划是总体规划在特定领域的细化，必须符合总体规划的总体要求，并与总体规划相衔接。专项规划行业特色明显，是政府指导该领域发展及审批、核准重大项目，安排政府投资和财政支出预算，制定特定领域相关政策的依据。因此，在国土空间总体规划编制的同时，各专项规划的编制部门一是要同步启动专项规划编制；二是要同时开展专项研究，以专项规划的专门研究补充总体规划的编制；三是要同期开展好与总体规划的对接、沟通和协调。

为此，为谋划好“十四五”规划，浮梁县应仔细研究5年内重大建设项目，建立近5年内重大建设项目库，以在国土空间总体规划中为近期重大建设项目留好、留足空间。建议县发展改革部门列出浮梁县专项规划编制目录，各相关部门根据批准的目录清单，与国土空间总体规划同步编制全县综合交通系统、全县自然保护地体系、全域旅游开发与保护、全县历史文化保护与利用、全县工业基地建设、全县综合商业流通、全县养老设施、全县教育体育设施布点、地下空间保护与开发利用等各项专项规划。

4.5 要正确处理好专题研究与总体规划编制的关系

根据中央文件要求，本轮国土空间规划期限至2035年，与党中央关于全面建成社会主义现代化强国的战略时间表高度契合。要依据省市国土空间规划等上位规划，立足浮梁县发展现状，准确把握浮梁县国土空间开发保护面临的形势，找准浮梁县在区域国土空间格局中的定位和作用。要在充分摸清家底的情况下，精准找到浮梁县发展的定位、目标、容量、布局，科学研判未来发展，提出2035年浮梁县域国土空间发展总体目标，明确各项约束性和引导性指标，在与国民经济和社会发展规划衔接的基础上制定2025年近期目标。

在国土空间总体规划编制前，要扎实做好课题研究，针对浮梁县的基本情况与未来发展方向，精选课题进行专题研究，且要研得深、摸得准、定得清，特别是在对浮梁县今后发展起到关键性的领域，更要做足功课，为国土空间总体规划的编制巩固基础。

4.6　要正确处理好统一标准与县域特色的关系

浮梁县国土空间总体规划在根据国家、省、市的文件精神和技术标准编制时，要依据浮梁的历史、文化、山川地理、空间格局、现实、基础和优势，优化资源，找准浮梁的根、了解浮梁的韵、细品浮梁的味，统筹“山水林田湖草”等保护类要素和城乡、产业、交通、文化等发展类要素布局，体现浮梁不同的空间肌理，构建全域生态、绿色、建设、文化空间总体格局。

国土空间总体规划编制在技术标准以内，要以景德镇陶瓷文化传承创新试验区建设为机遇，贯彻国家重大战略精神，通过规划争取上级政策的倾斜，统筹生态、发展、保护三者之间的关系。要深度把脉浮梁，彰显浮梁特色，充分挖掘浮梁的茶文化、瓷文化，与全县重要的风景名胜区、瓷茶文化遗迹保护区、重要的生态资源保护区、历史文化名镇（名村）、重要的农产品基地等因素相结合，以符合浮梁发展的乡村振兴为切入点，以高品质人居环境和文化传承创新为要求，以秀美乡村与生态新城相融合为原则，促进城乡一体化发展，谱写独具浮梁地方特色的国土空间大布局。

在各项编制标准的基础上，通过强化用途管制，统筹区域基础设施、重要交通设施、产业园区布局和廊道控制，提出公共服务设施建设标准和布局要求，提出风貌特色、历史文脉、绿地水系和城市更新的原则要求，打造宜居生活空间、宜业生产空间、宜游生态空间，诠释好山水浮梁、醉美浮梁。

5　结语

国土空间规划是党中央、国务院作出的重大部署，从“山水林田湖草生命共同体”出发，在全空间、全区域、全要素上强化规划权威，管控国土空间格局。县级国土空间总体规划是本级政府对上级国土空间规划要求的细化落实，是对本行政区域开发保护作出的具体安排，侧重实施性。

当前，由于国土空间总体规划的编制在我国是一个全新的事物，规划的标准体系、路径方法等都在摸索阶段，本文只是做一些简单的思考，仅供参考。

[作者简介]
曾毅，工程师，任职于浮梁县自然资源和规划局。

多元视角下高原寒冷牧区空间规划探索

——以西藏那曲地区安多县多玛乡总体规划为例

□张弛，扈哲，王曼，马玲

摘要：目前我国对常规城市空间规划的经验较为丰富、技术也较为成熟，但对高原寒冷牧区方面的研究却几近空白。按照中央的统一部署，沈阳对口支援西藏那曲地区安多县。多玛乡是安多县下辖乡镇，平均海拔4500米，作为高原寒冷牧区，其自然条件恶劣、生态系统脆弱、居住环境简陋、经济产业落后。在中央政策及外部条件等多元视角下，其空间规划策略及发展路径亟须确定。本文以援藏项目“西藏那曲地区安多县多玛乡总体规划”为例，从规划背景、现状情况、条件分析、发展策略、规划实施等方面介绍本次规划内容，并从区域空间结构、等级规模结构、职能结构、产业发展模式及镇区用地布局等方面具体探索高原寒冷牧区的规划模式，挖掘规划的创新特色。

关键词：多元视角；高原寒冷牧区；空间规划；总体规划；那曲地区安多县多玛乡

1　高原牧区规划背景

1.1　政策背景

安多县是西藏的北大门，是全国海拔最高的县份之一。按照中央的统一部署，沈阳对口支援西藏那曲地区（2018年4月撤地设市）安多县，通过项目援藏、资金援藏、人才援藏等多种方式，有力地促进了安多县经济社会发展。本次的安多县多玛乡总体规划作为援藏项目，不仅贯彻了中央精神，也是新型城镇化背景下高原牧区乡村振兴规划的突破。

中央在召开第五次西藏工作座谈会议中指出，对口支援西藏是中央的重大战略决策，是西藏实现跨越式发展和长治久安的重要保障，是实施西部大开发战略的重要组成部分。通过对口支援工作，极大地增强了西藏与其他城市的全方位联系，促进了西藏经济社会的发展和城乡面貌的改善，探索了加快艰苦边远民族地区发展的有效途径。

1.2　外部空间背景

多玛乡地处唐古拉山和昆仑山中间地带，处于青藏高原多年冻土区内，没有可供人畜饮水的长年流水的淡水湖泊，人畜供水困难，曾两次凿井取水，但都未能成功。加之冻土融沉，使地基土产生不均匀沉降，建筑全部出现结构性开裂，大部分建筑已成为危房。自然、地质灾害一直是影响多玛乡人民生活的重要因素。

自 2011 年 6 月以来，那曲地区民政局等部门多次赴多玛乡进行现场踏勘，经地委、行署反复研究，确定乡政府驻地搬迁至现址以东 18 千米处的嘎尔塘地区。嘎尔塘地区地貌主要为牧区草场用地，适宜开发建设。

多玛乡政府驻地搬迁后，需要对整个乡域的公共服务资源进行再分配，重新确定各行政村的职能、定位和发展方向，以及对乡政府新址用地布局进行统筹考虑，多玛乡总体规划亟待编制。

2　乡域基本情况

多玛乡位于西藏自治区北部，唐古拉山脚下，通天河南岸，当曲河右岸，乡政府驻地拟搬迁位置位于现驻地以东约 18 千米处的嘎尔塘地区，地处嘎巴曲与多玛河交汇处东南侧，多玛河一级阶地上。拟搬迁新址地形总体相对宽缓，地势南高北低，地貌特征受河流冲积影响，微地貌单元主要为多玛河冲积阶地，场区原始地貌未受到人类活动的影响。

多玛乡地处三江源自然保护区内，湿地面积占区域总面积的 24.6%。新址区域内水系属长江上游通天河水系，流经区域周边的主要河流为西侧的嘎巴曲及流经场区北侧的多玛河。

多玛乡是以畜牧业为主的传统乡镇，第二产业和第三产业不发达。全乡公共服务设施尚不完备，公用工程设施非常滞后。

3　发展条件分析

3.1　发展优势条件

多玛乡地处西藏北部，是西藏自治区的北大门。连接 109 国道的乡道贯穿乡域东西，是全乡对外联系的主要通道。多玛乡蕴藏着极为丰富的动植物资源，被誉为“高原之宝”。多玛乡日照充足，风能、太阳能等资源丰富。

在国家开展援藏工作、新型城镇化背景及全面建成小康社会的机遇下，多玛乡将迎来新的发展机遇。

3.2　发展劣势分析

多玛乡地处经济落后地区，受县城辐射带动作用小；全乡处于原始均衡发展状态，亟须一个带动作用显著的镇区；生态脆弱，牧业产出率低，亟须改善环境，调整传统生产模式；经济基础薄弱，亟须培养特色产品和支柱产业，实现联合发展模式。

4　规划发展策略

4.1　统筹发展策略——统筹区域、镇村发展

（1）统筹区域发展：统筹多玛乡与雁石坪镇和玛荣乡的协调发展，实现产业和基础设施建设的联合，避免恶性竞争，实现多玛乡经济的快速发展和功能提升。

（2）统筹镇村发展：统筹多玛乡镇区与各村庄的协调发展，形成以镇带村，村屯支持镇区，镇村分工明晰，经济协调发展的局面，全面推进社会主义新农村建设。借土地流转机制创新契机，促进村庄、农户之间的联合，避免无序竞争与重复建设，实现全乡经济良性、健康发展，形成分工明确、联系紧密的镇村空间和经济结构。

4.2 产业发展策略——完善体系、特色发展

（1）调整产业结构，完善产业体系：提升第一产业，巩固和加强牧业的基础地位，发展高产、优质、高效的现代牧业；壮大第二产业，发展生态工业；做强第三产业，发展高原生态旅游业。

（2）走特色发展道路：积极扶持牧户和企业，根据多玛乡特色，走品牌化、特色化发展道路，创建多种经济合作组织，大力发展牧业饲养相结合的生态牧业，生产具有地方特色的有机食品和绿色食品，并加强宣传，培育知名品牌，提升产品价值。

4.3 空间发展策略——集聚发展、集中建设

（1）乡域向镇区集聚：打破各村庄的原始均衡发展状态，引导全乡人口和产业向镇区集中，打造服务全乡和周边地区的乡域强中心。

（2）镇区集中建设：科学引导镇区形态，优化布局结构，实现镇区的集中建设和功能快速提升。

4.4 生态保护策略——注重保护、调整模式

多玛乡作为长江及怒江发源地，是长江水系生态保护的重要区域之一，规划必须把生态建设与环境保护当作首要任务。在开发的过程中注重环境保护，综合考虑多玛乡的区位、环境、生态承载力等因素，在保证生态环境良性发展的前提下，在分析生态系统能够承载的产业发展规模及类型基础上，合理开发利用各种资源，因地制宜地确定产业发展方向与布局。

5 空间结构统筹、产业发展定位与规划布局引导

5.1 区域空间结构

根据全乡的生态保护需要和村庄发展策略引导，规划期内引导人口和产业向镇区及发展相对集聚的村庄集中，规划多玛乡范围内形成“中心集聚、轴带发展”的镇村体系空间结构（图 1）。

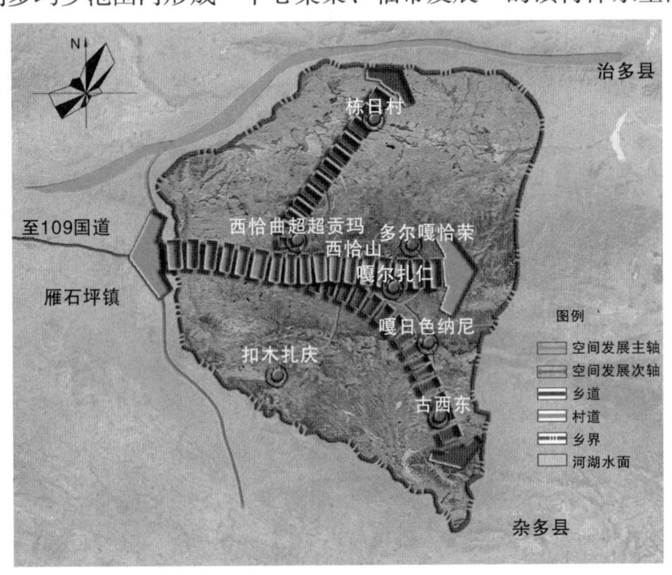

图 1　空间结构示意图

中心集聚：依托镇区现状基础和便捷的区位交通条件，集中全乡资源和财力，在新址做强做大镇区，形成全乡经济的增长极核，强化对全乡的辐射带动作用。

轴带发展：依托交通走廊形成带动全乡发展的轴带，强化对内带动和向外辐射双重功能。多玛乡内连接109国道的乡道是集聚全乡各种要素和服务功能的空间主轴，形成带动全乡发展的主要廊道，对内带动乡域发展，对外联系雁石坪镇及青藏公路；连接栋日村、西恰曲超超贡玛村、嘎日色纳尼村、扣木扎庆村的村道形成乡域发展次轴。大力培育中心镇的领航作用，加强轴线集聚发展，引导通道点状布局，实现中心镇与各行政村之间的互动，以中心镇辐射带动中心村，再以中心村辐射带动基层村。提升中心镇的辐射带动功能，强化多玛乡的集聚力和拉动力。

5.2　等级规模结构

根据对多玛乡乡域的人口规模及人口增长趋势判断，未来全乡在人口规模等级分配上，将体现出进一步突出壮大镇区规模和调整缩减村屯规模的发展特征。

全乡采取“非均衡”的发展策略，对于生态环境脆弱地区的村庄加大还林和生态恢复与保护力度，大力引导人口向镇区、中心村集中，逐步形成一般镇—中心村—基层村三级镇村体系，到2030年，一般镇、中心村、基层村的比例结构为1∶3∶3。

5.3　职能结构

综合多玛乡的产业基础和未来发展趋势，确定全乡的主要产业为牧业、养殖业和农产品加工。

乡政府驻地的嘎尔扎仁村，依托便捷的交通条件，形成全乡的政治、经济、文化信息中心，大力发展为全乡服务的商贸流通业；集中全乡的农产品加工企业，增加农产品的附加值，提高全乡的经济实力；大力发展特色牧业、养殖业。

西恰曲超超贡玛村、嘎日色纳尼村、扣木扎庆村，依托邻近连接109国道、乡道的交通优势和相对丰富的草场资源优势，形成规模化、特色化的牧业和养殖产业；加强对草场资源的开发利用，形成以牧业和养殖业为主，经济实力较强，能辐射带动周边村庄发展的中心村（图2）。

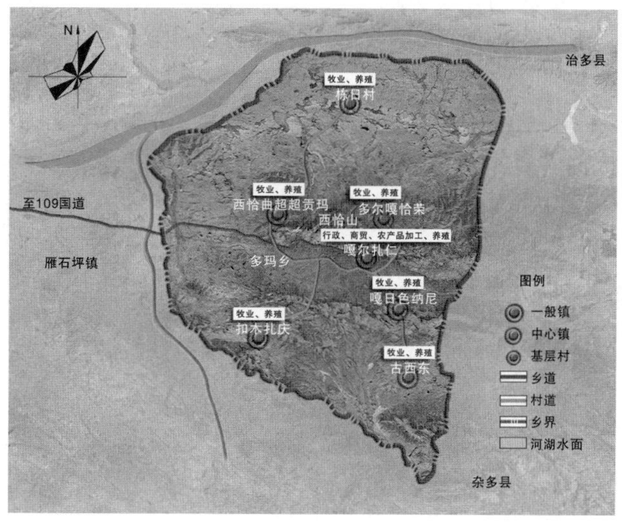

图2　职能结构示意图

5.4 产业发展模式

第一产业发展现代牧业。大力发展实体经济，突出抓好特色优势产业，大力发展牧业产业化经营，至2030年，提高牧业生产与工业生产的组织化程度，培育优良畜种选育基地、新型牧业生产模式示范基地、农畜产品加工基地三大基地，创建现代牧业产业化示范区，采取合作经济组织模式，带动全乡走向现代牧业发展道路。

第二产业结合本地优势资源，引进农畜产品加工生态企业，树立“多玛”品牌形象。在全县实施“工业强县”战略下，探索矿产资源开发加工，寻求新型能源开发渠道；借助本地“多玛绵羊”的优势资源，发展农畜产品深加工生态企业，以支持巩固全乡牧业的现代化发展。

第三产业探索发展高原探险旅游，培育商贸流通等服务业快速发展。借助唐古拉山—怒江源风景名胜区资源，促进高原旅游产业的新发展。做强集市贸易，强化对周边乡镇和村庄的服务能力，并为全乡的产品流通和经济发展提供良好的支撑，服务和辐射全乡发展。

5.5 镇区用地布局

镇区新址规划以区域生态保护为目标，以当地居民的生活需求为出发点，结合地区管理的需要，在镇区建设用地范围内确定“两心、两轴、四片区”的空间结构，以行政文化商业中心和生态绿化中心为核心，注重轴向发展，引领镇区健康和谐发展。

以集约利用土地，满足镇区总体的功能结构和综合效益发展需求为目标，创造出具有地方特色与民族特色的居住小区。规划力求集中布局居民住宅，并与公共设施形成良好的互动发展。

6 规划方案的建设实施

目前，安多县多玛乡已将《西藏那曲地区安多县多玛乡总体规划》作为指导，在控制性详细规划的要求下对镇区进行迁址建设实施（图3）。那曲地区民政局党组书记布永忠及县政府副县长扎西巴欧多次深入安多县多玛乡搬迁点考察指导工作，对实施进度、存在问题、解决方案等提出建议，同时各部门对镇区搬迁的各项工作进展情况进行详细汇报。相信安多县多玛乡规划的实施落地，能够为提高当地人民生活水平，为当地的城市健康发展做出贡献。

图3　规划建设实施现场

7 结语

本文在中央政策、自然条件、生态系统、居住环境、经济产业等多元视角下，打破常规，对高原牧区的空间规划、结构调整、产业转型进行了具体的探索研究。本次编制的安多县多玛乡的总体规划，不仅彰显了高原牧区特色风貌和文化魅力，也探索了高原牧区的产业转型。与此同时，该规划作为全国范围内海拔最高的城乡总体规划，也拓展了援藏的新形式。最后，希望以此引起更多规划工作者对高原牧区规划发展的关注。

[参考文献]

[1] 赤烈曲扎. 西藏风土志 [M]. 拉萨：西藏人民出版社，2006.
[2] 魏伟，李博寻，焦永利. 藏区中心城市的演变及格局研究 [J]. 建筑学报，2007 (7)：80-84.
[3] 徐宗威. 西藏城市特色问题 [J]. 城乡建设，2002 (11)：43-44.

[作者简介]

张弛，工程师，任职于沈阳市规划设计研究院有限公司。
扈哲，工程师，任职于中国建筑上海设计研究院有限公司辽宁分公司。
王曼，工程师，任职于沈阳市规划设计研究院有限公司。
马玲，高级工程师，任职于沈阳市规划设计研究院有限公司。

格局·体系·场所：山水格局下城市特色空间营造

——以安徽省当涂县为例

□陈翰文，陈碧娇，孔令龙

摘要：现代城市建设正面临特色缺失的危机，而结合自然山水的规划是缓解危机的有效途径。本文以城市山水格局为触媒条件，城市特色空间为作用对象，空间营造为实施路径，构建了“格局—体系—场所”的山水营城框架。本文结合安徽当涂总体城市设计，梳理了当涂城市与山水的格局演进，依托 ArcScene 建立生态网络、山水峰谷、三远眺望的量化模型对“山—水—城”特色网络进行导控，并在空间场所上深化与落实，最终实现当涂县的特色化与山水意境的营造。本文提出山水营城的有效路径，以期对同类型城市建设提供借鉴。

关键词：山水格局；特色空间；量化模型；城市设计；当涂县

山水格局是城市与周围自然环境共生的格局关系与空间秩序，承载了地域的人文内涵，反映了不同时期的时代精神，是城市特色的重要组成部分。城市特色空间则是体现城市与山水、文化关系的个性化表征与空间化载体。过去 30 多年的高速城镇化过分注重速度，导致城市在平面、高度上迅速突破与自然的格局关系，城市与山水之间的链接被切断，城市独特的山水个性被全球化的复制式建筑所遮盖，我国许多城市正面临山水破坏与特色缺失的双重危机。

当代，我国城市建设正经历由高速度向高质量的转型，品质与特色是城市发展的主旋律。依托山水格局进行特色空间的营造，有助于提升城市的整体品质与竞争力，保护城市生态环境与自然本底，构筑望得见山、看得见水、与自然共生的美好家园，唤起人民对本地特色的认同与乡愁，实现新时代人民生活需求与城市空间载体的统一，以及山水林田湖与城市生命体的统一。

基于以上认识，本文首先回顾以山水格局营造城市特色空间的相关研究，归纳提出山水格局对特色空间的作用机制；其次归纳“山、水、城”格局模式，并以安徽省当涂县为例，从尺度与形态角度解析城市山水格局；再次构建山水城合特色空间体系，以生态网络模型、山水峰谷模型、三远眺望模型作为量化支撑对特色空间网络进行引导和控制；最后立足簇群、廊轴、节点对空间场所进行设计，完成贯穿“格局—体系—场所”三个层次的山水营城方式与路径的探讨。

1　特征与机制——山水格局与特色空间

1.1　城市山水格局与特色空间概念析要

1.1.1　城市山水格局

城市山水格局是指在一定区域内城市与山水自然要素及山水文化共同构成的空间秩序与格局关系，即“山、水、城、人”的有机统一体。

其中，“山”指影响和支持人类聚居行为的山地、山坡地等起伏变化的复杂地形；“水”指影响和支持人类聚居行为，并与山地环境相关的江河、湖泊和水域；“城”（聚落）指人类通过建设活动，所营建出的用于聚居的物质和文化载体；“人”指聚居的人类本体，是营建活动的行为主体。

1.1.2　城市特色空间

城市特色空间是城市特色的空间载体，是与自然环境相融合，体现地方特色文化、表现时代特点的城市公共空间。

城市特色空间在类型上分为自然景观特色空间、历史人文特色空间、城市建设特色空间。城市特色空间系统是由城市特色要素在空间上相互作用所构成的空间整体，通过对城市特色空间属性的解读，可从本底与结构两个层次上将其分为城市特色空间格局与城市特色空间网络两个部分。

1.2　山水格局对特色空间的作用机制

对城市特色空间的分析，既包含对特色空间要素的识别，又包含对整体结构特色的理解。本文将山水格局对特色空间的作用归纳为格局本底作用、结构支撑作用与场所营造作用（图 1）。

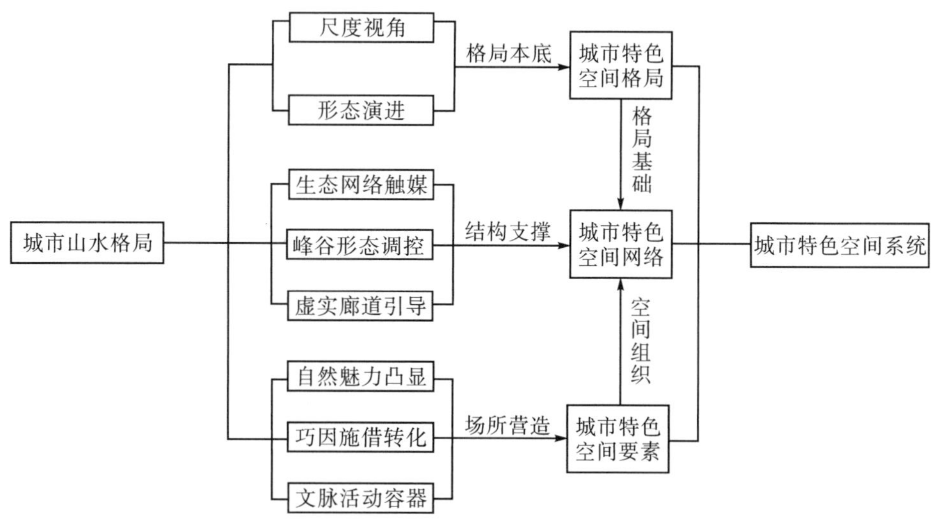

图 1　城市山水格局对城市特色空间系统作用关系

1.2.1　格局本底作用

城市的自然生态脉络与城市整体发展格局相融合，形成独特的城市特色空间格局，因此对山水格局的解析既包括意象化梳理，也包括量化的认知。中国传统城市规划中对于山水偏重意与形的表达，如杭州是“三面云山一面城”，常熟是“十里青山半入城”。西方学者对自然山水的态度更为理性，强调生态美学观念。现代学者综合了中外理念，提出以景观形态格局分析法、三维空间建模分析法、山水形胜分析法、生境网络分析法等多维度解析城市山水格局。此外，还有学者提出“山水都市化”的概念，强化了山水对城市区域景观的动态塑造。

1.2.2 结构支撑作用

山水格局是城市特色空间网络的架构基础，其结构性支撑作用体现在生态网络触媒、峰谷形态调控、虚实廊道引导三个层面。山水作为城市生态网络中重要的空间触媒，山水的架构走势直接影响城市生态网络的形成。如四川乐山以山林绿地为中心，形成“绿心—城市环—江河环—山林环”的特色生态网络架构。依托一方胜景而形成的特色片区，需要对其高度、密度等进行调控，以保证整体风貌的协调，同时凸显历史文化场所的空间体验。山体、水体与城市发展一脉相承，视线与文脉在虚实空间的统一中形成“山水艺术骨架”。

1.2.3 场所营造作用

山水格局在空间设计层级表现为山水与空间的互动作用，可以通过多种方式运用山水营造可感、可观、可游的城市特色空间，分别为自然魅力凸显、巧因施借转化、文脉活动容器。如于山水险峻处建阁楼更显其高大，于二水回澜处置塔更显其蜿蜒，相得益彰方能凸显山水的魅力。城市营建应巧妙借用自然地形，从而形成独具特色的空间，如重庆江边的洪崖洞依据滨江地形、依山就势层层叠叠展开。文脉是人文特色空间的灵魂，而山水是承载城市文脉的重要容器。如南通狼山不仅是自然坐标，更是城市的文化圣地，经历代建设传承，形成了以“毓秀山—衙署—江山门—望江楼—狼山”为轴线的宏阔格局。

2 尺度与形态——山、水、城特色空间格局

认知与解析城市山水格局的过程，就是在梳理城市特色空间的发展脉络，也是在塑造城市特色空间格局。本节着眼于对山水格局的解析，从格局模式、尺度圈层与互动演进三个角度演绎特色空间在格局与要素层面的营造要点与规律。

2.1 山、水、城格局模式

通过对山、水、城之间拓扑关系的分析，本文将山与城的关系归纳为山城相互隔离、城市向山体支状渗透、山城一体、山在城中 4 类，将水与城的关系归纳为水抱城、水穿城、水含城、水网城 4 类。借鉴基础矩阵的原理，将上述 4 种“山—城”关系与 4 种“水—城”关系进行组合，得到 16 种不同的“山—水—城”格局模式，并列举国内外典型的城市山水与建筑空间形态作为案例佐证（图 2）。

2.2 山、水、城尺度圈层

本文结合中国古代城市规划层次，以现代城市规划尺度的划分将山水格局划分为三个圈层，分别为区域环境圈层、城郊共治圈层和城区人本圈层。

在区域环境圈层中，城市以点的形式表达在整个地域山水环境中的区位、态势及城市群落之间对山水形胜的拟合，区域级山水本底促进区域特色空间格局的形成，如“山水都”安徽省当涂县拥江形成“控长江之要津，扼金陵之咽喉”的格局态势。

而城郊共治圈层包括城市与近郊范围，城市以面的形式表达山水与城市结构、空间形态的对应关系，市域级山水本底帮助塑造城市特色空间格局，如当涂县域呈现出“西临长江，北拱群山，东抱石臼，南怀熟地”的山水格局。

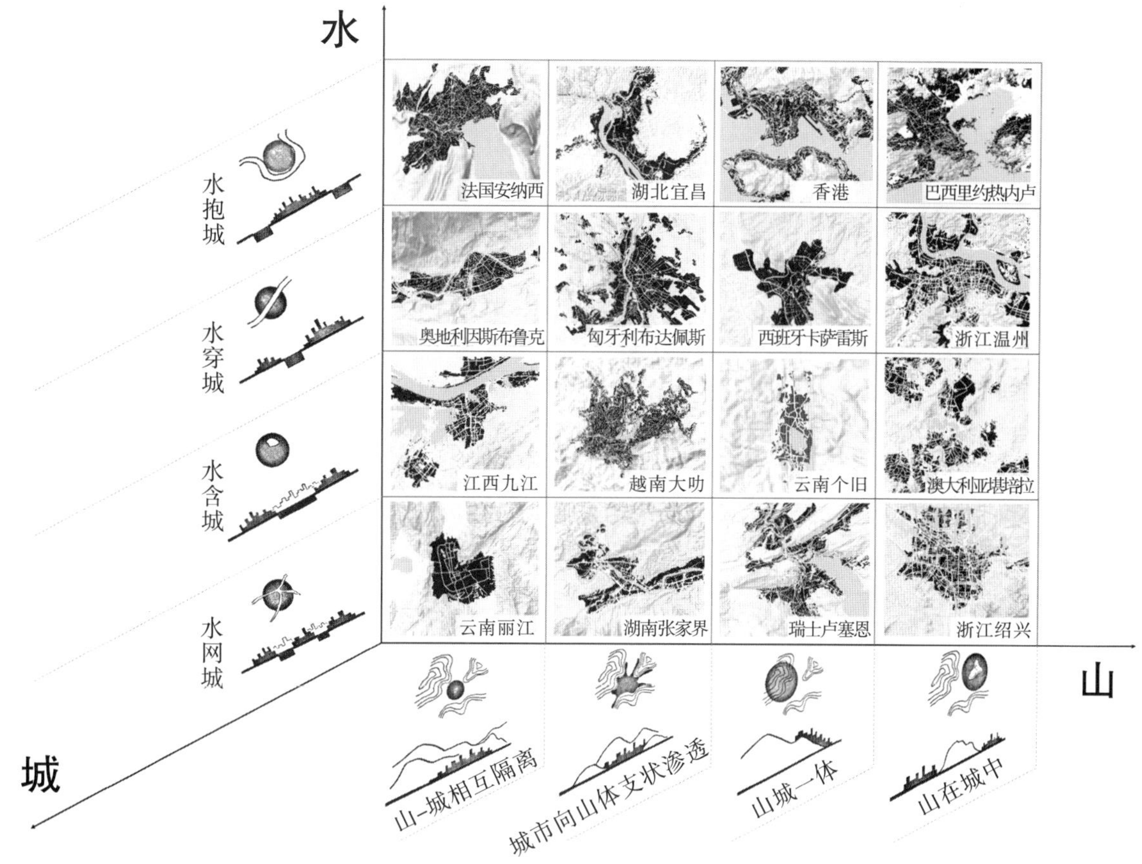

图 2　山、水、城格局模式矩阵图

城区人本圈层更加关注人本尺度下的建筑、公园、社区等营建单元与周边环境要素的关系表达。园林小品于关键处借山水形成凝秀妙景，如当涂城外三塔即为人工风景建筑修饰地形而试图寻求理想的山水格局状态；绿道空间则将山水与城市串联以实现通络，如当涂姑溪河、护城河水脉连接老城与新城（图 3）。

图 3　当涂区域山水格局（左）、城郊山水格局（中）和城区山水格局（右）

2.3　山、水、城互动演进

城市山水格局处于不断适应与调适的动态平衡过程中，各时期城市特色空间格局也是在时间观、地域观及过程观中不断发展的。本文以时空观解读新区与当涂老城及山水的关系（表 1）。

（1）围水筑城，群山环抱：传统时期，当涂素有“三塔两浮桥”的山水格局。城市在姑溪河北岸围绕姑孰老城营建，城墙以护城河环绕，城外分别在北、西南、东南方近郊的小黄山、姑溪河滩、凌云山上建有黄山塔、金柱塔、凌云塔，三塔与老城呈互望之势。这一时期当涂城市还未突破护城河发展，山水保持自然状态，作为城市的大基底环绕周围。

（2）两河倚城，山为城缘：新中国成立后，经过短暂的内城填补，当涂迈入骨架生长时期，突破了城墙的束缚，沿十字轴跨过护城河向北向东发展。依托老城在护城河周边及近郊白纻山等兴建产业空间，北部的襄城河、南部的姑溪河成为城市拓展的边缘空间，城市的山水格局逐渐打开，城市与山水交合模式单一不持续。

（3）跨河营城，山水城合：2002 年以来，县城进入跨越发展时期，当涂突破襄城河、姑溪河迅速拓展，凌云山、白纻山等产业空间逐渐置换成城市休闲公园，区域联动发展显著，青山、大公圩、石臼湖等区域由原来的自然山川、农业生产的传统职能向复合旅游、生态绿色发展。未来随着县城向南部大片腹地拓展，大青山将成为县城的生态绿色新核心。此时期，山水格局进一步扩大，城市与山水交融，山水成为城市发展的重要因素。

表 1　山、水、城格局演进表

时期	传统时期	骨架生长时期	跨越发展时期
城市状态	内向填充	轴向拓展	组团连接
山水状态	自然山川，近郊筑塔	山水入城，产入山水	职能复合，绿色营园
格局特征	围水筑城，群山环抱	两河倚城，山为城缘	跨河营城，山水城合
山水格局图解	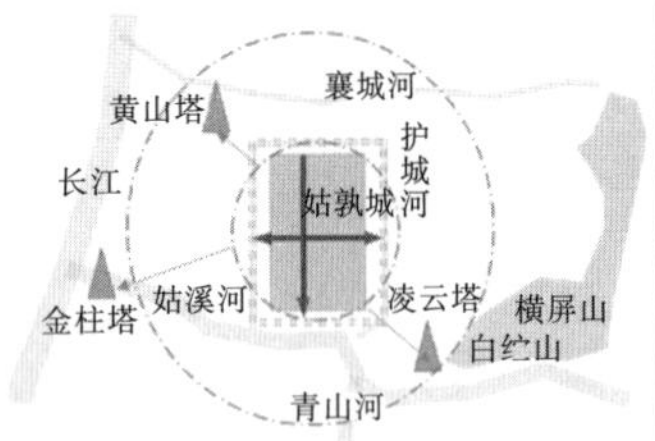 黄山塔 襄城河 护城河 长江 姑孰城 金柱塔 姑溪河 凌云塔 横屏山 白纻山 青山河	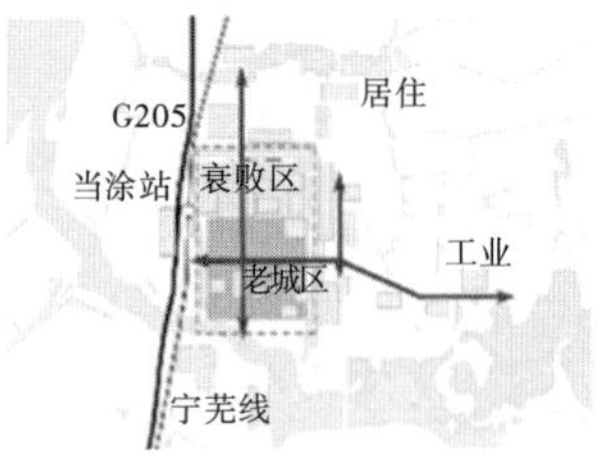 G205 居住 当涂站 衰败区 老城区 工业 宁芜线	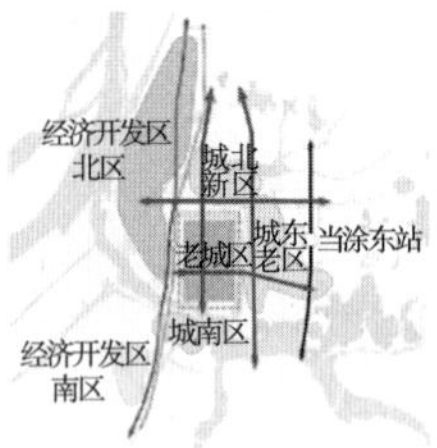 经济开发区北区 城北新区 城东老区 老城区 当涂东站 城南区 经济开发区南区

3　建构与导控——“山水城合”特色空间体系

将传统山水作为构成城市的要素，城市以山水构图，形成保持有机尺度的“山—水—城”群体，重现山水景观的活力。本节进一步以“山—水—城”特色空间网络为架构，以量化评价模型为支撑，建立“山水城合”的特色空间体系。

3.1　“山—水—城”特色空间网络

城市特色空间网络是特色节点和廊道相互连接并形成一定面域特色片区的链路结构。通过对特色资源的识别与整合，得到自然、历史、建设特色要素，再在空间上对要素进一步提炼与组织，将资源点集聚或风貌特色统一的区域划分为特色片区，将串联各个特色标识点与特色片区内部重要的景观轴线道路提炼为特色廊道（图 4）。

图4　特色空间网络生成图

通过对当涂县历史文化梳理、山川胜景识别、空间建设特色的整合提炼，结合各个资源点的价值评估与空间分布研究，以及规划设计的未来潜力特色资源点进行综合分析，可知当涂县城标志性城市空间特色资源包括格局稳定的当涂老城、三塔辉映的标志建筑、万家传颂的太白文化、拥城入怀的山体资源、一江三河的水网格局、宜居宜游的现代风貌等，为此，本文将当涂县城市特色定位为“一城三塔诗画都，伴山拥水花园城”。在特色资源点研究基础上，通过特色标识点、特色廊道、特色区叠加，构成当涂县城特色空间网络。

3.2　“山—水—城”空间量化模型

3.2.1　生态网络模型

自然环境构成了城市的发展基质，科学系统地认知城市的景观生态格局，构建城市的大斑块、大廊道，是解析城市山水格局生态基底作用的重要一环，也是对城市特色空间网络的节点、廊道、片区的生态内涵挖掘与特色重塑。

(1) 生态网络识别。

在城市生态学中，“源地”指可以促成景观生态过程进步的景观斑块类型。本文通过对当涂中心城区生态源地的识别，共梳理出有重要生态价值的绿地、风景名胜区、水域和林地四类生态源。

生态廊道是城市的生态流在互相联系扩散的过程中阻力最小的路径。通过对多个生态源、最小累积阻力值进行叠加分析，可以得到城市的生态廊道网络。最短耗费距离是指从“源”经过不同阻力的景观组所耗费的费用或克服阻力所做的功，公式为：

$$MCR = f_{\min}\sum_{j=n}^{i=m} D_{ij} \times R_i$$

式中，MCR 为最小累积阻力值；D_{ij} 为源地 j 到景观 i 的空间距离；R_i 为景观 i 对某物种运动的阻力系数；$f_{\min}$ 为单调递增函数，表示最小累积阻力与生态过程的正相关关系。利用该方法，以安徽省当涂县 2018 年总体城市设计中心城区用地数据为基础，共识别出 15 条生态廊道。

生态节点是城市生态网络中对控制生态流运动起关键作用的节点，即相邻生态源之间等阻力曲线的相切点。通过计算，初步得到当涂主城区的生态节点共 23 个。

(2) 山水生态组织导控。

将识别得到的生态源、生态廊道、生态节点依次叠加得到城市生态网络，再将其与城市建设空间进行叠合，构筑“以水为脉，以绿为网，城绿交融”的山水生态结构组织。

优化生态源地的本身生态服务能力与布局，丰富不同类别的生态源的附加功能，如护城河等活动度高的生态源要加强文化、绿植空间的设置，营建生态优先的郊野公园。同时，新区可以立足原来的山水田地营造中央绿地公园等，在盲区建设新的生态服务用地。

生态廊道实行分级导控，对于长江、姑溪河、山体等一级生态廊道，保证其宽度与质量，加强这些线性空间与城市建设空间的联系度。在生态廊道缺失的地区，通过绿道营建、河流疏导等方式增加二级生态廊道，从而整体打造水绿交融的城市特色。

生态节点层面，城西围绕河口，结合金柱塔人文胜景，打造滨江生态公园；城北以金山湖为核心，联动黄山、襄城河公园打造宜居的山水园；城中以三河交汇处为核心，联动凌云山打造河口生态游憩公园；而城东以白纻山、甑山为生态节点，将山与河交汇通道打通，打造森林公园。

3.2.2 山水峰谷模型

（1）山水峰谷识别。

“山水峰谷”指以高层建筑群山体为峰，峰之间的低层建筑群水绿为谷。该模型具体探讨了山、水、城在三维空间高度、密度的分布规律。

本文以当涂中心城区核心区的总体城市设计为例，梳理自然山体与城区建筑的高度信息，将建筑高度分为四个等级，分别为低层（9 米以下）、多层（9～18 米）、小高层（18～36 米）、高层（36 米以上），然后在 ArcScene 中通过栅格叠合的核密度分析，最终得到山水峰谷分析图（图 5）。当涂城市中心城区的高度分布，形成了高层簇群、自然山峰错落拱卫老城及低层簇群与水绿谷底镶嵌其中的格局。

除了白纻山、花山、甄甑山、凌云山、小黄山、大山坳、金山、包山等自然山峰，当涂城北釜山社区集聚了大量高层建筑，这一高层簇群在地势上补齐了城市北部的缺口。此外，城东的潘家跳、商务组团及老城北的胡家村簇群等以居住为主要功能的组团与当涂老城外围的“三塔”（即黄山塔、金柱塔、凌云塔）共同构成了中心城区的“四望点”，从而能够“综一方之秀，收四远之景”。自然水绿以“四河一湖”（即姑溪河、青山河、襄城河、护城河、金山湖）有机环抱当涂，地势上是自然的谷地，也是亲水的活力场所。在城东的文体中心、城南的职业大学形成明显的城市“谷地”，同时这些“谷地”还是当涂行政文化的新老中心，承载了休闲文化等功能。

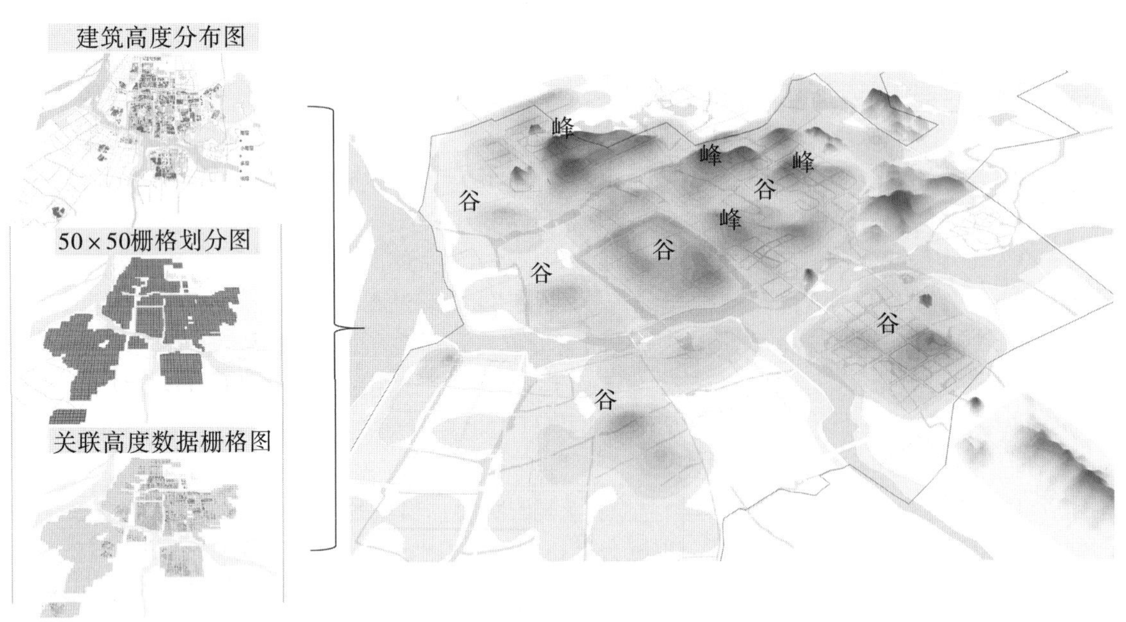

图 5　山水峰谷生成路径

（2）山水城空间结构优化。

“山水峰谷”是一种将城市建设空间山水化的表达，城市高层簇群与低层簇群之间的组合关系如同自然山脉的起伏，这有助于我们研究城市空间结构的优化。

前文的生态网络主要是聚焦虚空间的脉络解析，而峰谷模型则是城市实体空间的三维统筹。将峰谷空间与城市用地功能进行叠合，可以识别城市的主要功能簇群，同时结合虚实的廊道轴线将这些功能簇群联系起来，使当涂县城形成“依山靠江、城绿交融、三塔辉映、三河相生”的山水城空间格局（图 6）与“一主两辅、四轴七区、一环三带”的功能结构。

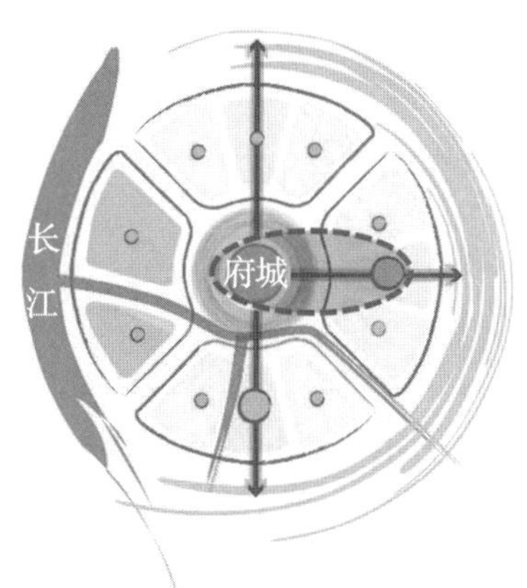

图 6　当涂山水城格局

3.2.3　“三远”眺望模型

“三远”是中国传统山水画理中的概念，由宋代郭熙在其所著的《林泉高致集・山水训》中提出：“山有三远：自山下而仰山巅，谓之高远；自山前而窥山后，谓之深远；自近山而望远山，谓之平远。”中国山水画立足于真山真水，其高远、深远、平远是观景之人与景观之间视觉关系的三种物象表达，更是一种动态的审美过程，进而产生不同的情感体验与哲学思考。

（1）高远——视角注记。

“自山下而仰山巅，谓之高远。”观察者的视点与景观形成仰角，且视距较近，形成以上为主、中为辅、下次之的观景效果，彰显景观的宏伟与细节。

以城市山体或重要地标建筑为高远观赏对象的时候，最小仰角定为 18°，以此来确定视距的最大值。研究区内，视点以与水体关系为标准划分为“临水型”“离水型”“跨水型”三个类型，每种类型选取一定数量的观察点。借助 ArcScene 的视点分析工具，可以获取每个视点可见山体投影面积大小，面积越大，山景越丰富；同时辅以 3D 模拟可视山体立面轮廓与实景照片的观望效果，对每个观测点进行定量化评价并进行观景优劣度的排序，分别打分。最终归纳出当涂凌云塔三个主观景方向分别是城南方向、两河方向与老城方向。

（2）深远——视线路径。

“自山前而窥山后，谓之深远。”深远在城市眺望体系中以视线路径的形式表达，且具有两大关键因素，其一为引导要素，观察者借助江流、山石、街道的引导向视线方向延伸从而形成连续的视线路径，可以是多个景观视廊组合接替而成。其二为遮露要素，视线路径总体连续但并非笔直，而是存在部分的遮挡，且遮挡物本身也作为过程节点显露，引导人们去往标志景物，营造空间深远的意境。基于视线路径的引导性与遮露性，本文将其解构为视点、景点、廊道与触点四个部分（表 2）。

传统的田野调查无法覆盖整个城区的范围，因此以当涂总体城市设计空间方案为数据来源，在 ArcScene 中建立三维模型，构建当涂中心城区视线路径体系。作为视线路径的核心，当涂中心城区标志性景观节点包括黄山塔、金柱塔、凌云塔。结合大气能见度修正，从三塔综合层面

与个体层面分别对三塔可视域分析结果做进一步解析，构建当涂三塔视线路径。

表 2　视线路径类型表

视线路径类型	视点—触点—景点	视点—景点（触点）—视点	景点—视点（触点）—景点
路径示意图 景点 → 视线 视点 廊道 触点			

（3）平远——眺望视域。

“自近山而望远山，谓之平远。”平远指在制高点环顾山势或在开阔的场地远眺标志物与城市天际线的一种察望山水的方式，视野遮挡较少，容易形成视觉面域，是整体认知城市山水环境的重要手段。城市水望城是主要天际线的观望方式，结合山水峰谷模型及城市三塔视域分析的相关结果，对城市滨水、山前地区高度进行导控。高度按照波峰段（60 米<天际轮廓线高度≤100 米）、过渡段（24 米<天际轮廓线高度≤60 米）、波谷段（天际轮廓线高度≤24 米）进行分区导控。通过高度导控、绿化种植引导和点状高层引导布局，增加滨水地区的天际线观赏性。通过景观视廊的严格控制，保证重要标志物“三塔”和城市山体可观、可感、可赏（表 3）。

表 3　天际线导控表

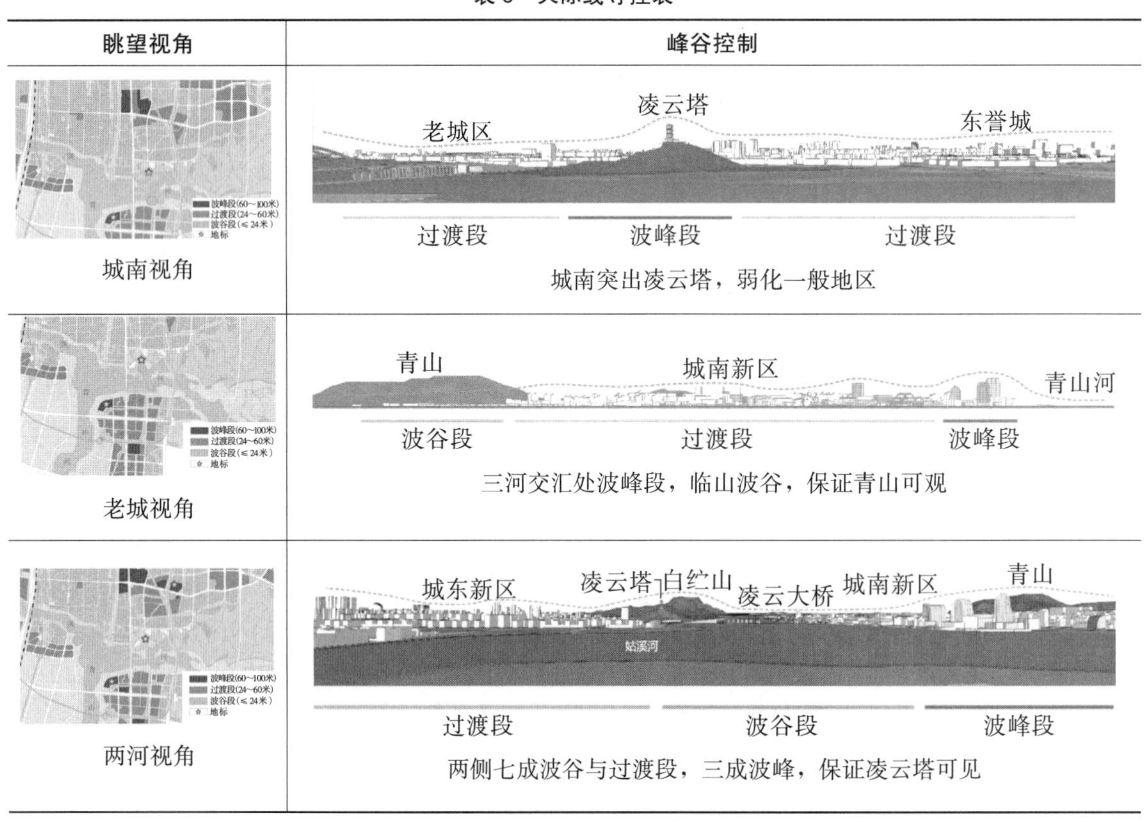

眺望视角	峰谷控制
城南视角	老城区 凌云塔 东誉城 过渡段 波峰段 过渡段 城南突出凌云塔，弱化一般地区
老城视角	青山 城南新区 青山河 波谷段 过渡段 波峰段 三河交汇处波峰段，临山波谷，保证青山可观
两河视角	城东新区 凌云塔 白纻山 凌云大桥 城南新区 青山 姑溪河 过渡段 波谷段 波峰段 两侧七成波谷与过渡段，三成波峰，保证凌云塔可见

4　营造与设计——望山阅水特色空间场所

本文运用自然魅力凸显、巧因施借转化、文脉活动容器等方法，借助三维建模、场景渲染、视点模拟等技术，由面及点，廊轴串联，分三个层次对空间载体进行营造与设计，这也是回归人本尺度，对系统中各要素的深化与落实。

4.1　特色簇群营建

立足城南新区姑溪河、青山河两河环抱，凌云山、大青山南北相望，半面环山半面水的山水格局，营建中央景廊核心簇群与两河山水门户簇群。

4.1.1　中央景廊核心簇群

凌云塔是当涂传统老城城外的三座标志物之一，是当涂人心中极其重要的人文意象。通过“三远”模型对凌云塔进行视域分析及观景方向评价，笔者确定了城南新区核心区以凌云塔为“一方之望”的主轴线，并围绕这一主轴线组织城南的核心空间。核心区轴引凌云塔—大青山，打造碧水环绕、平台穿插、亲人步行尺度为特色的贯穿南北、动态摆动的魅力中央景廊。在形态设计上，以中央步行轴线为主、二层平台穿插链接各个单元，既能满足独立使用，又兼顾对外开放，满足开放共享的理念。功能承载上，以弹性复合的理念开发核心区域，通过梳理原生的纵横水路将景廊分为 8 个弹性单元，既可作为大学，也可以用作其他疗养中心、老年大学、特色产业等业态的载体（图 7）。

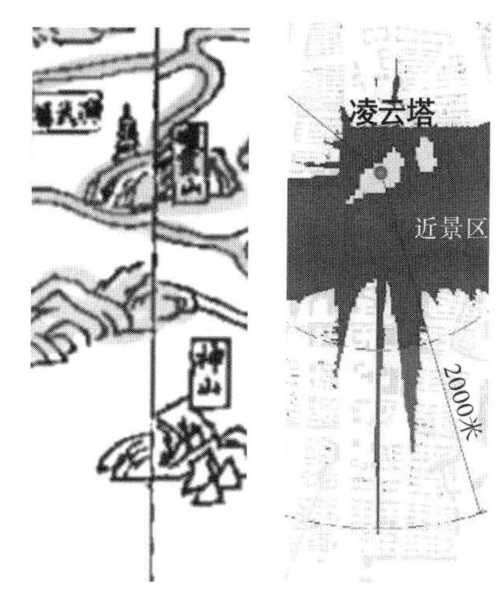

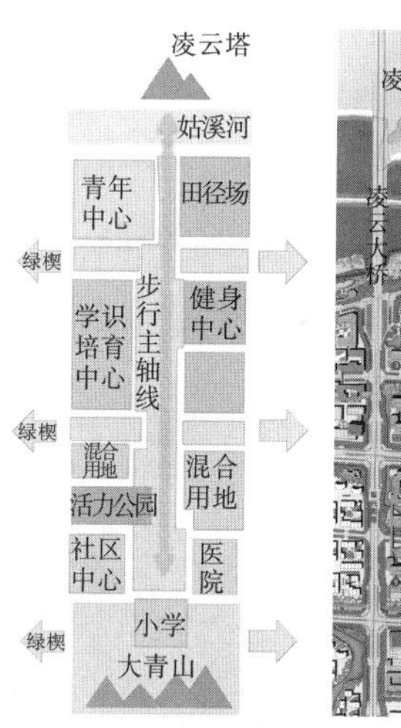

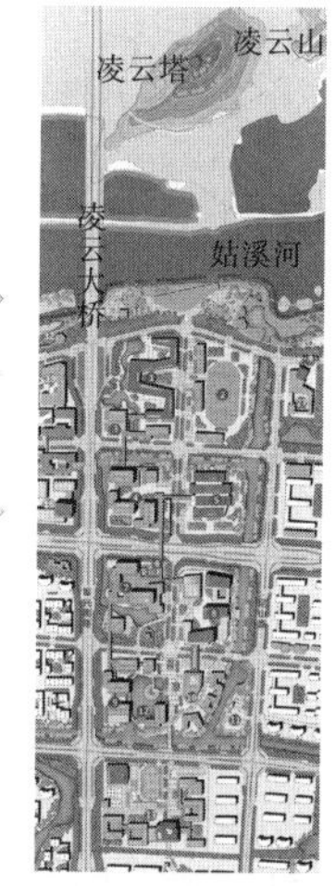

（1）历史山水形胜　（2）凌云塔视域分析　（3）魅力景廊效果图　（4）弹性复合功能布局　（5）平面图

图 7　中央景廊核心簇群设计图

4.1.2　两河山水门户簇群

三条河流的交汇处，河水的环抱形状提供了一种安全、带有保护的半岛形聚落环境。基于地块西北角地处姑溪河与青山河的“二水回澜”，是当涂主城区重要的一级生态节点，同时两河交汇处在城市山水眺望体系中也是承接凌云塔公园、护城河青莲路桥、姑溪公园的一级眺望点，为补全山水全形，设置滨河山水之家。山水之家，双河环臂，背望青山，既是主城向南进入城南新区的窗口之一，也是城市西侧新兴的地标。三座塔楼形胜山势以立，裙楼掬清水以倾城。酒店除用以旅游度假、康养外，还兼顾公寓、办公的综合功能（图 8）。

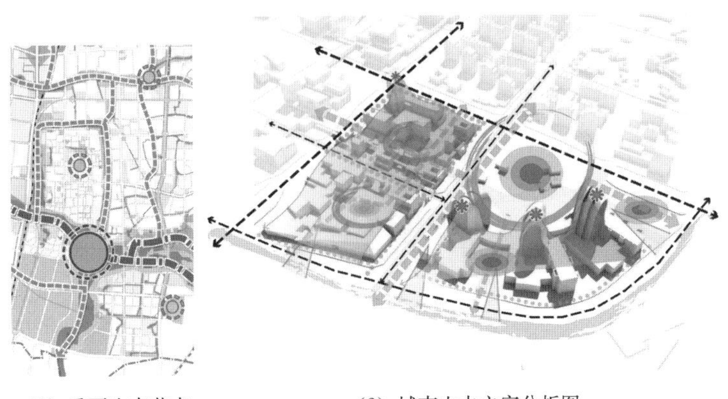

（1）重要生态节点　　（2）城南山水之家分析图　　（3）外环塔楼内抱公园

图 8　两河山水门户簇群示意图

4.2　特色廊轴塑造

廊道具有将城市特色簇群与节点串联起来的作用，其本身也是极具特色的线性空间。本文除打造核心区的凌云山主轴线外，还塑造了包括魅力环线、滨河绿带、望山通廊与滨河界面四大线性特色空间，实现文脉的传承与多元活动的复合。为体现开放共享的设计理念，组织更多公共活动空间，打造两条魅力动线，分别是内环人工滨水休闲动线和外围自然生态的景观廊道。姑溪河作为当涂的母亲河，是联系城南新区与老城的文化纽带，滨姑溪河打造一条旅游休闲风光带，每一段针对不同的断面与地块功能，策划三大主题公园，分别为滨河水上娱乐公园、诗词文化主题公园和运动文化休闲带。除凌云塔南北主轴外，地块内结合眺望体系及绿道体系，打造“西门户—乐知公园—尼山”望山通廊。基于山水峰谷模型，除横向立面高度的导控外，还进一步细化滨河剖面设计，形成“地标建筑—滨河裙房—内河—慢行步道—滩涂公园—姑溪河”的梯度视线设计。

4.3　特色节点设计

特色节点是最小层级的空间设计，往往与建筑、景观设计紧密关联，也是人群使用的直接载体。城南新区中轴线的尽端布置城南小学，在小学的主教学楼顶设计一层多功能活动室，面向轴线完全打开，将凌云胜景与中央魅力景廊借景入画，这是平远而眺的远景。高远视角层面，在新区的最北侧设计一处音乐台，与凌云塔隔河而望，视野开阔，人们既可以仰望凌云塔、之仪阁，还可以一览姑溪河两岸的美景。这便是直接的对景，将最佳的景观展现在场所之前进行设计。此外，在深远视角的视线路径层面，结合魅力环线的布置，新区在多个街区设置了乐活、乐知、乐山等口袋公园，这些公园与新区的水系、绿地相结合，引导人在其中运动、漫步与休闲，达到步移景异的效果。同时，在新区山水之家与中央核心区之间设计了一处文旅水街，结合地块内河道营造小桥流水的传统水街，于院落小空间转换大山水。

5　结语

钱学森老先生在 20 世纪 90 年代便提出山水城市的理念，发展到今天也已经快有 30 个年头。本文尝试探讨山水营城这一过程的方法论，以城市山水格局为触媒条件，以城市特色空间为作用对象，以空间营造为实施路径，构建了“格局—体系—场所”的山水营城架构。方法上，将量化分析的方法运用到山水城合的特色空间体系导控中，以生态流在城市中的流动、自然与人工构筑的三维统筹及人在城市中对山水的视觉感知为导入，丰富了结合自然山水进行城市设计的路径。

城市规划者心中要有“山水格局”，做到“胸中有丘壑，城市不异山林”，这既是中国传统营城秉承的天人合一，也是设计结合自然的思想体现，更是新时代绿色发展对城市建设的要求。

［参考文献］

［1］王琳琳. 城市山水格局解析方法研究：以蚌埠为例［D］. 南京：东南大学，2016.

［2］赵万民. 山地人居环境七论［M］. 北京：中国建筑工业出版社，2015.

［3］杨保军，朱子瑜，蒋朝晖，等. 城市特色空间刍议［J］. 城市规划，2013（3）：11－16.

［4］贾雁飞. 城市特色空间系统构建方法探索：以淮安中心城市为例［D］. 南京：东南大学，2011.

［5］HOUGH M. City form and natural process［M］. London：Routledge，1989.

［6］谭瑛，王琳琳. 古蚌含珠：蚌埠城市山水骨架建构探索［J］. 城市建筑，2017（36）：30－34.

［7］郑曦. 山水都市化：区域景观系统上的城市［M］. 北京：中国建筑工业出版社，2018.

［8］黄光宇. 田园城市、绿心城市、生态城市［J］. 重庆建筑工程学院学报，1992（3）：63－71.

［9］钱云，杨雪. 凤阳山水城市特色塑造策略研究［J］. 工业建筑，2018（10）：70－75.

［10］陈宇琳. “山一水一城”艺术骨架建构初探：以千年古县蓟县为例［J］. 城市规划，2009（6）：33－40.

［11］王树声，石璐，李小龙. 一方之望：一种朝暮山水的规划模式［J］. 城市规划，2017（4）：81－82.

［12］吴良镛. 人居环境科学导论［M］. 北京：中国建筑工业出版社，2001.

［13］单金霞. 地理信息技术支持的城乡结合部生态用地网络空间优化［D］. 南京：南京大学，2017.

［14］陈利顶，傅伯杰，赵文武. “源”“汇”景观理论及其生态学意义［J］. 生态学报，2006（5）：1444－1449.

［15］ADRIAENSEN F，CHARDON J P，BLUST G D，et al. The application of “least-cost” modeling as a functional landscape model［J］. Landscape and Urban Planning. 2003（4）：233－247.

［16］李晖，易娜，姚文璟，等. 基于景观安全格局的香格里拉县生态用地规划［J］. 生态学报，2011（20）：5928－5936.

［17］俞剑华. 中国古代画论类编［M］. 北京：人民美术出版社，2007.

［作者简介］

陈翰文，硕士，江苏省城市规划设计研究院规划设计二所助理规划师。

陈碧娇，硕士，江苏省城市规划设计研究院规划设计五所村镇规划建设中心助理规划师。

孔令龙，东南大学建筑学院教授。

高密度发展超大城市的空间结构选择

——东京副都心规划建设的研究与启示

□古海波

摘要：超大城市集聚了区域大部分的资源要素，其发展对区域乃至国家都具有重要的带动作用。城市结构是城市发展的骨架，科学研究并确定合理的城市结构对超大城市的发展具有至关重要的意义。文章分析了东京都城市结构的演变历程，总结了东京都城市结构发展与轨道网的关系及其建设经验，为我国超大城市规划提出了针对性的建议。

关键词：超大城市；城市结构；轨道网络；枢纽；站城一体

1 引言

20 世纪 90 年代“湾区经济”概念诞生，被认为是区域经济合作的高级形态，是推动技术创新和经济发展的重要动力。全球 60%的经济总量集中在港口海湾及其腹地，世界上 75%的大城市、70%的工业资本和人口集中在距离海岸 100 千米的海岸带地区，湾区经济已发展成为全球经济的中枢和引擎。目前，全球最成功的湾区包括美国的纽约湾区、旧金山湾区及日本的东京湾区，这些湾区都有一些共同特点，即通过区域协作，在湾区范围内形成一个产业体系清晰、链条合理、布局梯度有序、配套完善、产城融合的合理模式，核心城市在区域发展中具有重要的驱动和引领作用。

2019 年《粤港澳大湾区发展规划纲要》颁布，粤港澳大湾区总面积 5.6 万平方千米，2017 年末总人口约 7000 万，是我国开放程度最高、经济活力最强的区域，在国家发展大局中具有重要战略地位。在 11 个城市中，香港、深圳、广州、澳门是四个核心城市，其中深圳的主要职能是科技创新。在科技创新主导下的新一轮工业革命和产业大转移的背景下，深圳的发展对粤港澳大湾区的发展具有重要的带动作用。对标世界三大湾区，特别是同处东亚地区的东京湾区，其核心城市东京都的人口规模和紧凑高密度发展的空间模式，与我国超大城市空间模式更为接近，其规划建设经验，特别是中心功能的疏散和副都心的发展对我国超大城市空间结构的选择具有重要的借鉴意义。

2 城市空间结构理论及演化趋势

自工业革命以来，对城市空间结构理论的研究大致可划分成两个阶段。第一阶段从工业革命到第二次世界大战时期，侧重于区位理论研究，属于古典区位理论研究阶段。第二阶段从第二次世界大战至今，相关学者结合经济学对城市空间结构进行研究，重点研究经济规律与城市空间结构之间的关系，属于现代空间结构理论阶段。

1826年，德国经济学家约翰·冯·杜能在《孤立国同农业和国民经济之关系》一书中阐述了农业区位理论，以城市为中心，按照土地有效利用和运输成本的经济原则，对农业土地进行集约化经营规划，形成了同心圈层扩散布局模式。1898年，英国社会学家霍华德提出了著名的“田园城市”理论，设想人们生活在融城乡优势于一体的新型城市中，城市居中，四周由农业用地环绕，城市中央是公园，最外圈是各类工厂、仓库和市场，居民生活于此，工作于此。1933年，德国地理学家克里斯泰勒提出了“中心地”理论，建立了以城市聚落为中心的市场区分析模型，论述了城镇居民点及其经济活动的等级、规模和空间结构体系，创立了三角形聚落分布、六边形市场区的高效市场网络系统理论。1942年，芬兰建筑师E. 沙里宁为缓解城市机能过于集中的弊病，提出“有机疏散”理论，将城市作为一个机体，按照机体的功能要求，把城市的人口和就业岗位分散到可供合理发展的地域，把传统大城市集中整块的形态分解成若干个集中单元，彼此之间用保护性绿化带隔离开来。

第二次世界大战后，美国经济学家与欧洲学者将古典区位理论进行了综合，其中美国经济学家沃尔特·艾萨德将空间系统作为区域经济的研究对象，开创了区域规划的先河。1966年，约翰·弗里德曼提出了著名的“核心—边缘”理论，指出核心区是资本、人口、技术高度集聚的区域，边缘区域是经济较为落后的区域。核心区在空间系统中居支配地位，通过供给系统、市场系统、行政系统等途径来组织自己的边缘依附区，并系统地向其所支配的边缘区传播创新成果。

城市空间结构理论从早期分散到集聚到扩散再到均衡结构，形式由单核心圈层结构向多中心网络化演变。按照约翰·弗里德曼的“核心—边缘”理论，经济空间结构的变化可划分为如下四个阶段：

第一，低水平的均衡阶段。这一阶段出现在前工业化时期，生产力水平低下，经济结构以农业为主，工业产值比重小于10%，各地经济发展水平差异较小。城镇发展速度慢，各自成独立的中心状态。区际之间经济联系不紧密，区域基础设施水平低下，区域间没有形成网络，没有形成等级规模体系。

第二，极核发展的非均衡阶段。这一阶段出现在工业化初期，城市开始形成，工业产值在经济中的比重为10%～25%，核心区域与边缘区域经济增长速度差异扩大。区域内外的资源要素是由经济梯度较低的边缘区流向梯度较高的核心区。

第三，扩散的多核非均衡阶段。这一阶段出现在工业现代化阶段，工业产值在经济中的比重为25%～50%，核心区的资源要素开始回流到边缘区，边缘区工业产业群开始集聚，区域由单纯的“核心—边缘”空间结构逐渐变为多核心结构，多种核心之间的横向联系日益密切。

第四，区域空间一体化的高水平均衡阶段。这一阶段一般出现在后工业化阶段，此时科学技术高度发展，城市区域形成现代化的交通和通信网络，生态环境受到更多的重视，地区间的不平衡及就业、收入、消费水平和选择机会的差异等都逐渐趋于消失。各地区的空间和资源得到更充分合理的利用，边缘地区产生的次中心逐步发展到与原来的中心相似的规模，整个区域变成一个功能上相互依赖的城市体系。

目前，我国还没有城市达到第四阶段，全球三大湾区的核心城市也大都处在第三阶段，特别是东京都城市空间结构由单核心向多核心转变的过程顺应了经济发展的规律，为我国核心城市的空间结构选择提供了宝贵经验。

3 东京都城市空间结构演变

3.1 东京都都心

东京都由区部23区、多摩地域26市和岛屿部5町8村组成，面积为2186平方千米，人口规模约1300万。东京都都心是以皇居为核心的区域，包括中心三区，即千代田区、港区和中央区，面积为42.13平方千米，是日本的金融和经济中心。位于皇居外苑与东京车站之间一带的丸之内、有乐町和大手町是东京都心的中央商务区，面积约120公顷，这一地区内共有建筑109栋，汇集了日本几乎所有顶级公司的总部，平均容积率高达7.0，就业人口23万，2017年地区内92家上市企业合并销售额约135万亿日元，相当于日本GDP的25%，是全球商务金融活动最频繁、最方便、最有效率的区域之一。丸之内东侧的日本桥和银座地区是都心的主要商业区。日本桥是江户时代（1603—1868年）日本最为繁华的地区，东京都80%以上的商店集中在日本桥一带。银座是现今东京最繁华、最著名的大街，与巴黎的香榭丽舍大街、纽约的第五大街齐名，是世界三大繁华中心之一。

3.2 “一核七心”的城市空间结构

第二次世界大战后，日本人口规模随着经济的高速增长而持续增长，1958年东京都人口接近900万，但由于城市就业中心主要集中在都心，居住空间主要在城市外围地区，居住就业分离的空间结构加重了城市交通的负担，早晚高峰通勤过程甚至被称为“通勤地狱”。为缓解东京都中心区的人口和环境压力，东京都以都心功能疏散为目的，确立了三大副都心，即新宿、涩谷和池袋，1982年增加了上野、锦丝町、大崎三个副都心，1986年又补充了临海副都心，七大副都心承接都心部分外溢功能而成为新的核心，对外围区域形成支配地位，吸引外围区域的资源要素向核心区流动，形成新的高端资源要素的高度集聚区。最终，东京都形成了“一核七心”的城市空间结构。在空间布局上，七大副都心位于都心5～8千米半径范围内，其中新宿、涩谷、池袋、上野和大崎五大副都心位于JR山手线环线上，JR山手线环线串联了都心与主要副都心，形成了东京都空间结构的第一圈层（图1）。都心和副都心重点发展金融、保险、信息服务和专业服务业等现代服务业，每个副都心还规划了商业、休闲娱乐和文化等功能，提供了大量的就业岗位，特别是新宿、涩谷和池袋三大副都心中心服务功能强大，已经成为东京都人流最为密集的地区。东京都副都心的形成有效分散了都心城市机能，缓解了都心的各种矛盾，将东京都由原来的单核心圈层结构转变成多中心圈层结构，较好地适应了东京都乃至整个东京都市圈经济社会发展要求和人口空间布局特征。

4 东京都副都心规划建设经验

4.1 位于轨道交通枢纽，具备超强的区域通达能力

东京都副中心的发展离不开轨道枢纽的支撑，特别是著名的三大副都心，其发展和壮大均建立在一个功能强大的轨道交通枢纽的基础上。这几个轨道交通枢纽大都位于JR山手线环线上，是东京都外围放射状私铁、JR线和核心区地铁网络连接、转换的重要节点，客流量巨大。其中，新宿枢纽是全世界客流量最大的轨道交通枢纽，由12条线路组成，日均乘降客流达到365万人次；涩谷枢纽由9条线路组成，日均乘降客流301万人次；池袋枢纽由8条线路构成，

日均乘降客流 250 万人次，这三大枢纽是日本客流量排名前三的 3 个枢纽。3 个枢纽都有多条向外放射的轨道线路辐射外围的广阔腹地，这些放射轨道由私铁公司或 JR 东日本公司运营，将东京都外围的居住空间和副都心的就业空间紧密联系在一起。按照“核心—边缘”理论，对外放射线路的数量越多，相同时间内吸引流入核心区域的资源要素越多，支配的外围区域越大，与副都心的繁荣系数将会呈现明显的正相关关系。新宿枢纽有 7 条对外放射的线路，涩谷枢纽和池袋枢纽各自有 4 条对外放射的线路（图 2），在 1.5 小时交通圈范围内，新宿副都心的影响腹地范围明显比涩谷和池袋枢纽大，高端资源要素的集聚度和要素的流量也大于涩谷和池袋副都心。这 3 个枢纽的客流数据也直接印证了这个规律。

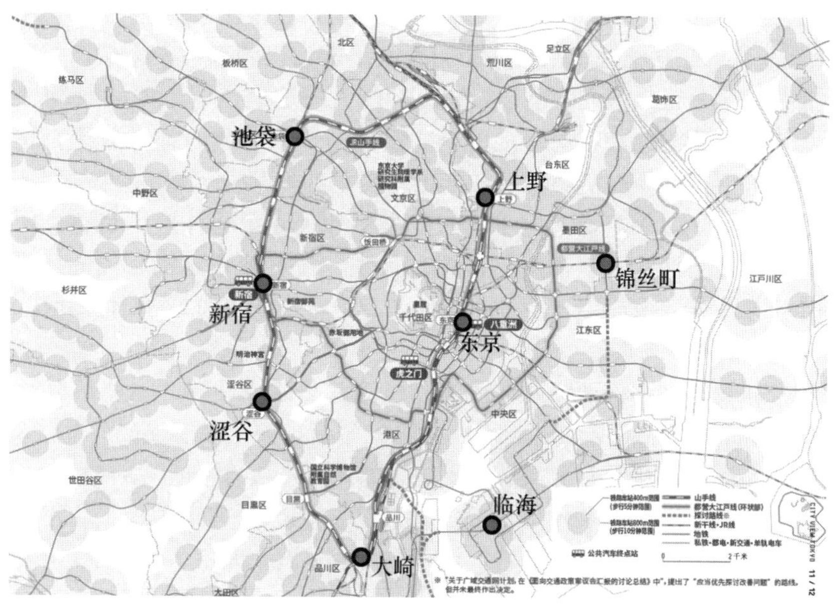

图 1　山手线与都心副都心关系图

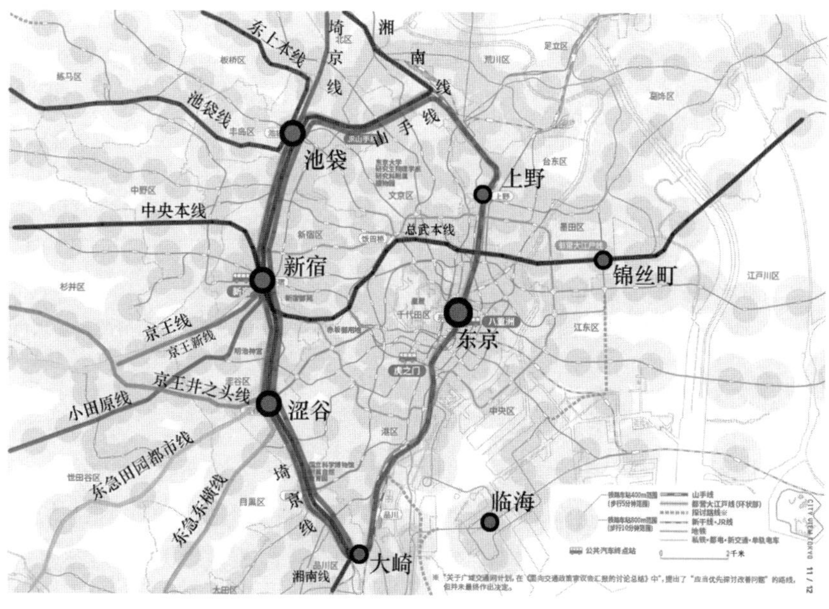

图 2　副都心对外放射轨道图

4.2 持续优化枢纽布局，提升效率与品质

副都心轨道交通枢纽日均乘降客流巨大，优化枢纽布局、梳理各类流线的空间关系、缩短换乘距离、提升环境品质是各个枢纽一直在持续优化和完善的工作。以涩谷枢纽为例，涩谷枢纽是七大副都心中最为复杂的交通枢纽，是核心区通往东京都市圈西南郊区的重要换乘节点，汇集了四家铁路公司（JR 东日本、东急、京王、东京地下铁），由 9 条线路（JR 山手线、JR 埼京线、JR 湘南线、东急东横线、东急田园都市线、京王井之头线、地铁银座线、地铁半藏门线、地铁副都心线）组成，设 6 个车站。由于这 9 条轨道线路是在不同时期建设形成的，运营主体和敷设方式不同，造成枢纽站空间关系和换乘线路异常复杂。银座线地上三层东西向敷设，JR 山手线、JR 埼京线和东急东横线地上二层南北向敷设，东急田园都市和半藏门线地下三层东西向直通布局，副都心线地下五层南北向敷设，京王井之头线地上二层东西向敷设（图 3），大量的换乘客流、长距离的换乘流线和相对局促的站内空间造成乘客出行体验较差。比如银座线和副都心线之间的换乘要上下 8 层楼的距离，加之银座线涩谷站开通已逾 80 年的时间，设施老化和环境品质问题突出。为了进一步提升枢纽的服务水平和乘客出行体验，东急集团联合相关权益人对枢纽线站位布局进行了大规模的优化改造。首先，借着地铁副都心线的建设契机，拆除地面二层敷设的东急东横线，改为地下敷设，与地铁副都心线实现直通运营。其次，将 JR 埼京线站位北移 350 米与 JR 山手线站台并列，缩短与银座线的换乘距离，同时对站台进行改造，JR 山手线和埼京线由原来各自的两侧两线站台改为并列的双岛四线站台并加宽站台宽度（图 4）。最后，将银座线站台东移到埼京线东侧，站台由侧式站台改造为岛式站台，站台宽度扩大到 12 米。通过以上优化措施，减少了换乘需求，缩短了换乘距离，增加了站台面积，优化了流线组织，大大提升了枢纽的运行效率和空间品质，同时释放了部分建设用地，为涩谷副都心中心功能的强化和公共空间品质提升、系统缝合提供了宝贵的发展空间。

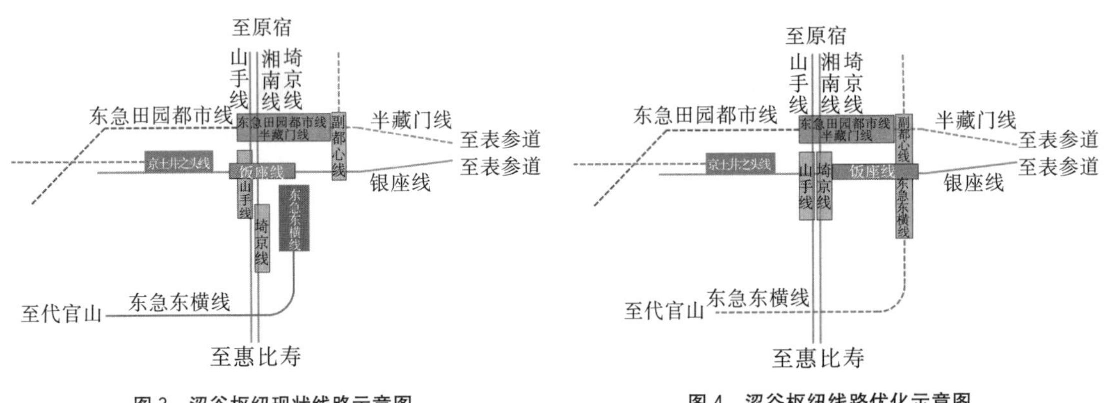

图 3　涩谷枢纽现状线路示意图

图 4　涩谷枢纽线路优化示意图

4.3 站城一体开发，将城市功能与交通功能完美融合

站城一体开发是东京都在高密度环境下适应人口高度集聚和大规模流动，将交通功能与城市功能完美融合，形成多中心节点的有效手段。东京都 7 个副都心和重要站点都进行了站城一体开发，其中涩谷副都心自 2005 年开始就结合枢纽站的优化改造，对站点腹地进行了大规模的站城一体开发。涩谷枢纽站腹地是东急集团的大本营，东急集团在该地区进行了长期的商业经营，从 1934 年东横百货店开业到 70 年代末东急 109 开业，大型的商业和文化设施使涩谷在 70

年代成为东京都新的商业中心。2000 年后，这些商业和文化设施日渐老化，提供新的高品质商业、办公和文化空间，提升中心服务能级迫在眉睫。涩谷枢纽站城一体开发的目标是通过都市再生，在枢纽站核心腹地再造一个交通组织便捷高效、中心服务功能强大、公共空间富有活力、慢行系统连续舒适、车站与城市中心完美融合的城市综合体，再通过这个综合体连接周边地块，从而在更大的范围内组织城市功能，缝合公共空间系统和步行网络。

涩谷枢纽站腹地根据《都市再生特别措施法》划定了 4 个“都市再生特别地区”，分别是涩谷站街区、道玄坂街区、涩谷站南街区和涩谷 HIKARIE 街区（图 5），4 个街区都市再生后建筑总面积将达到92.81万平方米。其中，2012 年建成的涩谷 HIKARIE 是东急文化会馆用地的开发项目，建筑面积 14.4 万平方米，综合了轨道车站、商业设施、餐饮、剧场、美术馆和办公等多元功能，塔楼中部的 2000 人剧场延续了场地原有的文化功能。涩谷站街区是原东横百货店和东急东横线、JR 山手线、银座线轨道站所在街区，结合多条轨道设施优化改造和一体化设计，未来将建成由涩谷站大厦、中央栋和西栋组成的总面积达到 27 万平方米的超级城市综合体，是涩谷副都心的地标建筑。涩谷南街区都市再生项目为涩谷 STREAM，规划建筑面积11.75万平方米，包含商业设施、酒店和办公空间。道玄坂街区地块面积 3300 平方米，建筑面积5.9万平方米，由商业设施和办公功能组成。这几个街区都市再生完成后，涩谷站腹地的商业和办公规模将成倍提高，其中办公空间增加到 26 万平方米，极大提升涩谷副都心的中心服务能级。

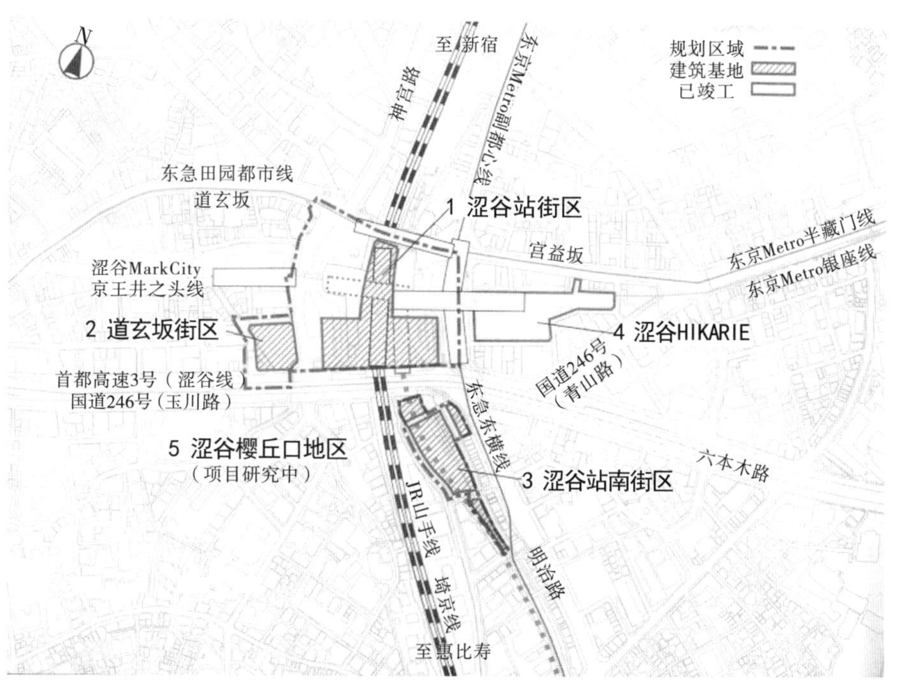

图 5　涩谷枢纽都市再生特别地区

在东京都站城一体开发中，集合了交通和公共空间功能的“城市核”是实现交通空间与城市空间一体化的关键。“城市核”在交通功能上是立体交通节点，连接了地下轨道车站、地下空间、地面及地上建筑空间，将竖向交通分解成多个平面的水平交通，在城市功能上是综合体主要公共空间，形式上一般为自然采光通风的多层中庭空间，将自然光线引入地下空间，改善地下空间环境品质，提高方向辨识度，实现车站交通空间与城市空间的无缝衔接。

4.4 多层平台缝合空间构建立体公共空间网络

结合建筑设置多层平台公共空间形成立体公共空间网络，是高密度开发项目提升空间品质的有效手段。东京都枢纽街区四边一般为城市主干道，对城市空间割裂严重，因此都市再生过程中特别重视公共空间和立体步行系统的设计，以街区站城综合体为中心，通过与建筑一体化设计的二层连廊系统将周边割裂的街区缝合形成一个紧密连接的整体。以涩谷站城综合体为例，四通八达的二层连廊系统将东侧的涩谷 HIKARIE，西侧的涩谷 Mark City 和道玄坂街区，南侧的涩谷 STREAM 和樱丘口项目连接成一体，这些连廊与各个建筑内部的中庭空间衔接，步行流线自然顺畅，步行环境优雅舒适。涩谷站地面层西北角是著名的忠犬八公广场和十字交叉路口，是涩谷的主要公共空间和人流密集区。涩谷站城综合体在四层设置标志性的空中换乘广场，通过多层平台延伸到忠犬八公广场，与地面公共空间实现自然连接（图 6）。从空中换乘广场往下一层可直达 JR 山手线、JR 埼京线站厅，再往下一层可与二层连廊系统实现连接，立体化的步行网络消解了地形高差，解决了复杂的各种流线关系。这个大型的屋顶广场不仅仅是一个交通空间，还是未来涩谷地区最富有魅力的公共活动空间，为室外临时展览、时尚发布、创意集市等提供了一个绝佳的场所。此外，在中央栋屋顶、涩谷站大厦屋顶和道玄坂街区建筑屋顶也都规划了屋顶广场，其中涩谷站大厦屋顶广场建成后将成为日本规模最大的屋顶观光广场。从这里可以看到正下方著名的涩谷交叉路口，北侧可以看到代代木公园和新宿的超高层区域，东侧可以看到六本木和市中心，西侧可以看到富士山的风景。多层的平台公共空间和屋顶广场提供了不同维度的视角和公共活动体验，将成为涩谷地区标志性的立体公共空间网络。

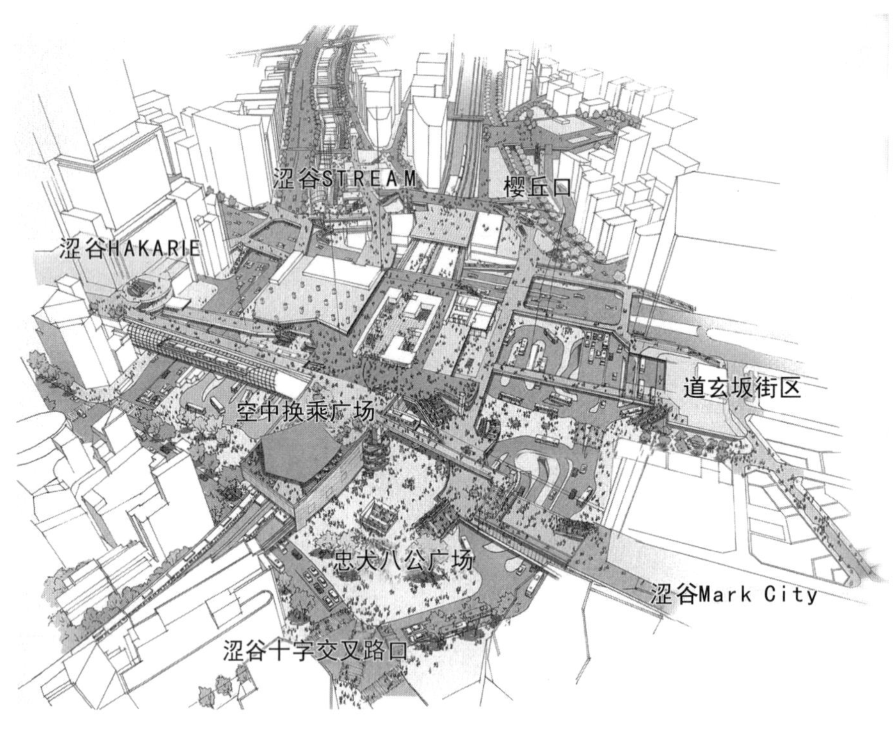

图 6　涩谷枢纽立体公共空间网络图

4.5　专业协调机构，统筹站城一体化建设

东京都站城一体规划由“地区促进特别区”政策指导，即以轨道交通站点为中心，划定一定范围作为特别区域。该区域内的开发受“地区促进特别区”政策直接指导，与区域外开发标准不同。2005 年 12 月，涩谷站周边地区被指定为都市再生紧急整备地区，成立了由政府、专家、轨道事业参与者和开发项目业主构成的“涩谷站街区基盘整备检讨委员会”，编制街区远景规划《涩谷站中心地区街区建设导则 2007》和指导街区轨道及基础设施建设的《涩谷站街区基础设施建设方针》（2008 年 6 月）。2009 年 6 月成立了“涩谷站中心地区建设检讨会”，细化了《涩谷站中心地区街区建设导则 2007》，为应对新需求持续优化建设导则，并在 2011 年形成《涩谷站中心地区街区建设导则 2011》，作为指导目前街区建设的蓝图。2011 年成立“涩谷站中心地区建设调整会议”，制定了《涩谷站中心地区城市基础设施建设方针》（2012 年 10 月），调整优化了《涩谷站街区基础设施建设方针》。这些协调机构和建设导则是根据新需求持续优化、不断迭代的过程，通过编制街区建设导则，协调各方诉求、稳定建设方案，保证了站城一体化建设的有序推进。

5　对我国超大城市规划的启示

5.1　超大城市由单中心极核发展走向多中心网络化布局

超大城市人口和用地规模大，经济发展水平高，单中心极核发展由于中心功能过于集中将引发城市交通、城市安全和热岛效应等一系列大城市病的问题，导致城市运行效率和城市环境品质降低。超大城市空间结构由单中心极核发展转向多中心网络化布局，是分摊城市公共服务和交通市政承载力，顺应城市经济发展规律的必然选择。多中心网络化有利于拉开城市发展骨架，在多组团范围内平衡就业和居住功能，分散通勤压力。同时，由于有更多的中心靠近城市的边缘地区，有利于发挥超大城市对外围区域的辐射能力，有利于都市圈的形成，从而实现产业的梯度布局和都市圈各城市的一体化发展。在超大城市规划中应识别城市发展所处阶段，并为未来更高阶段预留弹性空间，结合城市自然地理特征，积极引导多中心网络结构的形成。

5.2　城市结构和轨网结构耦合枢纽支撑中心形成

核心的基本特征是高端资源要素的高度集聚和高密度资源要素的自由流动。高度集聚需要在一定的空间范围内汇聚大量的资源要素，在城市形态上的反映就是高密度。自由流动是现代经济的基本特征，要满足高度集聚的高端资源要素自由流动，需要强大的枢纽支撑，核心即枢纽，包括信息枢纽和交通枢纽。资金流和信息流依托信息枢纽，人流物流依托交通枢纽。超大城市尺度巨大，人口规模巨大，要维持城市的高效运转，实现资源的合理配置和快速流动，城市结构和城市轨道网络需要高度耦合，城市各主次中心与交通枢纽布局需要高度一致，以枢纽汇聚资源锚固核心。城市发展轴带由原来的主要依托道路应转向依托轨道骨干线，特别是快线、城际线和国家铁路，大运量快速轨道交通可以产生虹吸效益让中心吸附更多的资源要素，从而强化中心能级，这同时也是中心对外辐射和服务的主要通道，形成城市发展轴带。

5.3 站城一体开发促进交通与土地利用协调发展

站城一体开发，引导资源要素向站点集中，在站点腹地布局商务商业中心、休闲娱乐中心和大型居住社区等主要功能，形成高密度发展的 TOD（以公共交通为导向的开发）社区，不但有利于塑造疏密有致、网络节点的独特形态，同时将城市主要功能节点与交通中心叠合，有利于资源要素在轨网内快速流动，将中长距离的城市水平交通转换成短距离的 TOD 社区垂直交通和步行交通，人们在 TOD 社区工作与生活，实现职住功能在轨网内的平衡。站城一体开发聚合区域、链接网络，是实现交通与土地利用协调发展，促进土地资源更加合理利用和城市系统运行更加精密化的科学模式。

5.4 高水准设计实现高密度与高品质的统一

高密度发展不应以牺牲环境品质为前提，高密度与高品质的统一需要高水准的设计，将 TOD 社区列为重点空间单元，协调各相关权益人对 TOD 社区进行面向实施深度的城市设计是实现高品质的关键。摒弃传统的大广场、大空间、大设施等粗放的设计手法，以站点为核心梳理各类人流规模和行为特征，区分休闲和通勤、进出站和换乘人流，对各类流线进行精细化设计和管道化引导，精心布局多样化、多尺度、多维度的公共空间和立体步行网络，以高水准的设计保障 TOD 社区公共系统连续，令公共空间丰富、公共界面友好，尤其是对站城衔接的接口空间。“城市核”是值得借鉴的成熟做法，应形成导则积极推广。

5.5 专业团队全过程协调保障规划实施

因地块业主不同，建设时序不同，TOD 社区建设具有长期性。为保障规划实施和空间品质，TOD 社区的建设需要多业主、多部门、多专业的全过程协同工作。规划编制完成后，实施过程系统衔接工作量大，需要一个专门的技术团队伴随服务，协助政府和各业主开展全专业技术统筹协同与把控，如建立 TOD 社区总设计师技术团队，全过程协调 TOD 社区规划建设，实现规划至建设的全过程协调与系统衔接。重点对街道、广场、公园等公共空间进行品质把控，对地下空间、地下通道、空中平台、公共通道进行施工衔接，对景观界面、景观环境、建筑外立面材质、色彩等进行设计协调。保证公共空间、公共系统的连续完整和公共界面的友好与协调。

［参考文献］

［1］亚洲金融智库. 粤港澳大湾区金融发展报告 2018［M］. 北京：中国金融出版社，2018.

［2］朱良成. 像绣花一样精细：看看东京丸之内 CBD 地下空间怎还做？（J/OL）. 地下设施智库，2018-04-13.

［3］日建设计站城一体开发研究会. 站城一体开发：新一代公共交通指向性城市建设［M］. 北京：中国建筑工业出版社，2015.

［作者简介］

古海波，硕士，高级规划师，深圳市规划国土发展研究中心副总规划师。

第二编

城乡规划编制与管理

文化征途　自信回归

——探讨文化自信时代下的规划精神

□程炼，徐方妮

摘要：中国文化经历几千年的漫长征途，终于迎来新时代背景下的自信回归。本文回顾新中国成立至今的文化岁月，并将其分为三个阶段，从规划工作者的角度总结其时代特征、口号、行为和建设，希望能够引发一些思考和共鸣。

关键词：文化征途；文化自信；规划精神

1　引言

中国经历了几千年的文化征程，历史悠久，底蕴深厚。十八大以来，习近平总书记在多个场合谈到中国传统文化，表达了对传统文化、传统思想价值体系的重视与尊崇。何为文化自信?文化自信是一个民族、一个国家对自身文化价值的充分肯定和积极践行，并对其文化的生命力持有的坚定信心。从新中国成立以来的文化发展历程中，可以一窥文化的兴衰和得失。能够坦率地承认以前对待文化的不足，正视需要解决的问题，懂得自省，同样是文化自信的表现。

2　新中国成立后的文化征程

2.1　解决基础需求的文化破坏时代（1949—1978年）

2.1.1　时代特征

这个时代最显著的特征就是推崇红色信仰，走“阶级斗争为纲”的路线，冲击和破坏了文化建设。该时期实行计划经济体制，重点强调以解决基础需求为纲，注重粮食、钢铁、石油等生产。

2.1.2　时代口号

在“赶英超美”的口号下，全国“战天斗地”，提出“人有多大胆，地有多高产”口号，出现粮食亩产突破千斤甚至万斤，钢铁年产量突破几千万吨的“浮夸风”现象。

2.1.3　时代行为

为了满足粮食、钢铁这些基础需求，各地开始大量毁林开荒，围湖造田。昆明的滇池就是在这个时期遭受了一场劫难：围湖造田虽然有助于生产，但付出的代价是滇池水域面积急剧缩小，湖底老化过程加速，自然环境严重受损，滇池的生态被破坏（图1）。同时，该时期破“四旧”

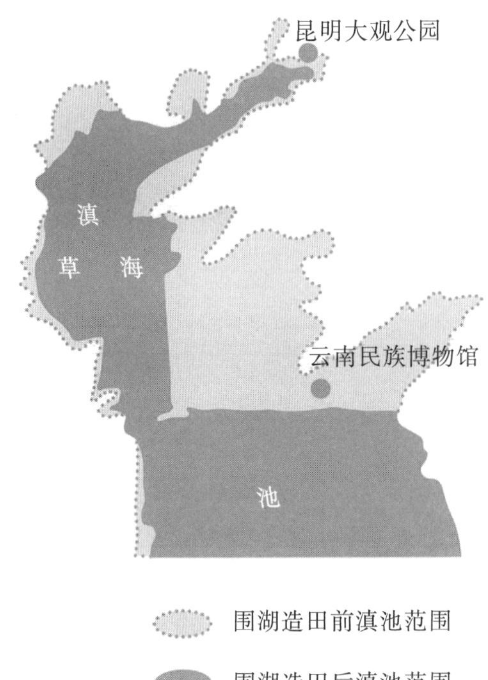

图 1 滇池围湖造田前后范围对比

行为，使得大量优秀的传统文化、文物古迹、历史遗产遭到毁灭性的打击，给民族文化造成无法弥补的损失。

2.1.4 时代建设

这个时代的城市建设突破城墙、护城河等固有限制，用拆除填平的粗暴方式对待传统文化的历史载体。当时北京总体规划曾经有两个方案，一个是苏联专家提出的长安街行政中心方案，另一个是由梁思成、陈占祥提出的规划方案（以下简称“梁陈方案”）。苏联专家方案仅仅考虑如何改建长安大街，使其成为辉煌气派的现代行政中心，缺乏对整个北京市的居民生活、文化、交通等问题的思考及方案的延伸。该方案中，北京的单中心如同当年莫斯科的城市结构，将所有工业、商业、行政大楼汇聚在一个节点上 ，以这种形式来礼赞首都。而“梁陈方案”认为新政府中心的建设必须使整个区域平衡繁荣发展，建议将行政中心职能搬到北京城西郊，既保护北京旧城中心的文物环境，同时也避免新行政区本身不利的部署。很遗憾，我们最终选择了前者，同时也为后来北京城市发展问题留下了隐患。梁思成在 1950 年对当时负责的官员说：“在这些问题上，我是先进的，你是落后的。50 年后，历史将证明你是错的，我是对的。”可以想象当时梁先生的心情是何等的失落和无奈。

2.2 解决经济需求的文化冲击时代（1979—2010 年）

2.2.1 时代特征

这个时代正好处在国家推行改革开放政策时期，经济体制也由计划经济转变为中国特色社会主义市场经济，国家层面强调以经济建设为中心，推行了包括家庭联产承包责任制改革、国企改革、经济特区创立等改革措施，用来振兴和发展新中国经济。

2.2.2　时代口号

时代口号目标明确，包括“时间就是金钱，效率就是生命”，“不管白猫黑猫，能捉老鼠就是好猫”，表明国家改革开放发展经济的迫切愿望。

2.2.3　时代行为

改革开放带来了大量外来文化，如摇滚乐、喇叭裤、流行音乐、日本动漫等都是在这个时代进入到国人的生活当中，对国人思想造成了一定影响，甚至有崇洋媚外的倾向出现。国人疯狂购买国外奢侈品、追星等行为都是这一思想的行为体现。

2.2.4　时代建设

在以经济建设为中心的国家方针引导下，城市发展速度大幅提升，一批现代化的新城在短短二十几年的时间内拔地而起（图 2）。这段时期的城市建筑过分强调求洋求新，出现大量“大洋怪”建筑，缺乏自身的文化特色，导致城市出现“千城一面”、风貌识别性差的问题。

图 2　1985 年和 2010 年的深圳

2.3　解决精神需求的文化自信时代（2011—2050 年）

2.3.1　时代特征

这个时期国家提出“中国梦”“民族复兴梦”等宏伟梦想，将满足人民对美好生活的渴望和向往作为国家发展的新目标。

2.3.2　时代口号

这个时期的口号通俗易懂，包括“绿水青山就是金山银山”“撸起袖子加油干”“两个一百年”等。

2.3.3　时代行为

主要体现在大国国策、大国力量和大国文化上，包括“一带一路”倡议、构建人类命运共同体、蛟龙入海、神舟飞天、国学走出国门等，标志着东方大国的全面崛起。

2.3.4　时代建设

重视生态文明建设，强调“城市双修”，通过生态修复、城市修补治理城市问题，改善人居环境，转变城市发展方式。正确认识城镇化问题，积极探索中国特色城镇化发展之路。实施乡村振兴战略，关注解决“三农”问题。中国特色社会主义先进文化体现在城乡建设的方方面面，绿色发展、城乡共荣、文化自信是这个时代建设的主旋律（图 3）。

图 3　文化自信时代下的城乡面貌

2.4　文化征程小结

每个时代都有自己的需求背景和文化印记。文化兴则国运兴，文化强则民族强，但是文化自信不是盲目自信，是需要底气的，它是道路自信、理论自信、制度自信的精神升华。实现文化自信要从“根”上寻找力量，以传承和发展传统文化为起点，努力在新时代弘扬中国文化，以中国特色社会主义先进文化筑牢发展根基，展现中国文化自信的独特魅力。

3　文化自信新时代下的规划精神

恰逢盛世，自信回归。很幸运，我们一起迎来文化自信时代。值得思考的是，在这样的时代背景下，规划工作者在城乡规划中如何凸显文化自信？

2018年3月，习近平总书记在十三届全国人大一次会议闭幕会上指出，中国人民具有伟大的创造精神、奋斗精神、团结精神及梦想精神，有这样伟大的人民，有这样伟大的民族，有这样的伟大民族精神，是我们的骄傲，是我们坚定中国特色社会主义道路自信、理论自信、制度自信、文化自信的底气，也是我们风雨无阻、高歌行进的根本力量！

笔者认为，规划工作者要在城乡规划中凸显文化自信，同样也应该具备“四个精神”，即初心精神、尊重精神、传承精神和坚守精神。

3.1 初心精神

何为初心精神？以人民为中心是最大的初心。何为以人民为中心，就是把人民群众的幸福需求放在首位，使人民得到幸福感和获得感。最广大最基层的人民群众是农民。在国家提出乡村振兴战略的政策背景下，我们希望帮助这些城郊型村庄在城镇化浪潮中不被完全吞噬和同化，保留其自身的村庄特色和历史文化。同时，满足村民的真实需求，使其得到更大的幸福感和获得感。不忘初心，方得始终，这就是初心精神最大的体现！

需求是有层级的。1943年，美国心理学家亚伯拉罕·马斯洛在《人类激励理论》中提出马斯洛需求层次理论，认为人类需求像阶梯一样，从低到高按层次可分为“生理需求、安全需求、社交需求、尊重需求和自我实现”五种需求。笔者根据村民需求特点，将其分为基础、品质、精神三级。首先，满足村民的第一级需求，主要是基础住房需求，对村民的危房、旧房进行拆除，对新房进行立面整治，给村民营造一个具有当地民居特色的温暖舒适的新居。其次，满足村民的第二级需求，即生活品质需求，营造良好的居住环境和景观特色，配套完善的社区服务设施，提升其生活品质。通过修缮姜氏宗祠，营造文化展示、祭祀活动场所，满足村民“宗族荣光、先祖显耀”的第三级精神需求。同时，对客堂空间进行翻修整治，作为举行重大宴请活动及村民议事结邻的场所，增进乡亲邻里间的淳朴情感（图4）；修建“教子园”用以传承传统文化精髓。通过不断强化乡村的集体感和归属感，将这些化为村民共同的“乡愁记忆”。

图4　客堂空间改造对比示意

3.2 尊重精神

尊重精神最主要就是要尊重文化信仰。何为文化信仰？它是一个国家、一个民族无具象却蕴含无穷力量的“精神种源”，也是民族自我尊重、自我认同及自我提升的重要旨归。建立在回归和创新上的文化自觉，是尊重生命和引领人性从善、从真、从美、从德这四个价值维度的坐标起点和终结。信仰是内在的精神层次，是想要达到的高度，而文化是精神的外在体现。

一方水土孕育一方文化，文化信仰具有地域性和独特性。笛卡尔提出“理性准绳”观点，要求“把一切都放在理性的尺度上加以校正”，因为理性是辨别真假的能力，是自然之光。我们应该解除地域、宗教、文化等方面的芥蒂和成见，以尊重和包容的心态对待各种积极健康的文化信仰，不宜以个人喜好为准绳强加于人。尊重和保护文化信仰的内涵特质，发掘和弘扬其合理文化内核，引导展现其爱国爱民、公平正义、多元和谐的多层价值，积极发挥其对文化市场、社会稳定、价值取向等调节促进作用，使其融入新时代社会主义文化建设的大潮之中。

文化的包容性和多样性正是它的魅力所在。对文化信仰的尊重，恰恰是文化自信的重要体现。

3.3 传承精神

莱昂·克里尔（Leon Krier）在《理性建筑：城市的重建》中指出，城市是一种“集体的人工创造物”（Collective Urban Artefact），是一种艺术文化的集体产物，“它由时间造就，并植根于居住和建筑文化之中”。城市是承载着记忆与情感的容器，城市的记忆刻在那些留存下来的旧物里，而城市的情感则浸润在民风民俗中。人们往往只过多地关注城市容器本身，却忽视了容器内部丰富的记忆和情感。留住历史的记忆和味道，传承城市的情感和精神，才是当下急需要做的。

普洱市思茅老街就是一个不错的例子。它是茶马古道上重要的驿站，是普洱历史建筑和文化遗迹最集中的片区。它记载着茶马古道的悠久历史，折射出普洱城市发展的缩影，承载着普洱人民难以割舍的美丽乡愁。思茅老街由天民街（革命先驱故居地）、菜市街（市井肉菜市场）、珠市街（金银首饰加工铺面）、南正街（商贾贸易集中市场）、顺城街（人马休憩客店）、新兴街（手工匠人一条街）、戴家巷（儒林文人盛地）、五一路步行街（裁缝一条街）8条有代表性的街巷组成，形成“七街一巷”的格局，每一条老街都个性鲜明，有着自己的故事，每一份记忆都弥足珍贵。

如今走进思茅老街，街巷空间狭窄，建筑破旧不堪，老街风貌基本消失，实在很难想象它当年的辉煌。老街上依然保留着很多类似草药店、裁缝铺、修理店、水果铺等市井生活气息浓厚的老店铺，老街居民、老思茅人对其认可度极高，邻里关系十分和睦。同时，老街还分布着众多的百年美食老店，许多人起早排队，只为吃一碗地道的小吃。这些老店承载着当地居民儿时的记忆和味道，是老街重要的人文遗产，许多老店店主如有长时间外出，便会挂出如“回家过泼水节”的告知牌，是给老客户、老邻居一个交代。笔者认为，文化的外表虽已破旧，但文化的精髓却以我们所能感知的另一种形式继续延续着。因此，我们在思茅老街更新改造中提出“老街·坊”的总体构想，主要包含两层含义。其一，老街坊代表的不仅是街坊院落式的生活方式，更是延续了邻里街坊间的深厚情感。站在社区规划师的角度，我们致力保留这种轻松和谐的邻里关系。其二，规划层面的“街—坊—院”的层级构建。通过重塑街坊空间，唤醒城市记忆（图5）。

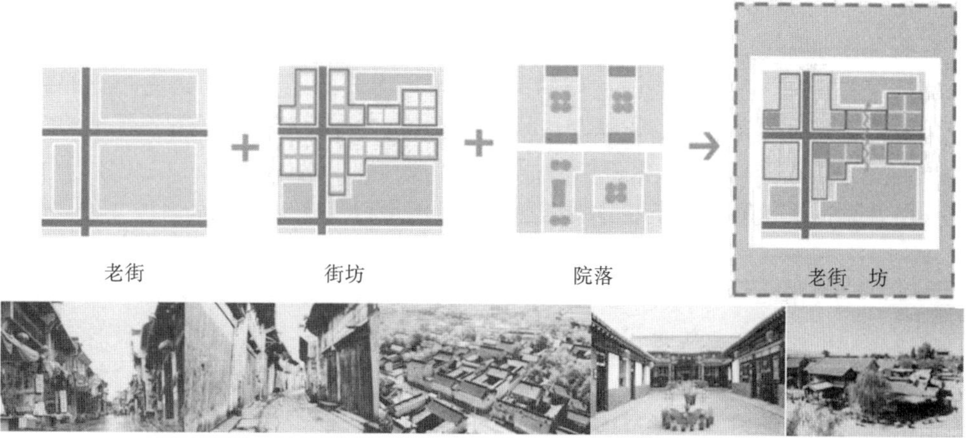

图 5　“老街·坊”构思

留不住时光过隙，但至少能留住记忆的空间和味道。我们不应只关注物质形态层面的容器载体，更应注重意识感知层面的保护与传承，包括情感空间、味道记忆、生活习惯、邻里关系等埋藏于人们内心深处的文化感知，把更多的记忆和情感还给城市和居民。

3.4　坚守精神

中国拥有五千年的悠久历史和显赫文明，文化博大精深，底蕴深厚，可以说从来都不缺文化。但是如何坚守文化传统，坚定文化自信，创新文化道路，是当代城乡规划工作者必须思考和正视的问题。

丽江头顶“三遗产”桂冠，是纳西族世代生活的家园，丽江的遗产保护模式已经成为新时代下的世界遗产保护模范（图 6）。但是近年丽江古城维修费征收、宰客等负面新闻频出，旅游形象受损，因过度商业开发带来旅游乱象、安全隐患、文化流失等问题越来越多。我们不禁反思如此文化自信的城镇为什么仍然会迷失自己的文化？究其本质是面对市场诱惑时，忽略了文化根源，动摇了文化信念，缺乏勇于创新发展的决心。

图 6　丽江古城

丽江古城是一座活着的城镇，其生命和灵魂便是古城的居民及他们所坚守的纳西文化，是这些充实并延续着古城的根基和底气。相比之下，那些表面或壮观或幽深的城墙、旧街、故园、古街充其量只是古城的形，一旦离开古城的“神”——活着的居民及其文化，所谓的古城便将骤然蜕变为徒具外表的空壳。当前，丽江古城正在进行转型升级，首要任务就是“守其根、赋其魂”，注重文化内涵的提升。文化自信是丽江城镇发展的原动力，纳西文化就是丽江的根与魂，固本强根方能枝繁叶茂。坚守不是故步自封，更不是盲目守旧，而是一种文化韧性。

4 结语

我们应该理性审视历史，从时代的印记中寻找规律和答案，勇于直面自身的不足。如今市场经济物质文化已渗透到国家各个行业，很少有人重提精神和责任，但实际上物质形式是表象，意识根源是精神。城乡规划的文化自信来源于规划工作者的职业操守和精神责任，是推动行业发展最基本、最深沉、最持久的力量。

文化仍将继续，征途依然漫长。城乡规划工作者应遵从规划精神，自始至终坚守文化根源，坚定文化信念，走正确的文化自信之路。

[参考文献]

[1] 佚名. 建国后北京的城市规划　当代人不能承受之痛 [EB/OL]. (2016-08-23) [2020-06-06]. https://www.sohu.com/a/111689211_460749.

[2] 常睿. 文化自信的三个源泉 [J]. 人民论坛，2018 (11)：128-129.

[3] 马斯洛. 动机与人格 [M]. 第3版. 北京：中国人民大学出版社，2012.

[4] 谭竺雯. 文化信仰与文化自觉刍议 [J]. 人民论坛，2012 (29)：182-183.

[5] 刘先觉. 现代建筑理论 [M]. 北京：中国建筑工业出版社，1999.

[6] 高翔，徐千里. 消逝中的城市记忆与情感：谈当前重庆旧城改造与更新 [J]. 城市建筑，2011 (8)：43-44.

[7] 徐新建. 成都：一座城市的形与神 [M]. 杜大恺. 清华美术·卷5：中国城市文化及其视觉表征. 北京：清华大学出版社，2007：150-151.

[作者简介]

程炼，正高级工程师，注册城乡规划师，云南省城乡规划设计研究院市政分院二机构副总。

徐方妮，助理规划师，任职于云南省城乡规划设计研究院。

深圳法定图则制度的十年嬗变

——写在“法定图则大会战”十周年之际

□王承旭

摘要：本文回顾了深圳城市建设的不同发展阶段及法定图则工作开展的特点，分析了法定图则的运行环境，提出了规划技术方案、土地流转政策和利益分配机制三大要件的协调配套，共同保障深圳法定图则制度的顺利运行，并顺利推动深圳城市建设模式从增量扩张向存量优化转型。10 年来，深圳法定图则制度的革新，对于我国城市未来普遍进入存量时代的控制性详细规划编制、管理及实施，具有重要的探索价值和借鉴意义。

关键词：法定图则；土地流转；利益共享；存量发展；路径规划

自 1979 年深圳市成立以来，城市建设用地由 3 平方千米增加到目前的接近 1000 平方千米，总体呈现快速扩张和加速增长之势，具体到不同时期则略有不同：1979—1998 年，全市建设用地年均增长约 22 平方千米；1998—2008 年，年均增长约 44 平方千米；2008—2012 年，年均增长约 12 平方千米；2012 年至今，年均增长回落至每年 10 平方千米以内。

如果把深圳控制性详细规划（以下结合深圳实际称“法定图则”）的编制实施工作与上述城市建设用地增长的情况结合，可以将 1998 年《深圳市城市规划条例》颁布实施并建立法定图则制度以来的历程分为三个阶段。第一个阶段是增量扩张阶段（1998—2008 年），城市建设用地快速增长带来巨大的规划需求，法定图则编制快速展开。第二个阶段是稳定发展阶段（2008—2012 年），《中华人民共和国城乡规划法》实施后，法定图则“全覆盖”成为依法行政的必然要求，深圳启动“法定图则大会战”。第三个阶段是存量发展阶段（2012 年以后①），城市建设已进入存量更新阶段，法定图则也逐步进入动态维护阶段。

在堪称世界奇迹的深圳城市快速发展中，一方面，法定图则须保持较高的编制速度和审批进度（图 1），以支撑城市快速发展过程中有“图”可循、有“则”可依；另一方面，法定图则也要保证较好的编制水平和成果质量，以保障“图”能落地、“则”可执行。在此双重要求下，1998 年至今深圳编制、审批并发布 260 余项法定图则规划成果，用 20 年左右的时间基本覆盖了全部的规划建设用地；近 10 年来，在高效率的法定图则编制及审批过程中，更强调结合不同发展阶段土地流转政策和利益协商机制来制定法定图则方案，以切实指导城市建设，探索出一套规划方案、土地政策和利益机制三位一体、行之有效的法定图则规划工作制度。

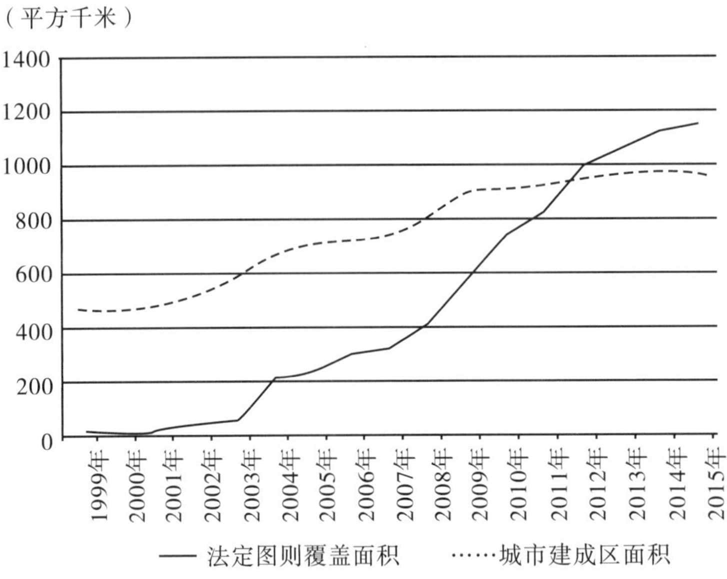

图 1　深圳历年城市建成区面积与法定图则规划覆盖面积增长示意图

1　法定图则制度的三大要件

权属、权益和规划，是每一个地块的固有属性，任何一项处理不当，地块均难以顺利地纳入城市的开发建设中。以往法定规划被人诟病操作性不强、可实施度不高，往往是因为陷于规划技术自身的逻辑，而忽略了权属、权益等与规划建设关联度极大的政策、机制。

从顶层制度设计来看，《中华人民共和国城乡规划法》《中华人民共和国土地管理法》《中华人民共和国物权法》分别对控制性详细规划的编制要求和成果作用、土地和空间的资源获取路径及权益主体利益保障给予了规范，分别确定了规划编制的技术逻辑、土地流转的权属关系和空间开发的权益分配，三者互相制约、互为支撑，贯穿、约束着城市规划—建设—管理的全过程。一个能实现规划—建设—管理全过程无缝衔接的理想方案应是：符合城市总体发展意图及规划技术合理；具备实现当前状态—规划方案的土地或空间流转路径；适应多方权益主体合情、合理、合法的利益诉求（图 2）。而城市在增量扩张、稳定发展及存量优化等不同阶段，对方案合理、路径可期与利益共享的侧重点也不尽相同。

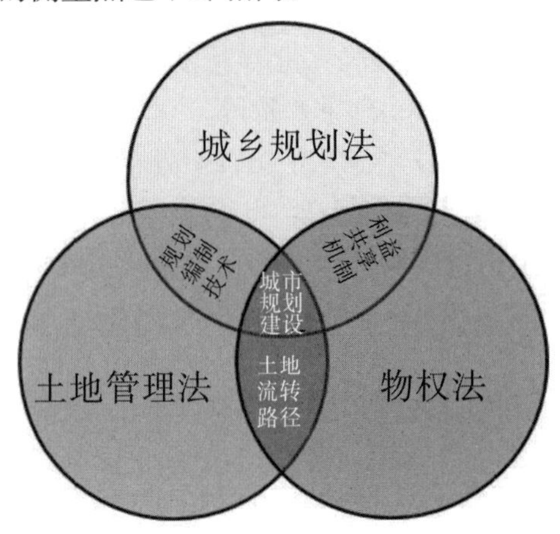

图 2　规划编制、土地流转及利益共享三位一体的编制方法示意图

1.1　规划方案是法定依据

《中华人民共和国城乡规划法》（2008 年版）要求，在城市、镇规划区内以出让方式提供国有土地使用权的，在国有土地使用权出让前，城市、县人民政府城乡规划主管部门应当依据控制性详细规划，提出出让地块的位置、使用性质、开发强度等规划条件，作为国有土地使用权出让合同的组成部分，充分强调了城市建设用地利用的技术逻辑。

在城市增量发展阶段，规划的对象多为“三通一平”后的空地，可以尽情构思结构完美、布局合理、配套完善、风貌独特的理想方案，只要资金充裕、管理到位，规划实施相对容易。进入稳定发展阶段及存量发展阶段后，方案的制定则需充分衔接更多的现状建设条件、考虑更多权益主体诉求，在技术合理的前提下，开展多方案的比选优化，最终确定的往往是并非最优但更利于实施的折中方案，这对规划编制的科学性及可实施性提出了更高的要求。

1.2　土地政策是建设前提

《中华人民共和国土地管理法》对城市建设用地的权属关系给出了明确的规定。首先，在土地的使用上，规定“任何单位和个人进行建设，需要使用土地的，必须依法申请使用国有土地（包括国家所有的土地和国家征用的原属于农民集体所有的土地）”，且“国家为了公共利益的需要，可以依法对土地实行征收或者征用并给予补偿”。其次，在土地的流转上，“土地使用权可以依法转让”，但“任何单位和个人不得侵占、买卖或者以其他形式非法转让土地”。以上关于土地流转的规定，构成获取城市规划及建设空间的基础规范。

在城市的增量发展阶段，土地流转模式以征收集体用地后纳入城市建设用地供应系统的模式为主。进入稳定发展阶段或存量发展阶段后，新的开发建设用地或空间有时须通过对部分建成的建设用地改、扩、加建来获取，有时须通过已建成地块的拆除重建、城市更新来获取，有时须通过征收已出让的国有用地来获取。上述各种形式的城市建设增量空间，只有依据《中华人民共和国土地管理法》等相关法规，依法办理相关手续并进行确权，才能重新盘活纳入后续开发。

1.3　利益机制是现实需要

2007 年 10 月 1 日起实施的《中华人民共和国物权法》规范了作为城市规划及建设物质载体的土地及建筑物等不动产的权益分配。一方面，“为了公共利益的需要，依照法律规定的权限和程序可以征收集体所有的土地和单位、个人的房屋及其他不动产”。同时，也强调了“国家、集体、私人的物权和其他权利人的物权受法律保护，任何单位和个人不得侵犯”，明确了征收集体、单位及个人所有的土地、房屋及其他不动产时，应当依法支付的补偿、补助的范围，并配套了相应的标准，对城市规划建设的管理产生了深远的影响。

同样，在增量发展阶段，利益的协调主要为拟征收的集体及其物业补偿，通过集体再往下协调个体，协调主体数量不多，补偿物业类型不多。进入稳定发展阶段及存量发展阶段后，加建、改建、扩建、拆除重建及物业征收等模式的拓展，往往需面对产权相对分散、维权意识强烈、预期各不相同的海量小业主，利益的协调变得十分复杂，这对规划编制的过程、方法及其实施手段提出了更高的要求。

2　增量扩张阶段的法定图则工作特点

从 1998 年深圳启动第一批法定图则编制，截至 2008 年底，共委托编制了 175 项法定图则，实际完成编制并批准发布 84 项法定图则，覆盖建设用地 236 平方千米，覆盖范围以原经济特区内为主，同时涵盖东部滨海地区，以及宝安、龙岗的部分重点建设地区。

2.1　统一式的集体土地征转模式

为高标准、高起点建设第一个经济特区，给全国后续改革开放探路，深圳在城市建设用地的有偿使用方面进行了大刀阔斧的创新。深圳 1992 年即将原特区内土地统征为国有，后续陆续建立起土地有偿有期限使用、经营性土地公开及招拍挂方式出让工业用地的制度。

因此，纳入本阶段法定图则编制的原特区内片区，土地基本已征为国有，权属相对清晰。此外，片区发展方向也基本按“86 总规”及“96 总规”控制预留，上位规划基础较好，主导功能比较明确。

2.2　自上而下的利益分配

一方面，由于 1992 年即已实现原特区内土地的统征，按照相关标准从征地补偿上一次性厘清了统征土地的权益关系，并同时划定了原村集体城镇化转型为股份公司的发展空间，土地征收补偿比较彻底，利益平衡基本达成共识。

另一方面，在深圳发展初期，土地及物业收益的红利尚未凸显，股份公司依托其留用的发展空间基本能跟上城市发展的步伐，加上市民维权意识略显淡薄，规划建设实施较少遭遇来自其他权益主体的阻力。

2.3　“蓝图式”的图则编制方法

由于土地资源相对充裕、土地权属相对清晰、各方权益基本平衡，本阶段用地的获取和利益的协调相对为软约束条件，加上上位规划基础较好、片区未来发展方向基本明晰，本阶段法定图则编制过程中着重考虑片区理想的空间结构、合理的功能布局、完美的空间形态及完善的公共配套等常规规划技术追求，是较典型的“蓝图式”规划（图 3），政策、机制等实施层面的问题基本不涉及。

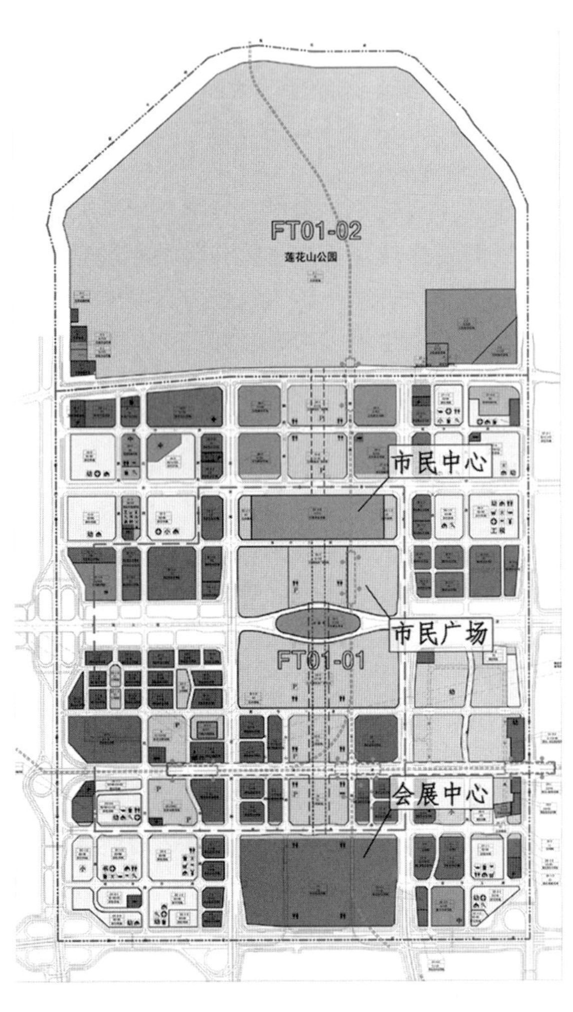

图 3　深圳福田中心区法定图则方案图

3　稳定发展阶段的法定图则工作特点

2008年《中华人民共和国城乡规划法》施行后，法定图则成为土地出让的前提条件，深圳于2009部署开展“法定图则大会战”，2009—2012年4年间共委托编制54项法定图则，审批发布89项法定图则（部分为2008年前委托编制的法定图则），覆盖建设用地378平方千米，重点向原特区外纵深推进。

3.1　双轨制的土地供给渠道

由于特殊的历史背景及政策条件，在原特区外的大量开发建设活动中，实际存在着双轨制的土地供应及流转渠道。一方面，对于原特区外的东部滨海地区及宝安、龙岗的部分重点建设地区，政府按照统征后出让的土地供应及流转模式进行开发建设。另一方面，在深圳建市20年后持续快速的发展过程中，对土地及建筑空间的需求已十分旺盛，面对巨额的土地及建筑空间租金回报诱惑，原特区外村镇各自为政，自行或私自合作进行开发建设，出现了一定的违法用地及违法建设，形成政府统一供地渠道之外事实存在的另一土地供给及流转渠道。

3.2　程式化的利益协商

“法定图则大会战”期间，为适应公众参与城市规划的要求，法定图则编制过程中普遍建立了在现状调研阶段对片区进行规划意愿征询、图则草案阶段公开展示收集公众意见的程序，这对于深入了解片区发展现状、强化规划方案的科学性等方面起到了积极的作用。

此外，应对日益明显的存量发展趋势，规划管理和编制中提出了“城市发展单元”的设想及“城市更新单元”的雏形，其中“城市发展单元”提出针对成片现状建成区与原村集体利益共享、“毛地”出让后按规划实施的设想，“城市更新单元”则提出拟拆除重建片区与其他拟拆除清退或收回地块异地捆绑的思路。

但由于公众咨询环节多为单向的意见听取，方案的优化仍以技术判断为主。而单元规划的设想也由于没有详细的经济测算、深入的可行性分析，缺乏“毛地”流转的政策储备和权益协商分配的制度安排，上述单元总体实施情况效果一般。

3.3　“保底式”的图则编制方法

按照相关统计数据，2009年深圳建成用地已接近900平方千米，由于土地供应双轨制的存在，本阶段法定图则编制时所面对的原特区外片区土地权属非常复杂。此外，由于缺少规划指引，原特区外村镇集体主导下的建设导致片区功能结构、用地布局、公共设施及基础设施的配置缺乏统筹考虑及专业技术考量，建成区标准及质量与深圳整体城市发展目标存在较大的差异。

总体来看，由于城市更新、土地整备等适应存量发展的政策体系尚未成熟，受制于复杂的现状条件，本阶段法定图则规划编制过程中，理想的空间结构、完美的空间形态及适宜的公共设施布局等规划目标很难实现，规划更多致力保障路网体系完整、基础设施落地及公共设施达标，结合现状优化功能布局，是较典型的“保底式”规划（图4）。

图 4 深圳布吉水径地区法定图则方案图

4 存量优化阶段的法定图则工作特点

2012 年以后，深圳委托编制 20 余项法定图则，其中新编 10 余项法定图则，多位于城市建设区与生态区交界的偏远地区，共覆盖建设用地面积约 100 平方千米。至此，法定图则实现规划建设用地的全覆盖。

此外，本阶段对过去已审批的 10 余项法定图则进行了修编，完成了前阶段委托编制的 62 项法定图则的审查、审批和发布。这些图则多针对城市区位较好的建成区，经历了较长的协调过程，其最终方案的确定及批准也高度结合了存量阶段的发展特征。

4.1 多样化的存量土地流转模式

2012 年，深圳全市建成区面积已达 940 余平方千米，总体规划确定的城市建设用地基本用完，部分历史征转地过程中承诺返还的用地指标急需落地，城市新的建设发展空间被迫逐步由横向扩张转向竖向拓展，传统的征用集体土地——“三通一平”——按规划空地出让的土地流转模式已没有了存在、运行的空间。

面对城市发展空间困境，经长期思索，按照国土资源部和广东省政府联合批复《深圳市土地管理制度改革总体方案》、广东省“三旧”改造政策指引相关要求，深圳于 2012 年施行了《深圳市城市更新办法实施细则》，并正式启动土地管理制度改革综合试点。此后，针对城市建成区拆除重建、加建扩建、土地整备及征返用地入市等一系列存量条件下已建用地流转的政策规定相继出台，并实质性推动了城市功能结构及布局的优化。这一年，深圳存量建设用地供给占全市建设用地供给比例首次突破 50%，2013 年更达到 70%，成功实现增量扩张到存量发展的转型。

4.2　合约共享式的利益分配

为理顺土地权属复杂、高度建成环境下城市空间重构过程中的利益协调和分配，结合新的土地流转政策的制定，本阶段也在利益共享方面进行了一系列制度性的安排。

首先，在城市更新方面，明确了原村集体的老屋村、新村及厂房纳入城市更新的准入门槛，同时通过市场运作的机制和协商，政府、市场主体与原权益业主分享用地、物业或收益，既厘清了权属关系、推动了规划实施，又为巨量的原村集体物业纳入规范的城市更新打通了利益共享的通道。其次，本阶段出台的《土地整备利益统筹试点项目管理办法》，明确了原村集体物业在不适用城市更新政策时，通过“整村统筹”或“利益统筹”等方式纳入统一规划建设的模式。此外，本阶段还试行了《关于规范已出让未建用地土地用途变更和容积率调整处置办法》，提出通过政府与原权益主体协商的方式，共享已批用地适应新的发展条件改变原规划功能或适度提高开发强度后新增的收益。

上述政策的出台，基本涵盖了深圳存量条件下合法用地和历史遗留用地中已建、部分建成甚至零星空地各种情形，以通过协商共享利益为原则，明确了各类用地纳入城市统一开发建设的路径，既保障了规划的实施，提高了土地利用效益及质量，也保障了原权益主体的合理收益。

4.3　“路径式”的图则编制方法

本阶段城市总体空间结构及功能布局已基本成型，总体规划确定的可建设用地也已基本建成，建成区布局的优化、配套的完善及片区功能的提升，更多只能通过对现状建成区局部片区的城市更新、局部片区土地整备或局部地块的改扩建获取城市二次开发的建设用地或空间，“针灸式”以点带面来推动城市功能及布局的完善提升。

城市更新、土地整备或已批用地调整均有一定的适用情形及准入门槛，并非普遍适用于所有的建成区。本阶段的法定图则编制的要点是从城市总体发展角度识别片区近期发展重点，从适用政策角度拟合可能的二次开发模式，从规划技术及利益平衡角度构思可能的地块开发方案，再展开相关的法定图则修编或局部调整工作，是典型的“路径式”规划（图 5）。

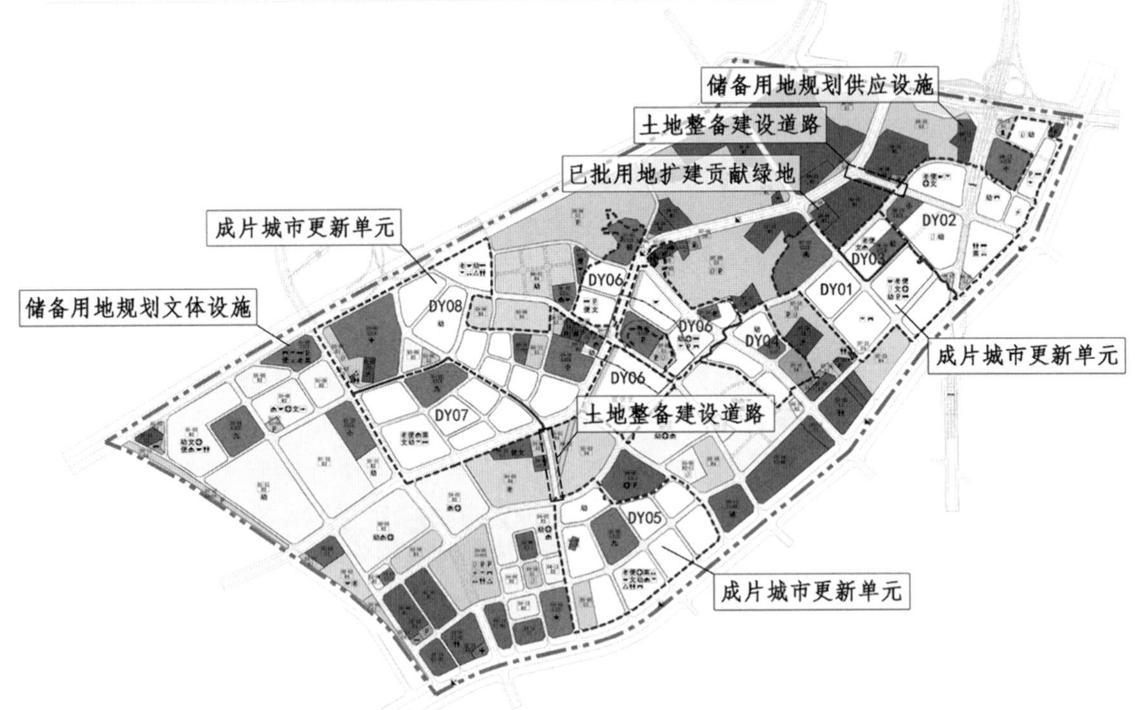

图 5　深圳横岗中心区法定图则修编方案图

5　结语

深圳法定图则制度运行 20 年，如果说前 10 年是以传统规划模式为基础的“传统版”法定图则，那么后 10 年则是结合城市从增量扩张—稳定发展—存量优化的过程逐步嬗变。在此过程中，规划编制和管理结合各阶段土地和空间资源实际情况，衔接政府、普通市民及用地权益主体的多方诉求，不断探索优化法定图则制度本身及相关配套政策，立足方案合理、路径可期、利益共享，最终摆脱了单纯的技术思维，逐渐向建立真正的“城市空间治理秩序”进步，以有限的城市空间支撑了深圳近 40 年持续、稳定、健康的发展和存量条件下不完全依赖用地扩张的城市长效发展，为深圳取得举世瞩目的经济社会成就奠定了坚实的空间基础。

应该说，10 年嬗变期，深圳作为先发城市和制度创新先行者，为城市进入存量优化时代的规划管理模式进行了卓有成效的制度准备。按照 2017 年初的统计数据，我国城镇化率平均水平为 57.4%，结合当前国家的政策要求，可以预见，我国多数城市将逐步由外延扩张的模式走向存量发展、内涵提升的道路，也将面对包括土地、建筑物及权益主体在内呈几何级数的复杂社会经济要素。为此，控制性详细规划制度的改革，尤其是将规划技术方案本身与土地流转路径、利益共享机制相结合的制度构建显得尤为重要，宜及早推广。

[注释]

①2012 年深圳存量建设用地供给占全市建设用地供给比例首次突破 50%，2013 年达到 70%，学术界多认为 2012 年深圳成功实现增量扩张到存量发展的转型。

[参考文献]

[1] 周劲，杨成韫，王承旭. 一本书·一张图·一份表：存量型规划动态更新机制探讨 [J]. 规划师，2013 (5)：17-22.

[2] 丁成日. “土地开发权转移”对中国耕地保护的启示 [J]. 中国改革，2007 (6)：72-73.

[3] 杨廉，袁奇峰. 珠三角“三旧”改造中的土地整合模式：以佛山市南海区联滘地区为例 [J]. 城市规划学刊，2010 (2)：14-20.

[4] 郭湘闽. 论土地发展权视角下旧城保护与复兴规划：以北京为例 [J]. 城市规划，2007 (12)：66-72.

[作者简介]

王承旭，高级规划师，深圳市规划国土发展研究中心副总规划师。

航空导向下“钢城”向“港城”转型

——鄂州城市总体规划策略与实践

□郑金，熊威，周维思，肖璇

摘要：高质量发展背景下资源依赖型城市转型成为必然，航空产业将加速城市转型发展，并对区域、城市的空间格局产生影响。2016 年 4 月，交通运输部中国民用航空局正式批复《湖北国际物流核心枢纽机场场址的请示》，全球第四个、亚洲第一个专业的货运机场落户鄂州，这个传统的冶金之城、钢铁之城转变发展方式已成为其高质量发展的主题。本文结合《鄂州市城市总体规划（2018—2035）》，从区域联动、城镇空间、生态环境、产业转型、交通体系等角度探讨鄂州转型发展的路径，以期为其他城市的转型提供借鉴。

关键词：航空导向；资源依赖；转型发展；鄂州

1　引言

党的十八大提出，“以科学发展为主题，以加快转变经济发展方式为主线，是关系我国发展全局的战略抉择”。党的十九大进一步贯彻创新、协调、绿色、开放、共享的发展理念，提出以长江大保护推进长江经济带高质量发展。秉持科学发展与生态文明的双重要务，各地纷纷响应，开展了大量有关城市转型的规划实践。鄂州市是长江沿线 29 个中心城市之一，随着国际物流核心枢纽项目落户鄂州，这个湖北资源型城市、最小地级市，将有机会借机调整产业结构与城市功能，实现由“钢城”向“港城”的转型发展。

基于此，本文以《鄂州市城市总体规划（2018—2035）》为例，重点探讨其在机场建设引领下区域联动、城镇空间、生态环境、产业转型、交通体系等方面的规划策略与路径，总结鄂州转型发展经验，希冀能对航空导向下其他资源型城市转型发展有所启示。

2　从“钢城”到“港城”的转型之困

鄂州市地处湖北省东部，长江中游南岸，西与武汉市接壤，毗邻黄石市、黄冈市和咸宁市，国土总面积约 1596 平方千米。鄂州境内铁矿石探明储量居湖北省第二位，膨润土、珍珠岩等 31 种非金属矿探明储量居全省之首，一直是以钢铁冶金制造为主导的工业城市。随着去产能宏观经济、长江大保护国家政策及新技术应用，鄂州原有的钢铁产业优势逐渐丧失。而国际货运机场落户鄂州，标志着以资源为主的“钢城”时代终结，即将转型迈入“港城”时代。

2.1　区域联动不够，城市在区域中地位不佳

20 世纪 90 年代，鄂州依托交通区位优势，是鄂东的枢纽城市。随着区域交通不断完善，由于缺乏有效的分工合作，武（汉）—鄂（州）—黄（冈）—黄（石）整体还处在协同发展的初级阶段，鄂州由水运时代的枢纽变成了终端城市，在区域中难以发挥核心作用。鄂州与东湖高新产业间的联系也在市场集聚作用和极差地租影响下，大多承接低端产业；与黄冈、黄石之间的联系则仅仅停留在交通的同城化。

2.2　城乡协同性不够，全域空间资源配置不佳

鄂州国土面积小，具备实现城乡一体的基础优势。但新城建设量大于质，与中心城区离散发展。2007—2017 年间新城建设用地增量约为 30 平方千米，城镇建设翻两番。但 10 年间人口增速不到用地增速的 1/4，人地关系不匹配，新城不具备应有服务职能。而鄂州市耕地、林地保有量占全市域面积约 45%，水域保护面积占全市面积约 25%，未来城市可建设空间非常有限。转型建设航空都市，鄂州空间格局亟待重构。

2.3　水资源丰富，但保护不佳，山水资源价值转化不够

鄂州生态基础良好，梁子湖区有 379 平方千米被纳入省级湿地自然保护区。自然本底条件优越且总量管控较好，但精细化保护利用还不足。一方面，梧桐湖、红莲湖新区环湖而建，部分城镇空间在抢夺生态资源；另一方面，2016 年依托生态资源的旅游总收入仅 50.3 亿元，占 GDP 比重 7.3%，远低于湖北省平均水平，生态效益同样转化不足。

2.4　资源依赖型产业结构与高端智能速度航空经济不匹配

近年来，鄂州市第二产业地均生产总值处于城市圈中下水平，鄂州工业增长率逐年下降，生产性服务业转型严重落后于唐山、鞍山等钢铁城市转型。未来随着机场带来航空货运的发展，高时效、高价值、高频次的“三高”产品会成为产业发展的重要方向。而鄂州现阶段资源依赖型的产业结构与未来的临空轻工业是不相匹配的，如何培育临空产业体系是鄂州未来转型的关键。

2.5　有铁路、水路、公路交通优势，但联运体系待建立

目前鄂州已初步搭建起铁路、水路、公路交通骨架，但综合交通体系不完善，铁路站点与其他交通枢纽缺乏有效衔接。2015 年货运量较 2011 年下降 15%，港口与其他交通方式联运不足，辐射范围有限，距离规划提出的亿吨级港口的规模还有很大的差距。对比国际货运机场建设，机场辐射半径可达到 300 千米，现有的交通体系无法支撑航空物流的要求，亟待建立多式联运的大交通网络体系。

3　从“钢城”到“港城”的转型之策

3.1　转型思路

纵观国内外机场对城市转型发展的影响，美国孟菲斯借助机场从“棉花之都”走向“货物之都”；日本成田机场、印度班加罗尔机场通过发展高新技术产业，促进母城完成产业结构调

整；韩国仁川机场充分利用优越的自然生态资源，大力发展旅游会展业，联合首尔共同打造东北亚国际金融商务中心、航空物流枢纽和旅游度假胜地。郑州以新郑机场带动的航空港试验区的建设，为中原经济区发展提供了战略支点。鄂州作为传统制造业城市，依托机场建设，需积极发挥“航空＋”优势，通过“航空＋创新转型”引导产业经济转型升级，提升城市硬实力；借助“航空＋区域协同”重构空间新格局，加速区域一体化发展，发挥枢纽城市作用；依托“航空＋生态持续”挖掘城市特色，结合水生态环境提升，强化城市名片。

3.2 转型策略

3.2.1 “多向联动，协同发展”，加速武鄂黄黄区域一体化

机场的建设将为鄂州与区域一体化发展提供源动力，通过整合顺丰国际机场、天河机场和山坡机场，组成完备的客货运枢纽体系，带动武鄂产业走廊、鄂黄黄产业集群建设，支撑武汉大都市区一体化发展，使得武鄂之间由单向带动走向双向对话。武汉城市圈从武汉一家独大向武汉都市区与鄂一黄一黄城市协作区共同组成的双核模式发展。

3.2.2 “全域一体，极核发展”，形成全域转型新态势

鄂州需进一步整合城乡资源，形成全域转型之势。首先，应构建全域的城镇转型体系新思路，城镇体系去行政化，突出功能区，破解空间离散问题，促进城乡一体化发展。其次，积极培育临空组团，壮大中心城区，增强综合功能，充分发挥其集聚、辐射及带动作用，加强对新城、小城镇和乡村的差异化、特色化引导。

3.2.3 “稳固安全，绿色发展”，打造生态文明新环境

坚持共抓大保护，不搞大开发，以稳固城市水生态安全为核心，解除洪水隐患，建立生态安全体系。在坚守底线的同时，以建促保，大力培育创新型、生态友好型产业，优化生态功能，促进绿色发展。

3.2.4 “创新驱动，多元提升”，加快产业重构与升级

坚持创新驱动，既要以创新驱动培育临空新型智能产业，又要以创新引领支撑传统产业转型，促进传统制造业向产品轻、小、高价值转型，还要以创新发展促进服务提升，大力发展国际贸易、航空物流、总部经济、会展博览、文化创意等多元的现代服务业集群。

3.2.5 “枢纽联合，通道支撑”，打通区域交通新格局

发挥机场优势，发挥长江中游城市群区域性交通枢纽的节点作用。一方面，积极借力武汉的对外综合交通网络拓展机场腹地范围，完善与天河机场的货运通道建设，实现两大机场联运、一体化发展；另一方面，加强与武汉铁路、水路、公路的通道链接，打造多式联运系统。

4 从“钢城”到“港城”的转型规划实践

4.1 加强区域分工协作，建设开放共享城市

从国内外航空都市区实践来看，机场推动区域空间由“点状集聚”向“带状延展”“带状走廊＋卫星式”演化，最终实现高效网络化。遵循区域协同和航空都市一体化发展要求，满足临空产业10千米核心圈层布局特征，突出长江大保护生态功能轴、武鄂黄黄鄂东城镇功能轴带的联系，空间上构建“一圈、两轴、两带、三大协同区”，实现空间格局、功能网络、交通体系、生态共保多维协同发展。

通过葛店—武汉东湖高新、红莲湖新城—武汉光谷未来科技城、梧桐湖新城—武汉光谷牛

山湖新城的空间全面对接，打造武鄂城镇协同区，实现产业上下游分工和交通一体化，推动武鄂同城。建设大梁子湖生态协同区，实现生态共育共保。依托机场和临空产业组团的建设，培育物流枢纽，形成以机场为核心的服务型产业功能节点，协同黄冈、黄石中心城区及黄冈巴水、兰浠等地区，共建武鄂黄黄临空协作区，发挥“区域性生产服务极核”作用（图 1）。

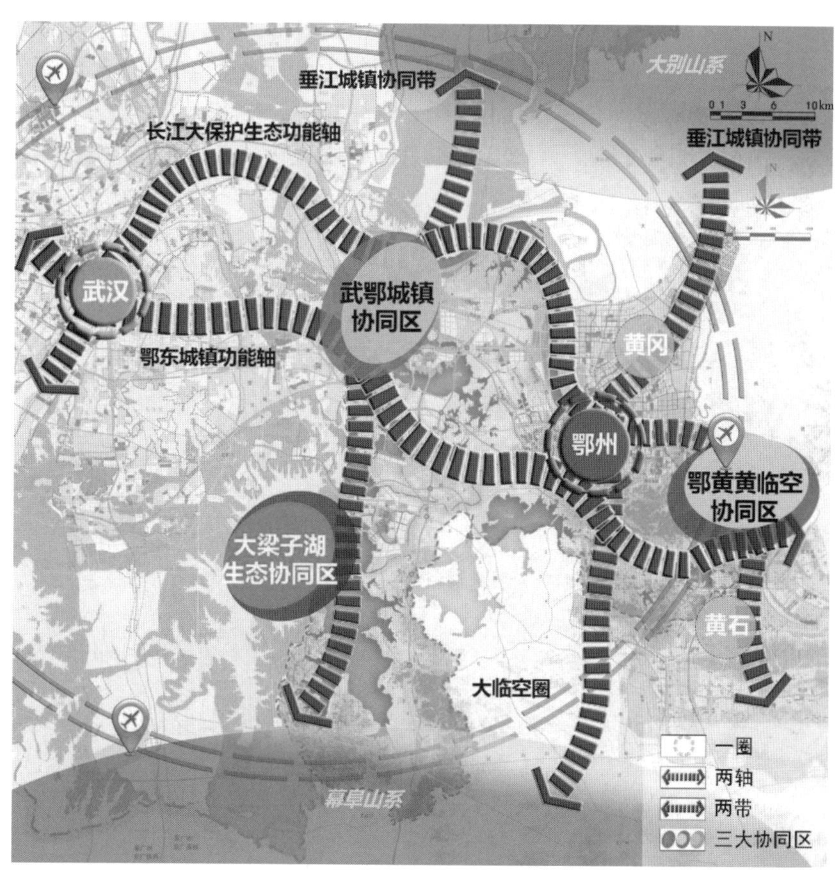

图 1　区域协同结构示意图

4.2　优化空间资源配置，建设集约高效城市

规划以现状城乡空间格局和区域空间发展态势为基础，结合鄂州发展的三大动力，分别形成睿智增长的航空引领发展、极化能级的区域协同发展、品质优先的生态主导发展的多情景分析方案。整合提出“东进、西融、南优、中提”差异化发展框架，打造鄂州东部临空组团，构建区域空间新增长极；强化鄂州西部片区与武汉东湖高新全面融合；以特色小镇为载体，营造梁子湖示范区；积极谋划鄂钢战略转型，树立城市形象展示区。全域形成“一主一副引领、两带三区协同”的城镇空间结构，“一主”为中心城区，是临空经济的核心区，“一副”为培育联动武汉的葛店副城，“两带”分别为沿江产业经济带和武鄂同城发展融合带，“三区”即北部沿江城镇密集区、中部特色农业片区、南部梁子湖生态旅游休闲区。整体来看，鄂州城乡空间结构划分了全域南北梯度发展的空间框架，强化了北部城镇空间、中部农业空间和南部生态空间的空间格局。同时，避免遍地开花式空间拓展，以资源承载力为基础，强化临空组团和西部以葛店为中心的两大发展极核的带动作用，通过生态绿楔，减少极核外其他功能区大规模建设并控制沿江地区连绵发展，突出城镇空间增减有度型生长。

规划通过产城融合，做强中心城区。现有中心城区以存量改造为主，缺乏动力，临空组团有产业动力却缺乏生活空间，亟须通过产城融合，整合中心城区和临空组团，实现旧城新区联动、生产生活互动，共同形成一个新的中心城区及航空大都市区的核心区。通过区镇合一，做精副城、新城。新区现状紧邻部分小城镇的独立发展，区镇融合不够，城乡协同不足，亟须重整镇区空间，推动新区和部分小城镇联合为新城，将其整体融入城市框架，有利于完善新城的服务职能，联动葛店—华容，打造1个副城；差异化引导，建设4个产居一体的新城。通过差异引导，做特小城镇。乡镇将不再是传统以行政管理为主导的单元，拒绝大而全，强调优和特，结合产业、交通、生态、服务要素，建设9个4类的特色城镇，使其成为带动乡村振兴的核心功能节点。通过扁平布局，做美“美丽乡村”。差异引导乡村功能，分类分级营造，将现状区位条件好、交通条件优、人口规模大、资源禀赋高、发展潜力好的84个村庄作为集聚的居民点进行重点打造（图2、图3）。

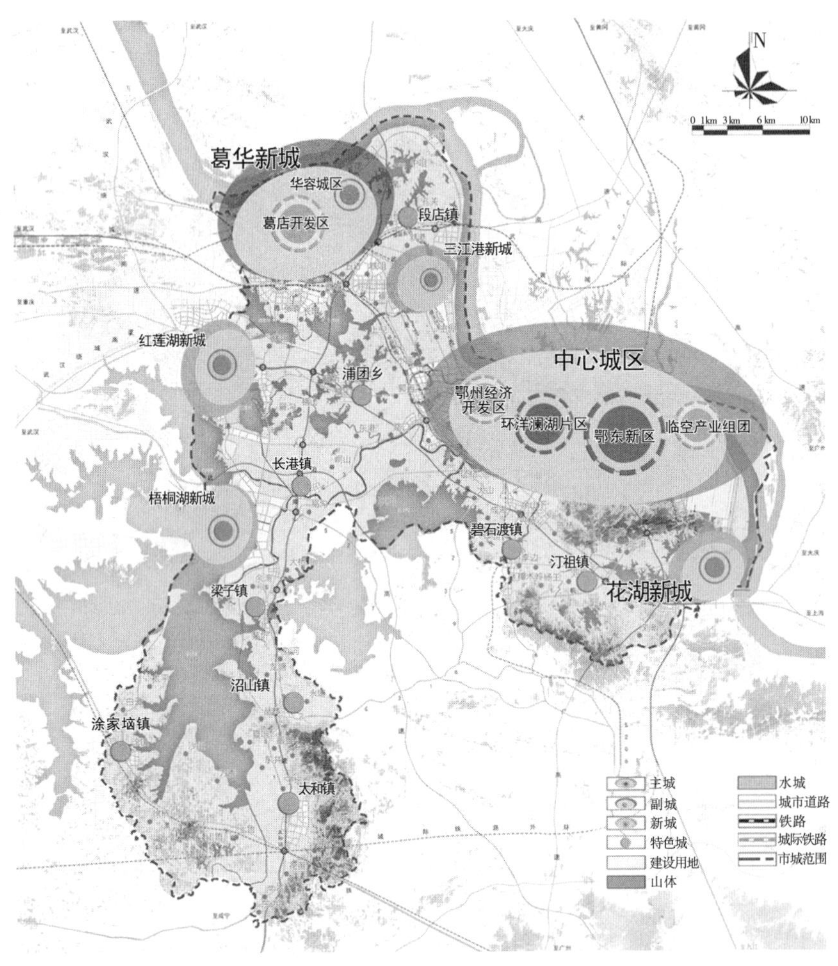

图2　市域城乡体系规划图

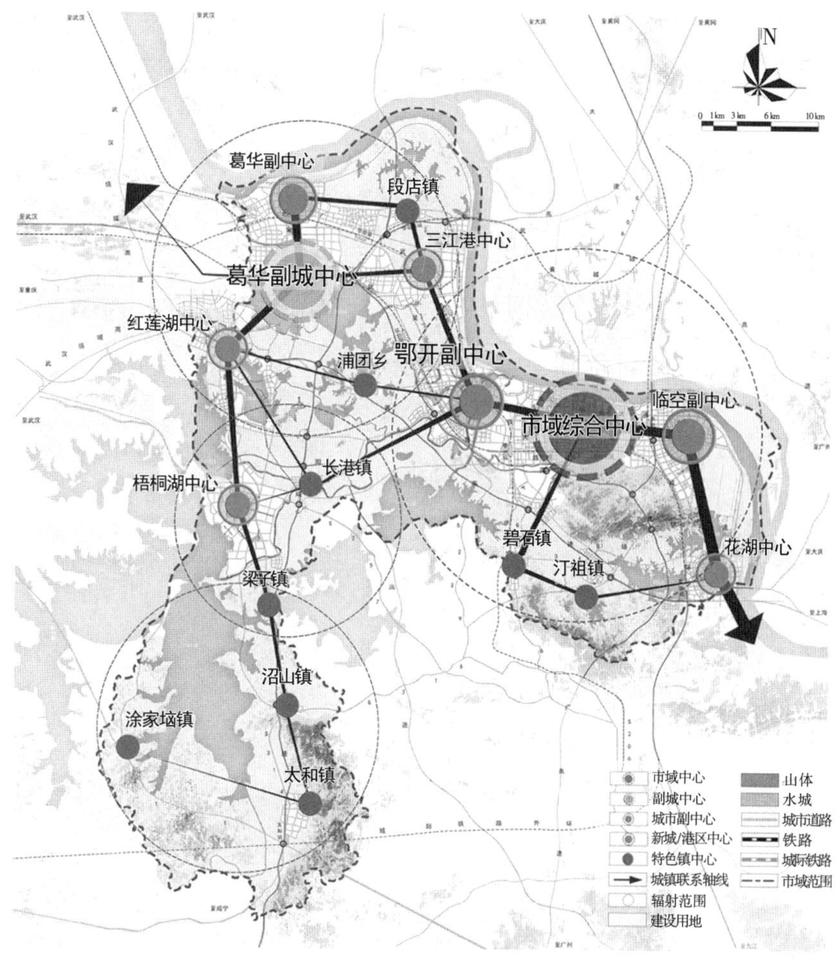

图 3 城乡中心体系规划图

4.3 加快生态环境建设，打造绿色宜居城市

规划保护山水林田湖草的自然资源本底，落实长江大保护与武汉城市圈生态安全共保要求，协调武汉大东湖生态绿楔、梁子湖生态绿楔与鄂州市内生态廊道，基于“枕江、依山、拥湖”生态特征，凸显“南园北城”城市发展格局，锚固“三楔入江、两带联城”的全域生态框架，构建开放的区域生态安全格局（图 4）。

在保障生态安全格局的基础上，进一步梳理生态本底格局，合理利用生态资源。划定全市生态保护红线，以此为基础在全域划分生态保育区、农林复合区和城镇引导区。生态保育区包含梁子湖、五四湖等水体保护区，天平山、沼山等山体保护区，生态区内下一步将控制村湾规模，禁止生产类产业项目建设，严控旅游服务功能的准入。农林复合区包括梁子湖东侧、长港沿线及三山湖周边区域，依托集中连片耕地和农村社区，积极发展生态农业，鼓励一二三产业融合发展。城镇引导区包括中心城区、新城、副城和小城镇，规划引导村镇集并，合理配置公共绿地和基础设施，调整产业结构，优化产业布局（图 5）。

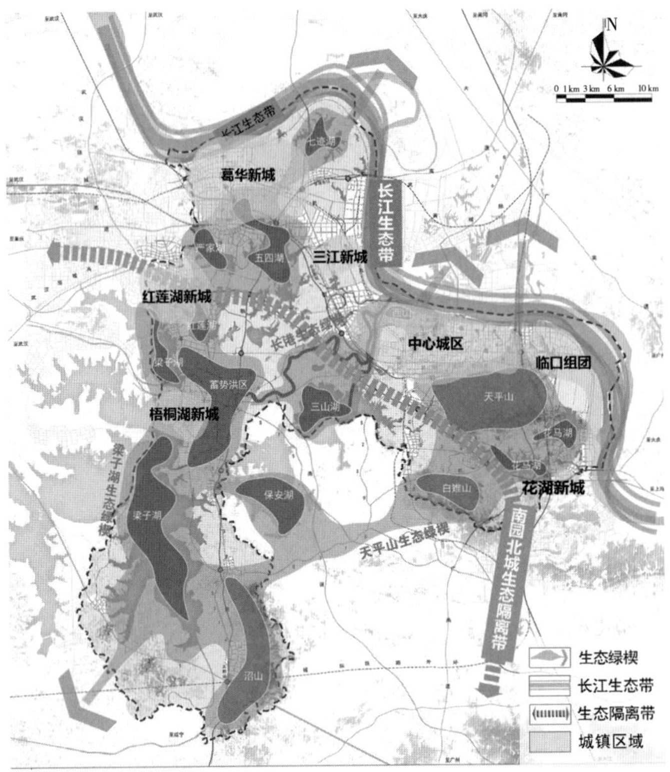

图 4　城乡生态安全格局与山水格局管控图

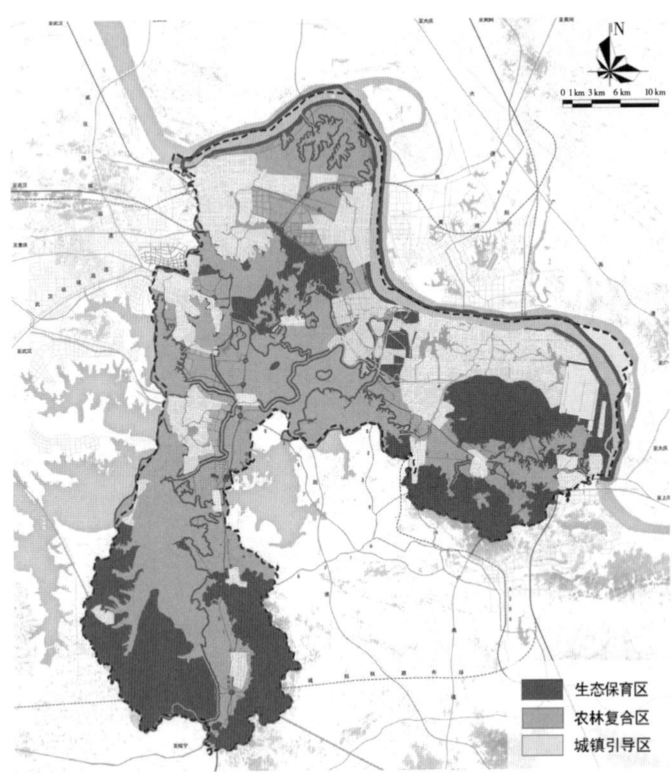

图 5　生态功能区划图

针对鄂州机场防洪、长港排水压力大等问题，坚持“海绵城市”理念，梳理水系港渠，加强水系治理，营造“一江九湖、一主两翼”的区域水网格局，提出以防洪减灾为主的红莲湖—梧桐湖水系连通工程、以水生态环境修复为主的退垸环湖工程和以配合机场建设为主的花马湖水利综合治理。同时，优化水系功能，有序引导水资源保护与利用；分类控制与引导长江岸线功能，依托红莲湖、梧桐湖等城中湖打造魅力湖区，依托梁子湖、南迹湖等城郊湖打造生态湖区。

弘扬山水生态文化，以蓝绿交织网络，串联“郊野公园、城市公园、社区公园”三级城乡公园体系。坚守底线，依托郊野生态资源，形成自然观光、农业体验、主题休闲3类9个郊野公园；突出“500米见绿、1000米见园、2000米见水”，打造市级、区级和专类城市公园，中心城区发挥城中山、城中湖的景观资源优势，建设15个市区级综合公园；新城按照独立新城的绿化体系建设要求，保证每个重点建设1～2个面积2～5公顷的区级公园。社区公园结合500米服务半径均好性布局。

4.4　引导产业转型升级，打造临空服务城市

发展临空偏好型产业，促进传统产业升级，构建一二三产业联动的产业体系，促进鄂州从传统资源消耗型工业城市向以临空经济为核心的科技创新型城市转变。整体构筑“两综两专、三轴多园区”的产业空间结构，建设中心城区和副城两个现代服务业综合中心；临空组团和智能制造组团两个专类服务中心；北部临港先进制造、中部临空高新技术、南部临水生态休闲三条产业发展轴和电子信息、医药制造、港口物流等产业园区（图6）。

图6　产业空间结构图

在第一产业方面，大力发展生态农业、有机农业、休闲农业、订单农业，打造全国领先的临江、邻水、临港生态农业景观。建设“两区两园”都市农业空间，以建设“环梁子湖国家级生态文明示范区”为契机，规划200平方千米梁子湖有机农业示范区，发展有机农业。依托周边科研优势，规划100平方千米樊寺—长港线高新农业示范带。借鉴台湾清境农场成功经验，规划50平方千米环南迹湖台湾生态农业创意园。对接临空农产品运输特点，规划30平方千米汀祖订单农业产业示范园，发展生鲜食品、乳制品，加强农业苗木、鲜花育种研发能力，建设全国苗木、鲜花育种研制、交易、储运中心。

在第二产业方面，围绕中部高效智能绿色制造基地产业定位，构建以临空属性的生物医药、光电子信息、智能制造产业为主导，精深钢铁加工、新材料、纺织时装、小型机械设备制造等多元传统制造业转型为辅的绿色智能制造业产业体系。建设“三集群、多园区”的智能制造基地，依托葛店生物医药产业园、光电子信息及智能制造产业园和红莲湖电子信息产业园，规划西部生物医药与电子信息战略新兴产业集群；依托鄂州经济技术开发区，规划中部智能装备、新能源汽车及智能移动终端为主的制造产业集群；依托空港，规划东部航空科技、生物医药、电子信息等创新、研发、服务和制造联动发展的智能定制产业集群。

在第三产业方面，围绕全国航空物流与贸易服务示范区、湖北省创新生态休闲湖区两大定位，构建临空现代服务和生态休闲服务的服务业体系。临空现代服务主要包括以供应链物流、运输服务、仓储服务、物流金融为重点的航空物流业，建设“2中心+3园区+N节点”物流基地；构建以电商服务、定制服务、贸易服务、商务服务、会展博览等产业为重点的现代服务业，建设“2枢纽+3平台+4节点”多层次的现代服务业平台；生态旅游业则重点发展创新服务、运动康体等，建设“园区型+湖区型+城区型”创新产业空间，建设两大生态文化圈，构建全域旅游体系。

4.5 实现交通多式联运，打造区域枢纽城市

为实现长江中游城市群区域性交通中心的发展目标，需要高效整合鄂州及武汉的综合交通枢纽资源，以“空铁无缝换乘”和“铁水多式联运”为核心，全面提升鄂州“空、铁、水、公”枢纽功能。一要突出空港领航、三港联动、多式联运，引领鄂东地区融入国家运输大通道。以鄂州机场为核心，联动天河，构建客货运“双枢纽”支撑武汉大都市区国家级枢纽城市建设；重点打造鄂州东站和鄂州北双陆港，构建空—铁—水物流枢纽；预留武九客专—京九高铁客专联络线，争取兰福高铁设太和站，预留机场货运铁路专用线，多向融入国家高速铁路网络；加密通道，实现机场对外多向互通，融入高速公路体系及客货运快速路网体系。二是快轨引领、圈层辐射，加速武汉城市圈一体化发展。构建“地铁+轻轨+有轨电车”多层次、规模合理、布局完善的快速公共交通体系，促进武鄂轨道交通一体化建设。区域层面谋划武汉轨道交通、东湖高新区中运量线网一体化建设，实现区域“城、产、人、游”全面对接；市域层面打造有轨电车环线，提高市域组团间快速交通能力。三是客货分离、引带成环，构建全域一体的综合交通格局，构建快速高效的货运通道及网络化的城乡干道体系（图7）。

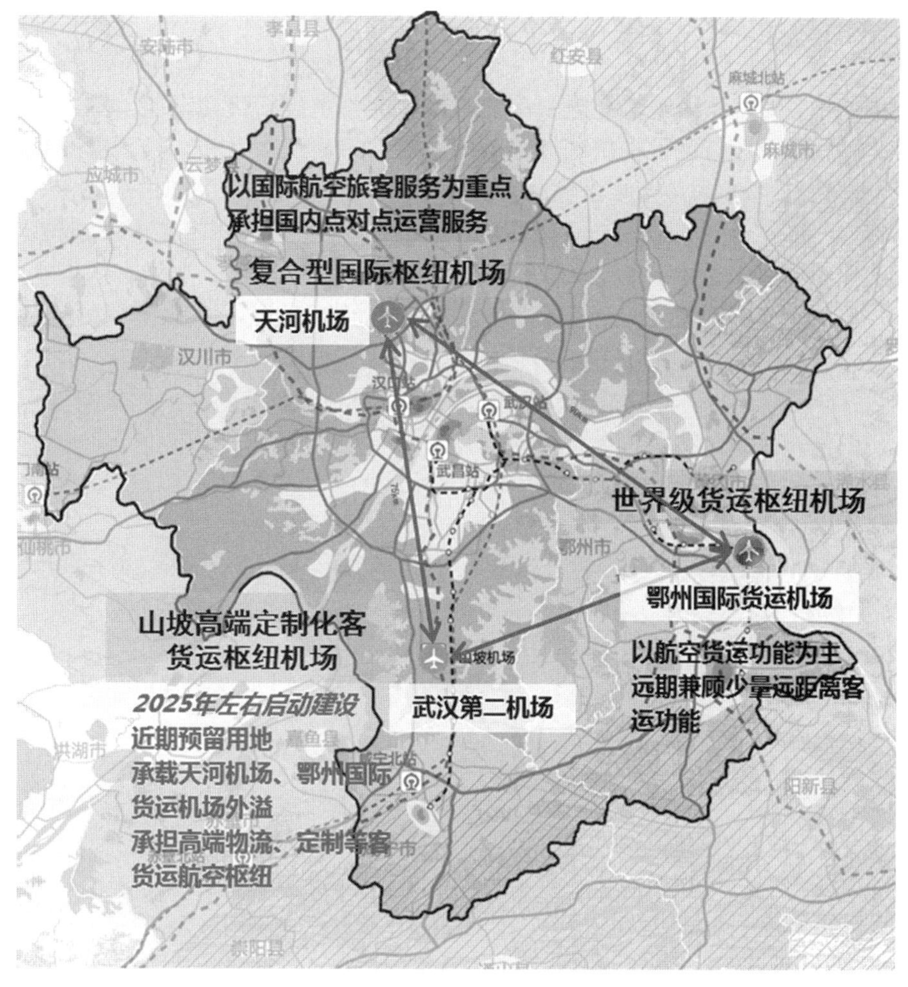

图7　武汉大都市区鄂州机场与天河机场联动分工

在航空方面，规划湖北省国际物流核心枢纽及配套设施建设，完善“空、水、公、铁”多式联运体系，加快建成国际航空货运中心。在港口水运方面，规划“一客四货”的五大港口枢纽。构筑鄂东航运枢纽和客运旅游节点。在铁路方面，规划“一高铁、两城际、一联络线”的客运专线网，依托武九客专和规划中的京九高铁，预留京九一武九客专联络线，贯穿京九、武九高铁大动脉，支撑武汉大都市区城际铁路外环建设，打造鄂州与城市圈内城市“半小时”城铁交通圈；规划“一主两支”货运铁路网，建设三江港疏港铁路、机场货运铁路专用线，形成全域空铁水联运网络。站城一体，规划“三货八客”区域性铁路枢纽。公路方面，规划“四横三纵”高速路网，加速机场与区域交通联系；规划“九横十纵”的城乡干线公路网，形成城乡连接主动脉。依托空、水、铁、路运，共同形成“内外有别、多式联运”的货运体系。城市公共交通方面，采用轻轨和有轨电车制式，联动武汉，搭建武鄂地铁网，形成“2 地铁＋1 轻轨＋4 有轨电车”的轨道交通系统。延伸武汉轨道交通 11 号线，联系吴楚大道机场轻轨快线；谋划武汉地铁线延伸至鄂州红莲湖童世界；规划有轨电车线，串联各个组团中心和公交客运枢纽设施。在中心城区，打造畅通便捷“半小时交通圈”，落实“窄路密网”理念，打通城市“微循环”系统。

5 结语

城乡规划的任务始终紧密围绕着国家深化改革制度要求进行优化调整，围绕着解决城乡发展面临的实际问题而予以破解，围绕着城市转型发展而不断变革。为了实现鄂州从“钢城”向“港城”的转型目标，城乡总体规划强化生态资源优势，积极响应武鄂同城战略，突出航空大都市区建设，通过“多规合一”形成空间建设“一张图”，对指导鄂州市在区域定位、城镇格局、生态格局、产业布局、交通体系等方面取得了较好的成效。未来还需要结合国土空间规划改革要求，进一步在国土空间管制、矿产资源修复等方面进行研究，全面实现鄂州的转型发展。

［参考文献］

［1］刘春玲. 航空经济区产业发展的国际经验及借鉴［J］. 世界地理研究，2014（4）：157－166.

［2］简海云，潘海啸. 民用航空导向型城镇发展模式探究：以云南省为例［J］. 城市规划学刊，2019（5）：77－84.

［3］王晓川. 国际航空港近邻区域发展分析与借鉴［J］. 城市规划汇刊，2003（3）：65－68.

［4］邓海超，欧阳杰. “空港、临空产业、航空城”互动发展的灰色关联度分析：以北京顺义航空城为例［J］. 现代城市研究，2015（4）：61－66.

［5］欧阳杰，李旭宏. 航空城发展的动力机制及其综合开发模式［J］. 规划师，2009（1）：96－101.

［作者简介］

郑金，高级规划师，注册城乡规划师，武汉市土地利用和城市空间规划研究中心主任工程师。

熊威，高级规划师，注册城乡规划师，武汉市土地利用和城市空间规划研究中心部长。

周维思，注册城乡规划师，任职于武汉市土地利用和城市空间规划研究中心。

肖璇，注册城乡规划师，任职于武汉市土地利用和城市空间规划研究中心。

非典型城镇化地区的非理性现象及规划策略研究

——以北戴河新区为例

□张丽娜

摘要：本文聚焦非典型城镇化地区如何理性发展的问题，以北戴河新区为例总结地区城镇化发展的特殊性，剖析城镇化发展中的非理性现象，并针对非理性发展现象提出相应的规划策略。

关键词：可持续发展；非典型城镇化地区；非理性现象；健康城镇化；理性城镇化

在粗放式城镇化路径模式下，衍生出一系列“城市病”，于是“健康城镇化”“可持续发展”“城市双修”等规划热词应运而生，发达城市规划工作越来越趋向于解决城市病问题。而对于像北戴河新区这类非典型城镇化地区，也属于城镇化的后发地区，如何基于后发和生态优势走出一条健康、理性的城镇化道路，是本文思考的核心和重点内容。

1　研究背景

1.1　可持续发展：全球城市面向未来的共同趋势

国际社会越来越关注可持续发展，巴黎会议持续推进共同发展纲领。可持续发展和宜居生活成为近年来全球城市面向未来的共同趋向。无论是发达城市还是发展中城市，都把更多的民众能够享有优美的生态环境、优质的服务设施、多样化的住宅和人性化社区、丰富的公共空间、便捷的交通和基础设施网络等作为城市发展愿景（表1）。

1.2　生态文明：国家崛起和民族复兴的绿色愿景

中共十八大报告指出，“把生态文明建设放在突出地位”“着力推进绿色发展、循环发展、低碳发展，形成节约资源和保护环境的空间格局”；国家“十三五”规划更是把“创新、协调、绿色、开放、共享”列为五大核心发展理念。可见国家对生态文明的高度重视和生态文明在未来城市发展建设中的关键作用。

1.3　新的城市观：绿色营城、有序建设与特色塑造成为城市工作的重点

《中共中央国务院关于进一步加强城市规划建设管理工作的若干意见》中明确提出城市发展的目标：“实现城市有序建设、适度开发、高效运行，努力打造和谐宜居、富有活力、格局特色

的现代化城市，让人民生活更美好。”

表 1 国内外城市中长期发展战略的共同趋势

城市	远景	目标
深圳 2030	可持续发展的全球先锋城市	建设环境友好型城市，实现人与自然和谐发展
香港 2030	可持续发展前提下的亚洲国际都会	将可持续发展作为首要目标，追求可持续发展
上海 2040	更具可持续发展能力，一座健康生态之城	率先在国内实现超大城市能耗与碳排放
纽约 2030	21 世纪第一个可持续发展的城市	升级能源基础设施，至少实现减少 30% 温室气体排放等
悉尼 2030	领先环保，可持续更新	温室气体排放减少 50%

2 北戴河新区城镇化特征

北戴河新区位于河北省东北部滨海地区，地处京津冀与环渤海两大区域的叠合处，临近北京、天津、沈阳等多个区域中心城市。宏观层面上，地处华北与东北两大区域的咽喉要地，距首都北京约 260 千米，距天津约 220 千米，距离沈阳约 400 千米。市域层面上，位于秦皇岛市域滨海地区的西侧，与北戴河区隔戴河相望，戴河之南，碣石山南麓，北缘距市区（海港区）约 23 千米，距山海关区约 38 千米，西缘距昌黎县城 6 千米左右，区位得天独厚。

北戴河新区于 2006 年 12 月经河北省人民政府批复设立。海岸线长 82 千米，总面积 425.8 平方千米，包括南戴河和黄金海岸 2 个度假区、1 个省级开发区、1 个国家级自然保护区、2 个林场，涉及 9 个乡镇 153 个行政村。

2.1 城镇发展起步晚、基础薄弱，属于城镇化后发地区

北戴河新区现状人口构成以农村人口为主，2015 年，常住人口 16.9 万，其中乡村人口 15.6 万，城镇化率只有 7.7%。“十二五”期间经济持续增长，但整体经济水平仍然较低，过去五年间新区年均 GDP 增速达 12.8%，但由于起步晚、基础薄弱，整体经济实力仍然较弱，2015 年 GDP 仅占秦皇岛市的 12%；2015 年新区人均地区生产总值 5600 美元，低于秦皇岛市（人均 GDP6551 美元）和河北省（人均 GDP6481 美元）的平均水平。近年来，新区旅游项目和旅游配套不断提升，以旅游为主的服务也取得了一定的发展，一二三产产业结构由 2011 年的 35%∶37%∶28%，优化调整为 2015 年的 31%∶42%∶27%，以传统加工业为主导的产业结构未变（表 2）。

表 2 北戴河新区“十二五”期间经济社会发展情况

指标名称	2011（万元）	2012（万元）	2013（万元）	2014（万元）	2015（万元）	年均增速（%）
地区生产总值	120618	130334	146416	161496	185665	11.4
一产	41955	46529	42846	51978	54886	6.9
二产	45173	49780	69523	73540	81557	15.9

续表

指标名称	2011（万元）	2012（万元）	2013（万元）	2014（万元）	2015（万元）	年均增速（%）
三产	33490	34025	34047	35978	49222	10.1
全社会固定资产投资	161080	103428	126664	172370	263601	13.1
财政收入	5308	10024	16238	20437	30133	54.4
地方公共财政预算收入	3951	4931	12581	18021	25262	59.0

注：数据引自《秦皇岛北戴河新区国民经济和社会发展“十三五”规划纲要》。

2.2　机遇带动的城镇化发展模式

北戴河是闻名中外的中国“夏都”。新中国成立以来，每年暑期党和国家领导人都在此办公休养，现有中央及国家各部委各类休闲疗养院所159家、床位3.3万张。秦皇岛拥有“国家旅游综合改革示范区”“国家服务业综合改革示范区”“国家养老服务业综合改革试点市”等多块国字号招牌。2013年，河北省委、省政府出台的《支持沿海地区率先发展的若干政策》中，明确提出支持北戴河新区建设国家健康产业发展示范基地，加快实施健康产业综合配套改革，建设国际健康产业合作示范区。2014年，习近平总书记提出的“京津冀协同发展”给新区带来了重大发展机遇，在非首都功能疏解的整体背景下，国际健康城、国际会议中心及滨海大学城等重大项目落户新区，新区顺势提出实施“四高兴区”战略，精心构建以高尚康养、高端旅游、高新技术、高级商务等“四高”产业为主导的新型特色产业体系，未来的新区将建设成为集国际健康城、国际高端休闲度假旅游目的地、环渤海科技研发中心、首都滨海大学城、国际会议会展基地、东北亚总部经济基地于一体的产业新城。国家发展导向、京津冀协同发展、国家级项目带来重大机遇，但新区也面临激烈的区域竞争，不确定性高。

2.3　旅游流动人口、“候鸟”人口与常住人口并存的非典型城镇化地区

北戴河新区一方面凭借着优越的生态环境及国际健康城优质的疗养资源，未来将吸引部分以养老为目的的“候鸟”群体及部分因为雾霾而逃离北京的群体；另一方面，随着北戴河新区旅游资源的全面开发建设，预计新区游客数2015—2020年年均增长10%，2020—2030年年均增长7%，2030年游客数将达到2400万人次。区别于一般城镇化地区，未来北戴河新区发展的人口将由旅游流动人口、“候鸟”人口及常住人口构成，且旅游人口、“候鸟”人口及相伴随的服务人口将占总人口规模的绝大部分，旅游人口及“候鸟”人口随季节波动性及不确定性大，对用地及资源需求具有特殊性，导致地区全季活力不足，给公共服务设施带来配置难题（表3）。

表3　北戴河新区发展人口构成情况

<table>
<tr><th></th><th colspan="2">本地人口</th><th>产业人口</th><th>“候鸟”人口</th><th>旅游当量人口</th></tr>
<tr><td rowspan="2">2030年人口预测</td><td colspan="2">18.5万</td><td rowspan="2">27.4万</td><td rowspan="2">15万</td><td rowspan="2">20万</td></tr>
<tr><td>乡镇9万</td><td>城区9.5万</td></tr>
<tr><td>总规模</td><td colspan="5">80.9万（其中城市当量人口71.9万，城市常住人口36.9万）</td></tr>
</table>

注：数据引自《秦皇岛北戴河新区总体规划修编（2015—2030）》。

3 北戴河新区城镇化进程中的非理性现象描述

3.1 规模：传统粗放增长模式思维导向下的超大规模

如表 4 所示，规划城市规模的预测主要基于 GDP 目标实现的人口及建设用地测算，规划预测城市规模基本以每 10 年翻一番的速度在增长，而事实上从 2011 年《秦皇岛北戴河新区总体规划（2011—2020）》实施以来，2015 年北戴河新区范围内常住人口约 16.9 万，2011—2015 年年均人口增长率只有 4.7%。从秦皇岛市空间战略、秦皇岛市“十三五”、北戴河新区“十三五”、新区总体规划均看到新区的规划期望值过高，这与新区既有的现实基础差距过大。

表 4　城乡人口与居民点建设用地规模现状、规划对照

<table>
<tr><th rowspan="2"></th><th colspan="2">现状（2010）</th><th colspan="2">规划（2020）</th><th colspan="2">规划（2030）</th></tr>
<tr><th>人口</th><th>建设用地（平方千米）</th><th>人口</th><th>建设用地（平方千米）</th><th>人口</th><th>建设用地（平方千米）</th></tr>
<tr><td>滨海旅游及综合服务功能区</td><td>0（旅游流动人口 400 万人次）</td><td>11.15</td><td>32 万（常住人口 14.5 万，旅游度假产业当量常住人口为 17.5 万）</td><td>50</td><td rowspan="3">80.9 万（其中城市当量人口 71.9 万，城市常住人口 36.9 万）</td><td></td></tr>
<tr><td>镇区</td><td>1.9 万</td><td>9.26</td><td>1 万</td><td>1.2</td><td></td></tr>
<tr><td>乡村居住社区</td><td>11.8 万</td><td>30.45</td><td>7 万</td><td>7.0</td><td></td></tr>
<tr><td>总计</td><td>13.7 万</td><td>50.86</td><td>40 万（当量常住人口）</td><td>58.2</td><td>80.9 万</td><td>79.2</td></tr>
</table>

注：数据引自《秦皇岛北戴河新区总体规划（2011—2020）》《秦皇岛北戴河新区总体规划修编（2015—2030）》。

3.2 生态：GDP 价值观导向下的滨海一线资源过度开发

北戴河新区拥有河、海、港、潟湖、沙丘、森林等自然结合的独特景观，有着阳光、海水、沙滩、气候、深林、湖泊、沙山、温泉、鸟类、田园等丰富的旅游资源，具备打造世界级阳光海岸的自然资源条件。在新的宏观发展环境下，新区近年来发展热情高，一大批发展项目拟选址落户新区，且多集中于滨海一线地区，新区发展伊始几乎出让了所有滨海一线可建设用地，带来短期 GDP 的快速增长，同时也导致新区滨海一线资源的过度开发，未来发展也将受限。

3.3 产业：以旅游休闲为主导功能带来的全季活力不足

近年来，北戴河新区旅游产业迅速发展，一批旅游大项目落地运营，成为京津冀新的暑期乐园：2011—2014 年，新区国内外游客人数从 681.43 万人次增长到 785.52 万人次，年均增长 3.6%，旅游总收入年均增长 9.1%。一批新旅游产品包括圣蓝海洋公园、国际滑沙中心、沙雕大世界、阿那亚等逐渐推出，但全域旅游尚未形成，季节差问题严峻，现状冬天的北戴河新区几乎是一座空城。

3.4 空间模式：沿滨海岸线带状蔓延

新区现状建设用地在沿海岸线轴向力作用下，主要集中于滨海岸以西，滨海新大道以东约

1～1.5千米宽的条带状地域，呈现出依赖滨海岸线的带状开发模式，城市整体集聚度较低，土地利用模式粗放，不利于发挥城市的规模效应，也不利于公共服务设施和基础设施配套的完善。

4 北戴河新区理性发展策略研究

在新型城镇化、中央城市工作会议精神、北京非首都功能疏解等新形势和新要求下，北戴河新区的独特优势将进一步凸显，极有潜力打造成为京津冀世界城市群中的一个国际滨海明珠，也有望在新型城镇化过程中探索出区别于“滨海大都市”“滨海度假区”“一般传统城镇化地区”的第四种滨海城市发展模式。为此，本文致力通过城市规划方法创新与运用，探索出一条适合北戴河新区自身特色的活力、高品质的健康发展建设策略。

4.1 生态策略：零容忍的生态空间保护

4.1.1 坚守底线思维，守住新区的生态绿色红线

生态绿色是新区持续发展的核心竞争力。为守护和强化新区自然生态资源的核心优势、缓解新区的生态环境压力，规划中应强化对新区生态资源的识别和差异化对待，并对昌黎黄金海岸自然保护区、省级渤海森林公园核心区、滨海公益林、海岸线110米范围内用地等核心生态资源进行严格保护（图1）。

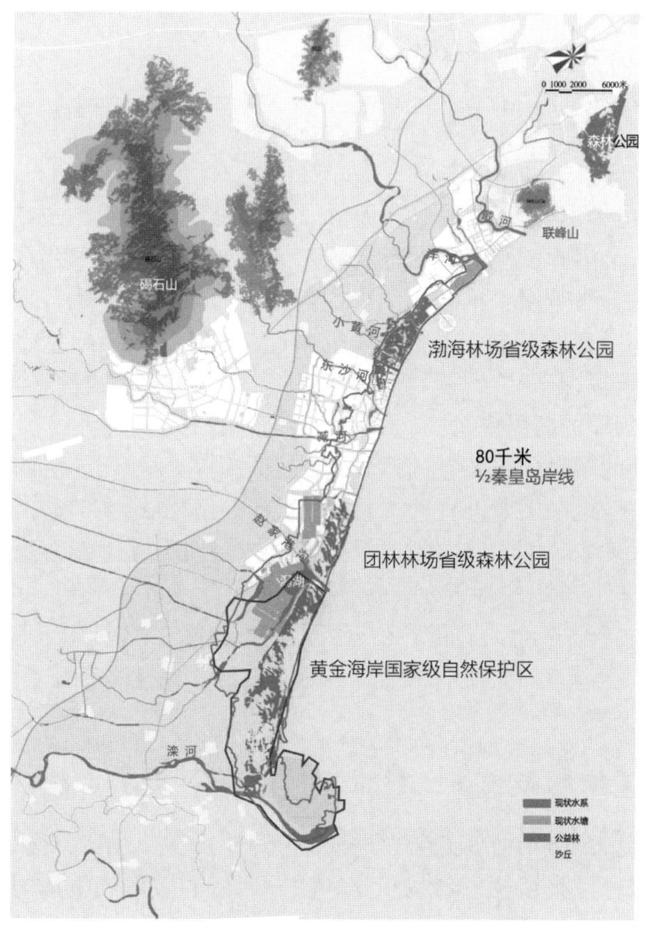

图1 北戴河新区核心生态资源保护管控图

4.1.2 连水厚绿，提升生态涵养功能与生态体验

结合新区用地条件和水文条件，在保护既有生态资源基础上，综合运用多种生态技术方法，将新区打造为水、绿、海、湖全域自然公园。连通水系：连通东沙河—减河—赵家沟河—七里海等水系，全面提升新区抗洪抗涝能力。增厚绿带：管控沿河、沿路的生态绿廊，增厚岸线开放空间。打通视线：望山现海，小城小镇渗透水、绿、海、湖生态景观。连接绿斑：南北链接，形成近海连续林带，外围连续风景林带；东西联通，形成碣石山—森林公园山海通廊。如此，奠定集水、绿、海、湖于一体的全域自然公园基底。

4.2 产业战略：融合创新、多元共生的产业发展路径

4.2.1 旅游产业升级

充分挖掘新型城镇化与京津冀协同发展双背景下的新价值，北戴河新区未来应从供给侧高端切入，实施“旅游+”，加快推进旅游业与文化创意、体育、医疗健康、生态农业、互联网等产业融合发展，谋划培育节庆活动、会议展览、竞赛演艺、康乐保健、医疗美容等四季皆宜的新型旅游业态项目，推动旅游业跨入“全季节”时代。积极承接北戴河旅游产业向新区疏解，完善新区度假疗养功能。以健康产业为契机和引领，重点引入和壮大健康产业、加快推动传统旅游业升级转型，积极促进两者的联动和融合创新，并沿产业链向纵向、横向拓展，构建“2+5+X”的新产业体系，打造滨海嘉年华、渔港文化村、欧风旅游小镇等具有全季活力的资源创造型旅游产品集群，激发持续的旅游吸引力。

4.2.2 多元产业集群共赢

打破新区传统发展范式，勇于突破创新，匹配创新、高端、前沿产业发展需求。兼顾新兴产业吸引集聚与传统产业升级转型，紧跟科技革命、技术创新发展前沿，遵循产业发展规律与趋势，顺应“大众创业、万众创新”的时代要求，加快发展互联网、先进制造、文化创意、会议会展、教育培训等五大高成长产业，促进新区产业发展提档升级。针对不同类型的传统优势产业，进行差异化转型升级策略：推动第一产业向第二、第三产业融合，打造休闲农业、休闲渔业基地；推进生态环保型加工企业入园；择机搬迁高耗能、高污染型企业，转移至其他非沿海地区。

4.2.3 匹配产业集聚规律的布局模式

研究分析不同产业的项目分布及空间区位需求，明确新区的产业空间板块，整体上形成彩虹式带状分层布局。滨海地区土地价值总体上呈现随着与海岸线距离增加而递减的趋势。因此，依据土地级差地租相关理论，不同层次的产业类型会按照地租支付能力呈现出彩虹式的带状分布特征：3.0产业，宜布局在沿海地区，包括旅游产业、会议会展产业、生命健康产业（服务环节）、高等教育产业等；2.5产业，宜布局在近海地区，包括文化创意产业、生命健康产业（科研环节）、软件设计产业等；2.0产业，宜布局在远海地区，包括高新技术产业、加工制造业等；1.0产业，宜布局在外围地区。

4.3 空间战略：海陆双向发展、弹性可控的城市发展骨架

顺应区域一体化与发展格局演变趋势，通过空间结构调整，彻底突破北戴河新区既往的空间局限性，更好地把握京津冀协同发展的机遇，激发新区的城市经济活力，通过轴带拓展、组团布局、产城融合等几个方面的组合，拉开海陆双向发展、弹性可控的城区发展骨架，形成服务完善、高效便利的功能布局。

图 2　北戴河新区空间结构示意图

4.3.1　**开放灵活的总体结构**

打破传统摊大饼式的城市扩张模式，充分发挥新区生态特色，打造全域自然公园，形成以绿色组团为边界的组团式发展格局。基于生态廊道带状分割及城区带状分布现状，以刚性绿色框架为增长边界，划定新区的四大发展组团：南戴河片区、中心片区、赤洋口片区、七里海片区（图 2）。组团间预留足够宽度的生态廊道，避免城区蔓延式发展、引导内涵式集聚发展。组团内，进一步划分若干中等规模发展组团，依托水体、绿带、道路等元素，进一步划分尺度合适、紧凑集约、主导功能清晰的中等规模发展组团，让城市生长在绿色的森林中，形成公园环抱、差异互补的多组团格局。

4.3.2　**建设区内大疏朗、小集聚，生态绿廊穿行于城间**

充分利用水网纵横、本底生态条件好的优势，在建成区内预留生态绿廊空间，形成总体空间布局疏朗、局部集聚发展等建设区域格局：不大于 60 公顷的宜人邻里，不大于 2 平方千米的连片社区。

4.3.3　**全域链接的开放空间**

贯通“休闲树”脉络，实现全域绿道网络链接。从海到田：10 分钟可到达沙滩，进入田野、森林、湖边。从城到小镇：10 分钟可穿梭组团之间，5 分钟可到达组团内各处，具有绿色出行、户外徒步、丛林探险等快速、中速、慢速、健身等多样活动。

5　结语

传统 GDP 价值观导向下的城市建设模式取得了巨大成就，同时也暴露出许多城市问题。对于北戴河新区这样的城镇化地区，城镇化起步晚、速度慢，仍处于城镇化发展的初级阶段，就有希望可以跨越依靠土地扩张和要素投入来推动城市发展的城镇化阶段，直接迈入依靠理性规划和高品质环境吸引的生态城镇化发展模式。本文基于笔者参与的《秦皇岛北戴河新区总体规划修编（2015—2030）》项目，从生态、产业、空间发展模式三方面入手，针对北戴河新区目前出现的非理性发展现象探讨了相应的规划策略，认为打好城市发展生态底板、拉好城市发展骨架和塑造城市发展活力是引导城市转型，实现健康发展和推动城镇化理性发展的基础和关键抓手。

［参考文献］

［1］丁波，王蓉．新型城镇化背景下农民工定居地选择意愿的研究：基于科尔曼理性选择理论视角［J］．西北人口，2015（4）：118－122.

［2］刘建红．生态城镇化的问题与对策研究：以武汉花山生态新城为例［D］．武汉：湖北工业大学，

2015.
[3] 陈永亮，陈士勇. 新型城镇化中价值理性的复归 [J]. 人民论坛 2014 (7)：215 - 217.
[4] 崔照忠. 区域生态城镇化发展研究：以山东省青州市为例 [D]. 武汉：华中师范大学，2014.
[5] 张乐柱，金剑峰. 理性城镇化：反思与借鉴中的发展路径探索 [J]. 经济研究参考，2014 (23)：51 - 55.
[6] 崔木花. 我国生态城镇化的考量及构建路径 [J]. 经济论坛，2014 (2)：155 - 161.
[7] 李迎成，赵虎. 理性包容：新型城镇化背景下中国城市规划价值取向的再探讨：基于经济学"次优理论"的视角 [J]. 城市发展研究，2013 (8)：29 - 33.
[8] 丁元. 生态城镇建设问题研究：以白山市生态城镇化建设为例 [D]. 长春：中共吉林省委党校，2013.
[9] 郭上沂. 降低城镇化成本：城镇化健康发展的理性选择 [J]. 理论与改革，2006 (3)：72 - 76.

[作者简介]

张丽娜，硕士，深圳市城市规划设计研究院有限公司主创设计师。

新时期浙江省特色村庄规划编制内容探索

——兼论《浙江省村庄规划编制导则》

□鲁斐栋，余建忠

摘要：文章回顾浙江省村庄规划发展历程，分析当下村庄规划的实施困境，并从规划编制内容视角进行村庄规划的有效性反思。结合新时期村庄规划的发展趋势及要求，分析浙江省特色村庄规划设计编制内容体系。村庄规划设计主要包括村庄规划与村庄设计两部分：村庄规划着重进行村庄全域发展的总体性安排和居民点宜居人居环境的打造，引导村庄空间的合理发展与布局；村庄设计则着重进行居民点空间形态与特色风貌的设计，加强村庄形态与村庄自然环境和地域文化特色的有机融合。

关键词：村庄规划设计；浙江省；导则

1　问题：浙江省村庄规划的实施性困境

近年来，浙江省的村庄规划一直走在我国前列，其实践过程中所产生的问题也一直备受关注。2003 年，浙江省开始实施“千村示范、万村整治”工程，并得到了 10 多年的持续深入推进。为配合与提升浙江省村庄发展与规划实施，浙江省住房与城乡建设厅先后出台了《浙江省村庄规划编制导则（试行）》（2003 版）（以下简称“03 版导则”）、《浙江省村庄整治规划编制内容和深度的指导意见》（2007）等技术规范与法规文件，主动推进村庄规划编制工作，使得村庄规划编制覆盖率较高，部分区、县（市）已实现了全覆盖。

2003—2015 年之间，浙江省的村庄规划大体经历了三个阶段：第一阶段（2003—2007 年）为村庄建设的初步阶段，要求规划着重解决村庄的环境污染及脏乱差问题；第二阶段（2008—2010 年）为人居环境提升阶段，要求规划着重解决城乡统筹发展和城乡基本公共服务设施均等化方面问题，推进以生活垃圾收集、生活污水治理等为重点的村庄综合环境整治；第三阶段（2011—2015 年）为“美丽乡村”建设阶段，要求规划着重推进以“四美三宜”（“四美”即科学规划布局美、创业增收生活美、村容整洁环境美、乡风文明身心美，“三宜”即宜居、宜业、宜游）建设为重点的村庄人居环境提升。从规划编制内容来看，三个阶段的村庄规划依然沿用以 03 版导则内容为主体的村庄规划内容体系，并在此基础上依据乡村发展的新需求，加入以美丽乡村为理念导向、环境整治为实施指引的部分规划内容。规划编制在村庄建设中也起到了良好的引领作用，逐步将脏、乱、差、散的传统村庄建设为新时期的美丽生态示范村，且成效显著，已成为中国村庄建设的样板与典范，其中以安吉和桐庐的“中国美丽乡村”、仙居的“浙江省绿色农产品基地”、江山和龙游的“中国幸福乡村”最为典型，成为全国村庄规划与建设的学习对象。

然而，由于普遍存在的城乡发展不均衡及城乡差别较大等问题，浙江省部分村庄发展也普遍面临生态环境破坏、产业发展滞后、配套设施不足、乡村风貌无序、文化内涵未显等困境，村庄建设也出现大量的滞后现象。特别是现有大部分村庄规划编制内容的针对性不足，大量出现编制成果质量参差不齐、内容深度各异、实施效果欠佳等问题，这也在一定程度上导致村庄建设工作困难重重。另外，在新时期背景下，破解“三农”难题、改变城乡二元结构、实现城乡一体化成为我国社会经济进入新阶段的重大战略决策，特别是十九大报告中明确提出实施乡村振兴战略，并指出未来的乡村发展要遵循产业兴旺、生态宜居、乡风文明、治理有效、生活富裕的总体要求，可见村庄建设将逐步从原来单一服务村民功能逐步转向多元趋势与需求，包括多元产业的发展、建设用地的集约利用、生态环境的改善、乡村文脉的传承等趋势与需求，这也迫切需要村庄规划编制满足村庄发展的新需求。

2 原因：浙江省村庄规划的有效性反思

影响村庄规划实施效果的因素有很多，包括规划编制内容、实施机制、实施环境等方面，笔者主要从规划编制内容对浙江省的村庄规划实施的有效性进行反思，主要包括以下几个方面。

2.1 规划类型繁多，缺乏统一标准

从村庄规划的编制类型来看，编制涉及的管理主体较多，且各自都有自己的编制体系，导致重复编制现象较为普遍。例如，针对有历史文化价值的村庄，建设部门就有历史文化名村、中国传统村落两个类型体系，农办部门则有历史文化村落体系；针对普通村庄，建设部门有美丽宜居示范村体系，农办部门则有美丽乡村体系；针对有旅游性质的村庄，建设部门还有旅游名村体系（图 1）。另外，浙江省各县（市）在相关规划建设、农办等部门的主导下，组织编制了大量诸如村庄建设规划、特色村规划、精品村规划、美丽乡村规划等多个类似规划，重复编制现象严重，造成人力物力资源的浪费。这些规划的内容体系各不相同，特别是其涉及不同部门之间的利益冲突，难以进行规划内容的有效衔接和融合，导致编制内容缺乏系统规范性、设计成果缺乏可操作性。

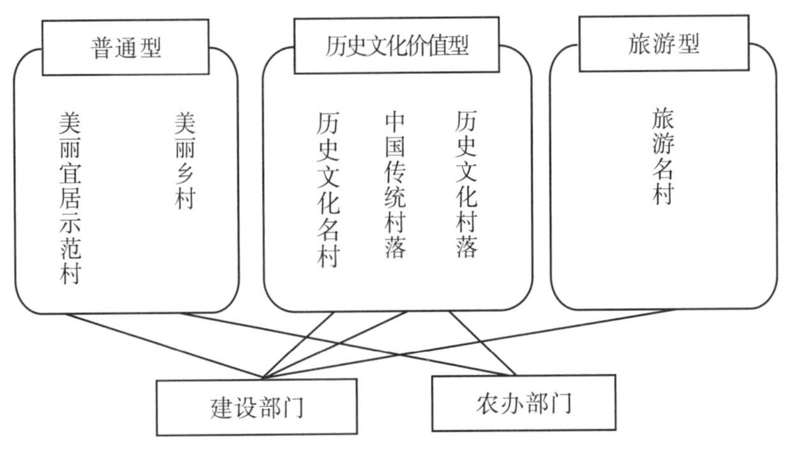

图 1　村庄规划的多重编制体系

2.2　规划内容过于大而全，重点不突出

从村庄规划的编制内容来看，浙江省现有的村庄规划编制内容基本包括了村庄发展的方方面面，要求较为繁杂，且重点也不突出，特别表现为对当前乡村振兴过程中所关注的产业复兴、生态宜居、文化传承、风貌彰显等重点问题缺乏统一的内容和深度上的要求，导致最终规划的实效性大打折扣。比如对于村庄风貌而言，规划中普遍缺乏对地域风貌与特色编制内容、原则的表述，导致在规划过程集中关注农房美化、村庄绿化问题，缺乏对乡村风貌的设计与控制，进而导致实施过程中统一行列式布局大行其道，乡村风貌千篇一律。

2.3　规划成果无法适应国土空间规划的管理要求

原有的土地利用管制主要是多部门从自身事权出发进行治理，存在不同部门在用地管制上相互不协调的问题，规划的成果也往往存在基数、期限、目标、指标等多方面的差异与不衔接。虽然在国土空间规划体系下这一障碍已被扫除，但是如何在村域层次进行统筹缺乏明确的落地成果要求，且对自然资源保护与利用的成果要求仍然模糊不清，包括农用地的规模化及用途（保护和利用方式）管制、生态用地的网络优化及用途管制、农村居民点发展的用地整理及调整等。另外，在目前国土空间体系仍然以镇域为基础数据编制的情况下，村庄规划层次的斑块形态难以跟现有体系进行有效衔接，集中体现为村庄规划成果蓝图与具体斑块的形态及其指标脱钩，容易导致村庄规划在村域层面的实施困境。

2.4　规划实施过于注重“规划”控制，缺乏“设计”引导

从一系列法规文件的内容来看，村庄规划本质上是一个实施性规划，其往往是结合具体建设需要产生的，是最见实效的规划，特别是对于村庄建设用地而言，这种实效不仅仅是规划控制，更应该进行设计上的延伸。03版导则要求村庄规划内容包括人口与用地发展指标选择和发展规模预测、空间结构与功能分区、村庄用地布局、公共服务设施规划、对外交通与区域性基础设施、工程规划等内容，其在内容设置上基本延续城市规划中常用的分系统内容，并进行相应的规划控制，同时对建筑、绿化等提出节点整治的实施性措施。可以发现，编制内容中的规划控制和整治实施两部分内容缺乏明显的衔接，体现为现有的村庄规划深度明显不够，缺乏规划控制基础上的设计深入和延伸，导致村庄规划对村庄形态把控不足。这主要体现在村庄规划对于村庄建设用地范围内的建筑与景观设计引导不足，特别是对于村庄环境设计有较高要求的“景中村”、美丽宜居示范村等村庄也没有做具体形态设计内容要求，这种村庄建设用地小尺度范围内规划与设计的脱节也导致村庄风貌控制效果欠佳。

3　转向：新时期村庄规划的新要求

3.1　空间规划体系要求规划对村庄全域自然资源的保护与利用进行干预

城乡规划学不仅仅是城市和乡村的问题，其更要求从整个区域或国土空间的角度来思考，这就要求规划能够从宏观区域视角重构乡村地区的空间发展模式并进行科学引导，其规划内容也应该思考未来乡村地区的地位与作用，并从村庄全域的角度进行生态、产业、交通、公共设施等方面的多元协调。特别是在规划编制体系向空间规划体系转型的背景下，村庄规划如何落实上级国土空间规划的核心管控要求将成为新时期村庄规划的重点。考虑到乡村地区一般是生

态保护和农业生产的核心区域，其落实空间体系关注的落脚点应该是生态用地的网络优化及用途管制、农用地的规模化及用途管制及其与此相对的农村居民点（建设用地）的用地整理和调整，一般来说包括生态保护红线、永久基本农田、海洋保护利用等一级空间控制线和重要基础设施控制线、绿线、蓝线等二级控制线等，同时规划还必须围绕自然资源与生态保护利用、农业农村发展与农用地保护利用等进行发展视角的空间干预。

3.2 乡村结构转型要求规划内容满足村庄发展的多元化需求

从乡村个体角度来看，中国乡村千百年来的发展传统所形成的内在秩序及高速城镇化所带来的城乡流动的矛盾碰撞，使得村庄发展需求更为多元化，这也要求村庄规划内容具有综合性。一方面，中国的乡村有着自身的内在发展逻辑，其本质上都是围绕着家庭、土地及他们之间的复杂关系而衍生和展开的，形成一个经济、社会、文化和环境高度融合的共同体，空间组织呈现以血缘、亲缘关系纽带的聚居特征。这种以村民一元主导的结构有其自身的内在秩序，主体的需求表现为社会与文化及作为表征的特定空间。另一方面，中国的高速城镇化使得人口、土地和资本要素在城乡之间加速流动，以家庭和土地为核心的乡村社会的稳定性大大降低，原始的内在秩序也逐步发生了变化，乡村的经济与产业发展的需求也逐步占据主导地位。另外，现在的大部分村庄已经无法满足现代人对生活品质的要求，导致村庄的空心化现象严重，特别是城市所具有的现代价值标准和审美偏好，吸引着农村青年人追求更为高品质的生活质量，因此良好的建成环境和现代化设施配套要求也成了村庄发展的重要需求。

3.3 村庄发展中的直接落地建设需求要求规划内容具备与建设施工相结合的空间形态设计

村庄规划本质上是一个实施性规划，其往往是结合具体建设需要产生的。对于村庄建设用地而言，考虑到其尺度较小，除进行必要的人口、规模等方面的规划控制外，其往往以空间形态的落地实施为导向，直接进行相关设计，不仅包括村口、街巷、广场、滨水空间等重点场所空间的设计，也包括建筑模式、形态及风貌的设计，还包括村庄整体及庭院的绿色景观设计。这已经远远超出了我们平时所讲的规划控制的范畴，更多的是进行空间形态的设计，而且这些设计往往与建设施工相结合。需要指出的是，这里的实施性主要针对体系中个体村庄规划而言，也是目前实践类型最多的尺度，而且这里所指的实施性主要是针对规划设计与建设的紧密度而言的，相比城市规划设计的实施性，显然村庄规划设计更为直接与紧密，且更容易见到实际的建设效果。

4 构建：新时期浙江省特色村庄规划编制内容及改进

4.1 村庄规划设计的提出

2015 年，针对村庄规划的编制问题，浙江省发布了新一版的《浙江省村庄规划编制导则》(2015)（以下简称《导则》），其针对村庄个体的规划构建具有特色的村庄规划设计编制体系，包括村庄规划与村庄设计两个部分，主要关注村庄个体的生产、生活、生态“三生”融合布局，形成具体的建设安排与特色的空间形态设计。村庄规划设计实质是指导和规范个体层面的村庄发展和人居环境建设，主要以“三生”融合为核心进行总体性安排，并综合部署各项具体建设与空间形态设计，打造“记得住乡愁”的乡村人居环境。其中，村庄规划着重进行村庄全域发展的总体性安排和居民点宜居人居环境的打造，引导村庄空间的合理发展与布局；村庄设计则着重进行居民点空间形态与特色风貌的设计，加强村庄形态与村庄自然环境和地域文化特色的有机融合。笔者认为该村庄规划设计体系依然具有合理性，将对未来浙江省的村庄规划编制起到积极的指引作用。同时本文着重应对国土空间规划体系的要求，对两个层次的规划编制内容要求进行了改进，以期能够更好地适应未来的村庄规划编制。

4.2　村庄规划的编制内容要求及其改进

村庄规划一般以行政村为单元进行编制，依据镇（乡）域村庄布点规划并结合村庄实际，加强经济产业、土地利用、服务设施、基础设施等多方面的发展布局，同时引导村庄规划重视对自然、历史、人文的保护，其主要内容包括村域规划和居民点（村庄建设用地）规划两个层次。村域规划是对村庄发展的总体把握和总纲领，包括：①确定村庄发展目标、发展规模与发展方向；②明确村庄产业发展要求，研究发展休闲农业、乡村旅游、文化创意等产业；③以区域空间规划体系为指引，统筹安排村域各项用地，明确空间管制要求；④综合部署生态、生产、生活等各类空间，明确村庄建设用地布局。居民点规划主要以宜居乡村社区打造为目标，通过居民点建筑物的具体安排，提升乡村的居住环境质量，包括：①注重细化各类村庄建设用地布局；②重视自然、文化资源的保护重点；③统筹安排基础设施与公共服务设施；④提出景观风貌特色控制与村庄设计引导；⑤制定近期行动计划指引。

可以发现《导则》对于原有衔接性问题，要求规划内容重点深化村庄规划“两规合一”内容，实现村庄用地“一张图”管理，即要求以行政村村域为规划范围，以土地利用现状数据为编制基数，按照“两规合一”的要求，加强村庄规划与村土地利用规划的衔接，统一生态用地、农业用地、村庄建设用地、对外交通水利及其他建设用地等用地的规划要求，重点确定村庄建设用地边界及村域范围内各居民点（村庄建设用地）的位置、规模。在未来的空间规划体系下，虽然这一衔接性问题已不复存在，但是其还以空间规划体系要求为导向进行改进，即村庄规划仍然必须在此基础上进行深化与统一，包括农用地的规模化及用途（保护和利用方式）管制、生态用地的网络优化及用途管制、农村居民点发展的用地整理和调整等方面。结合浙江省空间规划编制要求，主要从三个方面进行衔接：一是空间控制线的划定，主要指分级分类划定空间控制线、着重控制一级空间控制线、具体落实分级分类划定的空间控制线，包括基本农田、生态保护红线一级控制线及历史文化保护控制线、重要基础设施控制线和绿线、蓝线等二级空间控制线，以及一级空间控制线（包括自然保护区核心区、森林公园生态保育区等），考虑到目前国土层面基本以镇（乡）域尺度为主，其作为村一级的规划，仍然可以进行国土空间的衔接与细化。二是自然资源与生态保护利用，包括全面梳理自然资源要素，明确重点生态功能区的划定与指引，完善自然保护地体系与发展指引，明确生态廊道的保护要求与措施。三是农业农村发展与农用地保护利用，包括明确农用地资源的规模、结构与利用方式，强化耕地与永久基本农田保护，确定粮食生产功能区、重要农产品生产功能区与渔业资源保护区的发展指引，明确农村居民点用地规模、空间布局与建设标准的指引。

与此同时，《导则》对于针对性不足的问题，明确村庄规划内容的刚性与弹性，即采取“基础性＋扩展性”相结合的分类指导方式指导村庄规划编制，增强村庄规划的实用性。其中，基础性内容是所有村庄都必须要编制的，但可根据村庄实际自行确定重点；扩展性内容是可选择性编制的，可依据村庄的不同类型进行选择（表1）。

表1　村庄规划的基础性与扩展性内容

村庄规划内容		基础性内容	扩展性内容
村域规划	资源环境价值评估	√	
	发展目标与规模	√	
	村域空间布局		√
	村庄产业发展规划		√
	空间管制规划	√	
居民点规划	村庄建设用地布局	√	
	旧村整治规划		√
	基础设施规划	√	
	公共服务设施规划	√	
	村庄安全与防灾减灾	√	
	村庄历史文化保护		√
	景观风貌规划设计指引		√
	近期建设规划	√	

4.3　村庄设计的编制内容要求及其改进

村庄设计原则上以集中居住户数在50户以上的自然村为单元进行，主要依据村庄规划开展村庄设计工作，要求尊重自然地形地貌与村庄的原始格局，传承村庄的文化特色，使村庄的空间形态与村庄文化、地域特色有机融合，创造“记得住乡愁”的乡村人居环境。需要指出的是，对于一般村而言，村庄设计为村庄规划的重要内容，而中心村、历史文化名村、传统村落、美丽宜居示范村、“景中村”、城郊村等重要的村庄或者具有一定规模或近期建设量较大的村庄宜单独编制村庄设计。

村庄设计要求融村居建筑布置、村庄环境整治（美丽乡村综合整治）、景观风貌特色控制指引、公共空间节点设计等内容为一体，主要包括总体结构设计、空间肌理组织、公共空间布局、风貌特色保护、绿化景观设计、建筑设计引导、环境小品设计、竖向设计等内容。村庄设计通过上述设计内容的控制引导要求，可以保证空间形态控制在村庄规划层面的延伸，为实施建设提供空间形态依据，有效解决村庄的空间形态落地的问题，同时也有利于村庄特色风貌的保护与建设，实现村庄空间形态的精细化设计、实施与管理，打造“记得住乡愁”的乡村人居环境（表2）。

表 2　村庄设计主要内容

总体结构设计	协调好村庄与周边山林、水体、农田等重要自然景观资源之间的联系，引导村庄形成与自然环境有机交融的空间布局关系
空间肌理组织	理顺自然环境、街巷肌理、建筑肌理之间的关系，重点结合地形地貌、街巷网络、村居单元（村小组编制居住单元、宗族居住单元、独立的山水居住单元等），将村庄划分为若干个大小不等且具有鲜明格局特征的建筑组群，形成和谐有序且层次丰富的空间形态，同时通过主要空间轴线及重要节点组织村庄空间，轴线以道路、河网等为依托，串联村庄入口、重要的历史文化遗存、重要的公共建筑及公共空间等节点，形成完整的空间肌理
公共空间布局	结合特色的总体结构与空间肌理，形成公共空间体系化布局，对村庄的重要公共空间与院落空间进行空间组织与特色化的设计
风貌特色保护	保护原有的村庄聚落形态，处理好建筑群落与山水的基底关系；保护原有村庄的街巷尺度、街巷与建筑的空间关系；保护特色的民居、宗祠、寺庙等
绿化景观设计	重点对生产空间绿化、公共空间绿化、滨水空间绿化、民宅庭院绿化、乡村道路绿化进行绿化景观设计引导
建筑设计	重点对建筑单元、建筑屋顶、建筑墙体、建筑细部提出设计引导，并对公共建筑和主要村居建筑进行设计，以确保形成整体特色风貌
环境小品设计	重点对公共空间的场地铺装、花坛、树池、座椅、灯具、雕塑、垃圾箱等小品设施进行设计引导，结合不同公共空间的功能及场所氛围要求，提出不同的设计风格指引，营造优美的人居环境
竖向设计	重点包括合理利用村庄地形地貌，确定街巷的控制高程、建筑室外地坪标高等内容

在导则编制的过程中，课题组选取天台后岸村作为试点村，并以《导则》内容为导向，从村庄规划与村庄设计两个层面对后岸村进行规划设计（该项目荣获 2015 年全国优秀城乡规划设计一等奖），取得了良好的效果，后岸的人居环境显著改善，风貌特色得以彰显，旅游产业加快发展，经济效益明显提高（图 2）。与此同时，浙江省将以《导则》为指导，在后岸村试点经验的基础上，在浙江省内推行 36 个“美丽宜居示范村”的村庄规划设计，并积累经验，进而向全省村庄推广并指导工作。

余荫广场

现状：

道路关系复杂
溪水多数被掩盖
空间界定模糊

整治方向：

道路关系复杂——理顺路网
溪水多数被掩盖——露溪
空间界定模糊——界定空间，不同材质区分

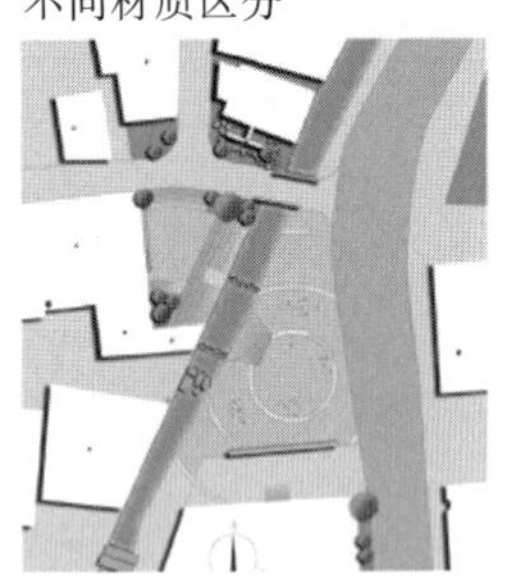

茶社及周边整治

现状：

溪渠掩盖过多
中间层的桂花显堵
空间可利用

整治方向：

溪渠掩盖过多——减少小桥，优化溪与路的关系
中间层的桂花显堵——适当减少
空间可利用——适当利用空地

品茗之余，远望铁甲龙；听蛙声处，近赏青菜绿。

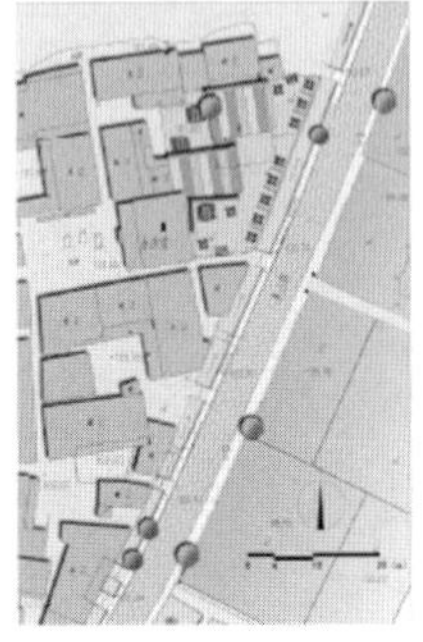

茶舍及周边地块立面展开图

图 2　后岸村村庄设计——节点设计

5　结语

本文以新时期国土空间体系构建、乡村结构转型和乡村建设的实施落地要求为出发点，阐述了浙江省特色的村庄规划设计编制内容（基于村庄个体的规划），构建特色的村庄规划设计编制内容体系以适应新时期村庄发展的需求，这不仅有利于村庄规划的实施落地，也是乡村振兴的重要制度保证。

［参考文献］

［1］李乐华，沙洋．美丽乡村背景下浙江村庄规划编制探讨与思考：以桐庐县环溪村村庄规划为例［J］．小城镇建设，2015（5）：34－40.
［2］武前波，俞霞颖，陈前虎．新时期浙江省乡村建设的发展历程及其政策供给［J］．城市规划学刊，2017（6）：76－86.
［3］葛丹东，华晨．适应农村发展诉求的村庄规划新体系与模式建构［J］．城市规划学刊，2009（6）：60－67.
［4］周游，魏开，周剑云，等．我国乡村规划编制体系研究综述［J］．南方建筑，2014（2）：24－29.
［5］刘松龄．城镇密集地区村庄规划编制思路探讨：以广州市为例［C］//中国城市规划学会．多元与包容：2012中国城市规划年会论文集（11．小城镇与村庄规划）．昆明：云南科技出版社，2012：8.
［6］汤海孺，柳上晓．面向操作的乡村规划管理研究：以杭州市为例［J］．城市规划，2013（3）：59－65.
［7］张尚武．城镇化与规划体系转型：基于乡村视角的认识［J］．城市规划学刊，2013（6）：19－25.
［8］叶红，陈可．适应新时期珠三角发展需求的村庄规划编制体系［J］．新建筑，2016（4）：28－32.
［9］洪亮平，乔杰．规划视角下乡村认知的逻辑与框架［J］．城市发展研究，2016（1）：4－12.

［作者简介］

鲁斐栋，同济大学建筑与城市规划学院博士研究生。
余建忠，教授级高级工程师，浙江省城乡规划设计研究院副院长。

实用性村庄规划背景下沈阳村庄基础数据库构建研究

□李宏轩，王湘潇，王晓颖，王丽丹

摘要：党的十九大报告正式提出实施乡村振兴战略，标志着我国农村发展进入了全新的时代，“多规合一”的实用性乡村规划成为时代要求。目前，沈阳市已全面开展乡村规划体系的构建，实现乡村空间规划“一张图”，对此，建立一套完整适用的村庄基础数据库成为规划体系构建的基础和保障。该数据库结合《沈阳市村庄布局规划（2019—2035 年）》编制工作而开展，采用村庄数据与国土空间信息相结合的思路，从“三农”角度出发，全方位建立人口、产业、经济、设施、文化、旅游资源、自然资源等数据与乡村国土空间相关联的技术平台，满足各层次村庄规划编制的需求，有效破除村庄数据获取困难、数据内容与类型不全面、数据真实性有所偏颇、数据与空间不对位等问题，全面提升乡村规划编制和管理的精细化水平，并作为建立“多规合一”、覆盖全域的乡村规划体系的重要部分。

关键词：沈阳；村庄；数据库；实用性；空间

1 引言

农业农村农民问题是关系国计民生的根本性问题，党中央连续 16 年发布“一号文件”，高度聚焦“三农”工作。在“三个必须、三个不能、三个坚定不移”理念的指导下，党的十九大报告正式提出实施乡村振兴战略，作为实现“两个一百年”奋斗目标和中华民族伟大复兴中国梦的必然要求。在经历了社会主义新农村建设、美丽乡村建设阶段之后，乡村振兴战略的提出，标志着我国农村发展进入了全新的时代，乡村地区发展已由城乡统筹、城乡一体化发展进入到城乡融合发展阶段，从强调“四化”同步发展进入农业农村优先发展时期。在此背景下，建立健全城乡融合发展体制机制和政策体系成为新时代农村发展的主题，多规合一的实用性乡村规划应运而生，村庄规划能用、适用、好用成为时代对村庄规划的基本要求。对此，沈阳市已全面开展乡村规划体系的构建，意在建立“多规合一”、统筹城乡、覆盖全域的乡村规划设计体系，实现乡村空间规划“一张图”。为达到上述目标，建立一套完整适用的村庄基础数据库成为规划体系构建的前提、基础和保障。

2　建立村庄基础数据库的必要性

该数据库的建立是在“多规合一”的实用性乡村规划编制的背景下，结合《沈阳市村庄布局规划（2019—2035 年）》编制工作而开展的。村庄规划体系是由宏观到微观、从全域村庄规划到居民点建设规划的一整套系统构成，采用同一套数据信息库，能有效提高村庄数据信息与空间信息的对位，提高上位规划要求向下传导的精准性，提升乡村规划编制和管理的精细化水平，便于建立“多规合一”、覆盖全域的乡村规划体系。同时，整合后的基础信息可作为全域村庄基础数据的出口，数据种类和数据变化情况口径统一，避免反复向各涉农部门调取数据，有效提高村庄规划编制和管理效率。

3　沈阳市乡村概况

3.1　沈阳市基本情况

沈阳市地处我国三大平原之一的东北平原。沈阳市东部为长白山余脉丘陵山地，地势由东北向西南逐渐开阔平展，过渡为大片冲积平原。沈阳市下辖 10 区 2 县 1 市，市域面积为 12860 平方千米。沈阳市是新中国成立初期国家重点建设的以装备制造业为主的全国重工业基地之一，经历了持续、快速的城镇化发展，城镇化率始终处于较高水平，目前城镇化率超过 80%。城镇化体系形成了以特大城市为中心，外围小城市、小城镇发展缓慢的城镇体系特征。

3.2　沈阳市村庄基本情况

沈阳市有 141 个涉农乡、镇（街道），分布着 1500 余个行政村（含涉农社区），约 3600 个自然村，乡村户籍人口约 270 万，平均一个乡镇下辖 11 个行政村，25 个自然村，平均一个行政村户籍人口约 1700，常住人口约 1050。人口分布为南多北少，南部靠近集中建设区地带村庄人口明显高于北部区域。

沈阳市村庄总体呈现农村居民点远郊规模小、数量多，近郊相对集聚，近郊区农村户籍人口外流要明显高于远郊区；农业经济发展滞后，农村产业项目带动作用不足；农村的工业发展与农业没有形成良好的衔接；乡村旅游资源、历史文化和民族资源未得到充分挖掘利用等特征。

4　沈阳市村庄基础数据特征

4.1　数据获取困难

沈阳市“三农”工作涉及多个市直部门，随着 2018 年部门的调整和合并，目前沈阳市涉农的市直部门包括自然资源、农业农村、发改、建设、民政、卫生、旅游等，村庄工作依然存在多个部门“各管一摊”的状态。因此，在村庄规划工作中，想要全面了解村庄，系统获取村庄的基础数据，需要多个部门联合，导致村庄基础数据获取较为困难，且时间周期较长。

4.2　数据内容与类型不全面

在全市“三农”工作各司其职的现实状态下，村庄基础数据也因分工不同导致各部门只掌握与其工作相关的数据，数据内容较为片面，且数据类型不全。同时，各部门采用的统计口径、统计方法与统计时间段各不相同，较难形成能全面反映村庄发展状态的数据库，无法适应“多规合一”下实用性村庄规划编制的要求。

4.3 数据真实性有所偏颇

目前，村庄大多数数据均采用村庄—乡、镇（街道）—区、县（市）逐级上报至各市直部门的方式，部分数据内容与年度计划、资金使用等内容挂钩，难免存在不真实、虚报等情况，对村庄布局、村庄类型划分及村庄建设规划工作的开展造成一定障碍。

4.4 数据与空间不对位

大部分村庄基础数据缺乏空间属性，仅为数字和文字叙述表达，与以空间为载体的村庄规划编制工作的使用要求相去甚远，导致很多数据不相关联，给查询和数据分析带来不便，无法满足村庄规划工作的空间化、矢量化和精细化要求。

5 沈阳市村庄基础数据库构建方法

5.1 数据库的构建思路

本次数据库采用村庄数据与国土空间信息相结合的思路，构建数据库的重点在于村庄数据的获取。为提高数据的真实性和可靠性，将数据分为发展类、基础类、特色类和问题类 4 个类型，采用了逐级下沉的方式，通过市直部门—区、县（市）—乡、镇（街道）—村庄 4 个层级分别获取，最终与国土空间信息进行关联，形成完整的村庄基础数据库（图 1）。

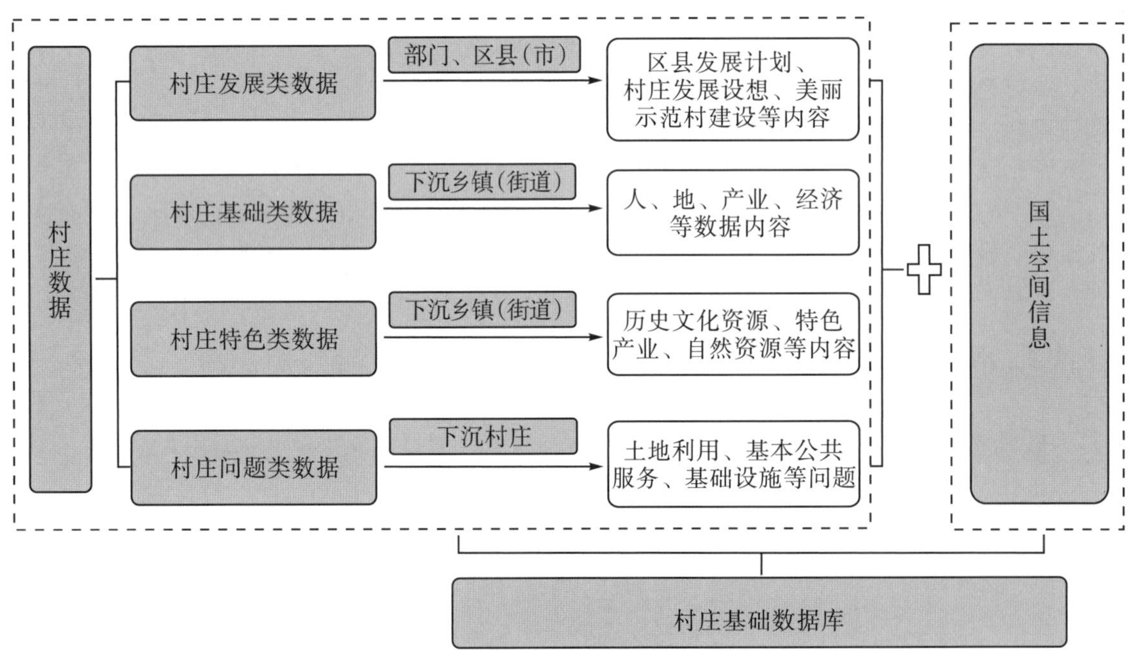

图 1 数据库构建思路

5.2 数据的类型选择

本次村庄基础数据库的建立遵循全面性的原则，从“三农”角度出发，全方位建立起人口、产业、经济、设施、文化、旅游资源、自然资源等与乡村发展有关的数据内容，并与乡村空间、土地、农房等信息关联，满足各层次村庄规划编制的需求（表1）。

同时，在村庄基础信息的基础上，加入地方对村庄发展的设想和计划等内容，包括区、县（市）的规划和计划，乡、镇（街道）的发展设想、重点投入村庄和未来计划建设的美丽示范村等内容。

表1　数据类型统计表

数据类型	数据内容
人口	户籍人口、户籍户数、常住人口、常住户数、劳动力人口数、外出务工人口、少数民族人口
产业	农业种植类型、特色农产品比例、设施农业比例、工业企业类型、乡村旅游业类型
经济	农民人均纯收入、农业总收入、设施农业收入、特色农业总收入、村内企业收入、文化旅游业总产值
基础设施	道路硬化率、路灯数量、自来水覆盖率、污水处理设施、集中供暖、燃气、无害化厕所改造率、畜禽粪便处理、垃圾收集设施、美丽示范村建设
公共设施	农村文化活动室、文化广场、建设器材、村委会建筑规模、医疗设施规模及床位、养老设施规模及床位、幼儿园规模及人数
历史文化	历史文化名村、传统村落、特色小镇、少数民族村落、历史文化遗迹、非物质文化遗产、民族文化活动、民俗文化活动、历史名人
旅游资源	旅游景点、都市休闲农业
自然资源	风景名胜区、自然保护区、生态保护红线、地面塌陷区、矿山地质灾害区、河道行洪范围

5.3　数据的获取方式

本次村庄基础数据的获取采取了部门调取、基层调查和实地走访等多种方式，力求基础数据的翔实与全面。

部门调取采用了座谈的方式，针对各市直部门的主要职能，调取与“三农”发展相关的官方数据，掌握全市“三农”工作的重点和全市农村的总体发展情况。

基层调查采用由上至下的方式，通过区、县（市）座谈—乡镇反馈—村庄填报的形式，获取村庄翔实的基础信息。通过召开包括区、县（市）各涉农部门、乡镇代表和村庄代表在内的座谈会，明确沈阳市村庄规划工作需要涉及的数据内容，以及村庄发展建设存在的主要问题、急迫需要解决的方面、对乡村建设发展的设想。乡、镇（街道）作为管理乡村最直接的行政单元，对所辖村庄的实际情况了解充分，并具有丰富的农村工作经验。本次数据库建设建立了各乡、镇（街道）的联系人机制，以乡镇作为农村数据调查的基层对口单位，发放村庄基础资料统计清单，由乡、镇（街道）负责发放至各村庄，并负责基础资料清单的回收与反馈工作，能有效提高基础数据的真实和全面性，并大大提高了数据获取效率，缩短数据库建设周期。

实地走访作为数据库建设的重要环节，是直观感受沈阳乡村建设成果和存在主要问题的有效途径。在区、县（市）座谈的基础上，选取在乡村建设、产业发展、历史文化特色等方面具有典型代表性的村庄，以及自然生态环境恶劣区域的村庄进行实地踏勘。采取与村干部及村民代表座谈的方式，有针对性的了解不同类型村庄在现阶段发展过程中的现实需求和亟待解决的问题，对数据库内容的调整完善具有重要意义。

5.4 数据库的应用

本次村庄基础数据库的建立基于《沈阳市村庄布局规划（2019—2035 年）》编制工作而开展，作为上述规划编制的重要组成部分，满足了规划方案编制全过程的基础数据需求。第一，满足了全域村庄在土地、人口、产业、经济、资源特色和公共设施等方面的需求；第二，对全域村庄存在问题的总结起到了支撑作用；第三，满足了全域涉农地区的功能分区引导、村庄类型的划分和村庄分类布局方案等规划核心内容的需求；第四，对村庄发展的支撑体系构建和实施策略引导内容的制定提供支持。

本次数据库采用全域全口径的数据整合思路，未来村庄建设发展情况将逐步纳入数据库内，将支撑全域乡村发展建设活动，包括区、县（市）村庄布局规划，乡、镇（街道）的国土空间规划，单独村庄的建设规划，以及试点村庄的选择、村庄发展策略的制定等内容。

5.5 数据库的更新与维护

本次村庄基础数据库采用“年度更新维护＋乡、镇（街道）联系人”制度，建立稳定的更新维护周期和基层对接窗口，保证年度数据更新及时有效。考虑到村庄发展的不确定性，预留数据接口，适时增加如村庄规划编制情况、年度财政投入情况等数据类型，增强数据库对未来村庄发展的适应性和可靠性，不断适应乡村地区发展的新变化和新要求。

6 结语

村庄发展是一个系统性过程，基础数据库应建立在尊重村庄发展规律、适应乡村发展的实际需求的基础上，并随着时代发展而不断进化。本次沈阳市村庄基础数据库的初步建立仍然具有局限性，未来应全面纳入全市的规划体系中，与国土空间规划全面对接，并为各专项规划、控制性详细规划、各类建设规划的编制提供数据支撑，提升规划编制的实用性和规划管理的精细化水平。

［参考文献］

［1］刘昶，吴玺，李永树，等. 城镇近郊区数字村庄数据库系统的设计与实现［J］. 测绘与空间地理信息，2018（3）：68－71.

［2］吴熙明. 基于GIS技术的防城港市矿产资源总体规划数据库建设［J］. 电子技术与软件工程，2019（12）：159.

［3］李鹏飞，李晓，刘笑，等. 大数据支持下的沈阳市域村庄布局规划方法研究［C］//中国科学技术协会，广东省人民政府. 第十七届中国科协年会：分16大数据与城乡治理研讨会论文集.［出版地不详］：［出版社不详］，2015.

[4] 陈有川，尹宏玲，张军民. 村庄体系重构规划研究 [M]. 北京：中国建筑工业出版社，2010.
[5] 马毅，赵天宇. 基于数据库分析的东北村镇景观特征与发展模式研究 [J]. 建筑学报，2017 (S1)：128－133.
[6] 邹玲玲，王柄荃，王玲. 基于实用性导向的沈阳市乡村规划体系构建研究 [J]. 价值工程，2018 (3)：47－49.

[作者简介]

李宏轩，工程师，任职于沈阳市规划设计研究院有限公司。
王湘潇，工程师，任职于沈阳市规划设计研究院有限公司。
王晓颖，工程师，任职于沈阳市规划设计研究院有限公司。
王丽丹，教授级高级工程师，任职于沈阳市规划设计研究院有限公司。

基于功能研究的钧台钧窑国家考古遗址公园规划构想

□郭良辰，汤倩颖

摘要：本文从国家考古遗址公园的概念出发，按照功能的区别对国家考古遗址公园进行功能研究，结合钧台钧窑国家考古遗址公园规划设计项目，探索基于功能研究的国家考古遗址公园规划设计策略。

关键词：国家考古遗址公园；功能研究；规划策略；钧台钧窑

1　引言

国家考古遗址公园，是指以重要考古遗址及其背景环境为主体，具有科研、教育、游憩等功能，在考古遗址保护和展示方面具有全国性示范意义的特定公共空间。从这一概念界定可以识别国家考古遗址公园的主导功能，即以考古遗址保护展示的主体功能为基础，与遗产价值直接相关的科研、宣传、教育等社会功能及与遗址价值载体“公园”相关的休憩、娱乐、社会活动等服务功能。识别主导功能，有助于科学指导国家考古遗址公园规划编制，在规划过程中实现公园功能的合理配置。因此，笔者结合钧台钧窑案例，从功能研究的角度构想国家考古遗址公园规划，对国家考古遗址公园的功能定位、分区等进行详细剖析，并提出相应的规划策略，对国家考古遗址公园的功能规划进行一些新的探索。

2　钧台钧窑遗址现状

钧台钧窑遗址位于河南省禹州市城区，是北宋瓷器烧造官窑遗址，其遗存分布范围较广，集中在禹州古城的东北部，总面积 30 多万平方米，整个窑址范围内分布有钧瓷窑区、汝瓷窑区、天目瓷窑区、白地黑花瓷窑区。4 个窑区都进行过考古发掘。考古发掘显示，遗址比较完整的保存下了宋代钧瓷官窑的整体格局，同时也反映出真实、完整的瓷器烧造工艺、流程原貌。目前除钧瓷窑区建造了保护棚进行展示外，其余 3 个窑区都进行了回填处理。由于城市发展等原因，整个窑区已处于城市中心地带，3 个窑区均遭受到城市建筑挤压。而钧瓷窑区虽然搭建了保护棚建筑，但保存现状也不够理想。

在遗址的展示利用方面，已建成钧官窑址博物馆，围绕该博物馆形成了较为系统和完整的钧台钧窑遗址展示，采用实物陈列、文字资料、影音资料及模拟场景等方法对钧瓷的出现、发展、制作工艺、制作流程等进行展示。但钧台钧窑遗址相关的历史环境要素展示尚未纳入整体展示体系，同时窑炉遗迹的原址展示存在保护条件不足、空间狭小等问题。

3 公园展示对象及功能定位

3.1 展示对象

国家考古遗址公园的展示主体为重要考古遗址及其背景环境，因此钧台钧窑国家考古遗址公园规划以钧台钧窑遗址范围内所包含的钧瓷烧造区遗址、汝瓷烧造区遗址、天目瓷烧造区遗址和白地黑花瓷烧造区遗址为核心展示要素，以禹州古城的传统人文风貌和滨水景观带的生态自然风貌为辅助展示要素，最大限度地保护钧台钧窑遗址的真实性与完整性。

3.2 功能定位

根据前文所述对国家考古遗址公园的功能识别，即以遗址的阐释与展示为基础，同时强调科研、教育、游憩等功能的复合利用。考虑到钧台钧窑国家考古遗址公园园区所处位置，不仅是禹州当下城市生活的中心，也是禹州古城的历史文化的核心区域，因此遗址公园的建设相应的包含了遗址保护与展示利用、考古科学研究、文化艺术交流、景观环境提升、生态环境治理、城市更新、居民休闲生活提升等需求。遗址公园作为对上述资源和需求的回应，在功能上定位为以考古研究与遗址保护为前提，以遗址的本体展示、标识展示和博物馆的陈列展示为核心，集文化交流、教育科研、旅游观光和城市生活于一体的多功能的国家考古遗址公园。

4 公园规划范围及功能分区

国家考古遗址公园的规划范围直接影响到遗址公园管理机构的职权范围和遗址公园的功能范围。因此，可根据考古遗址本体和分布特征、考古遗址保护要求、考古遗址周边城市建设状况、场地地形特征、行政区划和保护要求，同时综合考虑考古遗址公园的功能需求及定位，划定考古遗址公园范围。钧台钧窑国家考古遗址公园的规划范围，考虑到遗址保护管理需求，以钧台钧窑遗址的保护范围为主体，同时为保证文化与风貌完整性，满足公园功能需求，将其纳入一类建设控制地带一部分和二类建筑控制地带全部。具体范围如图 1 所示。

国家考古遗址公园的功能分区是对遗址公园所承载的不同功能进行规划设计与布局，合理设置不同功能。科学的功能分区有利于促成遗址保护与利用的平衡状态，有利于促进国家考古遗址公园的可持续发展。功能分区的划分应以遗址保护为前提，兼顾可操作性。根据功能定位，国家考古遗址公园的功能分区一般包括遗址展示区、管理服务区、预留区等，并可酌情细化。规划区域内具有重要自然、人文社会资源的，可划定专门的相关资源展示区。

在综合考虑钧台钧窑遗址保存现状、用地现状、展示资源和城市发展需求的前提下，对遗址公园展示分区进行功能细化，可将遗址公园分为遗址展示区、古建筑展示区、文化展示区、考古研究预留区、管理服务区、古城风貌整治区、景观绿化区和风貌协调区等 8 个功能分区（图 2）。

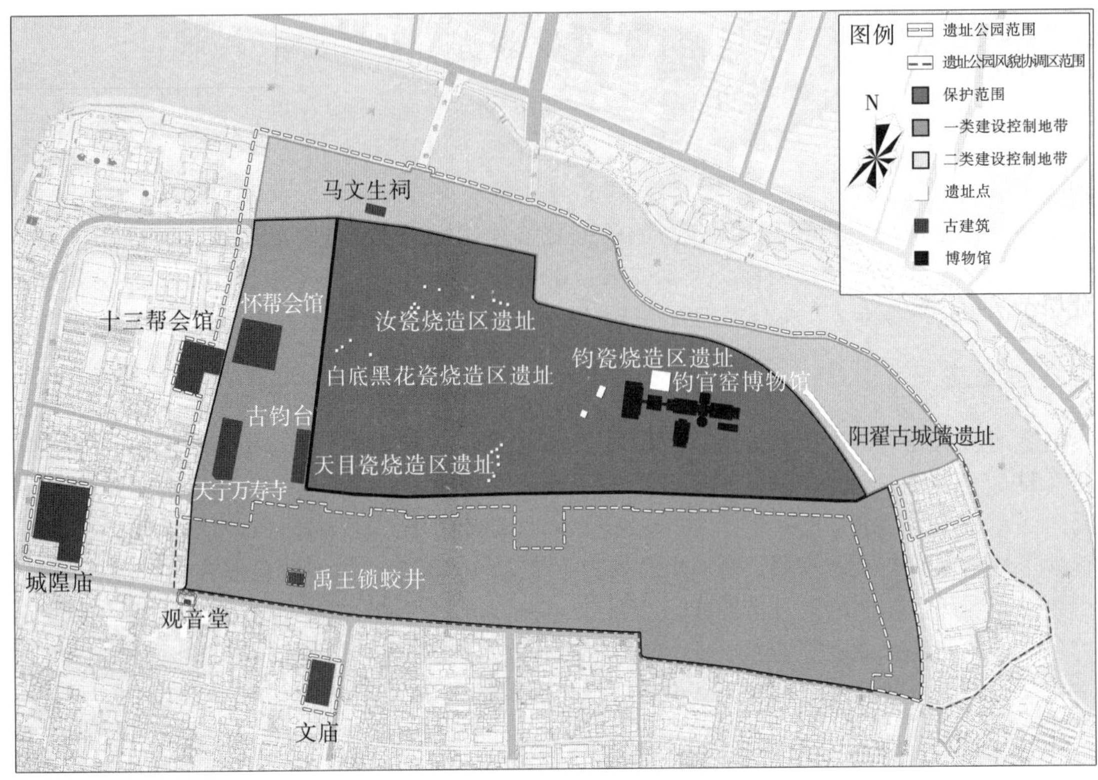

图1　钧台钧窑国家考古遗址公园范围图

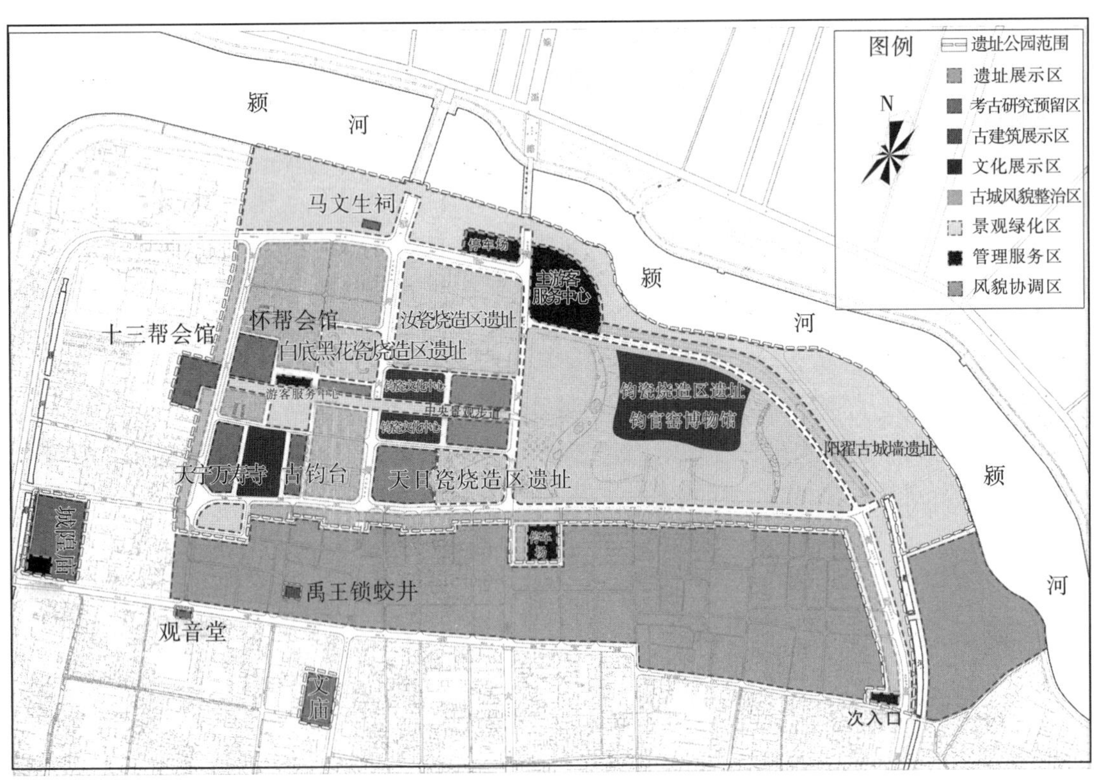

图2　钧台钧窑国家考古遗址公园功能分区图

（1）遗址展示区。

遗址展示区是以遗址保护和展示为主要功能的区域，也是国家考古遗址公园的主体功能区。钧台钧窑国家考古遗址公园遗址展示区主要包括全国重点文物保护单位钧台钧窑遗址的4处烧造区遗址、河南省省级文物保护单位阳翟古城墙遗址，面积约为16.79公顷，占遗址公园总面积的24.5%。遗址的展示方式以本体展示和标识展示为主。其中，钧台钧窑遗址的钧瓷烧造区遗址有2处窑炉遗址为本体展示，阳翟古城墙的地上遗存为本体展示，其余遗址可均为标识展示。

（2）古建筑展示区。

古建筑展示区以古建筑展示为主要功能，展示遗址公园规划范围内所分布的9座古建筑保护单位，面积约为3.38公顷，占遗址公园总面积的4.9%。其中，省级文物保护单位7处，分别是怀帮会馆、十三帮会馆、天宁万寿寺、古钧台、禹王锁蛟井、文庙、城隍庙；县（市）级文物保护单位2处，分别是马文升祠和观音堂。遗址公园对于公园规划范围内古建筑的展示利用依托了禹州历史文化名城、街区规划，在对古建筑进行本体修缮和环境整治的基础上，尽量展示古建筑原貌。

（3）文化展示区。

文化展示区重点体现科研、宣传、教育等功能，主要包括钧官窑博物馆、钧瓷文化中心和禹王亭3个部分，面积约为5.53公顷，占遗址公园总面积的7.6%。钧官窑博物馆具有展示、交流、科研等功能，主要进行出土文物的陈列展示、钧瓷文化的历史和科学研究、文化交流等；钧瓷文化中心包括钧瓷烧造工艺非物质文化展示中心、考古研究中心和钧瓷创意文化社区3个部分，主要对钧瓷烧造的非物质文化遗产进行展示；禹王亭为一处表现“夏”文化的文化类公共建筑，为《禹州历史文化名城街区规划》中所确定的项目，经评估后与遗址公园文化功能相协调而纳入文化展示区。

（4）考古研究预留区。

考古研究预留区是对遗址公园内为长期进行考古发掘和研究所划定的区域，同时也有对公众进行考古展示和文化宣传的重要功能，面积共2.5公顷，占遗址公园总面积的3.6%。拟划定的考古研究预留区有3处，分别是汝瓷烧造区遗址考古预留区、天目瓷烧造区遗址考古预留区和白底黑花瓷烧造区遗址考古预留区。

（5）管理服务区。

管理服务区是集中建设管理运营、公共服务等设施为主的功能区域，置于遗址保护范围之外，包括主次2处游客服务中心、2处次入口、2处主停车场，面积约2.9公顷，占遗址公园总面积的4.2%。其中主游客服务中心位于遗址公园北部沿河区域，与遗址公园主入口和主停车场相邻，主要包括游客接待大厅、休闲服务大厅、中心广场（游客集散广场）和电瓶车站，占地面积1.47公顷，建筑面积1805平方米。次游客服务中心位于龙亭后街以西、怀帮会馆以东，现禹州第一高级中学操场北侧区域，占地面积0.18公顷。两主次中心入口分别在遗址公园东南角与西南角，包括小型管理建筑和小型停车场，占地面积0.34公顷。停车场共占地0.9公顷，其中1号主停车场位于主游客服务中心西侧，占地面积0.4公顷；2号主停车场位于连堂街与钧州大街交汇处东南侧，占地0.5公顷。

（6）古城风貌整治区。

古城风貌整治区主要功能在于对遗址本体及赋存环境形成完整保护的同时，提升遗址区文化形象，形成考古遗址公园自身鲜明的特色。古城风貌整治区包含民居改造区和钧瓷商业文化街两部分，占地面积约8.8公顷，占遗址公园总面积的12.8%。

（7）景观绿化区。

景观绿化区是将遗址保护与景观提升、生态环境保护相结合的功能区域，有利于发挥遗址公园的城市职能。景观绿化区主要包括滨水景观展示区和中央景观绿道两部分，占地面积为15.46公顷，占遗址公园总面积的22.5%。滨水景观展示区主要展示颍河和顺河沿岸的滨水和堤坝景观，面积为13.1公顷。中央景观绿道则是贯穿遗址公园东西向的主要游览步行道，其分为东、西两段。东段处于钧台钧窑遗址核心展示区内，西段则贯穿钧瓷文化展示区和阳翟古城风貌展示区。中央景观绿道占地面积为2.36公顷，此处主要为西段面积，东段因处于遗址展示区范围之内，故功能归属于遗址展示区。

（8）风貌协调区。

风貌协调区是遗址公园范围以外的风貌整治区，是核心遗址向城市过渡的功能区域，是对遗址公园完整的展示形象的保护。风貌协调区面积为29.6公顷，因不属于遗址公园范围之内，所以不算入园区总面积中。分为东西两部分：西部为西起文卫路，南至西大街、东大街，东侧、北侧沿遗址公园南侧边界分布的区域；东部为回龙路半岛景观带以南区域。建筑高度控制在9米以下，外观采用禹州传统建筑形象，建议采用灰砖、木饰边和灰瓦。

5 结语

国家考古遗址公园属于一个复杂的领域，其功能具有明显的复合性。遗址公园的建设既是文物保护利用工程，也是生态工程和民生工程，规划应该围绕“保护、考古、展示、阐释、体验”等关键点，明确功能定位，突出不同主题，进行功能分区的划分，进而提出公园规划具体措施。

[参考文献]

[1] 王刃馀．国家考古遗址公园形态与核心价值利用刍议[J]．南方文物，2019(3)：260-263.

[2] 李昂．国家考古遗址公园范围划定研究[D]．北京：北京建筑大学，2015.

[作者简介]

郭良辰，硕士，北京国文琰文物保护发展有限公司、大遗址保护中心设计师。

汤倩颖，硕士，副研究馆员，北京国文琰文物保护发展有限公司、大遗址保护中心副主任。

人口疏解视角下沈阳市中心区土地供应政策研究

□吴秉澄，于路，董志勇，王鹏鑫

摘要：随着城镇化进程的加快，“城市病”等一系列问题日益凸显，中心区人口集聚现象是每个大城市都面临的困扰之一，其带来的交通拥堵、公共服务资源短缺、环境污染等问题无时无刻不在影响着居民的生活。粗放式的土地供应是造成中心区人口集聚的因素之一，随着城市由粗放式扩张转变为集约式发展，土地资源尤其是老城区内的土地资源将越来越稀缺，如何合理供应土地才能减缓中心区人口的集聚现象是一个十分迫切需要研究的问题。本文通过对沈阳市中心区人口分布、现状用地构成、开发规模与强度、存量建筑与存量土地、未来可更新地块等方面的分析，总结地区现状存在的主要问题，对沈阳中心区内土地供应政策提出调整土地性质，增加出让条件，优化存量空间、控制土地供给的优化建议，为促进沈阳市人口、功能和环境的协调发展提供技术参考，并对未来沈阳市土地供应政策优化提出展望。

关键词：中心区；土地供应；人口疏解；政策研究

1　引言

近十几年来，我国经历了一段时期的快速城镇化，城市得到了前所未有的繁荣发展，但是随之而来的“城市病”对城市的影响也越来越严重，中心区人口集聚问题是每一座大中型城市正在面临的问题，而过去粗放式的土地供应所带来的用地结构不合理、土地利用不集约等是造成这一现象的重要原因。随着城市由粗放式扩张转变为集约式发展，城市土地供应必须精细化管理，未来供应的每一寸土地都应是促进城市发展、调整城市功能结构、保障民生的重要支撑。短期内，土地财政依旧是城市财政收入的重要来源之一，如何合理地控制土地供应政策才能在地方财政收入和疏解城市中心区人口、缓解中心区人口集聚问题这两者之间取得平衡，是一个迫切需要研究的问题。

沈阳市二环内地区总体区位良好，综合配套相对完善，是沈阳市更新建设密集、开发强度较高、人口最密集的区域，也是沈阳市公共服务和环境压力最突出的地区，迫切需要疏导解决。在此背景下，规划统筹考虑中心区现状人口分布、用地构成、开发强度、存量建筑及土地情况，预判本轮更新完成后中心区的人口总量、公共服务水平和存在问题，提出土地供应政策完善建议，为促进沈阳市人口、功能和环境的协调发展提供技术参考。

2　沈阳市中心区地区发展历程

二环内地区是沈阳2300年城建史的核心承载区域，自西汉侯城，历经辽、金、元、明、清、民国，形成了以盛京城、满铁附属地、商埠地、铁西工业区四大历史城区为主体的拼贴式空间格局。20世纪80年代初，以生活设施补欠账为目标，以棚改、旧改为主要形式，二环内地区先后开展了高密度多层行列式住宅建设和路网修补，城市肌理和历史风貌迅速改变。

2000年以来，以老铁西工业区“东搬西建”、金廊工程实施、太原街和中街等商业中心更新、高强度住宅区建设为重点，二环内地区以大开大合、大拆大建为主要更新模式，人口与建筑高密度集聚，对地区公共服务和环境带来压力。

3　人口分布特征与城市更新建设情况

3.1　沈阳市人口分布特征

3.1.1　人口规模与分布

2018年末沈阳市常住人口为831.6万，户籍人口745.1万，流动人口86.5万，城镇化率为81%。近几年，全市人口数量增长持续低迷，2011—2018年常住人口由818万增长至831.6万，仅增加13.6万人，年均增长率为2.4‰。户籍人口年均增长3.2万，年均增长率为0.44%。同时，外来人口流失现象突出，2018年外来人口占比约11%，与同级别城市相比外来人口占比较低。

3.1.2　中心区人口高度集聚

虽然人口增长速度缓慢、外来人口流失严重，但是人口仍向中心区过度集聚，副城职住发展不平衡。2000—2017年，人口增长主要集中于中心城区，外围区（市、县）均呈现下降趋势，其中二环内新增人口占比78%。

中心区人口集聚加剧，教育、医疗等公共服务设施仍集中于老城区，造成环境、交通等诸多问题，副城居住人口密度较低，职住不平衡。人口密度较高的区域集中于皇姑区的塔湾—华山地区、和平区的南市—山东庙地区，而人口密度较低的区域为北站金融区与大东二环沿线地区。

按照行政区进行统计，全市人口密度最高的行政区为皇姑区，约为14363人/千米²。其次是沈河区、和平区，分别为13147人/千米²、11967人/千米²。

按照街道进行统计，全市共有26个街道人口密度超过30000人/千米²，都分布于二环内地区。皇姑区华山街道的人口密度最高，达到59896人/千米²（图1）。

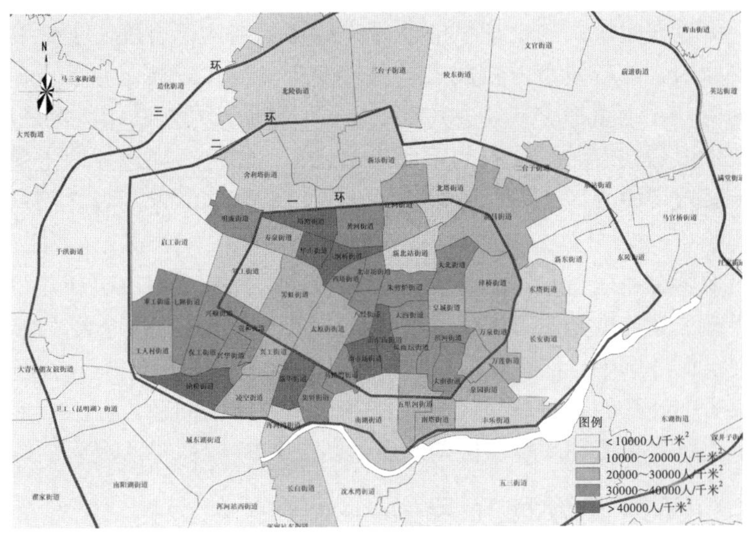

图1　沈阳市2018年街道人口密度分布图

3.1.3　人口密度分布

对比三环内人口密度分布情况，一环内人口密度最高，约30070人/千米^2；二环内人口密度相对适中，约22864人/千米^2；三环内人口密度约10637人/千米^2；均远高于全市644人/千米^{2}的人口密度平均值，总体呈现出由内向外、圈层递减的部分特征（图2）。

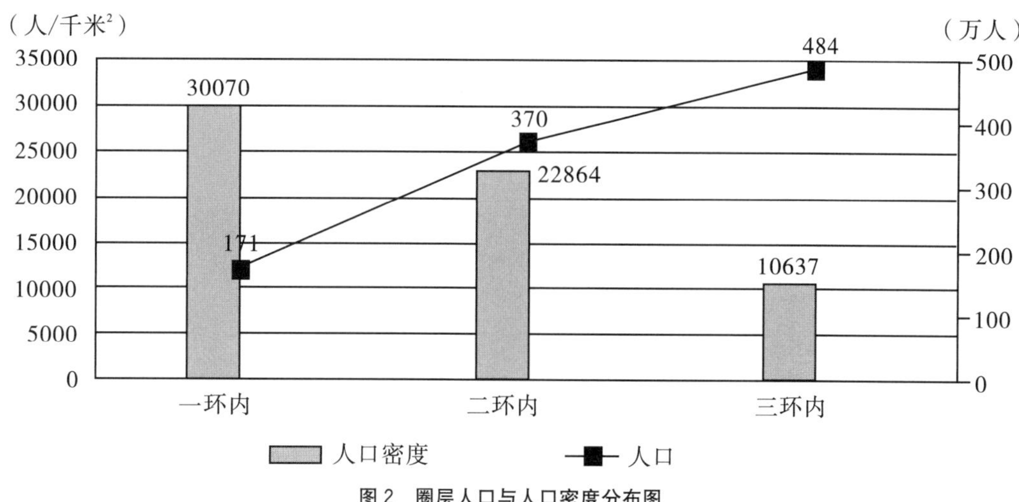

图2　圈层人口与人口密度分布图

3.1.4　对比分析

对比北京、上海、深圳等先进城市，按照与沈阳市二环内地区及行政区规模相近的空间范围进行人口密度与居住容量比较，对沈阳市人口密度开展评价。

如表1所示，沈阳市二环内地区人口密度已接近北京三环内、上海中心区的人口密度，已经面临与大城市一样的中心区人口密度过高的严峻问题。

如表2所示，以皇姑区为例，沈阳市行政区范围人口密度明显低于其他城市，说明中心区外尚有大量空间可供中心区人口疏解。

表1　沈阳与国内其他城市人口密度比较

城市	年份	范围	面积（平方千米）	人口密度（人/千米^2）
沈阳	2015年	二环	162	22864
北京	2014年	三环	159	25471
上海	2000年	中心区	212	24674

表2　沈阳与国内其他城市行政区范围人口密度比较

城市	年份	范围	面积（平方千米）	人口密度（人/千米^2）
沈阳	2015年	皇姑区	66	14363
北京	2015年	西城区	50	25688
上海	2015年	普陀区	55	23491
深圳	2015年	福田区	78	18315

3.1.5 现状评价

沈阳市人口高度集中于二环内地区，并已达到较高密度，二环外地区人口密度迅速降低，说明外围地区对人口的吸引作用相对较弱，城市单中心集聚特征明显。

二环内地区人口密度与其他城市相当，而行政区范围人口密度明显低于其他城市，说明沈阳市二环外地区具备疏解二环内人口的可能性。

3.2 更新建设情况

3.2.1 现状用地构成

居住用地约77平方千米，占比约48%。对比国内其他城市，北京市三环内居住用地比例为41%，武汉市二环内居住用地比例为44%，沈阳市二环内居住用地比例较高。

商业用地约17平方千米，占比约10%。对比南京市老城区商业用地占比8%，沈阳市二环内商业用地占比略高于南京市，比例较适中。

绿化开敞空间共约13平方千米，占比约8%。其中，公园绿地约4.15平方千米，以青年公园等环城水系沿线滨水公园、中山公园等大型城市公园为主；防护绿地约0.21平方千米；广场用地约0.15平方千米，包括市府广场、沈阳站及北站站前广场等。人均公园绿地面积约2.4平方米，距离沈阳市建成区人均公园绿地面积12平方米差距较大，也明显低于国家园林城市城区人均公园绿地最小面积5平方米的标准要求。

道路网密度约为10千米/千米^2，处于规范要求合理区间范围内，到发交通和过境交通集中，压力较大。2016年，沈阳市27个拥堵点中有23处位于二环内地区，金廊、太原街、中街、北站等中心区是全市最为拥堵的地区；五爱街、青年大街、三好街二环内路段是沈阳市年度最拥堵的3条道路。

公共服务设施用地约9平方千米，占比约5%。二环内文化设施、教育科研、医疗卫生、文物古迹及宗教等服务设施密集程度、服务等级和水平、覆盖范围均高于二环外地区。其中，医疗设施数量、服务水平、集聚程度和覆盖程度均较高。中国医科大学、鲁迅美术学院、中国科学院沈阳分院等科研院所开发强度较低，为维系历史城区空间肌理和文化生活氛围、平衡开发容量发挥了积极的作用。基础教育水平高、数量多、相对便捷，但是由于二环内人口规模大，造成部分地区的中小学、幼儿园难以满足实际入学需求，生均建筑面积和用地面积无法达到沈阳市标准要求。街道级以上养老设施主要布置在沈河、大东两区，占地规模和床位数均未达到国家规定标准。体育设施分布数量较少，供给密度和服务水平偏低。

3.2.2 开发规模与强度

二环内建筑总面积约27170万平方米，净容积率约为2.27。其中，皇姑区塔湾—华山路地区、沈河市府地区、和平太原街地区综合容积率较高（图3）。

住宅建筑总面积约15702万平方米，住宅用地容积率约为2.04。容积率较高的地区仍集中在皇姑塔湾—华山路地区、沈河市府地区及大东小北地区。

比较其他城市，上海市内环内综合容积率为2.4，武汉市一环内为2.1，沈阳市二环内综合容积率较为适中。结合二环内高人口密度特点，现状居住用地比例偏高、开发容量偏大、人均住宅面积小等现象突出。

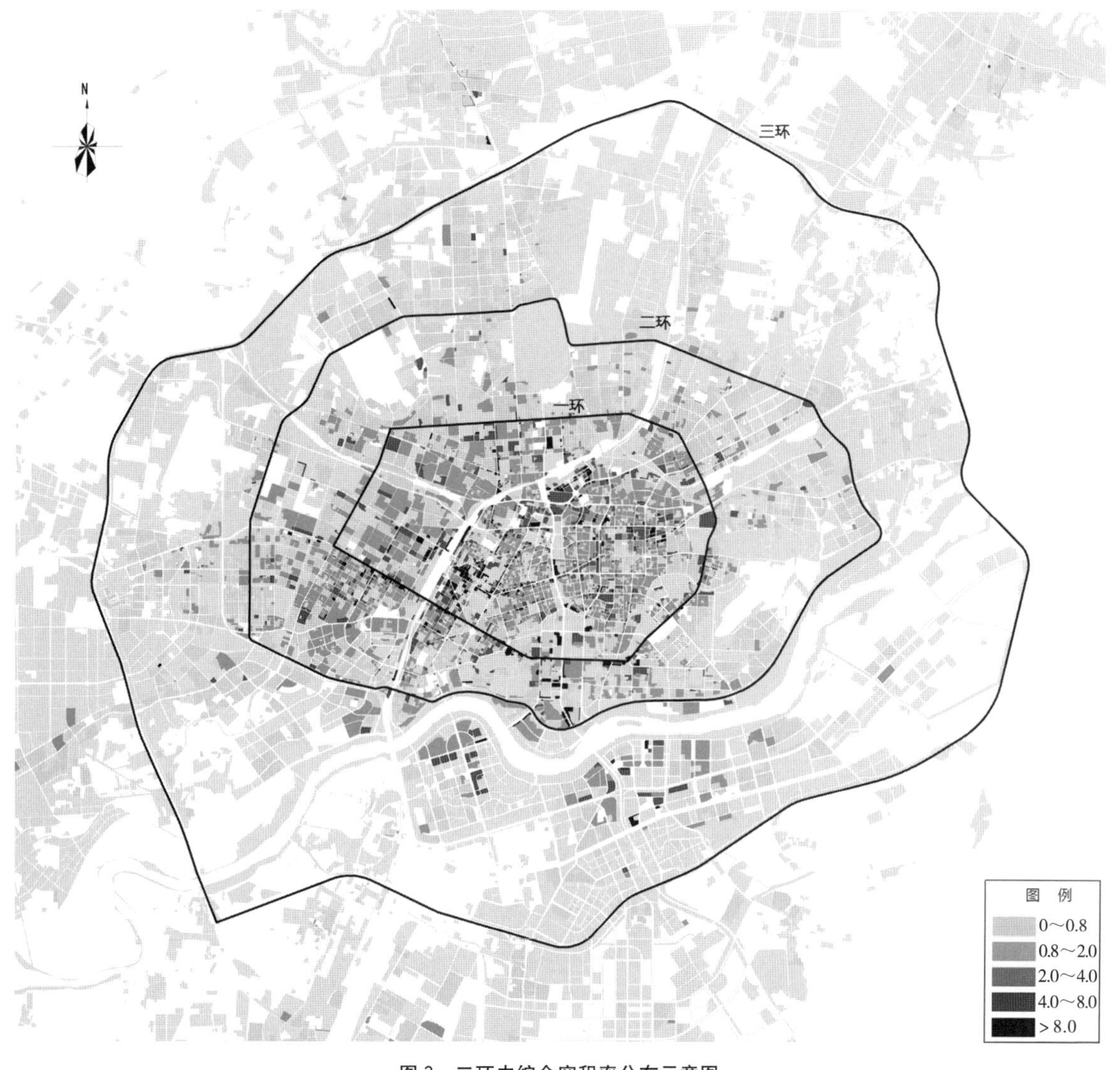

图3　二环内综合容积率分布示意图

3.2.3　存量建筑及存量土地

沈阳市存量建设用地主要集中在二三环之间，二环内可更新地块较少（图4）。

二环内计划出让用地面积约25公顷，增加建筑总量约129.5万平方米。其中，商业用地约8.5公顷，增加建筑量约93万平方米；居住用地约16.5公顷，增加建筑量约36.5万平方米。

二环内库存容量约992万平方米，包括未竣工与未开工土地建筑容量约462万平方米，房产局商品房库存容量530万平方米。其中，商业库存容量约482万平方米，住宅库存容量约510万平方米。

二环内储备用地面积约150公顷，预计增加建筑量约950万平方米。其中，商业用地约76公顷，增加建筑量约583万平方米；居住用地约74公顷，增加建筑量约367万平方米。

如上述库存、出让与储备用地建设完成，二环内增加建筑量约2071.5万平方米，综合容积率将达到2.42。预计新增人口29.8万人，主要分布于皇姑南部、铁西建大以北与大东二环附近地区。二环内人口密度将达到24704人/千米^2。

图 4　二环内储备用地分布示意图

3.2.4　未来需更新地块

前述更新建设完成后，二环内居住建筑主要为 20 世纪 80 年代以后建成的多层、高层及超高层建筑；仍有少量需改造的棚户区、旧工厂，主要分布于和平、皇姑与大东区，共计 15 处地块，总面积约 10.7 公顷。单个地块面积均较小，平均规模约 0.7 公顷，改造后对地区总体开发强度影响不大。

4　现状存在主要问题

随着存量建筑和用地消化，二环内地区已经从空间量的扩展阶段转向提升城市功能和环境品质。在这一转变过程中，突出表现出如下问题。

4.1　居住用地比例过高，用地结构有待调整

二环内地区总体开发强度较适中，但居住用地比例偏高，人口密度偏高。随着更新建设实施，二环内土地成本的不断提高，拆旧建新、大幅提升容积率的传统更新模式将会进一步加剧人口的集聚。这需要紧密结合老城区的功能定位和发展方向，积极调整用地结构，予以控制疏导。

4.2　开敞空间紧缺，人居环境品质有待提高

现状绿化开敞空间较少，且分布不均匀，集中在东南部，休闲时间几乎处处人满为患。居民就近体验绿化开敞空间的需求无法得到满足，影响居民生活质量。

4.3　交通拥堵，难以支撑土地高强度开发

二环内商业、商务、文化、金融等功能高度集聚，加之城市空间骨架拉开、外围副城公共服务中心尚处于培育周期，导致大量钟摆式交通、跨区域交通在二环内冲突叠加。现状交通拥堵及结构性问题短期内难以解决，且二环内总体建设强度已较大，如进一步高强度更新用地，不仅会加剧交通拥堵，用地自身交通可达性也将难以得到满足。

4.4　公共服务供给不足，难以满足地区需求

受到人口密度高和土地紧约束双重压力，现有基础教育、医疗、社区配套等基础公共服务设施均已超负荷运行，并且拓展空间有限，无法支撑人口的进一步增加。

4.5　城市更新缺乏对历史风貌的保护与传承

二环内作为沈阳历史城区，空间肌理、建筑遗存、历史风貌特色已大幅减少，迫切需要加强风貌控制引导，逐步恢复塑造城市特色，展示历史文化。

5　城市土地供应政策优化建议

二环内地区是沈阳市主城的核心区域。按照已通过国务院批复的《沈阳市城市总体规划（2011—2020年）》，沈阳市“主城＋副城＋多中心”的空间结构当中，主城是城市高端服务职能的集中区域，重点加强城市修补，完善各类公共服务设施和基础设施配套，提升公共空间环境品质和综合服务功能，推进历史文化名城保护与现代城市建设的协调发展。外围副城是城市核心生产职能发展的主要区域，重点加强副城中心区建设，完善生活配套功能，提升生态环境，吸引并承接主城人口转移。

综合考虑二环内人口、用地现状和库存情况，参考相关城市经验，规划面向二环内地区高端服务职能定位，强调二环内人口疏导与提高外围副城中心吸引力紧密关联。充分结合沈阳市副城发展和公共中心体系培育，建议二环内土地供应政策坚持审慎更新、提升功能、优化结构、品质优先等原则，重点加强空间规模、用地构成、公共空间和城市特色的控制引导，充分发挥二环内土地价值。

5.1　调整储备地块用地性质

针对已经收储地块，根据地块现状条件将规划用地性质由单一的居住用地或商业用地调整为复合型用地，适当补充公共服务类用地。以药科大学地块为例，原规划用地性质为居住用地，根据地块现状条件和周边道路情况，对其用地性质进行3处调整：保留现状体育场，将体育场用地性质调整为体育用地；增加2条规划路，确保地区交通顺畅、路网完整；保留现状植物园，将其用地性质调整为公园绿地，其余用地保留居住用地性质不变（图5、图6）。相对于原规划，调整后的用地性质更符合实际情况，便于实施，同时也增加了体育和绿地等公共服务设施为周边居民提供服务，居住用地面积虽然有所减少，但是居住环境品质的提升也会提高地块价值。

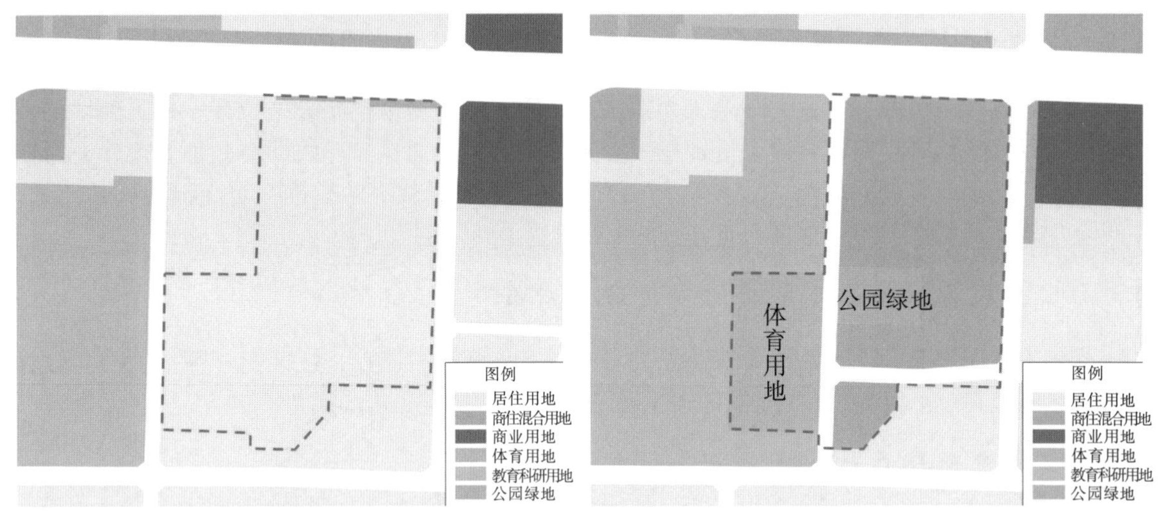

图5 药科大学地块原用地性质图

图6 药科大学地块调整后用地性质图

5.2 增加上市地块出让限制条件

以往沈阳市土地出让条件限制较少，价高者得，虽然增加了财政收入，但是其带来的弊端也很明显，开发商容易只注重自身利益而忽视地区居民需求。目前，沈阳市中心区土地出让已经采取“限地价，竞配建”和“限地价，竞自持”两种方式，在地块出让前期编制地块竞配建研究报告，根据地块所在15分钟生活圈现状和规划配套情况，梳理地块周边现状幼儿园、中小学、体育设施、医疗设施和养老设施等公共服务设施等级及规模，根据未来规划实施难易程度，研判未来地区公共服务设施需求，将研究报告的成果纳入地块出让条件中，在限制地价的基础上加入竞配建或竞自持条件。

以724地块为例，在其所在文官控规单元03街区划定5～15分钟生活圈，根据生活圈内现状公共服务设施建设情况，对生活圈内未来可更新改造地块的配建进行统一规划，确定724地块的配建公共服务设施为幼儿园及社区服务中心，并将其纳入土地出让条件中（图7、图8）。

5.3 优化存量空间，实施动态容积奖惩机制

在中心区控规单元全覆盖的基础上，以控规街区为单位进行容积率动态平衡，根据街区内部现状建设情况，在不突破控规控制的总体建筑规模的前提下，根据实际需求对可开发用地容积率进行动态调节，以控规确定的地块容积率作为基准容积，在基准容积率的基础上，尝试通过转移容积和奖励容积的方式确定地块的最终容积率以保障城市公共服务功能的提升及居民的生活质量，在保证地块开发强度不变的情况下也为城市公共资源及公共服务设施提供了另外一种补充途径。

5.4 控制居住用地供给

考虑中心区现状人口密度较高、居住用地占比偏高、开发强度适中等特点，规划建议总体维持中心区住宅空间容量保持不变。参考北京、南京、厦门经验，严格控制中心区居住用地供给，限制大容量、高强度的土地开发，重点强调用地的更新质量。

考虑二三环之间人口密度明显低于中心区内，建议二三环之间重点提高居住条件和生活便利性；三环外地区人口密度较低，可作为承接中心区内人口转移的重点区域，重点加强公共服

务设施配套，提升居住环境品质，增加公共开敞空间，从而大幅提高吸引力。

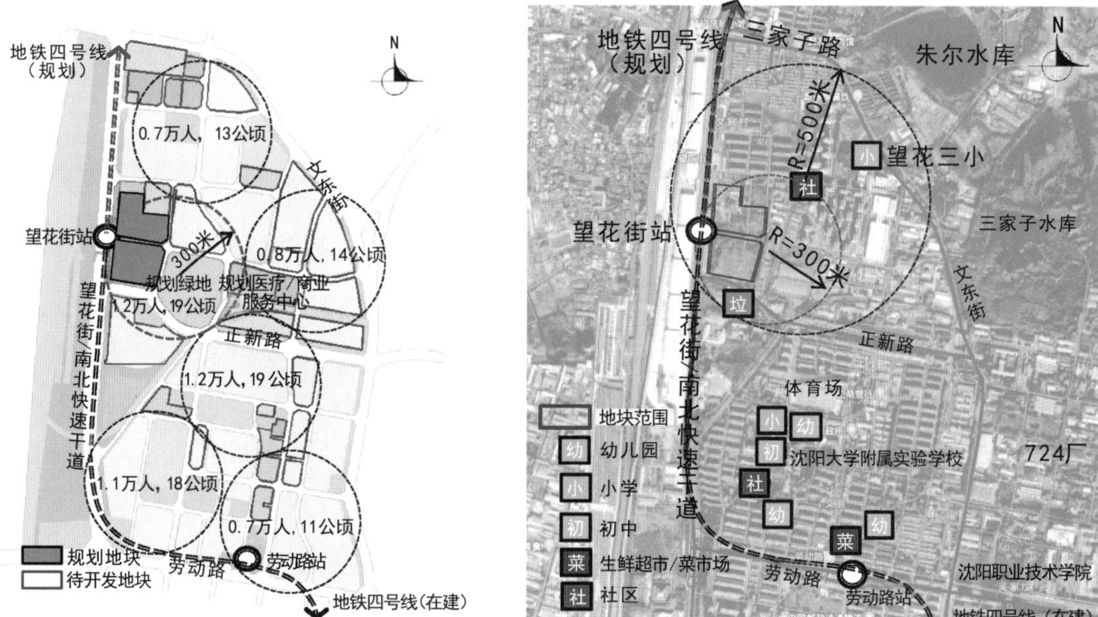

图7　地块周边5～15分钟生活圈示意图

图8　周边现状公共服务设施分布示意图

6　结语

近几年，沈阳市通过调整土地供给政策对存量土地更新改造进行控制调整，在一定程度上缓解了中心区人口过度集聚的现象，虽然仅仅依靠调整土地供给并不能从根本上解决城市问题，但是随着相关研究的深入和数据的完善，未来将对沈阳市更大范围内的土地资源配置进行优化，增加土地供给方式及路径，实施土地供给侧改革，进行差别化、精准化土地供应等相关研究，建立健全的土地供应体系，规范土地供应行为，建立以土地供给引导和约束需求的新机制，以完善中心区的公共服务功能，确保中心区人口控制在合理范围内，将优先的土地资源进行合理的分配利用。同时，通过与其他学科相互协同合作，大城市中心区人口过度集聚的问题一定会有所好转。沈阳市在土地供应政策研究方面的探索和实践，可以为更多城市的土地供应管理提供先行经验。

[参考文献]

[1] 赵小凤，黄贤金，陈逸，等. 城市土地集约利用研究进展 [J]. 自然资源学报，2010（11）：1979-1996.

[2] 王中亚，傅利平，陈卫东. 中国城市土地集约利用评价与实证分析：以三大城市群为例 [J]. 经济问题探索，2010（11）：95-99.

[3] 刘菊鲜. 城乡统筹发展下的土地节约集约利用浅析 [C] //中国土地学会，中国土地勘测规划馆，国土资源部土地利用重点实验室. 经济社会可持续发展：耕地保护与土地资源节约集约利用：2007年中国土地学会年会论文集. 北京：地质出版社，2007.

[4] 袁丽丽，黄绿筠. 城市土地空间结构演变及其驱动机制分析 [J]. 城市发展研究，2005（1）：64-69.

[5] 王承旭. 以容积管理推动城市空间存量优化：深圳城市更新容积管理系列政策评述 [J]. 规划师，2019 (16)：30－36.
[6] 周劲，杨成韫，王承旭. 一本书·一张图·一份表：存量型规划动态更新机制探讨 [J]. 规划师，2013 (5)：17－22.
[7] 赵燕菁. 城市化 2.0 与规划转型：一个两阶段模型的解释 [J]. 城市规划，2017 (3)：84－93.
[8] 林强. 城市更新的制度安排与政策反思：以深圳为例 [J]. 城市规划，2017 (11)：52－55.
[9] 金广君，戴铜. 台湾地区容积转移制度解析 [J]. 国际城市规划，2010 (4)：104－109.
[10] 邹兵. 增量规划向存量规划转型：理论解析与实践应对 [J]. 城市规划学刊，2015 (5)：12－19.

[作者信息]
吴秉澄，硕士，工程师，沈阳市规划设计研究院有限公司规划师。
于路，硕士，工程师，沈阳市规划设计研究院有限公司规划师。
董志勇，硕士，高级工程师，沈阳市规划设计研究院有限公司规划师。
王鹏鑫，高级工程师，沈阳市土地储备服务中心大东分中心主任。

第三编

城市更新规划与设计

加强生态修复，完善城市修补

——沈阳市“城市双修”规划策略研究

□陈晨

摘要：在党的十九大生态文明宏观政策背景下，为落实国家“城市双修”工作指示，沈阳市在“城市双修”建设策略上做出探索，以期为北方城市展开“双修”工作提供重要参考。本文重点剖析“双修”研究工作具体开展路径，以“多规合一”为背景，从市域及中心城区两个层面分析，坚持宏观、中观、微观多元渗透，基于现状生态要素、公共及基础设施、历史文化、旧城改造等多方面研究建立对策，充分发挥规划作为公共政策的法律属性及协调属性，在宏观上建立以问题为导向的战略框架，中观上建立协调机制，微观上通过具体项目实施，完善控规指导及规划条件控制环节，从空间层面落实“城市双修”工作的实施。

关键词：生态修复；城市修补；策略；沈阳

1　沈阳“城市双修”建设工作背景

2015 年，国家层面启动“双修”工作，住房和城乡建设部将三亚列为“城市修补和生态修复”的综合试点；同年中央城市工作会议提出，“提倡城市修补”“要大力开展生态修复，让城市再现绿水青山。……推动形成绿色低碳的生产生活方式和城市建设运营模式。……推动城市发展由外延扩张式向内涵提升式转变”。2017 年，国家通过召开会议及颁布规章等形式，提倡城市修补、开展生态修复工作，先后建设 3 批试点城市，旨在从实际操作层面推动城市从外延扩张式发展向内涵提升式转变。

2016 年，国家颁布一系列东北振兴战略，提出全面深化改革、推进创新转型、扩大开放合作、切实加强组织协调等举措，具体体现在加强区域统筹、控制城市规模、完善基础设施、建设资源节约环境友好型城市、创造优良人居环境、重视历史文化和风貌特色保护等方面。

沈阳作为东北地区重要的中心城市，需要重视城乡区域统筹发展，同时在合理控制城市规模、完善城市基础设施、建设资源节约型和环境友好型城市等方面进行转型提升。而发展过程中面临由快速城镇化引发的“城市病”问题，需要弥补在生态环境和城市服务方面的历史欠账，因此转变发展方式，推进结构调整，引发内生动力，开展“双修”建设成为必然。

2 沈阳城市“双修”建设现状情况评估

沈阳面临由快速城镇化引发的“城市病”问题，现阶段弥补生态环境和城市服务方面的历史欠账刻不容缓。

2.1 全面开展现状发展评估

2.1.1 生态环境评估

对沈阳市域范围内的山体、河流、湿地、林地、绿地等生态资源开展摸底普查，分析生态破坏状况、生物多样性状况及环境质量状况，进行生态敏感性及生态重要性评价，科学诊断城市主要生态问题及生态损害空间分布，为系统开展生态修复奠定坚实基础。

(1) 生态环境质量评估。

①生态质量。

生态质量属于一般水平。2015 年，沈阳市域生态质量指数为 55.95，说明沈阳市植被覆盖度中等，植被种类单一，且大多为低龄景观绿化型植物，抗环境干扰能力较弱，生物多样性水平一般。

森林覆盖率、水网密度总体呈下降态势。2015 年，沈阳市森林覆盖率大幅度下降，森林占市域总面积的比例为 13.7%，远低于全国平均水平。2012—2013 年，沈阳市水网密度指数、环境土地退化下降幅度较大。

生物多样性水平不高，生物多样性保护形势不容乐观。生境遭到不同程度破坏，外来入侵物种危害程度加大，生物多样性急剧下降，农牧等方面经济损失逐年递增。沈阳市重要生态功能区域面积与 10 年前比较有所减少，总面积减少了近 120 平方千米，占 10 年前总面积的 19.18%。

②环境质量。

大气环境：与 2016 年相比，2017 年上半年空气环境中 6 项主要污染物除 SO_2 平均浓度下降、可吸入颗粒物（PM10）持平外，其余 4 项污染物都有不同程度上升。细颗粒物（PM2.5）和 PM10 的平均浓度均超过环境空气质量二级标准。臭氧污染呈加重趋势。

水环境：地表水体污染严重。2017 年上半年，辽河干流沈阳段水质符合地表水环境质量Ⅲ类标准；浑河干流沈阳段水质为地表水环境质量劣Ⅴ类标准。辉山明渠、满堂河、南运河、新开河和卫工明渠等黑臭水体，需长期治理。

土壤环境：存在重化工企业土壤污染环境风险较高、农业面源及污灌区土壤污染治理难度大、土壤环境污染底数不清等问题。土壤详查等相关工作正在开展，土壤环境监测网络、污染场地修复、监督管理尚未完善。沈阳辖区内部分地区土壤污染严重，在重污染企业或工业密集区、工矿与石油开采及周边地区、城市城郊废弃遗留场地等区域出现了土壤重污染区和高风险区。

(2) 生态空间格局。

①市域层面。

将市域范围划分为生态空间、农业空间和城镇空间三类，其中 24%为生态空间，初步形成“山、水、林、田、城”融合共生的市域生态格局，但生态用地的面积和质量仍需提升。

②中心城区层面。

基本形成“三环、三带、四楔”的结构性绿地布局，但部分区域缺乏刚性管控，有萎缩的趋势。

公园绿地体系具备一定基础，但处于形成阶段。先后实施多个旧城区现状公园改造和新城区大型城市公园建设，提高了服务能力，取得了良好的社会效益。但仍存在服务半径覆盖率不足、公园绿化滞后于居住区发展等问题。

（3）城市气候应对。

城市应对气候的能力与可持续发展和韧性城市的要求尚有一定的差距。

①低碳城市建设。

沈阳市碳排放总量递增，尤其是煤炭消费产生的排放量逐年增加。能源消费结构以煤炭为主，2010 年单位 GDP 能耗率达 0.815×10^4 吨标准煤/万元，低于全国 GDP 能耗率的水平。2015 年单位土地 GDP 产值为 0.57 亿元/千米^2，远远低于深圳、上海和北京等城市。

②海绵城市建设。

SWMM 模拟结果显示，城市开发前，中心城区的径流总量控制率全部大于 80%。城市的开发已经对地表水文特征造成了明显的影响，目前非城市段的流域径流控制率均在 85%以上，而城市段流域径流控制率在 60%～85%之间。其中，北沙河、浑河、蒲河流域径流控制率低于国家海绵城市标准。

2.1.2　城市建设评估

主要针对公共服务设施配建规模及水平、城市道路交通布局、市政公用设施供给、城市历史文化传承、城市风貌特色彰显等方面展开现状评估，包括公共服务设施规模、类型；城市道路交通密度、交通设施服务能力、慢行系统及静态交通服务能力；市政公用设施服务能力、环保系数；城市历史文化保护及再利用现状，相应专项法依据及保护规划情况；城市风貌特色，地方辨识度，标志性区域及建筑设计、夜景亮化工程细节处理；等等。

（1）城市公共服务设施现状评估——公共服务设施显著提升，但尚不完善，规模总量和服务水平有待提高。

2016 年，公共服务设施用地面积 49.7 平方千米，占城市建设用地比例的 7.6%，人均用地面积 8.6 平方米。与 2010 年相比，整体呈现南部、北部地区快速增长的空间格局。

公共服务设施配套不完善，尤其是文化、体育配套设施不足，优质设施占比低。未建立完善的 15 分钟社区公共服务圈。

（2）城市交通现状评估——道路交通系统基本形成了“内方格＋外环形放射”的道路网结构，公共交通及停车设施有待完善。

道路建设方面：三环以内地区路网建设较完善，路网密度 5.5 千米/千米^2，但支路建设规模不足，对城市干路的交通分流作用不强，尤其是一至三环之间的地区；三环外，城市路网系统尚未形成。

公交发展方面：三环内，常规公交较完善，但大运量快速轨道交通供给不足，800 米半径覆盖面积占比仅 15%；三环外，公交线路稀少。公交出行比例低（33%），私家车出行比例增长快速，加剧城市交通拥堵。

慢行交通方面：对慢行交通的出行环境考虑较少，机动车与非机动车混行严重。

静态交通方面：停车泊位不足，缺口达 24 万个，尤其是老旧居住区、商业区、医院、景点、交通枢纽等地区。局部地区地下停车场的利用率较低。占路停车比例高，达三环内道路面积的 1/5。地铁站点周边“P＋R”停车场有待增加。

(3) 城市公用设施现状评估——公用设施不完善，需解决供需不平衡等问题，提升工艺技术水平。

城市排水：城市排涝问题显著，部分管网超期运行，雨污合流排放问题突出。

城市供水：供水管网老化问题突出，二次供水存在隐患。

城市燃气：气源供需结构不平衡，应急储备能力较低，管网存有安全隐患。

城市污水：管理不完善，运营资金压力较大。

(4) 城市历史文化和风貌建设现状评估——历史文化名城格局和风貌受到破坏，城市风貌特色不鲜明。

历史文化名城格局和风貌受到破坏，对历史城区传统格局和历史风貌的保护与控制、关注不够。

城市风貌特色不鲜明，滨水空间利用不充分。各类功能建筑缺乏特色，标志性不强；建筑设计对周边环境考虑不足，忽视细节设计。局部地区存在滨水岸线过于生硬、滨水景观较为粗糙和停车设施不足的问题。

2.2 国内先行城市经验学习借鉴

2.2.1 三亚市：首个探索“双修”试点城市，落实近期实施项目

历经近 30 年的快速发展，三亚市从滨海小渔村发展成为国内外知名的旅游目的地城市。然而，由于城市基础差、底子薄，加之长期以来外延式扩张、追赶式野蛮生长，滋生了建筑风貌失控、违法建筑蔓延、生态环境破坏、道路交通拥堵等“城市病”，制约了三亚城市的可持续发展。2015 年 4 月，住房和城乡建设部部长陈政高到三亚市调研时，针对其存在问题，提出在三亚市开展“城市修补、生态修复”工作；2015 年 6 月，住房和城乡建设部将三亚市确定为全国首个“城市双修”试点城市。

三亚市遵循“总体把握，系统梳理，突出重点”的原则，按照“近期治乱增绿、中期更新提升、远景增光添彩”的时序，积极推进“城市双修”试点工作。

生态修复：以“再生态”为理念，采取系统思维，将山、水、林、田、湖、城作为一个有机生命体，修复城市中被破坏的自然环境和地形地貌，改善生态环境。

城市修补：以“更新织补”为理念，修补城市设施、空间环境、景观风貌，提升城市特色和活力。

2.2.2 其他试点城市先进经验

厦门通过“双修”试点工作，形成了一批示范项目、总结了一套规划方法、形成了一批技术导则和一套完整的工作机制。在工作中，对厦门市民开展全面的问卷调查，提升公众参与度。

结合苏州城市总体规划编制及各部门专业规划，开展调查评估，分类分层次编制“城市双修”相关专项规划，使“城市双修”的重点更加明确。将“城市双修”与已开展的历史文化名城保护、城市更新、精细化管理、环境综合整治等工作结合，保证城市规划实施的连续性和可行性。

南京在“双修”工作中注重工作统筹，提升整体效能。把“城市双修”与南京现有城市各类规划、城建民生工作计划及城市建设管理精细化行动等专项行动结合起来，做好规划、计划、项目的统筹，实现重点区域城市设计全覆盖、高品质（表 1）。

表 1　相关城市案例解读

城市	属性	工作框架	系统专项	重点工程	保障措施
厦门	第二批试点城市	确定工作目标，开展基础工作与支撑性研究，开展主体工作，确定工作机制	《山体修复专项研究》《近海海域及海岸修复专项研究》《河流修复专项研究》《林地与廊道管控专项研究》《废弃地修复专项研究》《城市增绿专项研究》等	包括生态系统修复工程、交通系统修补工程、绿地系统修补工程、居住与社区空间修补工程、历史与文化空间修补工程、公共服务设施修补工程、市政基础设施修补工程、景观与公共空间修补工程和存量空间更新修补工程	创新管理制度、积极筹措资金、加强监督考核、加强公众参与
西安	第二批试点城市	总体目标，工作范围，基本原则，主要任务，工作内容，政策保障	编制完成城市生态修复专项规划、城市修补专项规划，统筹协调城市绿地系统水系统、海绵城市等专项规划	实施山体修复工程，环山路绿化、美化、亮化及配套工程，灞河、浐河、泾河和潏河等河流综合治理工程，水源涵养林绿化建设工程，直面陡坡与破碎山体绿化建设工程，秦岭峪口与景区绿化建设工程，新开工干支线地下综合管廊建设工程，海绵城市建设工程，老旧小区综合提升改造工程等	加强组织领导、引入技术支持、创新管理制度、积极筹措资金、加强监督考核、加强舆论宣传
南京	第二批试点城市	以“修”为着眼点，瞄准问题、聚焦问题，明确标准，持续推进，久久为功，推动各项目标任务落到实处	无	重点从修复生态环境、提升城市功能、保护与彰显历史风貌特色、增加城市公共空间、提升交通出行便利度和环境综合整治 6 个方面开展工程建设	各部门强化责任担当，严格督查，广泛动员
银川	第二批试点城市	从宏观战略层面的城市设计到微观分区、地块城市设计分区分层编制，统筹考虑	无	实施《新华商圈区域及重点地块规划设计》、《西塔片区规划设计》、《银川市银新铁路专用线周边规划设计》、《银川市兴庆区东部带状休闲公园概念规划》、10 个小微公园生态绿化工程等项目	建立高规格的组织架构，建立“城市双修”成果评审评价制度，提高市民参与性，定期公示，积极宣传“城市双修”理念及方案，广泛听取市民的意见建议

续表

城市	属性	工作框架	系统专项	重点工程	保障措施
海口	第三批试点城市	系统施治、整体提升、项目带动、近远结合	聚焦“重整生态本底、重织交通网络、重塑空间场所、重构优质设施、重铸文化认同、重理社会善治”等系统专项工作	实施 10 多个重点示范项目及 200 多个可选项目，主要集中交通、棚改、城市特色、城市文化、水质、城市增绿等方面	强化组织领导，创新管理制度，积极筹措资金，加强监督考核，鼓励公众参与
苏州	第三批试点城市	总体目标，工作范围，工作任务（专项规划引导，实施生态修复、城市修补），立法保障	开展城市设计项目 34 项、城市总体规划编制 1 项、专项城市规划与设计项目 15 项、交通市政类规划设计与研究项目 18 项，并制定城市规划导则 3 项	水环境治理与修复共计实施项目 49 项。综合整治黑臭河道工程项目。绿地系统优化与完善实施 36 项工程项目。基本公共服务设施建设，包括医疗设施、体育文化设施、教育设施、养老设施等方面的 36 项工程项目。城市交通改善共计实施工程项目 22 项。海绵城市建设项目 22 项	制定、出台《苏州国家历史文化名城保护条例》《苏州市河道管理条例》《苏州市水功能区管理办法》《苏州园林管理规范》《苏州市违法建设处理规定》等 8 项与“城市双修”相关的管理办法、法规

3 构建沈阳市“生态修复、城市修补”工作体系，建立实施策略

3.1 宏观层面：道以明向，准确把握目标方向

坚持民生导向、问题导向、目标导向，落实党的十九大关于加快生态文明体制改革，建设美丽中国的重要指示精神，推进绿色发展，着力解决环境问题，将沈阳建设成生态友好、环境完善的宜居城市（图 1）。

图 1 宏观策略框架

3.2　中观层面：术以立策，系统布局关键要素

（1）生态修复——重整生态本底、修复城市生态。

在“保护优先、规划引领、统筹协调、系统修复”的基本原则下，根据“科学评估—目标确定—空间定位—项目落实—技术支撑”的工作思路，环环相扣，科学开展生态修复。

①完善生态空间结构。

强化生态保护红线刚性约束，将生态红线作为底线纳入“多规合一”改革中。结合主体功能区和禁限建区要求，整合全市生态空间，构建全市生态网络。加大自然生态保护力度，加快重点生态工程建设。在全市实施重点河流生态修复工程、青山工程等。着手开展生态绿楔、生态环廊、通风廊道等结构性生态空间的用地清查，健全管控条例，确保生态空间的有效保护。建立“城市公园—地区公园—社区公园”的公园绿地服务网络和游憩体系，提高精细化养护管理水平。

②加强城市环境保护。

积极推动燃煤锅炉改造、推进二环内城区无煤化进程，不断优化能源结构；采取除尘、脱硫、拆除散装锅炉等方式，加强大气环境治理。推进治污工程建设，提高污水处理能力，推进污水处理厂建设及升级改造工作、实施截污工程等。落实河长制、建立第三方监管机制等，实现黑臭水体长治久清。加强土壤污染治理，减少并消解历史污灌，化肥、农药的不合理施用，工业活动和城市交通对土壤造成的不利影响。实施生活垃圾“减量化、无害化、资源化”处理工程。

③提高城市气候应对。

通过产业升级，减少单位GDP碳排放量，优化能源利用结构，提高能源利用效率。推进海绵城市建设，完善大中型河流防洪工程体系，提高小型河流防洪标准和排水管渠的建设标准（图2）。

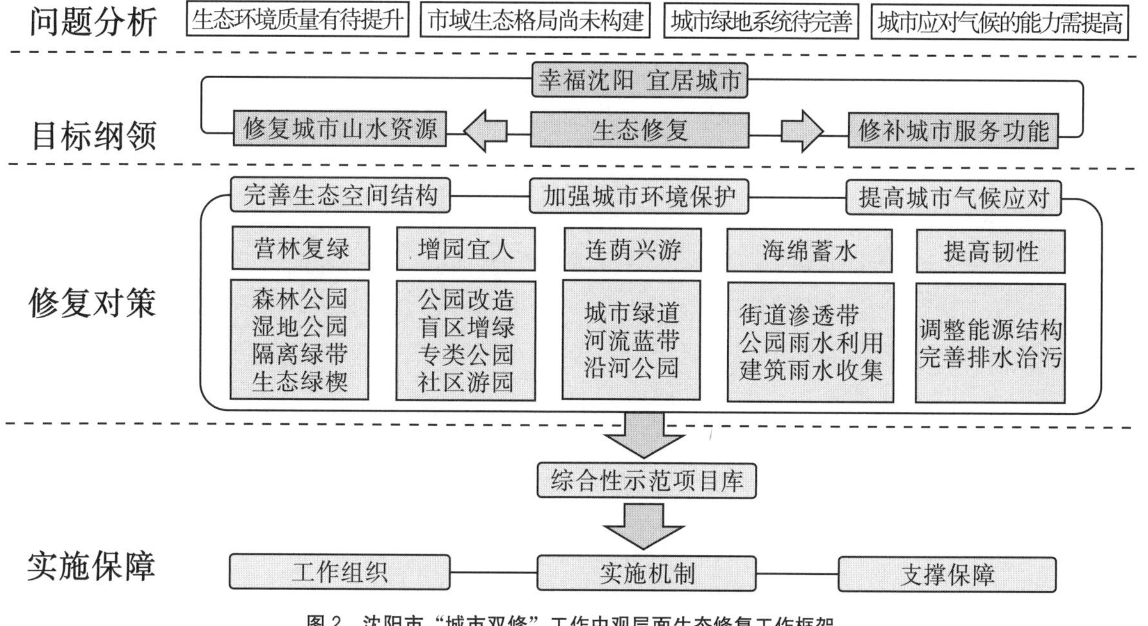

图2　沈阳市“城市双修”工作中观层面生态修复工作框架

（2）城市修补——夯实基础设施、提升整体品质。

①设施完善方面。

重点完善公共服务系统建设，针对人口的服务需求，优先对公共设施缺失严重的区域（如北部、东部、西部副城）补全教育、医疗、文化、体育、养老等各类公共服务设施。

破解交通难题，优化快速路网结构。规划五环快速路，将二环功能南移；进一步优化公交体系，实现智能化；多措并举解决停车难问题，同时优化慢行空间。

提升市政设施功能、质量、效能。实施多水源联合供水，用足大伙房输水工程、辽西北供水工程等优质外调水，限制地下水开采，扩大再生水生产规模，实现多源联合供水。

建立排水防涝工程体系，破解“城市看海”难题。构建“源头减排、管渠提标、排涝除险、应急管理”的“3+1”排水防涝体系。

提高供电能力，保障供电安全。完善500千伏环状供电网络，形成9座500千伏变电站联合供电格局；积极发展智能电网，提高城市电网的可靠性、灵活性。

大力发展集中供热，加快推进清洁供暖。构建以集中供热为主、分散供热为辅，多种能源互补的清洁供暖体系。

完善多源多向、灵活调度的天然气输配系统。规划形成13座燃气场站，建设四环高压环线连接燃气场站，构建多气源、多方向、联合供应的气源格局。

因地制宜推进城市综合管廊建设，解决“马路拉链”问题。规划形成中心城区“一环、三纵、多片”的干线管廊布局结构和干线、支线、缆线三级综合管廊体系。

②风貌彰显方面。

加强历史文化遗产资源的系统性保护，强化以盛京城为主体的板块拼贴空间格局，完善文化主题与系统展示利用、保护实施机制。

保护自然山水格局，塑造“大气磅礴、四季分明”的大地景观风貌，突出“辽沈特色、盛京古韵”的城镇景观风貌，推进“冰天雪地”文化品牌建设。

提升城市公共空间品质，推进精致建设，打造适用、经济、绿色、美观的精品建筑，完善城市设计监管，实施精细管理（图3）。

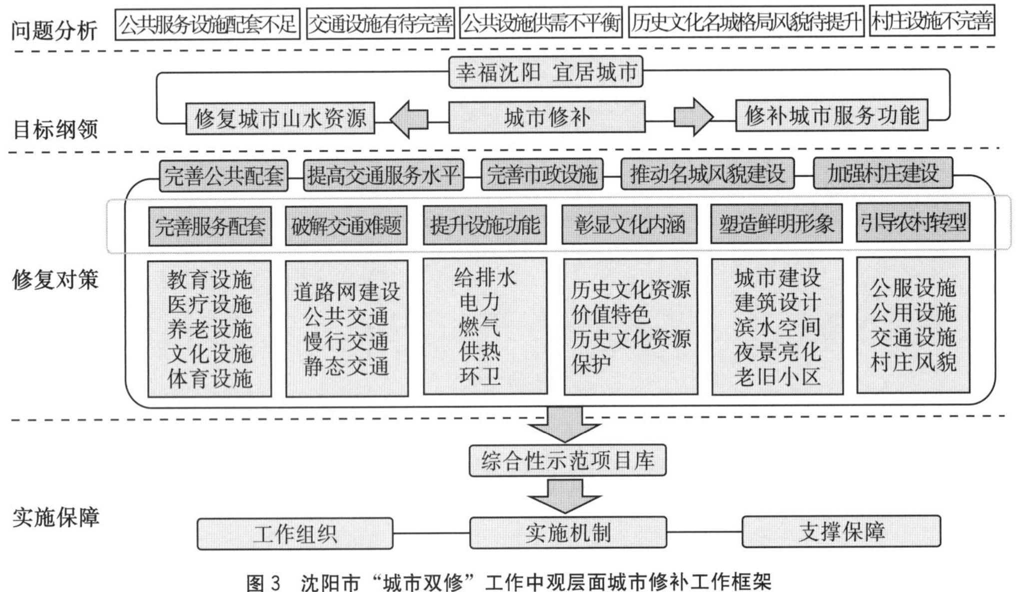

图3 沈阳市“城市双修”工作中观层面城市修补工作框架

3.3 微观层面：器以成事，协同建立重点项目库

（1）项目初选。

通过与各责任部门、各区政府详细对接，梳理目前沈阳正在实施或待实施的工程项目，策划一批亟须推进的工程项目，开展具体项目方案设计和施工设计，优先形成一批高质、高效示范工程，并逐步推动后续其他项目的规划与实施。

（2）部门沟通。

分别就生态、民生、环保等方面，与生态、民政、园林等部门沟通协商，结合政府工作报告、城建计划及各部门年度计划，共同确定重点工作环节及项目框架。

（3）项目库建立。

经专家论证讨论与多部门探讨达成多方共识，结合初选项目框架进行项目筛选，建立“城市双修”工作项目库（图4）。明确近期“城市双修”建设的重点，研究制定实施建设的工作方案，明确建设工程量、实施主体、进度安排、技术要求、考核指标等，使“城市双修”项目切实落地。

在专项整治、节点整治和项目管控等方面全过程融入“城市双修”理念，制定详细的实施方案、实施导则、实施标准，细化各项工作内容，作为各部门开展系统工作的专项蓝本，确保“城市双修”工作一盘棋、不走样。

落实海绵城市，修复绿地水系（>6个）	修补城市功能，提升环境品质（>16个）	优化城市形态格局，塑造现代城市形象（>8个）
宏观层面 ■ 生态修复专项规划 ■ 沈阳市绿地系统规划 ■ 沈阳市水系规划 ■ 沈阳市海绵城市专项规划 ■ 沈阳市南北主城环城水系综合规划 ■ 沈阳市海绵城市示范区规划设计	宏观层面 ■ 一河两岸综合提升规划 ■ 沈阳市慢行系统专项规划 ■ 沈阳市百里环城水系绿道规划 ■ 沈阳市综合管廊专项规划 中微观层面 ■ 太原街商贸区综合提升建设规划 ■ 八卦街地区共同缔造规划 ■ 沈飞机场区域发展规划 ■ 东塔机场区域发展规划 ■ 满融区域发展规划 ■ 盛京皇城历史文化街区提升改造规划 ■ 沈阳市中山路历史文化街区提升改造规划 ■ 铁西工人村历史文化街区提升改造规划 ■ 沈阳市西关地区风貌区保护规划 ■ 和睦路工人村风貌区保护规划 ■ 三台子工人村历史风貌区保护规划 ■ 嘉兴街满铁宿舍群历史风貌区保护与利用规划	宏观层面 ■ 沈阳市总体城市设计 ■ 沈阳市夜景照明规划设计 ■ 沈阳市城市色彩专项规划 ■ 沈阳市建筑高度专项规划 中观层面 ■ 盛京皇城总体城市设计 微观层面 ■ 浑河中心段（胜利桥至长青桥）城市设计 ■ 市府广场周边、五里河周边城市设计 ■ 沈阳特色街路建设规划
生态修复	城市功能修补	城市形象修补

图4　“城市双修”工作微观层面建立项目库

4　促进规划成果法定化，有效对接规划实施

（1）以“城市总体规划”为路径的指标体系管控。

结合新一轮总体规划（2017—2035）指标体系，坚持以“协调、绿色、开放、共享”为核心，以用地规模、人口规模、地区生产总值、城镇化率、城乡建设用地、用水总量、森林覆盖率、河湖水面率、国土开发强度等31项指标为指引，通过法定数据管控推进“城市双修”工作

的落实。

（2）以“生态红线规划”为路径的生态控制线管控。

结合生态修复研究成果，与环保部门配合，制定生态红线划定规划、城市环境总体规划，确定生态红线管控，明确生态控制底线，为约束城市无限蔓延扩展、限制建设用地侵占生态空间等框定法律底线。

（3）以“控制性详细规划”为路径的空间点位管控。

坚持推进“城市双修”建设原则，结合控制性详细规划编制，重点落实公共服务设施、市政基础设施、道路交通设施等要素建设；通过控规法定规划的批复，做到从法定层面落实“城市双修”建设的空间布局，为切实推进“城市双修”建设提供坚实保障。

（4）以“规划设计要点”为路径的设计条件管控。

结合城市土地出让环节，通过完善规划设计要点推进“城市双修”建设工作，包括建设社会公共服务设施、协调地下空间的连通、增加绿化用地布局等方面，从城市建设的土地出让源头加强管控，积极调动各方社会力量，进一步保证“城市双修”建设落到实处。

①将“城市双修”规划结论纳入环境总体规划，形成统一的指导框架。

完善沈阳市环境总体规划中城市生态修复内容，形成涵盖市域、中心城区多元空间层次的指导框架，加强城市生态环境的系统修复，为沈阳市环境总体保护与完善提供重要支撑，也为海绵城市建设提供科学依据。

②与土地收储工作相挂钩，推进“城市双修”与规划实施相衔接。

结合土地出让环节规划条件的编制，将“城市双修”建设控制内容通过法定规划条件落实，加强城市生态保护、公共服务设施及基础设施配建、建筑风格引导等，建立“城市双修”工作与规划实施的联系，进一步确保“城市双修”工作有效开展、实施。

③加强公众参与，整合政府部门要求。

市政府及相关部门应加强对“双修”参与部门和各级政府工作的跟踪指导，建立考核制度，严格目标管理、绩效考核和工作问责。

5　结语

通过开展“城市双修”工作，沈阳市不仅将实现物质空间环境的修复和修补，也将实现城市软环境（社会、文化、行政等）的修补和提升。

在物质空间环境方面，通过开展“双修”工作，治理城市顽疾，补齐城市短板，优化城市形象，提升城市活力，改善民生，建立系统完整的生态文明城市体系，在“整体、系统、协同”推进生态文明建设方面形成全国示范，塑造“幸福沈阳”名片。

在城市软环境方面，“双修”工作不仅是项目安排、工作计划，也是有关城市发展建设规章制度的逐步完善和优化，体现的是城市综合治理能力和执行能力的提升，市民素质意识的提高，城市文明的发展进步。

［参考文献］

［1］张帅兵，范少言，周丹，等．城市品质导向下西安“城市双修”实施路径研究［J］．新西部（中旬刊），2019（5）：45-46.

［2］敬博，丁禹元，韩挺．精准性、人本性、传承性：转型期我国历史城区“城市双修”规划的导向探索：以西安老城区为例［J］．现代城市研究，2019（4）：112-120.

[3] 颜会闾，王晖．“城市双修”背景下的哈密市老城区建筑品质适应性提升途径［J］．规划师，2019（5）：53－59．

[4] 王丽丹，范婷婷．沈阳工业遗产保护评价与利用对策［J］．规划师，2014（C1）：75－79．

[5] 赵英魁，李晓宇，李政来，等．历史文化资源引领下的城市整体发展策略：沈阳关东文化发掘及其资源开发研究［C］//中国城市规划学会．转型与重构：2010年中国城市规划年会论文集．南京：东南大学出版社，2011．

［作者简介］

陈晨，工程师，任职于沈阳市规划设计研究院有限公司。

基于社会空间角度的老城区老旧社区公共空间更新策略研究

□王凌，朱雄，赵晓铭，叶昌东（通讯作者）

摘要：社区是城市社会功能的重要组成单元，老旧社区的公共空间是居民进行社会活动的主要场所。老旧社区公共空间的更新不仅要考虑物质方面的更新，还应从社会空间的角度进行思考。老城区的老旧社区及其公共空间均具有自身特征。本文基于社会空间的角度，对老城区老旧社区的公共空间更新进行研究。首先分析这类社区公共空间所存在的社会性问题，然后对存在的问题进行原因分析；在上述分析的基础上，结合社会空间的观点，从公共空间更新过程的更新营建及更新后的管理运营两个阶段探讨老城区老旧社区公共空间的更新策略，前者包括公共空间的挖掘、空间需求和供给的思考，后者则包括公众参与、空间效益提升的策略探索。

关键词：社会空间；老城区；老旧社区；公共空间；更新策略

社区是居民生活的重要场所，是社会功能的最小城市细胞，也是城市发展的重要组成部分。随着城市存量规划的发展及公众对改善人居环境、提升生活品质的关注，老旧社区的更新越来越受到重视，国内多个城市均开展老旧社区更新改造，其中也包括老旧社区的微更新。例如，自广州市 2016 年开始提出《广州市老旧小区微改造实施方案》至今，每年均有几百个老旧小区列入社区更新计划，老旧社区更新也被纳入《广州市城市总体规划（2017—2035）》中。

老旧社区的类型多样，情况复杂，包括老城区内的老社区及城市边缘地区的城边村社区等。对于不同类型的老旧社区，其在物质特征及社会人文等方面均存在较大差异。本文主要探讨老城区内的老旧社区，因为其数量较多，且不少位于城市的中心位置，其更新改造对城市的影响较大。本文通过调查广州市荔湾区、越秀区、海珠区几个老城区的多个老旧社区的公共空间现状，了解、分析并探讨基于社会空间的老旧社区公共空间的更新。

在以往的社区更新实践中，往往考虑的是物质空间的更新，如道路、建筑的修补与翻新等，对于社会空间则考虑较少，造成更新的片面性，影响更新的效果。由于公共空间作为社会生活交往的场所，其本质属性只有将物质空间与社会意义结合才能得到体现。老旧社区公共空间的营造及更新，除了物质方面，还应考虑非物质方面。在法国哲学家列斐伏尔的理论里，空间营造是为了创造可感知的空间，生成可理解的空间知识，以及让使用者亲历和感受的生活空间。

1　老城区老旧社区及其公共空间特点

1.1　老城区老旧社区特点

1.1.1　社区环境特点

位于老城区的老旧社区通常有较好的地理区位。由于老城区是经历历史发展形成的现存区域，不少是原来的城市中心区或主要发展区，多为城市人口、建筑、商业活动密集的地区。因此，老城区的老旧社区周边通常交通较便利，商业发达，建筑及人口密度较大。不少社区保留了城市文化特色和景观风貌，有些社区还保留有历史文化建筑等历史遗存。

老城区的老旧社区（原单位大院除外）与新建的封闭式社区不同，不少社区是建设后才划定的行政管理区域，而不是统一建设的社区。由于其特殊的建设背景及建设方式，老城区的老旧社区通常较为开放，边界通常不明显。不少老旧社区有多个开口面向社区外部及城市街道。

1.1.2　居住人群特点

大部分老城区内的老旧社区居住环境较差，设施落后。有能力或有条件的中青年通常会外迁到新建的社区，那些没有能力的或者不愿意随子女外迁的老年人则会留在社区内。因此，不少老城区的老旧社区存在较明显的老龄化问题。

此外，由于交通及生活便利、靠近商业街区、房租相对较低等原因，不少老旧社区的房子被外来人口租住，所以老旧社区内的居民也有一部分为外来人口。

1.2　老城区老旧社区公共空间特点

由于老城区内往往建筑紧凑，空间紧张，所以老城区内的老旧社区通常公共空间数量较少，且以小尺度公共空间为主。通过对广州市多个社区的实地调查与测量，发现绝大部分供人们休憩活动的公共空间面积小于1000平方米，其中很多是在500平方米以内，一些面积比较大的老旧社区主要公共空间通常也不超过2000平方米。老旧社区由于建设时间较长、维护不足，其公共空间通常在物质条件方面较差，存在如地面破损、设施老旧残缺、植物生长不良等状况。

提起公共空间，人们总想起广场、公园绿地等点状或块状的空间，而在老城区的老旧社区内，一方面由于开敞空间的缺乏，另一方面老城区内许多街巷很窄，很少通行机动交通，以步行为主，因此这类老旧社区的公共空间有不少为线性的街巷空间形式，与交通合为一体。街巷中间为居民通行的交通空间，两侧则成为居民休憩、交流的常用空间（图1）。

由于老城区内老旧社区的开放性，不少社区的公共空间往往都是对外开放的。特别是一些邻近城市道路或边界的公共空间，往往与城市环境相交融，其既是社区的公共空间，也可视为城市的公共空间。

2　老城区老旧社区公共空间存在的社会性问题

老城区的老旧社区相对于周边发展较为滞后，其公共空间除铺装及设施老旧甚至破损、公共设施不足、绿化植物生长不良外，也存在一些社会性问题。

2.1　空间被侵占

在高建筑密度的老城区内，老旧社区的开放空间显得很宝贵，但时常出现公共空间被侵占的现象，包括社区内部的侵占及外来的侵占。

图 1　广州南沙区二湾社区街巷侧自建的休憩设施

相对于城市的快速发展和人们对生活要求的提高，老旧社区的物质空间仍处于相对原初的状态，已不能满足居民的生活需求。不少居民对空间现状不满，往往私自改造或占用公共空间以满足自身的需求，如将公共空间作为堆放杂物或晾晒衣物的地方（图 2），影响其他居民对公共空间的使用。

老城区多经历了较长的发展时间，不少老旧社区周边商业发达，还有些位于历史街区。随着经济的发展及城市更新的开展，不少历史街区进行了保护更新，一些商业街区也进行改造提升，为老城区带来新的业态及新的商业模式，由此吸引许多外来的游客。这些周边环境的发展，会使得一些外部的行为活动渗透入社区的公共空间，给居民对社区公共空间的使用带来较大的影响。如在对一些改造较为成功的历史商业街区的周边社区调研中发现，不少社区居民认为，周边商业会导致对社区生活空间的侵占。此外，外来的侵占还包括外来车辆占用社区公共空间停车，快递点占用公共空间进行快递分发（图 3），周边商业占用公共空间进行货物堆放或周转，甚至有外来流浪人员对空间的占用等。外来活动对公共空间的侵占，使得原本为数不多的公共空间的使用权益被损害，导致社区居民进行社会交流及公共生活的场地更为紧缺。

图 2　居民对社区公共空间的侵占

图 3　快递业务等对社区公共空间的占用

2.2 空间社会功能衰退

在调查中发现，大部分老旧社区的公共空间设施由于缺乏维护而残旧破损。公共空间往往较少居民使用，仅有少量老年人进行休息和健身活动，公共空间活力不足；在公共空间内活动的人大部分为独自活动，较少进行交流，仅有少数互相认识的人会进行打招呼等简单的交流活动，公共空间内的公共活动较缺乏。在调查中也得知，社区在公共空间中开展的集体性活动也不多。

由于老旧社区缺乏维护和发展，与城市的发展存在不同程度的脱钩，在社会上容易被区隔和忽视，加之居民老龄化及外来化明显，不少居民对社区缺乏认同感与归属感。居民在社区内的日常交流活动是公共生活及社会生活的基础，个体与其他群体在交流互动中获得记忆、情感与态度，通过历史积累，汇聚成他们共同的日常文化生活和集体共识。而老旧社区因居民变动频繁，普通市民日常自发组织的公共活动也较缺乏，集体共识和集体记忆被破坏，导致难以延续旧时市井复合多元的社会关系，原有的市井日常生活文化逐渐消失，损害住区空间的社会性。

3 老城区老旧社区公共空间的社会性问题原因分析

社区中的个人和社会的关系是通过日常生活得以具体实现的。社区公共空间包含两个层面：一是物质空间，是居民活动的基本平台和载体，也制约着社区居民的行为方式；二是社会空间，不但包含了行为，而且构成社会关系的一部分，不仅表现为各种社会关系，而且反过来作用于这些关系，并密切牵涉进人们的日常生活。老城区老旧社区公共空间所出现的空间侵占、社会功能衰退等社会性问题，主要可从以下两方面进行分析。

3.1 管理机制方面

老城区老旧社区的管理通常以行政管理为主，由街道办负责，很少有物业管理公司等第三方专业管理和业主委员会等机构。因此，其公共空间的更新、管理、维护在包括行为、经费来源等多个维度均十分依赖政府行政部门，且社区事务繁杂而琐碎，街道办等管理单位由于人员数量、水平及财政等多方面的限制，在管理上存在较大困难，难以形成专业全面的管理。更新管理贯穿于老旧社区公共空间的更新全周期，包括更新前的策划、更新中的协调及更新后的维护，但现状的更新管理主要关注更新前期及更新过程，对社区更新后的维护和管理不足，使得公共空间更新后由于缺乏维护管理，很快又出现被占用或破坏的现象，从而导致更新效果不佳（图 4）。

图 4　社区原有公共空间设施残破

3.2 公共意识方面

由于老旧社区主体人群构成的特点，其自组织能力较弱，群体的自主意识不强。不少老城区的老旧社区房屋外租，社区内居住的外来人口较多，其中不少人收入较低。由于这些外来人口不是本地成长，而且在生活上存在着一些困难，通常对社区的认同感、归属感较弱，对社区没有太多的责任感，参与社区事务的意愿较低。社区原住居民老龄化较为明显，也缺少对社区事务的参与热情。因此，在大部分老城区的老旧社区中，居民并没有真正参与到社区公共空间的更新、管理与维护中。这一方面造成居民对公共空间的维护不关心、不重视，在使用中缺少爱护，社区的管理与维护缺乏居民的参与；另一方面未能形成社区共同体，居民间缺乏交流及互动的机会，又反过来影响社区公共空间的社会功能及社区的凝聚力。

4 基于社会空间角度的老旧社区公共空间更新策略探讨

法国哲学家列斐伏尔认为个体使用他们的环境空间作为一个生活的场所，并将这个被相互作用的日常生活空间称为“社会空间”，其研究观点逐渐发展为城市社会学的“社会空间方法”。社会空间观点是围绕当代城市社会中日常生活的研究而发展起来的，新地理学代表人物爱德华·W.索雅提出社会生活的空间性，认为生活就是参与空间的社会生产，塑造不断演变的空间性并被其塑造——这种空间性确立了社会行为和社会关系，并使两者具体化。

公共空间作为社会生活交往的场所，其本质属性只有将物质空间与社会意义结合才能得到体现。因此，在社区公共空间的更新中，除了考虑物质空间的改善与提升，还应思考社会空间的营建，以此来促进社区的社会关系及社会行为的重塑。基于社会空间的角度，老旧社区的公共空间更新改造可从空间和时间两个维度思考：在空间层面上，需要考虑公共空间的提供及公共空间社会作用的发挥；在时间层面上，则应考虑公共空间使用的全周期，包括空间的更新营建和管理运营，使老旧社区的公共空间能持续发挥其社会功能。

4.1 公共空间的更新营建策略

4.1.1 公共空间的挖掘

位于老城区的老旧社区建筑密度较高，公共空间通常较为缺乏，因此在这类老旧社区的公共空间改造方面，除原有的一些运动空间或活动空间外，还应对其他公共空间进行一些挖掘，包括小尺度空间及街巷公共空间的营造等，提升公共空间的高效集约利用。

居民日常的户外活动具有多样性和细微性，因此可以通过营建小尺度公共空间来对公共行为和活动进行承载与实现，充分利用一些房前屋后或者角落等小型空间，通过对其进行整理与改造，如增加简单的休憩或活动设施，为居民带来更多的休憩、活动及交往的公共空间。在空间形式上，除了点状或块状空间，还应重点考虑线性的街巷空间。在通常理解中，街巷空间是一类以交通功能为主的空间，但在老城区的老旧社区中，街巷空间往往也是重要的公共空间。在调研中发现，不少住户闲暇时喜欢在住宅附近活动，因此，营造开放、富有活力的街巷空间是老城区的老旧社区进行公共空间营造的重要方面，如在街巷旁放置座椅等设施，能够吸引街坊居民休憩和交谈。

由于老城区的老旧社区在公共空间数量上的缺乏，可考虑对其进行高效集约的使用。如在社区改造中，通过对社区居委会等建筑的改造及周边公共空间的集群化，形成多功能的社区中心。社区中心一方面服务社区内多年龄段的不同人群，提供公共活动空间；另一方面能够提高社区的向心性，促进居民间的交流、思考、信息传递等，从而成为整个社区重要的社会空间。社区一些较为重要的公共空间，在设计上可考虑多种功能组合，如在运动场地旁设置座椅、便利店等，这样一方面能够促进社交行为的产生，另一方面能够更高效集约地利用空间。

4.1.2　空间与社会行为的供需思考

按照社会空间研究的观点，公共空间以一种双重的方式运行，既作为社会行为的一个产物，又作为社会中行为的生产者。因此，在公共空间营建方面，应对空间需求及空间供给进行思考。其中，“需求”是指了解居民的需求，并根据居民对空间的需求进行公共空间的营建；而“供给”则是指从期望居民所开展活动的目标出发，提供能够进行某些类型活动的空间，以空间的营造促进活动的开展。基于“需求”的空间营造更新在老旧社区更新中较为常见，如按照居民的需要设置健身空间等。而基于“供给”的则较少，这是一种主动改变社区社会生活的方式。随着老旧社区居民原有社会关系的改变，原有的社会生活及市井文化也随之日渐式微，如何在老旧社区的公共空间更新中再生社会活动空间，重塑社区日常生活及文化，这是重要的问题之一。本文认为在公共空间的改造营建中，可用设计来解决社会问题，从社会空间的角度考虑公共空间的使用及相应设计。社区公共空间的改造营建应符合当地活动的模式，与社区某些特定社会活动相结合。如可由民政部门及街道办、居委会等针对社区实际推出相应项目与活动，包括对社区传统节庆活动的重现或延续与相应空间的恢复或保留，新的社会活动的开展与相应空间的提供等。

通过“需求”与“供给”两方面的综合考虑，空间与社会行为的互动，可使社区的公共空间改造营建更合理，在社会功能的发挥上也更有效。

4.2　公共空间更新后的管理运营策略

4.2.1　公众参与策略

社区的公共空间更新全周期应注重公众的多元持续参与，加强社会多方协同治理的深度与广度，实现社区的共建共治共享。加强居民对社区公共空间更新的管理参与，增强居民的社会归属感，从而对社区社会空间再生起到重要作用。自身参与更新管理的社区空间往往能吸引居民花费时间和精力去使用及维护。

通过调研发现，由于老城区老旧社区的人群特征，其公共空间更新管理的公众参与问题主要是如何促进原住居民与外来人口之间的合作及共同参与，以及充分促进老年人的参与。要提高外来人口对社区更新管理的积极性，可以结合更新中与居民利益直接相关的项目，如将一些公共空间及相应设施的管理运营承包给社区居民或社区社会组织，激发其积极性，提高使用效率。老年人是老城区老旧社区的主要人群类型，大部分老年人对公共空间的使用率及关注度比较高，因此他们对社区公共空间管理的参与积极性较高。但由于其体力等原因，其管理参与方式多为提出自己的意见或建议，同时他们不擅长使用网络，他们提意见的渠道较窄，主要是通过交谈提供给居委会管理者。因此，可拓宽老年人参与管理的渠道，如组织交流会、成立老年人管理咨询团队等，利用老年人的经验与智慧，为社区的管理运营提供意见。此外，对于一些年龄不是太大、身体条件较好的老年人，可组织其建立管理运营团队，亲自参与公共空间的管理运营中。

将参与嵌入生活，调动居民自主性与积极性，特别是促进外来人口及老年人群体对社区的认同和管理，形成自发管理团队，建立长效机制。

4.2.2 公共空间的效益提升

公共空间更新后，还应考虑其利用效率的提高与新功能的注入，整合空间资源，增加收益，创造社区微型经济，为社区公共空间的可持续发展创造条件。

老旧社区的更新和维护如果只依靠政府财政或社会无偿输入，是难以达到可持续发展的，因此老旧社区更新后的管理运营还应考虑社区特点，在保护社区风貌的前提下，结合市场，通过空间经营的方式，形成可持续的社区微型“造血”机制。老旧社区的公共空间较为紧缺，在更新后可针对公共空间进行资源集约的复合高效共享利用，既使居民能够利用公共空间，又能创造一定的经济收益。如在一些靠近道路的公共空间提供共享停车场，在不同时段分别提供给外部人员及居民使用，提高空间利用效率，并且带来一定的经济收益。还可探索公共空间一些新功能、新业态的注入，如利用老城区的区位优势，或者一些社区所具有的历史建筑的历史文化资源，对相应的公共空间进行改造，增加休闲设施与便利店等，在不影响社区生活的前提下，吸引一些外来的消费；或者参照一些成功的都市社区农业案例，在部分适宜的公共空间进行社区菜园开发，承包给社区居民或社区组织进行管理，这既能带来一定的经济收益，又能增加社区的凝聚力和归属感。

老城区老旧社区公共空间的社会空间重塑与再生，需要以其空间特色及资源为立足点，以社区生活及社会特征为重点，结合社区活动及经济行为，对公共空间进行改造和发掘。在行政部门的引导下，以社区居民为主体，结合其他力量（如市场力量等）的多方参与，培育社区共同体，从而使这些老旧社区延续原有的生活文化，并焕发新的活力，实现其可持续发展，使其成为人们安居的场所。

［本研究得到国家自然科学基金面上项目（41871156）、广东省哲学社会科学“十三五”规划学科共建项目（GD18XGL47）资助。］

［参考文献］

［1］彭定萍.“空间差序”与小城市老年人社会参与的空间逻辑：基于浙江省临安区的调查［J］. 社会建设，2019（4）：41－50.

［2］弋念祖，许懋彦. 美好社区的营造战术：社会空间治理下的日本社区设计师角色观察［J］. 城市建筑，2018（25）：47－50.

［3］赵静，高鉴国. 社会空间视阈下的社区文化建设［J］. 南通大学学报（社会科学版），2018（2）：130－136.

［4］李彦伯，陈珝怡. 里弄微更新：一项以问题导向社会空间再生的建筑学教育实验［J］. 建筑学报，2018，（1）107－111.

［5］赵万民，王华，李云燕，等. 中国城市住区的历史演变、现实困境与协调机制：基于社会与空间的视角［J］. 城市规划学刊，2018（6）：20－28.

［6］张勇，何艳玲. 论城市社区治理的空间面向［J］. 新视野，2017（4）：84－91.

［7］戈特迪纳，哈奇森. 新城市社会学：第四版［M］. 黄怡，译. 上海：上海译文出版社，2018.

［8］杨贵庆. 城市空间多样性的社会价值及其“修补”方法［J］. 城乡规划，2017（3）：37－45.

［9］RANDOLPH T. HESTER. 生态民主设计［M］. 周芃，李旻，译. 北京：电子工业出版社，2016：46.

［10］金云峰，周艳，吴钰宾. 上海老旧社区公共空间微更新路径探究［J］. 住宅科技，2019（6）：58－63.

［作者简介］
王凌，博士，华南农业大学讲师。
朱雄，任职于广州市全程装帧艺术有限公司。
赵晓铭，硕士，华南农业大学副教授。
叶昌东，博士，华南农业大学副教授。

积极老龄化视角下的城市老旧小区更新策略研究

——以北京市朝阳区×小区为例

□高艺，李婧

摘要：当前我国城市规划从设计转向治理，从空间转向社会。在各大城市中，老旧小区数量多、面积大、老年人多、设施相对不足，但其又是城市的基本单元，因此成为更新的难点及热点。老旧小区更新，不仅是物质空间环境的更新和基本服务设施的改善，更是基层组织的建设和人际关系的重构。如何搭建环境更新后的共建共享共治平台，将居民纳入设计、建设和治理的基层单元，是当前社区更新的重要工作内容。本文以北京市朝阳区×小区为例，通过长时间的沉浸式社区公众参与，结合老年人需求，组织居民实现老旧小区共建共享共治平台的搭建，以社区营造为重要手段，探索实现老旧小区的物质环境、文化复兴及长期维护管理机制。

关键词：积极老龄化；老旧小区；环境更新改造；老年人

1 研究目的及意义

城市更新是当前城市规划的重要发展方向之一，而社区作为城市生活的基本单元，也逐渐成为城乡规划工作的重点对象，特别是在大城市和超大城市中，老旧小区数量多、面积大、居住人口多，是未来我国城市更新的重要内容。

据统计，我国共有近 16 万个老旧小区，涉及居民超过 4200 万户，建筑面积约为 40 亿平方米。老旧小区的更新、整治问题已经成为我国城市发展过程中亟待解决的重大问题。

1.1 老年人是老旧小区的核心居住主体

2020 年，我国各地计划改造城镇老旧小区 3.9 万个，涉及居民近 700 万户。这些小区在建设的时候是针对全民的，且大多老旧小区为单位福利分房，如北京的单位大院。随着老龄人口增多，这些老旧小区中出现了以老年人为主要群体的居住特征，这些老年人多为城市老居民或一些单位老职工，除此之外还有一些下岗职工、孤寡老人及一些外地务工租客。据调查，目前我国有超过 84%的老年人居住在 2000 年以前建造的住宅中。因此，老年人是老旧小区的核心居住主体，同时也是老旧小区改造的主要服务对象。

1.2 老旧小区设施陈旧，生活品质较低

除老年群体数量庞大外，老旧小区还面临另外一个突出问题——设施陈旧。对于住宅楼体内部，年代的久远与物业权属的复杂不清导致楼内各种设施老化损坏而影响居民日常生活。对于外部环境，很多的公共服务设施无法转型，社区中缺少老年活动中心、医疗服务中心等设施，给老年人就医、购物、文体活动带来了诸多困扰，老年人基本的生活权利得不到保障。更严重的是，小区内部各项配套指标普遍较低，社区内绿化面积小、缺乏休憩空间与设施、停车位严重不足甚至没有、缺乏完善的管理监督机制、私搭乱建现象严重、社区治安差、各种噪声问题无人解决、物业管理等诸多问题更是老旧小区所面临的棘手问题。

1.3 将积极应对老龄化，主动干预环境要素作为更新新手段

通常应对老旧小区问题的方式是以被动的环境改造为主，包括对住宅楼体的保温加固、粉刷修缮，以及部分社区环境的整治等。但当今城市发展趋势及人群需求显示，单纯的环境改造并不能完全改变老旧小区消极的现状。事实证明，除了对环境的简单改造，更需要的是对人的积极干预，应更多致力于满足老旧小区中老年人的切实需求，积极应对老龄化，实现环境更新后的共建共享共治。作为社会的弱势群体，老年人自身的免疫力下降、生理机能退化，易患疾病，导致其对居住环境、医疗设施提出了更高的需求。而老旧小区普遍存在软硬件不足的问题，对居民身心健康存在严重的影响。因此主动干预小区环境，积极应对老龄化，这对提升城市健康水平至关重要。

2 国内外积极老龄化研究现状

2.1 国外积极老龄化研究现状

积极老龄化的概念最早是在西方七国丹佛会议上提出的，1997 年，会议首次提出了“积极老龄化（Active Aging）”的概念。2002 年 1 月，世界卫生组织出版《积极老龄化政策框架》，将其定义为在老年时为了提高生活质量，使健康、参与和保障的机会尽可能获得最佳机会的过程。其中，“参与”是指老人在退休后，能继续参与社会、经济、文化等方面的社会服务，使老人继续融入主流社会，成为社会稳定的积极因素。

随后，格根夫妇提出了积极老龄化运动的三大核心主题：①自我。注重“在生理、心理及社会方式上的自我提高”，创造与维持美好的外貌、扩展知识或自我意识等。②人际关系。注重维持与扩展社会关系网络。③社区参与。基于社区基础之上的生活方式扩展了原有的家庭/朋友网络，广泛的社区参与能给老年人带来自我效能感、自豪感及成就感等。而积极老龄化概念所强调的核心，即是“参与”二字。对此，Di Gessa 等学者将它视为提升老年人生活质量和延长寿命的一项策略；而 Ney 则认为积极老龄化是鼓励人们积极参与社会、政治和经济生活的政策理论，积极老龄化实现的关键在于参与。

积极老龄化概念提出后，西方不少国家纷纷落实相关政策，并在城市建设方面进行各种尝试，尤其是社区层面的适老化改造。2005 年，世界卫生组织首次提出构建“老年友好城市”，并在相关政府文件中提出“老年友好社区”的概念。研究表明，老年友好的概念根植于 Lawton 和 Nahemow 提出的老龄环境学学科，自此引发学术界诸多学者针对住区适老化改造的探讨。相关数据统计，全球老年友好城市和社区项目已经扩展到 37 个国家的 533 个城市，共涉及 1.58 亿人

口，如美国纽约、亚特兰大等主要城市。这些建设与实践多从最初的单视角改造物质空间逐渐转换为多维度的社会环境改造，逐步人性化与普适化，同时也使住区适老化的发展逐渐趋向积极老龄化层面。

2.2 国内积极老龄化研究现状

我国老龄化程度在全球排名靠前。1982 年第一次老龄问题世界大会后，我国充分意识到老龄化已经成为一个潜在的社会问题，至今国内老龄政策及相关管理已得到了长足发展。随着社会发展及联合国关于老龄化的认识，我国对此做出大量研究与行动。张旭升、林卡等学者认为积极老龄化这一理念不仅强调老年人的健康与活动能力，而且更强调老年人的社会参与，倡导将积极老龄化推向整个社会层面，以保障健全整个养老体系。

对于国内积极老龄化的实践，就社区层面来讲，关于适老化改造的相关研究占大多数，包括对住宅内部及外部环境等方面。程晓青等学者就既有住区建筑现状提出合理安排空间布局、改善既有建筑条件、营造适老生活环境等策略。到 2015 年前后，政府提出“居家养老”概念，又涌现出一批以居家养老为目标的老旧小区建筑改造策略，包括于一凡、李娇娇等学者，分别针对居家养老模式提出住区环境及住宅楼的改造策略。

另有一批学者针对环境的适老化改造有大量研究与文献。董洁、张晓多、张俊涵等学者将侧重点放在老旧小区户外公共空间的适老化改造上，包括活动空间、交通空间、无障碍空间、各节点空间等，在契合老年人需求的基础上，对各公共空间提出改造策略。韦易伶提出应确保组团绿地和宅间绿地有足够的休憩设施、无障碍设施和紧急呼救设施，同时构建标识性强的社区步行绿道网络，还应注重植物的配置等，以此为老年人社区户外活动打造舒适便捷的绿地环境。

2.3 小结

综观国内外对于积极老龄化的研究现状可以发现，微观层面的社区尺度，尤其是老年人较多的老旧小区，鲜少有与积极老龄化概念相关的研究。本研究站在老旧小区更新角度，重新定义积极老龄化，不仅仅将积极老龄化视作一种理论或衡量指标，也不仅仅单纯地将各类设施进行适老化改造，而是将积极老龄化最大程度的落地实践，将老年人视为老旧小区环境改造的主体，以打造健康的生活环境为基础，通过工作人员、设计人员与老年使用者等多方共同配合的方式，以多种社区营造活动及城市设计，形成居民主导下的渐进式环境改造进程，实现老年人多角色的演绎与转换，最大程度提升老年人的身心健康，进而积极应对老旧小区中的老龄化问题。

3 积极老龄化视角下的老旧小区样本分析及实例研究

3.1 研究对象概况

研究选取北京市朝阳区某街道×小区为对象。×小区位于北京四环里，惠新东街以西，安苑路以南（图 1），始建于 20 世纪 70 年代，是一个典型的老旧小区。该小区独立封闭，院内有居民住宅楼 4 栋，12 个单元门，住户 194 户，为原某建筑总公司家属宿舍小区，现住居民多为同单位职工，老龄化比例高达 67%。除严重老龄化外，该小区现状还存在诸多问题。

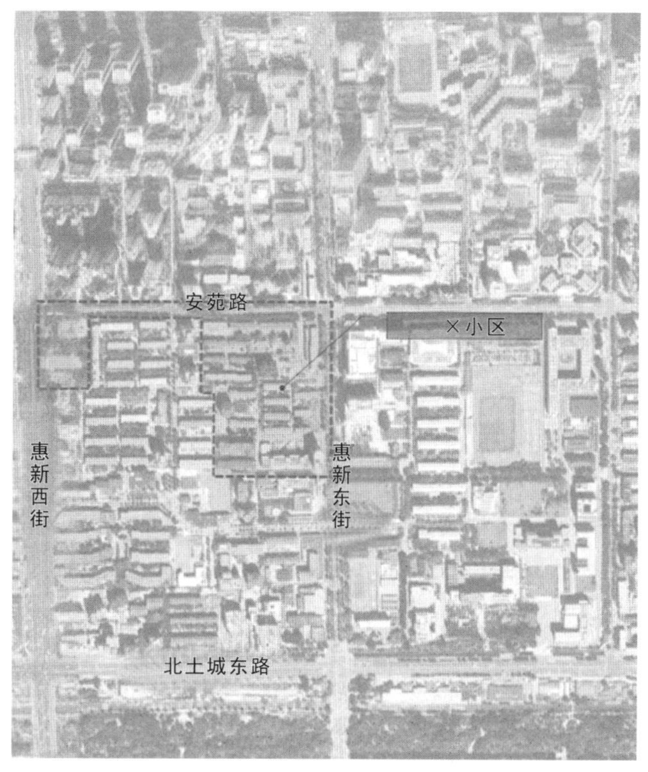

图 1 小区区位

3.1.1 楼体老旧，建筑整体风貌欠佳

小区住宅楼立面以砖红色为主，由于住户的空调机安装位置缺乏统一规划，且窗套样式各异，导致建筑立面较为杂乱。同时，存在居民私搭乱建的现象，以一层居民为主，大面积地占据社区内部公共空间，严重影响了其他居民的生活质量（图 2）。

图 2 小区现状楼体情况

3.1.2 交通混杂，缺少停车位

小区交通人车混行，以尽端式道路为主，且只有一个车行出入口。虽有一处明确且较大面积的停车空间，但 46 个停车位完全无法满足 60 多辆私家车的停车需求，且车位的划分与分配并不科学（图 3）。

3.1.3 空间划分不清晰，利用率低

小区内现状共有两处较为集中的开放空间和若干楼前的小型活动场地。中央活动空间内布置有大量健身器材，但由于场地较小且环境质量较低，健身的人较少。另外一处现状较为杂乱，处于背阴处，为闲置用地，长期被居民用于堆放杂物，其空间环境有待改造提升。大部分空间及绿地的利用率极低，缺乏实用性与美观性。

图 3 小区现状停车环境

3.1.4 休憩设施欠缺，无法聚集居民长时间停留

整个环境空间中几乎没有长椅一类的休息设施，中央活动空间内虽布置了健身器材，但并未设置舒适的休息区域。整个空间内缺少休憩座椅和遮阳避雨的顶棚设施，导致中央活动空间的使用率不高，也不能聚集人气。

3.2 研究过程

老旧小区更新的重点在于如何让居民与环境更好地适应，即规划不应只注重单纯的空间设施，而应该将物质环境与社会环境融合，不仅侧重社区的基础设施，更应构建满足社区老年人不同生活需求的更包容更友好的社区环境，以此满足积极老龄化的要求。这样的行为就是所谓的社区营造，即从社区内居民的生活出发，多方式、多途径地了解社区居民最真实和最迫切的需求，进而有针对性地进行社区更新。

营造前期通过资料整理和调研首先了解社区情况，然后通过问卷调查、组织居民会议并与部分居民进行1对1深度访谈、入户调查访问及图片识别等方式总结居民诉求，深入了解社区居民的真实需求。在后期方案设计阶段通过居民反馈意见，进行多次的方案修改，以此让老年居民从头至尾都参与社区工作中，赋予其多种角色，并完成各种角色的转换，实现人人参与、人人建设，进而同时促进老年人的身体及心理健康，以此完成积极老龄化。

3.2.1 社区营造初期——确定老年人主体地位

前期的营造工作从社区及街道办事处入手，充分收集和整理整个小区及街道的相关资料和信息，并走进社区内部。2018年12月底，设计师深入街道居民议事厅，向社区主任咨询社区内部情况及基本信息，并以社区名义进行问卷调查。随机发放200份问卷，收回183份，回收率为91.5%。问卷结果显示，小区内60岁以上的老人居多，且居民对于本小区的更新意向高达97%。因此可以确定，在整个老旧小区的改造过程中，老年人占主体地位，这也是实施积极老龄化的前提。

3.2.2 社区营造中期——让老年人成为管理主体

社区营造中期，设计师进入小区内部，组织居民代表，尤其是老年人进行多样的营造活动。此过程重点是让老年人成为管理主体，在创建多方合作的同时，突出老年人的重点角色，使其完成意见提出与决策职能，满足其心理需求。活动最初以座谈会的形式开展，以“畅所欲言”为主题，记录下居民反映的各类问题，包括楼体内部管线、电梯等问题，小区内院乱停车、活动空间少、缺乏座椅、私搭乱建及环境污染问题，以及小区智能化建设问题等。这种座谈会的方式，可以从多个方面了解居民的诉求及想法，避免后期的规划改造工作有遗漏和偏差。

在此基础上，对小区各个空间进行“定点扎针”，让居民们具体指出对空间的诉求及满意度——使用粘有1∶500小区平面图的聚苯板作为参照物，用3种不同颜色的按钉分别代表最喜爱的空间、最需要改造的空间和停留频率最多的空间，并在便利贴上写下选择原因。结果显示，居民更偏爱有健身设施及绿地的空间，停留更多的空间也是较为开敞的场所。也就是说，尽管小区内现存公共空间非常少，但居民还是希望可以在距离住所最近的地方拥有一个舒适的休憩活动空间。

在了解该小区后，建立长期良好的运行机制至关重要。因此，除以上活动外，设计师在营造中期建立完善了更新模式，在居民、政府、社区组织、规划设计师、物业公司的多方合作下，创造了“百姓站在最中央”的老旧小区更新改造新模式。通过政府专项资金改造的申请，以居民为主导，进行多方协作的专业化管理，根据居民的初期诉求，打造满足居民心理诉求的健康

“社区之家”，为居民提供完善且充足的交流沟通及娱乐场所（图4）。

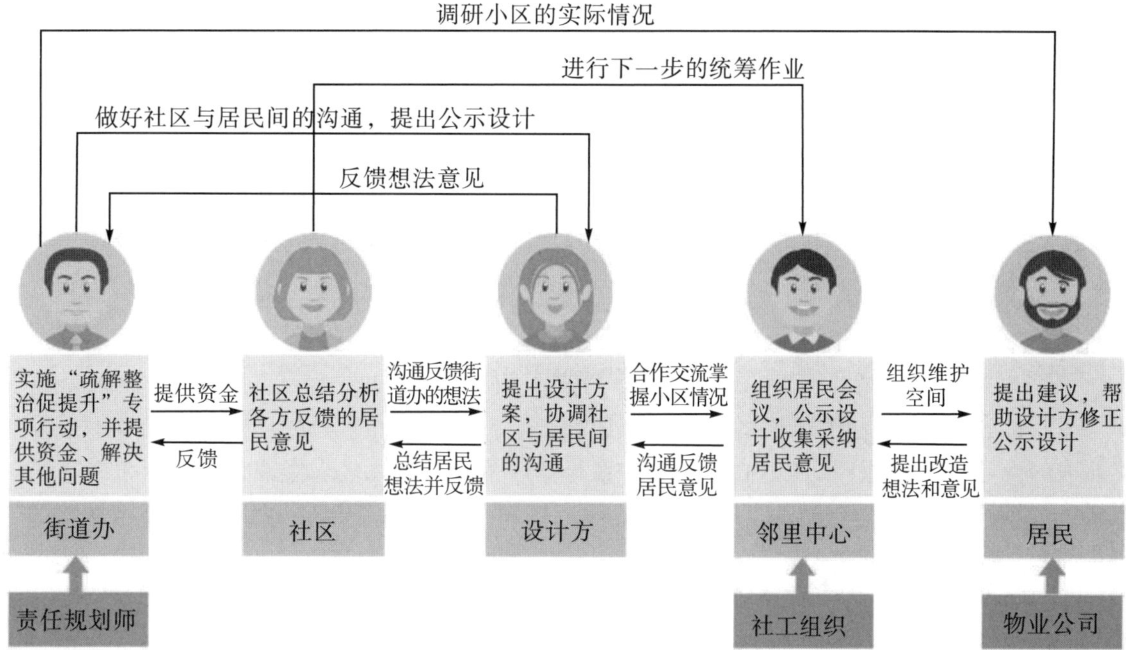

图4　居民成为管理主体流程

3.2.3　社区营造高潮——让老年人成为设计主体

营造高潮期便是对小区环境的实际改造。此过程将老年人的管理角色进行转换和融合，使其变成小区的设计主体，参与设计全过程，从指引者到见证者到决策者再到参与者。

(1) 设计指引者。对重点改造地点的选定由居民对最希望改造的空间进行投票，85%的老人希望改造现状邻里中心与住宅楼间的一条夹缝空间。此空间是小区为数不多的公共空间，现状处于荒废状态，由于并不是完全向阳，被用来堆积杂物、储放废品，因此大多居民表示希望提升此空间的利用率，活化空间功能，将其打造为一个舒适完整的休憩空间。因此在居民的指引下，设计师选定此空间为首要改造对象。

(2) 设计见证者。结合小区人文历史等特点，设计师多次提出设计方案，并与居民分享探讨，居民们见证着方案的一点点完善，并在此过程持续提出相关意见与想法。最后整个设计以挖掘小区历史与文化，唤起旧时工作、生活记忆为主旨，将小区文化符号和特征表现在社区环境中。如以小区住宅户型图为地面铺装，并利用墙面彩绘和城市家具，营造户外的社区之家；以室内格局对墙体进行划分，从东至西依次为客厅、书房、影音室、小阳台、卧室、储藏间、厨房等居住空间，并绘制成不同颜色，增强温馨感和感染力。在此基础上，用“真的”街道家具搭配“假的”室内装潢，配以温馨熟悉的趣味文字，提升空间幸福感。虽此空间处于背阴面，但仍可作为夏季乘凉避暑的好场所，搭配墙体设计的趣味性，除可以供居民休憩玩耍外，还可成为拍照嬉戏的好地方，可以让居民或外来人更好地感受温暖的氛围和历史的回忆，提升空间的利用率和美化程度（图5）。

(1) 设计前

(2) 设计后

图5　夹缝空间设计前后对比

(3) 设计决策者。最终方案的定夺仍由居民做主。在街道办事处的协助下，设计师带着最终完成的设计图纸回到小区内，由街道工作者、社区领导及居民代表组成公示会议，由居民对方案进行点评并提出相应意见，再对方案进一步完善。经过多轮更改修正后，最终设计使这些年迈的老人们找到了回忆与希望。

(4) 实施参与者。为了更好地进行改造，在方案确定后，规划师连同社区工作者一起对夹缝空间进行实地改造。墙体绘制过程中，除社区工作者共同参与外，各位居民也参与到其中。老年朋友各自展示才华，刷墙、绘制、参观，参与度极高。这是积极应对老龄化最关键的步骤，即最大程度提高老年人的参与感。这个过程将居民角色可视化，在增加生活乐趣的同时，维持及拓展了老年人的社会关系，并给予其充分展现才华的场地及空间，从而带来自我效能感、自豪感及成就感。

整个改造活动进行得非常顺利，仅仅两天时间，这个400平方米的夹缝空间改头换貌。大家情绪高涨，纷纷感到意犹未尽，并表现出十足的自豪感，甚至完成绘制后，一些居民还想把自家的花花草草搬到这里来进行更多的装饰和提升，真正将自己作为设计的主体参与者。

3.2.4　社区营造后期——让老年人成为运营主体

在对小区的夹缝空间改造完成后，街道及设计者发出长久性“环境维系工作小队”的邀请，以社区居委会阿姨为首的十余名老年居民踊跃参加，担起整个空间环境的维护及后期运营工作，让大家自己管自己的家，自己成为运营主体，充分发挥老年人的角色作用，长久维系其心理上的满足感、自豪感。再次进入该小区，发现居民们仍对这个空间十分喜爱，乐意在此停留，并将此当成茶余饭后的休憩场所。老人们的精神状态也有所提升，大家会在此讨论十几年前的家，会寻找与曾经的家相同的元素和家具，同时对后期其他空间的改造提升也饱含期待。

3.3　研究结论

老年人是老旧小区最直接的使用者，最积极的参与者，最核心的参与主体。老旧小区更新需要的不仅仅是规划设计师，更是生活在此的居民。设计师是短暂的停留，但居民是长久的，因此赋予其各种角色与权力，充分发挥其能力与责任心，既可更好维系小区的长治久安，更可以很大程度提升老人的满足感与成就感，使其更积极地面对老龄化。所以说，精细化的社区营造可以探索出很多表面反映不出的问题，同时，一系列的营造活动，可以更有针对性地为更新规划工作奠定基础，多方面、多层次的为老年人提供施展才华的场所及空间。

4　积极老龄化视角下的老旧小区更新策略小结

在以积极老龄化视角面对老旧小区改造问题上，最重要的就是提升老年人的社会价值，发挥其特长。因此，在老旧小区的更新方面，应切实了解老年人生活需求，满足其在体制制度上、空间设施上及政策资金上的需求。更重要的是构建一个完整的积极老龄化策略，丰富老年人的社会角色。包括赋予老年人成为管理主体的权利，即创造“百姓站在最中央”的更新模式，使其承担起社区团体组织的核心工作，发挥各项能力；引导老年人成为设计主体，即居民全程参与小区改造过程，让其成为设计参与者、设计见证者及设计指挥者；激发、提高老年人对社区相关工作的运营能力，使其成为社区的运营主体，即建立长期管理机制，不论后期设计相关人员是否驻扎，社区内部都有特定居民进行运营维护，以保证小区的长久繁荣。以此构建完整的老龄化应对系统，充分发挥各退休职工能力，激发其对自身社会价值的认可感与行动力，同时兼顾身体与心理健康，最大限度地积极应对老龄化问题。

4.1　强调老年人在社区中的主体地位，赋予其管理者的权利与地位

积极老龄化首先应明确老年人在社区中的主体地位，在社区多元共治的背景下突出居民当家作主的权利，赋予老年人管理主体的权利，对老年人的角色定位实现从“问题视角”向“优势视角”、从“以需求为导向”向“以权力为导向”的转变。老年群体虽然是社会弱势群体，但丰富的人生经历与感悟使他们比年轻人拥有更多的认知与想法。因此，强调老年人在社区营造，尤其是老旧小区中的主体地位这一点尤为重要，这对社区中的积极老龄化起到至关重要的作用。

4.2　老旧小区更新重点为为老年人服务，因此强调老年人设计全过程的参与

积极老龄化理念中，参与是重点。要充分实现老年人的价值，不能只依靠语言，更应该有相应的行动。在社区多元共治的背景下，应充分整合社区资源，积极搭建老年人共同交流的平台，使其多方式参与各项设计改造活动，体验为自己生活家园出力的快感，使他们的角色不再局限于住户，更是社区的设计者。因此，在老旧小区更新过程中，应深度挖掘老年人的潜力，充分发挥其领域知识，让老年人成为更新设计的创意者、指引者及见证者，增强其自豪感与责任心，充分实现他们的价值。

4.3　为老年人提供充分的政策保障和支持，使其成为运营主体

在规划建设等活动中，应通过政策的制定及资金的资助，切实执行上层部门对积极老龄化及老旧小区改造的政策指引，将领导层对各项工作下达的指令传达到基层群众中，形成相应的自治组织，使居民成为小区的运营主体。当然，在此过程中，“保障”是重点，应切实保障老年运营者的各项权益，充分完成各项任务的交付，从上层领导到基层群众都秉承对运营者的信任与支持。具体承担社区内各项维护、运营工作，如对改造后的小区进行长期的维护，建立长久的执行机制，最大程度提升老年人的身心健康。要有完善的体系和体制及奖励措施，对工作状态较好的运营者，可适当给予奖励表彰，以便大家更好地完成工作，更全面地建设和谐美好的生活家园，这也是积极老龄化的保障性条件。

5 研究的不足及展望

研究以北京市某老旧小区为例，站在积极老龄化视角下对城市老旧小区更新进行策略的研究及剖析，但因时间等各方面具有局限性，没有充分将设计及后期相关公共参与活动渗透进住宅等其他小区空间中，对后续老龄化进展监督不够，导致实验后期结果较薄弱。然而，积极老龄化的含义及宗旨通过社区营造的手段可以得到一定体现与落实，因此后续仍可以此为出发点继续深化及实施，将更多积极应对老龄化的方式渗透进老旧小区更新的方方面面，以此促进整个城市的积极老龄化。

[本研究得到国家自然基金青年基金项目（51708002）资助。]

[参考文献]

[1] 刘文，焦佩. 国际视野中的积极老龄化研究 [J]. 中山大学学报（社会科学版），2015（1）：167－180.

[2] 郭爱妹，石盈. "积极老龄化"：一种社会建构论观点 [J]. 江海学刊，2006（5）：124－128.

[3] 贺莎莎，孙建娥. 积极老龄化政策研究综述 [J]. 社会福利（理论版），2017（11）：7－14.

[4] 李小云. 国外老年友好社区研究进展述评 [J]. 城市发展研究，2019（7）：14－19.

[5] 陈社英，刘建义，马箭. 积极老龄化与中国：观点与问题透视 [J]. 南方人口，2010（4）：35－44.

[6] 张旭升，林卡. "成功老龄化"理念及其政策含义 [J]. 社会科学战线，2015（2）：185－190.

[7] 程晓青，张华西，尹思谨. 既有建筑适老化改造的社区实践：北京市大栅栏社区养老服务驿站营建启示 [J]. 建筑学报，2018（8）：62－67.

[8] 于一凡，贾淑颖. 居家养老条件下的居住空间基础研究：以上海为例 [J]. 上海城市规划，2015（2）：96－100.

[9] 李娇娇. 基于居家养老模式下的既有住区适老景观环境改造探究 [D]. 合肥：合肥工业大学，2015.

[10] 董洁，黄鹂，张学辉. 既有社区户外空间适老化调查及改造策略研究 [J]. 山西建筑，2015（7）：3－4.

[11] 张晓多，刘彤. 既有住宅公共空间适老化改造研究 [J]. 建筑与文化，2019（7）：126－127.

[12] 张俊涵. 旧住宅区公共空间的适老性更新设计研究 [D]. 北京：中央美术学院，2014.

[13] 韦易伶. 老旧社区绿地系统适老化改造研究：以成都市芳草街社区为例 [J]. 四川建筑，2018（6）：43－46.

[作者简介]

高艺，北方工业大学建筑与艺术学院硕士研究生。

李婧，北方工业大学建筑与艺术学院副教授。

人文景观塑造对城市人居环境改善的研究

——以柳州市为例

□肖莉，高鸿

摘要：伴随城市扩张，城市人居环境的构成中人工要素所占比重日益增加。早期以研究生态恢复为主的人居环境改善策略应与时俱进，加强人工环境塑造方面的研究。本文以柳州市为例，探讨人文景观塑造对城市人居环境改善的作用，通过分析人文景观对人居环境时间维度、物质基底、人类感官的影响，提出基于人文景观角度的人居环境改善策略。

关键词：人文景观；城市人居环境；柳州市

1　引言

人文景观，又称文化景观，是人们在日常生活中为了满足一些物质和精神等方面的需要，在自然景观的基础上叠加文化特质而构成的景观。随着城市扩大对周边自然环境的侵蚀及要求将自然引入城市的呼声日益强烈，单纯地保护自然景观既不现实，也难以实现人居环境的改善，因此做好人文与自然的融合，通过人文景观的塑造来推动人居环境的改善显得尤为重要。新时代下，城市建设往往融合了人文景观的塑造，使得人文景观已经成为城市人居环境不可或缺的一部分，并对整个人居环境的改善起到重要作用。

柳州是比较典型的通过人文景观塑造推动人居环境改善的案例，本文通过研究人文景观塑造对城市人居环境的影响及其改善的作用机制，切实提出对人居环境改善有所促进的策略。

2　柳州市人居环境的时间演变

2.1　重建时期（1949—1969 年）：山水秀美，平静祥和

1945 年投降撤退的日本军烧毁了当时大半个柳州城，1949 年新中国成立后，柳州开始重建工作，但主要是对城区建筑的修筑，周边山体及柳江仍保持原始生态，未受太多城市建设的影响。

自然基底方面，柳江河清澈见底，沿河居住的市民可直接饮用，每当夏季更是有不少渔民下河摸鱼，是真正的柳州“母亲河”。同时，由于人口及生产力的限制，人类活动比较集中，周边山体得以完整保留。此外，柳州市地处中亚热带季风气候区，雨水和光照充足，无论是对于植物生长还是人类活动居住都相当适宜。

人文景观方面，这个时期以居民自建住房为主，建筑多为3层木房及砖房，当地壮、苗等少数民族风格建筑比较盛行。这个时期产生的人文景观并不多见，比较著名的柳侯祠、鱼峰山公园等都是对前人留下的文化遗产加以利用的产物。

这一时期人居环境主要体现为优异的自然环境，人类活动还未能对自然产生较大影响（图1）。

图1　柳州重建时期（1949—1969年）全景

2.2　工业崛起时期（1970—1988年）：工业爆发，污染加剧

进入70年代后，基于国家战略发展需要，包括钢铁厂在内的10个大型工业项目落户柳州；同时，随着柳州作为广西地区重要的交通枢纽（铁路）发挥日益重要的作用，工业崛起成为一种必然趋势。而在当年落后的工艺技术及环境保护意识下，工业蓬勃发展的背后也引发了环境污染的加剧。

自然基底方面，沿火车站及柳州钢铁厂一带聚集大量工业企业，排出的浓烟半个城市都清晰可见，空气质量急剧下降。同时，由于工业开发需要，城市西侧山体受到破坏，青山变“白山”，自然环境的自净作用被削弱。最突显的环境问题是酸雨——柳州曾经的代名词，最严重的时候一天可达3场，建筑表面锈迹斑斑。

人文景观方面，工业的发展极大地刺激了城市建筑形态的改变，6层单位式住宅开始替代原来的少数民族建筑，而庞大的工厂群也造就了一批工业人文景观。这在后来的柳州工业博物馆中还能看到当时繁荣的景象（图2）。

图2　柳州工业崛起时期（1970—1988年）全景

2.3　经济主导时期（1989—2003年）：高楼林立，桥梁增多

工业的扩张拉动了柳州经济的腾飞，柳州成为区内首个工业产值突破100亿的城市，城市综合竞争力全国排名第27位。

自然基底方面，由于废气排放技术的改革及地方相关管理措施的实施，酸雨问题得到重视和缓解；但水质问题成为新的环境矛盾，人口的增长、工业的发展加大了柳江河的排污负担，江面有时会出现大面积油状漂浮物并呈现浑浊的青色。

人文景观方面，80年代末90年代初，全国开始进入经济快速发展时期，随着有“八桂第一楼”美誉的工贸大厦拔地而起，高层建筑及桥梁在10多年间不断涌现，成为那一时期柳州城市形象的标志（图3）。

图3　柳州经济主导时期（1989—2003年）全景

2.4　再造一个新柳州时期（2004年至今）：人工造景，美化城市

这个时期，柳州开始了一系列包括江滨景观整治在内的城市风貌改造工程，由工业城市向以工业、旅游双核心驱动的山水工业城市转型，人居环境质量得到了根本改善。

自然基底方面，随着水体及景观整治、工业外迁及严格的排污管理措施的实施，自然环境开始逐渐改善。

人文景观方面，“百里柳江”、江滨公园、水上音乐舞台、喷泉广场、大型地下商业街等人文环境的打造对于柳州人居环境改善、实现山水城市目标起到了积极的推动作用（图4）。

图4　再造一个新柳州时期（2004年至今）全景

3 柳州人文景观塑造对人居环境改善的研究

3.1 人文景观塑造对人居环境时间维度的修复

人文景观可划分为文物古迹，革命活动地点，地区和民族的特殊人文景观，现代经济、技术、文化、艺术、科学活动场所形成的景观四类。其中，前三类都带有历史属性，是对过去人类活动的记录。

例如柳州的柳侯祠，为纪念唐宋八大家之一柳宗元而建造，是柳州人纪念柳宗元的重要场所，也曾经是柳州文化活动的中心。又如柳州工业博物馆，2012 年对外开放，以旧厂区为载体进行改造，还原了柳州几十年工业发展情景，受到广大市民好评（图 5）。

图 5 柳侯祠正门

可见，对于一些有着悠久文化传统、民族特色或历史遗迹的城市，人文景观的塑造大多是建立在已有历史活动的基础上，采取或修缮、或原址重建、或异地新建等方式，在一定程度上还原历史情景，满足人们缅怀、参观、学习、继承等需要，并作为城市景观及环境的点缀，提升人居环境质量。

3.2 人文景观对人居环境物质基底的改善

当下城市人居环境充满了人工干预的痕迹，纯粹的自然环境某种意义上并不存在，结合了自然因素的人文环境成为人居环境建设最主要的内容。其中，现代经济、技术、文化、艺术、科学活动场所等人文景观作为人文环境的重要组成，直接推动了人居环境物质基底的改善，具有积极作用。

例如，柳州大型地下商业街长约 520 米，总用地面积 2.8 万平方米，成为柳州市民购物、休闲集聚中心，提升了柳州商业、娱乐活动场所的品质，改变了商业、娱乐等配套设施缺乏、陈旧的现状。又如阳光 100 城市广场（图 6），占地 161.7 公顷，是集商务办公、娱乐、商业、居住于一体的大型生活社区。这一项目的建设，标志着柳州居住社区步入现代化、品质化、综合化、服务化，柳州人居环境得到了长足发展。

图 6　柳州阳光 100 城市广场示意图

可见，人文景观是随着社会经济发展而展现出的物质成果，代表了城市新的经济水平、生活水平和文化水平，作为一种城市更新要素，潜移默化地影响人居环境的物质层面。

3.3　人文景观对人居环境感官的提升

人文景观本质属性是景观，作用于人的感官而被认知，适宜的人文景观塑造有助于加强人的视觉舒适感及幸福感。

例如，柳州“百里柳江”的打造，不仅改善了沿江环境，更是营造了一个休闲、绿意盎然的城市生活氛围，沿江带状公园、生态步行廊道及夜景吸引了众多市民每天聚集于此享受生活。又如水上音乐舞台，一个漂浮在江面上的巨型舞台，配有巨屏影像，每天还有两场音乐喷泉盛会，这些都强烈地震撼着每一位看到它的市民（图 7）。

图 7　柳江音乐喷泉

可见，人文景观在人居环境中充当了催化剂的作用，既美化城市物质环境，又通过对人的感官刺激，提升生活舒适度，影响人居环境的非物质层面。

4 基于人文景观视角下的人居环境再认识

4.1 强调“以人为本”

2010年3月全国两会期间，在吴良镛先生的倡导下，在清华大学建筑学院召开了“美好环境与和谐社会共同缔造”行动倡议发起会，就全国两会热点问题与人居环境科学理论实践进行了研讨。会上吴先生提出，在城市快速化发展的时代，人居环境的发展应提倡“以人为本”，为人民群众营造健康、生态、和谐的生活环境和社会氛围，向“大科学、大人文、大艺术”迈进。

“以人为本”并非纯粹的建设好自然环境，在经济社会、人文社会下，更应注重提升人居环境的物质条件和社会归属感、幸福感。从人文景观角度着眼，通过传统文化的保护和营造、现代活动场所的建设，更好地服务于人的活动，也就实现了“以人为本”的要求。

4.2 双重属性：自然基底与人文特质的融合

根据吴良镛先生对人居环境系统的划分，可将其分为居住系统（Shells）、支持系统（Net works)、人类系统（Man)、社会系统（Society)、自然系统（Nature）五大系统，已明确人居环境不仅具有自然属性，更兼顾人文属性。

人的活动本质上是对自然的改造和利用，在城市生活中，单纯讨论人文环境或者自然环境都是不科学的。自然基底是人居环境建立的基础，而人类活动更多反映为各种文化现象，例如不同地区的饮食习惯、传统节日、生活态度等都是文化的具体表现。人居环境的改善应符合人类活动的规律，不能将自然基底与人文特质分割开来，而是双管齐下，做好两者的融合共建。

5 基于人文景观角度的人居环境改善策略

5.1 注重挖掘城市人文特质

具体而言，一是保护好传承记忆——珍贵的历史文化遗产，烙印着历史的记忆，要留住记忆、留住根和文脉；二是强化城市个性特色——城市自己的自然性、历史性、民族性、地方性、社会性、时代性的文化特征，是该城市有别于其他城市的重要标志和魅力所在；三是充分利用城市的风物、风情和风貌，包括非物质文化遗产，它们往往体现了城市传统的生活方式和民生追求、人文精神及审美取向，表达着城市的感情色彩。

例如，柳州素有“桥梁博物馆”之称，目前共有17座跨江大桥，每座桥都有自己特色的造型和历史沉淀（图8)。在柳州，这些桥梁不仅是维系柳江两岸的重要通道，更是横卧在江面上的亮丽风景。

图8 柳州部分桥梁

5.2　强调人文与自然的整体塑造

人居环境的双重属性决定了其塑造首先应尽可能合理利用城市所在地的自然生态（如地形、地貌、地质及地表植物、水系与周围环境元素），营造出维护自然自身存在的景观空间；其次，塑造和累积人类文化与自然生态交互作用而形成的“镶嵌体”——人化的自然（或谓“自然的人化”），以期在协调与整合自然系统和人文系统相互关系上显示出高度的合理性和情感智慧上的创造性。

例如，柳州江滨公园通过人工造景与自然景观相结合的方式，依循江滨地势，设计供人散步、休闲的半开敞空间，大大增强了江滨的赏景、休闲功能（图 9）。

图 9　柳州江滨公园

5.3　推动城市发展过程中的人文景观创新

人文景观随着城市发展不断演变，每一个时期都有属于自身标识的人文景观特色。积极的人居环境改善策略不应局限于有历史维度的人文景观保护，而应结合城市发展不断创造适合时代的人文景观，丰富居民物质生活，满足其精神需要，并带来愉悦的视觉享受。

例如，柳州新建的园博园以“现代城市发展”为主题，容纳了广西各地级市具代表性的现代建筑景观，意在鼓励城市文化的发展，既要继承又有创新（图 10）。

图 10　柳州园博园中东盟国际会展中心模型

6 结语

人文景观的塑造通过对人居环境时间维度的修复、物质基底的改善和感官的提升三个层面推动人居环境的改善，是现代城市人居环境的重要组成。在人文景观塑造中，应注重挖掘城市人文特质、强调人文与自然的整体塑造及人文景观创新，最终构建一个“以人为本”、宜居的城市人居新环境。

[参考文献]

[1] 刘道辰，刘莹. 城区人居环境研究：以聊城市为例 [J]. 安徽农业科学，2007 (32)：35.

[2] 丰明高. 城市居住区人文景观的设计与创新 [J]. 华中科技大学学报（城市科学版），2002 (4)：42－45.

[3] 任致远. 关于城市文化发展的思考 [J]. 城市发展研究，2012 (5)：50－54.

[4] 祁新华，程熠，陈列，等. 国外人居环境研究回顾与展望 [J]. 世界地理研究，2007 (2)：17－24.

[5] 雷翔，欧阳东. 人居环境的地域性与可持续发展：以广西传统民居保护与利用为例 [J]. 建筑学报，2006 (3)：66－68.

[6] 赵万民，王纪武. 人居环境研究的地域文化视野探析 [J]. 重庆建筑大学学报，2005 (6)：1－5.

[7] 周直，朱未易. 人居环境研究综述 [J]. 南京社会科学，2002 (12)：84－88.

[8] 李连娟. 探析传统人文景观在现代城市规划中的应用 [J]. 城市建设理论研究，2012 (8)：1－2.

[9] 陈燕. 优化南京人居环境研究 [J]. 南京社会科学，2004 (A2)：243－247.

[10] 赵宝江. “转变发展方式建设人居环境” 研讨会综述 [J]. 城市规划，2010 (12)：18－22.

[作者简介]

肖莉，重庆大学硕士研究生，任职于《规划师》编辑部。

高鸿，高级工程师，注册城乡规划师，华蓝国土空间规划院城乡规划二所副所长。

基于存量空间价值评估的棚户区改造模式探索

——以武夷山市棚户区为例

□马航，王墨晗，宋科，熊星宇，阿龙多琪

摘要：在土地增量有限的情况下，存量用地整合成为城市空间发展的主要模式。棚户区作为城市存量空间中重要的组成部分，其改造是亟待解决的问题，而对棚户区存量空间价值的评估是改造决策的前提和依据。本文首先采用层次分析法构建指标体系，从“用地空间价值”与“建筑物空间价值”两方面进行评估，确定各指标权重，然后进行评估结果与改造模式的相关性分析，最后基于存量空间价值评估，提出改造类型、改造时序等改造模式的建议，为棚户区的改造决策提供科学的依据。

关键词：存量空间；价值评估；棚户区；改造模式

1　研究背景

随着城市发展建设用地紧张进一步加剧，我国城市规划逐步进入存量规划时代。2015 年 12 月，中央城市工作会议明确指出“要深化城镇住房制度改革，继续完善住房保障体系，加快城镇棚户区和危房改造，加快老旧小区改造。要强化尊重自然、传承历史、绿色低碳等理念，将环境容量和城市综合承载能力作为确定城市定位和规模的基本依据”。棚户区作为城市存量空间中重要的一部分，具有巨大的潜在价值可供挖掘，有必要加快改造的步伐。在此背景下，很多城市已经开展了大量存量土地规划的探索，制定了有针对性的政策和法规，例如 2013 年重庆市政府出台了《关于推进主城区城市棚户区改造的实施意见》（渝府发〔2013〕65 号），2014 年北京市政府印发《关于加快棚户区改造和环境整治工作的实施意见》（京政发〔2014〕18 号）等对棚户区改造的具体实施提出了相关规定。

福建省武夷山市棚户区改造面临诸多问题：①因设施陈旧等问题，居民改造诉求日益强烈，上访现象日益突出；②棚户区内部违章建设、非法交易等问题严重，旧房、危房存量很大；③棚户区功能形态、设施配套、安全防灾等难以与城市发展相协调；④建筑风貌混杂无序，传统的街道风貌消失殆尽；⑤市政设施建设相对滞后，交通基础设施等与城市难以衔接，致使城市骨架路网格局难以形成。棚户区的诸多问题日益成为制约武夷山城区发展的顽疾。

相对于传统的增量规划，存量空间的改造和优化所要面对的问题更加复杂。而对存量空间价值的评估是一切决策的前提和支撑。目前国内对棚户区的相关研究主要关注以下三方面。

（1）政策管理层面。许多学者对棚户区改造过程中政策的制定、资金的运作、补偿的运作、补偿机制等提出了思路和建议，在棚改拆迁补偿方面反映了渐进决策、稳中求变原则，以实现棚改政策的可持续性。刘通认为棚户区改造应实施“有序拆迁—货币补偿—自主选房”的新模式，让棚户区居民自主选择购房的时间、地点和方式，以促进人口流动，防止形成新的棚户区。黄小康比较了棚户区改造中的3种安置方式，即政府统建安置房、政府购买安置房、货币化补偿，分析了不同安置方式的优点、弊端和适用范围，并对棚户区具体实践中购买安置房涉及的“救市”认识进行了分析。陈雪菲探究顾客满意度在棚户区改造领域的适用性，建立了适用于我国棚户区改造的居民满意度模型，对重庆市棚户区改造居民满意度打分，并识别出对居民满意度产生关键性影响的因素，从而对重庆市棚户区改造工程提出一系列有针对性的意见和建议。

(2) 改造设计层面。李和平等人通过分析棚户区改造与历史街区保护的关系，利用延缓接受算法进行量化分析，提出棚户区改造与历史街区保护双向选择的最优匹配模式，并以南昌绳金塔历史街区为例进行实证分析，为相关类型规划提供参考。王巍等人在牡丹江市棚改项目曙光新城的规划设计中，充分尊重基地特征，把握空间格局与城市格局的关系，通过对舒适感、识别感、交流感、安全感、记忆感的渗透，力求创造布局合理、功能齐备、兼具舒适性与归属感的人居场所。

(3) 社区参与层面。郑文升等人以深圳和老工业基地城市城中村与棚户区为案例，分析其特征、性质、问题与传统改造模式的不足，从改造途径、空间区位、政府职能、城市规划管理事权等角度，提出治理城市低收入住区、克服城市贫困的创新要点。张云英等人认为改善棚户区进城务工人员的生存状况应三管齐下：一是加强改造与管理，强化棚户区的公共基础设施建设；二是建立进城务工人员自治社区，提高进城务工人员的社区认同感和政治效能感；三是建立社区社工服务站，拓展进城务工人员的社会支持网络，提高其城市适应能力。芦恒指出对于棚户区或棚户区改造后的回迁社区，其社区建设的核心不在于空间上的改造，而在于建构一种国家与社会力量同时存在的“均衡式公共性”，其实践形式为一种公共服务与居民自治一体化的社区建设模式。

国外贫民窟与国内棚户区的形成机制有所不同，棚户区的形成机理更复杂，涉及问题更多，但二者在景观特征（混杂、拥挤）、人口特征（外来人口、贫困人口为主）、社区特征（与相邻社区隔离）等方面有一定的相似性，因此贫民窟的改造经验、教训可以为棚户区改造提供借鉴。Anirudh Krishna以印度班加罗尔贫民窟为例，通过对当地居民的访谈，主要研究了房屋供给政策的实施效果，包括贫民窟的清除和高层公寓住宅区的建设、自助策略、私有化市场引导计划等。Thomas Meredith等人以肯尼亚的贫民窟改建为例，指出“自助”和“以社区为本”的改造计划都有一定局限。贫民窟改造需要外部的中介机构在活跃社区内部资源和获得外界投入方面向社区提供支持，以提高社区的能力，进而改善自身的居住环境。Ana Paula Pimentel Walker通过对巴西阿雷格里港贫民窟的实地考察，采访了居民代表、市议员、建筑师、律师和社会工作者，提出贫民窟居民参与贫民窟改造从资源分配到服务交付的全过程，有助于住房的有效分配和基础设施的有序建设。

总体上，国内外现有研究对棚户区改造的科学评估和量化分析较少。目前研究的评估体系的指标因子较宏观，难以真实反映地块的建设情况。本研究通过构建用地空间价值和建筑物空间价值评估体系，利用层次分析法进行综合评价，得出较为科学的结果，一定程度上丰富和完善了与棚户区改造相关的评价体系。在全域旅游的大背景下，如何结合武夷山市城市发展现状，对存量空间价值做出科学的评估，为全市棚户区的改造和更新提出新的思路，是本文的主要研究内容。

2　相关概念解析

2.1　存量空间

存量空间的概念是相对于传统的增量空间而言的，指的是城市中通过合理规划可进行优化、提升、再利用的用地空间，主要包括工业仓储用地、棚户区、城中村、老旧小区及历史地段等。存量空间价值评估是针对存量用地改造中“地（用地）—物（地面建筑物）”能否变更的问题建立用地空间价值和建筑物空间价值评估体系，对“地—物”的空间价值进行评估。

2.2　棚户区

棚户区是指城市建成区范围内平房密度大、使用年限久、房屋质量差、人均建筑面积小、基础设施配套不齐全、交通不便利、治安和消防隐患大、环境卫生脏乱差的区域。本研究中的棚户区从建筑质量上讲包括危房和旧房集中的片区，从功能性质上讲包括古城的传统历史街区、城中村、城市边缘的破旧村落和旧厂区等。

3　存量空间价值评估体系的构建

目前国内外对于土地价值评价和建筑改造价值评价等相关课题的研究已经取得较多成果。周鹤龙采用层次分析法和信息熵值法的权重确定方法来确定评估指标体系的权重，通过构建“地—物”空间价值评估体系，精确评估地块面临的改造成本，支持规划决策。邓神志等人构建了城市更新改造潜力评价体系，对地块办公潜力、商业潜力、旅游潜力、居住潜力和公益潜力5个指标进行评价，在评价结果指导下，选择合适的城市更新模式。尹杰等人以城市更新为背景，重点研究城市更新用地的评价体系，并以武汉市为例，通过城市更新用地的影响因素分析，采取定性与定量相结合的评价方法来选择确定城市更新用地。洪良等人构建了用地适改性评价体系，从城市环境效益、经济效益、民生保障等方面对城市现状建设用地进行评估，按效益提升的大小，划定现状建设用地适合改造的级别。这些对棚户区改造过程中用地空间价值和建筑空间价值的评估都具有借鉴意义。

确定武夷山市棚户区空间价值评估体系因子集是评估体系构建的第一步。本文首先通过对相关文献的梳理，总结归纳出与棚户区空间价值相关的评估因子，并从中筛选形成初步的评估因子集合。其次，通过向相关领域的专家及参与武夷山市棚户区改造的设计人员发放问卷，同时结合作者对武夷山市棚户区的走访调研，最终得到针对武夷山市棚户区空间价值评估的评估因子集合，结合问卷请相关专家对评估指标的权重进行打分，利用层次分析法算出各级评估因子的权重。最后，通过公众问卷调查，得出武夷山市空间价值评估结果，对结果进行分析，提出相对应的棚户区改造模式（图1）。

3.1　建立评估因子集

3.1.1　评估因子集形成依据

（1）文献参考。

本文通过对存量空间价值、棚户区改造、用地空间价值、建筑物空间价值等相关文献的梳理和研究，进行总结归纳，预设指标因子，形成初级指标体系。

（2）实地踏勘。

通过对武夷山市棚户区的多次走访踏勘，并对当地居民、政府相关人士及从事相关领域工作的专家进行访谈，对棚户区的现状进行深入了解，构建适用于当地的评估指标体系。

（3）问卷调查。

根据上面得到的初级指标体系，针对当地居民设计调查问卷，通过入户采访的形式，收集更具针对性的评估指标建议。

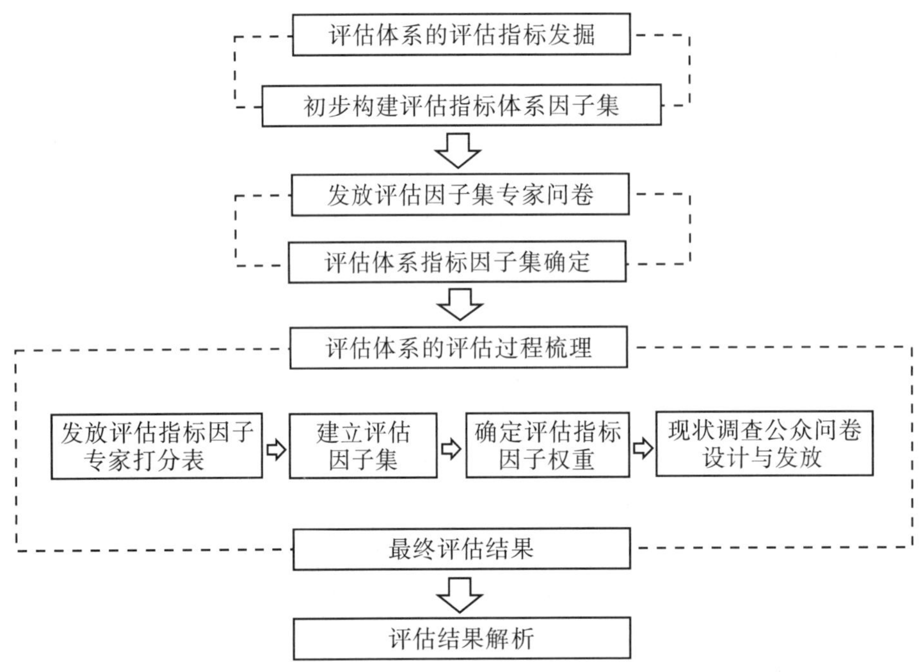

图 1　武夷山市棚户区空间价值评估流程示意图

3.1.2　预设因子集

为了准确地反映存量空间的用地情况和地面建筑物的建设情况，本文从用地空间价值和建筑物空间价值两个维度对棚户区各片区的空间价值进行综合评估，作为棚户区改造模式的依据。

（1）用地空间价值因子。

棚户区用地空间价值的评估主要针对棚户区所在区域的土地相关要素进行，因此本文主要从土地价值影响因素、地块空间价值、居住用地更新等方面分析和提炼与武夷山市棚户区用地空间价值评估有关的因子。

肖静利用层次分析法将地价影响因素分为 3 个层次，第一层是目标层，即土地综合评价指标，第二层为中间层，最后一层为指标层，是评价土地价值的具体指标因素。周鹤龙在广州火车站地区改造过程中，从物质使用、社会伦理、精神审美 3 个方面对地块空间价值做出评估，其二级指标主要包括自然环境、功能使用、社会服务和视觉景观 4 个方面。尹杰、詹庆明认为影响居住用地更新的要素包括建筑状况、公共服务设施建设、市政公用设施建设、交通状况、绿化状况、开发强度等 6 个方面。综上所述，学者们在对用地空间价值进行评估时主要针对用地的自然属性、政策规划、交通条件、公共服务、景观条件等 5 个要素进行评估。

结合对武夷山市棚户区的实地调研，研究增加了以下三级指标评估因子：①武夷山部分棚户区片区分布在滑坡体附近或洪水淹没区附近，因此增加了地质状况因子；②因武夷山机场的限制，对用地建筑高度有相应的限制，因此增加了机场限高因子；③由于武夷山市正着力打造“一带三廊”的景观结构，因此增加了城市绿廊因子。经过与武夷山市规划局人士交流，加入社会福利设施因子。最终初步形成了由 3 个一级指标、5 个二级指标、26 个三级指标构成的武夷山市棚户区用地空间价值评估预设指标因子集。

（2）建筑物空间价值因子。

由于武夷山市棚户区中既有普通住宅，同时也有历史街区和历史建筑，因此本文在收集建筑物空间价值评估相关的因子时，主要通过研究与住宅改造评价、住宅自身性能评价、历史街区价值评估等相关的文献，从中分析和收集与武夷山市棚户区建筑物空间价值评估有关的评价因子。

沈巍麟在对住宅改造研究过程中选用了建筑与结构、室内环境、节能、规划和人文 5 个一级指标和 19 个二级指标，对建筑物的价值进行了综合评价。刘存根据国内外学者对建筑寿命及建筑性能的研究建立了建筑物拆除评价指标体系。该指标体系包含 4 个层次，即目标层、准则层、因素层及指标层。第一层目标层为建筑拆除评价标准；第二层准则层包括既有建筑自身性能、城市区域经济性能及政治性因素 3 个方面。陈艾在关于历史文化街区价值评估的研究中，从建筑遗产价值和街巷及院落空间形态 2 个二级指标来对历史文化街区的经济价值进行评价，构建含 2 个一级指标、5 个二级指标、12 个三级指标的评价体系。

学者们主要从建筑的安全性、适用性、经济性、历史性、美观性 5 个方面来对建筑物的空间价值做出评价，研究在对二级因子进行总结后，删除掉与建筑物空间价值评估无关的因子，最后得出 18 个三级指标因子。同时，结合棚户区内房屋产权相对不明确、违建情况多的特点，增加了合法性这个二级指标因子，包含房屋产权和违建情况 2 个三级指标因子。

综上所述，初步形成了由 2 个一级指标、6 个二级指标、20 个三级指标构成的武夷山市棚户区建筑物空间价值评估指标预设因子集。

3.1.3　确定评估指标体系

基于预设的评估因子集设计对应的调查问卷，通过相关学者和专家的咨询意见，最终确定影响武夷山市棚户区空间价值评估的评估因子集。本阶段共向专家发放问卷 60 份，包括参与武夷山市规划工作的相关设计人员和政府人士及从事城市更新规划方面研究的人员，共回收问卷 57 份。对问卷进行统计分析后，结合评价因子的选取原则，最终得到武夷山市棚户区用地空间价值评估指标体系和建筑物空间价值评估体系（表 1、表 2）。

表 1　武夷山市棚户区用地空间价值评估指标体系

评价目标	一级指标	二级指标	三级指标
用地空间价值	A 物质使用价值	A1 自然属性	A11 坡度
			A12 高程
			A13 地块规模
			A14 绿化覆盖率
			A15 地质情况
		A2 规划政策	A21 地块权属
			A22 用地性质变更难易度
			A23 政策支持力度
			A24 产业规划集聚度
			A25 机场限高
		A3 交通条件	A31 道路规划完善程度
			A32 公交站点覆盖程度
			A33 停车设施完善程度
			A34 城市绿道规划情况
	B 社会伦理价值	B1 公共服务	B11 文化体育设施完善度
			B12 教育设施完善度
			B13 医疗卫生设施完善度
			B14 商业服务设施完善度
			B15 社会福利设施完善度
			B16 市政设施完善度
	C 精神审美价值	C1 景观条件	C11 山体景观邻近度
			C12 水域景观邻近度
			C13 公园邻近度
			C14 广场临近度
			C15 城市绿廊

表 2　武夷山市棚户区建筑物空间价值评估体系

<table>
<tr><th>评价目标</th><th>一级指标</th><th>二级指标</th><th>三级指标</th></tr>
<tr><td rowspan="20">建筑物空间价值</td><td rowspan="13">A 物质使用价值</td><td rowspan="5">A1 安全性</td><td>A11 建筑结构</td></tr>
<tr><td>A12 建筑年代</td></tr>
<tr><td>A13 建筑材料</td></tr>
<tr><td>A14 设计使用年限</td></tr>
<tr><td>A15 建筑间距</td></tr>
<tr><td rowspan="5">A2 适用性</td><td>A21 建筑层数</td></tr>
<tr><td>A22 建筑密度</td></tr>
<tr><td>A23 容积率</td></tr>
<tr><td>A24 建筑套型合理度</td></tr>
<tr><td>A25 建筑功能变更难易度</td></tr>
<tr><td rowspan="2">A3 经济性</td><td>A31 节约能源</td></tr>
<tr><td>A32 节约材料</td></tr>
<tr><td rowspan="2">A4 合法性</td><td>A41 房屋产权</td></tr>
<tr><td>A42 违建情况</td></tr>
<tr><td rowspan="7">B 精神审美价值</td><td rowspan="4">B1 历史性</td><td>B11 社会知名度</td></tr>
<tr><td>B12 建筑历史文化价值</td></tr>
<tr><td>B13 建筑建造技艺水平</td></tr>
<tr><td>B14 传统街巷保留完整程度</td></tr>
<tr><td rowspan="3">B2 美观性</td><td>B21 立面色彩协调程度</td></tr>
<tr><td>B22 建筑屋顶统一程度</td></tr>
<tr><td>B23 沿街立面造型协调度</td></tr>
</table>

3.1.4　确定指标权重

通过发放权重问卷调查表，对武夷山市棚户区用地空间价值和建筑物空间价值评估因子进行权重赋值。问卷调查的主要对象是棚户区改造领域的专家和当地政府机构工作人员。在计算完各级评估指标因子的权重后，需计算出三级评估指标因子对评估总目标的权重，以计算出最终的评估结果。在通过建立判断矩阵计算各级评估因子的权重并通过一致性检验后，利用公式计算各项三级评估指标因子对评估总目标的权重 W_i：

$$W_i = W_{Am} \times W_{An} \times W_A$$

式中，W_{Am} 为三级评估指标因子权重值；W_{An} 为对应的二级评估指标因子权重值；W_A 为对应的一级评估指标因子权重值。

最终计算出武夷山市棚户区空间价值评估体系中的用地空间价值评估指标因子权重值和建筑物空间价值评估指标因子权重值（表3、表4）。

表3 武夷山市棚户区用地空间价值评估指标因子权重

一级指标	一级权重	二级指标	二级权重	三级指标	三级权重	三级对总目标权重 W
A 物质使用价值	0.375	A1 自然属性	0.235	A11 坡度	0.201	0.018
				A12 高程	0.115	0.010
				A13 地块规模	0.256	0.023
				A14 绿化覆盖率	0.206	0.018
				A15 地质情况	0.223	0.020
		A2 规划政策	0.383	A21 地块权属	0.178	0.026
				A22 用地性质变更难易度	0.224	0.032
				A23 政策支持力度	0.233	0.033
				A24 产业规划集聚度	0.224	0.032
				A25 机场限高	0.141	0.020
		A3 交通条件	0.383	A31 道路规划完善程度	0.311	0.045
				A32 公交站点覆盖程度	0.233	0.033
				A33 停车设施完善程度	0.224	0.032
				A34 城市绿道规划情况	0.233	0.033
B 社会伦理价值	0.332	B1 公共服务	1	B11 文化体育设施完善度	0.143	0.048
				B12 教育设施完善度	0.152	0.050
				B13 医疗卫生设施完善度	0.165	0.055
				B14 商业服务设施完善度	0.187	0.062
				B15 社会福利设施完善度	0.165	0.055
				B16 市政设施完善度	0.187	0.062
C 精神审美价值	0.293	C1 景观条件	1	C11 山体景观邻近度	0.156	0.046
				C12 水域景观邻近度	0.236	0.069
				C13 公园邻近度	0.220	0.065
				C14 广场临近度	0.174	0.051
				C15 城市绿廊	0.213	0.063

表 4　武夷山市棚户区建筑物空间价值评估指标因子权重

一级指标	一级权重	二级指标	二级权重	三级指标	三级权重	三级对总目标权重 W
A 物质使用价值	0.471	A1 安全性	0.281	A11 建筑结构	0.243	0.032
				A12 建筑年代	0.189	0.025
				A13 建筑材料	0.214	0.028
				A14 设计使用年限	0.166	0.022
				A15 建筑间距	0.189	0.025
		A2 适用性	0.281	A21 建筑层数	0.156	0.021
				A22 建筑密度	0.225	0.030
				A23 容积率	0.203	0.027
				A24 建筑套型合理度	0.236	0.031
				A25 建筑功能变更难易度	0.179	0.024
		A3 经济性	0.189	A31 节约能源	0.563	0.050
				A32 节约材料	0.438	0.039
		A4 合法性	0.248	A41 房屋产权	0.500	0.058
				A42 违建情况	0.500	0.058
B 精神审美价值	0.529	B1 历史性	0.563	B11 社会知名度	0.220	0.065
				B12 建筑历史文化价值	0.300	0.089
				B13 建筑建造技艺水平	0.240	0.072
				B14 传统街巷保留完整程度	0.240	0.072
		B2 美观性	0.438	B21 立面色彩协调程度	0.305	0.071
				B22 建筑屋顶统一程度	0.319	0.074
				B23 沿街立面造型协调度	0.475	0.087

3.2　评估结果统计

对 20 个片区的公众调查问卷进行计算，分别得到用地空间价值和建筑物空间价值三级指标因子的评分平均值 M_y 和 M_j，利用公式计算出三级指标对总目标的得分 X_y 和 X_j，对结果进行求和得到用地空间价值得分 $\sum X_y$ 和建筑物空间价值得分 $\sum X_j$。

$$X=W\times M$$

式中，X 为三级指标因子对总目标的得分；W 为三级指标因子对总目标的权重值；M 为三级指标因子的评分平均值。

以南门街棚户片区为例，运用公式计算出各项三级指标因子对总目标的得分 X，将各项结果求和计算出其用地空间价值的得分结果 $\sum X_y$ 为 3.73，将其结果与武夷山市棚户区空间价值评估等级判定对应（表 5），$3.5<\sum X_y\leqslant 4.5$，所以其用地空间价值等级为“较高”。

表 5　武夷山市棚户区空间价值评估等级及问卷评判取值

评估得分（$\sum X$）	对应评估等级	问卷评判取值
$1.0 \leqslant \sum X \leqslant 1.5$	E1（很低）	1
$1.5 < \sum X \leqslant 2.5$	E2（较低）	2
$2.5 < \sum X \leqslant 3.5$	E3（中）	3
$3.5 < \sum X \leqslant 4.5$	E4（较高）	4
$4.5 < \sum X \leqslant 5.0$	E5（很高）	5

通过对调研问卷的统计和计算，最终得到各棚户片区用地空间价值和建筑物空间价值的最终评分，结合武夷山市棚户区空间价值评估等级评判取值表，得到各片区用地空间价值评估等级和建筑物空间价值评估等级（表 6）。

表 6　武夷山市棚户区空间价值评估结果

所属街道	棚户区名称	用地空间价值得分 $\sum X_y$	评估等级	建筑物空间价值得分 $\sum X_j$	评估等级
崇安街道	水泥厂片区	3.18	中	1.45	很低
	工业路片区	3.67	较高	2.32	较低
	花桥片区	3.56	较高	3.53	较高
	北大街片区	3.59	较高	2.61	中
	温岭北片区	4.23	较高	3.52	较高
	清献片区	4.31	较高	3.64	较高
	红岭片区	1.32	很低	2.45	较低
新丰街道	沙古洲片区	3.58	较高	2.83	中
	南门街片区	3.73	较高	3.92	较高
	三洲路片区	3.86	较高	2.93	中
	制材厂片区	3.21	中	1.89	较低
	溪东片区	3.98	较高	2.43	较低
武夷街道	赤石旧村片区	2.95	中	3.87	较高
	高苏坂村片区	2.39	较低	3.31	中
	新阳村片区	2.13	较低	3.12	中
综合农场	楼后片区	3.08	中	1.97	较低
	湖桃片区	3.57	较高	2.93	中
	横山头片区	2.44	较低	2.37	较低
	上下东埠片区	2.64	中	1.76	较低
武夷茶场	黄泥垄片区	3.38	中	2.26	较低
	马产洲片区	3.04	中	1.49	很低
	茶叶总厂片区	2.96	中	3.76	较高
	新增茶厂片区	2.43	较低	3.12	中
	祖师岭片区	1.37	很低	2.23	较低

3.3 评估结果与改造类型的相关性研究

本研究建立棚户区空间价值评估体系，从用地空间价值和建筑物空间价值两个维度对棚户区的空间价值进行评估，为确定改造类型提供依据。

从用地空间价值评估的结果来看，24 个棚户片区中评估等级为“很低”的片区仅有 2 个，无评估等级为“很高”的片区。建筑物空间价值评估结果中评估等级为“很低”的片区仅有 2 个，且其评估得分与等级为“较低”的片区相差不大，无评估等级为“很高”的片区。

针对上述情况，本文在研究中将等级“很低”和“较低”划为一类“低”，“很高”和“较高”划为一类“高”，最终将用地空间价值和建筑物空间价值评估结果分别总结为“高”、“中”和“低”三类，产生 9 种类型即“地高—物高”“地高—物中”“地高—物低”“地中—物高”“地中—物中”“地中—物低”“地低—物高”“地低—物中”“地低—物低”。

4 改造模式

武夷山市目前面临着棚户区占地面积大、范围分布广、专项资金缺口大及安置用地紧缺等实际问题，政府主导进行大范围的整体性棚户区拆迁改造对于武夷山市来说是不现实的，因此对于部分对城市规划结构影响较小的片区可通过政府引导由居民自行筹资整治改造，其他对城市规划结构影响较大的片区禁止居民自行改造。这样既能缓解政府资金和用地不足的压力，也能达到改善民生的目的。

改造分区的划定主要通过棚户区用地空间价值的高低来进行确定。土地是城市规划管理者进行存量规划时重要的决策因素，根据评估结果的高低，将 24 个棚户片区中用地空间价值评估等级为“低”的片区划为允许自行改造区，评估等级为“中”和“高”的片区划为禁止自行改造区。

4.1 确定改造类型

4.1.1 允许自行改造区

在评估结果中，用地空间价值为“低”的片区往往具有远离市中心、周边没有产业规划的辐射、交通优势小、处于城市规划结构边缘等特征，这类片区对于资金紧缺的市政府来讲，政府主导成片集中改造的成本较高。在政府的管控和引导下，允许居民依规自行改造是此类片区最合理的解决方案。

4.1.2 禁止自行改造区

根据用地空间价值和建筑空间价值的评估结果，将禁止自行改造区分为四类，即预留发展型片区、旅游开发型片区、拆除重建型片区和保留提升型片区。

（1）预留发展型片区。

在评估结果中，用地空间价值为“中”的片区。这类棚户区不处在城市核心发展区内，政府对此类片区进行收储的成本相对较低，因此将此类零散用地收储，未来可改变其用地性质作为产业发展预留用地或棚户区安置用地。并且由于建筑物空间价值不高，片区内居民居住环境差，居民对于拆迁的抵制程度较低。因此，此类片区的改造类型应为战略收储型，在政府的主导下，根据上位规划的定位和要求，采取“退二进三”的策略，以产业促改造，推动棚改进程。

（2）旅游开发型片区。

在评估结果中，用地空间价值为“中”，建筑物空间价值为“高”的片区。这类棚户区远离城市核心区，用地空间价值相对较低，但距离景区较近，建筑物空间具有较高的历史价值，传统风貌保护较好，可以延续当地的文脉；原有建筑功能不再适应居民的居住功能需求或原功能几乎丧失，居民改造意愿强烈。对于该类型片区，政府可改变棚户区用地的性质，在原有开发强度基本不变的情况下，通过改造将新的功能注入原有建筑物空间中，为片区带来新的活力。

(3) 拆除重建型片区。

在评估结果中，用地空间价值为“高”，建筑物空间价值为“中”和“低”的片区。这类棚户区用地空间价值高，地块处于城市发展结构重要地段，区位优势明显，周边配套服务设施完善，政府收储土地难度大，棚户区内建筑物空间价值不高，生活环境较差，但由于周边生活服务设施齐全，居民外迁意愿低。因此，此类片区依然保留原有居住用地性质，但可进行适当规划开发，对棚户区内建筑进行改建或拆除，适当提高片区内开发强度，改善居民居住环境，同时腾挪出的用地可用于安置房和保障性住房的建设，缓解现实安置用地不足的问题，达到棚户区可持续性改造的目的。

(4) 保留提升型片区。

在评估结果中，用地空间价值为“高”，建筑空间价值也为“高”的片区。这类棚户区政府收储难度较大，居民外迁意愿低，用地性质改变较难，建筑物空间价值高，历史街区风貌较好，保存着武夷山市居民的生活记忆。对于这类片区，应维持原有用地性质和开发强度不变，出台相应的控制和保护规划措施，对历史建筑进行维护，改善人居环境，恢复历史街区风貌，提升片区内的整体形象和居住条件。

4.2 确定改造时序

考虑到武夷山市棚户区范围大、分布广的特点，在划定了不同改造分区和改造类型后，将棚户区改造分为近期改造和远期改造两类。近期改造的划定原则：第一，属于允许自行改造范畴内的片区。第二，处于城市重要发展节点上，其改造能有效改善民生，同时能提升城市形象，为后续棚户区改造起到示范性作用的片区。第三，旅游潜力大，通过近期城市旅游项目的带动能较快达到改造目的的片区。其他片区则划为远期改造。

4.2.1 近期改造

(1) 允许自行改造片区。

对于位于市区边缘的允许自行改造区，居民自身改造意愿强烈，且能通过村集体组织筹集资金对片区内部进行整治，政府只需出台相关管控和引导政策，使村落的整治符合城市整体形象。同时加强执法监督，保证自行改造片区的整治改造行动有章可循。

(2) 拆除重建型片区。

对于划定为拆除重建的片区，其本身地处核心城区，但片区内居住环境恶劣，与武夷山市国际旅游城市的形象和定位严重不符，也是棚户区改造工作的重点所在。其中的工业路片区改造项目已经启动。此类棚户区的拆除重建不仅能提升城市形象，改善居民生活质量，而且其土地经过整理，可通过招拍挂的方式获得土地收益；适当增加片区的开发强度，新建安置用房和保障性住房以满足其他棚户区改造的住房安置需求，解决安置用地不足的难题。

(3) 旅游开发型片区。

对于旅游开发型片区，由于其本身距离市区较远，规模不大，但具有很高的旅游发展价值，可将其纳入武夷山风景区的建设之中进行商业开发，将其打造为旅游线路上的特色景点。

4.2.2　远期改造

（1）预留发展型片区。

是为未来产业项目的引进预留发展用地，因此在现阶段资金紧张的情况下可先不进行改造，同时加强监督，防止违建情况的进一步加重。对于片区内的危房，可先进行零星收储。

（2）保留提升型片区。

片区建筑密度和人口密度大，居民外迁意愿低，因此这类片区的改造可待城市新中心培育发展成熟之后进行。城市新中心的成熟带来的是优质的公共服务资源，到时老城区的居民迁出老城的意愿才会提升，老城区内的棚户区改造才能顺利实施。

5　结语

城市棚户区改造直接关系到我国城镇化健康发展的进程，目前我国改造策略基本上采用以政府为主导，以土地增值为依托而进行拆除重建的单一策略与模式。针对这些问题，需要对棚户区改造的工作策略进行科学系统分析，才能制定出科学系统的改造策略与模式。本文基于存量空间价值评估体系，以武夷山市棚户区改造为例进行分析，得到以下结论：

首先，通过文献查阅和专家问卷法，主要从物质使用、社会伦理、精神审美等三方面构建评估体系框架，并对其进行归纳分类，获得棚户区用地空间价值评估的25项因子（包括自然属性、规划政策、交通条件、公共服务、景观条件）、棚户区建筑物空间价值评估的21项因子（包括安全性、适用性、经济性、合法性、历史性、美观性）。

其次，利用专家打分法，获得棚户区用地空间价值评估的25项指标的权重，以及棚户区建筑物空间价值评估的21项指标的权重，并且结合SD语义差别法，分别确定评估等级为“很高”（E5）、“较高”（E4）、“中”（E3）、“较低”（E2）、“很低”（E1）。

最后，在存量空间价值评估基础上，确定改造类型（允许自行改造区、禁止自行改造区），提出改造时序（近期改造、远期改造），从而更有效地为政策制定提供依据。

［本研究得到教育部人文社会科学研究规划基金项目（17YJAZH059）、广东省自然科学基金项目（2018A0303130032）资助。］

［参考文献］

［1］孟延春，郑翔益，谷浩．渐进主义视角下2007—2017年我国棚户区改造政策回顾及分析［J］．清华大学学报（哲学社会科学版），2018（3）：184－189．

［2］刘通．加快转变城市棚户区改造模式［J］．宏观经济理论，2015（2）：31－33．

［3］黄小康．关于棚户区改造的安置方式类型及比较分析［J］．现代经济信息，2014（22）：104－105．

［4］陈雪菲．棚户区改造居民满意度综合评价研究：基于重庆市抽样调查［D］．重庆：重庆大学，2015．

［5］李和平，高文龙，郭剑锋，等．棚户区改造与历史街区保护双向选择模式：以南昌绳金塔历史街区为例［J］．规划师，2016（8）：87－92．

［6］王巍，姚凤梅，王晓舒．基于归属感的棚户区改造规划：牡丹江市曙光新城棚户区改造项目探析［J］．规划师，2010（9）：76－83．

［7］郑文升，金玉霞，王晓芳，等．城市低收入住区治理与克服城市贫困：基于对深圳“城中村”和

老工业基地城市“棚户区”的分析［J］. 城市规划，2007（5）：52－56.

［8］张云英，廖素敏. 棚户区进城务工人员生存状况研究：以长沙市为例［J］. 湖南农业大学学报（社会科学版），2009（1）：25－33.

［9］芦恒. 东北城市棚户区形成与公共性危机：以长春市“东安屯棚户区”形成为例［J］. 华东理工大学学报（社会科学版），2013（3）：12－19.

［10］KRISHNA A. Stuck in place：investigating social mobility in 14 bangalore slums［J］. Journal of Development Studies，2013（7）：1010－1028.

［11］MEREDITH T，MACDONALD M. Community-supported slum-upgrading：innovations from kibera，nairobi，kenya［J］. Habitat International，2017（2）：1－9.

［12］WALKER A P P. Self-Help or public housing? lessons from co-managed slum upgrading via participatory budget［J］. Habitat International，2016（7）：58－66.

［13］邹兵. 增量规划向存量规划转型：理论解析与实践应对［J］. 城市规划学刊，2015（5）：12－19.

［14］周鹤龙. 地块存量空间价值评估模型构建及其在广州火车站地区改造中的应用［J］. 规划师，2016（2）：89－95.

［15］邓神志，叶昌东，劳海宾. 基于更新改造潜力评价的城市更新模式及实施机制研究［J］. 城市，2016（5）：7－12.

［16］尹杰，詹庆明. 城市更新用地的评价体系构建及应用：以武汉市为例［J］. 价值工程，2016（15）：53－56.

［17］洪良，周永标. 存量规划背景下用地适改性评价体系的构建［J］. 住宅与房地产，2016（15）：251－252.

［18］肖静. 基于AHP和FCE的市场法在M土地价值评估中的应用研究［D］. 湘潭：湘潭大学，2016.

［19］沈巍麟. 既有住宅改造综合评价体系研究［D］. 北京：北京交通大学，2008.

［20］刘存. 建筑寿命影响因素及延长建筑寿命策略研究［D］. 重庆：重庆大学，2014.

［21］陈艾. 基于可持续发展视角的历史文化街区价值评估研究：以重庆磁器口历史文化街区为例［D］. 重庆：重庆大学，2015.

［作者简介］

马航，博士，哈尔滨工业大学（深圳）建筑学院教授。

王墨晗，博士，哈尔滨工业大学（深圳）建筑学院助理教授。

宋科，博士，哈尔滨工业大学（深圳）建筑学院助理教授。

熊星宇，哈尔滨工业大学（深圳）建筑学院硕士研究生。

阿龙多琪，哈尔滨工业大学（深圳）建筑学院博士研究生。

社区微更新研究进展综述

□袁瑀苗，王宽，倪琪

摘要：经济新常态下，我国城市建设逐渐转向增存并行的城市经营。社区作为城市治理的基本单元，是城市更新的重要载体。随着国家加大对城市更新的重视，作为单元载体的社区微更新也越来越受到重视。本文根据对社区微更新历年研究的分析，指出了社区微更新的研究进展，并通过对国内外研究的比较及社区微更新发展模式的探讨，对社区微更新研究前景进行了展望。

关键词：社区；微更新；研究进展；研究方向

随着我国城镇化逐步由增量扩张的主导方式向做优增量与盘活存量同步结合的战略转变，城市建设逐渐向社区更新、小尺度渐进的方向转变。面对更加多元的更新目标，社区作为组成城市生活的单元载体，是城市发展重要的基础。

1　社区微更新的研究背景及意义

1.1　研究背景

我国城市发展正从传统的增量空间扩张向存量空间优化与重构转型，以面对空间资源紧缺、公私利益保证与平衡欠优、城市文脉不可逆破坏等系列复杂城市问题。2016 年联合国“人居三”大会通过了《新城市议程》，明确提出“人人共享的城市（Cities for All）”愿景。我国由住房和城市建设部提出“城市双修”战略并开启行动试点，尝试摸索因地制宜的城市更新途径，社区微更新、社区营造等概念逐渐被广为接受和应用。

对于社区发展而言，一方面是过去 30 年建成环境的空间质量亟待提升，尤其是中心城区的老旧居住社区；另一方面是公众参与规划和决策的意识及诉求空前强烈，完善城市公共空间功能和提高居民日常生活品质的设计途径亟待探讨。

1.2　研究意义

在这一转变的背景下，社区微更新对城市公共空间品质提升的意义逐渐凸显。而由于社区微更新是对社区小微尺度建成空间的品质和功能提升，基本投入小，能实现多样的合作形式，在此基础上的设计介入也往往是从问题出发，解决小微的需求，实现小微功能的完善，具有小中见大的特点，是综合导向的更新设计。此外，社区微更新还有助于地方性营造走向社会整体性营造，从而推进国家治理体系现代化，因此具有极高的探索意义。

2 社区微更新的相关概念及界定

2.1 城市更新

李建波、张京祥认为“城市更新伴随着城市发展而来，西方近现代城市更新以二战时期刚步入后工业化阶段为分水岭，由大规模、激进式更新转向小规模、渐进式更新”。伍江认为“城市更新是城市这个有机体持续不断的细胞层面的常态化生命活动”。而从国外城市更新理论与实践来看，城市更新（Urban Renewal）是指针对现存城市环境，对建筑、空间、环境等进行必要的调整和改善，是有选择地保存、保护并通过各种方式提高环境质量的综合性工作，强调更新活动的可持续性，有3种最为主要的形式，即重建（Rebuild and Reconstruction）、整建（Adaptive Modification and Rehabilitation）和维护（Restoration）。

2.2 社区微更新

作为城市的“底色”，社区是城市结构中最重要的组成部分，是城市演变的基本单位。社区同时也是人群聚集的所在，包含地区性的居住环境，以及附于其上的生活、历史、产业、文化与环境等多向度的意义。

王承慧认为“社区微更新划分成两个圈层——微更新项目行动圈层和微更新制度环境圈层”（图1）。李钜、李瑞琪认为“微更新”的“微”有三重含义：①小规模微更新，即“整体保护+品质提升”；②小投资微更新，即“环境效益+社会经济效益”；③微观环境更新，即“细节设计+文化再现”。陈成认为“社区微更新着力在存量空间上关注空间重构、社区激活、生活方式转变、空间品质提升、城市魅力塑造等方面”。金云峰等人认为“社区微更新在用地性质、建筑高度或容积率不改变的情况下，挖掘零星闲置的小微地块，从人的尺度出发，以日常生活需求为导向，回应微观层面的人地需求”。因而，社区微更新被视为一种渐进式、小规模的城市更新方式（图2）。

社区微更新的两个圈层				
微更新项目行动圈层	基础设施改善	微更新制度环境圈层	社会组织立法和培育	安全管理
	道路交通优化		构筑多元融资支持渠道	行政管理社区服务
	户外环境改善		规划、建筑和景观专业支持	政府年度建设计划
	公共设施提升		社区规划	公共服务
	住房维护和性能提升		社区自筹资金渠道	政府对社区发展的支持服务
	闲置空间和建筑再利用		社区能力建设	物权法规及相关地方性法规
	物业管理和安全管理优化		社区文化培育	社区自治法律环境
			公众参与内部互动与对外协调	物业管理

图1 圈层概念图

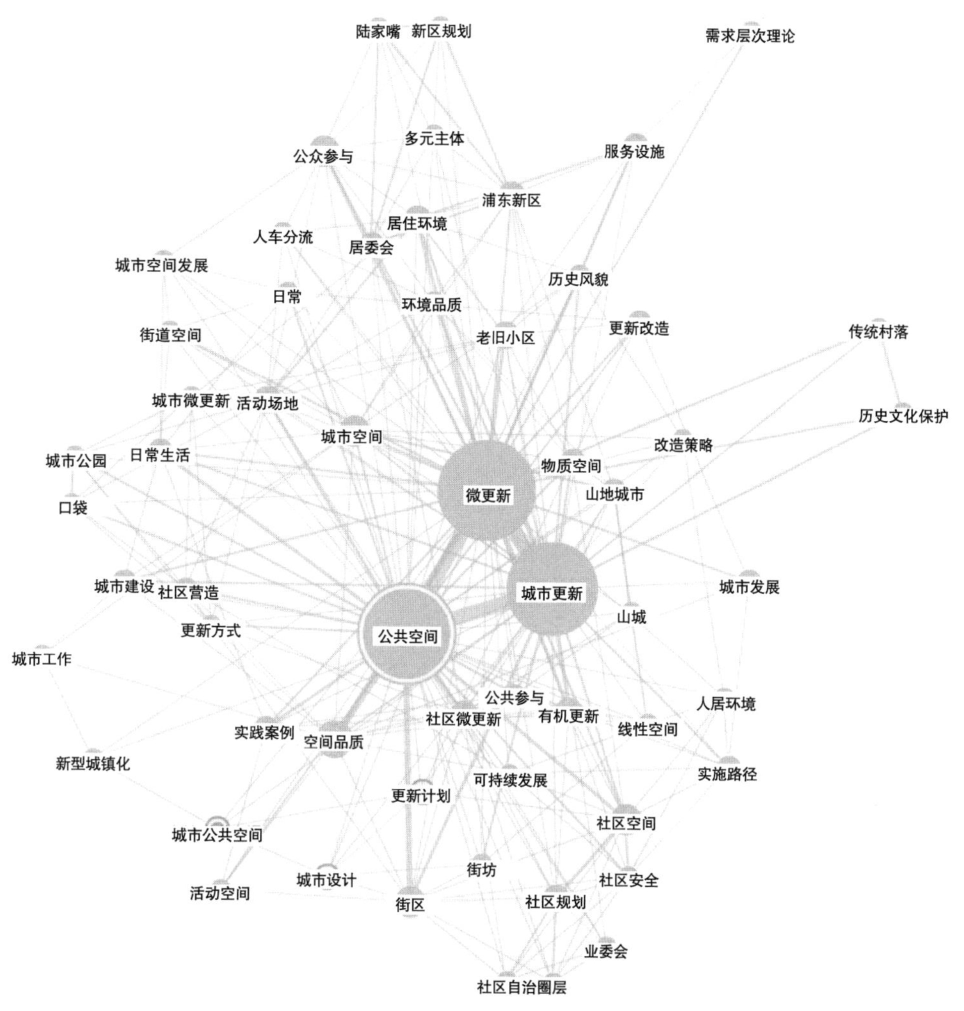

图 2　社区微更新相关概念关系图（知网可视化分析）

3　社区微更新的发展历程及研究进展

3.1　纵向时间纬度——发展历程

本文将“社区微更新”作为主题词，将 CNKI 数据库作为查询对象，以“主题”方向进行查询。截至 2019 年 5 月，共计检索到 58 篇相关文献，从时间分布看，21 世纪初是我国社区微更新研究的一个开端（图 3），并在近年来呈现出新的发展阶段。

西方国家的城市更新历史可总结为：20 世纪 40～50 年代的城市重建阶段，60 年代的城市复苏阶段，70 年代的城市更新阶段，80 年代的城市再开发阶段，90 年代的城市再生阶段，以及 21 世纪初提出的城市复兴阶段。第二次世界大战以来，以英国和美国为代表的西方发达国家进行的一系列贫民窟消除计划、城市中心区重建及新城镇扩张等，进一步推动西方更新理念从大规模物质改造转向社区可持续发展。20 世纪 90 年代以来推行街区更新政策，城市更新的主体由政府或市场主导转向社区主导下的多元协作，更新目标从物质更新转向社区可持续发展，更新理念从场所营造转为基于社会资本的协同治理。

而在我国，20 世纪 80～90 年代以来，为反思我国大规模的城市改造带来的一系列城市问题，吴良镛先生提出有机更新理论，认为应通过城市有机更新逐步走向新的有机秩序；2012 年国际城市创新发展大会分论坛提出“重建微循环”理论，倡导从资源、能源、交通、绿地、雨水等微系统入手，重视更新的利用效率和可持续发展。自 2016 年以来，有关社区微更新的研究迅速增加，基于实践案例和理论的研究逐渐涌现（图 4）。

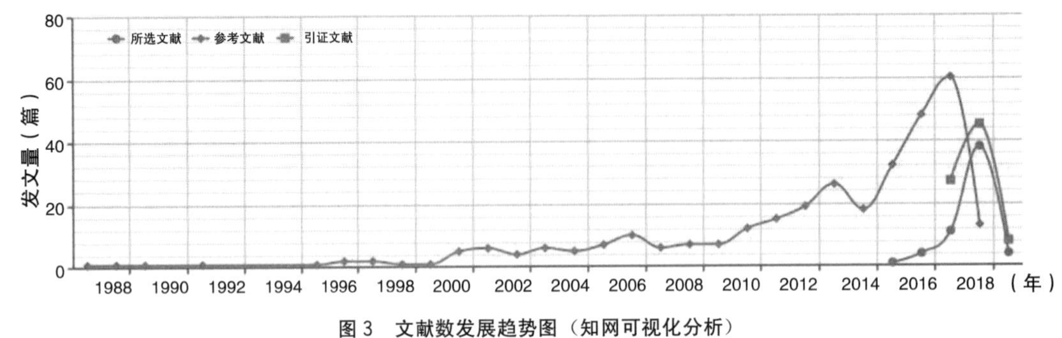

图 3　文献数发展趋势图（知网可视化分析）

1940年　1960年　1970年　1980年　1990年　2012年　2016年

重建阶段	复苏阶段	更新阶段	再开发阶段	有机更新		
基于物质空间的城市更新实践，包括贫民窟消除计划、城市中心区重建及新城镇扩张	尊重当地居民的小规模更新	大规模物质改造转向社区可持续发展	从政府主导进入资本驱动	国外主张社区主导下多元协作的“场所营造”转为“协同治理”，国内主张“有机更新”	重建微循环	社区微更新

图 4　社区微更新发展历程

3.2　横向研究广度——国内外研究进展

3.2.1　社区微更新研究的国际比较

笔者从社区微更新的概念入手，对社区微更新研究的项目行动圈层、制度环境圈层、研究方法 3 个方面进行总结。

在项目行动圈层方面，有学者以韩国梨花洞壁画村为例，分析了艺术介入的环境美化，其经过公共空间的设计，重塑了社区居民的归属感，提高了居民自组织营造社区的积极性，实现了社区的复兴。同时，也有学者以日本为例介绍了将闲置的土地与房屋还原成自然绿地与农地的微更新模式，通过降低建筑容积率实现居住环境的微更新。值得一提的是，有学者指出，在里约贫民窟的更新改造过程中，鼓励公众参与，邀请大量当地年轻人参与本地的改造，对他们进行技能培训并给予报酬，可以在改善社区环境的同时使当地年轻人习得新技能。

在制度环境圈层方面，学者通过研究英国社区更新案例，指出社区更新应以降低成本为目的，鼓励公众参与，将社区建设列为政府的经济发展规划。有学者还以日本东京的内生型社区更新为例，指出应建立一个有效的更新体制，以促进多利益群体之间的良好协作机制。同时学习美国“社会建筑”的更新模式，通过调整规划角色、完善政策制度和建构多元组织来实施社区更新发展。此外，还有学者总结出德国的社区微更新以闲置公共空间的微更新方式为主，其实施机制灵活，既可借助政府主导的邻里管理规划，也可通过第三方引领实施。

在研究方法方面，传统模式以定性研究为主，包括文献资料法、实地调研法、访谈及问卷调查法、案例分析法、多学科交叉研究法等。近年来国外新兴的定量与定性相结合的方法得到了迅速的发展，目前已有 PPGIS（Public Participation GIS，即公众参与地理信息系统）平台在社区推广的案例研究，美国利兹大学在“真实规划”项目中就利用 PPGIS 平台让公众参与重建斯雷斯怀特社区。此外，针对公共生活研究的 PSPL 调研法（Public Space Public Life Survey，即“公共空间-公共生活”调研法），也能够针对城市公共空间质量和市民公共生活状态进行评估，为社区公共空间设计和改造提供依据（图 5）。

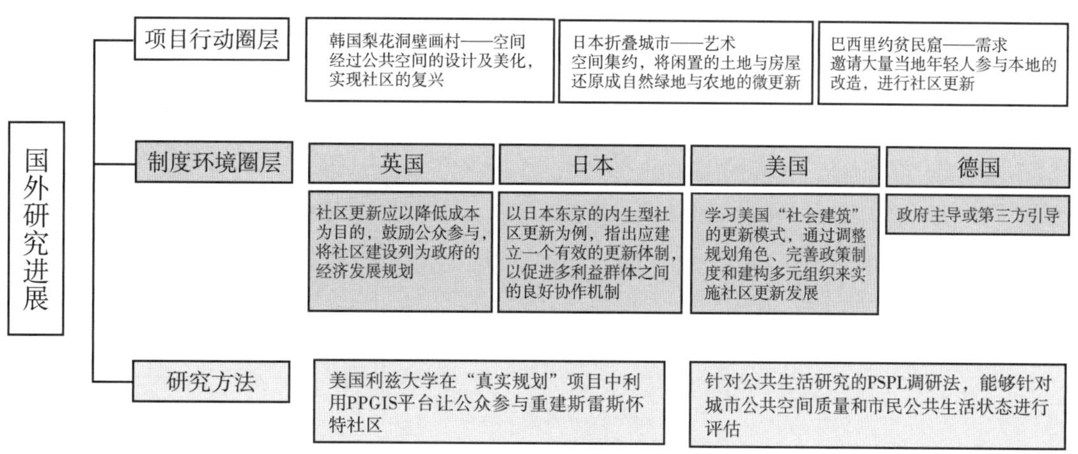

图 5　国外研究动态图

3.2.2　国内研究动态

在项目行动圈层方面，从人群诉求角度出发，有学者应用马斯洛需求层次理论探讨了如何实现持续、渐进的微改造。从空间角度出发，有学者从绿化营造、优化慢行系统、激活公共空间、文化传承等方面制定相应的社区更新重构策略，也有学者探讨了微更新改造在人本主义视角下空间的公平正义性和空间尺度的宜人性、安全便捷舒适性及适老性。从文化角度出发，有学者鼓励通过对地方文化、传统工艺文化的再生和应用激活社区，鼓励打造具有文化展示、教育学习与观光休闲功能的文化特色创意社区。从产业角度出发，有学者通过厦门与台北社区营造实践的对比，探索了社群导向下如何通过提升产业等措施，推动社区的全面改造。

在制度环境圈层方面，从社区能力建设角度出发，李锡坤指出老旧社区微更新有以下作用方式：社区组织结构更新、有效的信息平台建设、社区规划师制度的自上而下。从社区资产挖掘角度出发，黄瓴、沈默予从空间和治理两个层面探究社区线性空间资产挖掘、激活和社区力培育的微更新路径。从多元主体参与角度出发，一些学者则创新视角，探索了社区规划师制度、社区的包容性发展、自主治理的可行性、公共意识再生的重要性，引发了多元视角下的社区微更新研究热潮。

在研究方法方面，传统模式以定性研究为主，近年来国内研究逐渐借助新兴的定性与定量相结合的方法，如杨贵庆等人建构了“居住环境关注度”综合评价方法模型，结合上海社区微更新展开应用研究；张文博等人搭建公众参与地理信息系统平台理论框架，通过平台呈现对应信息并实现与公众的信息互动，得到微更新的重点内容并以此完成针对性更新；费金晶在古城社区微更新研究中则建构了微更新选取点的筛选评价指标体系，运用德尔菲法和专家打分法进行了相关论证（图 6）。

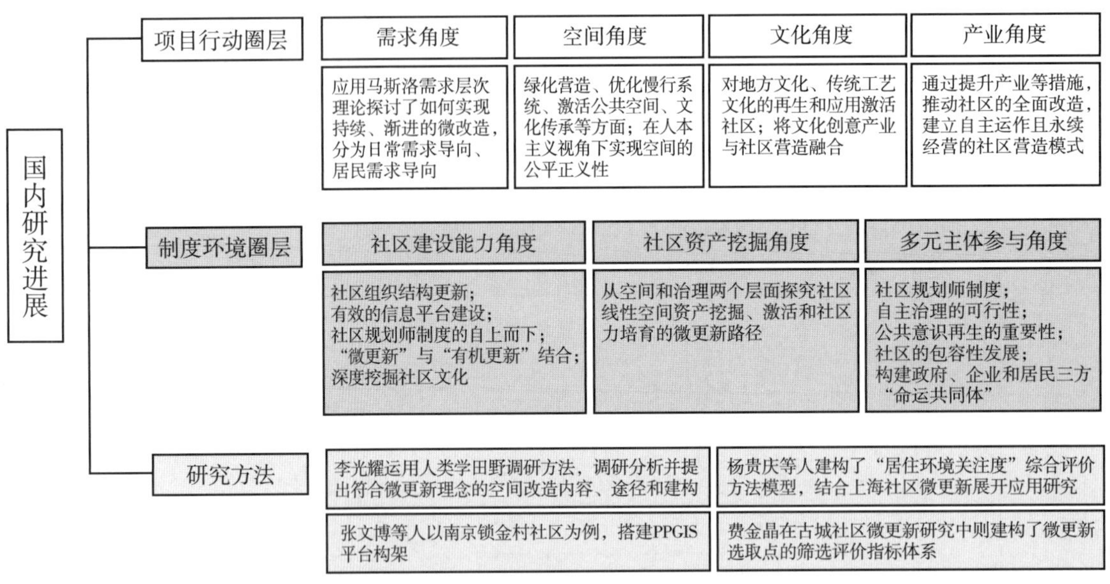

图 6　国内研究动态图

4　我国社区微更新的探索

4.1　社区微更新教育研究探索

教育研究方面，清华大学建筑学院研究生设计课程"城市微更新"，以在北京西城区富国里小区的互动式教学实践为例，进行了面对社区的开放、互动式教学探索。国内各大高校如同济大学、南京大学、重庆大学、华南理工大学及上海市城市规划设计研究院、成都市规划设计研究院等多个院校及科研机构的专家学者也对社区微更新进行了一定的探索（图 7）。

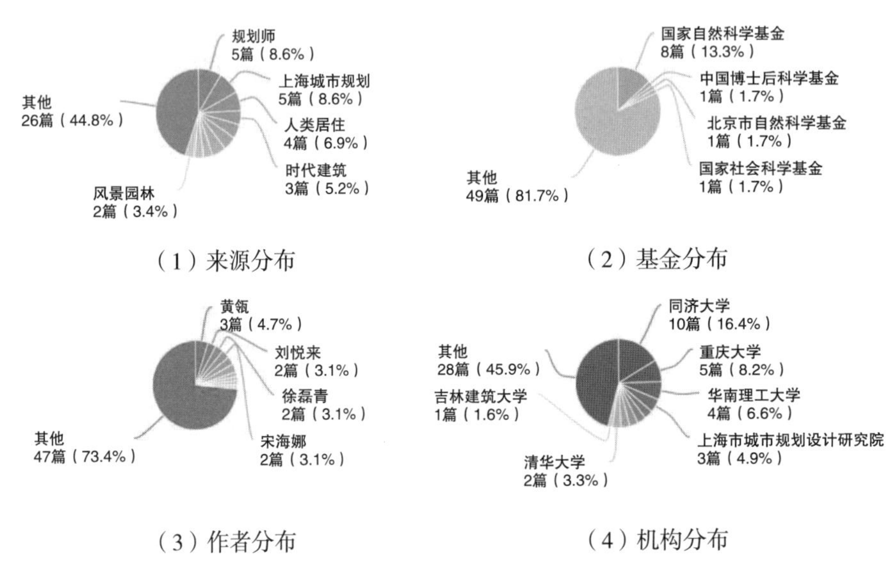

图 7　文献中来源、基金、作者及机构分布图（知网可视化分析）

4.2 社区微更新实践模式探索

近年来，学者们对社区微更新的实践模式进行了初步的探索，积累了一定的研究经验，根据其更新特点和关注角度，可以概括为以下几种模式。

①空间改善模式。王志强等人从空间行为关联视角出发，以天津市西北角回族居民社区街道为研究对象，从保留与改造两个层面提出社区空间优化策略。②文化提升模式。严铮以南京傅厚岗社区为例，深度挖掘当地文化底蕴，从功能完善、交通梳理、景观协调多方面着手，努力打造傅厚岗特色文化社区。③产业复兴模式。张若曦等人聚焦旧城集市型社区转型的微更新路径，以厦门营平片区为例，提出“产业—人群—空间”的耦合型微更新路径及相应的设计策略。④教学研结合模式。程晓青以清华大学建筑学院“城市微更新”教学成果中富国里游乐场和社区客厅为例，进行了面对社区的互动式教学探索。⑤社区属权模式。刘悦来等人以代表公共权属的“创智农园”和代表私有权属的“百草园”为例，探索适合高密度都市社区空间微更新与社会治理有机结合的可持续发展路径。⑥社区共享模式。孙立等人以北京地瓜社区为例，提出了在政府支持、居民参与、社会精英介入和存量空间微更新的基础上构建社区共享平台是社区微更新的有效路径。⑦多元合作模式。赵波通过梳理近两年来浦东新区缤纷社区实践案例，分析了以社会组织为媒、专业人士为媒、企业为媒的 3 个典型社区微更新模式，并对下一步缤纷社区建设提出优化策略。

5 社区微更新研究成就、不足、方向

5.1 成就

回顾国内社区微更新研究情况，目前研究者在空间改善、环境治理等项目行动圈层和关于协同治理的制度环境圈层的理论研究较丰富，涉及的学科视野也很广泛。此外，国内也正在逐步展开由政府引导、社区公众参与、专业者协调沟通并提供技术支持的社区规划模式，各地在多元主体参与、共同协作、系统性解决社区问题、全周期服务等方面，进行了一些有突破和进展的实践探索。

5.2 不足

通过比较发现，在项目行动圈层方面，目前国外研究比较关注对社区闲置空间的改造、艺术文化的挖掘和可持续性更新的创造性研究，国内则比较关注物质空间改善、人群诉求、文化延续和产业支持，对可持续性及创新性更新研究不足。在制度环境圈层方面，国外研究比较关注社区微更新治理过程中的政策制度、协作机制、多元建构和公众参与，国内研究则比较关注社区能力建设、社区资产挖掘和多方参与，但仍存在社区主体地位偏弱、经济及技术支持缺乏、社区主体互动机制研究较少、微观层面研究较少等问题。在研究方法方面，国外结合定量方法进行研究已有了一定的经验，国内则从起初的描述性研究为主转向定性与定量方法相结合，新兴数理研究方法还有待继续学习。

5.3 方向

从整体来说，西方国家社区改造和合作治理研究经历了 100 多年的发展，形成了相对完善的研究框架和宝贵的实际经验，在一定程度上能够为我国的城市发展提供一些借鉴。但由于东

西方历史、人文差异，在处理国内社区微更新问题时要具体情况具体分析，结合实际情况有选择地进行借鉴，并在此基础上探索适合国内发展的理论体系，这也将是未来社区微更新的发展方向。

6 社区微更新的发展策略思考

6.1 扎根社区“在地文化”

主观性与日常生活的体验是建构地方文化最为重要的特征。而一个地区长期积累的文化，以及人们对其产生的认同感，就使得该地区具有了地方性。扎根于地方各种属性特征和禀赋特色的“在地文化”是一种凝练的内生动力，深刻影响着地方的意识形态、价值观念与行为方式，也是社区更新的重要触媒。

6.2 关注社区空间行为

芦原义信在《外部空间设计》一书中以人与空间的关系作为切入点，指出“空间基本上是由物体同感觉它的人之间产生的相互关系所形成”。同时扬·盖尔也在《交往与空间》中指出人对空间的感知依赖于清晰的边界，塑造边界（创造边界标志性、创造柔性边界）将提高社区空间对使用者的吸引力。另外，从人群行为、空间类型进一步了解社区空间的实际使用情况，也将有助于实现场地改造。

6.3 自上而下与自下而上

在当下中外各城市的社区微更新案例中，除立足于场所营造的空间实验外，还重视社区增权赋能。社区规划师作为政府和居民的“中间人”，能够为自下而上的社区自治和自上而下的政府引导建立直接有效的桥梁，带动社区自治、共治能力的培育和社区决策权力的赋予，同时对空间正义和社区赋权起到价值表达的作用，促进多部门之间通力协作。

6.4 可持续与多元化

将社区全周期的持续参与视为一种共识，不仅能满足社区居民的微观需求，同时也符合城市整体发展的宏观需求。建立社区更新协作体系、完善地方知识众筹机制，也有助于实现社区的可持续发展和多元化。在实际更新中，无论是老龄人照护、社区建筑物保存、在地特色或是结合教育等与居民切身相关的多元议题，都可能成为促进社区微更新的契机。

7 研究感想与展望

社区活化是社区微更新的最终目的。作为设计师，我们需要同时考虑公共空间物理环境层面及日常生活的原真性，前者是实现途径，后者则是实现目标。

社区微更新的目的不仅仅涵盖物质空间层面，更包括精神空间层面。在充分了解社区资源基础、居民需求的前提下，借由多元机制下多方参与而形成的动态更新框架，将会实实在在增强居民的地方自豪感和主人翁意识，从而真正的重塑人地关系。

[参考文献]

[1] 余颖，曹春霞. 城市社区规划和管理创新 [J]. 规划师，2013 (3)：5-10.

[2] 徐磊青，宋海娜，黄舒晴，等. 创新社会治理背景下的社区微更新实践与思考：以408研究小组的两则实践案例为例 [J]. 城乡规划，2017 (4)：43-51.
[3] 石楠. "人居三"、《新城市议程》及其对我国的启示 [J]. 城市规划，2017 (1)：9-21.
[4] 马宏，应孔晋. 社区空间微更新：上海城市有机更新背景下社区营造路径的探索 [J]. 时代建筑，2016 (4)：10-17.
[5] 单瑞琦. 社区微更新视角下的公共空间挖潜：以德国柏林社区菜园的实施为例 [J]. 上海城市规划，2017 (5)：77-82.
[6] 李建波，张京祥. 中西方城市更新演化比较研究 [J]. 城市问题，2003 (5)：68-71.
[7] 伍江. 关于城市有机更新的思考 [EB/OL]. (2017-12-07) [2020-06-06]. http：//m. planning. org. cn/zx _ news/7852. htm? from=groupmessage&isappinstalled=0.
[8] 张原浩. 广州旧城传统居住街区微更新设计策略研究 [D]. 广州：华南理工大学，2018.
[9] 黄瑞茂. 社区营造在台湾 [J]. 建筑学报，2013 (4)：13-17.
[10] 王承慧. 走向善治的社区微更新机制 [J]. 规划师，2018 (2)：5-10.
[11] 李铌，李瑞琪. 基于"微更新"理念下的旧城社区改造研究：以长沙市天心区工农桥社区为例 [J]. 城市住宅，2019 (1)：73-77.
[12] 陈成. 行走上海2016：社区空间微更新计划 [J]. 公共艺术，2016 (4)：5-9.
[13] 金云峰，高一凡，沈洁. 绿地系统规划精细化调控：居民日常游憩型绿地布局研究 [J]. 中国园林，2018 (2)：112-115.
[14] 阳建强. 西欧城市更新 [M]. 南京：东南大学出版社，2012.
[15] HEALEY P. Collaborative planning：shaping places in fragmented societies [M]. London：Macmillan Press Ltd，1997.
[16] 洪亮平，赵茜. 从物质更新走向社区发展：旧城社区更新中城市规划方法创新 [M]. 北京：中国建筑工业出版社，2016.
[17] 吴良镛. 从"有机更新"走向新的"有机秩序"：北京旧城居住区整治途径（二） [J]. 建筑学报，1991 (2)：7-13.
[18] 仇保兴. 城市生态化改造的必由之路：重建微循环 [J]. 城市观察，2016 (6)：5-20.
[19] 一木. 艺术再造社区：韩国著名壁画村 [J]. 公共艺术，2015 (2)：20-33.
[20] 佚名. 专家观点：认识社区微更新 [J]. 人类居住，2018 (2)：10-13.
[21] 周恒，杨猛. 作为一种规划工具的城市事件：斯图加特园艺展与城市开放空间优化 [J]. 城市规划，2010 (11)：63-67.
[22] 叶炜. 英国社区自助建设对我国社区更新的启示 [J]. 规划师，2006 (3)：61-63.
[23] 高沂琛，李王鸣. 日本内生型社区更新体制及其形成机理：以东京谷中地区社区更新过程为例 [J]. 现代城市研究，2017 (5)：31-37.
[24] 洪亮平，赵茜. 走向社区发展的旧城更新规划：美日旧城更新政策及其对中国的启示 [J]. 城市发展研究，2013 (3)：21-24.
[25] 王全，张峰，刘根发，等. 公众参与地理信息系统与城市规划民主进程 [J]. 上海城市规划，2010 (1)：9-12.
[26] 丑冰钦，许乙青. 基于马斯洛需求层次理论的社区改造实践：以长沙市英才园微更新项目为例 [C] //中国城市科学研究会. 2017城市发展与规划论文集. 北京：中国城市出版社，2017.
[27] 陈红. 老旧社区街道景观的微更新与重构：以上海苏家屯路、樱花路为例 [J]. 中外建筑，2018 (7)：168-171.

[28] 刘彬，吕贤军，古杰. 人本视角下城市微更新规划研究：以益阳市康富片区为例［J］. 城市学刊，2018（3）：87-92.
[29] 严铮. 挖掘文化底蕴、打造特色社区："有机更新"理念下的傅厚岗社区更新规划刍议［J］. 中外建筑，2013（9）：84-87.
[30] 左进，孟蕾，李晨，等. 以年轻社群为导向的传统社区微更新行动规划研究［J］. 规划师，2018（2）：37-41.
[31] 李锡坤. "有机更新"下的老旧社区"微更新"模式研究［J］. 安徽工业大学学报（社会科学版），2018（3）：37-39.
[32] 黄瓴，沈默予. 基于社区资产的山地城市社区线性空间微更新方法探究［J］. 规划师，2018（2）：18-24.
[33] 杨贵庆，房佳琳，关中美. 居住环境关注度评价方法在社区微更新中的应用［J］. 规划师，2018（4）：83-87.
[34] 张文博，郭建军，张青萍. 基于PPGIS公众参与的南京锁金村社区微更新研究［J］. 科技促进发展，2018（Z1）：89-103.
[35] 费金晶. 基于"城市针灸"方法的古城街坊微更新研究：以苏州古城7，8，9号街坊为例［D］. 苏州：苏州科技大学，2017.
[36] 程晓青，金爽. "城市微更新"的社区课堂：老旧小区改造中的互动式教学启示［J］. 城市建筑，2018（25）：59-61.
[37] 王志强，胡一可，王垒. 空间—行为关联视角下的社区街道空间微更新研究：以天津市西北角回民社区为例［J］. 风景园林，2018（10）：98-103.
[38] 张若曦，张文浩，李颖洁. 旧城集市型社区耦合型微更新路径研究：以厦门营平片区为例［J］. 上海城市规划，2018（4）：15-21.
[39] 清华大学建筑学院. 清华大学建筑学院"城市微更新"教学成果：富国里游乐场、富国里社区客厅及一个盒子的社会属性［J］. 城市建筑，2018（25）：103-109.
[40] 刘悦来，尹科娈，葛佳佳. 公众参与　协同共享　日臻完善：上海社区花园系列空间微更新实验［J］. 西部人居环境学刊，2018（4）：8-12.
[41] 赵波. 社区微更新的浦东实践［J］. 浦东开发，2018（11）：44-47.
[42] 朱竑，钱俊希，陈晓亮. 地方与认同：欧美人文地理学对地方的再认识［J］. 人文地理，2010（6）：1-6.
[43] 芦原义信. 外部空间设计［M］. 尹培桐，译. 北京：中国建筑工业出版社，1985.
[44] 张松. 城市笔记［M］. 上海：东方出版中心，2018.
[45] 赵民. "社区营造"与城市规划的"社区指向"研究［J］. 规划师，2013（9）：5-10.

［作者简介］
袁瑀苗，浙江大学硕士研究生。
王宽，浙江大学硕士研究生。
倪琪，副教授，浙江大学园林研究所硕士生导师。

香港工业大厦活化机制研究及其对广州旧厂微改造的启示

□方凯伦

摘要：随着香港工业结构的调整，大部分制造工厂迁往珠三角地区，导致香港原有工业大厦空置。本文试图对在规划政策影响下的“工厦活化”管制机制展开分析，在摸清香港工业大厦限制特征的基础上，从机构设置、政策变迁、多主体参与管制共三个维度剖析香港工业大厦活化的管制机制，以期为广州市旧厂房微改造的政策优化提供借鉴。

关键词：“工厦活化”；香港；旧厂；微改造；广州

1　引言

香港工业大厦（Factory Estate）起源于徙置区[①]（即新区）年代。20 世纪 50～60 年代，香港兴起家庭式工业或小规模工场，它们一般设于寮屋区及平房徙置区之中。当遭受天灾或被政府收回土地重新规划时，政府便要兴建工业大厦给工场重新经营，这就是工业大厦的源起。香港工业大厦通常有两个或两个以上的货物升降机，建筑内部被分隔为多个单独使用的单元，被不同租客所占据，发挥制造、组装和仓储的功能。20 世纪 80 年代，随着香港工业结构的调整，大部分制造工厂迁往珠三角地区，导致香港原有工业大厦空置。在此背景下，工业大厦活化成为香港关注的焦点。2009—2010 年，香港特别行政区行政长官曾荫权在致辞中强调了振兴旧工业楼宇的重要性，希望业主能活化工业大厦建筑，从而实现经济增长。

世界各国逐步认识到建筑活化的重要性，制定了相关政策以推动建筑功能的改变，美国、澳大利亚等都有相关的建筑活化利用项目，如墨尔本的“1200 栋建筑计划”。建筑功能活化的实施受到经济发展、建筑本体质量、新用途、区域发展规划等多种因素的影响。专门针对香港工业建筑活化方面，Alber 研究了香港不同活化工业楼宇的例子，确定了 3 个主要方面的促进措施；Yongtao Tan 等人认为工业建筑的适应性再利用可能是解决香港住房问题的一种方式，并从工业大厦活化为住宅的方向开展政策研究。目前，大陆内旧厂一方面从城市更新的角度探讨旧厂改造机制，如岑迪等人以国际单位创意园为例子，解释了现行微改造的制度障碍并提出了策略；杨宵节研究了广州市番禺区的产业提升困境，探讨如何基于产业转型更新发展模式；曾堃、张磊等人也从城市更新角度出发，剖析旧厂改造的路径。另一方面，则关注工业遗产的保护和利用，如郭亚成等人对青岛港口工业建筑遗产的存量更新展开探讨，以期为今后港口工业建筑遗产的保护与更新提供参考。本文将对香港工业大厦活化机制展开分析，希冀为广州及其他大中城市工厂微改造提供借鉴。

2 香港工业大厦概况

香港第一座工业大厦是1975年落成的长沙湾工厂大厦。至今，约1400幢工业大厦分布于香港，约有四成半分布于九龙区，接近两成半位于荃湾、葵青区及新界，约一成分布于香港岛。工业大厦分布的地点包括荃湾（柴湾角、荃湾西）、葵青中及南、九龙西（长沙湾、深水埗、荔枝角）、大角咀、马头围、红磡、观塘、油塘、将军澳、牛头角、坚尼地城、黄竹坑、筲箕湾、柴湾、沙田、大围、粉岭、上水、屯门、元朗等。

近10年来，香港工业大厦活化经历了两个重要阶段。①第一阶段：早在2009年政府提出工业大厦活化之前，文化产业如视觉艺术、戏剧、舞蹈、音乐等早已经进驻工业大厦。政策推出后，未能使空置的工业大厦活化，反而使楼价及租金在两年内上升了70%以上，而同期豪宅楼价的升幅只有20%左右。②第二阶段：2014—2018年，由于实施了振兴措施，工业建筑的空置率才有了下降的趋势。对于寸金寸土的香港，实现工业大厦活化一方面有助于提高楼宇使用效率，另一方面也有助于推动文化创意、科技发展等先进产业在香港的发展。现状的工厂楼宇约占香港工业楼宇空置总数的85%（图1）。

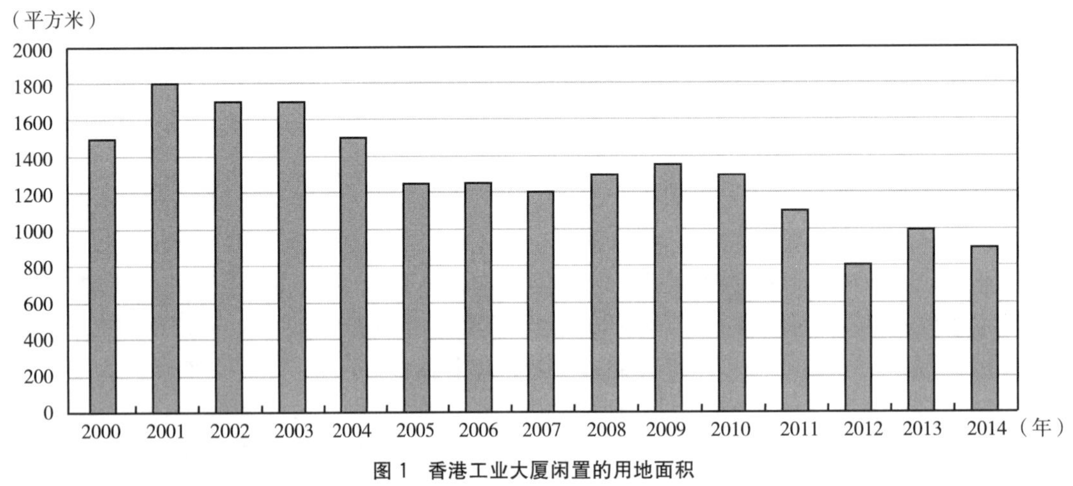

图1 香港工业大厦闲置的用地面积

3 香港工业大厦活化的管理机制

3.1 政策创新

3.1.1 建筑功能变更的政策背景

香港工业大厦活化政策出台以前，建筑功能变更与土地契约息息相关。土地契约是政府与土地业权人签订的私人契约，土地业权人须确保土地的使用符合相关地契条款及规划地带限制。现状大部分工业大厦地契订明所属地带，仅仅允许作为“工业及／或仓库”用途，若把该工业大厦用作其他用途，业权人必须向地政总署申请并获批更改或豁免有关用途条款，同时取得相应的规划许可。否则，将违反地契条款，署方可向业主发警告信；情况严重的项目，该地段将被重收或把相关的利益归还政府。

香港的土地是分门别类的，工业用地如未经批准不能改变用途，故想将工业大厦重建为商业大厦或工商两用大厦，不仅需要香港城市规划委员会审批，业主还需向政府补地价，但补地价的计算方法对业主极不公平，具体为：政府把整幢工业大厦的价值当零，只计算工业大厦所占地皮的价值，若改为商业用途，两者地价的差距就是工业大厦业主要补的地价。也就是说，工业大厦业主重建大厦需先要用商业地的“时价”赎回土地，再花一笔钱把工厦拆卸，才能重建，其间还要损失工业大厦租金的收入，成本比正常向市场买地要高，手续也更为复杂和费时。因此，香港旧工业大厦业主对重建望而却步。

3.1.2　2010 年“活化工厦”计划

2010 年 4 月，“活化工厦”计划生效，允许 15 年以上旧工业大厦业主免补地价将整幢工业大厦改装活化。香港工业大厦可改装作其他用途，如写字楼、艺术工作室、服务式住宅等。政府针对工厦业主多、难以协商的问题，重新修改《土地（为重新发展而强制售卖）条例》（第 545 章），将位于非工业地带而楼龄达 30 年以上的工业大厦申请强制售卖令的门槛由 90％降至 80％，批准特别契约修订及按实补价的方式评定土地补偿价格（表 1）。

表 1　香港工业大厦活化政策

<table>
<tr><th></th><th>政策措施</th><th>楼龄要求</th><th>规划要求</th><th>其他条件</th></tr>
<tr><td rowspan="3">工业大厦重建</td><td>可根据《土地（为重新发展而强制售卖）条例》申请强制售卖地段</td><td>30 年或以上</td><td>非工业地带，如“其他指定用途”注明“商贸”（商贸、住宅、商业、综合发展区）；
符合资格的工厦：约 580 幢</td><td>附属法例将以先刊宪、后审议方式，提交立法会；
申请人须拥有不少于该地段不分割人数的 80％；
该地段必须作重新发展（不适用于整幢改装）</td></tr>
<tr><td>修订土地契约须缴付的土地补价，可“按实补价”</td><td>无</td><td>非工业地带，如“商贸”“住宅”“商业”“综合发展区”；
拟议用途必须是有关规划地带经常准许的用途，或已取得规划许可；
符合资格的工厦：约 1000 幢</td><td>按最佳用途及重新发展项目拟议的发展密度（即总楼面面积）评定土地补价；
重建项目须于 5 年内完成；
申请须于 2010 年 4 月 1 日起 3 年内提交</td></tr>
<tr><td>修订土地契约须缴付的土地补价中，80％可分期摊付</td><td>无</td><td>非工业地带，如“商贸”“住宅”“商业”“综合发展区”；
拟议用途必须是有关规划地带经常准许的用途，或已取得规划许可</td><td>土地补价超过 2000 万元；
最长可以分 5 年按年摊付，固定年息为平均最优惠贷款利率加 2％；
申请须于 2010 年 4 月 1 日起 3 年内提交</td></tr>
<tr><td>工业大厦整幢改装</td><td>免缴豁免费用</td><td>15 年或以上</td><td>“工业”“商业”及“商贸”地带；
拟议用途必须是有关规划地带经常准许的用途，或已取得规划许可；
符合资格的工厦：约 1150 幢</td><td>申请须由大厦全部业主提出；
在现有工厦的整段使用期内或现行契约期间改变大厦用途，两个日期以较早者为准；
楼宇改装后的高度、体积或总楼面面积都不得增加；
须承诺不得在豁免期间，将大厦恢复为契约原来准许的工业用途；
改装工程须于 3 年内完成；
申请须于 2010 年 4 月 1 日起 3 年内提交</td></tr>
</table>

“活化工厦”计划中，政府一共批复了248份申请，涉及近2002万平方呎（约180万平方米）建筑面积（图2）。以平均5000港元/呎（约4.5万元/平方米）粗略估算，共约1000亿元的地价被减免[②]。政策实施后，工业大厦空置率下降，同时提升了现有土地资源运用的效率（表2）。也有一些促进社会公共利益提升的案例，如其中一幢位于黄竹坑道的工厦改装为商厦“Genesis”后，业主捐出了一成的公共空间，即约1万平方呎（约899平方米）予艺术发展局发展“ADC艺术空间计划”，并再分租予数个非牟利机构及年轻艺术家，以推动年轻人创业。但是，当时的政策也带来了系列问题。因为政策初衷是为了让工业大厦改变用途，让更多文化创意产业可以进驻，然而改装后的工业大厦物业经“绅士化”后，土地价格上升，导致工业大厦业主由于用途更改而获得大量的租金红利，赶走了大批创意产业租客。

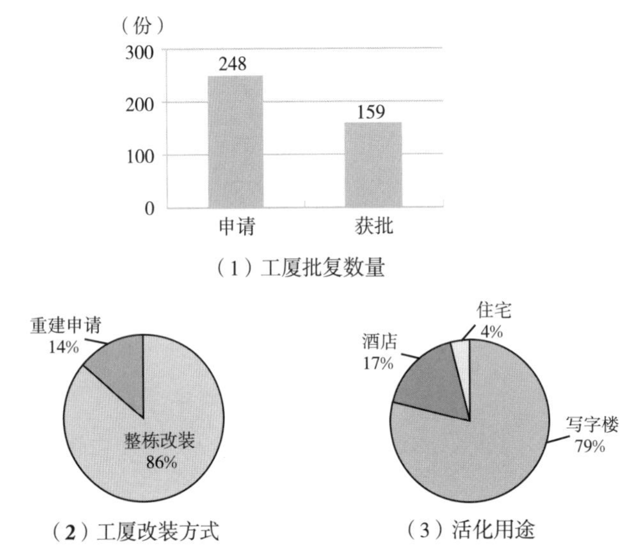

图2　截至2017年12月底前的工业大厦实施情况

表2　部分已完成改装的工业大厦活化案例

活化前工业大厦	活化后项目	用途	业主
九龙湾巨昇中心	创豪坊	商厦	恒基地产
九龙湾新骆驼大厦	君立酒店	酒店	骆驼牌
葵涌联泰工业大厦	活@KCC	商场	新鸿基地产
葵涌运通制衣大厦	KC100	商厦	香港经贸商会
葵涌金山工业大厦	EDGE	商厦	AG ASIA
荔枝角建业中心	D2 Place ONE	商场	罗氏集团
荔枝角利来中心	D2 Place TWO	商场	罗氏集团

3.1.3　2018年“活化工厦”政策

《行政长官2018年施政报告》提出“活化工厦”新措施：①香港地政总署将于3年内接受业主申请改造位于“商业”或“其他指定用途”注明的“商贸”及“工业”地带内且楼龄为15年或以上的整幢工业大厦，作符合规划用途的，并免收地契豁免书费用，要求申请者须在完成改装工业大厦后，将10%的楼面面积用于政府指定的用途。②位于主要市区及新市镇的非居住工地内，允许相关工业大厦重建项目提升容积率，但上限为20%。③容许“活化工厦”提供过渡性房屋。具体来说，业主如利用已经或即将整幢改装位于“商贸”“商业”“综合发展区”“住宅”地带的工业大厦作非工业用途，并在改装后将整幢或部分楼层用作过渡性房屋，政府会弹性处理规划及楼宇设计等规定，并免收作过渡性房屋用途的地契豁免书费用。香港特区政府鼓励业主与非政府机构合作，提供过渡性房屋给未获公屋分配或有其他住屋需要的基层市民。

地政署依此进一步细化施政报告的内容，出台了《放宽现有工业大厦地契豁免书申请》，提出工业大厦活化五类建议用途（表3）。对于活化用途属于控规准许用途或符合表格内指定用途的，地政署提出了对地契的豁免要求，即在指定期限内属准许用途，业主无须另行向地政总署申请短期豁免书及缴付豁免书费用或行政费。

表3 建议活化的建筑用途

建议用途	具体定义
艺术工作室	指纯粹用作绘画、雕塑、陶艺及其他艺术画和艺术品等创作的工作场地，以及艺术表演的排练场地。为免生疑问，该许可并不包括任何用于教授艺术或其他科目（该类用途视作“学校”用途）；住用用途的处所；或向处所经营者、拥有人及租户以外的人士提供排练场地
办公室（影音录制室）	指任何只用于影音录制和小规模电影制作的处所
办公室（设计及媒体制作）	指任何用于媒体的设计和制作工作的处所，但不包括独立式的播音室、电视制作室及/或电影制作室
办公室（只限于“特定创意产业”）	指任何用作商业事务，以及进行文书、行政、文件和其他与商务或工业有关工作的处所。就本许可而言，只有“特定创意产业”（即设计及媒体制作公司、印刷及出版业、电影公司和与电影业有关的行业组织）使用的办公室才纳入本许可的涵盖范围。为免生疑问，本许可不包括任何播音室、电视和/或电影制作室、电影院、戏院或博物馆
研究所、设计及发展中心	指任何用于研究和设计新产品和经大幅修改的产品或工业程序，以及研究和发展信息科技及电讯技术的处所。就本许可而言，准许用途亦包括从事创新科技研究和设计的公司使用的处所

3.2 管理机构与赋权

香港工业大厦活化利用主要涉及空间管理与行业管理两方面，空间管理包括土地管理与房屋管理。土地管理由发展局地政署负责，房屋管理由发展局房屋署管理，两者同是隶属发展局。地政总署的工作范围包括土地批租、土地征用及清理、土地及产业管理、土地测量及制图。地政总署负责接收工业大厦活化申请，对其进行审批并赋予行政许可。在日常的工作中，地政署不定时巡查工业大厦相关单位，检查是否有单位违反地契用途的情况。房屋署主要监管工业大厦的实际用途，并开展定期巡查，以防止有人滥用政府工业大厦或者改建工业大厦单位，检查工业大厦活化利用是否符合有关规划、消防和楼宇安全的要求。当政府的工业大厦空置时，房屋署会开展招标工作对其进行出租。

行业管理由相关管理部门负责，如工业大厦活化的功能最初并不包括艺术家工作室、琴行，艺术家团体对此提出反对意见。经过民政事务局[③]对本地艺术家和艺术空间的需求进行了解，与地政署、保安局共同研究如何协助艺术家争取在工业大厦获得发展空间。经过协商后，相关部门后来就相关事项同意将“艺术工作室”列入工业大厦准许用途。

3.3 社会组织与行业协会的参与性管制

公众参与作为制度化的民主形式，是保障政策正确执行、公众意识得以贯彻的必要举措。政府鼓励民间组织主动参与工业大厦的管理与监督，弥补政府在工业大厦管理上的不足。香港各类行业协会、社会组织机构以自发方式组织社会论坛，讨论其代表的行业在工业大厦使用上的问题，并邀请政府人员、议员及该行业人员共同探讨工业大厦活化利用建议，形成提案，提交香港立法会进行审议。

艺术工作室曾在香港引起多轮讨论，艺术工作者的行业协会曾组织多场涉及公务员、艺术工作者、议员等各行业人员的公开讨论，同时市民参与讨论，最终在 2018 年 5 月由谭文豪议员在香港立法会提出该议题。经过立法会质询与讨论，最终形成以下结论：①艺术空间纳入可活化的用途之一。②城规会对分区计划大纲进行修订，旨在放宽有关用途于相关楼宇内运作的法定规划限制。③不可作为工厦活化的用途。例如，画室、排练场所等视为“直接提供服务”，其会带来过多的人流而增加消防等安全要求，因此被视为禁止的用途。

4 对广州旧厂微改造的启示

2015 年出台的《广州市城市更新办法》在传统的全面改造基础上新增了“微改造”的更新模式，将其定义为“在维持现状建设格局基本不变的前提下，通过建筑局部拆建、建筑物功能置换、保留修缮，以及整治改善、保护、活化，完善基础设施等办法实施的更新方式”，适用现状功能已无法满足城市发展需要，建筑闲置、亟待改变建筑内部功能的区域。与香港类似，随着生产功能的外迁，广州逐步出现旧厂房闲置现象。旧厂房作为微改造探索的重要类型，目前还面临诸多制度性障碍。

4.1 广州市旧厂更新历程

广州市旧厂图斑约为 208.58 平方千米，占更新图斑的 46%[④]，是城市更新类型的主要构成。旧厂更新历程分为 2 个阶段。

（1）拆除重建阶段（2010—2014 年）。

2010 年以来，共有 221 项的旧厂房改造项目获得批复，改造面积约为 11.96 平方千米，占规划预期目标的 9.6%[⑤]，约完成全面改造目标的 1/5。城市更新政策（“三旧”改造）出台之前，旧厂如果不再用于工业生产，必须将土地交回政府，政府收回后再将土地公开出让，这意味着旧厂权属人失去土地所有权。

广州与香港工业大厦相似，政策出台前有较多的工厂闲置。政策出台后，全面改造的旧厂房实际是由工业产权所有人通过城市更新政策实现自行改造厂房，低成本整理土地后使其变为高价值的商业办公用地，并提升建设量，完成产业转型。从表 4 可以看到，城市更新使得土地价格大幅提升，办公区成交价格为 22795 元/平方米，是工业交易价格的 3 倍。

表 4　2018 年上半年广州市各用途建筑的交易价格

用途	住宅	办公	商业	工业
成交价格（元/平方米）	18207	22795	24760	7500

注：数据来自 2019 年上半年 10 区房地产市场运行情况通报（阳光家缘网）。

（2）微改造与拆除重建并存阶段（2015 年至今）。

2017 年，《广州市人民政府关于提升城市更新水平促进节约集约用地的实施意见》明确了独立分散、未纳入成片连片收储范围，控制性详细规划为非居住用地（保障性住房除外）的国有土地旧厂房可优先申请自行改造。对比以往旧厂改造政策，本次特别针对不同的产业分类给予不同的补交地价政策，将依据商业、新型工业等用途计算补交地价。

4.2　现状问题

虽然政府层面希望通过政策鼓励旧厂房微改造，但在实施过程中主要存在以下问题。

一是旧厂微改造项目必然涉及功能改变的土地确权和地价计收问题。根据《广州市人民政府办公厅关于加强土地管理的实施意见》（穗府办规〔2018〕7 号），“国有建设用地旧厂房改造项目……由国土规划部门确认规划条件，拟定出让方案报市政府批准后，与用地单位签订出让合同，缴交土地出让金”。补交的金额根据《广州市人民政府关于提升城市更新水平促进节约集约用地实施意见》（穗府规〔2017〕6 号）中“按办理土地有偿使用手续时新规划用途市场评估地价，扣减已缴纳的原用途土地出让金的未使用年限部分后补交土地出让金”的规定进行补交。无论拆除重建还是微改造，均应补交土地出让金，用地确权和出让金计收政策极大地打击了市场主体的积极性。

二是政府缺乏对改造后功能的管理。《广州市人民政府关于提升城市更新水平促进节约集约用地的实施意见》明确了改造后的功能，主要包括商业、办公、新兴产业、工业四个类型，对用途管理过于粗放，难以把控改造后的具体功能。

4.3　启示

学习香港工业大厦活化管理机制，针对广州市旧厂微改造的现状问题，本文从减少政策束缚与增加社区互动两大方面进一步提出以下策略建议。一是实现一定时期内地价差价豁免。就地契条款方面，旧厂作短暂住用用途可向规划管理部门申请“短期豁免书”，允许该用途符合现行规划要求，则在一定时期内改变原有用地的用途，不需补地价，但必须符合建筑安全及消防要求。二是从政策上鼓励旧厂房微改造对公共利益做出贡献。借鉴黄竹坑道的工业大厦活化案例，鼓励业主为市民捐赠艺术空间或公共场所，为社会做出贡献，并在旧厂房微改造的建筑强度等要求给予一定的优惠。三是引导成立社会组织。以行业协会、居委会为触媒，提出共同缔造的工作思路，发动周边群众主动参与旧厂房微改造的建设、方案设计等工作，搭建共同议事的平台。

［注释］

①徙置区原意是安置受天灾或清拆影响的香港人。但由于初时徙置区每月的租金仅需 14 元，“徙置”亦意味着永久摆脱居无定所的厄运，于是受到大批“草根阶层”欢迎。

②数据来源：https：//www. inmediahk. net/node/1052204a。

③民政事务局：香港特别行政区政府的决策局之一，专责香港的康乐、文化、地方行政等事务的政府部门。

④来源于现状广州市城市更新图斑数据。

⑤数据来源：广州市“三旧”规划评估报告（2010—2020）。

［参考文献］

［1］ PARSONS G. The glossary of property terms ［M］. Estates Gazette：London，2004.

［2］ WILKINSON S J，REED R. Examining and quantifying the drivers behind alterations and extensions to commercial buildings in a central business district ［J］. Construction Management and Economics，2011（7）：725-735.

［3］ Department of environment and heritage. Adaptive reuse：preserving our past，building our future ［R］. 2004.

［4］ UNESCO. Asia conserved：lessons learned from the UNESCO Asia-Pacific heritage awards for culture heritage conservation（2000—2004）［R］. 2007.

［5］ CARROON J. Sustainable preservation：greening existing buildings ［M］. John Wiley & Sons：Hoboken，NJ，USA，2010.

［6］ CHAN A，CHEUNG E，WONG I. Revitalizing industrial buildings in Hong Kong—a case review ［J］. Sustainable Cities and Society，2015（15）：57-63.

［7］ TAN Y T，SHUAI C Y，WANG T. Critical Success Factors（CSFs）for the adaptive reuse of industrial buildings in Hong Kong ［J］. Internetional Journal of Environmental Research and Public Health，2018（7）：1546-1565.

［8］ 岑迪，吴军，黄慧明，等. 基于制度设计的广州市旧厂房“微改造”探索：以国际单位创意园为例 ［J］. 上海城市规划，2017（5）：45-50.

［9］ 杨宵节. 基于产业转型的广州旧厂更新模式研究 ［D］. 广州：广东工业大学，2018.

［10］ 曾堃，刘松龄，俞敏. 广州零散工业用地调整策略研究：基于创新型产业发展视角 ［J］. 城市规划，2017（10）：60-67.

［11］ 张磊. “新常态”下城市更新治理模式比较与转型路径 ［J］. 城市发展研究，2015（12）：57-62.

［12］ 郭亚成，王润生，成帅. 青岛港口工业建筑遗产存量保护与更新策略 ［J］. 规划师，2019（6）：37-42.

［作者简介］

方凯伦，注册城乡规划师，工程师，任职于广州市岭南建筑研究中心、广州市城市规划设计所。

基于显隐性环境分析的旧社区更新设计策略

——以成都市曹家巷为例

□尹伟，宋娅婷

摘要：显性环境是社区更新的基础，而隐性环境是社区持续发展的动力。本文通过对成都市曹家巷在转型背景下的更新发展的研究，发现曹家巷存在基础设施老化、功能单一、社区文化没落、特色丧失、缺乏活力等问题，然后利用显性及隐性环境的方法分析曹家巷社区所面临的问题及其发展优势，从而提出旧社区的更新发展策略。

关键词：旧社区更新；社区文化；城市文化；显性环境；隐性环境；成都

随着城镇化和城市建设的步伐不断加快，我国城市发展进入了一个新的阶段，从增量规划逐渐走向存量更新。当前面临的是一个冲突日益频繁和常态化的转型社会，社区作为城市的重要构成要素之一，面临着空间环境衰微、历史文脉割裂、治理服务落后、居民意识淡薄、社会分化严重等困境，社区走向更新改造成为必然。

1　背景

城市旧住区的发展从城市扩张时期的增量规划走到现阶段的存量更新。成都市从最初的城市向外扩张逐渐走向旧区拆迁改造，最初是以公房拆迁为主，居民安置经历过产权调换和土地置换方式。从我国走向经济转型时期以后，居民安置方式也逐渐变成以货币安置为主。今天，城市的结构与格局已经逐渐稳定，大拆大建的方式已不再适合成都，成都的发展也走向了存量规划和城市更新阶段。

新中国成立初期，成都市在曹家巷修建了工人新村，是成都的第一批“洋房”。曹家巷以居住功能为主，沿街道底层布置商业。曹家巷的建筑风格以红砖外墙的苏式筒子楼为主，鲜明的建筑风格和多样的院落空间营造出曹家巷深厚的人文底蕴。随着城市转型，曹家巷片区逐渐衰落，人文、经济、生活处于相对凝固的状态，活力缺失，亟待更新改造。

2　转型期曹家巷面临的困境

曹家巷建于1953年，在机械工业文明时代是成都最繁华、骄傲的片区。巷子里的生活节奏悠闲惬意，静谧而美好，老人在树荫下闲聊、孩提在街巷中奔跑，饭点时的香气溢满巷子，街边地道小吃也在这里找到了最适合自己的位置。由于城镇化进程的加快，曹家巷跟不上时代的发展，逐渐出现基础设施逐渐老化、人口老龄化严重、社区封闭等问题，使得曹家巷逐渐变得格格不入，成为“外人”眼中的城中村，也成为学者及政府关注的重点。

2.1 曹家巷存在的问题

2.1.1 社区功能单一，改造经济凝固

曹家巷社区以居住功能为主，沿街道布置社区底层商业，现状缺乏社区特色产业的引入，社区产业固化，导致社区经济凝固，社区的发展面临困境。

2.1.2 基础设施老化，安全隐患堪忧

曹家巷因建设年代久远，基础设施已经不能满足居民的需求。电力、电信等设施陈旧，楼道之间存在消防安全隐患。下雨天，道路积水严重，排水设施有待改善。

2.1.3 服务设施缺乏，生活品质下降

曹家巷是以单位大院式为主的，整个社区较封闭，公共活动场地基本是见缝插针式的布局，很难满足人们的需求。景观环境的缺失也降低了社区的生活环境品质。

2.1.4 人口老龄化严重，社区活力不足

曹家巷建设初期是作为工人宿舍存在的，如今老龄人口逐渐增多，缺乏中青年人，导致社区缺乏活力。

2.1.5 人文环境丢失，特色环境没落

随着时间推移，曹家巷的红砖墙建筑特色、传统苏式筒子楼及地道的成都饮食文化特色因社区环境改变等因素逐渐丢失。由于周边高楼的修建、居民的流失，旧社区特有的熟人文化、邻里文化、市井文化等也逐渐没落。

2.2 分析方法

针对社区的问题，采用显隐性环境分析的方法对曹家巷进行分析。显性环境即社区的物质空间、外在的环境空间，体现着旧社区外在的表层空间，如街道、建筑、基础设施等。通过显性环境分析的方法可以更加直观地反映社区存在的问题，以便于有效提升社区环境的品质。隐性环境指地方的文化底蕴，即承载记忆及精神层面的东西，反映了环境所包含的社会文化含义，如曹家巷的邻里文化、市井文化等。隐性环境的分析是更深层次地探讨社区形成的社会关系，为社区的可持续发展带来动力。

3 曹家巷旧社区环境分析

对于旧社区存在的问题，本文结合显隐性环境分析方法，分别从以下几个方面对曹家巷进行研究分析。

3.1 曹家巷显性环境分析

3.1.1 外部链接——社区与城市融合

曹家巷位于太升路到红星桥之间的府河以北地区，成都市一环路以内，紧邻地铁 3 号线，有着极好的景观环境资源及交通优势。成都一环内是成都的市中心，以高端产业、国际都市为定位，但从曹家巷现有肌理上看，建筑组合排布较混乱，空间利用率低且现状环境质量较差，难以与周边及市中心的高端定位融合，并没有利用好自身良好的地理优势为自己带来可持续的发展动力（图 1、图 2）。

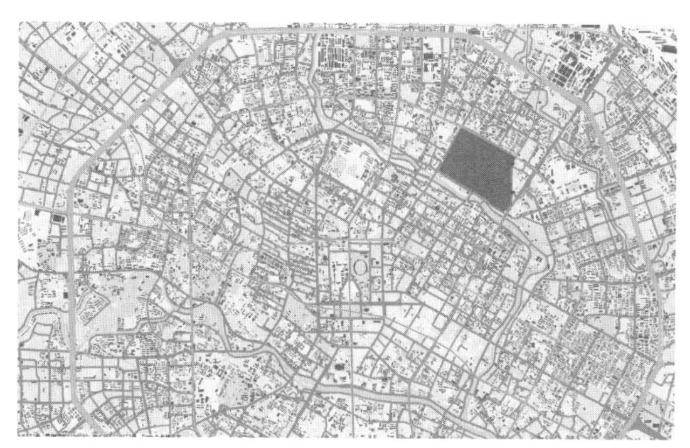

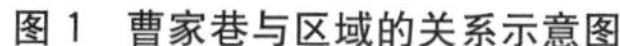

图 1　曹家巷与区域的关系示意图

图 2　曹家巷肌理示意图

3.1.2　线性空间——街巷

线性空间是社区中连接外界的场所。街巷作为社区中对外连接的场所，是社区内最有活力的组成部分，同时功能复杂，是居民生活的映射。除满足居民的交往、日常活动、交通外，也是居民精神寄托的一个场所，具有极强的凝聚力。

居住区的沿街界面展示着街巷特色，承担着居住区的认知功能，构成人们对街巷的印象。曹家巷北面的马鞍东路是一条著名的粽子街，已有 30 多年的历史，是曹家巷的“门面”之一。曹家巷内有一条极具生活气息的街道，里面有成都的各种地道小吃，也有热闹的农贸市场，极富市井文化、地道的老成都味。但因其向外性不强及较差的卫生环境，外来游客少有了解（图 3）。

图 3　街巷空间

走进居住区内部，街道狭窄，街道两旁被私家车所占据。老旧社区的停车问题基本上是旧社区共同待解决的问题，这也是社区更新中的难题。曹家巷因为靠近府南河，生态区位良好，可以考虑打造生态停车场。

曹家巷的街巷空间承载着成都市民的习俗文化，承载着社区居民的日常生活，是城市中不可多得的有价值的特色空间，应重视对街巷空间的整治。

3.1.3　生活的载体——建筑

曹家巷是成都最早的职工宿舍集中片区，街区内以红砖外墙的苏式筒子楼为主，少数是以苏式建筑与川西民居的结合而成，建筑风格鲜明。建筑与建筑之间成围合式，营造了强烈的邻里感。两栋房子相对而建，形成一个呈“【】”字形的大院坝，并各建有一座大花园。每两栋“【】”字形的楼房共占地面积七八千平方米。围合式的建筑，是曹家巷熟人社会形成的重要原因之一，同时这种大院文化所营造的邻里关系，是城市文化的重要组成部分（图 4）。

图 4　社区建筑与院落

3.2　曹家巷隐性环境特质分析

显性环境是社会文化的空间载体，而隐性环境则是显性环境的深层内涵，主要是指旧社区空间环境的精神层面，如人与人之间的邻里关系，大院生活、旧社区的社会文化等。城市旧社区的居民生活比城市新区的居民生活更为丰富，它有着亲切和睦的邻里关系，具有更强的凝聚力。

3.2.1　社会网络

城市的空间结构在一定时间内不会发生大的变化，城市的旧社区由于时间的沉淀，人与人之间也因长时间的交流互动形成了丰富的社会网络结构。在特定的地理区位上，人们因长时间的生存交往互动，使城市空间具有了某种内在的力量。旧社区中社会网络的结成与成熟依赖于物质环境的保障。

成都是古蜀文化的发源地，拥有极为丰厚的人文底蕴，如与市民生活息息相关的茶文化、休闲文化、市井文化、宗教文化深深烙印在曹家巷等老旧片区中，是老成都人休闲生活的群体写照。曹家巷的市井文化、建筑特色文化、休闲文化及餐饮文化等应该与成都市的文化相结合，形成一种片区式的社会网络，与城市文化建设共同发展。

3.2.2　邻里文化

邻里关系需要长时间的积累才可能形成，它的形成需要交往空间的支持。不同层次的空间产生不同的交往，曹家巷的空间层次也是极为丰富的。如上述所说的街巷空间、院落场所、建筑空间，形成的是一种公共、半公共、私密的不同层次的交往空间。马丘比丘宪章指出："人的相互作用与交往是城市存在的基本依据。"人们对邻里关系具有很多的依附感和充实感，一经毁灭则不堪设想，因此对于设计师来说，维护空间的邻里感或创造良好的交往空间是极其重要的。

3.2.3　社区认同

城市旧社区由来已久，许多节点、标志等为居民耳闻目睹，虽然每个人对环境的心理感知不完全相同，但由于长期的生活且拥有相同的文化氛围，而使人们拥有相似的心理感受。人们对自己居所的感情，以及与社区产生的活动之间的关联特征，使旧社区环境具有可识别性，并构成旧社区精神层面的支撑。比如一口古老的水井、一条幽深的小巷等，都构成了居民对社区的认同感和归属感。

曹家巷居民的幸福感往往高于一环内的其他地方，就是因为这里有属于曹家巷人特别的回忆，这里没有高强度的压力，只有幽深的小巷、悠闲的生活。人们在这里长期生活所留下的生活痕迹都能增加该地方的归属感，使得它不同于一环内的其他地方。

4　曹家巷旧社区环境更新的策略

目前城市旧社区环境更新中存在着一些问题，往往旧社区更新只关注了物质环境的更新及浅表面的改造，而忽视了旧社区潜在的显性、隐性环境特质。在更新环境设施的时候，也应该考虑其自身文化及其背后所反映的城市文化。

4.1　开放社区网络，区域联动营造

旧城更新正走向开放化和多样化，重视现状资源，强调空间开放和设施共享。曹家巷拥有极好的交通资源，可利用其交通资源、府南河的景观资源，以及曹家巷地道的成都文化、美食文化，结合春熙路共同营造一个片区的旅游资源。

共同营造的前提是治理曹家巷的环境。最简单的第一步就是社区环境卫生的管理，通过卫生环境的治理改变人们对曹家巷脏乱差的刻板印象。第二步就是微空间的改善，利用院落空间、庭院空间及边角空间等创造出休憩场所，提供人们交往的空间，促进社会网络的发展。

4.2　梳理生活路线，优化街巷结构

4.2.1　共享街道

曹家巷农贸市场的街道狭窄而封闭，极具韵味的幽深小巷也都较为封闭，我们可以采用共享街道的策略进行优化。

共享街道最早出现在荷兰，其主要是强调行人、居民、儿童、车辆等共同使用一个街道空间。但在这里的共享主要是指人与人之间的共享，街道不仅可以供曹家巷的居民使用，也能容纳外来游客，营造一个以人行为主、促进交流的空间。同时整治小吃街的卫生环境，规整农贸市场，形成统一、美观的界面，从而吸引外来人员，提升社区活力。

4.2.2　特色街道

通过街道的整治及规划设计，如对已有30多年历史的粽子街进行街道设计，使街道界面具有可识别性；再通过一定的宣传，促进形成特色产业，从而丰富街道的多样性，提升街道活力，带动社区的发展。

4.3　社区文化复兴，呈现地方特色

文化是社区发展的内生动力，社区是文化进步的发生场所。曹家巷拥有特色的具有历史气息的红砖建筑文化、地道美食文化、市井文化、邻里文化，以及幽深的小巷景观道，这些曾经辉煌的城市文化已经逐渐没落，应当进行文化修补，实现文化的复兴。

文化修补的其中一方面是物质的修复，如通过特色建筑物的改造、引进民宿等，吸引想体验成都文化的游客；对红砖墙进行保护，为摄影爱好者及旧城拍摄者提供素材。

社区文化复兴的关键是人的发展，以及曹家巷居民的包容性。延续社区特色文化，有利于

摆脱当前千篇一律的更新方式，同时也有助于社区居民重新发现社区价值，提升社区认同感，树立文化自信。在过去的快速城镇化阶段，我们缺乏对社区文化价值的充分认知，如今步入新型城镇化阶段，强调城镇精细化与可持续发展，重新树立正确的城市文化价值观，探寻适合社区发展的地方途径就显得尤为必要了。

5 结语

城市旧社区环境更新是一个动态过程，不是终极结果。城市永远处在发展变化之中，人们的生活方式也随着城市的发展变化而逐渐变化，对于社区环境的要求也逐渐变化。当社区环境不能满足需求时，就需要加以更新，因此社区更新是一个连续性的过程。对于城市旧社区中由长期积淀形成的积极的环境特质，在环境更新时，要加以维护和完善，并挖掘和保留其特色。

城市旧社区环境更新的关键在于挖掘其隐形特质即社区的精神文化，结合现代的生活方式，识别并激活社区空间的文化价值，最终实现社区文化与城市文化的串联，从而提升居民对社区的认同感与归属感。

[本研究得到中央高校基本科研业务费专项资金项目青年教师基金项目（2016NZYQN06）资助。]

[参考文献]

[1] 滕欢. 成都市开放式住区外部空间研究 [D]. 成都：西南交通大学，2018.

[2] 张洋. 成都市曹家巷拆迁中“居民自治改造”案例研究 [D]. 成都：电子科技大学，2015.

[3] 张雨晗 . 成都市曹家巷自治改造模式的研究及建议 [J] . 四川建筑，2014 (6)：4-7.

[4] 叶东疆，胡晓鸣 . 旧城改造中的社会公平问题引发的思考 [J]. 新建筑，2003 (6)：30-32.

[5] 陈欢欢. 单位制解体后社会空间的运行：以曹家巷危旧房自治改造为例 [D]. 成都：四川省社会科学院，2015.

[6] 黄瓴，沈默予. 基于社区资产的山地城市社区线性空间微更新方法探究 [J]. 规划师，2018 (2)：18-24.

[7] 刘阳. 作为触媒的文化资本：社区发展策略研究 [C] //中国城市规划学会. 新常态：传承与变革：2015 中国城市规划年会论文集. 北京：中国建筑工业出版社，2015.

[作者简介]

尹伟，西南民族大学建筑学院副教授。

宋娅婷，西南民族大学建筑学院本科生。

基于文化传承的大学新校区景观提升策略研究

——以山东财经大学圣井校区为例

□任震，姚婷，刘欣

摘要：随着高等教育的大众化、普及化，我国掀起了大学新校区建设热潮。由于选址跳出主城，空间距离割裂了新老校区的文化传承，且新校区建设周期短、缺乏积极的理论指导，普遍产生了景观趋同化现象。本文通过对问题的梳理和总结，提出基于文化传承的新校区景观营造策略，并结合山东财经大学圣井校区提升改造工程实例，探索这一策略的实施途径。

关键词：文化传承；大学新校区；景观提升；设计策略

1　引言

随着我国高等教育的大众化、普及化，各地纷纷掀起了大学城的建设热潮，促进了城市的扩张、发展。由于选址跳出主城，以一种类似于新区开发式的建设模式，导致空间距离割裂了所在高校新老校区的文脉传承；且由于建设周期过快、缺乏校园规划设计理论的有力指导等客观原因，出现了规划布局单调、“多校一面”的景观趋同化现象。在加强文化自信、弘扬传统文化的时代背景下，大学校园作为最高层次人才的育人场所担负着重要的社会使命，如何营造具有文化内涵和鲜明特色的大学校园景观成为亟待研究的重要课题。

2　大学新校区校园景观现状问题

一方面，新校区的建设往往是周期短、任务重，设计师对校园规划缺乏深入的创新思考，往往是套用成熟的思路和手法进行模式化设计以加快速度；另一方面，高校行政化的惯性思维短时期内依然存在，人工几何化的空间格局影响较深。建成后的大学新校区在使用过程中发现了许多问题，其中校园景观风貌缺乏自身特色、忽视历史传承、空间人性化不足、不注重保护环境与生态等现象尤为突出。

2.1　空间结构与校园风貌的雷同

中轴对称的几何形空间结构在大学新校区中层见叠出，常见通过对称式建筑群体围合而成的巨大入口广场、几何形路网，构成具有强烈视觉冲击感的总图。如位于杭州下沙大学城的四所高校，均为圆形构图，仿佛“大珠小珠落玉盘”（图 1）。同时，缺乏对自身历史文化、特色风貌的深入挖掘与传承创新，新中式、欧陆风等建筑风格大行其道，并形成了常见的南大灰、哈佛红等校园色彩。

（1）浙江金融职业学院

（2）浙江经济职业技术学院

（3）浙江财经大学

（4）浙江理工大学

图 1 “大珠小珠落玉盘”的下沙大学城校园空间结构

2.2 交往空间与实际需求的脱离

缺乏对校园师生人性化需求的深入研究，导致设计初衷与实际需求产生偏离。过分注重建筑形象气派、讲究平面构图美感，导致交往空间尺度失衡，缺乏亲和力与吸引力，产生了鲜有师生光临的非人性化场所，甚至荒草丛生形成垃圾死角。如图 2 所示的 U 型庭院，因场地具有强烈监视感与压迫感，鲜有人停留，缺乏活力。

图 2 山东建筑大学建艺馆 U 型庭院

2.3 新老校区历史文脉的断裂

具有浓厚人文精神的老校区与现代感强烈的新校区在育人环境上出现了文化断层，老校区多年沉淀形成的校园文化和不可替代的自身特色没有得到良好的延续与发展。一方面，新校区建设空间大，削弱了校园文化的存在感；另一方面，新校区建设过于求新、求奇，淡薄了老校区原有历史积淀，忽略与老校区的文化传承。新校区的景观空间仅仅成为其“景观空间”而非注入情感文化的“精神场所”。例如，南京师范大学仙林校区气势宏伟、现代感强烈，与随园校区的文化氛围、景观特色产生强烈的对比（图 3）。

（1）南京师范大学随园校区（老校区）

（2）南京师范大学仙林校区（新校区）

图 3　南京师范大学新老校区对比

2.4　地域文化与环境特色的缺失

地域与环境是塑造一个场地精神的重要外部影响因素。如不尊重自然生态实际情况，在寒地校园内设计大量人工水系，冬天会出现荒凉的沙砾滩（图 4）。对场地大破大立，破坏原始地形地貌特征，丧失校园所处的环境特色，如南京财经大学仙林校区高耸的行政大楼打破了在主广场远眺的天际线轮廓，破坏视景通廊，阻挡优美山形（图 5）。校园建筑风格、景观营造缺乏对所在地域文化的深入挖掘，趋同化现象严重。

图 4　冬天形成沙砾滩的水池

图 5　南京财经大学仙林校区

3　基于文化传承的新校区景观营造策略

3.1　相关概念

3.1.1　文化

文化是指一定时期内，一个国家或民族的历史、地理、风土人情、传统习俗、生活方式、文学艺术、行为规范、思维方式、价值观念等。文化从表现形态上分为物质文化和精神文化。其中，精神文化是形成物质文化的基础，物质文化是精神文化的物质载体及外在表征。而文化在发展过程中受各种因素影响，又形成了校园文化、企业文化等具有自身特征的亚文化。

文化作为国家和民族的精神象征，是国家发展和民族振兴的强大动力。其中中国优秀传统文化是文化的根基，是中华民族屹立于世界民族之林的核心竞争力。2017 年初，中共中央办公厅、国务院办公厅在《关于实施中华优秀传统文化传承发展工程的意见》中指出，中华优秀传统文化代表着中华民族独特的精神标识，对延续和发展中华文明、促进人类文明进步，发挥着重要作用。在我国当前发展的时代要求下，文化的发掘、利用与传承显得尤为重要。

3.1.2 校园文化与校园景观

校园文化是一种独特的亚文化，是指一所学校创造的物质文化和精神文化的综合。它以校园精神文化为内核，物质文化为载体。内化的精神文化通过外化的空间结构、建筑造型及景观环境等物质形态表现出来，形成直观的物质文化。

校园文化往往通过校园景观进行诠释和延续。作为校园文化的物质载体，校园景观通过山水、地形、建筑、植物等元素将文化展现在校园空间中，是人们感受校园文化的直接途径。因此，校园景观建设中应注重与文化的结合，将自然与人文景观组合成有机体，让校园文化在校园景观中更好地体现与延续。

3.2 营造策略

在弘扬传统文化、增强民族自信的时代要求下，作为培养高层次人才的大学校园，应彰显校园文化，营造积极的育人场所。本文针对大学新校区暴露出的校园景观现状问题，从加强文化内涵的视角提出以下四点营造策略。

（1）因地制宜的空间结构，塑造独具特色的校园风貌。校园空间结构应打破僵化的几何形构图，摒弃圆形、半圆形、方形等机械的布局模式，结合场地肌理、用地形态、空间尺度，因地制宜地选择合适的空间结构形式，深入研究建筑风格，塑造独具特色的校园风貌。

（2）多元复合的功能组团，营造富有活力的交往空间。打破单一化的校园功能分区，采用多元复合的功能组团模式，在各组团内部与相互之间嵌入富有活力、体现层级的联系空间，加强生活需求研究，注入必要性活动，营造人性化的交往空间。

（3）景观移植与典型空间再现，延续与创新校园文脉。重视老校区的文化积淀、历史环境的保护与再现，采用文化载体的提取创造手法，通过移植能充分表达老校区历史与文化底蕴的景观元素和再现典型空间，形成新老校区间的文化传承、文脉延续的空间呼应，使人们在新校区中能够感受到典型空间所表达的历史意义。

（4）传承地域文化，融合环境特色，打造山水生态校园。深入挖掘地域文化，彰显地域人文精神。尊重场地特征，融合自然肌理，保护原有山地水体的生态格局，建设校园绿色廊道。重视基地内历史文化古迹遗址、古树名木等遗产要素，保护树龄较大、体型较大的在地植物，发挥其历史意义与纪念价值，塑造富有文化内涵的校园空间。

4 山东财经大学圣井校区校园景观提升改造

以上景观营造策略的提出，是基于对大学城建设集中出现的新校区使用中的现状问题的梳理和总结。本文在山东财经大学圣井校区的工程实例中，运用这一研究成果，对圣井校区的校园景观进行提升改造，打造特色鲜明、文化内涵丰富的圣井新校园。

4.1 山东财经大学圣井校区概况与项目背景

山东财经大学坐落于泉城济南，是一所办学历史悠久、专业特色鲜明的财经类高校。学校目前建有舜耕、燕山、圣井、明水、莱芜五个校区，其中圣井校区始建于 2009 年，位于同期建设的济南东部大学城内，地处章丘龙山文化发源地（图 6）。校区北靠经十东路，南依鸡鸣山，整体地势南高北低，地理环境优越。

自 2016 年圣井校区被定为山东财经大学主校区后，其承担了整个学校的形象展示及对外合作窗口的本部职能。按照“科学布局、特色鲜明、功能齐全”的标准，依据“以人为本、因地制宜、生态建校、可持续发展”的原则，以建设“山水园林中的现代化生态化大学”为目标，圣井校区开始进行改造扩建，其中校园景观作为新校区特色化建设的重要方面，是此次提升改造的主要内容。

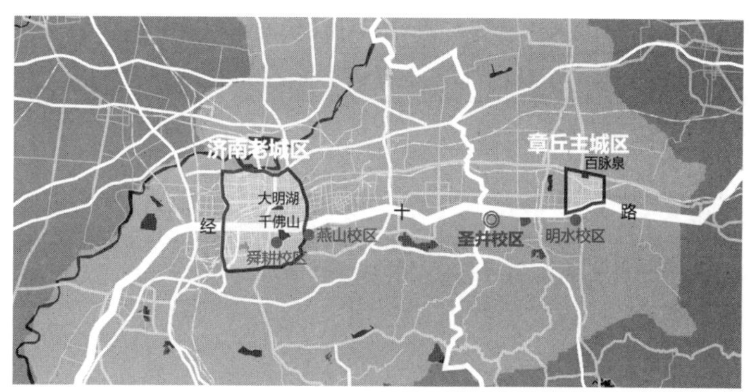

图6　圣井校区位置图

4.2　校园景观的现状问题探查及改造策略

基于以上目标，通过对山东财经大学的发展历程、学科特点、师生需求、现有问题等进行研究，分析圣井校区既有的校园空间结构，通过现场访谈和实地感受的方法进行实地调研，查出当前校园存在的问题（图7、表1）。

图7　圣井校区景观问题标号及现状

表 1 圣井校区景观问题总结

序号	问题
1	校前广场空间尺度失衡，缺乏亲和力
2	行列式植物过于密集，绿地丰富度不足，景观单调；缺少必要的景观节点，缺乏空间感和特色性
3	入口绿地植物杂乱，场地空间空旷，缺乏使用功能，缺少视觉焦点，有空间，无场所
4	校园水系未与周边环境连通，水面呈滞缓流状态，缺乏水脉梳理
5	驳岸形式单一，多为硬质砌石型，“满口金牙”，环境特色不足
6	湖面水位过低，亲水性差
7	建筑以灰色为基调，色彩单一，建筑风格、空间构成趋同性强，不易于辨认；建筑形式、色彩等忽略与老校区间的文化呼应
8	僵化的功能分区导致人车混行，主次交通混乱
9	生活区 U 型空间交流性差，参与性弱，活力缺失
10	停车场规划不合理，校内缺乏必要的特色交通标识
11	未凸显校园文化特色，缺乏视觉冲击力
12	建筑前广场过大过空，活力不足
13	植物搭配不当，忽略在地资源，层次配置不丰富，乏景可陈

通过对这些问题的探查、梳理和总结，发现始建于 21 世纪初的圣井校区与大学城时期的其他新校区存在着同样的景观问题，可归纳为空间、需求、文脉、环境四方面问题。本文从问题入手，在前文所提出的景观营造策略的指导下，针对圣井校区的现状问题提出了有针对性、实践性的具体改造策略（表 2）。

表 2 圣井校区问题归纳及改造策略

问题	改造策略
校前广场过大，校园色彩单一，空间结构缺乏特色	通过环境、小品、植物搭配等软性景观改善现有的单一色彩
人性化空间过少，环境设施缺乏	人性化地划分空间，运用景观亭、柱廊、张拉膜及观赏植物等提高现有空间的自发性和布置必要性活动
缺乏对其他四个校区文脉的传承	移植燕山校区特色树种、景观小品；提取明水校区凯旋门元素设计景观亭，再现典型空间；结合学科特色、校史、校训、校徽设计景观小品，打造财经文化
对龙山文化和现有地形地貌不够重视	龙山文化结合校史馆的建设，齐鲁文化结合历史名人雕塑、植物配置；保护改造静月湖，充分利用鸡山的文化氛围

4.3 重点空间景观提升改造设计

在对圣井校区的问题梳理及提出改造策略的基础上，设计通过建筑界面、植物、铺装、小品的搭配营建景观空间（图 8）。以下就校前广场空间、中心广场空间及静月湖滨水空间三个重点空间展开介绍。

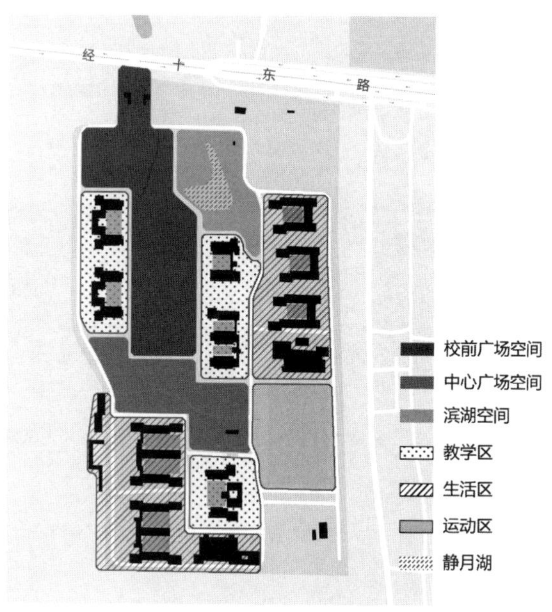

图 8　圣井校区现状空间结构图

4.3.1　校前广场空间

校前广场空间作为校园的主入口，是展示校园形象的礼仪性空间。为完善办学功能，学校新规划了图书馆，结合广场尺度推敲建筑高度和体量，对原本空旷的校前广场空间进行了有效控制，并在建筑造型中融入龙山文化元素，形成具有文化品味的标志性空间主体（图 9）。同时，在校前广场空间添加人性化设施，融入校史、校训、校徽等代表学校历史及学科特点的元素，营造礼仪性的空间序列。入口利用场地原有景石，与校名、校训结合，作为景观轴线的起点；保留原有缀花草坪和部分乔灌木，加种榉树、山桃，寓意“应试中举、桃李芬芳”。隐于草坪南侧的校史墙，记录了学校发展历史，延续场地记忆，作为校园成长的见证；克明广场上以中轴对称式种植银杏等金叶树种，彰显了财经文化和诲人不倦的“杏坛”文化，强调了文化中轴及前广场的空间序列（图 10）；图书馆外墙融合校徽元素，凸显山东财经大学的校园文化。

图 9　结合校徽元素设计的图书馆

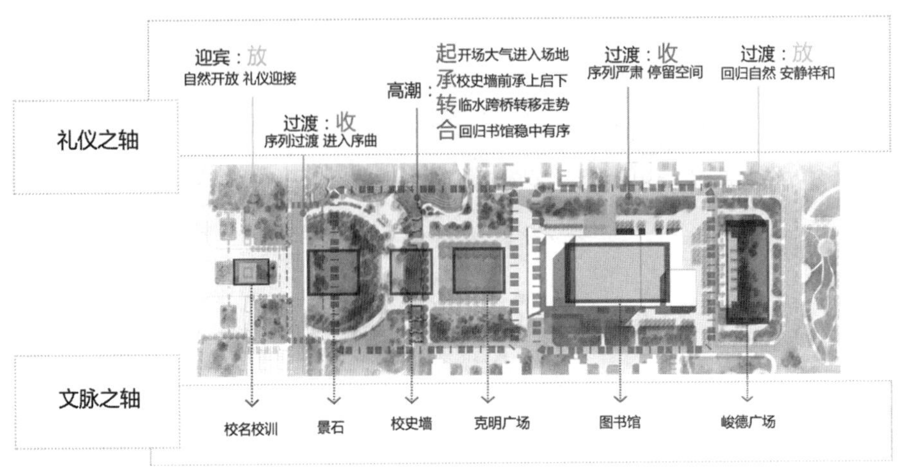

图 10　校园中轴空间序列

4.3.2　静月湖滨水空间

依据校园南高北低的山形地势关系，在学校东北侧形成汇水面，结合自然资源，尊重场地现状，与南面鸡山形成山水呼应的景观格局。梳理整体水系，应用生态型驳岸，丰富美化岸线空间，增加观赏性。增强空间活力，设置亲水平台、木栈道等滨水设施，并结合林荫广场、休闲坐凳等共同营造特色水景及多元化滨水活动空间。以自然式绿化种植为主，密植围合形成的空间与疏林、开阔草地相互结合，重点种植市树柳树及市花荷花，营造湖水潺潺、绿柳红荷的美景，在湖光山色间彰显校园文化特色。

4.3.3　中心广场空间

以图书馆后广场为中心的一系列开放空间是承载校园交往活动的主要场所。场地原有景观过于平淡，缺乏特色，因此设计对记忆性元素进行移植、重现。校友林中设置了样式与明水校区凯旋门相似的校友亭（图 11），提取明水校区具有特色的拱门形式及红白拼接的色彩改造而成，表达了师生、校友的共同记忆。场地保留原有草坪，利用花带和植物整合空间，借鸡山之景形成视觉景深，营造“闻鸡起舞”的文化氛围。

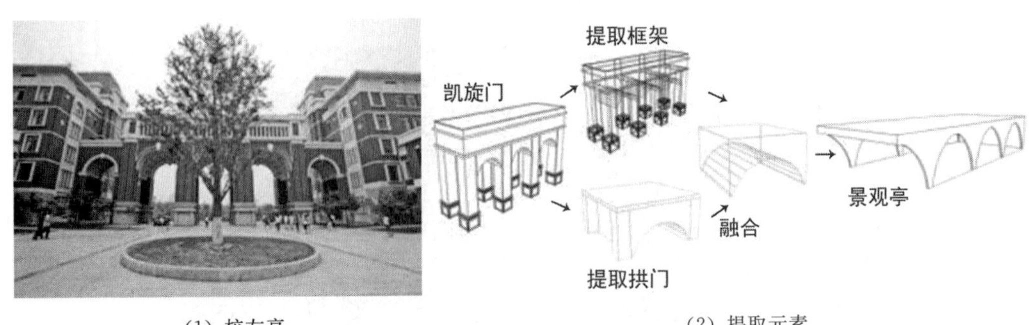

（1）校友亭　　（2）提取元素

图 11　结合明水校区凯旋门设计的景观亭

树池和座椅（图 12）以当地的章丘青花岗岩为主材，结合黑陶形态及纹饰，进行抽取、转换、重构。场地乔木以海棠和楸树为主，结合木槿、鸢尾、马蔺等灌木和花卉，将中心广场空间打造成一个树、木、人、花和谐共存的静谧愉悦的交往空间。

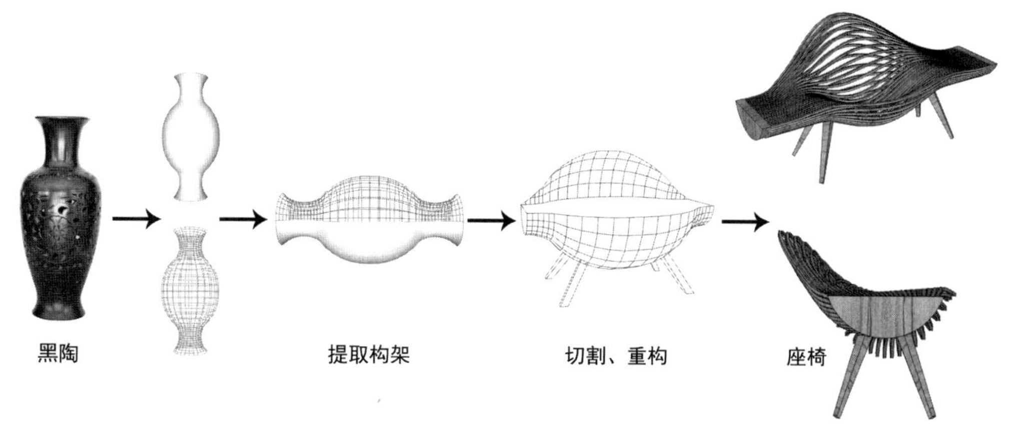

图 12　结合龙山文化黑陶纹饰设计的座椅

5　结语

本文通过对建于大学城时期的大学新校区景观现状问题的深入剖析，初步探讨其文化性传承策略，并将研究结果运用到圣井校区的实际建设中，结合校园景观现状问题及校园历史、学科特点等要素，从三个重要空间节点进行初步尝试和详细设计。此外，接下来会进一步展开交通系统、绿地系统等方面的深入研究，使校园文化进一步展现，育人环境进一步升华。

［参考文献］

［1］宋东皓．大学校园文化传承与创新研究［D］．郑州：河南农业大学，2013.

［2］王虎森．浅析高职院校校园景观设计的文化表达：以三门峡职业技术学院为例［D］．咸阳：西北农林科技大学，2013.

［3］秦崇芳．广西财经学院相思湖校区景观总体规划设计探讨［J］．规划师，2012（C2）：141-145.

［4］郭晋杪．大学校园景观更新文化传承研究［D］．合肥：合肥工业大学，2015.

［5］关晓璐．基于文脉传承的大学校园景观设计研究：以大连理工大学东门景观改造为例［D］．大连：大连理工大学，2016.

［6］邱建发，邓剑虹．山水校园人性场所：南京工业大学江浦校区规划设计解析［J］．规划师，2006（4）：33-36.

［7］吴晓华．基于教育功能分类的大学校园环境景观设计探讨：以湖州师范学院校园环境景观设计为例［J］．规划师，2010（5）：68-71.

［8］侯钰，李媛，关山．高校新区景观环境的历史文化传承：以沈阳建筑大学浑南新校区为例［J］．华中建筑，2011（6）：126-129.

［9］邓剑虹．文化视角下的当代中国大学校园规划研究［D］．广州：华南理工大学，2009.

［作者简介］

任震，副教授，一级注册建筑师，注册城乡规划师，山东建筑大学建筑城规学院副院长。

姚婷，任职于上海联创建筑设计有限公司青岛分公司。

刘欣，任职于青岛新都市设计集团有限公司。

小城镇更新中形态要素控制研究

——以塔尔寺景前区设计为例

□尹伟

摘要：小城镇更新应尊重原有的生产、生活、生态秩序，延续特色空间。本文结合小城镇特点，将影响小城镇更新的形态控制要素归纳为功能与产业、生活与空间、肌理与立体化、材料与环境四个方面，为小城镇更新提出归纳设计策略与方法。

关键词：小城镇更新；形态控制要素；塔尔寺景前区

在中国西南版图上，纵横交错的河流与崎岖复杂的山脉之间分布着大大小小的小城镇，它们之间都有难以克服的交通阻碍，给人们生活带来不便。不同民族的生活、生产与文化在不同的气候与地理上缤纷绽放，随着小城镇扶贫、小城镇提质的国家战略实施，大量的小城镇面临提档提质的建设要求，吸引着无数勇于探索的设计师前往。在小城镇更新中尊重原有的秩序和关联，延续原有的小城镇特色，是设计重点考虑的因素。我们试图在设计中，将其归纳为功能与产业、生活与空间、肌理与立体化、材料与环境四个方面进行探讨。

塔尔寺旅游区是青海省最为重要和著名的旅游景区，位于湟中县鲁沙尔镇西部。因为景区提档提质的需要，所以将寺庙周边的部分村民搬迁至景前区，以利于寺庙的更新与保护，同时推动景前区的服务升级。

1 历史沿革

塔尔寺是宗喀巴大师罗桑扎巴的诞生地，具有极其重要的纪念价值。

随着新时代的发展，部分村民将要搬迁至景前区，为核心区腾挪空间，同时将要参与景前区的经营与活动。在这个巨大的转变下，我们将如何传承底蕴深厚的历史文脉并体现建筑的时代特征，如何保留已有的传统生活并适应新的发展等，是许多小城镇设计需要考虑的核心问题。

2 小城镇更新中难点梳理与分析

2.1 景区功能不完善，配套需要升级，产业需要更新

寺庙周边多为散居村民、小商贩等自发形成的服务型功能，规模和质量难以适应时代发展，景区需要提档提质，需要更加完善和规范的建设与管理。现有功能布局难以适应新的发展，需要进一步整合功能，提高塔尔寺景区的旅游影响力，同时促进村民生产、生活方式的转变，给

旅客提供更加优质的服务功能。

2.2 延续原有的生活场景，实现生活的转换

因为景区规划和环境提质的推动，需要对景区内部分村民进行整体搬迁。村民大都是分散经营，各种餐厅、民宿、纪念品小店零散分布于景区核心区。各个摊位分布于狭小的街道中，村民彼此熟悉，富有生机。街道的外侧则是需要改善环境的景区。这些历经几千年保留下来的生活场景与飞速发展的现有村镇空间形成了鲜明的对比。

在一个特定风格的民族地区，既要当地村民的生活生产方式得以延续，又要促进他们的产业规划与景区协同发展。如果他们将要离开原来熟悉之地，我们如何帮助他们再次热爱上自己的新居？这便是我们要努力解决的现实问题。

2.3 尊重地域环境，塑造新环境特色

让村民异地搬迁的目的是通过改善物质环境、基础设施、生活条件以提高村民的生活质量，使村镇能够满足村民们不断增长的美好生活的需求。但在现实中却产生一系列亟待解决的问题，其中很重要的一方面就是许多小城镇失去了原有的特点与秩序。我们在设计中需要探索适应当地特色的塑造方法和策略。

3 小城镇更新设计原则

3.1 新功能与空间尺度可控

充分利用土地资源，整体布局，注重功能适应新产业的需要。虽然村民改造自身住房为服务功能，且空间尺度宜人，但新功能的变化将造成肌理与尺度的变化，设计需要协调好两者的关系。

3.2 建筑与环境共融、共生，整体形象完整统一

实现建筑语言与建筑环境的对话，建筑空间与内部环境相互渗透，表达现代建筑的时代特征，同时兼顾传统元素的体现。

3.3 绿色环保

维护沿湖绿化、空中花园、地面绿化的完整性，设计多层次的绿化空间及多样性的植物配置，增强人与自然的亲和性；合理分配玻璃建材，减少能耗；采用中水系统、雨水收集系统、绿色照明、吸声降噪等节能环保措施。

4 小城镇更新应对策略

4.1 产业优化与升级，对景前区功能关系的再梳理

我们希望营造出如同菩提树般自由生长的小镇——“两轴五片六心”的总体规划布局。连接东侧道路交通节点与西侧山体景观绿地为第一轴，引入交通人流，形成景观通廊。连接北侧车站主要道路与南侧景区主入口为第二轴，提供交通换乘功能。根据地块形态，结合合理的商业与广场尺度，将地块建筑划分为 5 个片区，每个分区各有侧重，高效利用设计场地：北侧沿

街片区与西侧车站片区为商业功能；南部景区主入口的西侧为游客接待中心片区，包括游客接待、景区展示、售票、购物及后勤办公等功能空间；南侧莲花湖北岸的沿湖片区为商业和酒店功能；中心片区为地块视角聚集点，布置地块建筑制高点。在各节点设置入口广场、商业中心广场、文化活动广场和换乘节点广场等 6 个中心广场，聚拢人气，形成良好的商业氛围及文化活动氛围；沿南侧莲花湖北岸打造沿湖景观步道，提供优美的沿湖活动场地。

公共广场、立体街区与湖水之间通过跌落的平台实现与环境的共融，为景区留下了良好的外部空间形态，具有多层次的屋顶平台，既照顾了周边环境，也满足了生活需求。

4.2 生活模式延续与变通——“联合集市”与“生活圈子”

搬迁的村民中大部分是分散经营的农户，其原有建筑一层用于经营，二层用于自己居住或作为酒店，这种特定的模式构成了独特的邻里交流与商业空间，以及特定文化的认同感。设计中保留与延续这种独特的生活场景，并让村民适应村镇的产业升级，这是本次设计的核心。

原有容纳摊点的建筑单体通过群体规划布置使其相互毗邻，形成新街道与空间。整个街区的一层通过两条主要的商业步行街满足景区大量人流集散和商业需求，是对大众开放的“联合集市”；二层空中街区延续了村民原本独有的“生活圈子”，这里设有交流空间与空中连廊，同时兼具居住与酒店的功能。

4.3 空间肌理再创造——“不同标高变截面”创造“建筑肌理的立体化”

由于上下平面要实现的功能和空间效果不一致，设计中通过建筑群不同标高进行处理。下部为整合的体量，满足商业大空间、可达性和可视性的需求；上部将建筑群体化整为零，处理成小尺度、传统的建筑空间。公共广场、立体街区与湖水之间通过跌落平台实现与环境的共融，为景区留下了良好的外部空间形态。

由于项目受到场地的限制，传统的肌理是在平面上展开的，使用空间和建筑平面呈三维立体发展，同时又将传统的平面肌理转换到空间剖面，最终与传统产生关联。

这个项目中，我们通过公共空间的理性划分和建筑间的对比、统一外饰，给建筑带来整体性和新的活力。公共空间与使用空间被安排在一个相互作用的连贯整体中，实现了变化与永恒的统一，也展示着独特的魅力。设置沿湖立体绿化、广场绿化、北环路沿线路边绿化、建筑周边绿化及空中花园绿化 5 个绿化景观层次并相互渗透，形成多层次、多角度的立体绿化系统与完整的视觉通廊，营造出多层次的外部舒适环境。

4.4 突出特色元素，传承传统文化

4.4.1 地域元素的现代诠释

汲取并提炼当地传统建筑特点，以现代的手法诠释地域建筑元素，在整体现代风格的氛围中，凸显当地建筑的特质与色彩。

充足的日照、稀少但挺拔的树木、坚硬的石头建筑是这里最常见的自然和人文景观，我们也从这里找到了设计的源泉——温暖的日光映射街道生活的场景，石材围合成建筑的体量。它们有时相互掩映，有时相互穿插。

4.4.2 聚落元素

建筑群体以当地传统建筑聚落为参考，街巷舒朗自然、高低错落，空间疏密有致，在现代街区面貌中展现出对当地建筑传统的继承与发扬。这是建筑的特征，也是塔尔寺的特征。

4.4.3　建筑材料选择

在设计中，通过形式的确定和材料的使用，力求在新旧两部分之间创造出一种强烈的对比：新建筑采用米白色花岗岩，光泽的表面和塔尔寺建筑粗糙的砖石形成对比，重组以突出亮点。石材、玻璃、木材的合理搭配使用，使得传统与现代风格良好结合。

5　结语

尊重地域环境特色就是尊重文化、历史和传统，强调环境整体协调，从小城镇及其环境特色的角度控制建筑形态是解决当前小城镇更新中秩序混乱、特色消失的重要途径。

［本研究得到中央高校基本科研业务费专项资金项目青年教师基金项目（2016NZYQN06）资助。］

［参考文献］

［1］吴良镛．人居环境科学导论［M］．北京：中国建筑工业出版社，2001.

［2］阮仪三．城市建设与规划基础理论［M］．天津：天津科学技术出版社，1992.

［3］赵兵．守望乡情：中国传统村落可持续发展之路［M］．南宁：广西科学技术出版社，2018.

［4］杨帆．面向社会建构的社区规划［C］//中国城市规划学会秘书处．中国城市规划学会2001年会论文集．［出版地不详］：［出版社不详］，2001.

［5］汤桦．营造乌托邦［M］．北京：中国建筑工业出版社，2002.

［6］扬·盖尔．交往与空间［M］．何人可，译．北京：中国建筑工业出版社，2002.

［作者简介］

尹伟，西南民族大学建筑学院副教授。

第四编

市政工程规划与建设

“人人享有”基本公共服务的现实悖论和未来之路

——人口流动视角的实证研究及延伸探讨

□邵琳

摘要：城乡基本公共服务和设施配置是满足人民生活需求和实现社会公平正义的重要载体，而现今的基本公共服务供给却与大规模的人口流动关联薄弱。本文通过对人口流动两端的案例研究发现，以户籍政策为核心的门槛制约对人口流动所伴随的基本公共服务需求的空间转移形成了层层筛选的机制，同时现有的基本公共服务设施配置在社会变迁的冲击下陷入困境。在辨析现实悖论后，提出应正视人口流动的现实和常态化，基于公共政策视角构建城乡统一的新型公共服务体系。

关键词：基本公共服务；设施配置；人口流动；准入分异；配置困境

1　引言

2019 年，中国共产党十九届四中全会审议通过的《中共中央关于坚持和完善中国特色社会主义制度、推进国家治理能力和治理能力现代化若干重大问题的决定》中提出“增进人民福祉、促进人的全面发展是我们党立党为公、执政为民的本质要求。必须健全幼有所育、学有所教、劳有所得、病有所医、老有所养、住有所居、弱有所扶等方面国家基本公共服务制度体系”，这一决定对处于城镇化中后期的中国具有非常重要的意义。2015 年以前我国城镇化进程处于快速增长阶段，大量流动人口涌入经济发达地区，过于注重速度和规模的经济增长模式及与之相伴随的粗犷城镇化过程导致社会矛盾不断累积。2015 年以后流动人口规模逐步进入调整期，城镇化进程中的社会公平问题和人民日益增长的美好生活需求得到了广泛的关注。城乡基本公共服务和设施配置是满足人们的美好生活需求和实现社会公平正义的重要载体，然而大规模的人口流动改变了基本公共服务对象的空间分布，且具有非制度性和往返流动的特征，造成基本公共服务需求的周期性和不稳定性，导致长期以来逐步形成、相对稳定的基本公共服务供给制度难以满足流动性和周期性变化的基本公共服务需求。

从相关研究来看，人口高流动地区基本公共服务矛盾尤为显著。对北京、上海等主要人口流入地的研究表明，大规模的流动人口及家庭化趋势，导致了这些城市的公共教育资源紧张，入学压力大；医疗卫生系统负担沉重，公立医院门诊量不断攀升。而对人口流出的农村地区的调研则发现，人口外流比例较高的农村地区公共服务供给的决策与筹资往往受到人口流动的严重影响。在义务教育方面，农村家庭亦存在择校意愿和行为，普遍希望让子女进入城镇学校，以享受更优质、资源相对集中的教育服务。总之，大规模的人口流动对地区之间、城乡之间乃至城市内部的公共服务产生了巨大的影响，影响到了原有公共服务设施的配置格局和效率。但目前这方面的研究还不多见，并且已有研究大部分都是孤立地针对单一地区进行的。

本研究考虑到人口流出和流入是一个连续系统的动态过程，在大规模人口流动的背景下，流出地区和流入地区的基本公共服务和设施配置已经从孤立、自成一体的"独立单元"逐步相互联系、相互影响。因此，将以人口流动脉络为线索，选择在人口流动过程两端具有典型特征的地区作为主要研究对象，以人口高流动性为主要考量标准，选择安徽省界首市传统农业乡镇芦村镇作为人口流出地案例，选择上海市近郊的江桥镇和中心城区的华泾镇作为人口流入地案例。研究将分析人口流动过程中其人口和社会结构变化、基本公共服务财政责任关系和基本公共服务设施利用特征，透过案例研究来深入考察现阶段我国城乡基本公共服务和设施配置的实际状况，并探讨其对城乡基本公共服务和设施配置改革的启示。

2 人口流动深刻地改变了地区的社会结构

随着户籍制度改革对人口流动从限制到松动再到鼓励的政策调整，1990 年以来，我国流动人口数量快速上升。根据第四次、第五次、第六次全国人口普查的统计数据，以"跨市县半年"口径衡量的流动人口分别为 2160 万、1.21 亿和 2.214 亿。大规模的跨行政区的人口流动，既顺应了经济发展的需要，又深刻地改变了相关地区的社会结构。

2.1 人口流出地：人口的空心化与收入分化

人口流出地安徽省芦村镇由于地理位置较为偏僻，农业人口的本地城镇化进程较缓慢，是我国中部地区农村剩余劳动力外流的典型乡镇。对比第五次人口普查、第六次人口普查统计数据可知，芦村镇 2000 年流出到市外半年以上人口为 4152 人，2010 年达到了 11993 人，10 年间增加了 7841 人。2010 年，全镇流出人口占户籍人口的比重达 37.41%（表 1）。人多地少、耕地不足的农业发展条件，以及乡镇工业发展滞后，吸纳劳动力有限，使得大量青壮年劳动力外流，人口空心化严重，这在传统农业乡镇中具有典型的代表性。

表 1　2000 年和 2010 年安徽省芦村镇户籍人口与常住人口对比

年份	户籍人口（人）	常住人口（人）	外出流动人口（人）	外出流动人口所占户籍人口的比重（%）
2010 年	32060	20067	11993	37.41
2000 年	29467	25315	4152	14.09

注：根据安徽省界首市第六次人口普查数据整理。

随着青壮年劳动力大量外出务工经商，以及不断扩大的土地流转规模，农村社区传统的以同质化家庭农业经营为主的收入结构，正在分化为少数以"农业规模经营收入为主"的农户家庭与大多数外出的以"务工经商收入为主"的农户家庭。对芦村镇外出务工人员收入的进一步调查发现，年收入在 2 万元以下的约占 30%，2 万～5 万元的占 61%，5 万元以上的占 9%。访谈中了解到，部分从事驾驶、个体经商及自主创业人员的家庭年收入可达到 10 万元以上。由于市场化条件下外出务工经商收入差距的日益扩大，农村居民家庭收入的分化趋势还在延续。

2.2　人口流入地：社会群体的空间分异与逐步外溢

人口流入地上海华泾镇经济发展和镇区建设相对滞后，是中心城区中外来人口聚集的典型代表；而江桥镇区位优越、交通便利，产业发展创造了大量就业机会，而且郊区居住成本相对较低，是郊区外来人口聚集地的典型代表。根据第六次人口普查数据统计，两镇外来人口增长迅猛，华泾镇其常住人口为 67415 人，其中外来流动人口为 29021 人，占 43.05%，外来人口比例高于所在中心区县平均水平 17.29 个百分点；江桥镇外来常住人口为 16.65 万人，外来人口所占比例高达 65%。外来人口在空间分布上具有聚集性，与其他群体（户籍居民、城区疏解人口动迁过来的居民）在空间上形成了较为显著的分异。华泾镇外来人口主要租住在城中村与旧改配套建设项目，如华泾绿苑居委会是徐汇区旧改配套建设项目，2012 年末外来人口数为户籍人口数的 35.4 倍。而江桥镇中大部分的外来人口选择居住在租房成本较低的农村地区。2010 年江桥镇的 16.65 万外来人口中，居住在各村民房的有 11.49 万人，占比近 70%（图 1）。

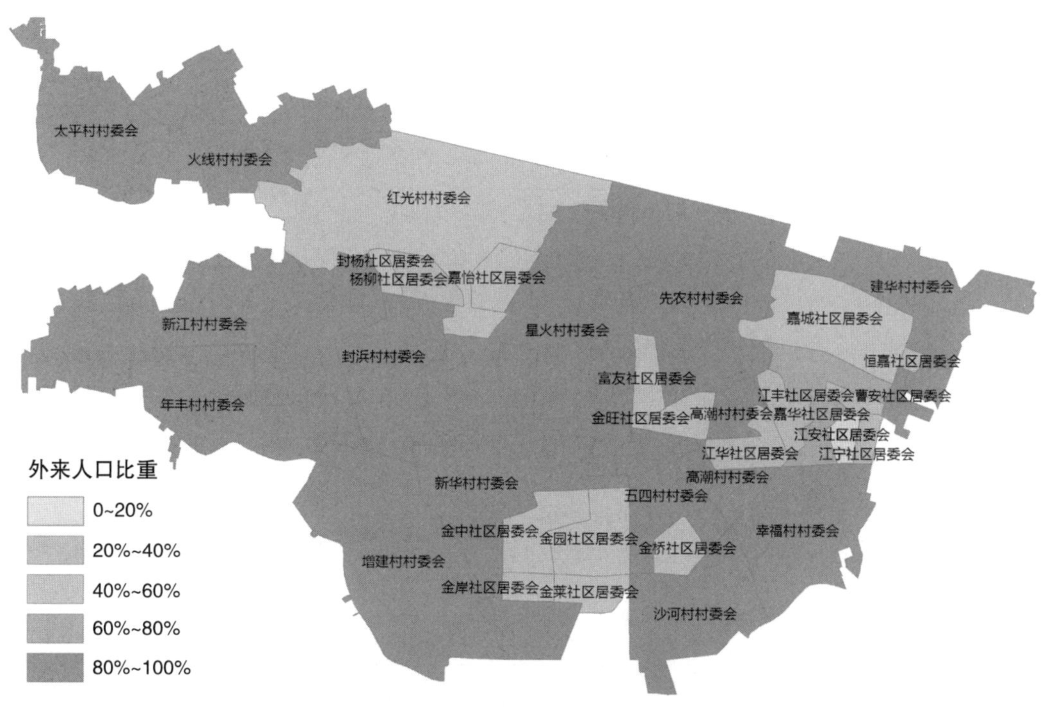

图 1　2010 年上海江桥镇各村、居委会外来人口比重

随着中心城区的城市改造更新过程和郊区的城镇化进程的推进，城区产业与疏解人口大量导入，对外来人口形成逐步挤出的效应。如华泾镇的东湾村 2012 年户籍常住人口 400 人，外来人口高达 3716，人口构成严重倒挂；2013 年东湾村拆迁改造，人口构成随即改变。随着最后的老宅拆迁改造，城中村将逐步消失，而住在这里的外来人口需要重新找住处。调研中了解到，有些人准备去邻近的区县，那里还有没拆迁的城中村；有些准备在本镇的动迁小区中栖居。

3　人口流动条件下的基本公共服务供给与政策响应

地方政府是基本公共服务的供给主体，而大规模的人口流动则改变了我国既有的城乡基本公共服务格局，相应的政策调整势在必行。在地方财力不足的情形下，转移支付的作用至关重要。

3.1 人口流出地：依赖以户籍人口为基础的转移支付，初步建立了“输入式供给”

目前我国转移支付制度的设计，是以假定人口不流动为前提，以辖区的户籍人口为基础。从具体镇域公共服务供给的财政责任来看，芦村镇的基本公共服务供给实行“以县为主”的财政模式。从芦村镇所属阜阳市有关政策文件中，可以看出各级政府在各类基本公共服务供给中的财政责任（表 2）。从基本公共服务资金投入总量来看，2014 年 33 项民生工程计划总投资约 7.05 亿元，中央、省级、市级、县级投入比例分别为 58.6%、29.3%、0.9%、11.2%，省级以上约占 88%。可以看出芦村镇的基本公共服务供给对省级以上转移支付制度具有较高的依赖度。

从芦村镇的基本公共服务供给来看，全国性的转移支付目前在经济发展相对滞后地区已初步建立了以再分配为导向的“输入式”供给模式，但这一转移支付制度是以户籍人口为基础的，缺乏考虑市场化带来的人口流动及其对公共服务供给责任变化造成的影响。

表 2　芦村镇“民生工程”建设中各级政府在各类基本公共服务供给中的财政责任

	建设标准	中央财政	省级财政	县级市
基础教育	学校公用经费基准定额为：小学 585 元/生·年、初中 785 元/生·年	省级以上与县级市财政按 8：2 比例分担		
	向农村义务教育阶段学生免费提供国家课程教科书	全额承担		
	补助贫困寄宿生生活费所需资金	50%		50%
医疗卫生	基本公共卫生服务项目资金按常住人口人均不低于 30 元标准筹集	中央与省级财政按 8：2 比例分担		
	新农村合作医疗每人每年 390 元，个人缴纳 70 元，财政补助 320 元	220 元/人	85 元/人	15 元/人
社会保障	“五保”供养财政补助标准为分散供养不低于年人均 1870 元，集中供养不低于年人均 3000 元	380 元/人		其余经费
	敬老院补贴	7190 元/人		其余经费

资料来源：根据《阜阳市财政局关于 2014 年民生工程资金筹措有关问题的通知》整理。

3.2 人口流入地：区镇财政占主导地位，对区域间人口流动的转移补贴甚微

调查发现，上海市区县级政府在公共服务供给中的财政责任，实际由区与各镇、街道、工业区或新区（以下简称“街镇”）两级财政共同负担。通过分析各类基本公共服务设施建设和运营过程中资金的筹措方式（图 2、表 3），可以看到目前镇级财政在镇村范围的公共服务供给中承担了较多的责任，区县财政以补贴方式予以统筹，而市级财政主要对涉及较大范围的大项目提供专项补贴，比例较低，由此导致基本公共服务供给水平受所在镇、街道的经济实力差异影响较大。

对于较大规模的流动人口，基础教育方面主要依靠现有教育资源，江桥镇在学位高度紧张的情况下开设了两所主要用于接纳流动人口随迁子女的“纳民”学校，其资产属于镇资产管理

中心，运营采取财政包干制；生均经费为5000元，其中区县承担3000元，市级补贴2000元。医疗和养老方面尚没有针对流动人口的特殊补贴项目。

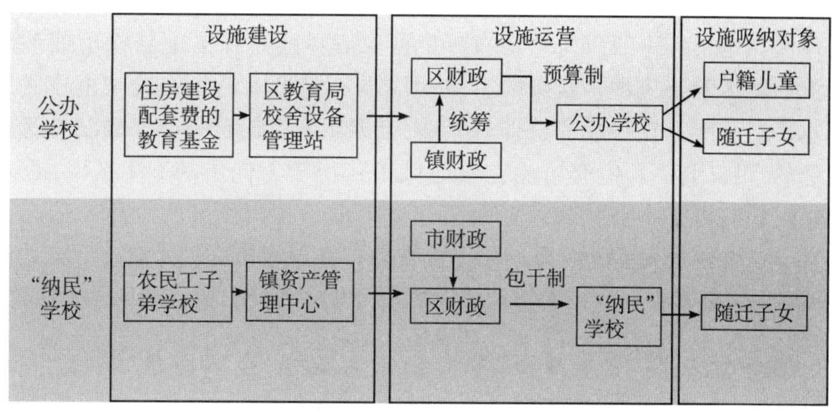

图2　江桥镇教育设施建设、运营和吸纳对象状况

表3　江桥镇医疗卫生设施等级、建设和运营状况

医疗卫生设施等级	设施建设	设施运营
村、社区卫生服务站	镇财政（新建多位于商品房配套卫生站用房）	镇财政补贴 2000万元/卫生服务中心 20万元/卫生服务站
社区卫生服务中心	镇财政为主 区财政补贴 市财政补贴大型居住社区项目	
二级医院	区财政	自负盈亏
三级医院	市区两级协商	

4　基本公共服务的“准入分异”与“配置困境”悖论

总体而言，城乡基本公共服务制度建设尚滞后于经济社会发展现实，尤其是不适应大规模人口流动的“常态”，存在着“准入分异”“配置困境”等悖论。

4.1　“门槛”制约下基本公共服务的“准入分异”

大规模的人口流动带来了基本公共服务需求的空间迁移，并且这种迁移具有显著的集中化趋势。在当前基本公共服务供给主要依靠地方政府财政，且转移支付与人口流动关联性较弱的情况下，流入地政府为减少人口流入造成的财政压力，对基本公共服务的提供设置了不同等级的门槛，这是一种“流动成本”，如社保交付年数、就业和居住状况、受教育程度及“积分”等，由此便导致了对不同居民群体在享受基本公共服务方面的“准入分异”。

具体从流入地来看，大城市由于流动人口聚集度高，人口流入造成的拥挤显著，因而地方政府通过“稳定的就业”“稳定的居住”等条件制定了较为严格的准入政策。因而对于流动人口而言，只有中高收入群体才具有较强的“流动成本”支付能力，有望逐步获取流入地公共服务设施的准入资格。与此同时，随着常住人口规模的快速增加，本地户籍人口所感受到的外来人口冲击日益增大。由于公共服务设施的增加需要一定的建设时间，而优质的公共服务资源更是需要较高密度的资金投入和长时间积淀，因此优质资源的紧缺性日渐凸显。

再从流出地来看，相比大城市对基本公共服务设施使用严格的准入条件，小城镇的门槛相对较低。如人口流出地案例中的芦村镇，农村户籍家庭可通过在本地县级市或地级市购买或租住房屋而使子女在城区学校入学，这里的“流动成本”主要体现在购买或租住房屋的经济能力差异与时间成本。经济能力较一般的群体，其收入不高或就业不稳定，难以自我跨越流入地大城市的公共服务的“高门槛”，但有可能在本地城镇获得较为优质的基本公共服务的准入资格。调研发现，农村居民获得基本公共服务方面已经呈现出了相当程度的分化，如在县级市市区购买或租住房屋，让子女就近入读已成为一种普遍现象，甚至在市区的重点小学、中学附近已经产生了职业接送和私人家庭寄宿行业；而收入较低的农村家庭则只能利用最基层的公共服务设施。

4.2 人口流动导致现有的基本公共服务设施配置陷入困境

我国现有的基本公共服务设施的配置，在城市地区主要是根据居住人口规模在小区级（10000～15000 人）和居住区级（30000～50000 人）进行建设，并根据千人指标对设施的建筑面积和用地面积进行控制；在农村地区根据行政区划等级配置，一般是在行政村及人口规模较大的自然村，以及乡镇区两级进行配置，分散化特征比较明显。

目前以户籍政策为核心的门槛制约对人口流动所伴随的基本公共服务需求的空间转移形成了层层筛选的机制，但在案例调研中我们发现现有的基本公共服务设施配置模式仍然受到巨大的冲击而陷入困境，主要表现在流出地的农村地区公共服务需求与效率陷入不断下降的恶性循环，而需求主要流向流出地的县级城区和流入地的外来人口聚集地区。

4.2.1 人口流出地农村：公共服务需求与效率陷入不断下降的恶性循环

通过对安徽省芦村镇的基础教育设施利用状况的调研，发现许多农村地区生源严重不足，部分村小全校的班级数不足 6 个（图 3）；有些小学由于学生人数严重不足只能开设教学点，最小规模的教学点仅有学生 7 人，造成现有教育设施利用效率低下。由于缺乏规模效应，教育口的财政拨款只能满足其最基本的运作。据现场考察，村小学和教学点普遍教学环境简陋，设施长期未能得到更新（图 4）。

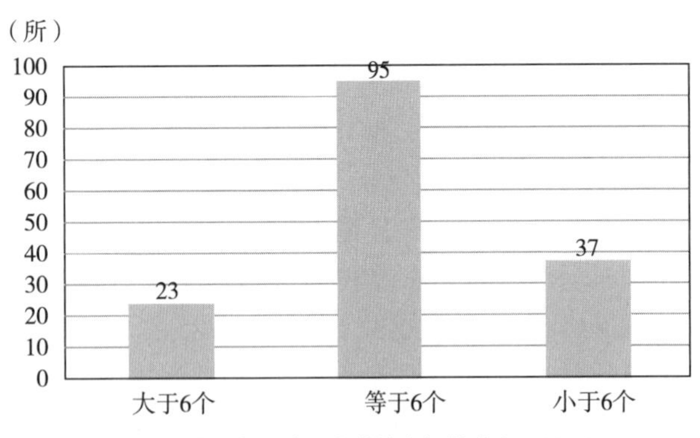

图 3 界首市农村地区小学的班级数分布（2011）

图 4 芦村镇某行政村小学

通过对芦村镇医疗卫生设施的调研，发现镇、村两级医疗卫生设施的利用效率低下，本地常住村民普遍认为镇、村两级医疗机构的医疗水平低，因此也就是小病去开个药，稍复杂的病症一般都会转诊市级医院。另外，本镇有大量外出务工人员，他们大部分参加了新农村合作医疗，但是新农村合作医疗异地就医报销仅限于住院医疗；而在异地住院，一方面无人照顾，另一方面大城市医药费高昂，因此村里外出务工人员如果患了较为严重的疾病，大多选择回乡通过镇卫生院转诊至城区医院治疗。

4.2.2　人口流出地城区：基本公共服务设施高度拥挤

通过对芦村镇所在的界首市的城区中小学调研，发现城区中小学高度拥挤，与村小形成了鲜明的对比（图5）。目前的中小学是以户籍人口为基础，依据千人指标为标准配置的。根据2011年界首市中心城区常住人口总量与人口比例推算，城区常住人口中18岁及以下的中小学生人数应为2.9万，但实际在校中小学生数为4.3万。从两者的差额可以看出农村地区在城区上学的中小学生人数约为1.4万，可见农村地区很大一部分生源聚集在城区学校。调研发现目前城区学校的学位非常紧张，中小学每班平均超过50人，部分学校处在过于拥挤状态，每班学生数高达60～80人。

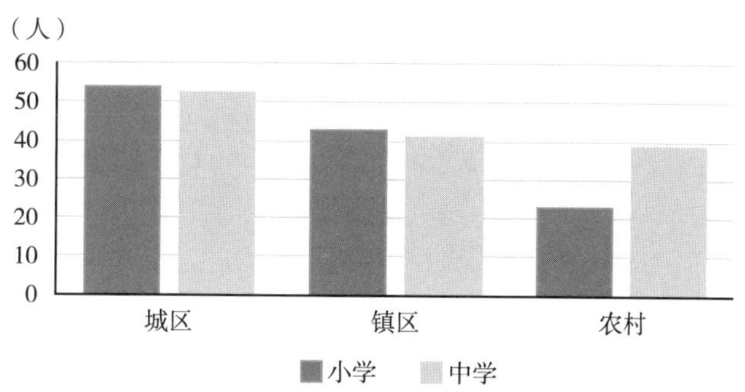

图5　界首市城乡中小学每班学生数分布（2011年）

通过对界首市市（县）级医院调研证实，每年从各乡镇卫生院转诊至市级医疗机构的病人众多。在界首市人民医院中，目前新农合病人多于城镇医保病人，并且这类病人数量还在不断上升。乡镇地区的大量转诊使得城区医疗设施不堪重负，如界首市人民医院编制内仅400张床位，实际开放了1036张床位，在医院的走廊中常年拥堵着大量的临时床位。不断上升的门诊和住院人数，使得城区医疗资源的供需矛盾不断加剧。

4.2.3　人口流入地城镇：郊区公共服务资源紧张，中心城区公共服务资源利用分异显著

通过对上海市郊区江桥镇的基础教育设施利用状况调查，发现外来务工人员随行子女数量的快速上升使镇的义务教育阶段学位异常紧张。从2008年到2013年，镇域内各学校（包括公办学校和“纳民”学校）接纳外来务工人员子女人数从5582人上升到10028人（图6）。实际外来务工人员随行子女中符合“上海市来沪人员随迁子女入学申请条件”的人数已远超全镇教育资源能接纳的最大限度。医疗方面，大部分的外来人口对医疗卫生设施使用的频率非常低，且以自费为主。但由于外来人口基数大，外来人口就医的人数、占比均快速上升。据调查，从2000年到2012年，江桥镇社区卫生服务中心年诊疗量从8万人次上升到61.7万人次，区中心医院年诊疗量从62.7万人次上升到160.9万人次，增量主体是外来人口患者。

华泾镇的调查结果与江桥镇的情形大相径庭，其基础教育设施的供需矛盾并不突出，但存在着严重的本地户籍基本公共服务需求外流现象。基础教育方面，大量本地户籍生源通过购买学区房或者考民办学校的方式“逃离”本学区，2012年前本地户籍生源已经不足40%。同时，由于较多外来人口采取合租的形式，难以获得其所携子女入学所需的稳定居住证明，因此目前基础教育阶段的学位矛盾不明显。医疗方面，调查发现由于各级医院报销比例相差不大，且社

区卫生服务中心存在药物品种少、开药金额低等限制，而华泾镇位于中心城区，交通便利，本地居民就医大多选择市中心的三甲医院或专科医院。

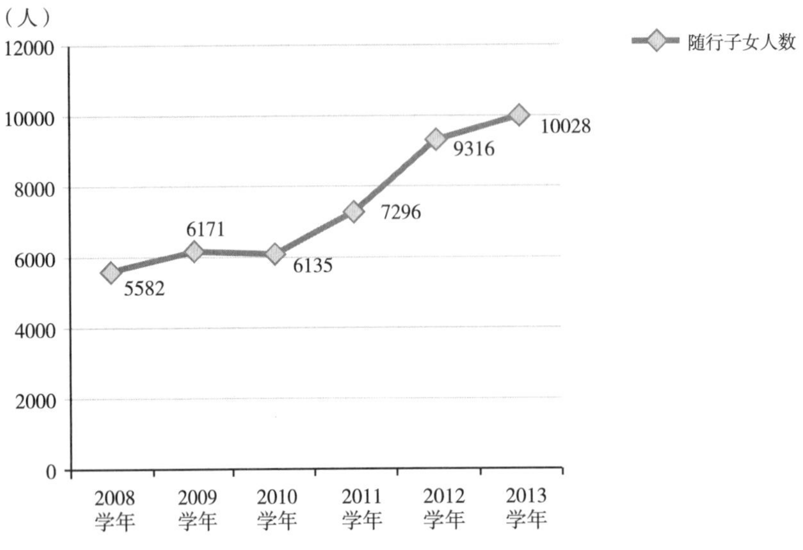

图6　2008—2013学年在江桥镇就读的随行子女数量变化曲线图

5　未来之路的探讨

旨在“人人享有”的公共政策制定中，必须要正视我国经济社会发展中的大规模人口流动现象；应对人口流动条件下的城乡基本公共服务供需特征和悖论，要以公平正义为准则，努力构建起城乡统一的新型基本公共服务体系。

5.1　超越“技术理性”，以公共政策的视角实施评估机制

第三次联合国住房和城市可持续发展大会提出了城市规划对于城市可持续发展的多方面作用，强调了其系统性协同上下的作用，强调了其对城市战略和公共政策的学科支撑作用。当前城乡基本公共服务短缺和空间失衡问题的产生，很大程度源于基本公共服务设施配置长期滞后于经济社会发展的情势。在计划经济条件下，基本公共服务设施配置根据计划指令安排公共服务的项目建设和土地使用，主要体现其“技术理性”。而在社会主义市场经济条件下，基本公共服务设施配置逐渐超越了单纯的工程技术领域而进入城乡社会、经济等领域，并且大规模、长期性的人口流动使得基本公共服务供需矛盾更具动态化特征。对基本公共服务和设施配置的研究应超越其“技术理性”而逐步向为公共政策提供学科支撑转移，使其更多地承担起调节社会利益关系、化解社会矛盾的职能。

因而新时期基本公共服务设施规划应突破传统的规划模式，通过评估机制对规划所涉及的投入、效果、经济性、效率和公平性等因素进行全面分析，使得基本公共服务设施的配置既聚焦于空间合理性，又关注其背后的社会公平性，从而在追求效率和秩序的同时，更好地实现社会效益和综合效益。

首先，规划应基于对基本公共服务需求的科学预测。满足基本生活需求是基本公共服务设施配置的根本目标，随着需求的日益复杂化，迫切需要有系统的评价方法来对实际需求进行识别和预判，进而为基本公共服务的供给决策提供充分的信息。其次，规划应确保基本公共服务

供给过程的公平与效率。一方面，应对不同配置策略的可行性、经济性及所产生的综合利益进行评估，以实现有限公共资源的最大化利用；另一方面，基本公共服务供给也是对公共资源的分配过程，对于不同利益主体和不同公共群体具有重要而持续的影响，因此需要对供给策略所产生的利益分布是否公平进行评估。最后，规划还有赖于对公共意愿和可接受度的全面把握。在人口流动作用下，人的价值判断多元化决定公共意愿和可接受度在不同群体间可能存在较大差异，因此公共服务供给决策不应以单一的标准来决定，而应强调决策互动的重要性。

5.2　城乡统一保障基本公平，适时多样引导地区发展

从城市规划思想和原则角度出发，人的需求与社会发展始终是城市规划的出发点和归宿。正视人口流动对基本公共服务供需的影响，满足人们的基本生活需求和实现社会公平正义，是基本公共服务和设施配置中所应秉承的核心价值。

人口的长期异地流动和打工经济是我国经济社会发展和城镇化进程中的特有现象，流动人口大量进入流入地的大城市及特大城市后，基于降低生活成本和提高净收益的考虑，往往在城市中的特定区域聚集，并选择“非正规”的居住方式。外来人口聚集区域的实际常住人口往往远超规划预测的居住人口，从而导致相应的公共服务设施供不应求。因此，完善基本公共服务设施配置，构建城乡统一的公共服务体系应成为城镇化模式调整的重要环节。城乡统一的公共服务网络，不是指公共服务设施配置要“整齐划一”，因为城市与农村居民有着的不同需求，城镇外来人口与本地人口的某些需求也不尽相同，应针对实际需求，提供适宜而多样化的公共服务。要根据现阶段中央和地方的财政能力，结合各地文化、生活习俗和人们对公共服务水平提高的迫切要求，在试点的基础上，研究制定城乡统一的最低限度的基本公共服务设施配置和建设标准；随着经济和社会发展，动态调整和提高设施配置与建设标准。

城乡统一的公共服务体系可为城乡公共服务制度的对接提供物质性保障，有利于进城务工人员融入城市基本公共服务体系。例如，外来人口的住房需求应被纳入城市政府的公共住房保障体系，通过规划建设城镇公共住房、廉租房或是单身公寓等来解决其住房问题，并相应配置合乎标准的基本公共服务设施。在逐步使那些无序蔓延的“半城镇化”区域向规划有序的城镇住区转变过程中，应首先引导城镇公共服务资源的增量向该类区域配置。

与此同时，对于人口规模呈现长期收缩趋势的农村地区，应顺应社会诉求，结合城镇化进程中的人口集聚状况而适度归并，形成城乡统一公共服务体系网络中的节点，积极创造条件让居民获得合乎标准的基本公共服务。此外，应充分考虑地方实际，在充分商榷的基础上进行合理安排，实施差异化的集中策略。

［本研究得到国家自然科学基金青年项目（51708350）资助。感谢赵民教授对本文的悉心指导。］

［参考文献］

［1］杜海峰，顾东东．中国人口净流出地区的农村基层组织现状：以河南省Y县为例［J］．行政论坛，2017（6）：71-80.

［2］刘尚希．我国城镇化对财政体制的“五大挑战”及对策思路［J］．地方财政研究，2012（4）：4-10.

［3］刘晓菲，郭明顺，孙科，等．城镇化背景下基于人口流动的农村基础教育供给研究：基于辽宁省的实证研究［J］．高等农业教育，2015（2）：33-36.

[4] 刘颖. 北京市流动人口基本公共服务研究 [D]. 长春：吉林大学，2013.
[5] 刘玉博，向明勋，李永珍. 上海市闵行区推进流动人口基本公共服务均等化研究 [J]. 上海经济研究，2011 (11)：91-98.
[6] 罗震东，张京祥，韦江绿. 城乡统筹的空间路径：基本公共服务设施均等化发展研究 [M]. 南京：东南大学出版社，2012.
[7] 吴志强. "人居三" 对城市规划学科的未来发展指向 [J]. 城市规划学刊，2016 (6)：7-12.
[8] 赵民，陈晨，郁海文. "人口流动" 视角的城镇化及政策议题 [J]. 城市规划学刊，2013 (2)：1-9.
[9] 赵蔚. 城市规划中的社会研究：从规划支持到规划本体的演进 [D]. 上海：同济大学，2004.
[10] 周波. 人口流动背景下农村基本公共服务供给的困境研究 [D]. 南京：中南大学，2010.

[作者简介]

邵琳，博士，上海师范大学环境与地理科学学院副教授。

《沈阳市排水防涝补短板实施方案》研究与探讨

□殷殷，冯爽

摘要：沈阳市作为全国60个内涝灾害严重的城市之一，内涝风险凸显。本文以沈阳市积水较为严重的浑河以北、三环以内主城区为研究对象，从自然条件、系统建设、城市发展等多方面分析城市内涝特点及内涝原因，以问题为导向，从实际需求出发，查找短板、分析短板、补齐短板，将排涝能力与防洪能力衔接，多水共治，协同发展。

关键词：内涝；排水防涝；沈阳市

内涝积水频发暴露出城市在排水防涝工程体系建设中基础薄弱，也对居民的生产、生活产生了较大影响。2017年初，住房城乡建设部办公厅、国家发展改革委办公厅发布《关于做好城市排水防涝补短板建设的通知》，沈阳市作为全国60个内涝灾害严重的城市之一，要求立即开展补短板工作。在沈阳市委、市政府的高度重视下，排水防涝补短板行动方案的编制工作全面展开。

1　研究范围

规划以沈阳市积水较为严重的浑河以北、三环以内主城区为主要研究对象，开展排水防涝行动方案的编制工作。

2　查找短板

通过对排水管理部门、交警部门的调查及交通拥堵实时数据和网络信息等，整理出现状易涝点基本情况，为后续分析提供事实依据。

2.1　内涝特点

（1）内涝类型为典型城市内涝。沈阳市为平原城市，无山洪、泥石流等灾害，城市现状防洪能力为300年一遇，因此判定城市内涝类型为典型的“城市内涝”。

（2）承载降水能力较低。城市雨水管网承载降水能力较低，78%以上的管网仅能抵御15毫米/小时以下的降雨，中雨以上降雨需发布应急预警。

（3）积水易涝区域相对集中。据统计，规划区336平方千米分布有101处易涝点，其中34处位于北运河沿线，22处集中在和平区南八马路地区。

（4）铁路地道桥积水最为严重。市区35座地道桥中有11座积水严重，涝水深度达到0.5～2.5米，对城市交通影响较大。

2.2 内涝原因

2.2.1 自然原因和历史原因

沈阳市河网密度较小（图 1），规划区内仅有 7 条排水河道，现状河道面积 178 公顷，河面率 0.53%。排水河道少直接造成雨水系统汇水面积大，管道输送距离长。同时，沈阳市大部分地区海拔高差仅为 15 米，坡度在 0.6‰～0.7‰之间，地势较为平缓，管道末端埋深大，需要泵站提升后排入水体，总体来说不利于雨水排出。

图 1　现状水系分布图

2.2.2 建设标准原因

规划区内现状管道、泵站建设标准低，多为 0.33～0.7 年一遇标准，距离国家 3 年一遇标准（对应沈阳降水 34.2 毫米/时）差距较大。

同时，现状排水系统排水体制较为复杂（图 2），雨污合流、雨污混接等降低雨水排放能力。合流制地区污水量增长迅速，占用管道雨水排放空间，影响雨水排放；雨污水混接地区采取高水位运行模式，为避免污染水系，雨水管道在雨前不能将污水排入水系，管道腾空不及时，影响雨水正常排放。

另外，城市地表硬覆盖比例高，雨水下渗困难，造成雨水排入管道量加大。现状地表径流系数在 0.6～0.65 之间，部分商业、公建等集中地区达到 0.75 以上；城市现状绿地多偏重于景观，高出周边路面，未能有效发挥自然蓄积、渗透的功能，降低了对雨水的蓄渗能力。

排水河道断面窄，雨水出路不畅。规划范围内现状 7 条河道中有 4 条现状断面过水能力不足，且存在多处过水瓶颈，造成雨季排水不畅。

图2　现状排水体制示意图

2.2.3　管理原因

部分路段雨水排放口设置不足，排水管道淤堵清掏、破损修复不及时，应急抢险设备落后，防汛抢险能力不足等原因，也是造成内涝积水的一类原因。

3　补齐短板

3.1　总体目标

落实国家和省排水防涝工作部署，坚持以问题导向，改造原有的“排水管渠＋应急管理”的排水防涝体系，构建“源头减排、管渠提标、排涝除险”等工程性设施和应急管理等非工程性措施相协调的“3＋1”排水防涝体系，实现“小雨不外排、大雨不积水、暴雨不内涝、大暴雨不成灾”的排水防涝系统建设目标。

3.2　基本原则

一是问题导向、精准施策。按照全市排水（雨水）系统的整体布局，以解决老城区内涝积水为重点，精准编制雨水管渠、河道系统、调蓄系统等综合治理方案，兼顾初期雨水及溢流污水的污染治理。

二是系统研究、上下结合。实现从源头到末端的全过程雨水控制管理，以及地下管网与地面道路、绿地、景观等设施的充分衔接，并同步建设。

三是建管并举、完善法规。在推进排水防涝工程建设的同时，加强工程管控体系建设，通过编制相关法规、标准和导则，强化工程规划、设计、建设、验收、运营和监督等环节的精细化管理，完善应急抢险机制。

四是近远结合、分步实施。科学制定排水防涝系统规划目标和行动方案，根据积水严重程度和影响范围等，确定工程建设时序，明确工作任务，落实建设项目。

3.3 规划格局

规划形成“东部拦蓄、南部强排、西部北部扩容”格局（图 3）。

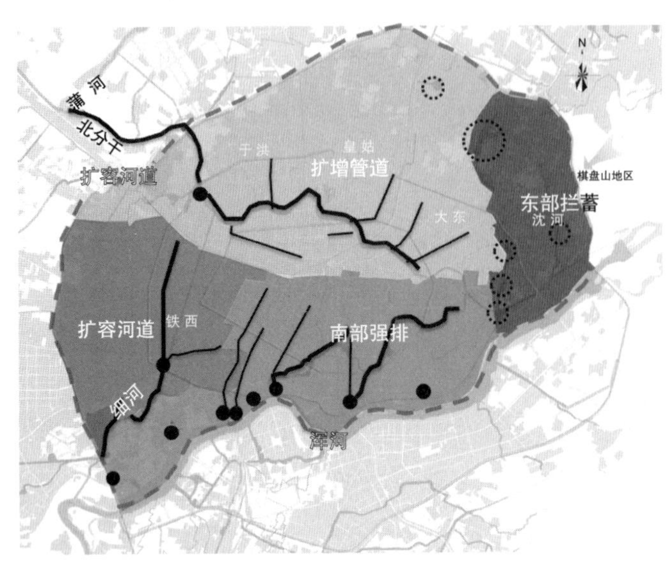

图 3　规划分区图

在东部地区，利用水系、湖泊蓄存雨水，减少东部丘陵地区雨水对主城区的影响；在南部地区，按照国家标准建设排水（雨水）管渠，沿浑河建设强排泵站；在西部地区，提升北运河和细河的出口通水能力；在北部地区，建设北运河雨水截流干线，提高北运河系统排水能力。

3.4 行动方案

总体上，通过 3 年的努力，补齐城市排水防涝设施建设的关键短板。到 2020 年，城市重点区域排水河道、区域排水（雨水）干线和泵站排水能力达到国家 3 年一遇标准（34.2 毫米/小时），发生 3 年一遇标准以下降雨时，实现地面基本不积水；发生 50 年一遇标准（71.6 毫米/小时）以下降雨时，实现城市重点区域不发生内涝灾害。排水防涝设施建设包含源头减排、管渠提标、排涝除险和应急管理四大类工程。

3.4.1 源头减排建设

结合老旧小区改造和地表竖向，对积水易涝区周边约 100 米范围内的建筑小区实施海绵改造工程，缓解积水易涝区排水压力。

为方便进行低影响开发设施的选用，分别对设施的总径流量控制率、径流峰值控制效果、径流污染控制效果进行比较。

（1）对总径流量控制的影响。

总径流量控制率是海绵城市的重要考核指标。利用排水模型，分别选取重现期为 0.5～50 年、历时为 2 小时的 7 场降雨，分析各设施对雨量径流系数的影响。其中下沉式绿地（下沉深度按照 150 毫米计）在应对这些降雨时均未产生径流，其余 4 种低影响开发设施对雨量径流系数的影响如图 4 所示。可以看到低影响开发设施在应对中小雨时径流总量控制效果很好，在应对大到暴雨时，总径流量控制率普遍降低，其中蓄水池及绿色屋顶降低得尤为明显。总体来看，下沉式绿地、植被浅沟及透水铺装对径流总量的控制效果更好。

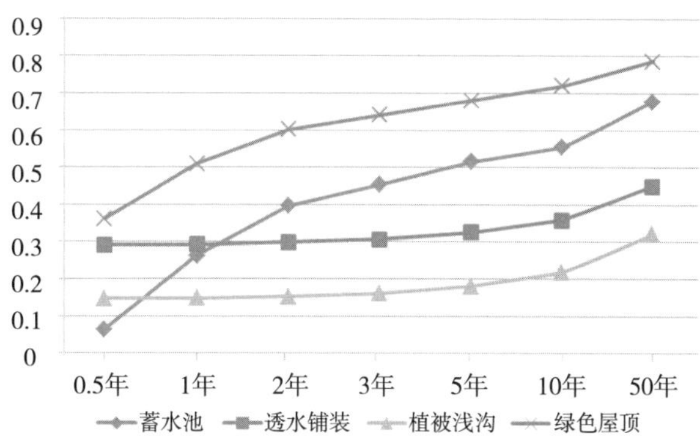

图 4　不同低影响开发设施对雨量径流系数的影响

注：蓄水池容积按照每 1000 平方米硬化面积配备 25 立方米蓄水池，下同。

（2）对径流峰值控制的影响。

径流峰值控制也是低影响开发的目标之一。通过模拟发现，低影响开发设施对于中小雨的径流峰值削减、延迟效果较好，对于大暴雨也有一定的削减效果。同样，效果最好的当属广义下沉式绿地，应对不同的降雨类型时几乎不产生径流。其他的 4 种方式中，蓄水池及绿色屋顶对中小雨的控制效果很好，但对大暴雨的径流峰值控制效果明显减弱。透水铺装对径流峰值的延迟作用有限，但对峰值的削减作用比较稳定。

（3）对径流污染控制的影响。

径流污染控制是低影响开发的重要控制指标。有学者认为，海绵城市对解决城市内涝积水效果有限，但能够有效地控制城市面源污染问题。由于不同工程面对的污染本底值不同，低影响开发设施的污染物去除率难以通过计算得到，具体去除效果需要通过实际测量获得（表 1）。国内外文献中总结了一些低影响开发设施对污染物去除率的经验值，设施选取时可供参考。

表 1　低影响开发设施污染物去除率

污染物	生物滞留/雨水花园	植被浅沟	绿色屋顶	透水铺装	调蓄设施
总悬浮物（SS）	59%～90%	65%～81%	86%	85%～89%	80%～90%
重金属	80%～90%	20%～50%	—	35%～90%	—
总磷	5%～65%	25%	59%	55%～85%	—
总氮	46%～50%	15%～56%	32%	35%～42%	—
细菌	—	—	37%	40%～80%	—

（4）建设条件分析。

选择小区的低影响开发项目，首先要分析项目的建设条件。应包括项目所在地的自然条件，如气候特点、降雨径流情况、地质情况等，分析是否适合进行低影响开发。同时，还要分析场地高程竖向条件、现状雨水径流组织、是否有外来雨水流入，以及场地内是否存在天然坑塘等条件，以便因地制宜进行后续设计。

（5）明确规划目标。

小区的低影响开发设计旨在改变单一雨水排放方式，提升雨水管理能力，充分考虑雨水的蓄存、滞纳、利用，削减雨峰对管网的冲击，同时提高雨水利用率，减少景观用水的市政补给量，节约水资源。

具体制定控制目标时应遵循上位规划的要求，一般对于新建小区，径流总量控制率不低于85%，同时还要兼顾水环境、水资源、水安全等方面的要求。水环境方面应充分考虑面源污染问题，径流污染控制率（以SS计）不低于40%，回用的雨水主要水质指标达到景观用水要求；水资源方面，应设置雨水回用系统，充分利用雨水资源，减少市政用水量；水安全方面，考虑超标排放问题，及时将小区内超出设计雨量的雨水排出。

（6）初选开发类型。

低影响开发理念（LID）措施的初选是决定LID措施是否适用于研究区域的首要限制条件，一般包括场地条件、土壤性质、地形地势、下垫面性质及空间需求等（图5）。

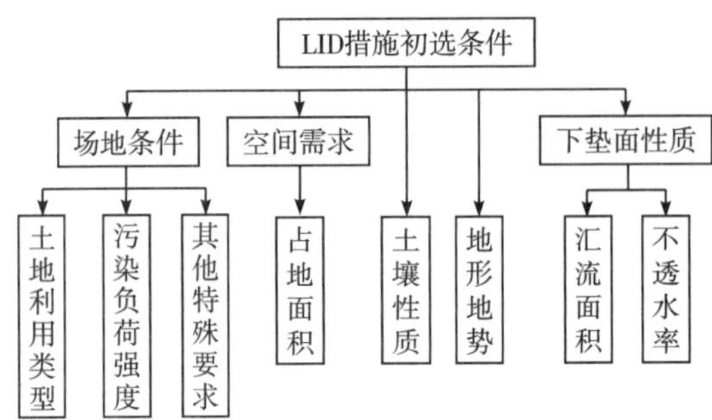

图5　LID措施初选条件

各设施适用的条件各不相同，应根据场地情况及需求，选用可用的低影响开发设施。参考国外雨水管理导则及国内建设经验，结合各项低影响开发措施的应用特点，将部分常用于居住用地的LID措施特征指标总结如下（表2），在进行初选时可进行参考。

表2　LID措施的特征指标

LID措施	污染负荷	其他要求	空间需求	坡度	服务面积（公顷）
简易下沉绿地	高	不透水下垫面周围，绿地深度<0.2米	中	<0.05	
雨水花园	低	距离道路<30米，距离建筑>6米	中	<0.12	0.5～2.0
植被浅沟	中	不透水下垫面周围，距离建筑>3米	中	<0.03	<2.0
绿色屋顶	低	平屋顶，坡度小		<0.04	
雨水桶	低	距离建筑<10米	小		

（7）具体设施设计。

因地制宜，根据场地布局特点选定低影响开发设施，按照设计目标计算总径流控制量，根据景观用水的需水量设计雨水净化储存设施的规模，剩余需要控制的雨水量由渗透和滞留设施分担，得到初步设计结果。对于规模较大的小区，可根据规划区域特点、建筑组团情况及雨水径流组织等对规划区进行分区，对每个小区域进行水力系统及景观节点的深化设计。

3.4.2　排水管渠建设

依托在建雨水主干线工程，在积水严重区域新建排水（雨水）干线 63 千米、支线 53 千米；新建、改造泵站 29 座（图 6、图 7）。

在积水严重的区域，率先实施雨污分流改造。摘除 30 平方千米积水严重且分流不彻底地区的混接管线，实现大雨地面不积水。

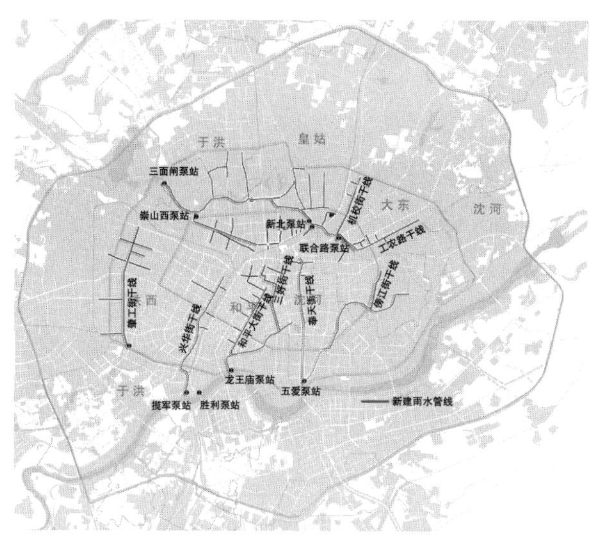

图 6　排水管线建设位置图

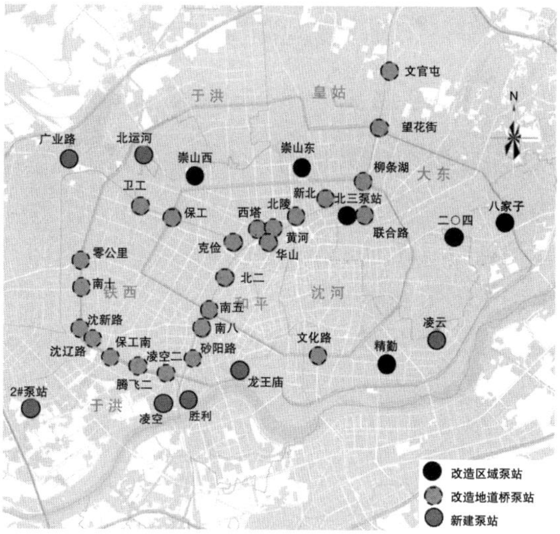

图 7　泵站改造位置图

3.4.3　排涝除险建设

实施河道过水能力提升工程和调蓄设施建设工程（图 8、图 9），打通 4 条水系出口；建设调蓄池 13 处、临河小型雨水行泄通道 79 处，实现暴雨城区不内涝。

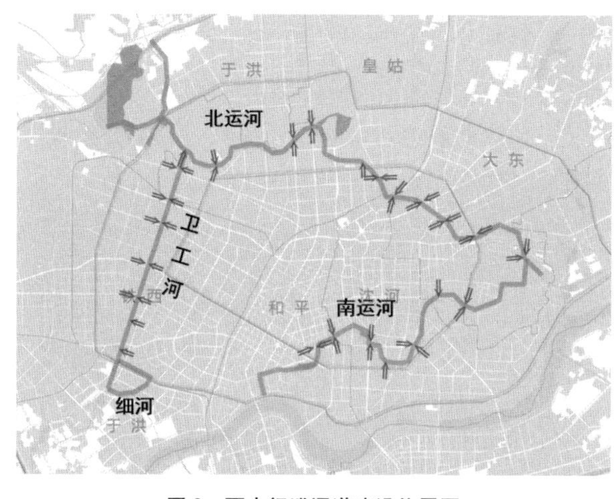

图 8　雨水行泄通道建设位置图

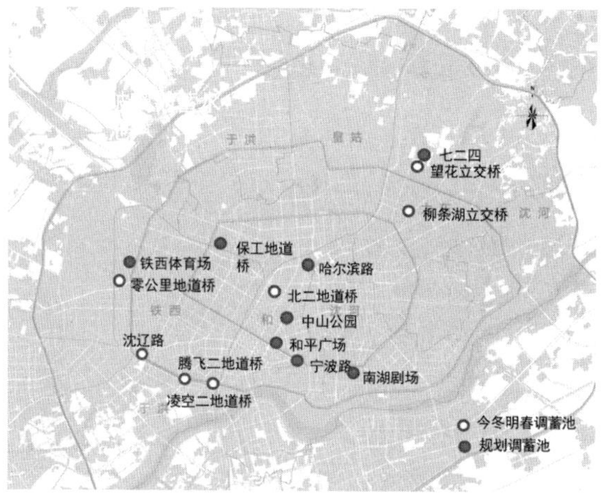

图 9　调蓄池建设位置图

3.4.4　非工程性措施完善

构建排水防涝信息管理平台，购置一批联合疏通车、移动泵车等养护、抢险设备，提升日常运维和应急救灾水平，建立排水防涝一体化管理体制，实现大暴雨城市不成灾。

4 典型项目介绍

4.1 北运河截流管及支线建设

沿北运河建设直径5.4米的雨水截流管，65立方米/秒的地下雨水泵站。截流管平均埋深12米，外径与地铁隧道相同，盾构施工。工程相当于一条地下河，主要解决北运河城市段河道排水能力不足，断面无法拓宽的问题；减少水系污染，初期雨水和混流污水排入下游污水厂处理。

4.2 北运河三面闸雨洪调蓄方案

采用蓄排结合方式，改造现状北运河下游的丁香1号湖、2号湖，并新建一处人工湖，均作为调蓄湖，削减北运河峰值流量，实现3年重现期标准，并为超标涝水预留蓄水空间（图10）。北运河排水量超过排水能力时，河水依次排入人工湖、1号湖、2号湖调蓄；洪峰过后，利用三面闸泵站将湖水排回北运河，湖水仍保留一定的景观水位。同时，结合三面闸调蓄湖，打造城市雨洪蓄滞湿地主题公园，改善周边环境，提升土地价值，有效促进城市更新改造。公园面积为50.6公顷。

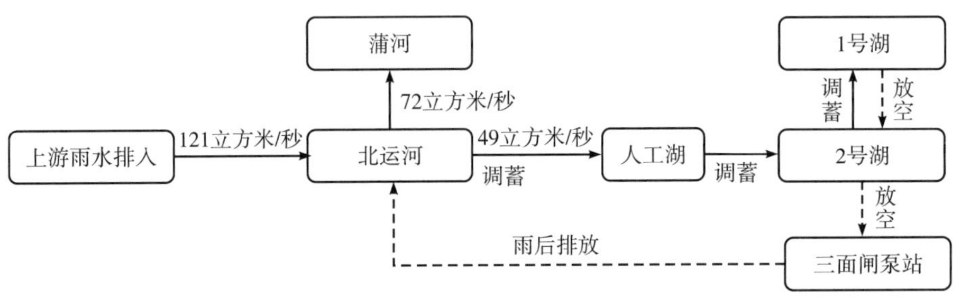

图10 三面闸雨洪调蓄示意图

4.3 地道桥积水改造

“一桥一策、因地制宜”，采取建设雨水专线、改建扩建泵站、新建调蓄池、增强雨水收水系统、分流客水等措施，配合非工程性措施，确保发生30年一遇降雨时地道桥正常通行。

4.4 临河小型行泄通道

结合临河积水点，采取路缘石开口、旱溪、浅埋排水管、植草沟、明渠等方式，将积水就近排入水系。

4.5 管道清淤工程

构建完善的管道淤泥清掏、清运、处理系统，采购一批“高、精、尖”的机械设备，建设4座通沟污泥处理站；采用绞车、高压冲水车、联合冲洗车和人工疏通相结合的方法，对管网进行清淤。

5 思考

从前期编制到后期实施，是一个规划从设想到落地的过程，也是我们不断思考，不断完善的过程。

（1）有力的组织协调是项目成功的保证。

本项目市委、市政府高度重视，各部门各司其职，积极配合，大大提高了工作效率，确保了行动方案精准有效，操作性强。

（2）排涝能力与防洪能力衔接。

排水防涝系统与城市防洪系统要充分衔接。排入城市外河的排水泵站应设置为强排泵站，水泵排水扬程应超过防洪水位。

（3）避免“小病大治”。

重视积水原因调研，排查因管道淤堵、破损、瓶颈管段、雨水口设置不合理等造成的积水问题；因地制宜，采取行之有效的小工程消除积水点，科学制定方案，避免盲目上马一些大项目，达到“花小钱，办实事”的效果。

（4）民心工程要得民心。

编制施工期间进行交通组织设计，降低道路施工对居民出行造成的影响。重视文明施工，做好宣传工作，获得市民的理解和支持。

［参考文献］

［1］住房和城乡建设部城市建设司．海绵城市建设技术指南：低影响开发雨水系统构建［M］．北京：中国建筑工业出版社，2015.

［2］Low Impact Development Best Management Practices Design Guide Edition 1.0［M］．Edmonton：City of Edmonton，2011.

［3］戚海军．低影响开发雨水管理措施的设计及效能模拟研究［D］．北京：北京建筑大学，2013.

［作者简介］

殷殷，工程师，任职于沈阳市规划设计研究院有限公司。

冯爽，高级工程师，任职于沈阳市规划设计研究院有限公司。

综合管廊规划系统选线布局研究

——以通辽市为例

□王萌，关寅杰，李红英

摘要：近年，综合管廊成了保障市政供给安全的生命线工程，具有避免马路反复开挖，保障管线安全运营等优点。而选取综合管廊的选线布局方案是管廊规划建设的关键点。本文借鉴了国内外发达城市的综合管廊建设经验，结合通辽市城市现状和上位规划情况，通过“关键因子加减分析法”对涉及综合管廊的关键因子进行渐进式减法与层叠式加法分析，得到管廊选线布局的最佳方案，为后续的管廊线路布局提供借鉴。

关键词：综合管廊；上位规划；加减分析法

1 研究背景

1.1 政策引领

2013 年 9 月，《国务院关于加强城市基础设施建设的意见》提出开展城市地下综合管廊试点，新建道路、城市新区和各类园区地下管网应按照综合管廊模式进行开发建设。

2016 年 2 月，《中共中央　国务院关于进一步加强城市规划建设管理工作的若干意见》中再次强调，“凡建有地下综合管廊的区域，各类管线必须全部入廊，管廊以外区域不得新建管线”。

1.2 存在问题

地下综合管廊建设有利于解决各部门各自为政导致的“拉链马路”问题。长期以来，我国市政管线多以直埋方式置于地下，城市道路建设缺乏统一的规划、管理，因而在扩能、改造、维修时反复地对路面进行破坏，“拉链马路”在影响城市面貌和市民生活的同时，更重要的是造成了资源的巨大浪费。据调查，我国每年因施工引发的管线事故所造成的直接经济损失高达 50 亿元，间接经济损失超过 500 亿元。

近年来，随着我国城市快速发展，地下管线建设规模不足、管理水平不高等问题凸显，一些城市相继发生大雨内涝、管线泄漏爆炸、路面塌陷等事件，严重影响了人民群众生命财产安全和城市运行秩序。地下综合管廊建设有利于解决相继发生的地下管线安全隐患问题。

1.3 目标导向

统筹规划、建设、管理三大环节，由“重地上轻地下”向“地上地下统筹”转变。

坚持“先规划、后建设”，发挥规划的控制和引领作用；坚持“先地下、后地上”，优先加强供水、供气、供热、电力、通信、防灾避险等与民生密切相关的基础设施建设；坚持“强化管理、消除隐患”，加强城市地下管线维修、养护和改造，提高管理水平，及时发现、消除事故隐患，切实保障地下管线的安全运行。

改变以往各类管线“分散式建设”的模式，促进地下管线向不同等级、规模集约，不同权属集约，不同种类集约，在减少用地的同时，有利于各类管线综合化布置，解决布局分散、规模小等问题。

从根本上转变“各自为政、互不通气”的粗放式管理模式，强调精细化管理，通过开展城市地下管线普查、建立综合管理信息系统等措施，满足行业主管部门和管线单位的日常运营与维护管理需要。

综合管廊是百年工程，从政策、功能、管理上都有质的飞跃，但如何发挥综合管廊最大的效益是一个新课题。

2 经验借鉴

2.1 日本

早在20世纪20年代，日本东京就在市中心的九段地区干线道路地下修建了第一条地下综合管廊，将电力和电话线路、供水和煤气管道等市政公益设施集中在一条地下综合管廊之内。随着城市发展，公共设施需求增大，现有的管道施工对道路的结构带来巨大影响，并容易引起交通堵塞。在这样的情况下，需要建设综合管廊。

2.2 欧美国家

欧美国家近年来的综合管廊主要根据用途建设，在举办奥运会等大型体育赛事的城市，用于连接主要场馆的市政设施，如巴塞罗那、雅典等；为解决区域性的市政供给问题，建设了较长且成系统的综合管廊，如赫尔辛基、斯德哥尔摩等；解决局部管线敷设的问题，按照需求，建设较短的综合管廊，如多伦多机场、迈阿密海底隧道等。

2.3 国内

国内目前处于综合管廊试点建设阶段，按照已建成综合管廊的城市经验来看，应当在城区高密度、城市综合体、景观要求高的区域进行设置。相对于老城区，新城区具有明显的优势，与新建道路一起建设，一步到位，大大降低了综合管廊的成本。此外，新城区可以准确预测市政负荷，保证综合管廊容量的合理性。

3 管廊规划布局理论研究

管廊建在哪里才能对城市的健康发展起到至关重要的作用？本文通过对国内外优秀案例进行分析，并整体考虑城市总体规划和各个专业市政专项规划，得出与管廊布局关系紧密的影响因子，进而开展城市现状情况分析和上位规划分析。采用“渐进式减法”和“叠加式加法”分析法，确定综合管廊系统选线布局。

3.1 城市现状分析

综合管廊选线布局规划需要对城市现状进行调研，本着“尊重现状、整合资源、提升承载力”的原则，从现状建成区域、现状建成道路、现状市政管线三方面进行研究。

3.1.1 现状城区

现状建成区域市政供给如给水、电力、电信、供热等基本满足用户需求，综合管廊虽然可以保障供给更加安全，但现状居民对管廊的需求不强烈。此外，在建设综合管廊的施工期间，必然会影响居民生活、商业环境和城市交通。

3.1.2 现状道路

现状道路建设综合管廊，需要对现状道路进行开挖，敷设双舱及以上综合管廊，开槽需要10米以上，影响城市交通；同时，综合管廊需要配备通风口、投料口、逃生口。建设在现状道路上存在难度，也影响道路景观。

3.1.3 现状管线

在已敷设市政管线的道路建设综合管廊，面临两大问题。首先，建设综合管廊，道路上直埋管线需要挖出入廊，工程量大，造成资金的浪费。其次，在综合管廊建设期间，如何保障地下管廊的正常运营，是管廊建设的一大难题。

综上所述，现状建成区、现状道路、现状管线不是建设综合管廊的最佳选择。

3.2 上位规划分析

与管廊规划布局相关的上位规划，包括规划用地分析、电力廊道分析、市政专项分析、道路空间容量分析等。

3.2.1 规划用地分析

根据城市总体规划，确定高强度开发区即城市核心区、中央商务区。其建筑密度高、人口密集，对交通的通畅度要求高，如果因为直埋市政管线事故或扩容增加管线而频繁造成路面开挖，会影响城市的正常运转，造成不必要的经济损失，因此核心高强度区适宜建设综合管廊。

而低密度区，其建筑容积率较低、产业布局密度小、市政供给需求量小，如在此处规划建设综合管廊会造成资源的浪费。

3.2.2 电力廊道分析

电力廊道是影响综合管廊布局的重要因素之一。高压线架空是电力管线最常见的存在形式，架空的高压线不但严重切割地块，而且降低土地的价值；架空高压线需要控制高压走廊，如220千伏高压走廊需要40米的控制绿地走廊，造成土地的浪费。高压线入综合管廊，将有效解决上述问题。

对于城市高密度建设区，高压架空线需要一定宽度的防护绿化带，虽然增加了绿化覆盖率，但由此占用了大量宝贵的建设用地。在这些地区，电力高压线应尽量下地，改善城市景观并节省城市建设用地。因此，结合高压电力线下地建设综合管廊是最合理和最经济的。综合管廊的线路应按照高压电力的规划线位作为基本方向，并尽量沿着规划的主、次干道或快速干道进行敷设。

3.2.3 市政专项分析

通过对沈阳、深圳、上海、广州等14个城市的综合管廊建成案例进行分析，发现有收纳电力、电信线路的占管廊总数的100%，收纳电力、电信、给水管线的占管廊总数的90%，收纳燃气管线仅有4处，收纳污水管线仅有1处，且均为新规范出台前建设。综合管廊容纳管线以电力、电信、给水、供热（北方城市）为主，少量纳入燃气和排水。

综合管廊作为市政承载系统，具有保障市政供给安全的特点。传统的直埋管线，由于土壤腐蚀等问题，使用寿命一般为15～20年，即市政每个专业管网都面临几年之内挖出重新敷设的问题，尤其主干线的重新敷设将影响整个区域的市政供给，故保障市政管网主干线的安全对于整个区域的供给安全尤为重要。将市政主干线放置在综合管廊内，不但可以增加管网的使用年限，而且可以实时监测，及时找出并修复故障点。

综合管廊的布局，要根据各专业市政管线干线分布情况，在管线分布较密集的地区适当布置综合管廊。

3.2.4　道路空间容量分析

综合管廊附属结构包括通风口、投料口、人员逃生口等，每个设施间距不超过200米。通风口和人员逃生口需要凸出地平面（图1），不适合建设在机动车道或人行道上，而适合建设在绿化带上。

图1　管廊通风口实拍图

综合管廊按舱室分为单舱、双舱、三舱、四舱，一般应用比较多的是双舱和三舱。双舱包含专业电力、电信、给水、中水、供热，管廊宽度在5米左右；三舱管廊除包含双舱所含专业外，增加了燃气或排水，管廊宽度在8米左右（图2）。

绿化带10米以上的道路适合敷设多舱综合管廊，绿化带5～10米的道路适合敷设单舱和双舱综合管廊，没有绿化带的道路不适宜建设综合管廊。

综上所述，城市核心区适合建设综合管廊，城市低密度区则不适合建设；电力廊道结合道路布置；管线分布较密集的地区适宜布置综合管廊；道路绿化带足够布置管廊通风填料口的道路适合布置综合管廊。

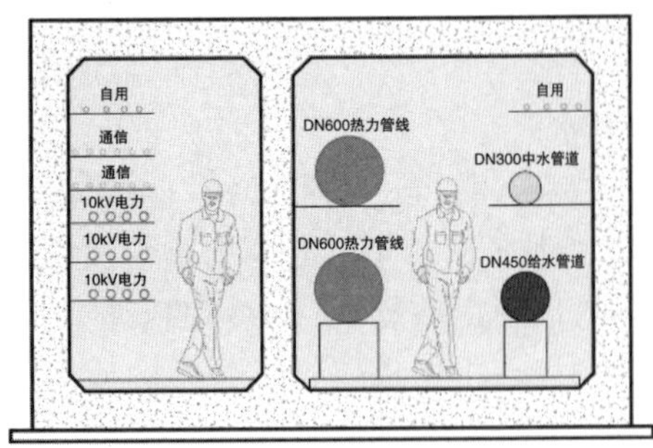

（1）双舱

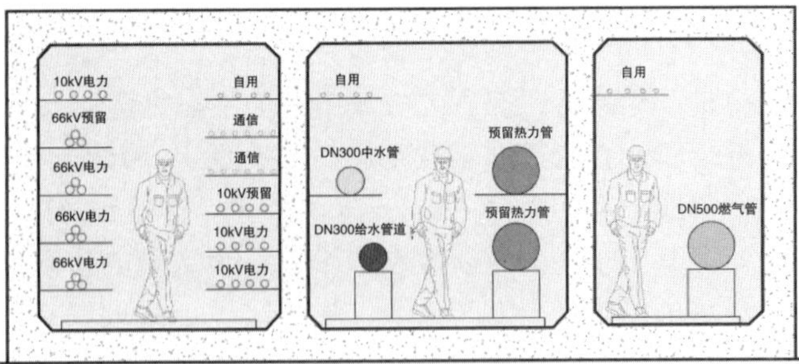

（2）三舱

图 2　管廊断面图

3.3　“关键因子加减分析法”确定管廊选线布局

为实现综合管廊科学、合理选线，采用“关键因子加减分析法”对涉及综合管廊的关键因子进行渐进式减法与层叠式加法分析。渐进式减法关键因子包括现状建成区、建成管网区、建成道路区、低密度建设区；层叠式加法关键因子包括规划核心区、电力廊道布局、市政专项规划、道路布置空间等。

3.3.1　渐进式减法

依据渐进式减法法则，在城市规划用地中，将现状建成区、建成道路区、建成管网区、低密度建筑区等不适合布置综合管廊的因素逐步递减去除（图 3），在剩下的规划用地中再根据层叠式加法法则选取适合综合管廊敷设的区域。

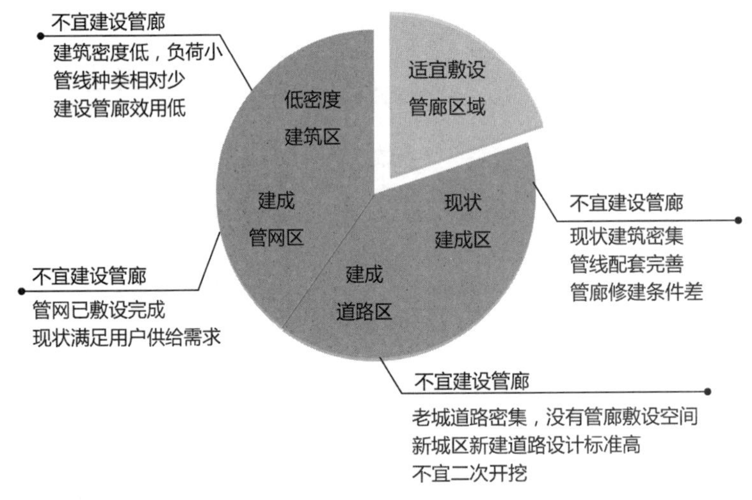

图 3　管廊布局渐进式减法示意图

3.3.2　层叠式加法

通过渐进式减法法则已将不适合建设综合管廊的区域排除，在剩下的用地中根据层叠式加法法则，将规划用地核心区、结合电力廊道布置区域、市政专项中管廊密集区、道路绿化带满足管廊布置要求区等几大因素进行层层叠加，最后确定出城市适合建设综合管廊的区域。

4　“关键因子加减分析法”在通辽市管廊规划中的应用

4.1　渐进式减法

4.1.1　现状建成区

现状建成区各市政专业配套较为完善合理，布置综合管廊的必要性较低，因此将城市现状建成区作为管廊慎建区，在近期管廊规划建设过程中不予考虑，可作为远期综合管廊建设区域或有城市更新需要时建设管廊区域。

4.1.2　建成道路区

老城区现状道路分布比较密集，新城区孝庄河南部大部分区域道路为近5年建成道路，这部分道路不适合在近期建设综合管廊，因此将城市现状道路建成区划为管廊慎建区，可作为远期综合管廊建设区域或有城市更新需要时建设管廊区域。

4.1.3　建成管网区

通辽市老城区和部分新城区现状管线敷设已完成（图4），管廊布置空间受到限制，现状管线迁入综合管廊会增加造价，故近期不适宜规划建设综合管廊，将该区域划为管廊的慎建区。

综合考虑通辽市现状建设情况，确定孝庄河以南、西辽河以北、创业大道以东、建国北路以西的新城区和西辽河以南、红光大街以北、福利路以西的老城区不作为近期管廊建设的规划区，划为管廊慎建区，可作为远期综合管廊建设区域或有城市更新需要时建设管廊区域。

图4　通辽市建成管道区域示意图

4.1.4　低密度建筑区

城市的低密度开发区建设密度低，人口稀少，市政供给用户需求量小，建设综合管廊性价比不高。划定通辽市西部、南部为低密度开发区（图5），管廊规划区域不包含该片区。

图 5　通辽市低密度区域示意图

4.1.5　适建区域

通过上述分析，在整个城区的建设用地中逐步排除现状建成区、建成道路区、建成管网区、低密度建筑区，最后得到适宜建设综合管廊的区域（图 6）。

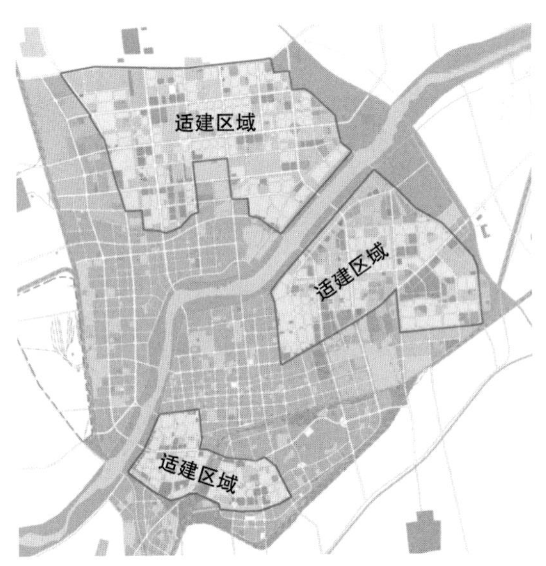

图 6　通辽市适合建造管廊区域示意图

4.2　层叠式加法

4.2.1　规划核心区用地分析

通辽市城市中心轴区域、生态居住区、商务居住区负荷、需求高（图 7），规划市政专业管线集中布置，适宜建设综合管廊，可节省用地，提升城市品质，减少因为市政管线开挖道路对城市交通和景观的影响。

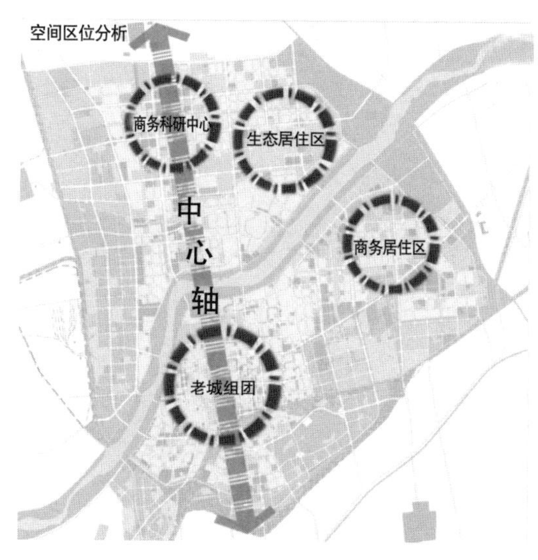

图 7　用地分析图

4.2.2　通辽市电力廊道布局

通辽市中心城区公网现有 220 千伏变电站 3 座，2015—2030 年规划建设 220 千伏变电站 5 座，新建 22 座 66 千伏变电站，扩建 66 千伏变电站 3 座，改造变电站 3 座。城市 66 千伏以上高压走廊原则上选取组团之间空隙地带及城市外围通过；66 千伏中压配电网成环运行，以发展辐射式结构，双路供电为主，形成 4 个相对独立的分区配电网，相邻供电区域之间原则上不交叉供电；66 千伏电力线一般采用架空敷设，沿主、次干道绿化带架设，在老城区和新区中心区必须采用地下电缆敷设方式。2015—2020 年，通辽市城区配电网共新建 66 千伏线路 41 条，新建架空线长 174.35 千米。通辽市城区内高压线凌乱，现状 220 千伏高压架空线对城东片区的用地分割比较严重，需要对其进行整理。新城区规划 66 千伏架空线走向相对合理，多数沿现状道路绿化带敷设，但作为新城未来重点发展的居住区域，会影响城市景观。通过建设综合管廊实现架空线入地，整合电力廊道，可达到节约土地资源、美化城市景观的目的。

电力廊道所在道路应规划建设综合管廊，因此确定有 15 条道路适宜规划管廊，分别是老哈河大街、乌力吉牧仁大街、双合尔大街、清河大街、菱角大街、霍林河大街、红胜大街、西顺路、福利路、新工四路、新工五路、胜利北路、建国北路、乌兰花路和福兴路。

4.2.3　市政专项规划

根据各专业市政管线干线分布情况及各专业特点，在管线分布较密集的地区，规划敷设 5 个专业（给水、中水、电力、电信、供热）以上管线的道路，适宜布置综合管廊（图 8）。依据市政专项规划，确定胜利北路、霍林郭勒路、双合尔大街、乌力吉牧仁大街、清河大街、秀水大街、霍林河大街、建国路、新工四路、新工五路、新建大街、西顺路、鸽子山大街、红光大街和白音太来大街等 33 条道路适合建设综合管廊。

4.2.4　道路布置空间

通辽市城市快速路网为“三纵三横”网络。“三纵”为新工四路、创业大道和城市外环西环线。“三横”为乌力吉牧仁大街、霍林河大街和红光大街。规划道路断面宽度为 45～70 米，绿化带宽度为 5～20 米。规划区快速路成环状布置，适合敷设给水、燃气市政管线；纵向主干道路较多，与城市中心轴协调，适合敷设各类市政管线。轨道交通是公众出行的重要保障，从服务公众，保证公共出行角度出发，承担公共交通的街路适宜建设综合管廊。

图 8　通辽市市政专项管线示意图

由于综合管廊建设受到通风口及管廊断面尺寸等的制约，综合管廊适宜建设在绿化带中，两侧 5 米绿化带的道路适合建设单舱综合管廊，两侧 10 米以上绿化带的道路适合建设双舱综合管廊。

4.2.5　适建区域

通过上述分析，在整个城区的建设用地中层层叠加用地核心区、电力廊道区、管廊密集区及道路绿化带满足管廊布置区，最后确定新城区、城东片区、建国铁南片区为适宜建设综合管廊的区域。

4.3　通辽市管廊布局

通过上述的渐进式减法和层叠式加法分析，确定了通辽市的 34 条道路适宜敷设综合管廊，规划管廊总长度约为 112.3 千米。规划建设过河管廊 4 条，分别是红光大街、滨河大街、霍林郭勒路和福兴大桥。结合城市更新、旧城改造建设，有 14 条道路适宜规划综合管廊。

5　结语

综合管廊是利国利民的百年工程，是城市市政工程的生命补给线，合理的管廊布局不仅更有利于保障市政供给，而且可以节省建设管廊的费用。本文采用“关键因子加减分析法”对多个影响管廊布局的因素进行分析，可以更准确地确定城市综合管廊的选线布局，对综合管廊的规划建设起到了很重要的支撑作用。

［作者简介］

王萌，工程师，沈阳市规划设计研究院有限公司设计师。

关寅杰，高级工程师，沈阳市规划设计研究院有限公司设计师。

李红英，高级工程师，沈阳新大陆建筑设计有限公司暖通总工程师。

轨道交通开通前后常规公交线网优化研究

——以大庆市为例

□夏雪

摘要：截至2018年底，全国正在实施城市轨道交通线网规划的城市有61个，轨道交通建设正处于突飞猛进的发展时期。如何应对轨道交通开通之前常规公交线网的优化，以及开通之后常规公交与轨道交通的协调衔接是很多城市正在或将要面临的重要问题。本文以大庆市为例，以现状公交问题分析为基础，着眼于轨道初期线网开通前后两个阶段，通过分析常规公交与轨道交通的关系，提出轨道交通开通前宜采用问题导向、梳理结构、引导出行、逐层布设、完善覆盖5个策略来解决公交线网的突出问题，并为轨道交通初期线网培育客流；轨道交通开通后，宜采用升华结构、降低共线、强化接驳、完善覆盖、培育客流5个策略来实现公交网与轨道网的“两网合一”的建议。

关键字：常规公交；线网优化；轨道交通

1 引言

轨道交通因其运量大、速度快、准时、安全等特点，对满足高峰时段集聚的出行需求、缓解道路拥堵及节能减排有着不可估量的作用。截至2018年底，中国开通城市轨道交通的城市已有35个，运营线路总长5761.4千米；正在实施城市轨道交通线网规划的城市有61个，轨道交通建设正处于突飞猛进的发展时期。轨道交通作为公共交通的重要组成部分，因其不可替代的优势而对客流具有强吸引力，开通后对轨道交通沿线常规公交客流影响巨大。因此，如何应对轨道交通开通之前常规公交线网的优化及开通之后常规公交与轨道交通的协调衔接，是很多城市正在及将要面临的重要问题。本文以大庆市为例，以现状公交问题分析为基础，着眼于轨道初期线网开通前后两个阶段，通过分析常规公交与轨道交通的关系来研究两个阶段常规公交线网的优化策略，以期为其他城市提供借鉴。

2 大庆市常规公交线网现状问题分析

大庆市位于黑龙江省西南部，因其丰沃的自然资源，有“天然百湖之城”“绿色油化之都”之称。现状大庆市未开通轨道交通线路，常规公交线路有76条，公交营运线长1702千米，日均运行车次6626次，日客运量55.5万人次。依据大庆市轨道交通线网规划，轨道交通初期大庆市拟启动1号线和3号线一期工程，形成东、西城区之间及西城南北向主动脉。

基于轨道交通开通前后常规公交线网优化的需求，这里以居民出行调查、公交随车、驻站等现场调查分析结果为基础，剖析大庆市常规公交线网现状存在的主要问题，为线网优化调整作支撑。

2.1 线网层次不清晰，线路功能定位不明确

合理划分常规公交线路层次功能，设置不同的线路等级，有利于针对不同层次线路进行差别化的运营管理。现状大庆市仅形成“两横两纵”公交快线网，未对干支线网结构进行梳理。公交主体线网缺乏层次和功能分类，不利于线路的分级管理和整体线网的效能发挥。

2.2 公交走廊线路重复系数较高，资源浪费且无序竞争

公交客流走廊线路密集，部分线路长距离并行，道路重复系数较高。例如，大庆市世纪大道会战大街—大广高速 5 千米段、西一路—会战大街 5 千米段分别有 12 条和 9 条线路完全重合、长距离并行；纬二路（经一街—学伟大街 3 千米段）有 20 条线路经过（表 1）。公交走廊线路功能重合，资源浪费且无序竞争。

表 1　公交走廊部分路段公交线路数量

路段	重复线路数量	公交线路名称
世纪大道（会战大街—大广高速 5 千米段）	12	5、21、23、25、106、32、32 支、35、225、806、快 1、快 7
世纪大道（西一路—会战大街 5 千米段）	9	2、18、36、73、101、106、202、快 1、快 7
纬二路（经一街—学伟大街 3 千米段）	20	22、30、29、52、9、11、105、32、33、806、106、809、环 1、环 2、快 2、快 1、50、35、27、快 6

2.3 公交线路绕行严重，非直线系数较大

公交线路的非直线系数主要与路网形态和客流需求有关，刨除自然和历史条件下产生的路网因素，一般是由于客流的定点需求致使公交线路绕行，从而产生较大的非直线系数。但如果公交线路的非直线系数过高，会在很大程度上增加乘客的实际出行距离和出行时间，降低了公交的服务效率。现状大庆市因天然湖泊的影响，路网形态较为不规整，整体公交线网非直线系数较大，但部分公交线路过于曲折，绕行严重，如 27 路公交线路非直线系数为 4.7、22 路公交线路非直线系数为 3.0 等（图 1），线路有待优化。

2.4 与出行距离相近的小汽车相比，公交出行时间成本较大，缺乏竞争力

从居民出行调查结果来看，大庆市公交车平均出行距离与小汽车相近，分别为 7.5 千米和 7.9 千米，两者客源存在重叠，存在竞争关系。但公交车平均出行时间长达 38 分钟，较小汽车长 11 分钟，出行时间成本远高于小汽车，致使小汽车分担率达 27%，公交车仅 16.9%，公交竞争力不足。但从公交跟车调查结果来看，公交车高峰时段道路平均运行速度达 21.2 千米/时，运行状况较好，未呈现明显慢运行的特征。究其原因，公交出行时间成本较高与站点覆盖率不足（500 米 84.54%覆盖率）、等车时间较长有关。

从以上分析可以看出，大庆市常规公交线网现状问题可以总结为结构待梳理、路径待优化、覆盖待完善 3 个。

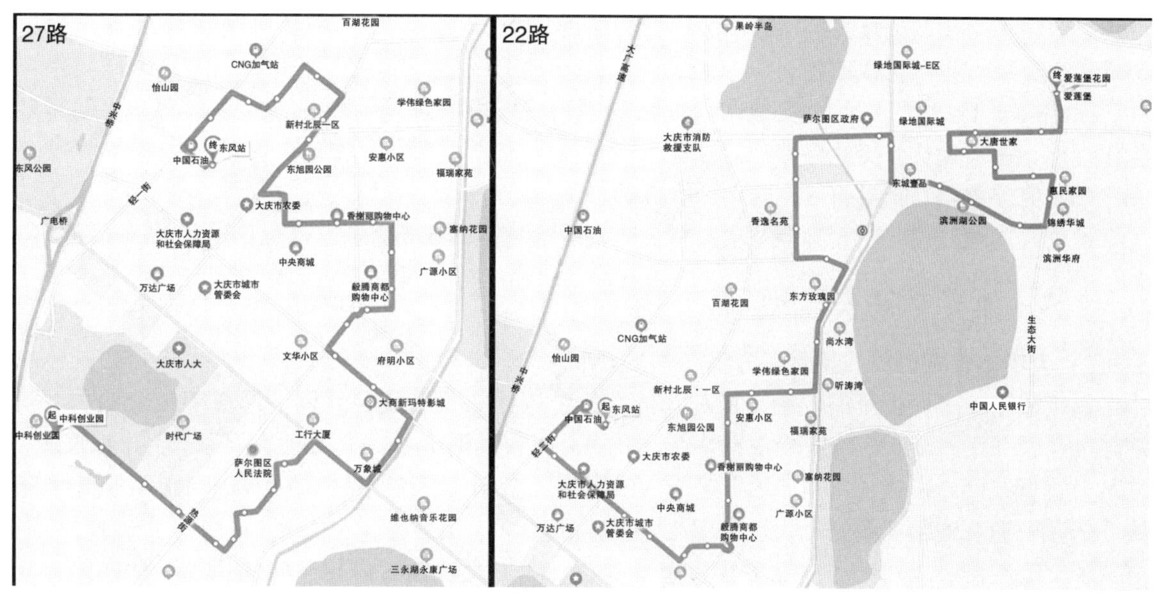

图 1　非直线系数较大线路示例

3　轨道交通初期线网开通前常规公交线网优化策略

3.1　常规公交与轨道交通的关系分析

轨道交通初期线网开通前，城市公共交通体系较为单一，形成以常规公交为主体，其他方式为补充的公共交通体系。此时常规公交一般由“快—干—支”三级线网体系构成。

快线以大站快车的形式，主要布设于大运量、长距离客流主走廊，一方面实现组团间、枢纽间快速连通，另一方面也为轨道交通培育客流。

干线对公交快线网进行加密和补充，与公交快线共同构筑公交复合走廊，同时加密公交主次走廊，形成城市公交主体线网。

支线是快线和干线的补充，发挥接驳和支撑功能，填补空白，实现社区末端全覆盖。

3.2　常规公交线网优化策略

综合考虑现状常规公交线网的突出问题及常规公交与轨道交通的关系，形成问题导向、梳理结构、引导出行、逐层布设、完善覆盖的轨道交通开通前常规公交线网优化策略。

(1) 尊重习惯，问题导向。

对于开通时间较长、客流量较大的线路，居民存在一定的依赖性，不宜大刀阔斧的改线和取消。宜在尊重居民既有公交出行习惯的基础上，以线路的突出问题，即“结构待梳理、路径待优化、覆盖待完善”为导向进行优化调整。

(2) 梳理结构，定位分级。

对于公交线网同质化现状，对每条线路进行功能定位和分级，梳理线网，形成“快—干—支”三级功能清晰的公交线网体系，作为线网优化调整的基础。

(3) 培育客流，引导出行。

轨道交通初期线网开通前，宜沿轨道交通路径布设公交快线，培养周边居民公共交通出行习惯，为轨道交通起到培育客流、引导出行的作用。

（4）逐层布设，优化路径。

以“快—干—支”三级公交线网为优化顺序，分层次制定差别化的重复系数和非直线系数优化指标，逐层优化公交线路路径。

（5）完善覆盖，补足盲区。

检查线网覆盖情况，合理调整或新增公交支线，填补需求盲区。

3.3 大庆市常规公交线网优化

3.3.1 大庆市常规公交线网优化方案

基于以上5个优化策略，系统梳理线网结构、逐层布设和优化线网，形成等级分明、结构清晰的“快—干—支”三级公交线网体系，其中公交快线网7条，干线网39条，支线网36条。

公交快线网：形成“三横四纵”公交快线网络。新增3条快线覆盖重要客流走廊，其中2条快线覆盖轨道交通初期线路，为轨道交通培育客流。

公交干线网：以降低非直线系数和重复系数，增加直达性为目标，共优化了9条线路。其中，截弯取直4条、降低路段公交重复系数2条、减少线路重复2条、强化枢纽换乘1条。

公交支线网：以补足盲区、优化路径为目标，共优化了10条线路。其中，补足盲区调整2条和新增7条、优化路径取消1条。

3.3.2 大庆市常规公交线网优化效果分析

调整后，线网指标和服务水平有了显著改善：线路里程增加155千米；站点500米半径覆盖率由84.54%提升至100%；快线网非直线系数由1.48降低至1.31，干线网非直线系数由1.67降低至1.61，支线网非直线系数由1.85降低至1.65；道路重复系数由2.35降低至2.29（表2）。

表2 轨道开通前线网优化前后指标对比

<table>
<tr><th colspan="2">技术评价指标</th><th>现状公交线网指标</th><th>线网优化后指标</th></tr>
<tr><td colspan="2">公交线网结构</td><td>仅形成“两横两纵”快线网，干支线网未进行梳理</td><td>形成“三横四纵”快线网、39条干线网和36条支线网为主体的三级公交线网体系</td></tr>
<tr><td colspan="2">公交快线网数量（条）</td><td>4</td><td>7</td></tr>
<tr><td colspan="2">公交干线网数量（条）</td><td rowspan="2">69</td><td>39</td></tr>
<tr><td colspan="2">公交支线网数量（条）</td><td>36</td></tr>
<tr><td colspan="2">线网长度（千米）</td><td>1664</td><td>1819</td></tr>
<tr><td colspan="2">中心区站点500米半径覆盖率（%）</td><td>84.54</td><td>100</td></tr>
<tr><td rowspan="4">线路平均非直线系数</td><td>全网</td><td>1.73</td><td>1.60</td></tr>
<tr><td>快线</td><td>1.48</td><td>1.31</td></tr>
<tr><td>干线</td><td>1.67</td><td>1.61</td></tr>
<tr><td>支线</td><td>1.85</td><td>1.65</td></tr>
<tr><td colspan="2">道路重复系数</td><td>2.35</td><td>2.29</td></tr>
</table>

4　轨道交通初期线网开通后常规公交线网优化策略

4.1　常规公交与轨道交通的关系分析

轨道交通初期线网开通后，客流在出行方式的选择上更加多样化。轨道交通因其运量大、速度快、准时、安全的特点，对客流具有强吸引力。由于初期线网未形成网络结构，一般只布设于大运量、长距离客流主走廊，走廊内轨道交通的强吸引力迫使常规公交客流大量流失，常规公交在竞争中处于劣势地位。但由于轨道交通初期线网线路少，常规公交仍是公共交通的主体，居民对常规公交线路具有一定的依赖性，此时不宜采取一刀切、完全由轨道交通承担走廊客流的方式，而应构建轨道交通与常规公交相互协调、合作互补的方式，实现公交网与轨道网“两网合一”（图 2）。具体包括以下两点：

（1）轨道交通服务主客流走廊：转变两者恶性竞争的不良关系，走廊以轨道交通为主体，常规公交为补充，形成公交复合走廊。常规公交作为轨道交通的辅助，依据站距小的优势，在高峰时段对走廊运能进行补充。轨道交通站点处以公交快线、干线进行“点衔接”，在轨道交通与其他客流集散点间构建便捷联系；以公交支线进行“点衔接”，将轨道交通与社区末端连通，形成鱼骨架形线网布局形态。

（2）轨道交通未覆盖区域：以公交快线为骨架、以公交干线为主体，服务城市次要客流走廊，并注重与轨道交通站点的衔接；以公交支线为补充，将社区末端与轨道交通站点、学校、医院等公共活动区域相连接。

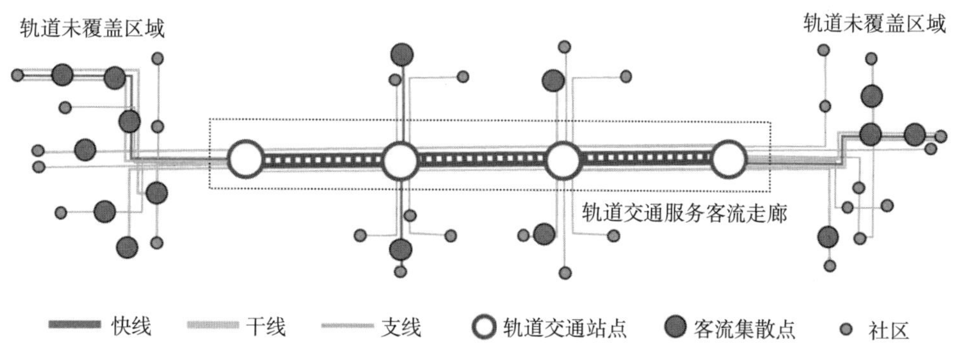

图 2　轨道交通与常规公交线网衔接关系示意图

4.2　常规公交线网优化策略

轨道交通初期线网开通后，线网结构和功能定位上有了较大的调整。以常规公交与轨道交通合作互补、“两网合一”为目标，提出升华结构、降低共线、强化接驳、完善覆盖、培育客流 5 个公交线网优化策略。

（1）升华结构，多位一体。

构建以轨道交通为骨架，“快—干—支”三级常规公交为主体，出租车、网约车等其他方式为补充的多模式、一体化的公共交通系统。

（2）降低共线，走廊互补。

沿走廊调整与轨道长距离共线的线路，降低线路重复性，形成以轨道交通为主体，常规公交为补充的公交复合走廊。与轨道交通长距离共线的线路，通常有两种共线形式，分别为平行线路（与轨道交通线路走向基本一致，80％的线路长度在轨道交通服务范围内）和交集线路（与轨道交通线路走向不一致，但线路部分长度在轨道交通服务范围内）。

通过取消、截断、精简平行线路，避免公共服务资源的浪费和内部竞争。取消与轨道交通平行的快线，因为其站距大、速度较快等优点与轨道交通功能重复；取消客运量小的平行线路；截断客运量中等的平行线路，优化为接驳线路；精简客运量大的线路，保留线路、降低发车班次，提高出行体验。

通过截断交集线路，缩短与轨道交通共线长度，强化线路与轨道交通的接驳作用，提高车辆的周转效率。

（3）强化接驳，“两网合一”。

未与轨道交通产生衔接的公交线路，当公交站点在轨道交通站点周边一定距离处，在保证非直线系数和重复系数合理的情况下，通过适当调整公交线路路径，增加与轨道交通站点的衔接，扩展轨道交通服务范围，实现公交网与轨道网的有机结合。

（4）完善覆盖，填补盲区。

填补城市空间扩张带来的公交服务空白区域，支撑城市空间发展。

（5）培育客流，引导出行。

结合下一阶段轨道交通规划方案和周边土地开发强度，适时沿轨道交通路由布设公交快线，对轨道交通起到培育客流、引导出行的作用。

4.3 大庆市常规公交线网优化

4.3.1 大庆市常规公交线网优化方案

依据大庆市轨道交通线网规划，轨道交通初期将启动1号线和3号线一期工程，形成东、西城区之间及西城南北向主动脉。初期线网开通后，大庆市常规公交线网在开通前线网方案的基础上进一步优化，形成以轨道交通为骨架，“快—干—支”三级常规公交为主体的公共交通线网体系，其中梳理出公交快线网6条，干线网41条，支线网45条。

公交快线网：形成“三横三纵”快线网体系，取消与轨道交通平行快线2条，新增为远景轨道交通线路培育客流快线1条。

公交干线网：以非直线系数和重复系数为约束指标，优化与轨道交通重合度较高干线6条，加强与轨道交通站点衔接干线3条，新增覆盖城市空间发展形成的新客流走廊干线5条。

公交支线网：填补快线与干线服务盲区，并注重与轨道交通站点的衔接，调整3条，新增5条。

4.3.2 大庆市常规公交线网优化效果分析

调整后，线网指标和服务水平有了进一步提升，线路里程增加75千米；公交站点500米半径覆盖率保持100％；非直线系数和重复系数保持在良好水平；调整与轨道交通长距离共线线路8条，增加与轨道交通衔接线路14条，实现轨道交通与常规公交的良性互动和协调发展（表3）。

表 3　轨道开通前后线网优化指标对比

技术评价指标		轨道开通前公交线网优化指标	轨道开通后公交线网优化指标
公交线网结构		形成“三横四纵”快线网、39 条干线网和 36 条支线网为主体的三级公交线网体系	形成以 2 条轨道交通为骨架，“三横三纵”快线网、41 条干线网和 45 条支线网为主体的公交线网体系
公交快线网数量（条）		7	6
公交干线网数量（条）		39	41
公交支线网数量（条）		36	45
线网长度（千米）		1819	1894
中心区站点 500 米半径覆盖率（%）		100	100
线路平均非直线系数	全网	1.60	1.55
	快线	1.31	1.39
	干线	1.61	1.31
	支线	1.65	1.58
道路重复系数		2.29	2.15

5　结语

本文以大庆市为例，立足于轨道交通初期线网开通前后两个阶段，以大庆市现状常规公交线网存在问题为导向，以常规公交与轨道交通相互关系和功能定位为前提，研究两个阶段常规公交线网的优化策略：轨道交通开通前，常规公交是公共交通的主体，此时宜采用问题导向、梳理结构、引导出行、逐层布设、完善覆盖 5 个策略来解决公交线网的突出问题，并为轨道交通初期线网培育客流；轨道交通开通后，宜采用升华结构、降低共线、强化接驳、完善覆盖、培育客流 5 个策略对轨道交通覆盖走廊及未覆盖区域的公交线网实施差别化的优化策略，实现公交网与轨道网“两网合一”。

［参考文献］

［1］中国城市轨道交通协会年间编纂委员会．中国城市轨道交通年鉴（2018）［M］．上海：上海书店出版社，2018．

［2］陆建，胡刚．常规公交线网布局层次规划法及其应用［J］．城市交通，2004（4）：34-37．

［3］李家斌，过秀成，姜晓红，等．城市轨道交通运营初期地面公交线网调整策略研究［J］．现代城市研究，2014（10）：50-54．

［4］叶钦海，靳文舟，何佳利．地铁新线开通公交优化调整研究：以广州地铁六号线二期为例［J］．公路与汽运，2016（6）：28-32．

［作者简介］

夏雪，硕士，工程师，沈阳市规划设计研究院有限公司规划师。

沈阳市停车普查实践与供需特征研究

□范东旭，刘威，赵云龙

摘要：停车设施普查是掌握停车供需情况的基础工作，也是停车体系精准规划、精细管理、精致建设的前提条件。本文在沈阳市停车普查实践基础上，探讨了交通大数据、“互联网＋”、信息化等主流新技术在普查工作中的应用，系统分析了普查外业开展的五大流程、七项工作，以及停车大数据库构建的基础条件、所含层文件、数据属性信息等，结合区位、建筑、用地等相关信息条件，利用数据库与地理信息平台分析停车供需特征，力争实现普查成果的精确性、数据分析的高效性、成果展示的友好性。实践与研究成果可为其他城市开展此项工作提供参考借鉴。

关键词：停车普查；普查数据库；供需分析；交通大数据；“互联网＋”

1 引言

随着城市机动化水平快速发展，截至2018年底，全国机动车保有量达3.27亿辆，有24个城市的机动车保有量超过200万辆（图1）。沈阳作为东北地区中心城市与特大城市①，也大步迈入200万辆以上梯队，机动车保有量超过230万辆。高强度的机动化为城市经济发展带来动力，也为人们生活带来便利，但作为一把双刃剑，机动化的迅猛发展给城市动态与静态交通系统带来了前所未有的考验，“行车难”“停车难”问题日益突出。

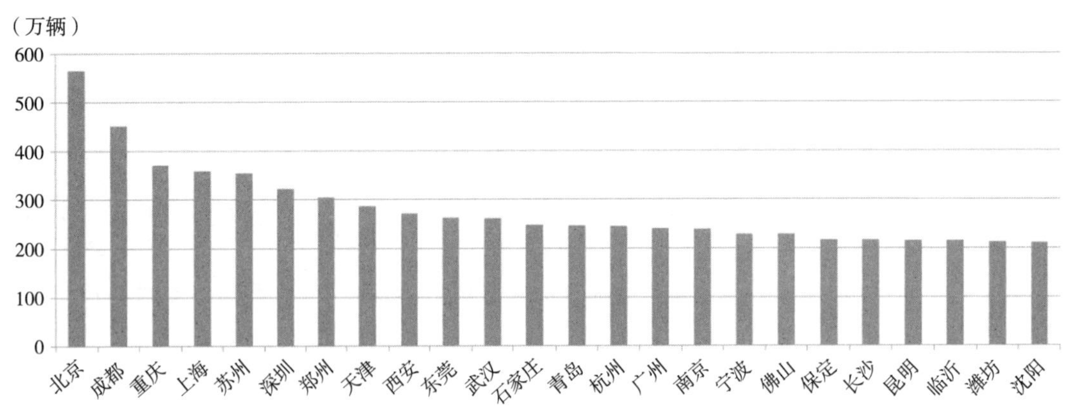

图1 机动车保有量超过200万辆的城市分布图

受各方条件及重视程度等方面因素的影响，沈阳市从未开展过全市范围内的全样本停车普查与调查工作，基础数据不清晰，“停车难”症结把脉不准，导致规划建设系统性不足，项目难接地气，停车设施供需矛盾突出的紧张局面并没有得到有效缓解。为系统摸清“家底”，掌握基本的设施供应和停车需求，切实缓解城市“停车难”窘境，推进停车供给侧结构性改革，贯彻落实《城市停车设施规划导则》（建城〔2015〕129 号）提出的“每 5 年进行一次全市性普查”的具体要求，沈阳市组织开展了第一次全市范围的停车普查工作。

普查工作应尽量实现精准的工作组织流程与标准化的数据采集格式。相较于传统的普查与调查工作，沈阳市本次普查外业与内业工作过程中更多地利用交通大数据与互联网技术，在各项工作过程中找到合适的新技术手段加以应用，确保数据采集的精确性、数据筛选与分析的高效性、数据展示的友好性。

研究将从沈阳市停车普查外业工作实践、信息数据库构建、内业数据分析三大板块开展探索工作，既体现出针对沈阳市开展停车普查的定制性特征，又为其他城市开展相关工作形成普适性经验以供参考。

2　停车普查外业实践探索

依据《城市停车设施规划导则》（建城〔2015〕129 号）要求，停车普查工作重点为城市集中建设区，故本次普查工作范围为沈阳市中心城区范围。按照停车位置，将本次普查工作划分为路外建筑物停车设施普查与路内停车设施普查两部分。传统普查工作的核心问题主要集中于两点，一是如何保障普查样本的完整性，二是如何确定普查人员的工作进度、工作量及工作态度。

为克服传统普查的缺点，沈阳市停车普查外业工作共分为 7 项主体内容，考虑到时间节点的可重叠性，将主体内容合并为五个阶段进行展开。7 项外业工作具体分为摸底普查样本、设计调查问卷、开发普查应用程序（APP）、开展试调查、履行备案程序、组织普查培训、开展外业。其中，摸底普查样本、设计调查问卷、开发普查 APP 这 3 项工作可作为第一阶段同步开展，后续 4 项工作按时间延续，各占一个阶段。具体工作流程如图 2 所示。

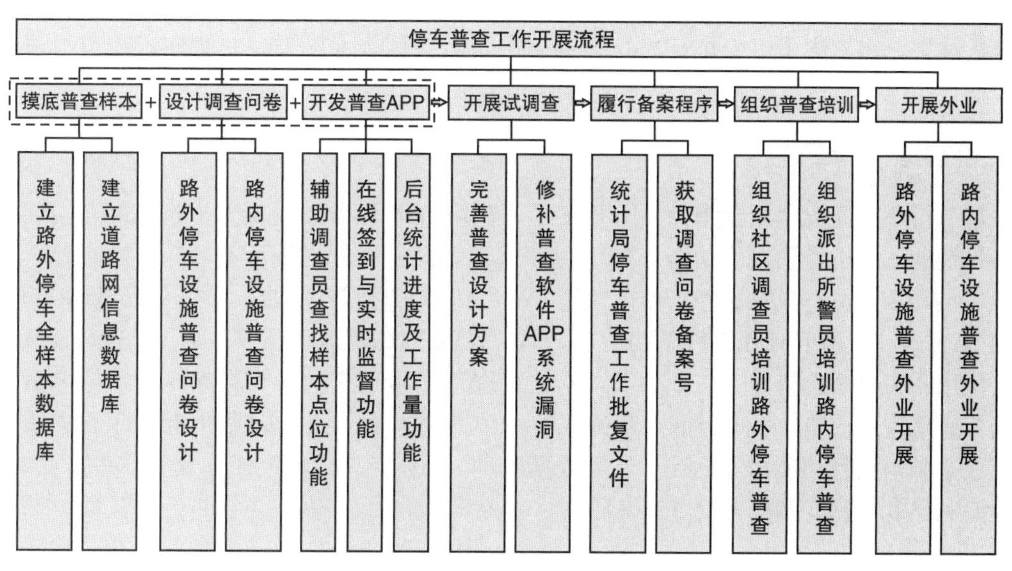

图 2　沈阳市停车普查外业工作流程图

2.1 摸底普查样本

为保证中心城区范围内路外普查建筑样本的完整性，本次普查工作基于沈阳市 1∶500 地形图进行样本确认；以地形图为基础，基于地理信息系统（GIS）建立路外停车普查样本（建筑物）面域大数据库，共包括路外停车场样本 11000 余个，面域属性包括建筑名称、面积、建筑性质等；基于沈阳市现状交通路网模型建立路内停车普查大数据库，包括路段 ID 共计 8000 个。

2.2 设计调查问卷

问卷设计有着极其严格的操作程序。它不仅需要清晰地界定所研究的问题，仔细推敲问题的措辞，而且还需要对问题的信度和效度进行必要的评估。综合考虑调查员工作任务量、进度安排、操作性等因素，问卷在保证获得所需信息的基础上，应尽可能简洁易懂。

路外停车调查表格共分 4 项基本内容，分别是停车场所属建筑物（小区）基本信息、停车位供应信息、停车位需求信息、其他相关信息。停车场所属建筑物（小区）基本信息需要填写建筑物（小区）名称与编号（技术部门提供）、物业管理公司名称、物业性质及对应建筑面积、居住类物业户型及对应户数等；停车位供应信息栏需要填写停车场类型、对外开放类型、停车泊位数量（包括地下/地面/机械立体式）、停车计费方式及收费标准等；停车位需求信息栏需要填写 4 个调查时间段具体的停车数量，包括工作日 9:00—11:00 小汽车停放数量、工作日 21:00 以后小汽车停放数量、休息日 13:00—16:00 小汽车停放数量、休息日 21:00 以后小汽车停放数量；其他相关信息栏主要填写充电桩与停车诱导系统设置情况。

路内停车调查表格共分 2 项基本内容，分别是路内停车泊位基本信息、路内停车需求信息。路内停车泊位基本信息栏需要填写道路名称、起终点、黑色路面划线泊位数量、路缘石（马路牙）上方划线泊位数量等；路内停车需求信息栏需要填写 4 个调查时间节点路内与路侧具体的停车数量，包括工作日 9:00—11:00 小汽车停放数量、工作日 21:00 以后小汽车停放数量、休息日 13:00—16:00 小汽车停放数量、休息日 21:00 以后小汽车停放数量。

依据沈阳市动态交通出行与静态交通停放特征抽样调查，结合手机信令、微信大数据职住平衡分析结果，得出沈阳市工作日 9:00—11:00、休息日 13:00—16:00 时间段内出行停车需求最为旺盛；工作日、休息日 21:00 以后刚性停车需求最为旺盛。

2.3 开发普查 APP

项目组与东软开发团队合作，共同开发了“沈阳市停车调查”APP。软件重点实现三大功能：一是辅助调查员查找点位功能，APP 基于高德地图开发，内嵌所有普查样本点位，具备导航功能，指导调查员查找目标停车场；二是在线签到与实时监督功能，调查员只能在停车场 200 米范围内通过手机 APP 使用在线签到功能，同时 APP 内相机启动及照片上传功能仅能在指定时间节点使用；三是后台统计工作量功能，本次普查工作属于有偿雇佣服务性质，APP 后台可实时观测普查进度与质量。“沈阳市停车调查”APP 在整个普查外业过程中起到了至关重要的作用，在线签到与监督功能切实把控了外业数据质量。目前，“沈阳市停车调查软件 V1.0”软件著作权专利已获国家专利局批复（图 3）。

（1）登录界面　　（2）选项界面　　（3）地点查询界面　　（4）图片上传界面　　（5）著作权登记证书

图3　“沈阳市停车调查”APP操作界面及软件专利

2.4　开展试调查

项目组开展了为期半个月的试调查工作，进一步完善了普查方案，修补了软件系统漏洞，避免正式开展外业时产生相关的消极问题，影响普查质量。

2.5　履行备案程序

为保证停车普查工作的合法性，项目责任部门市建委出具了《关于开展我市机动车停车泊位普查工作的函》。2017年11月，市统计局正式批复了停车普查，发放了调查表格批号，并对调查工作手册进行了备案。

2.6　组织普查培训

路外（建筑物）停车设施普查：采取“市政府牵头—各区政府统筹—街道办事处组织—社区执行”的四级工作模式展开，调查成果加盖街道、社区两级公章，返至区政府，由区政府收集整合，报至市政府。依据普查成果质量，严格落实追责制度。

路内停车设施普查：采取“市政府牵头—公安局统筹—派出所执行”的三级工作模式展开，调查成果加盖派出所公章，返至各区公安局，由区公安局收集整合，报至市公安局。依据普查成果质量，严格落实追责制度。

2017年11月，项目组对880名社区调查员分批次进行了路外停车普查培训；对300名派出所警员进行了路内停车普查培训。为保证调查人员的工作质量，路外停车普查原则上要求调查员年龄不超过40岁，路内停车普查原则上要求是编制内警务工作人员且年龄不超过40岁。

2.7　开展外业

按普查工作进度要求，各区街道办/社区与各分局派出所用时10天完成了外业普查。外业工作开展期间，项目组通过软件后台实时监督工作进展，同步安排专人进行现场抽查。

3　停车普查信息数据库构建

停车普查外业返回数据信息涵盖1.1万个路外停车场约50万条属性信息，8000余条道路路段约11万条属性信息。将路外停车场、道路停车的泊位供应与需求信息全部入库，形成停车普查大数据库。

（1）数据库坐标系选取。坐标选择 WGS84 经纬度，一是方便与沈阳市交通模型文件无缝对接，实现道路网动态交通运行与静态停车供需信息集于一体；二是与高德坐标系一致，方便共享高德开源的各种性质信息点（POI）位、建筑信息及其他相关信息，以便于利用相关大数据进一步挖潜停车供需特征。

（2）数据库层文件。停车普查数据库包含路外停车全样建筑层、路网数据层（路内停车样本层）、派出所辖区地理信息层、社区边界地理信息层、街道办与功能区地理信息层、行政辖区地理信息层、建筑轮廓信息层等。地理信息层文件涵盖点、线、面 3 种类型。

（3）数据库属性信息。除路外与路内停车普查供需成果信息外，数据库中还包括人口、就业岗位、建筑、公共交通和动态交通（速度、流量、饱和度）等属性信息。

4 停车体系供需特征研究

4.1 停车位总体供应能力分析

依据普查结果，沈阳市中心城区停车泊位总数 120.7 万个。按停车位置划分，路内泊位 9.4 万个、路侧泊位 13.6 万个、路外泊位 97.7 万个；按行政区域划分，停车总量分布由多至少依次为浑南区（22.8 万个）、铁西区（20.7 万个）、于洪区（16.1 万个）、和平区（14.5 万个）、沈河区（14.3 万个）、皇姑区（11.1 万个）、大东区（10.3 万个）、沈北新区（6.6 万个）、苏家屯区（4.3 万个）；考虑到未来停车泊位的统一运营与维护，将本次普查成果按服务对象进行划分，其中自用泊位 76 万个，公共泊位 45 万个（包括政府管控泊位 12 万个，即路内泊位、“P＋R”停车场、风景名胜、火车站、长客站、政府投资停车场等）。

4.2 路外停车泊位建设形式分析

现状路外地面泊位 48.9 万个、地下泊位 48.4 万个、机械立体 0.44 万个。由普查结果可以看出，沈阳市机械立体停车设施发展相对落后，立体停车场仅 26 处，泊位 4400 个，占路外地面泊位总数的 0.90％，远低于国内 5％的平均水平（图 4）。

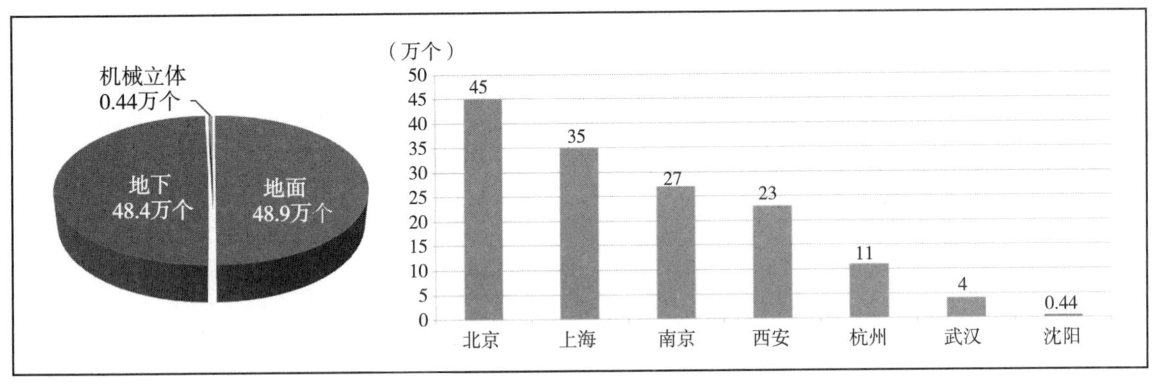

图 4　停车泊位建设形式与国内城市立体停车泊位数量对比图

4.3 路内与路侧停车泊位分布特征分析

路内泊位主要分布于支路，路侧泊位主要分布于干路。路内泊位 9.4 万个，其中 6.4 万个泊位分布于支路，约占路内泊位的 68%；路侧泊位 13.6 万个，其中 9.8 万个泊位分布于干路路侧，约占路侧泊位的 72%。

4.4 停车缺口分析

在《城市停车规划规范》（GB/T 51149－2016）中，停车位供应总量应为车数量的 1.1～1.3 倍，此计算方法采取经验值形式，未充分考虑停车泊位与停车需求之间的空间分布关系。本研究停车缺口计算方法为路内违章停车数、路侧无泊位停车数、路外无泊位停车数之和，即全部无泊位停车的数量总和。停车理论缺口为白天停车缺口与夜间停车缺口之和，即白天与夜间路内违停、路侧无泊位停车、路外无泊位停车数量总和，剔除白天与夜间同一地点重合的无泊位停车数量，即为实际停车缺口。沈阳市停车泊位理论缺口为 70 万个，实际缺口为 50 万个。依据统计分析结果，夜间缺口为 42 万个，白天缺口为 28 万个，其中夜间与白天缺口重叠 20 万个，故实际缺口 50 万个。

夜间缺口（42 万个）违章停车主要分布于小区内部及周边道路，包括路内违停 9 万个、路侧无泊位停车 14 万个、路外无泊位停车 19 万个；白天缺口（28 万个）违章停车主要分布于办公单位及周边道路，包括路内违停 8 万个、路侧无泊位停车 12 万个、路外无泊位停车 8 万个。

4.5 闲置地下停车资源分析

现状闲置地下停车泊位达 15 万个，其中住宅地下闲置泊位 12 万个，商业地下闲置泊位 3 万个。

住宅地下停车泊位闲置主要分两种情况：一种是因为停车泊位售价过高（部分地区车位单价超过 30 万元），地下停车资源销售滞后，导致周边道路违停严重；另一种主要集中于核心区外围，如沈北新区、浑河新城等地区，因入住率较低，存在无停车需求的闲置泊位 3 万个。

商业地下停车泊位闲置也分两种情况：一种是因效益不佳，商场及综合体结束经营，导致停车资源闲置 0.4 万个；另一种情况是因停车价格杠杆失衡，地面停车泊位收费过低，与地下停车泊位形成恶性竞争，以及停车诱导系统缺失致使泊位闲置，共计 2.6 万个。

4.6 停车共享分析

现状停车共享程度、智能水平低。具备共享条件的泊位 22 万个，已实现共享泊位 6 万个（夜间 1.5 万个、白天 4.5 万个），仅占 27%。现状共享车位主要来自无物业管理的开放居住小区与办公单位，无停车智能共享平台。具备共享条件而未共享的泊位 16 万个，主要包括夜间办公与商业可开放停车场 700 处，可共享泊位 9 万个；白天居住小区可开放停车场 500 处，共享泊位 7 万个。

4.7 新老城区停车矛盾分析

新老城区停车矛盾差异明显。老城区停车缺口大、重点区域矛盾突出，因人口与就业岗位密集，老城区停车矛盾主要集中于老旧小区、办公单位、重点商圈、三甲医院、中小学等五类区域；新城区停车缺口小，地下空置、地面混乱，因新城区开发相对较晚，执行的停车配建指标为新版标准，故停车缺口小，但地下空置率高，路内违停严重。现状二环内居住区地下停车场空置率为 24%、二环外居住区地下停车场空置率为 45%，沈北新区居住地下停车场空置率更是高达 75%。

4.8 在建停车泊位分布特征

2011 年以来，沈阳市已批未建成未投入使用的停车泊位为 14.7 万个，在建泊位主要分布于沈北新区、于洪新城、大浑南、核心区金廊沿线等区域；配建形式以地下泊位为主，外围区域分布一定数量的地面泊位。

5 结语

停车普查外业工作的开展与内业数据信息的分析均需多方共同努力。为实现普查成果的精确性、数据分析的高效性、成果展示的友好性，交通大数据、“互联网＋”、信息化等主流技术必不可少。沈阳市停车普查相较于传统的普查工作，其建立了停车普查大数据库，确保普查样本的完整性；特色化定制开发了专用 APP，针对调查员可以实现辅助导航与在线签到功能，针对管理者可以实现后台监测功能，确保外业工作高质量展开；建立多层信息化文件，从人口、岗位、区位、建筑、用地等不同维度剖析普查成果，通过地理信息平台进行展示。因项目课题时间紧、任务重，本次普查工作采用纸质填报方式（加盖责任单位公章），后续研究与实践建议采用无纸化作业形式，开发电子问卷，结合地图定位功能，进一步提升工作效率与普查精度。

［注释］

①依据《国务院关于沈阳市城市总体规划的批复》（国函〔2017〕92 号），沈阳是东北地区重要的中心城市。依据《国务院关于调整城市规模划分标准的通知》（国发〔2014〕51 号），城区常住人口 500 万以上 1000 万以下的城市为特大城市。

［参考文献］

［1］公安部. 截至 2018 年底全国机动车保有量达 327 亿辆［EB/OL］.（2019-01-12）［2020-06-06］. http：//auto. gasgoo. com/News/2019/01/12090418418I70083140C102. shtml.

［2］郑浩南. 城市停车问题研究与武汉缓解停车难的具体实践［EB/OL］.（2019-07-12）［2020-06-06］. https：//m. sohu. com/a/326290868 _ 492534.

［3］赵明宇. 城市停车设施普查定制化解决方案［C］//中国城市规划学会城市交通规划学术委员会. 交通变革：多元与融合：2016 年中国城市交通规划年会论文集. 北京：中国建筑工与出版社，2016.

［4］福勒. 调查问卷的设计与评估［M］. 蒋逸民，译. 重庆：重庆大学出版社，2010.

［5］中华人民共和国住房和城乡建设部，中华人民共和国国家质量监督检验检疫局. 城市停车规划规范：GB/T51149—2016［S］. 北京：中国建筑工业出版社，2016.

［作者简介］

范东旭，高级工程师，任职于沈阳市规划设计研究院有限公司交通所。

刘威，教授级高级工程师，沈阳市规划设计研究院有限公司副院长。

赵云龙，教授级高级工程师，沈阳市规划设计研究院有限公司生产经营处主任。

普惠型社区养老服务机构规划建设的思考

——以成都中心城区为例

□尹伟，潘铎文

摘要：以成都市三环内的养老服务机构为研究对象，收集其具体数据及空间分布地域、收费、类型，运用地理信息系统（GIS）进行空间制图并对数据进行分析，从普惠角度对成都三环内的养老服务机构规划提出建议。

关键词：普惠养老；养老服务机构；规划建议

1　背景

随着老年人数量逐步攀升，我国正大步迈向老龄化。2009—2018年，全国65岁以上老人已经从11307万人增长至16658万人（图1），增长了5351万人。在未来较长的一段时间内，我国老龄化水平升高的势头将继续上涨。预计到2020年，我国的老龄化水平会上升到17.17%，老年人数量达到2.48亿。随着我国老年人数量急速膨胀、比例升高，失能老人问题愈发突出。2018年底，我国有超过4400万的失能与半失能老人，占老龄人口的17.6%。在老龄化快速发展的背景下，失能老人数量剧增将带来巨大的问题。

目前，成都市的户籍人口达到1476万，60岁以上人口315万，老龄化率达21.35%。其中，有42万人年龄在80岁以上，失能、半失能老人达12万人。在老龄化率上，成都排在全国前列。成都市每千名老人平均享有12.13张养老服务机构床位，养老服务机构平均入住率达到了66%，但不同的养老服务机构入住率有巨大差距，入住率低的仅有9%，高的则达到100%。仅仅看入住率方面，成都市有充足的养老服务机构床位供给，但考虑到成都市极不均衡的养老服务机构入住率，许多区域的养老服务机构床位依然供不应求。现阶段中国的养老为“9073”模式（90%的老人在家里由亲人养老，7%的老人在社区内享受居家养老，3%的老人由机构照顾日常生活），选择机构养老的大多为失能、失智的老人。如果成都市的养老服务机构无法满足其养老需求，这些无法进入养老服务机构享受照顾的老人将带来巨大的社会问题。

普惠型养老以公平为核心，确保所有老人在养老上有相等的权利、享受最基础的服务。基于我国仍将长期处于发展中国家的国情，本文从老年人最基本的养老服务需求入手，制定出一条公平的“底线”。在“底线”之上，每一个老年人都能保有平等的养老权利。“底线公平”表现的不是微观含义上个体的公平，而是宏观视角下集体的公平；“底线公平”虽然与每个个体的自身利益挂钩，但它并非着手于解决个体间的矛盾，而是社会与个体之间的权责关系及政府与社会和个体之间的权责关系。在普惠型养老服务的大背景下，首先要满足处于“底线”水平下的老人的养老服务需求，之后再来保障其余的养老服务。这就意味着，失能、失智老人与需要日托的老人数量增多的情况出现后，养老服务机构规划的当务之急是如何填补其造成的巨大的养老空缺。

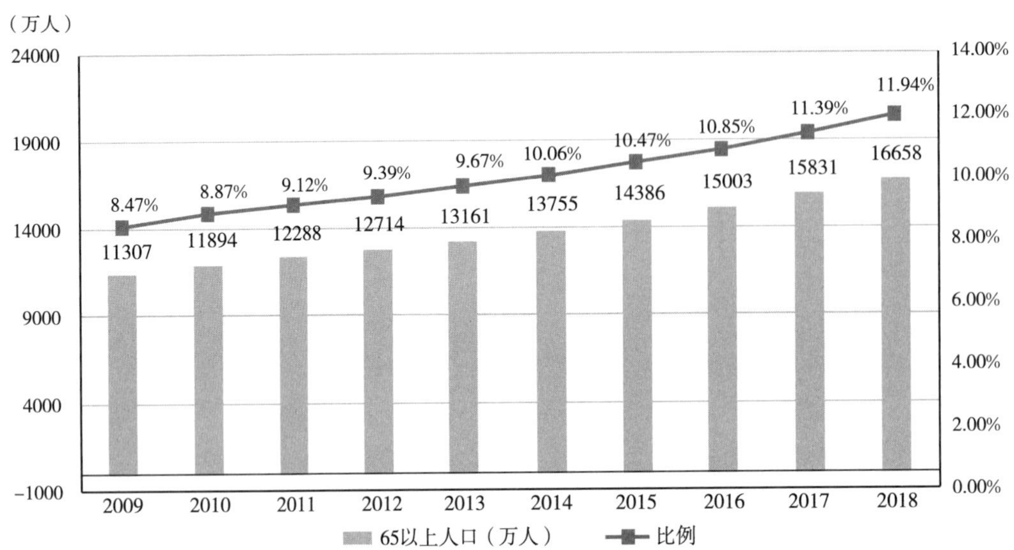

图 1　2009—2018 年我国 65 岁以上老年人数量及老龄化趋势

当前中国主要的养老模式有以下三种方式。①机构养老：综合服务设施提供老人居住场所，企业或者福利机构照顾其日常起居。②家庭养老：在家中由子女照顾其生活。③社区养老：以社区为基础，老人居住在家中，主要受到家人照料，同时服务人员或志愿者上门提供帮扶（表1）。本文研究的便是成都市三环内的机构养老与社区养老服务机构在空间上的分布是否满足当地养老需求。

表 1　中国主要的养老模式及优缺点分析

养老模式	机构养老	家庭养老	社区养老
概念	指综合服务设施提供老人居住场所，企业或者福利机构照顾其日常起居	老人居住在家中，由子女照顾日常生活	以社区为基础，老人在家中于家人照料，同时服务人员或志愿者上门提供帮扶
优点	减轻养老压力，能给老人提供专业的日常生活照顾及医疗护理	符合“父母养育子女，子女赡养父母”的中国传统观念	老人在不离开熟悉的生活圈的同时，能享受到专业化的服务
缺点	与传统观念不符合，对政府与社会的经济压力较大	不能时刻给老人提供帮助，对子女的养老压力较大	大多数社区养老服务设施滞后，养老服务模式没有形成统一可行的模式

2　成都市养老服务机构建设的问题分析

2.1　成都市养老服务机构空间分布与老龄人口分布脱轨

老人的活动范围有限，在条件相同的情况下老人更倾向于离自己家更近的养老服务机构，因此在老龄人口数量大的地方应布置更多的养老服务机构。根据成都养老服务网发布的成都养老服务机构地图，成都市三环内一共有养老服务机构 77 所，本文利用百度地图应用程序接口（API）坐标拾取器选取各个养老服务机构的坐标，运用地理信息系统（GIS）绘制出三环内养老服务机构空间分布图（图 2）。在空间分布上，养老服务机构显示出了不平衡的特征。以芳草街街道为例，芳草街的特点是建成时间早、辖区面积广、人口基数大且老年人比例高，但芳草街街道仅有 3 处养老服务机构，分别为成都华南颐养持续照护中心、高新区芳草街道助老服务中心与玉林街道办玉林老年公寓，共有床位 366 张。基于我国“9073”的养老模式，玉林街道应提供 1080 张床位，需求远远大于供给。而在建成时间较晚的锦江区经天街，也配置了 3 处养老服务机构，但是经天街的养老服务机构面积、服务人口远少于芳草街。三环内的养老服务机构呈现数量与周围老龄化率不相符的状况。

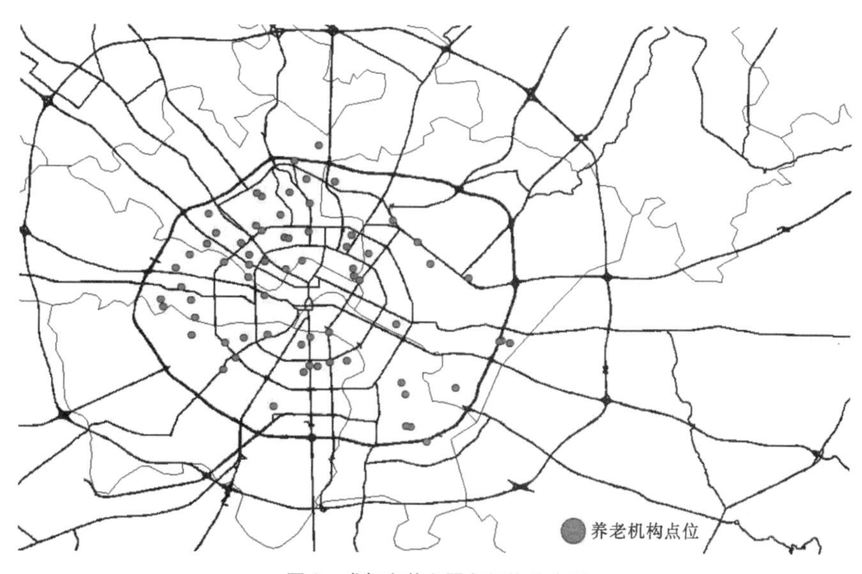

图 2　成都市养老服务机构分布图

2.2　成都市养老服务机构空间布局与供需关系的特征分析

养老服务机构的缺少会直接导致可供选择的养老服务机构与服务类型减少，老人无法享受到多元化的养老服务，严重的会导致老人没有养老服务机构可去。《成都养老服务业发展“十三五”规划》（以下简称《养老规划》）中规定，5000 户左右的居住区应配置 10 张床位以上的微型养老服务机构；3000 户左右的居住区应建设日间照料中心，每处用地面积不小于 100 平方米/千人。若平均每户 3.2 人，即每 0.96 万～1.6 万人设立一处养老服务机构，每处服务的人数约为 1.3 万人。如表 2 所示，目前建成的养老服务机构数量离理想中规划的数量相差巨大。锦江区实际配置的养老服务机构数量虽然最多，但也没能达到规划标准的一半。此外，《养老规划》提议的数量配置是按常住人口计算，而在现实中，各个街区都有独自的老龄化特点。例如，金牛区老龄人口数量排成都市前列，几乎每5位居民里就有1位老年人，理应配置更多的养老服务机构。不谈每个区域都有独自的老龄化特点，如今成都市三环内的养老服务机构空间布局远无法满足养老需求。

表2　按照《养老规划》计算各区应配置的养老服务机构数量（截至2018年）

地区	人口（万）	应配养老院数（处）	实际配置养老院数（处）
锦江区	121.1	93	46
金牛区	108.3	83	34
青羊区	84.1	64	22
武侯区	53.7	41	9
成华区	94.5	72	14
高新区	112.6	86	5
龙泉驿区	85.95	66	14

注：部分区不完全在三环内。

3　养老服务机构相关要素在空间上的特性

3.1　价格要素在空间上的特性

老人的收入有限，价格因素会大幅度影响养老服务机构对老人的吸引力。成都市三环内的养老服务机构的服务价格在2000～13600元/月之间。把养老服务机构按每月平均价格由低到高划分为五类，数量占比分别为34%、23%、20%、22%、1%（表3）。成都市养老机构处于2000～3000元/月价位的最多，10000元/月以上的针对富裕老人的机构数量极为稀少。在空间分布上，西部与北部的养老服务机构价格偏低且数量较多，南部与东部数量较少且价格偏高。成都市三环内西部与北部的人口远高于南部与东部。成都市三环内的养老服务机构在价格分布上面与人口数量呈负相关，在数量分布上与人口呈正相关。

表3　养老服务机构价格

收费类型	数量（处）	占比（%）
一类（2000～3000元/月）	25	34
二类（3001～4000元/月）	17	23
三类（4001～5000元/月）	15	20
四类（5001～10000元/月）	16	22
五类（10000～13600元/月）	1	1

注：本次调研77所养老服务机构，其中74所有价格信息。

3.2　类型要素在空间上的特性

由于国家对于公办与民营养老服务机构的支持力度不同，公办养老服务机构的硬件配置远高于民营。由于趋利避害性，老人往往会选择硬件更完善、服务水平更好的公立养老服务机构。

三环内一共有三种类型的养老服务机构：公办养老机构、公办民营养老机构、民营养老机构（表4）。各类养老机构在数量上不平衡，公办民营与民营的养老机构数量几乎相等，而公办的却屈指可数。从空间分布上看，民营养老机构在三环内分布较为均匀，涵盖了大多数的街区，但主要集聚在一环以外；公办民营养老机构主要分布在三环内的西部与北部，南部与东部数量极少；公立养老机构有3所，在二环以外的南部地区。

表4　养老服务机构的不同类型

养老机构类型	数量（家）	占比（%）
公办养老机构	4	5
公办民营养老机构	37	48
民营养老机构	36	47

3.3　规模要素在空间上的特性

养老服务机构的规模是规划中极其重要的一点。研究一共搜集到三环内77家养老服务机构中63家的床位数据，按床位数多少将其分为小型、中型、大型三类（表5）。从数量上来看，小型的养老服务机构最多，一共47家。从不同规模的养老服务机构布局来看，小型养老服务机构在大多街巷都有散布且在三环内的北部有汇集；中型与大型养老服务机构主要在南部的一环与三环之间。可见，成都市三环内人口较密集的区域，养老服务机构规模以小型为主流，规模十分有限；而在人口相较较少的区域，则是以中型规模的养老服务机构为主，大型养老服务机构为辅的结构。

表5　养老服务机构的不同规模

养老机构规模	数量（家）	比例（%）
小型	47	75
中型	14	22
大型	2	3

4　养老服务机构规划革新建议

通过对成都市三环内养老服务机构建设中的问题及相关要素的解析，本文提出如下几个建议，希望能对成都市三环内养老服务机构规划有所帮助。

4.1　通过新建加改造的方式解决供需问题

在可建设用地富裕的区域增加养老服务机构，扩大覆盖率。而在可建设用地稀缺、建筑容积率低、建筑密度高且土地金贵的老城区，完全用新建养老服务机构来满足养老需求是不现实的。在老城区无法过多建设养老服务机构的条件下，应使用老旧建筑改造的方法满足供需缺口。政府要积极引导各界力量对于活力下降的老旧建筑进行养老改造，增加养老服务机构，有效缓解老城区养老供需关系紧张的问题，甚至有可能出现“夕阳红”、激发老城活力的情况。不过需要重视的是，大多数老旧建筑存在质量问题，而且在配套设施方面也缺少针对老年人的养老设计。在对老旧建筑进行养老改造前还需对相关设施进行完善。

4.2 因地制宜，按照当地老龄化情况规划养老服务机构

结合当地现状进行养老服务机构的规划，在老龄化率高的片区，在提高质量的前提下增加数量，合理削减养老服务机构的规模，将“臃肿”的养老服务机构“均摊”进所有社区，增加养老服务机构的覆盖率，促进老年人口的扩散。在老年人口比例较低的区域，预留好可建设用地。

4.3 对生活难自理老人提供优惠政策

政府向企业购买经济困难老人与失能、半失能老人的养老服务，为老人们提供无偿或低收费的供养、护理服务，让困难老人能够享受到基础养老服务。

养老补贴从“补床头”到“补人头”。从以养老服务机构床位数量进行补贴，到按照养老服务机构入住率来对养老机构进行补贴，达到降低床位空置率、提高养老服务机构入住率、促进养老服务优化的目的，让困难老人的养老门槛降低。

5 结语

我国养老事业规划中，主要的目标之一便是完善多支柱、全覆盖、更可持续的社会保障体系，将普惠视作我国养老服务建设中的重点。我国老龄化问题愈发严峻，“421”家庭占比逐步增高。为了填补巨大的供需缺口，满足普惠的养老目标，机构养老已经逐渐变成了普惠型养老中的主要选择之一。应充分地发挥养老机构的能力，以有效弥补传统家庭养老功能退化留下的空缺。但是如今机构养老依然存在着数量不足、空间分布不协调、收费标准不统一的问题，要想顺利推进普惠型养老的建设、充分激发机构养老的潜力，还得靠政府宏观的引导规划。

[参考文献]

[1] 西南财经大学天府学院康养护理学院，四川天府老龄产业发展研究中心. 养老大数据：2019 成都市养老机构评价报告 [R/OL]. (2019-01-24) [2020-06-05]. http://kyhl.tfswufe.edu.cn/article-xyxw-2049.html.

[2] 景天魁. 大力推进与国情相适应的社会保障制度建设：构建底线公平的福利模式 [J]. 理论前沿，2007 (18)：5-9.

[3] 陈永杰. “普惠养老”须瞄准“刚需”老人 [N]. 21 世纪经济报道，2019-02-26 (4).

[4] 柳键，舒斯亮. 地理位置对公办养老机构与民办养老机构竞争关系影响研究 [J]. 华东经济管理，2014 (5)：31-36.

[作者简介]

尹伟，西南民族大学建筑学院副教授。

潘铎文，西南民族大学建筑学院本科生。

第五编

乡村振兴规划与发展

传统村落保护发展研究进展与展望

□王伟武，王智伟

摘要：传统村落中蕴藏着丰富的历史信息和文化景观，是中国农耕文明留下的最宝贵遗产。本文从保护与发展并举的视角出发，回顾并评述了国内外传统村落保护工作的发展历程、研究理论与方法以及技术应用动态，揭示了当前我国传统村落发展与保护之间的矛盾关系及其机理，指出了传统村落保护中目前存在的问题与不足，并从法律法规保障、规划体系构建、监督管理工作、教育参与等多层面展望了我国传统村落保护发展的未来走向。

关键词：传统村落保护；理论与方法；未来走向

传统村落体现着当地的传统文化、建筑艺术和村镇空间格局，反映着村落与周边自然环境的和谐关系。可以说，每一座蕴含传统文化的村落，都是活着的文化遗产，体现了一种人与自然和谐相处的文化精髓和空间记忆，同时也是不可再生的、潜在的旅游资源，是发展乡村旅游、创新农村农业发展道路的基础。本文在全面梳理国内外近 15 年传统村落保护相关文献的基础上，评述国内外传统村落保护工作的发展历程、理论与方法以及技术应用动态，指出我国传统村落保护与发展目前存在的问题和不足，并对未来研究的走向进行了展望。

1　传统村落保护发展的国内外研究动态

1.1　国外动态

国外学者针对传统村落保护主体的选择研究主要分为两类。一些学者相信政府作为主导力量是传统村落保护的核心，Tas Murat 等国外学者就提出了政府参与治理的模型，研究对于保护和复苏历史资源及村落的可持续发展都具有重要的作用。另一些学者认为乡村的自我治理才是促使传统村落和谐发展的重要推手，譬如 Coggins Chris 等学者论证了有力的乡村自我管理是村落健康稳定发展的保护力量。

依托村落特色资源，以旅游促发展成为传统村落保护发展的最重要选项和最常见的课题，国外学者研究了不同区域旅游业的影响，得出了不同的结论。部分学者认为旅游产业是传统村落摆脱贫瘠、快速发展的捷径。如 Sluman 认为，旅游业的发展能够让遗产得到资金和政策上的支持，使保护得到持久的经济来源；Bruce Young 提出了旅游和景观的相互影响模型，验证了旅游能够促使村落景观变迁。另一部分学者认为，旅游产业或许是传统村落保护发展的重要选项，但却不是唯一选项，过度的旅游式开发对于村落发展有害无益。如 David A. Fyfe 等学者通过研究纽约库珀斯敦村，驳斥了目前村落盲目与文化产业相结合的方式；Svensson Eva 等学者在研究瑞典韦尔姆兰兹的发展历程中，也建议若想寻求发展并保护自然与人文景观，应降低对旅游业的依赖，并采取与当地居民生活方式一致的方法。他们的辩证性思维和文化遗产与旅游结合的方式引起学界的普遍思考。

此外，传统村落保护发展工作需要多利益主体的参与，公众或者原住民的参与能够最大幅度的保存和提升传统村落的魅力。如 Nakamura Naohiro 等学者认为，保护本土文化遗产的有效途径之一是鼓励原住民自主参与环境影响评价，通过公众参与得到广泛的关注，提高规划建设的积极性。Shahrul Yani Said 等学者也认为，通过提高公众的保护意识，会在传统文化保护发展过程中有效发挥利益相关者的作用，再结合当地政府制定的相应政策，如建立保护带与缓冲带、进行文化古迹和旅游管理、引入好的筹资机制等措施，能够极大促进传统村落的保护研究。Azman A Rahman 通过调研马来西亚当地居民对于当地民居的保留态度，得出了 83%的遗产价值来源于民居建筑的结论，然后为保护和传承文脉遗产，提出了利用当地民居构建生活博物馆的想法。

国外学者对于传统村落保护发展的研究涉及了多个方面，主要针对传统村落保护开发主体、方式和参与对象进行研究。在传统村落保护发展主体方面，经历了从政府统一管理的方式到政府指导、村民参与的方式，最终过渡到乡村的自我管理；而对于传统村落保护发展方式，不管是建立静态博物馆还是发展动态民宿产业，其最终都是通过旅游带动传统村落发展，以村落发展联动资源保护，但是辩证地看待旅游产业与传统村落的结合也获得了当下学者们的认同。在经济效益主导的时代，传统村落保护发展工作往往由政府强制实施，学者们主要分析政府在传统村落保护中的具体参与途径和参与方式，但在文化价值主导的今天，公众参与和多利益主体的介入是传统村落保护发展的核心力量。

1.2 国内动态

1.2.1 传统村落的价值体系判断

传统村落的价值很大程度体现在物质形态方面，如传统村落的空间肌理、传统建筑及生态景观等。传统村落的空间肌理是其遗留的文化痕迹，具有独特的价值。曾卫基于国内外传统村落生态营建理论及实践的总结分析，从人地和谐角度对传统村落空间营建的生态思想及智慧内涵进行思考；毕会敏、戚欣等人分析了村落肌理在宏观、中观、微观层次中的演化过程。生态景观系统对于传统村落而言是其有别于城市环境的最重要特质。张琪以传统村落的整体构建方式、道路布局及住宅搭建形式，将传统村落的景观体系和民俗文化进行综合分析。在传统村落保护发展领域，建筑遗产保护是最早开展也是研究最为深入的课题。翁泽坤等学者认为，历史建筑物只有因地制宜、因材制宜、因族制宜地进行保护，才能有效持久地传承。

另外，文脉传承及民风民俗等非物质遗产是构成传统村落核心内涵的重要组成部分。即使物质条件极大丰富，但是失去传统民风民俗和村落文化传承的传统村落也就没有了保护的意义。在延续传承传统村落的文脉和塑造非物质文化方面，第一任务是要素的选择。柴书毓和高忠严基于传统生活空间的道德资源进行了研究，认为道德资源作为一种社会资源，是构建美丽乡村的必要因素，家谱、庙宇、书院等要素对村落具有一定的教化作用。而在传承非物质文化的具体作用上，杨力则将乡土民风引入其基因表达的成分中，论证了其在基因表达条件下对传统村落的影响，并在此背景下通过实例分析延续和复生传统村落的精神内涵；陈华文认为传统村落的文化重启能够让失去生命力的传统村落在完成转型后，通过文化重启和保护，获得自由生长的空间和向度，从而重新获得生命力。陈玥君、许镇辉则研究了四川古村落文化，借此解决城市现代化进程中四川以西地区汉族传统古村落快速发展与传承保护的矛盾。

1.2.2　传统村落的发展策略研究

传统村落的发展需要内外动力的共同推动，旅游产业越发成为乡村发展最重要的外在推动力，越来越多的传统村落趋向于选择旅游产业作为村落发展的最主要方向。针对旅游和产业的相互关系，部分学者如郭凯莹等人认为，乡村旅游发展的可持续、可循环的良性发展动力即是乡村的遗产价值，多利益相关者的协作模式强调了非政府组织在“活化”计划中的沟通作用，从而有效地解决发展与原居民之间的利益矛盾。吴应其认为，发展乡村旅游是实现传统村落价值的路径之一，并认为利用传统村落发展乡村旅游，既能使人们认识传统村落的价值，有利于宣传、弘扬传统村落文化，又能激发当地村民保护传统村落的兴趣。

文化内核、建筑遗产、管理制度等要素都是促进传统村落发展的内生动力。张建通过“基核”的概念，探讨了其特征和作用机制，从而分析传统村落保护发展的路径。林逸凡从文化资本再生产的角度出发，论证了传统村落的保护发展问题。李文龙建议通过村落传统建筑的改造及建造生态博物馆来恢复村落经济。戴林琳等学者认为，传统村落保护要采用动态保护的机制，对建筑遗产进行适当地开发利用，通过多样化的经营模式，恢复村落的经济功能和对应的生产、生活空间；政府部门与企业、个人、民间团体等多元主体进行协调，为村民提供更好的生活服务，制定传统村落的现代化经营模式，在保持传统特色的同时，让遗产空间恢复经济活力，实现村落遗产的功能活化。

1.2.3　传统村落的应用技术与研究方法

定性研究在我国传统村落研究体系中占据重要的位置，很多学者运用不同的理论尝试分析传统村落的保护发展问题。如王鑫鑫、朱蓉等人通过“城市触媒理论”的引导，寻找严家桥古村落触媒元素，尝试解决严家桥目前所处的保护开发停滞的尴尬境地；鲁琪等人讨论了 ASEB 栅格法对于传统村落保护开发的影响；李伯华研究了 CAS 理论下的传统村落人居环境演化，并得出了徘徊阶段、过渡阶段、剧变阶段等 3 个阶段的演化过程；张建借助场所理论探讨了传统村落保护方法，以实现多元价值取向协调下的保护方法研究。

在定性研究的基础上，学者们为研究传统村落的具体问题常常采用定量手段，如董艳平等人运用 GIS 针对山西省传统村落空间分布特征进行研究，指出山西传统村落的分布与山西特殊的地形地貌、河流分布、明清驿道、长城边防及各县市经济发展水平高低等因素有较高的关联度；邹君等人从“内损性—暴露性”2 个维度构建旅游型传统村落脆弱性影响因子集，运用解释结构模型对所构建出的 16 个因子进行分析，绘制出多级递阶有向图，从而得出旅游型传统村落脆弱性影响因子；陈驰等人以空间句法理论为基础，解读了芹川村空间形态特征与空间认知的内在联系；陈丹丹同样运用空间句法技术，借助 Depthmap 软件对祁门县渚口古村进行空间形态方面的定量分析，将该村落现状的空间形态与保护规划中的空间形态进行空间句法分析对比，以验证该规划在古村落空间形态保护更新上的合理性和有效性。

2　我国传统村落发展存在的问题和研究不足

2.1　传统村落保护的法律不健全

尽管从中央政府到地方，已经有部分关于传统村落保护发展的规范性法规，但是法律条文间存在规章重叠、空白等现象，无法形成系统的指导性文件，容易导致主体不明、保护乏力、肆意开发等现象，因此仅靠部门规章进行传统村落的发展保护工作已经无法满足当前的需求。

法律法规体系的提出和修改需要征询学者们的意见和建议，形成学者意见稿。诸多学者各抒己见，如游文亭从原真性保护、居民参与、文化认同3个立法角度来提出保护策略；连湘、翟倩妮从档案管理和立法角度强调传统村落保护发展的重要性。但是，对于传统村落保护发展的法律法规问题，没有统一的定论，所研究的主题也各有侧重，很难达成全面完善的成果。

2.2 规划体制不完善

我国目前的城乡规划体系已经逐步走向完善，形成了从全国城镇体系规划、省域城镇体系规划、城市总体规划、分区规划等宏观战略规划到控制性详细规划、修建性详细规划、村庄规划的中微观实施性规划整套流程。但是传统村落的规划目前均归纳在村庄规划大类中，忽视了其保护促发展的本质。段德罡构建了县域层面乡村振兴规划编制的研究体系；于洋、陈景衡等人从规划思想、设计技术、建筑风格、村落景致探讨了传统村落村庄规划技术实践问题。尽管这些学者对于乡村的规划体系进行了梳理和分析，但是在规划体系构建方面的研究还不够深入，对很多具体的策略性问题进行了回避或者和普通乡村的规划形式趋于雷同。

2.3 监督管理的缺失

在完善传统村落保护发展法律法规和规划体系的基础上，传统村落的保护发展工作还需要依靠严谨、强力的行政监管制度。将检查、评审、处理、整改等流程进行明确划分，以政府为主导，技术专家、传统村落村民、外来游客为客体都需要纳入整个传统村落的监督管理体系中，将遗产保护管理纳入规划管理体系，成为发展战略的重要组成；同时，主管部门的分散会导致监督管理的混乱。在传统村落的监督管理方面，学者们一方面没有提出技术管理标准的畅想，另一方面也没有构建出监督管理体系中的多方主体协作模式，在深度和形式上还有研究的空间。

2.4 教育宣传不到位

传统村落的保护发展工作不仅仅是政府的任务，更需要全社会的共同努力。因此，传统村落保护发展的宣传教育工作至关重要，有利于发动社会参与、提高民众参与的积极性。宣传教育最终目的是培养社会多元利益主体参与传统村落保护发展工作，形成以政府为主导、社会各界积极参与的模式，完成共建、共享、共治的传统村落新格局。然而传统村落宣传教育方面多侧重宣传口号的创建和推广，在公众参与激励制度和引导传统村落村民参与等方式上存在不足。

3 传统村落保护发展的未来研究方向和展望

3.1 传统村落保护发展法律法规的完善

首先，对于传统村落保护发展的法律法规不完善问题，全国人大应当制定出一部针对中国传统村落保护发展的专门性法律，并细化法律细则。随后由国务院主持，住房和城乡建设部、自然资源部、文化和旅游部、财政部等多部委参与制定行政法规，以解决实际保护发展工作中遇到的问题。如出台具有强制力的传统村落规范，对于传统村落的类型划分、划定标准、评审流程和资助额度进行规定。其次，各地方行政单位要依据相关法律法规，根据本土传统村落保护发展现状，构建地方性法规和自治法规。最后，县乡作为直接领导传统村落的行政单位，要切实落实法律法规的指导，实行县级主要领导负责，乡镇主要领导落实分工的制度，将传统村落的评级分档和负责官员的政绩挂钩，以确保传统村落的保护发展切实落到实处。

3.2　传统村落保护发展规划体系的健全

首先，应该明确保护与发展两大主题的重要性序列。传统村落的保护与发展要从产业基础、历史格局、管理体制等角度出发，综合考查、评价传统村落的土地权益、功能属性、环境特征和文保资源，其规划要做到和普通的村庄规划有所区别、有所侧重。其次，要将传统村落保护和发展规划与新型城镇化总体规划、美丽乡村建设规划相衔接。最后，传统村落也要从建筑空间总体设计角度进行空间规划，总体设计的思维出发点是空间整合，其逻辑是将村落与自然空间合归于一体，塑造村落三维空间，以山水格局梳理、整体空间框架建立等内容为核心。一方面，可以借助村落建筑空间设计的思路开展传统村落总体设计，形成村落总体发展基调；另一方面，对于传统村落的重要空间，如开放公共空间、绿化生态空间、文化遗存空间等运用城市设计或建筑设计的手段进行细节塑造，将理性的编制和感性的设计美感都融入传统村落规划体系中。

3.3　传统村落保护发展监督管理的加强

首先，在监管的技术标准层面，依据我国乡村振兴的新背景，结合各地实际地理特征和历史沿革，各地方政府应该加紧编制出台具有地方特色的传统村落保护发展条例，对传统村落的保护发展实施定性评定和定量评价，使得保护发展规划有的放矢。其次，在行政监督内容方面，以定量指标的测算和定性指标的评定为基础，涉及传统村落规划设计的内容、方法、深度、期限、进程、成果等方面。最后，在行政监管主体方面，自上而下层面需要规划建设、环保督查、财务审查等行政单位联合成立传统村落监督检查小组；自下而上层面则以传统村落村集体为主体，将村民的切身感受和专家学者的指导意见进行及时收集和反馈，确保传统村落的资金用在实处、政策落在要点，使传统村落的保护发展工作得到改善。

3.4　传统村落保护发展宣传教育的普及

首先，在政府层面，作为传统村落保护发展政策的制定者和监督检查体系的实施主体，政府部门要发挥领导作用和带头示范功能。各级党政机关干部尤其是基层干部应当深刻认识到传统村落保护的价值和开发的意义，增强文化保护意识和文化自觉，树立正确的保护观念。其次，身处当前的信息社会，多媒体和数字化技术为宣传教育提供了新的形式，要借助电子媒体如互联网等技术加强社会大众对传统村落及其文化遗存的保护意识和责任感，营造全社会重视传统村落文化遗产保护利用的良好氛围。最后，原住民是传统村落文化的传承主体，传统村落是与其息息相关的生活居住地，要借助政府教育和媒体宣传让他们意识到传统村落对于我国城乡体系构建、保护中华文明的重要意义，认识到传统村落的价值，自觉成为传统村落的守护者。

［本研究得到国家自然科学基金面上项目（5157848）资助。］

［参考文献］

［1］MURAT T. A participatory governance model for the sustainable development of Cumalikizik, a heritage site in Turkey［J］. Environment and Urbanization, 2009（1）：161-184.

［2］COGGINS C, CHEVRIER J, DWYER M, et al. Village fengshui forests of southern China - culture history and conservation status［J］. Asianetwork Exchange, 2012.

[3] SLUMAN B. Tourism，recreation and conservation [J]. Environmentalist，1985 (4)：306.
[4] YOUNG B. Touristization of traditional maltese fishing-farming villages：a general model [J]. Tourism Management，1983 (1)：35-41.
[5] FYFE D A. Birthplace of baseball or village of museums? The packaging of heritage tourism in Cooperstown，New York [J]. Journal of Sport & Tourism，2008 (2)：135-153.
[6] SVENSSON E. Consuming nature-producing heritage：aspects on conservation，economical growth and community participation in a forested，sparsely populated area in sweden [J]. International Journal of Heritage Studies，2009 (6)：540-559.
[7] NAKAMURA N. Towards a culturally sustainable environmental impact assessment：the protection of ainu cultural heritage in the saru river cultural impact assessment，Japan [J]. Geographical Research，2013 (1)：26-36.
[8] SAID S Y，AKSAH H，ISMAIL E D. Heritage conservation and regeneration of historic areas in Malaysia [J]. Procedia-Social and Behavioral Sciences，2013：418-428.
[9] 曾卫，朱雯雯. 传统村落空间营建的生态思想及智慧内涵 [J]. 小城镇建设，2018 (10)：79-84.
[10] 张琪. 胶东地区沿海传统村落的景观系统研究：以荣成市烟墩角村为例 [J]. 设计，2018 (23)：64-66.
[11] 毕会敏，戚欣. 豫北传统村落肌理演化研究 [J]. 河南建材，2018 (6)：349-351.
[12] 翁泽坤. 谁能拭去伤村之泪：亟不可待的中国传统民居与村落保护 [J]. 贵州大学学报 (社会科学版)，2009 (4)：145-150.
[13] 柴书毓，高忠严. 基于生活空间的传统村落道德建设资源研究：以山西阳城为例 [J]. 山西大同大学学报 (社会科学版)，2018 (5)：4-9.
[14] 杨力. 基因表达视角下传统村落的延续与新生 [D]. 重庆：重庆大学，2016.
[15] 陈华文. 文化重启：传统村落保护可持续的灵魂 [J]. 广西民族大学学报 (哲学社会科学版)，2018 (5)：47-52.
[16] 陈玥君，许镇辉. 四川古村落文化研究：以川西地区汉族传统古村落为例 [J]. 中国民族博览，2018 (10)：11-12.
[17] 郭凯莹，李美云. 村落活化在乡村旅游发展中应用分析：以香港荔枝窝村为例 [J]. 旅游世界 (旅游发展研究)，2016 (5)：71-75.
[18] 吴应其. 价值 • 问题 • 对策：涉台传统村落的保护发展 [J]. 农业考古，2016 (4)：260-264.
[19] 张建."空间基核"视角下的传统村落形态更新研究：以福建省琴江村为例 [J]. 福建工程学院学报，2012 (1)：76-80.
[20] 林逸凡. 基于城市文化资本理论的闽南传统村落保护更新研究：以福建省平和县芦丰村为例 [J]. 城市地理，2016 (18)：263-264.
[21] 李文龙. 基于遗产活化的古村落开发方法与原则探讨 [J]. 佳木斯大学社会科学学报，2017 (1)：156-158.
[22] 戴林琳，郑超群. 传统村落地缘文化特征及其遗产活化：以京郊地区三家店村为例 [J]. 中外建筑，2016 (3)：55-56.
[23] 王鑫鑫，朱蓉. 触媒理论引导下的古村落保护开发研究：以无锡严家桥为例 [J]. 西部人居环境学刊，2018 (6)：111-115.
[24] 鲁琪，董成达，肖晓. 基于 ASEB 栅格法的传统村落体验式旅游保护开发研究：以丹巴地区传统藏族村落为例 [J]. 旅游纵览 (下半月)，2018 (11)：176-177.

[25] 李伯华，曾荣倩，刘沛林，等. 基于CAS理论的传统村落人居环境演化研究：以张谷英村为例[J]. 地理研究，2018（10）：1982-1996.
[26] 张建，阮智杰. 基于场所理论的豫南传统村落保护方法探索［C］// 中国城市规划学会. 共享与品质：2018中国城市规划年会论文集（18乡村规划）.［出版地不详］：［出版者不详］，2018.
[27] 董艳平，刘树鹏. 基于GIS的山西省传统村落空间分布特征研究［J］. 太原理工大学学报，2018（5）：771-776.
[28] 邹君，朱倩，刘沛林. 基于解释结构模型的旅游型传统村落脆弱性影响因子研究［J］. 经济地理，2018（12）：219-225.
[29] 陈驰，李伯华，袁佳利，等. 基于空间句法的传统村落空间形态认知：以杭州市芹川村为例[J]. 经济地理，2018（10）：234-240.
[30] 陈丹丹. 基于空间句法的古村落空间形态研究：以祁门县渚口村为例［J］. 城市发展研究，2017（8）：29-34.
[31] 游文亭. 从立法角度保护古村落初探［J］. 吉林农业，2014（15）：59-60.
[32] 连湘，翟倩妮. 我国传统村落档案管理初探［J］. 档案时空，2017（10）：12-13.
[33] 段德罡，杨茹，赵晓倩. 县域乡村振兴规划编制研究：以杨陵区为例［J］. 小城镇建设，2019（2）：24-32.
[34] 于洋，陈景衡，刘加平. 城镇化下保留“根性家园”本底的传统村落村庄规划技术实践：青海高海拔浅山区洪水泉回族村［J］. 建筑与文化，2014（7）：42-45.
[35] 肖建莉. 保护的理性呼唤：中国历史文化遗产保护管理与法规政策研究［D］. 上海：同济大学，2004.
[36] 杨莹. 传统村落遗迹保护的法律制度研究［D］. 重庆：重庆大学，2017.
[37] 罗文聪. 我国传统村落保护的现状问题与对策思考［J］. 城市建设理论研究，2013（20）：2095-2104.

［作者简介］

王伟武，博士，副教授，浙江大学建筑工程学院城乡规划理论与技术研究所副所长。
王智伟，浙江大学建筑工程学院硕士研究生。

村布局规划分类体系的构建和应用

□吴旻家

摘要：本文以重庆市区县村布局规划为实践，探索构建村布局规划分类体系，从区位条件、自然禀赋、经济社会、历史人文4个本底和生态保护、地质安全2个底线对区县域内所有行政村进行分析，快速准确获取各村主要特征，并进行意见征求、修正，最终得出各行政村分类，分类型、分重点推进乡村振兴工作。

关键词：村布局规划；分类体系；乡村振兴

1 引言

我国村庄格局通常无规划，普遍存在着规模小、布局分散的问题，导致农村地区发展缓慢，甚至出现了“空心村”的现象。解决好“三农”问题是全党工作的重中之重。2018年，习近平总书记提出要把实施乡村振兴战略摆在优先位置，坚持以实干促振兴，遵循乡村发展规律，规划先行，分类推进，加大投入，扎实苦干，推动乡村振兴不断取得新成效。2019年1月，中央农村工作领导小组、农业农村部等五部委发布《关于统筹推进村庄规划工作的意见》（农规发〔2019〕1号），提出“力争到2019年底，基本明确集聚提升类、城郊融合类、特色保护类等村庄分类；到2020年底，结合国土空间规划编制在县域层面基本完成村庄布局工作”。2019年3月，重庆规划和自然资源局下发《重庆市规划和自然资源局关于开展区县村布局规划的通知》，要求各区县完成区县村布局规划编制工作任务，明确集聚提升类、城郊融合类、特色保护类、搬迁撤并类等村分类，科学有序引导村规划编制，促进乡村振兴。

在学术研究方面，1996年，Musisi Nkambwe等人调查了城乡边缘的土地开发利用现状，提出要解决城市无限扩张的问题就要实现对城乡边缘土地的商品化。2000年，Fred Lerise对坦桑尼亚历年所做的村规划进行了分析研究，提出村规划要结合当地实际情况，才能更加有效地指导村民生产生活，更加合理地利用土地。曹大贵、杨山等人研究了村庄合并规划，指出其有利于基础设施的共建共享与农村经济的可持续发展。2002年，刘传江通过对城镇分层次和等级划分的方法，得出了自下而上和自上而下的自发性村庄合并方式。2015年，闾海、许珊珊等人在新型城镇化背景下探索了应用强化分类管理的思维，对所有自然村庄现状进行分类管理。可以看出，我国的村布局规划越来越强调精细化，对村的分类也更加科学化。

总的来说，我国关于村布局规划的研究起步较晚，研究成果也较少，而村类型的划分是村布局规划的基本要求。通常，一个区县涉及的行政村有上百个甚至更多，如何高效率获得各村本底特征，从而科学合理地对行政村进行分类是开展村布局规划的基础，也是本文要研究的重点。本文从做好基础工作，从区位条件、自然禀赋、经济社会、历史人文 4 个本底和生态保护、地质安全 2 个底线建立村布局规划分类体系，科学合理地对行政村进行分类。

2　村布局规划分类体系构建

区县域村布局规划，是指以整个区县域行政村为研究对象，通过对现状研究分析，制定出合理的村布局和村规模，确定各村庄的性质和发展模式。根据要求，将村庄分为集聚提升类、城郊融合类、特色保护类、搬迁撤并类，同时留出待定类村庄，留作观察和论证。本文分别就集聚提升类、城郊融合类、特色保护类、搬迁撤并类四类构建指标体系，并且对各个指标对该分类作用为正向/负向影响做出规定，设立打分及权重。

影响城镇化的因素主要来源于经济、社会、人文、环境和城乡发展 5 个方面，因此从这 5 个方面入手，选取共计 5 个一级指标、10 个二级指标和若干个三级指标，对研究对象进行定性、定量分析（表 1），将现有规模较大的中心村和其他仍将存续的一般村划入集聚提升类型乡村。

表 1　集聚提升型村特征分析指标

序号	一级指标	二级指标	三级指标	指向的目标类型
1	区位条件	空间区位条件	是否中心村	集聚提升（正）
2		交通通达条件	村内过境的国省县乡等级公路类型数量	集聚提升（正）
3			村内过境的国省县乡等级公路最高等级	集聚提升（正）
4			至主城区（建成区边界/渝中区）和区县城区的行车时间	城郊融合（正） 集聚提升（正） 搬迁撤并（反）
5			村级道路路网密度	集聚提升（正）
6	自然禀赋	地形地貌	平均海拔/村内占比最高的海拔区间（以 100 米为区间分隔）	搬迁撤并（正） 集聚提升（不定）
7			平均坡度	搬迁撤并（正） 集聚提升（反）
8			坡度大于 25°范围的面积占村域面积比	搬迁撤并（正） 集聚提升（反）
9			50 米×50 米格网起伏度大于 10 米的面积占村域面积比	搬迁撤并（正） 集聚提升（反）
10		林田湖草	林地面积占比	集聚提升（反）
11			森林覆盖率	集聚提升（反）
12			“耕地＋园地”面积占比	集聚提升（正）
13			河湖库塘水面面积占比	集聚提升（正）
14		特色资源	自然景观观赏点的数量	集聚提升（正）
15			农林景观观赏点的面积	集聚提升（正）

续表

序号	一级指标	二级指标	三级指标	指向的目标类型
16	经济社会	人口发展状况	户籍人口	集聚提升（正） 搬迁撤并（反）
17			常住人口	集聚提升（正） 搬迁撤并（反）
18			常住人口密度	集聚提升（正） 搬迁撤并（反）
19			常住人口中 60 岁及以上人口占比	搬迁撤并（正） 集聚提升（反）
20			建档立卡贫困户人数占比	集聚提升（反）
21		产业经济发展状况	村内总产值	集聚提升（正）
22			人均总产值	集聚提升（正）
23			三次产业结构	集聚提升（正）
24			农村人均纯收入	集聚提升（正）
25			特色农产品种类数量	集聚提升（正）
26			特色农产品产值占总产值比例、是否标志/认证产品种类	集聚提升（正）
27			乡村旅游项目年接待人次	集聚提升（正）
28			乡村旅游项目年接待产值	集聚提升（正）
29			是否乡村振兴重点项目布局村	集聚提升（正）
30	历史人文	文化历史资源	是否历史文化名村、传统村落、少数民族特色村寨、特色景观旅游名村	特色保护（正） 集聚提升（正）
31			是否留存有区级及以上文物保护单位	特色保护（正） 集聚提升（正）
32			未定级文物保护单位分布数量	特色保护（正） 集聚提升（正）
33			重要历史人物数量	特色保护（正） 集聚提升（正）
34			可挖掘、可考证的历史事件/人物数量	特色保护（正） 集聚提升（正）
35		人文发展基础	有无体现民风民俗的志怪传说	特色保护（正） 集聚提升（正）
36			有无初步成型的文化旅游景点	特色保护（正） 集聚提升（正）
37			初步成型的文化旅游景点年接待人次	特色保护（正） 集聚提升（正）

续表

序号	一级指标	二级指标	三级指标	指向的目标类型
38	地质安全	地质灾害	地质灾害影响范围（大约）占村域面积比（根据各区县地灾隐患点详情表中写明的隐患影响范围面积或灾害体积换算一个平均值）	搬迁撤并（正） 集聚提升（反）
39			地质灾害易发程度分区面积占比	搬迁撤并（正） 集聚提升（反）
40			地质灾害隐患影响人数占户籍人口比例（地灾隐患点详情表中有数据）	搬迁撤并（正） 集聚提升（反）

城郊融合类村包括城镇近郊空间紧邻且通行便捷的村，因此重点通过区位条件中交通区位、空间区位对区县域各行政村进行城郊融合条件分析评价（表 2）。

表 2　城郊融合型村特征分析指标

序号	一级指标	二级指标	三级指标	指向的目标类型
1	区位条件	空间区位条件	与城市、城镇规划建设用地空间关系	城郊融合（正） 搬迁撤并（反）
2		交通通达条件	至主城区（建成区边界/渝中区）和区县城区的行车时间	城郊融合（正） 集聚提升（正） 搬迁撤并（反）

选取历史人文因素中 8 个三级指标因子，将历史文化名村、传统村落、少数民族特色村寨、特色景观旅游名村等文化底蕴深厚、历史悠久、风貌独特的村划入特色保护型乡村，把是否为历史文化名村、传统村落、少数民族特色村寨作为硬性指标，直接列入特色保护类型（表 3）。

表 3　特色保护型村特征分析指标

序号	一级指标	二级指标	三级指标	阈值设置
1	历史人文	文化历史资源	是否历史文化名村、传统村落、少数民族特色村寨、特色景观旅游名村	根据国家权威分级（国家级 10 分、市级 8 分、区县级 6 分）设置分级阈值，有特色保护打分高，同时集聚提升（乡村旅游）打分也稍高，无则本项均设置 0 分。 ＊也可考虑作为特色保护的硬性指标
2			是否留存有区级及以上文物保护单位	国家级 10 分、市级 8 分、区县级 6 分，未定级 4 分
3			未定级文物保护单位分布数量	10 处以上 10 分，6～9 处 8 分，3～5 处 3 分，1～2 处 2 分，0 处 0 分
4			重要历史人物数量	2 人及以上 10 分，1～2 人 6 分，无则 0 分
5			可挖掘、可考证的历史事件/人物数量	同上

续表

序号	一级指标	二级指标	三级指标	阈值设置
6	历史人文	人文发展基础	有无体现民风民俗的志怪传说	根据其丰富程度、与乡村旅游结合可行性设置分级阈值
7			有无初步成型的文化旅游景点	根据其成型情况、文化深远情况设置分级阈值
8			初步成型的文化旅游景点年接待人次	根据各村同类型指标的横向对比实际情况设置分级阈值

选取区位条件、自然禀赋、经济社会、生态保护、地质安全、重大项目建设等6个一级指标因素、19个三级指标因子，将位于生存条件恶劣、生态环境脆弱、自然灾害频发等地区的村，因重大项目建设需要搬迁的村，以及人口流失特别严重的村，确定为搬迁撤并类型村（表4）。

表4 搬迁撤并型村特征分析指标

序号	一级指标	二级指标	三级指标	指向的目标类型
1	区位条件	空间区位条件	与城市、城镇规划建设用地空间关系	城郊融合 搬迁撤并
2		交通通达条件	至主城区（建成区边界/渝中区）和区县城区的行车时间	城郊融合（正） 集聚提升（正） 搬迁撤并（反）
3	自然禀赋	地形地貌	坡度大于25°范围的面积占村域面积比	搬迁撤并（正） 集聚提升（反）
4			50米×50米格网起伏度大于10米的面积占村域面积比	搬迁撤并（正） 集聚提升（反）
5	经济社会	人口发展状况	常住人口	集聚提升（正） 搬迁撤并（反）
6			常住人口密度	集聚提升（正） 搬迁撤并（反）
7			常住人口中60岁及以上人口占比	搬迁撤并（正） 集聚提升（反）
8			人口净流出占比	搬迁撤并（正）
9	生态保护	生态敏感管制	涉及生态保护红线的面积占比	搬迁撤并（正）
10			涉及自然保护地的面积占比（综合计算时与风貌景观保护管制合并计算）	搬迁撤并（正）
11			保护动植物种类数量	搬迁撤并（正）

续表

序号	一级指标	二级指标	三级指标	指向的目标类型
12	生态保护	风貌景观保护管制	涉及自然保护地类型、面积（公顷），包括自然保护区、地质公园、风景名胜区、森林公园、湿地公园、世界自然遗产地等（综合计算时与风貌景观保护管制合并计算）	搬迁撤并（正）
13		高山生态扶贫搬迁	是否高寒地区生态搬迁村	搬迁撤并（正）
14	地质安全	地质灾害	地质灾害影响范围（大约）占村域面积比（根据各区县地灾隐患点详情表中写明的隐患影响范围面积或灾害体积换算一个平均值）	搬迁撤并（正） 集聚提升（反）
15			地质灾害易发程度分区面积占比	搬迁撤并（正） 集聚提升（反）
16			地质灾害隐患影响人数占户籍人口比例（地灾隐患点详情表中有数据）	搬迁撤并（正） 集聚提升（反）
17		洪灾	洪灾发生频次	搬迁撤并（正）
18		气象灾害	气象灾害发生频次	搬迁撤并（正）
19	重大项目建设	规划重大项目建设	城乡总规所规划的规划区域性公用设施建设面积占比	搬迁撤并（正）

结合各村实际情况，对于受政策、行政区划等客观原因影响，暂不能确定分类的村，为利于行政村更准确的发展定位，需要暂缓划定分类，留作待定。

3　实证研究——以重庆市巴南区为例

3.1　研究区概况

巴南区地处重庆市主城东南部，历史悠久。全区地势起伏分明，依山、傍泉、临湖、环岛、靠林、沿江，自然资源颇多，旅游资源丰富，被评为“全国首批国民旅游休闲胜地”“山水园林城市”。全区共辖 198 个行政村。

3.2　规划分类

综合列出各行政村区位条件、自然禀赋、经济社会、历史人文、生态保护、地质安全、重大项目建设等 7 个一级指标作为分析因素，建立含 17 个二级指标因子、64 个三级指标因子的评价指标体系对每个村进行评价，并结合硬性指标和弹性指标的综合评估，将各村划分为特色保护、城郊融合、搬迁撤并、集聚提升 4 种类型，分类推进乡村规划发展。另外，对于因客观因素暂时不能确定类型的乡村，划为待定类村。将计算得到的分类成果于区相关部门及各镇街征求意见，进行修正。最后得到巴南区 198 个行政村的分类情况：集聚提升类村 115 个，占比 58.08%，重点引导强化主导产业支撑，有序推进基础设施、公共服务设施改造提升；城郊融合类村 48 个，占比 24.24%，重点引导城乡产业融合发展、基础设施互联互通、公共服务共建共享；特色保护类村 3 个，占比

1.52%，重点引导推动特色资源保护与乡村发展良性互促，突出主题、错位发展；搬迁撤并类村29个，占比14.65%，重点引导统筹解决村民生计、生态保护等问题，有序推进搬迁撤并工作；待定类型的村3个，占比1.52%，暂缓对涉及江心岛的村进行布局分类。

4 结语

编制村布局规划是实施乡村振兴战略的基础性工作，是区县国土空间规划的专项规划，是指导编制村规划的重要依据，也是农村人居环境整治3年行动的重要内容。本文在构建指标体系，对各行政村的区位条件、自然禀赋、经济社会、历史人文"四本底"情况和生态保护、地质安全"两底线"进行摸底之后，划定分类，从而进行分类施策，有针对性地提出空间和功能指引，合理落实区县乡村振兴重点产业、重点区域、重点项目的空间布局，形成规划成果，有力支撑乡村振兴工作。

本文以重庆市区县村布局规划实践为依托，根据各行政村"4+2"特征分析，结合征求意见与公众参与的编制方法，快速全面获取区县域行政村分类。随着乡村振兴工作的深入，更多优化村布局规划的思路和方法有待在今后的实践中进一步探索。

[本研究得到重庆市技术创新与应用示范专项社会民生类重点研发项目（cstc2018jscx—mszdX0067）资助。]

[参考文献]

[1] 司春霞，胡瑞芝.我国农村居民点布局存在的问题及对策研究[J].农村经济与科技，2006（12）：64-65.

[2] NKAMBWE M，AMBERG W. Monitoring land use change in an African tribal Village on therural-urban. fringe [J]. Applied Geography，1996（4）：305-317.

[3] LERISE F . Centralised spatial planning practice and land development realities in Tanzania [J]. Habitat International，2000（2）：185-200.

[4] 曹大贵，杨山.村庄合并规划研究：以南京市郊县冶山镇为例[J].地域研究与开发，2002（2）：36-40.

[5] 朱志伟.村庄合并是农村城市化的必由之路[J].小城镇建设，1999（9）：45.

[6] 刘传江.村庄合并重组型农村城镇化及其制度特征[J].长江论坛，1999（1）：16-18.

[7] 闾海，许珊珊，张飞.新型城镇化背景下江苏省镇村布局规划的实践探索与思考：以高邮市为例[J].小城镇建设，2015（2）：35-40.

[8] 罗小龙，何瑞雯，刘豫萍，等.新型城镇化背景下镇村布局规划的江苏新实践：以扬州市市区镇村布局规划为例[J].中国名城，2016（3）：29-34.

[9] 梅耀林，赵毅，闾海，等.镇村布局规划再认识[J].江苏城市规划，2016（4）：13-19.

[10] 杨元珍，范凌云，毛贵牛.城乡一体化进程中苏南地区村庄布点规划研究：以震泽镇为例[J].小城镇建设，2016（10）：50-55.

[11] 邓雅雯，郭长升.上海市闵行区村庄布点规划综合评价体系研究[J].规划师，2017（S1）：95-100.

[作者简介]

吴旻家，硕士，工程师，现任职于重庆市地理信息和遥感应用中心。

浙江山区乡村景观规划研究

□朱攀

摘要：我国是一个山地和丘陵占据国土面积2/3的国家，乡村在这些地域分布较为广泛。受特殊的地理环境影响，山区乡村形成了丰富多样的自然景观和独具特色的聚落景观。但随着城镇化进程的加快，山区乡村风貌的独特性逐渐被侵蚀，生态资源被破坏的同时还面临着传统文化流失的危机。因此，研究如何在当代社会条件下对山区乡村进行科学的景观规划和景观建设成为当务之急。本文以浙江山区乡村为研究对象，分析其景观特点及景观规划存在的问题，提出浙江山区乡村景观规划建议。

关键词：山区乡村；乡村景观；景观规划；浙江省

1　研究背景

2005年10月8日，中共十六届五中全会通过的《中共中央关于制定国民经济和社会发展第十一个五年规划的建议》，明确提出社会主义新农村建设的目标，要按照“生产发展、生活宽裕、乡风文明、村容整洁、管理民主”的要求，最终实现把农村建设成为经济繁荣、设施完善、环境优美、文明和谐的社会主义新农村。

2012年11月8日，中共十八大报告提出大力推进生态文明建设，面对环境污染、生态系统退化等问题，坚持树立尊重自然、顺应自然、保护自然的生态文明理念，并将努力建设“美丽中国”作为未来生态文明建设的宏伟目标。乡村是中国传统文化的发源地，“美丽中国”很大程度上指向美丽乡村，因此，推进生态文明建设必将从乡村着手。

2018年1月2日，中央“一号文件”《中共中央　国务院关于实施乡村振兴战略的意见》提出了围绕改善乡村环境、保留乡土风貌、提升生活品质、促进乡村社会经济发展的战略部署。

因此，在“新农村建设”、“美丽中国”生态文明建设和“乡村振兴战略”的共同推动下，乡村景观规划在我国正如火如荼地开展，乡村风貌随之发生了巨大改变，同时乡村居民的生活、生产等各个方面也都发生了翻天覆地的变化。

在山区乡村中，因建设用地的需要，山林地等遭到开垦破坏；山区乡村以山地为主，耕种面积少，不少地区为了发展种植业而进行大面积的树木砍伐，导致植被破坏，从而引发水土流失、泥石流等灾害；山区地形复杂，农业科技开发引进滞后，种植业和养殖业缺少协调、规划，导致畜禽粪便没有得到循环利用而对生态环境造成污染；山区村民房屋大多依河而建，因缺少系统的污水收集处理措施，产生的生活污水甚至生活垃圾通常直接排入河流或水塘，导致乡村水环境遭到严重污染。

2 相关概念

2.1 山区

“山区”一词最早源自英文（Mountain Area/Region/Zone），翻译为山脉、山地社区或山区。早期学者的定义主要集中在山地的高度、坡度和地质灾害等自然因素上，并指明山区最基本的特点是高度较大、坡度较陡。山区由于地形比较崎岖、交通体系不发达等原因，导致基础设施条件薄弱，施工建设难度较大，经济基础相较城市而言也较为落后。通过对山区区域关系、生态环境、农业、林业等方面的进一步研究，发现其经济滞后和环境脆弱等问题更加突出。因此，可以将山区定义为具有多重属性的区域，包括山地、丘陵等地形，是社会、自然、人文、经济的综合体。

2.2 乡村景观

与城市景观相比，乡村景观的景观类型具有特定的指向性，包含特定的景观性质、形式和内涵。不同的学者从不同的学术角度定义了乡村景观。

贝尔格认为乡村景观占有一定区域面积，主要是由当地气候、地形土壤、动植物等相互关联的环境要素组合形成的自然综合体。韩丽从人类的审美意识角度出发，认为乡村景观是作为审美信息的来源存在的，它的主要构成部分及规划建设的基础都是自然田园风光。从客观层面来看，乡村景观包括地理位置、地形、水土、气候、动植物等因素；从主观层面理解，则包括经济发展程度、社会文化和风俗习惯等因素。王云才认为乡村景观是城市景观以外的空间，聚落布局形态分散，能够提供生活和生产服务的集镇地区。它是以农业生产景观和广泛的土地利用景观为基础、以自然环境为主的人文景观和自然景观的结合体，主要包括了乡村居民点、经济景观、文化景观和自然景观。刘滨谊认为乡村景观是在乡村地域范围内，与人类聚居密切相关，具有功能和美学等价值属性，主要包含乡村生态、生活及生产层面，以乡村自然生态景观、聚落景观及生产景观作为主要内容，并可开发利用的景观综合体。

综上所述，乡村景观属于非城市地区，包含了地理位置、当地气候、地形土壤和其他环境因素。其将自然生态景观作为背景框架，乡村聚落景观作为核心内容，人文景观作为灵魂载体，囊括了环境、社会、人文、经济等价值属性，是一种深远而宽广的景观综合体。

2.3 山区乡村景观

根据山区和乡村景观的概念可得出，山区乡村景观是在乡村地域范围内，以山地、丘陵和高原作为背景，自然景观、聚落景观、文化景观、经济景观相互联系、结合组成的一个融合了生态、环境、社会、经济和其他价值属性的景观综合体。

2.4 山区乡村景观规划

国内许多学者都详细阐述了乡村景观规划的概念。刘滨谊认为，乡村景观规划是基于对景观特征和价值的认识与理解，以减少人类活动对景观环境产生的不确定性影响。他将乡村景观划分为三大体系，即自然、社会和经济，将景观资源合理高效利用作为出发点，将景观资源保护与继承作为首要前提，依据自然景观的生态性和适宜性、社会景观的文化性和独特性、经济景观的合理性和延展性，对各体系进行合理规划，协调景观开发和保护之间的关系，建立可持续发展的模式。刘黎明则将乡村景观规划定义为：乡村景观规划是要合理安排农村土地和各种物质及空间，为人类建设一个健康、舒适、安全、高效和美观的科学艺术环境，达到乡村生态系统可持续发展的目的。

笔者则认为山区乡村景观规划是综合运用多学科理论知识，整体考虑规划设计山区乡村中的各种景观要素，在保护乡村景观生态性、完整性和特色性的同时，充分挖掘出山区乡村景观的经济价值，共同推进山区乡村生态、社会和经济协调与可持续发展的综合规划体系。

3 浙江山区乡村景观规划现状分析

3.1 浙江山区乡村分布情况

浙江省整体上山地、丘陵较多，西南以山地为主，中部以丘陵为主，东北部以低平的冲积平原为主，山地面积占浙江总面积的70%，平原占20.32%，河流和湖泊占5.05%，耕地面积仅208万公顷，故有“七山一水二分田”之说。如图1所示，浙江省分为6个地貌区：Ⅰ为浙北平原区、Ⅱ为浙西中山丘陵区、Ⅲ为浙中丘陵盆地区、Ⅳ为浙东盆地低山区、Ⅴ为浙南中山区、Ⅵ为沿海丘陵平原区。

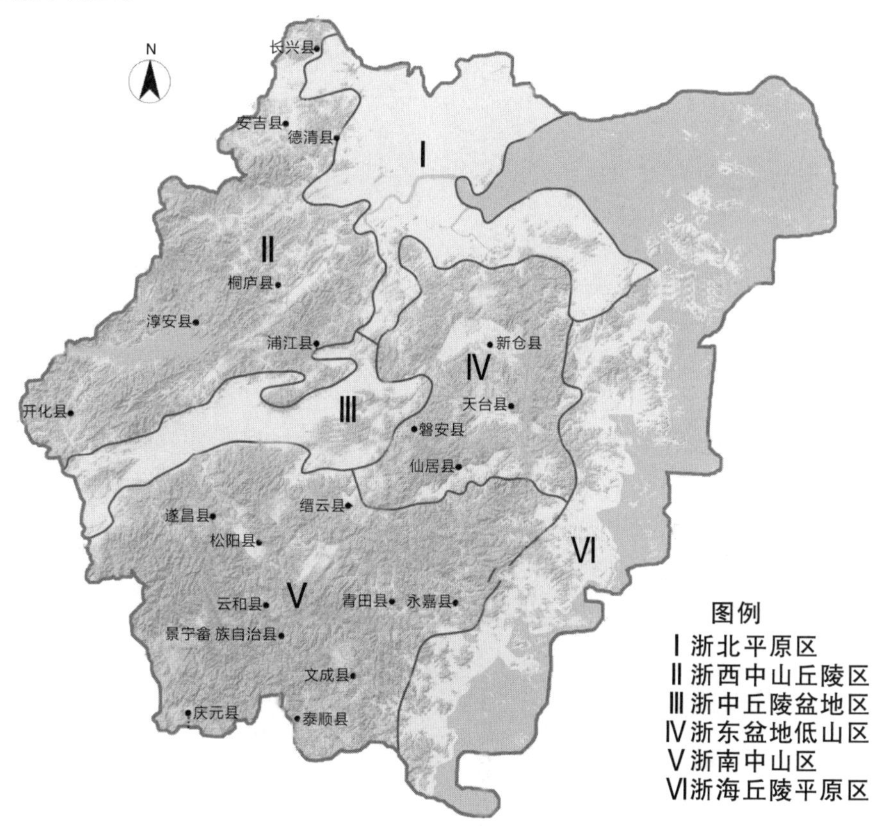

图1 浙江省地貌分区示意图

结合2012年浙江省行政区划和山区县级分类标准，浙江省58个县（市）中有44个山区县（市）。在浙江省的11个地级市中，除舟山市和嘉兴市没有山区县（市）外，其余9个地级市分别管辖1～8个山区县（市）。其中，大部分经济相对发达的山区县（市）位于浙东、浙北地区及浙西南的金华市、台州市和温州市，经济相对不发达的山区县（市）基本都位于浙西南地区。

3.2 浙江山区乡村景观特点

3.2.1 景观类型丰富多样

浙江省幅员辽阔，资源丰富。由于地理位置、地形、地域文化和经济水平等原因，在自然、历史和人文等因素的综合作用下，山区村庄形成了鲜明的乡村风貌和文化特色。山区乡村景观包括建筑、道路等人造景观和山脉、河流等自然景观。无论是自然景观还是人工景观，山区乡村景观都表现出多变的视觉体验（图 2、图 3）。由于山区乡村范围内地形和地貌类型复杂多样，景观斑块的形状也各不相同，如在起伏变化的丘陵山地，景观类型呈垂直变化并且丰富多样，拥有丰富的自然景观资源和良好的生态环境。特别是在一些高海拔的山区，由于地形陡峭、交通不便，人类活动干扰相对较小，景观复杂性也就相对较高。此外，浙江山区乡村还有各种类型丰富的乡村聚落和独具风情的文化习俗等景观。

图 2 磐安十八涡

图 3 雁荡山

3.2.2 景观空间层次丰富

浙江山区地形特征起伏不断、蜿蜒曲折，这种高低走势形成了空间层次丰富的视觉景观。山区乡村区别于平原乡村的最大不同点在于有高低起伏的地形变化，这为人们提供了可以从高处眺望乡村整体景观的视角。高低起伏变化的地表再加上山体各个面接受风吹、日照的程度不同，产生出受风坡和被风坡、阳坡和阴坡的差异，使整个乡村景观能够看到平原乡村难以看到的丰富景象。站在高处俯瞰山区乡村景观的整体风貌，高度参差不齐的建筑屋顶相互依偎在青山绿水之间，成为一个视觉上集中的景象（图 4）。山脉丰富的轮廓线勾勒出乡村景观的背景轮

图 4 丽水梯田

廓，植被在起伏变化的地形上也显得高低错落，人们的视域和视角变化程度很大，可以鸟瞰、远眺，亦可仰视，这些在平原地区的乡村景观中很难体验得到。因此，山区乡村景观具有空间层次千变万化的视觉感受，各种景观相互交错、交相辉映。

3.2.3 生态景观脆弱

由于大部分山区乡村位于偏远地区，城镇化步伐相对缓慢、经济相对落后、景观资源开发力度较小，所以山区乡村景观具有较高的自然属性。同时由于降水和自然气候等因素，山区景观生态系统的抗干扰能力不足，生态系统相对脆弱，无法承受大规模的人为破坏。气候、水域、植被、动物及土壤，这些因素中任何一个的变化都能影响其他因素发生改变，导致景观资源的变动和生态系统的破坏。例如暴雨袭击山区丘陵地区，将会引发一系列问题，如 2016 年 9 月 28 日浙江省丽水市遂昌县发生山体滑坡灾害（图 5）。大规模的森林砍伐和土地开垦都将导致景观生态系统的不稳定。农业生产过程中使用的化学肥料、农药等化学物质，会产生污染环境、侵蚀土壤甚至生态失衡等严重问题。

图 5 丽水遂昌县山体滑坡

3.3 浙江山区乡村景观分类

乡村景观分类研究在国内最早出现时是以土地分类的形式。随着对乡村景观认识的不断深入，学者们关于乡村景观类型的研究从之前的土地类型和农业类型进入到整体乡村景观类型。这一时期较有影响的分类包括如下几种：金其铭等学者认为，乡村景观是一种具有自然景观特征的人文景观类型，将乡村景观分为乡村聚落景观和乡村非聚落景观；李振鹏提出利用功能形式进行分类，将乡村景观划分为四级分类体系——景观区、景观类、景观亚类和景观单元；肖笃宁根据人类影响程度对乡村景观进行分类，将其划分成自然景观、经营景观和人工景观。

基于以上理论，笔者认为，从构成要素角度来看，山区乡村景观是一个由乡村自然景观、乡村聚落景观、乡村文化景观和乡村生产景观四大类型组成的景观环境综合体。其中，四大景观类型下包括了 16 种景观单元和多种景观要素（图 6）。

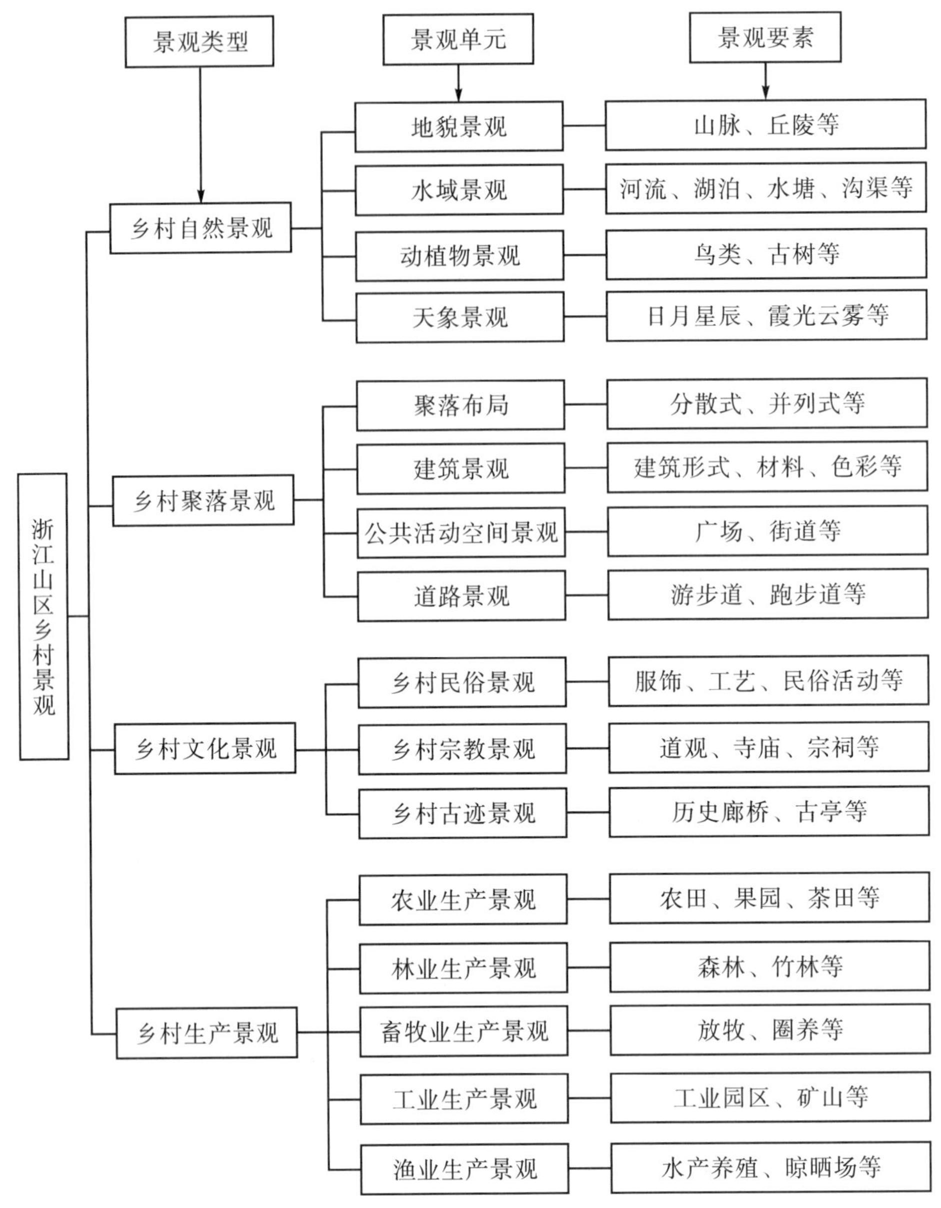

图6 浙江山区乡村景观分类图

3.4 浙江山区乡村景观规划存在的问题

3.4.1 乡村景观同质化

浙江山区中一些乡村的景观风貌失去了地域特色，发展趋于同质化。在诸多乡村建设中，存在部分或全面效仿传统乡村风格，或大力开发所谓精品民宿现象。如在浙江山区村庄所拍摄到的建筑墙体彩绘，全村像这样的墙绘随处可见，景观营建还停留在“视觉美化”这一表象误区，将景观异化为一种模式化、概念化的符号和图像，且墙绘同乡村的真实生活、地域风情并无必然联系，导致景观特色不突出，景观与环境设计同质化严重，没有展现出山区乡村景观的多样性和异质性。还有部分山区乡村景观开发层次较浅，大多只单纯地重视农业观光，一味地开发采摘园、农场等，忽视其他景观要素的意象表达，到处都可以看到乡村观光果园和蔬菜采摘大棚等同质景观。盲目的跟风让村庄失去了地域特色，使游客很难找到专属各自乡村的景观特色，降低了乡村景观环境的印象性和识别性。此外，浙江山区乡村景观规划仍处于探索阶段，规划理论体系尚不成熟，大多偏向于实体自然景观的利用，能体现地域差异、诠释文化内涵的利用较少，未能形成特色化景观。将乡村规划简单地理解为乡村物质空间的建设，忽略村庄原始肌理，极其容易导致村庄丧失其传统风貌，带来破坏式更新。新农村建设遗留下的问题导致乡村景观的同质化现象加剧，主要表现在建筑、绿化、水体等方面。

3.4.2　乡村景观城市化

在浙江山区乡村地区，当地村民的生活方式、风俗习惯等文化氛围和牌楼、古庙、界碑等乡土色彩，都是乡村景观的重要组成部分，是任何城市环境都无法取代的乡土文化。但是，随着农村的整治和现代生活方式的影响，乡村居民开始寻求生活环境的新变化，但往往缺乏正确的指导思想，将城市的一切视为现代文明的象征，并受当前城市住宅建筑形式的影响，乡村呈现出城市化景观。一些不符合本土特色的现代建筑取代了原始乡村民居建筑，破坏了当地乡村的建筑风貌。

3.4.3　乡村自然景观遭破坏

浙江山区乡村自然资源景观虽丰富，但是其自然环境承受力较脆弱。随着城镇化及新农村建设步伐的加快，忽视了对自然生态景观的保护，田园、河流和森林等自然景观退化，原有的大树被砍伐，河岸的自然植被被混凝土所取代。如图 7 所示，乡村自然景观还遭到了一些人为伤害，比如肆意开垦山体，用来打石子做建材；填耕田，建设大广场；捕杀野生动物，用来牟利；等等。这些不仅导致了传统乡村景观中自然景观的破碎化，还降低了生物栖息地的多样性，严重破坏了山区乡村景观的生态价值和美学价值。

图 7　被填平的农田

3.5　浙江山区乡村景观规划存在问题的原因分析

3.5.1　规划体系不完善

当前的山区乡村景观规划主要包括总体规划、建设规划（详细规划），但在具体的规划理论与方法上还存在着很大的不足。具体而言，随着时代的发展，山区乡村景观规划需要解决的问题变得越来越复杂，如乡村景观资源保护、乡村社会文化变迁、旅游产品开发、乡村产业转型和土地利用等，这些在规划和设计中需要综合、全面地考虑。山区乡村景观规划水平低，理论体系落后于经济发展和环境保护的要求，跟不上浙江山区乡村现阶段的实际发展，造成了人力和物力等多方面的浪费。有些参与规划的人员缺乏乡村生活和相关工作经验，他们在进行乡村规划时容易忽视乡村的环境特征，并由于缺乏对村民心理和行为的充分研究，导致对村庄实际问题和村民真实需求把握不准确，对山区乡村景观规划的总体考虑有失偏颇。浙江西南部山区乡村有连绵起伏的丘陵山峦，地形结构复杂多样，使得山区乡村景观建设更为困难。国内对于乡村景观规划的研究仅有短短30余年时间，从自身发展需求的角度来看，缺少理论指导规划和设计，在保护乡村文化景观和建设乡村景观理论体系方面还有待更新。我们应该考虑在国外引入一些成熟的景观规划和设计理论，并根据自身现状进行适当的调整。

3.5.2 缺乏创新意识

资源开发的初级化，导致山区乡村的开发只是在原有的乡村景观和农业生产上稍加修饰，忽视了乡村景观资源的文化内涵，缺乏整体规划和创新设计，影响乡村的形象和可持续发展。此外，部分山区乡村过于封闭和保守，村民安于现状，懒于寻求新的发展道路，乡村景观资源得不到合理开发利用。这也使得乡村景观资源的经济效益和社会效益难以实现，导致乡村经济发展停滞不前。无论是建筑规划师还是景观规划师，他们都受到现代社会和经济力量的影响，长期为城市景观的建设服务，缺乏以一名“乡村设计师”的思维去思考乡村景观的营建经验。在城市景观思维模式下，专业技术人员和管理人员根据专家意愿进行规划设计，景观如同“产品”般先于需求被生产出来，这样的方案不仅不能有效保护和继承乡村景观的固有特征，还会产生更多新的景观问题。一些地方政府盲目追求住宅形式的统一和外观的整洁，片面地认为改变农村“脏乱差”现象是乡村景观规划的主要标志，把“村容整洁”作为乡村景观规划建设的首要任务，热衷于粉墙刷屋、改厕改圈，认为乡村景观规划建设是一次短期运动，急于求成，甚至搞“形象工程”“政绩工程”，这不仅浪费了资金，乡村环境也没有得到实质性改善。

3.5.3 管理制度薄弱

山区乡村景观规划中存在的问题很大程度上还和政府的管理密切相关。如杭州临安西天目景区天目山村位于山坡半山腰上，由于良好的自然景观资源，每年都会有一大批游客，特别是老年人前来度假。然而，由于缺乏有效的监督和管理，村庄最受欢迎的区域现在已经“楼满为患”，高大的建筑物阻挡了与背景山体之间的景观渗透，这显然是因为管理力度不够造成的。在建筑风格方面，村民自拆自建的房屋随处可见，造成建筑景观混乱，这既需要相关政策、法规的引导，更需要行政主管部门进行有效的管理。生态环境逐渐恶化，环境问题依然严重。这不仅需要加强对村民景观规划方面的宣传教育，提高村民素质，更需要加大对这些现象的惩治力度。

4 结语

4.1 主要结论

本文通过对浙江山区乡村景观规划的研究，在相关理论的基础上，提出如下结论。

(1) 山区乡村景观规划是综合生态、经济、社会、生产等多方面的体系，其核心是注重构成系统的平衡与协调，力图实现整体效益的共赢而不是单项效益的增加，立足于乡村自然、聚落、文化和生产景观四个层面。

(2) 在山区乡村景观规划过程中要维护山区乡村原有乡土性，忌讳过度开发而导致乡村发展偏离原有定位，应将凸显山区乡村地域特色贯穿整个规划过程，以此避免千篇一律的设计。

（3）山区乡村景观规划要想在自然、聚落、文化和生产四大要素上体现“生境—生活—生产”之间的关联，就得基于乡村产业的多元化发展。因此，要重视将产业融入山区乡村景观规划并进行系统思考，充分发挥规划的价值。

4.2 建议

（1）加快理论研究。

我国针对乡村景观这一领域的研究相对国外而言比较落后，关于山区乡村景观规划的研究也还处于起步阶段。因此，应根据我国山区乡村景观发展现状，结合国外研究理论和实践经验，探索适合我国山区乡村景观发展的理论和方法，为山区乡村景观规划提供科学的理论依据与技术指导。

（2）制定相关法规和规范。

目前，有关山区乡村景观规划建设的法规政策和规范标准层面的内容很有限。面对规划过程中的问题，有必要考虑规章制度与山区乡村景观规划的衔接关系，制定相关的法规政策和规范标准作为规划实践的执行标准，保证山区乡村景观规划的顺利进行。

（3）彰显山区地域特色。

不同地区都有自己独特的自然及文化景观。在山区乡村景观规划中，应把握好当地乡村景观的特点，深入分析各景观要素，并将文化因素糅合其中，体现当地文化内涵及其特有性，增强村民和游客对乡土文化的认同感和重视度，以实现彰显山区乡村景观地域特色的目的。

（4）加强景观价值宣传教育。

大多数当地政府和村民对自身拥有的乡村景观缺乏正确的理解，对乡村景观价值更缺乏足够的认识。在进行山区乡村景观规划之前，应加强对景观价值的宣传和教育，让他们认识到乡村景观的规划和建设不仅可以改善居住环境，更能产生经济价值，提高经济收入，从而激发其主动参与乡村建设的积极性，让村民参与整个建设过程，体现规划的价值和意义。

（5）拓宽融资渠道。

山区乡村景观规划中，资金的来源大部分出自政府，面对建设过程中出现的诸多问题，这部分资金还远远不够。这就需要在规划过程中考虑景观与产业的融合，让景观产生经济效益，促进乡村旅游业的发展，增加更多商业吸引力，从而进行招商引资。多渠道融资可以有效保证景观建设的有序进行。

（6）加强建设管理。

在山区乡村景观规划过程中出现的诸多问题，大多数跟政府的管理制度有关。良好的山区乡村景观风貌需要通过严格的管理和维护来实现，需要提高政府对乡村景观规划建设的重视，使其建立相应的监督监管机构，从而对乡村景观建设中存在的违章行为进行管理，维护乡村生态风貌。

（7）提供创新和宣传渠道。

在山区乡村景观规划中，大多由经验丰富的规划师进行全局规划，但很难保证有创新性的思考。在这种情况下，可以通过举办大层面上的乡村景观规划竞赛，或小层面上的乡村庭院、乡村公厕和乡村绿道等设计竞赛，为山区乡村景观规划注入新能量，集思广益，寻找更多创新点。如此，在提高山区乡村景观规划设计水平的同时，还能对村庄进行宣传，增加关注度，提高村庄的知名度。

4.3 展望

综合来讲，山区乡村景观规划是一项多领域、多学科相融合的工程，也是我国乡村可持续发展的重要手段。如何解决当前社会条件下的乡村景观建设问题，处理好生态建设与经济建设之间的关系，仍是一大难题。根据目前研究来看，我国山区乡村景观规划有以下几方面发展趋势。

（1）在山区乡村景观规划中，除生态学、地理学、规划学、景观学、园林美学、建筑学等学科外，在越来越注重以人为本、强调村民需求的背景下，还应加大对心理学、行为心理学等学科的研究与应用，提高研究与规划的广度和深度。

（2）到目前为止，我国大部分关于山区乡村景观规划的研究都集中于生态和经济范畴，在其他领域的研究很少。事实上，乡村生态发展和乡村经济发展不仅仅是生态与经济两方面的问题，还涉及乡村政策、乡村文化等方面。在理论体系还不够完善的情况下，大范围、高强度、短工期的进行山区乡村景观规划，会导致许多村落传统风貌遭到破坏，越来越多村庄丢失“乡愁”。因此，在山区乡村景观规划中还应在传承乡村传统聚落肌理和文化脉络上多下功夫。

（3）山区乡村景观规划除保障生态、经济、文化等多方面的均衡发展外，还可以结合旅游观光资源进行旅游业的多方面拓展，既可以是结合遗迹保护的旅游开发，也可以是结合农业生产的旅游开发，总之要在规划中展现山区乡村的侧重点，集中展现乡村景观的特有性。

[参考文献]

[1] 邓蓉，李永平，武广平. 在新农村建设中高等农业教育的作用 [J]. 北京农学院学报，2007（S2）：18-20.

[2] 教育部社会科学司. 高校思想政治理论课贯彻党的十八大精神的教学建议 [J]. 思想理论教育导刊，2013（2）：8-39.

[3] 付军，蒋林树. 乡村景观规划设计 [M]. 北京：中国农业出版社，2008.

[4] 贾欢，顾月月. 论山区概念的法律界定 [J]. 长春大学学报（自然科学版），2010（4）：38-41.

[5] 贝尔格. 景观概念和景观学的一般问题 [M]. 北京：商务印书馆，1964.

[6] 韩丽，段致辉. 乡村旅游开发初探 [J]. 地域研究与开发，2000（4）：87-89.

[7] 王云才. 现代乡村景观旅游规划设计 [M]. 青岛：青岛出版社，2003.

[8] 刘滨谊. 人类聚居环境学引论 [J]. 城市规划汇刊，1996（4）：5-11.

[9] 齐增湘，龙岳林. 乡村景观规划研究进展 [J]. 湖南科技学院学报，2007（4）：192-196.

[10] 李振鹏，刘黎明，谢花林. 乡村景观分类的方法探析：以北京市海淀区白家疃村为例 [J]. 资源科学，2005（2）：167-173.

[11] 肖笃宁，钟林生. 景观分类与评价的生态原则 [J]. 应用生态学报，1998（2）：217-221.

[12] 孙炜玮. 基于浙江地区的乡村景观营建的整体方法研究 [D]. 杭州：浙江大学，2014.

[作者简介]

朱攀，硕士，杭州园林设计院股份有限公司设计师。

“人地业”复合

——一种村庄规划理论的新范式

□严圣华，熊娟，孙桂英，刘和涛，卢思佳

摘要：村庄规划是空间规划体系的重要内容，也是乡村振兴战略的重要抓手。传统规划方法多以中心地理论为指导，以中心村选择为核心，以村庄体系、村庄布局和公共设施配套为重点，从多因子潜力分析、适宜性评价、布局模式选择、布局优化、公共设施配套等方面形成规划逻辑体系，缺少表里相佐的内生机制详细分析。本文在规划实践基础上，提出“人地业”复合，从“安居、营地、乐业”的内生关系研究入手，依此确定农村地区的产业类型、土地经营模式、村庄布局、产居关系等村庄规划核心内容，构筑村庄规划理论的新范式，以满足当前乡村振兴背景下的实用性村庄规划需要。

关键词：村庄规划；“人地业”复合；空间规划

1　引言

改革开放以来，我国城镇化水平快速提高，截至2018年末全国城镇化水平已达59.6%，按照城镇化的一般规律，我国已进入着力破除城乡二元结构、形成城乡经济社会发展一体化新格局的关键时期。自2004年以来，中央“一号文件”连续16年聚焦“三农”，2018年中央“一号文件”更是对实施乡村振兴战略进行了全面部署，国家对“三农”问题的重视达到历史新高度。

村庄规划是空间规划体系的重要内容，也是乡村振兴战略的重要抓手，虽然《中华人民共和国城乡规划法》《村庄和集镇规划建设管理条例》《土地利用总体规划管理办法》等法律法规明确了其法定地位和编制要求，但是长期以来形成的重城轻乡发展思维，导致了乡村发展十分弱势、规划可有可无的尴尬状态，自上而下的政绩型村庄规划也多照搬城市规划模式，难以适应发展需求。

为推动新时期村庄规划编制，住房和城乡建设部发布的《关于改革创新、全面有效推进乡村规划工作的指导意见》（建村〔2015〕187号），明确了乡村规划在基本理念、主要内容、规划管理等方面的具体要求；中共中央、国务院发布的《关于建立国土空间规划体系并监督实施的若干意见》（中发〔2019〕18号），要求编制“多规合一”的实用性村庄规划，作为国土空间规划体系中乡村地区的详细规划，是实施国土空间用途管制、核发乡村建设规划许可的法定依据。

基于上述背景，本文归纳了传统村庄规划方法，并分析其优缺点，并通过总结笔者及所属团队的大量规划实践，提出“人地业”复合理论，从“安居、营地、乐业”的内生关系研究入手，探讨村庄规划的新范式。

2 村庄规划传统方法

一般来说，村庄规划主要以城镇化理论、田园城市理论、中心地理论、点轴开发理论、城乡统筹发展理论等作为指导思想，阐述乡村人口城镇化规律、城乡一体化的演变阶段、乡村聚落体系布局模式及城乡统筹要素配置等方面的核心内容，是传统乡村规划所依据的主要理论基础。

具体而言，村庄规划往往以人口预测为基础，以中心村选择为核心，以村庄体系、村庄布点、交通规划和公共设施配套为重点，从多因子潜力分析、适宜性评价、布局模式选择、布局优化、公共设施配套、建设指引等方面形成规划逻辑，其主要内容一般包括乡村发展目标、村庄体系规划、土地利用规划、公共设施建设规划、村庄建设指引等，最终形成完整的规划编制体系。

在村庄规划方案编制中，乡村发展目标主要是系统分析发展现状，制定村庄发展定位、目标、指标和发展路径；村庄体系规划主要是预测乡村人口规模，分析村庄发展潜力和布局模式，确定村庄空间布局结构、中心村和村庄等级体系、村庄人口规模及职能发展引导；土地利用规划主要是在用地适宜性评价基础上，确定建设用地规模、居民点布局和其他土地利用规划；公共设施建设规划主要是配置教育、医疗、商业、交通、给排水、垃圾、电力、通信、防灾减灾等设施，确定其位置、规模和配置标准；村庄建设指引主要是提出村庄景观风貌、建筑风格、文化保护、建设项目策划和建设时序等方面的管控要求。

依托学术界长期的基础理论积淀，经过几十年来的大量村庄规划实践，传统的村庄规划已形成比较成熟的规划内容和规划方法，并以行业规范乃至法律法规的形式固化下来。然而，这并不能说明这套做法没有改进空间。笔者认为至少有 3 点不足，一是“人—聚落—生产环境”之间的内生关系研究不足，导致规划的基础不牢；二是以人口预测、以人定地为基点的规划思路过时，导致规划参数科学性不足、预见性不强；三是主要基础理论（如中心地理论）的线性思维固化，其逻辑思路是将现状聚落格局归纳总结成模式以指导规划。

3 村庄规划理论的新范式

3.1 基本原理

一定区域因综合发展条件不同，分异成若干发展单元。“人地业”复合理论从“人哪里去、地如何用、业怎么创”3 个维度，深入研究区域发展核心要素的内生关系。一般来说，“人”主要有城镇社区、农村新社区、美丽乡村等 3 种安置形式，“地”主要有种养大户、家庭农场、合作社、龙头企业等 4 种经营主体及其相应的土地利用方式，“业”按投入劳动力的多少，主要有规模农业、精细农业 2 种类型。“人地业”三者内生关联，因规划定位的不同，区域内各个发展单元“人地业”会形成不同的复合形式，再物化为乡村地区的产业、村庄、农田及其相关的机耕路等配套系统。“人地业”内生关系研究与物化布局两者表里相佐，构成了乡村规划理论新范式（图 1）。

3.2 运用方法和步骤

在运用“人地业”复合理论进行规划编制时，核心研究内容如下。

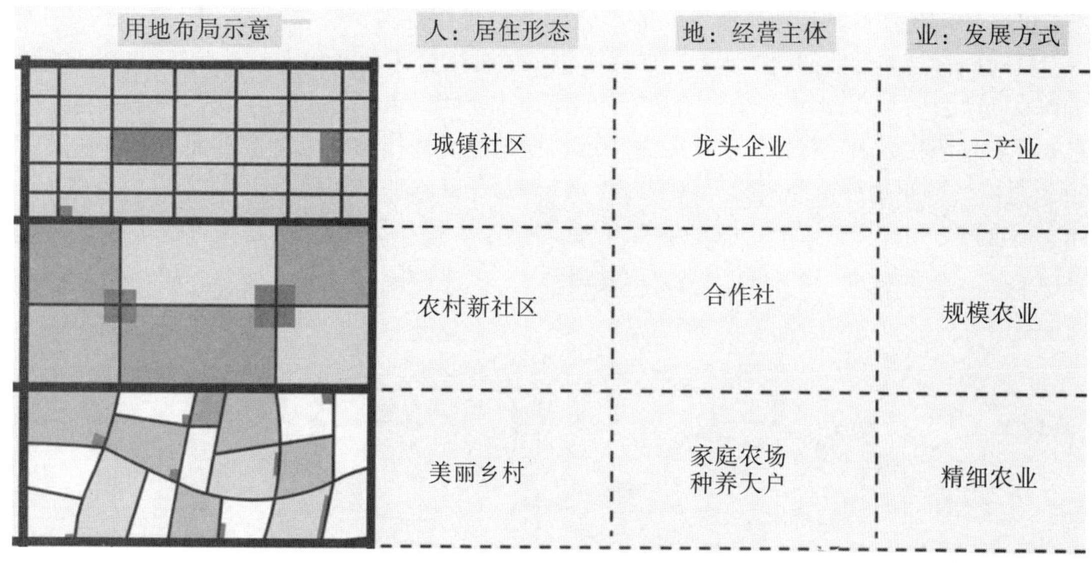

图1 “人地业”复合理论模式示意图

（1）确定区域发展单元。

确定区域发展单元主要依据是产业发展规划。制定产业发展规划要综合考虑区域自然、经济和社会条件等因素，其中自然条件包括气候、地形、土壤、水资源等，经济条件包括区位、现状产业、交通条件、机械化能力等，社会条件包括耕作意愿、劳动力、政府政策、科技水平、消费趋势等因素。

产业发展规划主要有2种类型，一种是以水稻、小麦、玉米、大豆、油菜、花生等粮油作物为主的规模化种植农业，农业机械化程度高，人均劳力耕作面积较大；另一种是以蔬菜、水果、花卉、药材、茶叶等经济作物为主的精细化种植农业，不适宜农业机械化，需要较多的农业劳动力投入，人均劳力耕作面积较小。

规划编制时应依据主导产业的不同，参考交通线、行政区划及水系、山脉等高辨识度的地理界限，将区域划分为若干个相对均质的发展单元；同时应依据空间尺度大小，对发展单元的精细化程度进行灵活处理。

（2）研究土地经济经营模式。

2013年中央“一号文件”首次提出，鼓励和支持承包土地向专业大户、家庭农场、农民合作社流转，发展多种形式的适度规模经营。随着国家乡村振兴战略规划的提出，各地探索实施“三乡”工程（能人回乡、市民下乡、企业兴乡），农村土地经营主体呈现多元化趋势。可以预见，随着我国人口城镇化进程和农村经济体制改革的进一步推进，未来农村土地将逐步由小农经济向集约化商品经营转型，主要有种养大户、家庭农场、合作社、龙头企业等经营主体。

规划编制过程中应该根据各发展单元的产业规划类型，重点分析农业经营主体的变化趋势及单个经营主体的耕作面积，开展农民从业意愿调查、未来经济主体变化趋势研究、各种经营主体的耕作面积案例分析等，研究各种农业经营主体的生产经营组织模式和产居关系，作为规划的基础研究。

在我国农业历史悠久和农村土地集体所有制并施行三权分置改革的产权体制背景下，不大可能出现国外经营数千公顷的大规模农场主，家庭农场将会成为我国农业生产经营的基本主体，家庭农场联合组建区域行业协会性质的农业合作社、农业企业只可能在局部特殊的条件下产生。

在当前经济技术条件下，几种典型的农业经营模式的耕作范围、耕作半径、服务面积、劳均面积、通勤时间等规划参数如图2所示。如规模化粮油种植合作社面积通常达到30000～50000亩（1亩≈0.067公顷），以水稻油菜种植为主的经营主体户均200～500亩，耕作半径可达5千米，且有条件实现职住分离，耕作—居住距离较远；精细化经济作物种植合作社面积通常在1000～2000亩之间，以果蔬种植为主的经营主体户均30～50亩，耕作半径1000千米以内且多为职住一体，适合就近耕作居住。

经营模式	城郊农业	菜鱼共生	精养池塘	稻渔综合	高效粮油
耕作范围	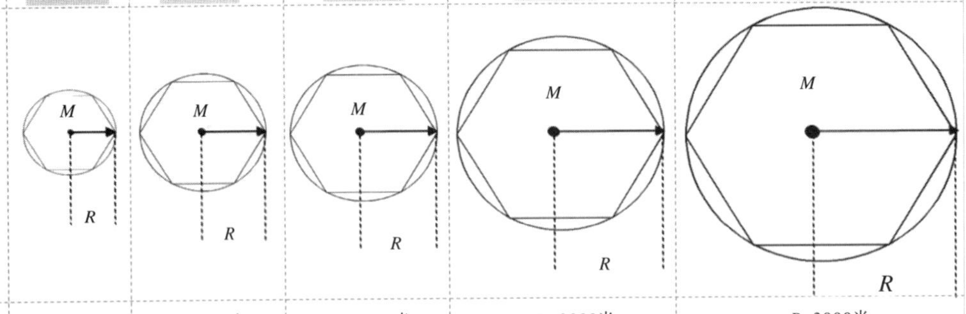 M R	M R	M R	M R	M R
耕作半径	R=400米	R=800米	R=1000米	R=2000米	R=3000米
服务面积	M=620亩	M=2500亩	M=3800亩	M=15000亩	M=35000亩
劳均面积	U=15亩	U=30亩	U=50亩	U=100亩	U=200亩
通勤时间	T=5分钟	T=10分钟	T=10分钟	T=10分钟	T=10分钟

图2　几种典型经营模式规划参数示意图

（3）核算产业人口及其安置形式。

确定区域发展单元及其所需要的劳动力，是利用“人地业”复合理论进行乡村人口及居民点布局规划的基础，人口计算公式如下：

$$P=j\sum_{i=1}^{n}A_i/F_i$$

式中，P为规划的人口总量，A_i为区域内第i个发展单元的面积，F_i为区域内第i个发展单元劳均耕作面积，j为劳动力带眷系数，n为发展单元个数。

结合现状人口和产业所需人口研究结论，可知区域人口未来会向城镇转移，转移人口将以城镇社区形式进行安置，因此规划研究重点将是农业人口及其安置形式。依据笔者团队开展的案例研究及规划实践经验，规模化粮油种植的发展单元适合以新建农村中心社区进行安置，合作社最大可覆盖25平方千米和400个家庭农场，对应约1200人的中型农村社区；精细化经济作物种植的发展单元适合以整治美丽乡村进行安置，合作社最大可覆盖2平方千米和100个家庭农场，对应约300人的小型村湾。

由以上分析可知，区域发展单元的主导产业不同，决定农业生产经营模式的不同，农业生产经营模式不同决定村庄格局的不同，“安居、营地、乐业”三者之间具有必然的内生关系。内生机理决定物化形态，“人地业”复合关系不同必然导致土地利用规划布局模式不同，这是本文核心论点。

（4）全域土地利用规划。

在当前启动国土空间规划编制的背景下，村庄规划要求整合原村庄规划、村庄建设规划、村土地利用规划、土地整治规划等，编制“多规合一”的实用性村庄规划，以适应全域全要素管控的发展需求。

通过前文对“人地业”三者内生关联的深入研究，结合用地适宜性评价和村庄发展潜力评估，为规划期末人口规模、村庄选址和用地布局及非建设用地整治利用规划提供了科学基础。在确定“人—聚落—生产环境”等规划核心内容的基础上，按标准配置教育、医疗、商业、交通、给排水、垃圾、电力、通信、防灾减灾等公共设施用地规划，从而形成全域全要素的土地利用规划布局。

3.3　技术特点

笔者认为，一个逻辑清晰的规划应科学回答“现状是什么、规划要什么、内生机理为什么”，传统的村庄规划理论难以将三者和谐统一，如城镇化理论、中心地理论、点轴开发理论的总结归纳研究范式仅仅回答了“现状是什么”；城乡统筹发展理论、田园城市理论的理论畅想研究范式也仅仅回答了规划要什么。特别是社会学家霍华德的田园城市理论倡导的布局模式，将生产、生态、生活和谐统一，适合当前生态文明体制改革背景下的发展理念，但该理论仍然没有解决“内生机理为什么”，这是传统村庄规划理论的不足。

从理论上讲，本文提出的“人地业”复合村庄规划理论，回答了“人—聚落—生产环境”的内生关系机理问题，解决了“内生机理为什么”问题，弥补了传统村庄规划理论研究的不足。从笔者的规划实践来看，本规划理论比较适合1000平方千米以内中小及微观尺度的农村地区全域详细规划，也适应生态文明体制改革、乡村振兴及编制国土空间规划的规划理论需要。

4　结语

我们应深刻认识到乡村规划远比城市规划复杂。由于村庄规划引起的居民点布局、土地经营模式、产业类型、产居关系等方面的系统重组，必然引起村庄的产权关系调整、公共服务设施重配、生产生活习惯及宗族关系受冲击等，并因此可能导致规划方案落地失败。村庄规划理论和乡村发展实践必然存在着鸿沟，设计人员应对此有深刻的认识。作为一种村庄规划理论新范式，本文主要归纳了村庄规划核心内容——“人地业”表里相佐的内生机制，提供了一种科学规划布局的分析方法，而不是包医百病的灵丹妙药。设计人员在规划编制中应对影响村庄发展的各种具体因素进行扎实地系统分析，通过科学规划以保证规划方案能落地实施。

[本研究得到中南工程咨询设计集团有限公司科研项目（KYB2019001）资助。]

[参考文献]

[1] 章建明，王宁. 县（市）域村庄布点规划初探 [J]. 规划设计，2005（3）：23-25.

[2] 宋小冬，吕迪. 村庄布点规划方法初探 [J]. 城市规划学刊，2010（5）：65-71.

[3] 田洁，贾进. 城乡统筹下的村庄布点规划方法探索：以济南市为例 [J]. 城市规划，2007（4）：78-81.

[4] 蒋万芳，袁南华. 县域乡村建设规划试点编制方法研究：以广东省广州市增城区为例 [J]. 小城镇建设，2016（6）：33-39.

[5] 陈安华，周琳. 县域乡村建设规划影响下的乡村规划变革：以德清县县域乡村建设规划为例 [J]. 小城镇建设，2016（6）：26-32.

[6] 陶岸君，王兴平，王海卉. 新型城镇化背景下发达地区村庄布点规划方法［J］. 规划师，2016（1）：83-88.
[7] 范嘉诚，吴敏，赵华勤，等. 分区体系指引下的开化县乡村体系规划探索［J］. 规划师，2019（6）：10-15.
[8] 湖北省城市规划设计研究院. 沙洋县官垱镇“四化同步”示范乡镇全域规划［Z］. 2013.
[9] 湖北省城市规划设计研究院. 沙洋县曾集镇“四化同步”示范乡镇全域规划［Z］. 2014.
[10] 湖北省城市规划设计研究院. 枝江市董市镇“四化同步”示范乡镇全域规划［Z］. 2015.
[11] 湖北省城市规划设计研究院. 湖北省荆钟四化同步示范带全域规划（2016—2030）［Z］. 2016.
[12] 湖北省城市规划设计研究院. 洪湖东分块蓄滞洪区安全建设工程人口搬迁安置规划［Z］. 2017.

［作者简介］

严圣华，高级工程师，湖北省城市规划设计研究院规划三院总工程师。
熊娟，工程师，湖北省城市规划设计研究院规划三院副总工程师。
孙桂英，工程师，湖北省城市规划设计研究院规划三院设计师。
刘和涛，工程师，湖北省城市规划设计研究院规划三院主创设计师。
卢思佳，工程师，湖北省城市规划设计研究院规划三院副院长。

乡村发展水平综合测度及其空间分布格局研究

——以胶州市为例

□华茜，张晓瑞，燕月

摘要：乡村发展水平综合测度及其空间布局研究是当前乡村振兴战略背景下的重要研究课题。本文针对目前乡村发展水平研究现状，构建乡村发展水平评价体系，借助AHP、线性加权求和法及GIS空间自相关分析法，进行乡村发展水平综合测度，识别划定乡村发展类型。胶州市域乡村发展水平研究显示：胶州市域乡村整体发展水平偏低，在评价指数上呈现出西南高东北低的发展趋势，在空间上形成了“一带、一湾、两环、多点”的乡村空间分布格局特征；同时由空间自相关分析可知，乡村发展水平指数在空间上呈显著集聚特征。基于此，综合考虑乡村发展现状及重大项目建设等因素，将乡村识别为五大类，并因类施策。本研究不仅可为乡村发展类型识别奠定科学基础，而且可为类似地区乡村发展水平综合评价及其空间布局研究提供方法参考和技术借鉴。

关键词：乡村发展水平；综合测度；空间分布；胶州市

在中国快速城镇化的过程中，传统的乡村发展正面临着难得的历史机遇，同时也面临一系列重大挑战，主要包括劳动力缺失、空心化、老龄化、发展不均衡等问题，其已成为制约我国全面建成小康社会和实现农业农村现代化的重要因素。为此，中国政府在2017年首次提出了乡村振兴国家战略，并明确提出乡村要分类施策发展，但其仅是一个宏观的指导性意见，并没有给出乡村分类施策发展的方法和技术步骤，也没有给出具体判定乡村发展水平状况的评价方法。乡村发展水平综合测度研究不仅可为乡村类型识别提供科学依据，也可为乡村空间分布格局研究提供重要参考，进而对当前新时代国土空间规划背景下的村庄布局规划和具体建设发展产生影响。可见，乡村发展水平综合测度成为乡村分类施策发展的重要基础，也是实现乡村振兴战略的重要抓手。因此，乡村发展水平综合测度及其空间格局研究必将成为理论方法与实践探索的焦点和热点。

乡村发展水平综合测度及其空间分布格局研究已取得显著成果，研究指标体系构建视角已从可持续发展、生态经济、新农村、农村现代化等单一视角转向“人口—经济—社会—生态”等多因素的耦合视角；研究方法从定性分析转向以定量分析为主；研究内容从乡村性、乡村发展转型、乡村发展类型与模式到乡村发展水平评价研究。尽管已有研究取得了丰富成果，但应看到乡村发展水平综合测度与乡村发展水平指数空间分布格局相融合的研究比较少。基于此，本文以乡村发展水平综合测度为重要抓手，科学建构乡村发展水平评价指标体系，再依据评价结果进行乡村类型识别和划分，进一步对乡村发展水平指数进行空间分布格局研究，同时以胶州市乡村发展水平综合测度为实证，以期为此类乡村发展水平测度及其空间分布格局研究提供理论方法参考和实践借鉴。

1 研究思路与方法

首先，根据乡村资源禀赋、产业基础、发展条件等因素，构建科学合理、全面系统的乡村发展水平评价指标体系；其次，利用 AHP、熵权法计算乡村发展水平评价体系各指标权重，借助线性加权求和法综合测度乡村发展水平指数；再次，对乡村发展水平进行综合评价，识别与划分乡村类型，同时针对具体乡村识别类型，提出相应的发展导向和振兴策略；最后，借助 GIS 软件，运用空间自相关方法综合分析乡村发展水平空间分布格局特征。

1.1 指标体系构建

乡村包括社会、经济、资源与环境等要素，他们相互作用、相互影响，耦合成有机系统。根据乡村的自身特征、资源禀赋、历史人文等因素，在遵循科学、准确、客观及可操作的原则上，构建全面系统的乡村发展水平评价指标体系，以综合测度乡村发展水平指数。该评价指标体系主要从 3 个维度构建，即自然本底、经济基础和社会条件。其中，自然本底是乡村空间开发和建设的潜力基础，也是承载人口数量、经济规模的重要指标，用于揭示乡村资源开发、环境承载的最大容量，是乡村建设发展的本底条件，具体包括自然山体、河湖水系、林木草地等二级指标要素。社会条件是乡村发展的推动因素，也是乡村建设水平的综合体现，某种程度上综合表征了乡村发展水平，具体包括人口、公共服务设施和基础服务设施等各项二级指标。需要特别指出的是，人口是乡村发展的核心要素，也是影响乡村空间分布格局的重要载体。经济基础是乡村发展的内生动力，是乡村建设的造血细胞，经济基础决定乡村建设，影响乡村空间开发和发展振兴，可见经济基础也是乡村发展水平的重要衡量指标，具体包括产业类型、企业数量、村集体收入、三产从业人数等各项二级指标。

1.2 指标数据标准化

为消除 3 个维度不同指标的量纲和单位差别，使其具有可比性，采用极差法对各指标数据进行标准化处理。

对于正向指标，计算公式为：

$$V_k^i = \frac{x_k^i - x_{\min}^i}{x_{\max}^i - x_{\min}^i} \tag{1}$$

对于负向指标，计算公式为：

$$V_k^i = \frac{x_{\min}^i - x_k^i}{x_{\max}^i - x_{\min}^i} \tag{2}$$

式中，V_k^i 为第 k 个村庄第 i 项指标的标准化值，$k=1, 2, 3, \cdots, n$；x_k^i 为第 k 个村庄第 i 项指标的原始数值；$x_{\max}^i$ 为第 i 项指标的最大值，$x_{\min}^i$ 为第 i 项指标的最小值。

1.3 乡村发展水平综合测度

从乡村发展水平是由自然本底、经济基础和社会条件 3 个维度构成的视角出发，遵循“指标体系—指标分值—指标权重—指标综合”的技术路线，对乡村发展水平进行综合测度，得到每个村庄的乡村发展水平指数（Rural Development Level Index，RDLI）。RDLI 是自然本底指数（Natural Background Index，NBI）、经济基础指数（Economic Base Index，EBI）和社会条件指数（Social Condition Index，SCI）的线性加权求和（WLC），即有：

$$\mathrm{RDLI}=W_{NBI}\times NBI+W_{EBI}\times EBI+W_{SCI}\times SCI \tag{3}$$

式中，W_{NBI}，W_{EBI}，W_{SCI} 分别为自然本底指数、经济基础指数和社会条件指数的权重。而 NBI，EBI，SCI 又分别是一组测度指标进行线性加权求和后得到的新的测度值，以 NBI 为例，即有：

$$NBI=\sum\nolimits_{i=1}^{n} w_i x_i \tag{4}$$

式中，w_i 为用于计算 NBI 的一组测度指标的权重，x_i 为该组指标的标准化值。为了消除指标量纲差异及使指标数据保持逻辑一致性，研究用极差标准化对指标进行标准化处理。指标权重计算综合采用层次分析法（AHP）和熵权法。

1.4　空间自相关法

（1）全局自相关。全局自相关用来描述对象的空间集聚态势，用全局 *Moran's I* 指数测度，其计算公式如下：

$$Moran's\ I=\frac{\sum_{i=1}^{n}\sum_{j=1}^{n} \boldsymbol{w}_{ij}(RD_i-\overline{RD})(RD_j-\overline{RD})}{S^2\sum_{i=1}^{n}\sum_{j=1}^{n} w_{ij}} \tag{5}$$

式中，$\boldsymbol{w}_{ij}$ 为空间权重矩阵；$S^2=\frac{1}{n}\sum_{i=1}^{n}(RD-\overline{RD})^2$；$n$ 为村庄个数；RD 和$\overline{RD}$ 分别为村庄的综合得分和综合得分均值。*Moran's I* 的取值范围为［−1，1］：若 *Moran's I*>0 且通过显著性检验，表示乡村发展水平存在正相关；若 *Moran's I*<0 且通过显著性检验，表示乡村发展水平存在负相关；若 *Moran's I*=0 且通过显著性检验，表示乡村发展空间分布呈现随机状态。

（2）局部自相关。全局自相关研究的是区域内空间对象某一属性的整体分布特征，忽视了区域内部的异质性，因此用局部自相关的方法来分析每个空间单元属性与其邻近空间单元属性的关联程度，用 *Local Moran's I* 指数和局部 G 统计量来衡量。*Local Moran's I* 的计算公式如下：

$$Local\ Moran's\ I=\frac{(RD_i-\overline{RD})}{S^2}\sum\nolimits_{j=1}^{n}(RD_j-\overline{RD}) \tag{6}$$

当 *Local Moran's I*>0 且通过显著性检验，表示乡村发展水平高的村庄相互邻近（记为 H—H），或者是乡村发展水平低的村庄相互邻近（记为 L—L）；当 *Local Moran's I*<0 且通过显著性检验，表示乡村发展水平高的村庄与水平低的村庄相互邻近（记为 H—L），或者是乡村发展水平低的村庄与水平高的村庄相互邻近（记为 L—H）。局部 G 统计量可以进一步判断高低值要素的空间聚类，其计算公式如下：

$$G_i^*=\frac{\sum_{j=1}^{n} w_{ij}(d)RD_i}{\sum_{j=1}^{n} RD_i} \tag{7}$$

对 G_i^* 进行标准化处理，$Z(G_i^*)=[G_i^*-E(G_i^*)]/VAR(G_i^*)$，其中 $E(G_i^*)$ 和 $VAR(G_i^*)$ 代表 G_i^* 的数学期望和变异系数，$w_{ij}(d)$ 代表空间权重。显著的正 $Z(G_i^*)$ 值表示乡村发展水平高的村庄趋于空间集聚，形成热点区域；显著的负 $Z(G_i^*)$ 值表示乡村发展水平低的村庄趋于空间集聚，形成冷点区域。

1.5 研究技术框架

具体技术框架见图 1。

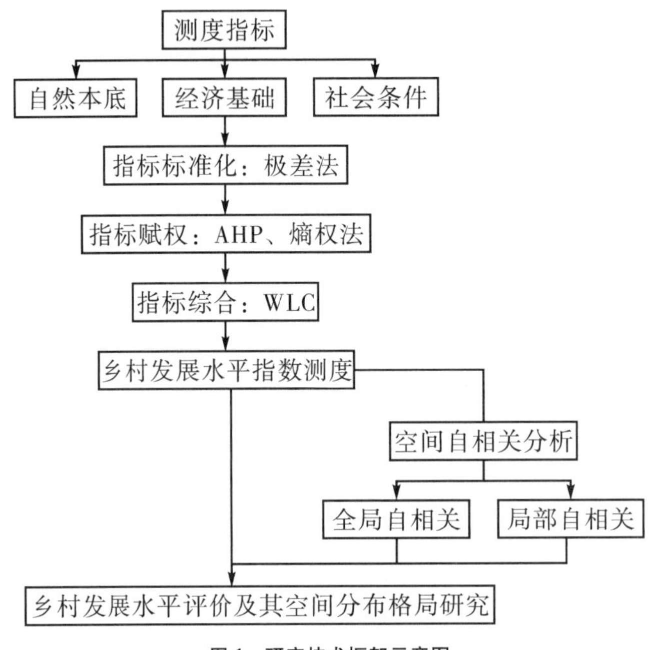

图 1　研究技术框架示意图

2　案例研究

2.1 研究区概况

本文以胶州市辖区为案例研究区。该研究区地处山东半岛西南部，胶州湾西北岸，东邻城阳区、即墨区，西靠高密市、诸城市，南接西海岸新区，北连平度市。胶州市是长江以北唯一的对外通商口岸、全国五大商埠之一，也是“一带一路”重要的沿海节点城市。胶州市东西横距 51 千米，南北纵距 54.3 千米，总面积约 1324 平方千米，具体包括中云街道、阜安街道、胶北街道、胶东街道、胶莱街道、胶西街道、九龙街道、李哥庄镇、里岔镇、铺集镇、三里河街道、洋河镇等 8 街 4 镇，辖 817 个村庄，其地理位置优越、自然资源丰富、交通区位便利。根据 2018 年胶州市国情普查与监测数据可知，2018 年常住人口为 90.05 万，其中农业人口为 35.57 万，占总人口的 39.50%，农村常住人口人均可支配收入为 21394 元。近年来，随着城镇化快速发展和乡村振兴战略的实施，胶州市开展了一系列乡村发展建设规划，这为本文综合测度胶州市乡村发展水平奠定了基础，也为本文探索胶州市乡村发展水平空间分布格局提供了重要依据。因此，在当前城乡融合和乡村振兴等背景下，本文选择胶州市市辖区内 817 个村庄为研究对象，以期为胶州市乡村发展水平测度及其空间分布格局优化研究提供科学决策，也为胶州市城乡融合发展提供政策建议。

研究数据来源于 2018 年胶州市地理国情普查与监测数据，2018 年青岛市、胶州市统计年鉴，国民经济和社会发展统计公报，2019 年全国第三次土地调查相关数据，以及胶州市相关各部门最新政府工作报告、实际摸查数据等。

2.2 构建指标体系

依据胶州市乡村区位交通、资源禀赋、发展基础及重大项目等要素基础，构建适合胶州乡村发展实情的乡村发展水平评价指标体系，具体包括自然本底、社会条件和经济基础三大方面，具体指标构建体系如表1所示。正指标表示指标值与乡村发展水平呈正相关，指标值越高，乡村发展水平越强，逆指标则与之相反。

表1　乡村发展水平评价指标体系

目标层	约束层	指标层
乡村发展水平评价指数	自然本底	基本农田面积占比
		水域面积占比
		林草面积覆盖占比
		宅基地面积占比
	经济基础	村庄集体年均收入
		农民人均年收入
		村庄企业数量
		村庄建设用地
	社会条件	人口密度
		0～18岁未成年人占比
		65岁以上老年人占比
		闲置宅基地
		公共基础设施水平
		市政基础设施水平

2.3 结果分析

2.3.1 乡村发展水平综合评价

利用线性加权求和计算得出2018年胶州市8街4镇817个乡村发展水平综合得分，在ArcGIS中按照自然断点法将乡村发展水平分为5类。可知，乡村发展水平最高的为南部的里岔镇大朱戈村（乡村发展水平综合指数为0.4105），最低的为李哥庄镇的南王家庄村（乡村发展水平综合指数为0.0255），乡村发展水平综合指数平均值为0.2128，乡村发展综合水平不高，村庄之间发展水平相差较大，存在一定空间差异性。总体上看，乡村发展水平指数在空间上呈现出西南高东北低的分布态势，在空间布局上形成了“一带、一湾、两环、多节点”的乡村发展水平空间分布格局。其中，“一带”为乡村发展水平最高村庄集聚区，该区域包括224个村庄，总体规模约为422.38平方千米；“一湾”为乡村发展水平最低村庄集聚区，该区域包括213个村庄，总体规模约为378.00平方千米；“两环”为乡村发展水平中等和较低村庄集聚区，该区域包括325个村庄，总体规模约为441.91平方千米；“多节点”为乡村发展水平较高村庄，共计55个村庄（表2）。

表 2　乡村发展水平分级表

乡村发展水平分级	乡村个数（个）	占所有乡村的比例（%）
高水平	224	27.42
较高水平	55	6.73
中等水平	156	19.09
较低水平	169	20.69
低水平	213	26.07

乡村发展水平处于最高区间的村庄共计 224 个，占总村庄个数的 27.42%，主要分布于胶州市西侧的铺集镇、里岔镇、胶西街道办事处、胶北街道办事处和洋河镇，在空间布局上整体呈带状结构，但其内部呈空心环状。这些乡村主要位于胶州市西南部和西部，自然本底和经济基础较好，城镇化和工业化等快速推进了该区域土地非农化发展，同时在乡村振兴战略背景下，人力、资本、技术等流入该区域乡村，乡镇企业快速发展，乡村就业结构和产业结构发生重大调整，产业的非农化生产加快，各项公共服务设施和基础设施向农村延伸，促进了乡村地区的全面发展，整体上乡村发展水平处于高水平区间。

乡村发展水平较高的村庄共计 55 个，占总村庄个数的 6.73%，主要分布于铺集镇、里岔镇、洋河镇、胶西街道办事处、胶北街道办事处、胶莱街道办事处、九龙街道办事处和洋河镇，在空间上呈分散式点状布局。这些村庄位于城镇开发边界邻近区域，产业发展、公共服务设施和基础设施等受城镇开发建设的影响较大，某种程度上带动了当地经济发展，提高了社会发展水平，乡村的发展水平处于相对较高区间。

乡村发展水平中等的村庄共计 156 个，占总村庄个数的 19.09%，主要分布于洋河镇、里岔镇、胶西街道办事处、胶北街道办事处和胶莱街道办事处，在市域北部空间呈 U 型分布和在市域南部空间呈圈层式分布。这些村庄区位优势相对不明显，经济基础条件一般，物质资本积累一般，区域之间联系不够紧密，乡村发展正处于农业向工业化初期推进时期，乡村发展水平有很大上升空间。

乡村发展水平较低的村庄共计 169 个，占总村庄个数的 20.69%，主要分布于里岔镇、九龙街道办事处、胶北街道办事处和胶莱街道办事处，在空间上呈分散组团式布局。乡村发展水平最低的村庄共计 213 个，占总村庄个数的 26.07%，主要分布于胶东街道办事处、阜安街道办事处、中云街道办事处、三里河街道办事处、李哥庄镇和九龙街道办事处。总体上，这些乡村发展水平较低和低的村庄，主要集聚于胶州市东北部和东部区域，在空间上呈“湾状”分布。尽管这些村庄位于城镇开发边界发展区域内，但由于大量的人力、技术、资源等要素被吸引到城镇建成区，导致村庄发展滞后，村庄基础设施覆盖率偏低，教育、医疗、文化等公共服务设施普及率偏低，居住条件与文化生活一般，产业发展多为一产主导，二产三产比重较低，外出务工人数较多，经济发展水平相对落后。

通过上述胶州市乡村发展水平整体评价，可知胶州市乡村发展水平整体偏低，具体在自然本底、经济基础和社会条件等方面，乡村发展都处于中等水平态势。乡村发展水平最高集聚区，在自然本底、经济基础和社会条件等方面均具有异于其他分区的优势，该区域可打造为胶州市乡村振兴发展先行示范区；乡村发展水平最低集聚区，尽管该区域乡村发展水平整体较低，但是该区域位于城镇开发边界内，区位优势明显，在伴随着城镇化水平不断提升过程中，城镇经济集聚外部性的溢出，有助于带动和辐射该区域发展，即该区域在未来乡村发展中具有较大潜能，可打造为乡村振兴发展潜力储备区。

2.3.2　乡村类型识别及其发展建议

依据上述乡村发展水平综合测度，以及综合考虑各村庄经济基础、人口转移、自然本底、设施供给、重大项目建设等因素，按照以人为本、城乡融合、文化传承、适当集聚的原则，进行乡村类型识别和分类发展，以有序引导村庄人口、产业、资源、技术和建设用地集聚，适时重构乡村空间体系格局，从而更有效地整合资源、配置资源和开发资源。基于此，建议将胶州市817个乡村识别为集聚提升类、城郊融合类、搬迁撤并类、特殊保护类和一般存续类五大类。将乡村发展水平最高和较高的村庄划分为集聚提升类，该类型村庄共计279个，规模约为502.37平方千米，主要集中于市域西南部和西部区域；乡村发展水平中等的村庄划分为城郊融合类，该类型村庄共计156个，规模约为221.82平方千米，多集中于城镇建成区周边，具有良好的区位优势，得益于城镇建设区的辐射和带动发展；乡村发展水平较低和最低的村庄划分为一般存续类，该类型村庄共计382个，规模约为598.09平方千米，村庄基础条件一般，社会发展基本稳定，人口增长缓慢；其他现状已定“村改居”村庄，或因垃圾填埋场建设、机场等项目建设需搬迁村庄划分为搬迁撤并类，共计78个，规模约为122.93平方千米。

鉴于研究区域处于山东半岛沿海区域，正处于快速城镇化进程中，对不同类型村庄提出以下发展建议：建议集聚提升类村庄，要重点改善居民生活品质，打造宜居的生活空间，营造良好的生产空间，适时建立新型社区，实现节约集约用地目标，进一步将该区域打造为胶州市乡村振兴发展先行示范区，引领其他区域乡村协同发展；建议城郊融合类村庄，加快城乡产业一体化、城乡交通设施一体化、城乡公服一体化发展等，逐步强化服务城市发展、承接城市功能外溢、满足城市消费需求能力，将其打造为城市后花园；建议特色保护类村庄，要合理挖掘村庄特色，开发传承村庄特色文化，将村庄特色文化与乡村旅游相融合，发展乡村文旅风光产业，同时加大特色村庄基础设施和公共服务设施完善工作力度，保障特色乡村对外互联互通的便捷性；建议搬迁撤并类村庄，要在安置村民住所的前提下，结合乡村振兴发展、新型城镇化等要求，合理有序搬迁撤并村庄；建议一般存续类村庄，要加快基础设施和公共服务设施建设，保障村民基本生活需求，提高居民生活品质，维持原生态生活生产空间，并将其打造为胶州市乡村振兴发展潜力储备区，为全域乡村发展提供后备资源保障。

2.3.3　乡村发展水平的空间性分析

2.3.3.1　全局空间自相关分析

运用Arcgis 10.2空间统计工具对胶州市社会发展指数、经济基础指数和自然本底指数及乡村发展水平综合指数等进行全局自相关指数 *Moran's I* 的测度，得到其相关性特征（表3）。从表3和图2、图3可以看出，p 值得分均趋向于0，表示随机分布的概率为0；*Moran's I* 指数值分别为0.3170、0.1981、0.6275和0.4867，说明社会发展水平指数、经济基础水平指数、自然本底水平指数、乡村发展水平指数均具有一定的正向关联特性，其中自然本底水平指数和乡村发展水平指数具有显著相关性。统计量 Z 分别为49.94、20.70、64.31、32.61，大于 Z 值检验置信水平在95%以上的临界值1.96，说明胶州市乡村发展具有显著的空间集聚特征，即乡村发展水平高的村庄相互邻近或乡村发展水平低的村庄相互邻近。

表 3 乡村发展水平全局自相关指数

全局自相关分析	*Moran's I* 指数
社会发展水平指数	0.3170
经济基础指数	0.1981
自然本底指数	0.6275
乡村发展水平指数	0.4867

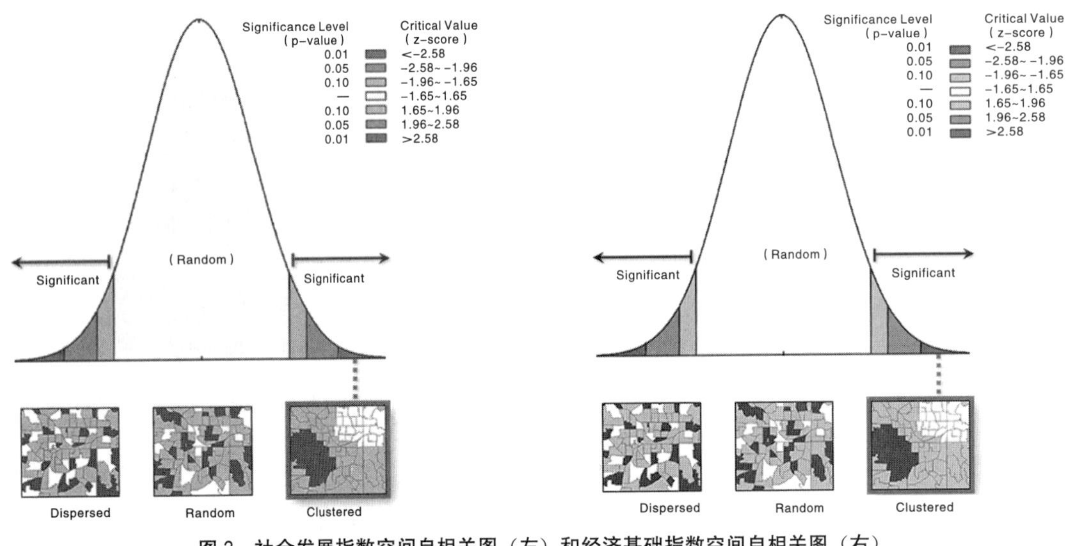

图 2 社会发展指数空间自相关图（左）和经济基础指数空间自相关图（右）

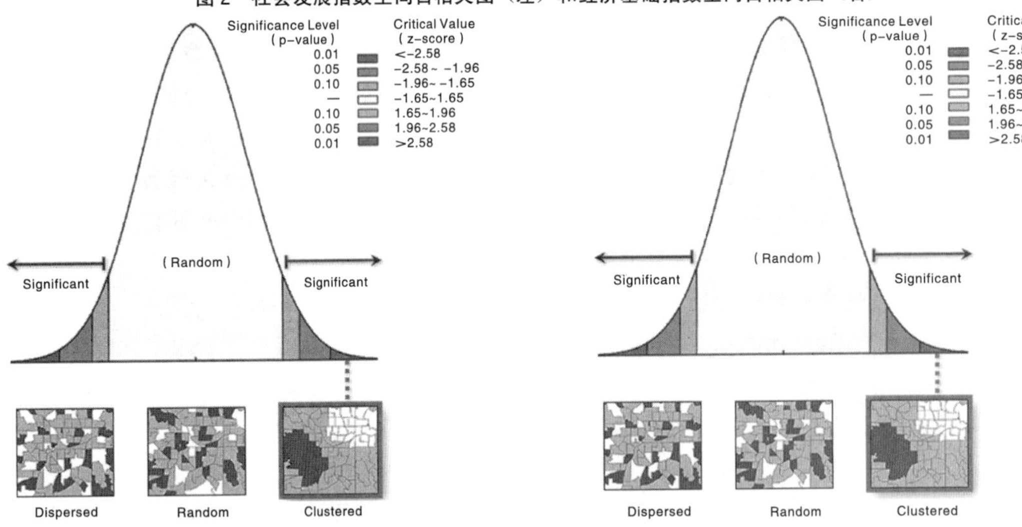

图 3 自然本底指数空间自相关图（左）和乡村发展水平指数空间自相关（右）

2.3.3.2 局部空间自相关和热点分析

全局 *Moran's I* 指数可以识别全市乡村发展水平是否存在空间相关性特征，但不能深入分析空间乡村发展水平局部集聚特征。为了进一步分析全市各村庄的局部空间特征，而绘制各村庄发展的 LISA 图。由 LISA 图可知，H－H 型村庄有 151 个，占所有村庄总数的 18.48%，其分布范围与乡村发展水平高的村庄非常吻合；L－L 型村庄有 158 个，占所有村庄总数的 19.34%，主要集中在胶州市东北部李哥庄镇、胶东街道办事处、阜安街道办事处、中云街道办事处和三里河街道办事处以及九龙街道办事处；H—L 型村庄有 18 个，占所有村庄总数的 2.20%，主要分布在 L—L 型村庄周边；L—H 型村庄有 9 个，占所有村庄总数的 1.10%，主要分布在 H—H 型村庄周边；此外，大部分村庄发展空间相关性不显著，呈现随机分布的态势，占所有村庄总数的 58.87%。

用 GIS 中的热点分析工具来识别市域村庄中具有显著性的高值（热点）和低值（冷点）空间聚类发展区域，以 95%的置信度为准，并按照自然断点法将乡村发展水平程度由高到低分为热点区（2.46～5.43）、次热点区（−0.16～2.45）、温和区（−3.37～−0.17）、次冷点区（−6.70～−3.38）和冷点区（−10.20～−6.71）。总体来看，胶州市域乡村发展水平指数呈现出西南高东北低的空间分布格局，与乡村发展的 LISA 图基本一致。靠近中心城区的村庄是冷点和次冷点区域，值得特别注意的是，在该区域形成了 3 个冷点区域，温和区域围绕着次冷点区域，在空间上呈 C 型布局；次热点区域在空间上呈 S 型布局，并处于热点和次冷点区域中间地带；热点区域处于市域西南片区，与乡村发展的 LISA 图基本吻合。

综上，通过 GIS 空间自相关分析，可知乡村发展水平空间分布格局特征，即乡村发展水平在空间上呈显著集聚特征，乡村发展水平指数整体上表现为西南高东北低，这与乡村发展水平传统理念认知是不相符的，但也进一步表明了中心城区和沿海地区的乡村发展水平并没有内陆和城镇周边的乡村发展快。

3　结语

3.1　结论

本文基于构建的乡村发展水平评价体系，从村域尺度对胶州市乡村发展水平及空间格局分析和评价，得出以下结论：①胶州市乡村发展水平整体偏低，乡村发展水平指数最高为 0.4105，为李哥庄镇的南王家庄村；乡村发展水平指数最低为 0.0255，为南部的里岔镇大朱戈村，均值为 0.2128，乡村发展综合水平不高，村庄之间发展水平相差较大，存在一定的空间差异性。②乡村发展水平指数在空间上呈现出西南高东北低的态势。③在空间上形成了“一带、一湾、两环、多点”的乡村发展水平分布格局。④通过乡村发展水平指数空间自相关分析，可知乡村发展水平存在显著的空间集聚特征，热点区域与乡村发展水平高的村庄分布格局基本吻合，冷点区域与乡村发展水平低的村庄分布格局也基本一致。基于此，结合村庄现状基本条件，为了合理优化胶州市乡村空间分布格局和有效配置空间资源，将胶州市 817 个村庄进行乡村类型识别划分，建议将胶州市 817 个乡村识别为集聚提升类、城郊融合类、搬迁撤并类、特殊保护类和一般存续类共五大类。

3.2　讨论

乡村发展水平评价及其空间分布格局研究，对当前实现乡村振兴发展具有重要的理论价值和现实意义。因此，应尽可能地提高获取指标数据的精确度，以及采用更科学系统的乡村发展水平评价方法。目前乡村发展水平评价的方法有多种，然而本文只借鉴了其中一种方法，建议其他类似乡村发展水平综合评价研究借助多元化的乡村发展水平评价方法，以期找到更适合更有效的乡村发展水平评价方法。研究在一些方面仍需进一步探讨，如本文更多关注乡村发展水平及其空间分布差异性，尚未深入到乡村发展类型划分的具体方法和技术步骤等内容；同时应提高空间自相关分析理论技术与项目实践的融合度。相信随着研究的深入，特别是在现代大数据技术日新月异的时代背景下，这对促进乡村振兴发展具有重要的推动作用，从而能对城市实现全面协调可持续发展起到更加科学的指导作用。

［本研究得到国家自然科学基金（41771181）资助。］

［参考文献］

［1］乔陆印，刘彦随．新时期乡村振兴战略与农村宅基地制度改革［J］．地理研究，2019（3）：655-666.

［2］张强，张怀超，刘占芳．乡村振兴：从衰落走向复兴的战略选择［J］．经济与管理，2018（1）：6-11.

［3］徐腊梅，马树才，李亮．我国乡村发展水平测度及空间关联格局分析：基于乡村振兴视角［J］．广东农业科学，2018（9）：142-150.

［4］韩欣宇，闫凤英．乡村振兴背景下乡村发展综合评价及类型识别研究［J］．中国人口·资源与环境，2019（9）：156-165.

［5］罗静，蒋亮，罗名海，等．武汉市新城区乡村发展水平评价及规模等级结构研究［J］．地理科学进展，2019（9）：1370-1381.

［6］臧玉珠，刘彦随，杨园园，等．中国精准扶贫土地整治的典型模式［J］．地理研究，2019（4）：856-868.

［7］周巍，戴鹏飞，黄鑫．基于生态经济学视角的湖南乡村旅游规划研究［J］．农业经济，2016（3）：44-46.

［8］李玉恒，阎佳玉，刘彦随．基于乡村弹性的乡村振兴理论认知与路径研究［J］．地理学报，2019（10）：2001-2010.

［9］刘倩，张玉敏，董芳，等．模糊综合评价法在低碳新农村发展评价中的应用：以河北省为例［J］．河北大学学报（自然科学版），2014（6）：572-578.

［10］王富喜．山东省新农村建设与农村发展水平评价［J］．经济地理，2009（10）：1710-1715.

［11］秦国伟，卫夏青，田明华．新常态下我国农村区域发展水平评价研究：以安徽省为例［J］．开发研究，2016（2）：74-79.

［12］郭晓东，牛叔文，吴文恒，等．近30年来我国农村经济发展水平的时空演变特征［J］．经济地理，2009（3）：466-471.

［13］袁久和，吴宇．乡村振兴战略下我国农村发展水平及耦合协调评价［J］．农林经济管理学报，2018（2）：218-226.

［14］朱纪广，李小建，王德，等．传统农区不同类型乡村功能演变研究：以河南省西华县为例［J］．经济地理，2019（1）：149-156.

［15］郑风田，杨慧莲．村庄异质性与差异化乡村振兴需求［J］．新疆师范大学学报（汉文哲学社会科学版），2019（1）：57-64.

［16］韩俊．乡村振兴要循序渐进地撤并一批衰退村庄［J］．农村工作通讯，2018（7）：52.

［17］董越，华晨．基于经济、建设、生态平衡关系的乡村类型分类及发展策略［J］．规划师，2017（1）：128-133.

［18］贺雪峰．农民行动逻辑与乡村治理的区域差异［J］．开放时代，2007（1）：105-121.

［19］ZHANG L. Rural revitalization：introductions for rural planning and development in east Asia［J］.

Urban Planning International，2016（6）：1-7.
[20] HOLMES J，ARGENT N. Rural transitions in the nambucca valley：socio-demographic change in a disadvantaged rural locale [J]. Journal of Rural Studies，2016：129-142.
[21] ZHU F，ZHANG F，LI C，et al. Functional transition of the rural settlement：analysis of land-use differentiation in a transect of Beijing，China [J]. Habitat International，2014（1）：262-271.
[22] PHILLIPS M. Baroque rurality in an English village [J]. Journal of Rural Studies，2014（33）：56-70.
[23] JIANG B，YIN J J，LIU Q L. Zipf's law for all the natural cities around the world [J]. International Journal of Geographical Information Systems，2014（3）：498-522.
[24] TAN M H，LI X B. The changing settlements in rural areas under urban pressure in China：patterns，driving forces and policy implications [J]. Landscape and Urban Planning，2013（1）：170-177.
[25] 陈文盛，范水生，邱生荣，等. 福建省乡村发展水平及主导类型划定 [J]. 地域研究与开发，2016（5）：143-148.
[26] 周华，王炳君. 江苏省乡村性及乡村转型发展耦合关系研究 [J]. 中国人口·资源与环境，2013（9）：48-55.
[27] 张荣天，张小林，李传武. 基于县域尺度的江苏省乡村性空间格局演变及其机理研究 [J]. 人文地理，2013（2）：91-97.
[28] 龙冬平，李同昇，于正松，等. 基于微观视角的乡村发展水平评价及机理分析：以城乡统筹示范区陕西省高陵县为例 [J]. 经济地理，2013（11）：115-121.
[29] 刘自强，李静，鲁奇. 京津冀地区乡村经济类型的时空格局演变研究 [J]. 地域研究与开发，2011（6）：12-17.
[30] 李裕瑞，刘彦随，龙花楼. 黄淮海地区乡村发展格局与类型 [J]. 地理研究，2011（9）：1637-1647.
[31] 刘彦随. 中国东部沿海地区乡村转型发展与新农村建设 [J]. 地理学报，2007（6）：563-570.
[32] 范少言，赵玉龙. 村域尺度乡村发展水平评价及特征：以甘肃环县为例 [J]. 开发研究，2018（1）：51-55.
[33] 李智，张小林，李红波，等. 基于村域尺度的乡村性评价及乡村发展模式研究：以江苏省金坛市为例 [J]. 地理科学，2017（8）：1194-1202.
[34] 李贵才，朱倩琼，刘樱，等. 广州市乡村发展类型及演化模式 [J]. 地域研究与开发，2018（4）：156-161.
[35] 赵涛涛，白建军，尚忠慧. 基于 BP 神经网络的陕西省县域乡村性分异研究 [J]. 浙江大学学报（理学版），2016（2）：203-210.
[36] 马力阳，李同昇，李婷，等. 我国北方农牧交错带县域乡村性空间分异及其发展类型 [J]. 经济地理，2015（9）：126-133.
[37] 林敏，章明卓，陶姝沅. 浙江省乡村性评价及空间格局演变研究 [J]. 浙江农业学报，2014（4）：1116-1121.
[38] 邵子南，陈江龙，苏勤，等. 江苏省乡村性空间格局及影响因素研究 [J]. 长江流域资源与环境，2015（2）：185-193.
[39] 陈阳，李伟芳，马仁锋，等. 浙江省乡村性空间分异及其影响因素分析 [J]. 经济地理，2014（12）：133-139.

[40] LONG H, ZOU J, PYKETT J, et al. Analysis of rural transformation development in China since the turn of the new millennium [J]. Applied Geography, 2011 (3): 1094-1105.
[41] DUENCKMANN F. The village in the mind: applying Q-methodology to re-constructing constructions of rurality [J]. Journal of Rural Studies, 2010 (3): 284-295.
[42] SHUBIN S. The changing nature of rurality and rural studies in Russia [J]. Journal of Rural Studies, 2006 (4): 422-440.
[43] TIAN G J, QIAO Z, ZHANG Y Q. 2012 The investigation of relationship between rural settlement density, size, spatial distribution and its geophysical parameters of China using Landsat TM images [J]. Ecological Modelling, 2014 (9): 25-36.
[44] LIU C L, ZHANG Y F, XU M, et al. Geographic type identification of valley economy: a case of mentougou district in Beijing, China [J]. Scientia Geographica Sinica, 2012 (1): 39-46.
[45] EUPEN M V, METZGER M J, PÉREZ-SOBA M, et al. A rural typology for strategic european policies [J]. Land Use Policy, 2012 (3): 473-482.
[46] KAWATE T. Rural revitalization and reform of rural Organizations in contemporary rural Japan [J]. Journal of Rural Problems, 2005 (4): 393-402.
[47] DONALD P F, PISANO G, RAYMENT M D, et al. The common agricultural policy, EU enlargement and the conservation of Europe's farmland birds [J]. Agriculture, Ecosystems & Environment, 2002 (3): 167-182.
[48] JOHNSON T G. Entrepreneurship and development finance: keys to rural revitalization: discussion [J]. American Journal of Agricultural Economics, 1989 (5): 1324-1326.
[49] 刘彦随. 中国新时代城乡融合与乡村振兴 [J]. 地理学报, 2018 (4): 637-650.

[作者简介]
华茜，工程师，山东省城乡规划设计研究院规划师。
张晓瑞，博士，合肥工业大学教授。
燕月，工程师，山东省城乡规划设计研究院规划师。

龙南县县域乡村体系规划研究

□高莉

摘要：我国县域村镇体系规划往往重镇轻村，乡村规划资源统筹分配能力不足。本文以江西省龙南县为研究对象，试图通过对政策环境与对象特征的解读，构建该县的乡村体系规划路径，基于村庄建设发展潜力评价、相关规划及政策和村镇空间关系，对县域乡村地域空间结构和体系组织结构做出系统规划，以帮助该县逐步成为一个相互联系、相互依存、协调发展的有机整体。并将其作为提升乡村发展资源再分配合理性与有效性的重要依据，增强县域乡村建设规划的实用性和指导性，同时也为构建城乡一元体系，实现城乡统筹发展提供思路借鉴。

关键词：县域乡村体系规划；村庄建设发展潜力综合评价；地域空间结构规划；体系组织结构规划；江西省龙南县

县域层面城乡体系规划研究和实践多为村镇体系规划，城乡二元的发展思维使得村镇体系规划多重镇轻村。我国行政体制使得发展资源多集中在县级以上行政机构，由乡镇政府组织编制的乡村规划无法实现发展资源的有效组织与合理分配。江西省龙南县为全面振兴乡村地区，开展全域乡村建设规划编制工作，将县域乡村体系作为全域乡村建设规划的重要组成部分，为实践县域统筹、城乡融合的乡村体系规划提供良好契机。本文以龙南县为对象，开展县域乡村体系规划研究，试图构建一个契合地方实际发展阶段，地域空间结构划分与体系组织结构划分科学合理、重点与特色突出的县域乡村体系，并将其作为提升乡村发展资源再分配合理性与有效性的重要依据，以增强县域乡村建设规划的实用性和指导性，同时也可为构建城乡一元体系，实现城乡统筹发展提供思路借鉴。

1　规划特征解读

1.1　规划环境

县域层面的城乡体系非法定规划和县域乡村建设规划均未纳入法定规划体系，主要通过政策文件被纳入政府整治过程，以实现组织内部的合法化。

《县域村镇体系规划编制暂行办法（建规〔2006〕183 号）》强调该规划是政府调控县域村镇空间资源、指导村镇发展和建设的重要手段，并要求村镇体系布局规划应包括明确村镇层次等级，选定中心镇，确定各乡镇职能分工、建设标准，明确中心村和中心村建设标准，提出村庄整治与建设的分类管理策略等内容。

《住房城乡建设部关于改革创新、全面有效推进乡村规划工作的指导意见（建村〔2015〕

187号）》作为县域乡村建设规划的主要政策支撑，指出该规划是政府统筹乡村空间、资源、设施和建设的重要手段，是实施乡村基础设施建设的直接依据，并提出分区分类的规划思路以指导镇、乡和村庄规划。《赣州市县域乡村建设规划（农村全域规划）编制导则》作为县域乡村建设规划的直接技术依据，将乡村体系规划作为其重要组成部分，规定其应包括综合评价县域乡村发展建设条件，划定经济发展分区，制定分区发展指引，确定镇村体系，明确村镇等级、规模和功能，提出县域空间管制要求等内容。

县域乡村体系规划继承了村镇体系规划强烈的政策属性和对于村镇体系布局的相关要求，并将工作重点放在县域内城市规划区以外的全部乡村地区。县域乡村体系规划作为强调系统性的乡村规划，试图通过将全域范围内村庄、集镇和建制镇规划成为一个协调发展的有机整体，助推乡村发展；规划的政策属性要求其十分重视资源配置，试图通过对政府决策和规划的差异化指引，实现乡村发展资源再分配合理性与有效性的提升，从而促进乡村发展。

1.2 规划对象

龙南县位于江西省南部边缘，辖地面积164平方千米，是江西通向广东的南大门，也是龙南、定南和全南的交通枢纽。该县下辖17个乡、镇、场、管委会，除城关镇、龙南镇外，共计84个行政村，2015年总人口为33万，非农业人口占比42%。该县突出的生态功能和丰富的自然资源降低了乡村地区建设适宜性。该县整体发展水平尚可，但城乡差距明显，乡村地区发展失衡，乡村产业落后且同质化现象明显。迥异的村庄发展现状却套用统一的配套建设标准，使得人口流失严重地区的资源使用需求不足。为提高资源分配效益，政府将优质公共资源向县城集中，却进一步加剧了村镇等级结构失衡与乡村人口流失等问题。

该县生态保护要求严苛、产业发展落后、乡村发展失衡的实际，使得如何协调发展与保护、振兴乡村产业、调整乡村等级结构、兼顾资源分配的公平与效益等问题，成为龙南县乡村体系规划中的工作重点。

2 规划思路

城镇体系指“在一定范围内，以中心城市为核心，由一系列不同等级规模、不同职能分工，但相互密切联系的城镇组成的有机整体”。20世纪80年代，南京大学将村镇体系理论方法总结为“三结构一网络”，即等级规模结构、职能组合结构、地域空间结构和网络系统结构，至今仍是各层级区域型规划的基本方法论。

此次乡村体系规划以该方法思路为基础，结合规划环境要求和规划对象特征，构建规划路径：基于村庄建设发展潜力评价、相关规划及政策和村镇空间关系，对全域范围内村庄、集镇和建制镇之间等级、规模、职能、空间结构、建设类型进行分区分级分类规划，构建一个以中心城市为核心，由一系列不同等级规模、不同职能分工，但相互密切联系的镇村组成的相互联系、相互依存、协调发展的有机整体，从而构建县域整体分工协作、村庄个体发挥特色的发展路径，在乡村发展资源分配中兼顾公平与效益。

规划技术路线：①从全域角度出发，对村庄建设发展潜力做出综合评价，以判断各村庄的整体发展潜力及产业发展优势；②基于评价结果，通过乡村地域空间结构、等级规模结构、职能组合结构规划，构建生态、生产与生活“三生”协调的乡村体系。乡村地域空间结构旨在将县域内类型不一、主体功能不同的一定地域范围，通过合理分工协作与有机沟通，形成一个协调发展的空间体系。产业体系结构、等级规模结构规划旨在将县域内的所有村庄，通过横向职能与纵向等级的联系，构成一个系统性有机整体。根据规划环境和规划对象特征，乡村地域空间结构规划可分为生态空间管治区划和经济发展分区规划；产业体系结构规划可分为村镇产业体系规划和村庄建设类型规划；等级规模结构规划可分为村镇等级体系规划、村镇人口规模规划和村庄建设类型规划（图 1）。

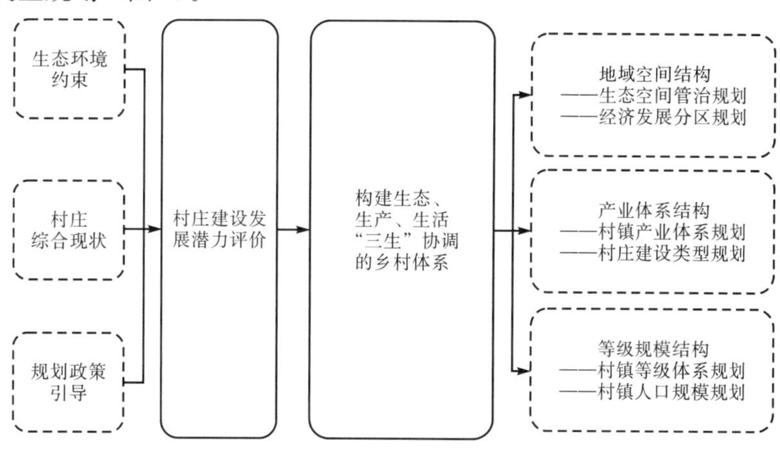

图 1　龙南县乡村体系规划总体思路

3　村庄建设发展潜力评价

3.1　指标体系构建

乡村建设发展潜力涉及社会、经济、政治等各种非空间因素，也涉及资源、区位、交通、土地等各种空间要素；既有对现状情况的综合分析，也有对基于政策扶持、规划引导的趋势预判。因此，根据乡村发展一般规律及龙南县自身特征和发展阶段，本文从用地条件、区位条件、交通条件、行政效应、人口效应、生产功能、生活功能 7 个层面构建龙南县乡村建设发展潜力评价指标体系（表 1）。

表 1　乡村建设发展潜力评价指标体系

目标层	领域层	指标层	指标解释
乡村建设发展潜力	用地条件		村庄发展必然需要用地支撑，用地条件是衡量建设发展潜力的首要因素
		建设适宜性	考虑对区域建设活动有重大安全影响的因素，包括地质灾害、生态敏感、生态保护与资源价值，反映地区的建设承载力
		建设用地潜力	根据土地利用规划确定的建设用地规模，反映农村建设发展的用地保障程度
	区位条件	中心城镇影响力	中心城镇的扩散效应能带动相邻地区的发展，根据中心城镇的场强原理，距离中心城镇较近的村庄在区域中具有区位优势，故通过中心城镇引力范围，确定中心城镇辐射带动程度
	交通条件		交通条件反映的是村庄与外界联系的便捷程度，村庄的发展很大程度上依赖交通水平的提升，故从与龙南主要交通运输方线路铁路、公路的联系度衡量
		交通线路	通过道路等级、距对外道路的距离，划定道路联系通达度

续表

目标层	领域层	指标层	指标解释
乡村建设发展潜力	交通条件	对外交通设施情况	根据对外交通设施级别、距对外交通设施的距离，划定对外联系便捷度
	行政效应	行政级别	我国的发展体制决定了行政级别对村庄的发展推动力极为明显。故通过衡量村庄是否处于乡镇政府、林场场部、管委会驻地，确定行政影响效应
	人口效应	人口集聚度	人口聚集度是村庄发展动力与发展水平的重要表征，常住人口数量、比例、增长率越高，非农人口比例与增量率越高，说明该村庄的人口集聚能力越强，发展条件越好。故根据户籍人口规模、常住人口、非农人口的规模与增长率，测度人口集聚度
		发展能力	人口构成、综合素质、生存水平决定了当地投入生产的能力，即适龄劳动人口越多、劳动力受教育水平越高、人均产值与收入越高，村庄的发展动力与发展能力越强。故根据人口年龄结构、教育水平、劳动力数量、贫困人口规模、人均GDP、人均收入，测度人口的发展能力
	生产功能		产业基础是决定村庄发展程度的根本因素之一，产业基础越强大，村庄的发展潜力越大，根据龙南县乡村地区的产业现状特征，即以农业为主、工商较薄弱、旅游业基础不佳但潜力较大，从农业、工商业、旅游业3个方面衡量生产功能
		农业生产功能	根据农业资源条件、发展指数、市场条件、发展机遇，测度农业生产功能强弱
		工商业生产功能	根据盈利性工商业发展指数、发展机遇，测度工商业生产功能强弱
		旅游服务功能	根据周边景区带动度、自身资源条件、发展指数、发展机遇，测度旅游服务功能强弱
	生活功能		村庄生活功能是否齐全、能否满足村民需求等对村庄吸引力具有直接影响。故通过衡量社会公共服务与基本保障的提供能力测度村庄生活功能
		社会服务功能	根据非营利性公共服务设施数量、质量、建设力度，测度社会服务功能强弱
		社会保障功能	根据医疗、养老、低收入保障、精准扶贫等项目的覆盖情况，测度社会保障功能

3.2 数据库构建

根据指标测度结果，建立龙南县所有行政村的建设发展潜力评价数据库。

(1) 用地条件

①建设适宜性。

地质灾害：根据《龙南县地质灾害调查与区划报告》进行地质灾害易发程度区划，按灾害易发性从高至低分为3个区。

生态敏感：从高程、坡度、坡向和植被4个方面衡量生态敏感性，形成生态敏感区划，按敏感性从高至低分为5个区。

生态保护：按照《龙南县生态空间保护红线区划》标准，梳理各类保护区资源，制定生态保护区划，分为核心保护区、生态管控区、生态协调区。

资源价值：基于相关研究成果和县域资源特征，从水资源、农地资源、矿产资源与森林资源4个方面衡量得出综合资源价值区划，按资源价值从高至低分为5个区。

据此，对地质灾害、生态敏感、生态保护与资源价值的评分结果进行加权叠加计算，得出以行政村为单位的建设适宜性得分，并纳入数据库。

②建设用地规模。

根据《龙南县土地利用规划》，核算各行政村建设用地指标，并将现状建设用地总面积、现状人均建设用地面积、规划建设用地总面积直接纳入数据库。

（2）区位条件。

通过缓冲分析，按距离分析县城影响力，同理可得各行政村的乡镇影响力评分并纳入数据库。

（3）交通条件。

龙南县对外交通设施有火车站2处、高速出入口3处、车站4处，对外交通公路主要有国道及县道。通过缓冲分析，根据距离远近计算上述三类对外交通设施及两类道路的可达性，并纳入数据库。

（4）行政效应。

根据县城、乡、镇、场、管委会、村庄行政级别进行赋分，并纳入数据库。

（5）人口效应。

针对人口集聚度与发展能力2个指标层，选取表1中的评价因子，整理相关数据直接纳入数据库。

（6）生产功能。

针对农业生产功能、工商业生产功能与旅游服务业生产功能3个指标层，选取表1中的评价因子，整理相关数据、设计计算方法，将数据或计算结果纳入数据库。

（7）生活功能。

针对生活功能选取表1中的评价因子，将相关数据直接纳入数据库。

3.3　综合潜力评价

基于上述数据，评价各行政村建设发展综合潜力。对所有数据进行KMO与Bartlett检验，KMO得分0.607，Bartlett显著性得分0.000，可见数据取样适当，适合运用主成分分析法。计算得到乡镇层面、村庄层面的综合潜力评分。

3.4　农业发展潜力评价

基于上述数据中的农业生产功能指标，评价各行政村的农业发展潜力。选取数据库中农业生产相关数据，进行KMO与Bartlett检验，KMO得分0.667，Bartlett显著性得分0.000，可见数据取样适当，适合运用主成分分析法。计算得到乡镇层面、村庄层面的农业发展潜力评分。

3.5　工业发展潜力评价

龙南县乡镇工业发展较为迟缓，数据信息较少，但工业化与城镇化作为城乡发展过程的两个方面，具有密不可分的关系，故工业发展潜力评价中不仅考虑工业生产功能，还将用地条件、区位条件、交通条件、行政效应、人口效应均纳入评价范畴。对以上数据进行KMO与Bartlett

检验，KMO 得分 0.627，Bartlett 显著性得分 0.000，可见数据取样适当，适合运用主成分分析法。计算得到乡镇层面、村庄层面的工业发展潜力评分。

3.6 旅游业发展潜力评价

龙南县乡村旅游发展更为滞后，相关数据有限，通过层次分析法对资源水平、交通条件、发展机遇、村民发展能力等 4 个影响旅游业发展的因子进行加权分析，计算得到乡镇层面、村庄层面的旅游发展潜力评分（表 2）。

表 2 乡村旅游发展潜力评价标准

指标层	旅游发展潜力							
一级因子	资源水平	交通条件					发展机遇	发展能力
一级因子权重	0.4	0.2					0.1	0.3
二级因子	旅游资源评分	国道	县道	火车站	高速出入口	汽车站	政策规划扶持力度	村民收入水平
二级因子权重	0.4	0.04	0.02	0.06	0.06	0.02	0.1	0.3

4 乡村地域空间结构规划

4.1 空间管治区划

空间管治区划旨在确定需要重点保护的区域及优先开发建设的区域，并分区提出制定限制和引导措施，以保障绿色生态空间面积不减少，实现集约开发、集中建设，从而提高综合承载力（图 2）。

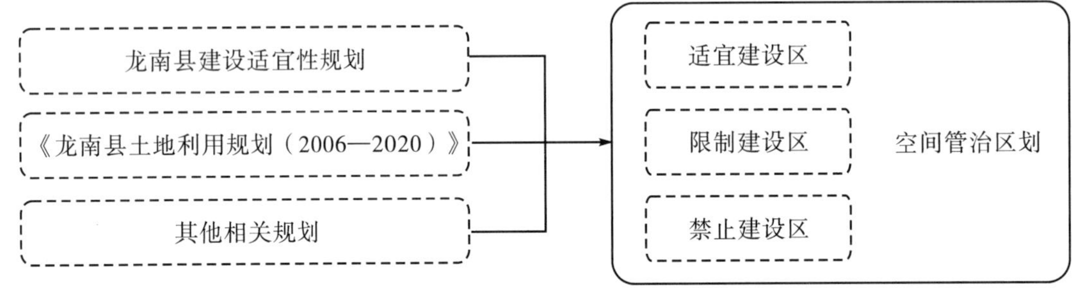

图 2 龙南县生态空间规划路径

基于相关政策指导和研究成果，龙南县空间管治区划应综合考虑现实基础与发展趋势。结合空间分析统计手段，将其划分为适宜建设区——指适宜布局乡村居民点和配套设施建设，引导乡村人口集聚的区域；限制建设区——指应合理引导乡村人口疏解的区域，主要包括农产品主产区和重点生态功能区；禁止建设区——指依法设立的各级各类自然文化资源保护区域、地质灾害易发区域、需要特殊保护的重点生态功能区，引导乡村人口易地搬迁（表 3）。

表 3　空间管治区划管控指引

分区	面积（平方千米）	占比（%）	划分依据	主体功能引导
禁止建设区	179.84	10.92	适宜性评价中不适宜建设区，及永久基本农田、生态保护核心保护区与森林资源的禁止开发区	生态保护功能，禁止一切与生态主体功能无关的建设活动，严格保护生态系统的稳定和完整性，通过生态修复减少水土流失和山洪灾害
适宜建设区	1297.23	78.67	适宜性评价中的较适宜建设区、十分适宜建设区，及土地利用规划中处于一般适宜建设区、较不适宜建设区的新增建设用地	生产生活功能集中区，科学合理地进行城乡布局与开发建设；集约开发、集中建设，引导一部分人口向该区域的重点建设城镇转移，健全重点城镇的公共服务与市政服务功能，实现城乡公服均等化，增强人口承载能力
限制建设区	171.35	10.41	禁止建设用地及适宜建设用地以外的其他用地，主要为适宜性评价中的较不适宜建设区、一般适宜建设区	以农业功能或生态功能为主，在不损害生态系统功能的前提下，进行适当的人居环境建设活动，发展旅游、农林牧产品生产和加工、观光休闲农业等产业；禁止城乡建设用地成片蔓延式扩张，原则上不再新建各类开发区和扩大现有工业开发区面积，已有的工业开发区要逐步改造成为低消耗、可循环、少排放、“零污染”的生态型工业区

4.2　经济发展分区

经济发展分区规划旨在基于县域农业、工业、旅游业的发展潜力评价结果和相关规划指引，划分中心城市辐射区、农业产业融合区和旅游发展带动区三大区域，制定各区产业发展引导措施，促进县域城乡产业多层次融合发展（图 3）。

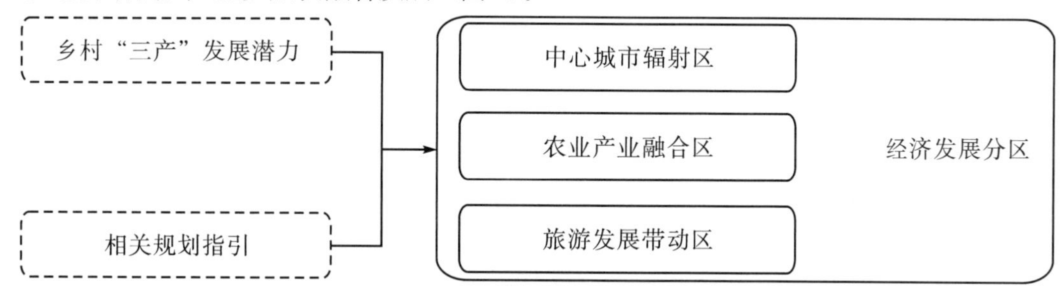

图 3　龙南县经济发展分区规划路径

综合潜力较高的村庄主要集中在城区周边，随着城镇化与工业化进程推进，逐步纳入城市规划区，受城区产业辐射带动，最终划为中心城市辐射区。工业发展潜力较好的村庄也均在中心城市辐射区范围内。全域旅游的推进会促使旅游业成为乡村产业发展的重要引擎，旅游资源较好的村庄集中在县域南部和县城周边，但里仁镇村庄未来纳入城市规划区，需承担较为综合的城市功能，更适宜作为中心城市辐射区。因此，旅游发展带动区分为两个版块，东板块为关西镇，南板块包括武当镇、杨村镇、九连山、夹湖乡花树村。其余乡村地区划分为农业产业融合区，以农业为基础，结合自身特色，逐步发展农业加工、农业贸易、农业旅游等相关产业。

5 乡村产业体系结构规划

从乡镇、村庄两个层面分层构建产业体系结构，形成“四型五类”的村镇产业结构体系①，明确村庄产业发展重点。

5.1 乡镇产业体系规划

基于经济发展分区、乡镇产业发展潜力评价结果，通过横纵向比较，确定各乡镇的主导产业类型，包括以农业为主导、逐步促进二三产发展的农业融合型，以工业发展带动整体提升的工业带动型，以旅游发展促进整体提升的旅游促进型，以及产业发展类型较为多样复合的综合发展型。

5.2 村庄产业体系规划

基于乡镇主导产业类型，结合村庄现状产业基础，进一步细化村庄主导产业类型与产业发展重点方向。将农业融合型细分为以推广规模化、机械化、特色化为主的现代农业类，注重发展有机绿色农业的生态农业类，逐步发展特色农产品加工的以农促工类，逐步发展观光农业、休闲农业的以农促旅类。工业带动型细分为以专业化、特色化工业生产为主导的特色工业类，通过农业加工促进农业生产的以工促农类。旅游促进型细分为依托重要旅游资源、开展特色旅游项目为主的旅游资源类，以建设旅游服务设施、打造旅游服务基地为主的旅游服务类。综合发展型具体为集合工业生产和旅游服务功能的工旅带动类（表4）。

表4　乡镇规划对产业发展的指引

<table>
<tr><th colspan="2">村镇</th><th>乡镇主导产业类型</th><th>村庄主导产业类型</th><th>发展重点</th></tr>
<tr><td>东江乡</td><td>晓坑</td><td>工业带动型</td><td>以工促农类</td><td>农业产品精细加工</td></tr>
<tr><td rowspan="3">黄沙</td><td>黄沙</td><td rowspan="3">工业带动型</td><td>以农促工类</td><td rowspan="3">大力发展高效农业和生态农业，在城区带动下逐步发展农业加工与乡村旅游</td></tr>
<tr><td>新华</td><td>以农促工类</td></tr>
<tr><td>新岭</td><td>以农促工类</td></tr>
<tr><td rowspan="4">渡江镇</td><td>新埠</td><td rowspan="4">工业带动型</td><td>以工促农类</td><td rowspan="2">以农副产品加工为主，逐步发展农产品贸易</td></tr>
<tr><td>新大</td><td>以工促农类</td></tr>
<tr><td>竹梓</td><td>现代农业类</td><td>优质脐橙种植</td></tr>
<tr><td>果龙</td><td>现代农业类</td><td>优质农副产品、优质脐橙种植</td></tr>
<tr><td rowspan="3">里仁镇</td><td>正桂</td><td rowspan="3">综合发展型</td><td>工旅带动类</td><td>仓储物流业</td></tr>
<tr><td>新里</td><td>工旅带动类</td><td>围屋文化旅游、旅游产品加工</td></tr>
<tr><td>中兴</td><td>生态农业类</td><td>竹木种植、深山养殖业</td></tr>
<tr><td rowspan="3">桃江乡</td><td>洒口</td><td rowspan="3">工业带动型</td><td>以农促工类</td><td>发展林业、果业、水产养殖业，农产品初加工</td></tr>
<tr><td>中源</td><td>现代农业类</td><td>发展林业、果业、水产养殖业</td></tr>
<tr><td>清源</td><td>现代农业类</td><td>发展林业、果业、水产养殖业，逐步发展乡村旅游</td></tr>
</table>

续表

村镇		乡镇主导产业类型	村庄主导产业类型	发展重点
汶龙镇	江夏	工业带动型	特色工业类	小型机械、电子材料生产业
	新圩		特色工业类	小型机械工业，发展商贸
	石莲		以工促农类	优化水稻、果林种植，小型机械工业
	罗坝		以工促农类	优化水稻、果林种植，小型机械工业
	里陂		以工促农类	优化水稻、果林种植，培育煤炭能源基地
	上庄		以工促农类	优化水稻、果林种植，培育稀土新材料基地
南亨乡	东村	农业融合型	生态农业类	发展果业、无公害蔬菜、花卉苗木等种植业，培育农副产品加工业
	石门		现代农业类	蜜蜂养殖、蔬菜种植、林果业
	三星		现代农业类	林果业
	西村		现代农业类	以粮食生产、蔬菜、林果、生猪养殖为主的特色农业
	助水		现代农业类	
	圭湖		以农促工类	
临塘乡	临江	农业融合型	以农促工类	特色农产品加工业
	水口		旅游服务类	温泉休闲旅游业
	塘口		现代农业类	花卉苗木、养殖、蔬菜种植
	东坑		现代农业类	林业、白茶产业
	西坑		现代农业类	以粮食生产、蔬菜、林果为主的特色农业
	大屋		以农促工类	
程龙镇	程龙	农业融合型	以农促工类	脐橙以及农副产品生产，发展农副产品精深加工业
	盘石		以农促工类	脐橙、无公害蔬菜等特色产业
	五一		现代农业类	以粮食、林果业为主
	八一九		现代农业类	
	杨梅		以农促旅类	注重粮食和林果生产，发展温泉旅游、乡村旅游
	龙秀		以农促旅类	
东坑	圳背	农业融合型	以工促农类	竹木加工
	金莲		以农促工类	花卉苗木、脐橙、高山茶油、竹木，农产品初加工
	均兴		以农促工类	竹木、茶叶、旅游、杨桐，竹木加工
	张古塅		以农促工类	竹木、中草药，中草药初加工

续表

村镇		乡镇主导产业类型	村庄主导产业类型	发展重点
夹湖乡	新城	农业融合型	现代农业类	生猪养殖、中华鲟养殖特色农产品
	三门		现代农业类	高山油茶、生猪养殖、蜜蜂养殖、中华鲟养殖等特色农林产品生产及初加工
	杨岭		以农促工类	
	松湖		现代农业类	
	花树		以农促旅类	高山油茶、蜂蜜、生猪、土鸡、中华鲟特色农林产品，温泉休闲旅游产业
关西镇	关西	旅游促进型	旅游资源类	旅游产品、名优特产品生产，以旅游服务为龙头，带动“三业”发展
	关东		现代农业类	粮食、柑橘、烟叶、水果、水产养殖、畜牧生产等，建立优质粮、食用菌生产基地
	翰岗		以农促旅类	水稻、柑橘、脐橙、水上特产，乡村旅游
武当镇	横岗	旅游促进型	旅游服务类	自然风景旅游、农业旅游
	大坝		以农促旅类	
	岗上		以农促工类	粮食生产及初加工
	石下		旅游资源类	重点发展旅游服务，并依托农业基础发展观光农业、休闲农业
九连山	古坑	农业融合型	生态农业类	紫心红薯、中华鲟养殖
	润洞		以农促旅类	水稻、紫芯红薯、有机蔬菜，自然生态旅游
	墩头		生态农业类	水稻、有机蔬菜
杨村镇	杨村	旅游促进型	工旅带动类	农产品集散中心，物流服务中心；发展旅游服务业，围绕旅游开展酒店餐饮业、休闲娱乐业，促进生态观光农业
	五星		工旅带动类	
	蔡屋		工旅带动类	
	车田		旅游资源类	人文旅游
	乌石		旅游资源类	人文旅游、观光农业
	员布		旅游服务类	旅游服务
	杨太		以农促旅类	观光农业
	桥头		以农促旅类	
	黄坑		现代农业类	经济林、橘橙种植，特种养殖
	坪上		现代农业类	特色果业种植、特种养殖
	坳下		以农促旅类	生猪养殖、特色果业种植
	新陂		以农促旅类	旅游服务、观光农业
	坪湖		以农促工类	特色果业、有机蔬菜种植
	蕉陂		以农促工类	有机蔬菜种植、生猪养殖
	紫霞		现代农业类	油茶、特色果业种植，特种养殖
安基山	林中	农业融合型	生态农业类	林业、果业

6　乡村等级规模结构规划

6.1　村镇等级体系规划

6.1.1　规划路径

规划构建科学合理、系统性强的县域村镇体系，进行“中心镇—重点镇—一般乡镇—中心村—一般村”的整体考虑。中心镇具有包括经济、社会、政治职能在内的综合型公共职能，具有“人口集中、产业集聚、要素集约、功能集成”的特征，依据上位规划、乡镇建设发展潜力综合评分及区位条件确定。重点镇指在某一产业功能上具有比较优势的乡镇，是除中心镇外重点发展的乡镇，主要依据上位规划、乡镇产业发展潜力评分确定。中心村是重要的农村人口居民点，也是乡村基本服务的重要载体，在龙南县以山地为主的区域，合理服务半径对中心村公共服务效能的发挥具有较强的制约作用；同时，村庄自上而下的建设模式使得公共职能的提供以政治职能的实现为基础，相关规划体现的政府意志对中心村选择具有重要影响。因此，规划选择未来发展趋势较好、位置相对居中且政府导向明确的村庄作为中心村（图4）。

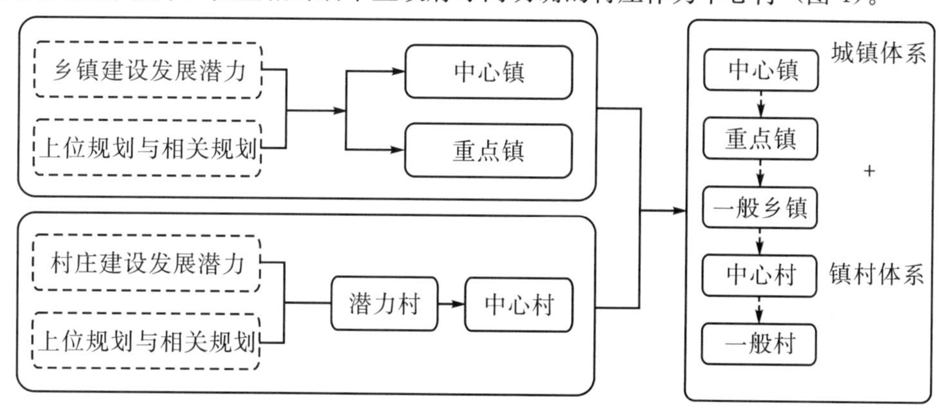

图4　龙南县村镇等级体系规划路径

6.1.2　中心镇与重点镇选择

《龙南县城市总体规划2011—2030》《赣州南部城镇群规划（2014—2030年）》均将龙南县城和杨村镇规划为中心城区和中心镇。基于县城突出的首位度和领先的社会经济水平，此次规划也将其确定为中心城区。根据县城引力范围、城镇居民生活圈半径和主要出行方式，确定中心城区服务半径以30千米为宜，故需在距中心城区30千米以外区域设置一处区域综合型功能节点——中心镇。杨村镇为该区域地理中心，且历史地位突出，人文资源厚重，对外交通条件优势明显，宜作为中心镇。

重点镇原则上应选择农业、工业、旅游业发展潜力评分较高的乡镇，但考虑到桃江乡、渡江镇、东江乡、黄沙管委会和里仁镇主要区域纳入城市规划区，九连山林场与安基山林场生态功能突出，不适宜大量开发建设，因此确定农业发展潜力评分较高的程龙镇为农业特色重点镇，旅游业评分较高的关西镇为人文旅游特色重点镇，武当镇为自然旅游特色重点镇。

6.1.3　中心村选择

中心村选择中首先将各行政村发展潜力分为四级，第一级为乡镇政府驻地村庄，第二至第四级按城镇建设发展潜力评价结果划分；其次，以3千米为中心村服务半径，筛选出发展潜力评分较高，且位置居中、可覆盖较多居民点的行政村作为中心村（表5）。

表 5　龙南县中心村

等级	村镇	数量（个）
中心村	程龙镇程龙、盘石，渡江镇新埠，关西镇关西，汶龙镇江夏、石莲、罗坝，武当镇岗上、横岗，杨村镇杨村、焦陂、新陂、乌石，里仁镇新里，夹湖乡花树、新城，临塘乡水口、大屋，南亨乡东、石门、三星，桃江乡中源，东坑管委会圳背、均兴，黄沙管委会黄沙，九连山林场古坑，安基山林场林中	27

基于以上分析，构成龙南县“中心镇—重点镇——一般乡镇—中心村——一般村”的村镇体系。

6.2　村庄人口规模规划

6.2.1　规划路径

研判人口发展及流动趋势，分配总规预测人口至各村。首先，分析梳理县域城镇发展趋势、人口发展趋势和分布情况，总结相关规划中的乡镇人口预测；其次，基于以上内容初步研判县域乡村人口流动趋势，并结合等级体系规划结果，分级预测行政村人口变化幅度；最后，将龙南县总体规划预测人口，按预测变化幅度分配到各行政村（图 5）。

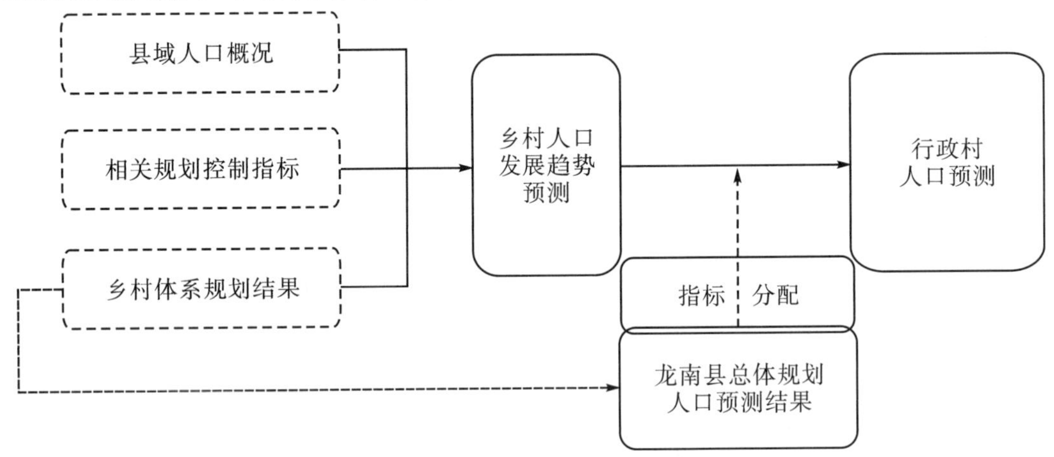

图 5　龙南县村镇体系规划思路

6.2.2　县域人口流动趋势分析

根据人口现状、规划引导、体系规划结果，判断龙南县乡村人口具有“乡镇向县城高度集聚、村庄向镇区集聚，一般镇向中心镇与重点镇集聚、一般村向中心村与特色村集聚，农业向工商业集聚”的发展趋势（表 6）。

表 6　村庄人口发展趋势分析

规划人口增幅	经济片区	村镇等级		村庄发展类型	村庄主导产业
高 ↓ 低	中心城市辐射区 旅游发展带动区 农业产业融合区	中心镇 重点镇 一般镇	中心村 一般村	城镇发展型 综合提升型 专项整治型 基本保障型	工贸促进类 农业融合类 现代农业类

6.2.3　村庄人口规划控制指标

按照龙南县发展趋势及总体规划确定的城镇与乡村人口增幅、城镇化率，对村庄规划人口增幅进行分类控制。基于基年人口，按照行政村人口规划原则确定规划人口增幅，对龙南县总体规划确定的人口进行分配——龙南镇25.3万人，其余乡镇共28.2万人；除城市规划区外，城镇人口主要集中在杨村镇杨村、五星村、蔡屋村，汶龙镇江夏村，武当镇岗上村，关西镇关西村，程龙镇程龙村，共3.2万人。

6.3　村庄建设类型规划

明确村庄建设类型，分类形成村庄建设活动指引，作为政府资源配置与下一层级规划编制的有效依据。纳入城市规划区的村庄划定为城镇发展型，对乡村保留区内的村庄，根据空间结构、产业体系、等级规模，划分为综合提升型、转型整治型、基本保障型和择机搬迁型（表7）。

表7　龙南县村庄建设分类规划

类型	分类原则	村庄	个数	建设重点
城镇发展型	城市规划区内的村庄	里仁镇冯湾、上游、栗园，渡江镇莲塘、象塘、果龙、岭下，桃江乡水西坝、窑头，东江乡新圳、中和、大稳	12	城市总体规划统筹考虑
综合提升型	①综合发展潜力、建设适宜度较高；②以二三产为主导产业的中心村	程龙镇程龙，渡江镇新埠、新大，关西镇关西，黄沙管委会黄沙，夹湖乡花树，里仁镇新里、正桂，临塘乡水口，汶龙镇江夏，武当镇岗上，杨村镇蔡屋、车田、五星、杨村	15	综合提升、产业创优、特色营造、创建美丽乡村
专项整治型	①综合发展潜力和建设适宜度一般；②以一产为主导产业的中心村；③某类产业发展潜力较好的一般村	程龙镇龙秀、盘石、杨梅，东坑管委会均兴、圳背，黄沙管委会新华，关西镇关东、旱岗，夹湖乡新城，九连山古坑，临塘乡塘口、临江，南亨乡东、三星、石门、西村，桃江乡中源，汶龙镇罗坝、新圩、石连，武当镇大坝、横岗、石下，杨村镇蕉陂、乌石、新陂、坪湖、员布	28	开展人居环境专项整治，全面提升空间品质
基本保障型	①综合发展潜力和建设适宜度较差；②各产业发展潜力较差的一般村	安基山林中，程龙镇五一、八一九，东江乡晓坑，东坑管委会金莲、张古段，渡江镇竹梓，夹湖乡三门、松湖、杨岭，九连山墩头、润洞，里仁镇中兴，临塘乡东坑、大屋、西坑，南亨乡圭湖、助水，桃江乡清源、洒口，汶龙镇里陂、上庄，杨村镇凹下、黄坑、坪上、桥头、杨太、紫霞	28	保障村民基本生产生活条件为建设重点
择机搬迁型	禁止建设区内	九连山润洞村的少部分居民点，黄沙管委会新岭	2	应尽快迁出

7 结语

乡村体系规划在促进乡村产业协调发展、建设生态宜居的人居环境、实现政府对乡村发展资源的有效配置、构筑城乡融合发展新局面上具有重要意义，可大力助推乡村振兴战略的有效实施，应给予高度重视。本文在法律基础与实践基础均较薄弱的情况下，从规划环境特征和规划对象出发，尝试构建乡村体系规划路径，并试图通过系统性的村庄建设发展潜力评价提高规划的科学性与可信度，为乡村体系规划提供思路借鉴。

[注释]

①介于里仁的冯湾、上游、栗园，渡江的莲塘、象塘、岭下，桃江的水西坝、窑头，东江的新圳、中和、大稳均纳入城市规划区，因此不纳入此次乡村镇体系构建中。

[参考文献]

[1] 顾朝林. 城镇体系规划：理论·方法·实例 [M]. 北京：中国建筑工业出版社，2005.

[2] 崔功豪，魏清泉，陈宗兴. 区域分析方法 [M]. 北京：高等教育出版社，1999.

[3] 李秉毅. 构建和谐城市：现代城镇体系规划理论 [M]. 北京：中国建筑工业出版社，2006.

[4] 张京祥，胡嘉佩. 中国城镇体系规划的发展演进 [M]. 南京：东南大学出版社，2016.

[5] 吴亚伟，张超荣，江帆，等. 实施乡村振兴战略 创新县域乡村建设规划编制：以《安徽省广德县县域乡村建设规划》为例 [J]. 小城镇建设，2017 (12)：16-23.

[6] 曹璐. 县域乡村建设规划编制要点思考：以歙县县域乡村建设规划为例 [J]. 城市规划学刊，2017 (5)：81-88.

[7] 田翠玲. 县域乡村建设规划建议与编制方法研究 [J]. 智能城市，2017 (2)：17.

[8] 陈安华，周琳. 县域乡村建设规划影响下的乡村规划变革：以德清县县域乡村建设规划为例 [J]. 小城镇建设，2016 (6)：26-32.

[9] 蒋万芳，袁南华. 县域乡村建设规划试点编制方法研究：以广东省广州市增城区为例 [J]. 小城镇建设，2016 (6)：33-39.

[10] 赵毅，段威. 县域乡村建设总体规划编制方法研究：以河北省安新县域乡村建设总体规划为例 [J]. 规划师，2016 (1)：112-118.

[11] 刘继斌，杨青山，杜雪，等. 经济欠发达地区县域村镇体系规划编制研究：以蛟河市为例 [J]. 经济地理，2011 (10)：1655-1659.

[12] 顾朝林，金延杰，刘晋媛，等. 县域村镇体系规划试点思路与框架：以山东胶南市为例 [J]. 规划师，2008 (10)：62-67.

[13] 于丽萍. 浅谈县域村镇体系规划的地位、内容和作用 [J]. 小城镇建设，2008 (1)：58-61.

[作者简介]

高莉，硕士，助理工程师，广州市城市规划设计所规划师。

资源紧约束背景下乡村振兴战略空间规划方法探索

——以成都市蒲江县为例

□胡佳瑞

摘要：国家乡村振兴战略为乡村地区带来了巨大的发展机遇。但乡村地区面临土地资源紧约束和乡村收缩的客观现实，传统以空间增长为导向的发展路径和空间供给方式已不再适用，需要转变思路，从外延增长向内涵式的提质增效发展方式转变。本文引入精明收缩理论，并以此为基础对乡村空间规划的主要内容、方法进行探讨，并结合成都市蒲江县乡村振兴战略空间规划实践，探索在资源紧约束背景下乡村振兴战略空间规划的方法路径。

关键词：资源紧约束；精明收缩；乡村振兴；空间规划；蒲江县

1　研究背景

实施乡村振兴战略，是党中央立足我国基本国情，把握我国城乡关系变化特征的基础上做出的重大决策部署。2018 年 2 月 4 日，中共中央、国务院发布《关于实施乡村振兴战略的意见》，明确了“产业兴旺、生态宜居、乡风文明、治理有效、生活富裕”的总体要求和主要任务。

在乡村振兴战略的背景下，乡村区域面临巨大发展机遇，但在传统的规划体系下，关注建设规模、建设指标、用地布局等范畴的空间供给路径并不能有效地支撑乡村地区的发展。乡村区域是分散的城镇建设用地、村庄建设用地、农业生产空间及广阔的生态空间的有机整体，强调资源要素的整体管控和“多规合一”，未来将是新的国土空间规划体系中重要的核心议题，亟待通过具体的规划编制进行探索和总结。

城市和乡村要发展，必须要有空间来承载，然而乡村区域在空间资源的争夺中一直处于相对的弱势地位。城市扩展不断向周边的生态和乡村区域要地，各类规划盘整出的建设指标实际上都成为城市发展空间释放的载体。同时，乡村区域人口外流、农业经济逐步衰败、乡村人居环境破败、城乡服务设施差距大等也进一步导致乡村自身的收缩，造成了长期以来各类空间资源向城市单向集聚的状况。

因此，在空间资源有限的情况下想要实现乡村振兴的战略目标，乡村地区必须寻求发展模式、空间利用、制度创新等方面的转型，探索一条既符合乡村发展实际规律，又绿色集约高效的路径。

2 精明收缩与乡村地区转型发展

2.1 资源紧约束与乡村发展转型

乡村地区资源紧约束的现实条件势必要求转变发展思路，从依托空间扩张的发展方式转向强调内涵式的发展方式，强调复合利用和土地效益的提升，寻求资源高效利用，减少农村土地和资源浪费，提升乡村活力，改善乡村环境。

乡村地区转型需要规划引导，其要点在于从被动无序的衰败转至精明收缩，摆脱一直以来以增长为导向的路径依赖，主动引导城乡发展要素的配置、空间营造和治理体系的转变。

2.2 精明收缩理论与乡村规划路径

精明收缩理论最早是西方国家针对城市收缩的现实提出的应对策略，其定义是“更少的人、更少的土地和更少的建筑”，“收缩意味着更有效率、更生态和更可持续，甚至用更少的人”。基于精明收缩理论，欧洲国家及美国开展了一系列规划实践，包括土地收储银行、拆除空置建筑、缩小城镇规模、绿色基础设施、发展都市农业等，其理论的核心是认为人口和空间的增长并不是城市和乡村发展的衡量因素，转而实事求是地制定发展目标，从增长的范式向更为关注提升市民福祉，提升城乡居民宜居品质的新范式转变。在空间组织上，以土地集约利用和功能多元复合为核心，增加公共服务与绿化景观，打造小而美的城镇或乡村；在公共服务设施上，以提高服务水平为核心，同时增加绿色基础设施等；在参与主体上，强调公众参与、多方利益主体的协同；在文化特色上，强化地域性与人文关怀，培育文化旅游等新的发展动力。

就乡村地区而言，精明收缩理论强调顺应宏观发展趋势，直面乡村收缩现实，以空间集聚和功能优化重组为主要手段，以弹性渐进规划和公众参与等途径，提高土地使用效率，维持社区发展活力，提升城乡公共服务质量，将人口、产业、土地等要素融入“三生”空间的研究中，最终实现在资源紧约束条件下保持并促进乡村经济与人居活力的目标。

3 蒲江县乡村振兴空间规划编制背景

3.1 蒲江县乡村发展现状

蒲江县位于成都市西南部，是距离成都市中心城区最远的郊县，也是一个典型的丘陵区农业县，农业人口占73.1%。其生态环境优越，是四川省唯一的国家生态文明示范县。

蒲江县农业发展基础较好，水平较高，2018年农业总产值为34.9亿元，农村居民人均可支配收入达21626元，处于四川省领先水平。但从全县范围来看，不同乡镇之间发展不均衡，地区差异较大，部分村镇收入和生活水平较低，未来发展方向不明。县域内各乡镇镇域建设用地零碎，土地利用集约度不高。各乡镇镇区人口规模普遍较小，能级不足，人口集聚度较低，存在较为明显的发展不平衡、不充分的状况。

3.2 项目编制背景

2017年，为了构建国家中心城市功能性产业支撑系统，推动城市空间布局与经济地理集聚的高度契合，成都市确定了“东进、南拓、西控、北改、中优”的城市发展十字方针。蒲江县位于西控区域，是成都市最重要的生态功能区和粮食生产功能区，其核心是通过“控制开发强度、控制开发门类、控制产业红线，以控来实现整个西部地区更好品质、更可持续的发展”。蒲江县在“西控”的导向要求下，需要严格控制发展规模和规划增量。而蒲江县的乡村地区背负着生态环境保护及建设用地减少的双重重任，严格的土地资源约束成为乡村地区发展的掣肘，亟待寻求一条内涵式高效绿色的转型发展之路。

针对蒲江县乡村地区资源紧约束的现实条件和乡村振兴战略的宏观要求，本次研究引入精明收缩理念，从空间供给、功能管控、配套设施和环境提升四个方面进行探索。

4 规划应对

4.1 全域统筹的空间供给模式

乡村土地的分散性导致土地流转困难，交易成本高，制约着规模化的发展。规划从整体角度进行统筹，在更大的地域范围内配置生产要素，进行“三生”空间的统筹布局。

规划打破行政边界，基于全域空间数据平台，落实生态红线和基本农田保护线的刚性要求，并进一步开展国土空间“双评价”，划定主体功能区作为空间管理和产业发展的平台，通过分级分类的空间发展引导，构建城乡之间更加合理的经济地理格局。

划定“一心三区”整体空间格局，一心指综合服务核心，主要包括蒲江县中心城区及周边乡村区域。三区指三大主体功能区，其中，北部农田比例高，农业发展基础良好，作物类型丰富，设置“特色水果现代农业主体功能区”，推动特色农业经济发展和环境塑造；西部拥有“三湖一阁”省级风景名胜区和众多旅游资源，生态敏感度高，保护要求突出，划定“三湖一阁风景名胜区主体功能区”，坚持以生态化、景观化、特色化为路径，打造全域旅游示范区、核心区；东部地区产业发展集聚，重点依托寿安中德产业园区建设，划定“中德中小企业合作主体功能区”，以集约化、跨界融合、创新创造为策略，打造产城融合、景城一体的风情“智谷”。

4.2 兼顾刚性与弹性的功能用途管控

随着城镇化的不断深化及“互联网＋”等新经济的出现，乡村地区承载的功能正在发生重大变化。面对市场行为的未知性，必须采取刚性约束和定向引导相结合的方式，建立乡村发展的黑白名单。在坚持乡村地区以农业产业为主导的前提下，顺应新兴经济的发展趋势，细化土地用途管制规则，鼓励乡村土地的多元化利用，大力实施“农业＋”战略，培育壮大新产业、新业态，推动一二三产的融合发展。通过乡村单元引导农业融合产业的定向集中，引导“农业＋”产业的针对性落地，有力增加农业产业链的长度和厚度。

在主体功能区内部，以乡村单元（一个或多个行政村）作为引导特色产业集聚和土地整理的主要载体，按照“区域集中连片、项目集成整合、产村同步推进”的思路，引导产业特色化集中发展，引导项目针对性落地，形成全域“农业＋”产业的控制单元（图 1）。

乡村单元依据土地利用规划和镇乡总体规划，确定远期单元总体布局，明确乡村单元近远期需减量并复垦的乡村建设用地及新增建设用地在核心区块的选址，通过土地整治、统筹、盘活等措施落实土地要素保障，利用土地级差收益为城乡融合和经济发展服务。

图 1　全域乡村单元划定

4.3　围绕多元生活场景的设施配套

乡村地区逐步空心化、老弱化的现状及多元化的城乡兼业人群的择居需求，要求改变传统的依据户籍人口规模和级配式的设施配套模式，避免一味地追求城乡均等化的公共服务配套，而是考虑针对特定人群和居住类型的特色化、差异化配套。

规划需兼顾公平与效率，在提升基本公共服务配套的同时，结合乡村文化传统和资源特征，营造高品质多元化的生活场景，在城乡融合的背景下兼顾农民、市民、创业者、旅居者等不同人群的自由择居需求，并围绕休闲旅游、乡村文创、生态康养、现代农业等新型业态，建设以特色镇为配置重点，各乡村单元依据自身产业特色进行多元化配置的特色公共服务设施供给体系（图 2）。

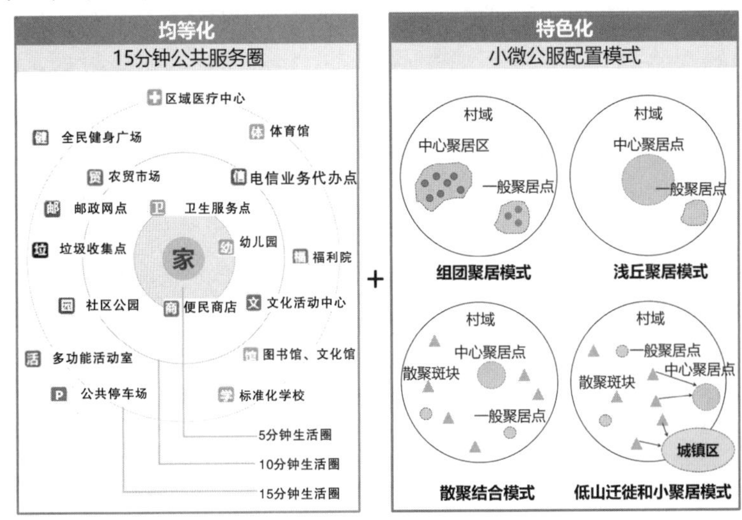

图 2　全域多元生活场景构建

避免乡村特色的丧失与凋敝，强化人文关怀，延续乡村文脉和风貌特征，营造具有乡愁的独特文化氛围。围绕蒲江县特色的古蜀文化、南丝路文化、书院文化和非遗文化，全域构建多个文化承载点，构建“一带一路”文化主线串联，传承传统的文化内涵。依托传统文化，发展“互联网＋”的运营模式、倡导共享生活方式、创建农业品牌文化、推广文化创意产业，并借助乡村资源条件发展休闲旅游文化，形成良好的城乡互动。

4.4　全域公园城市导向下的环境品质提升

结合生产与生活空间的重构，强化乡村生态环境的保护与乡村环境的营造，从整体层面提炼乡村地域特色，突出乡村优越的山水田园生态环境，营造别具魅力的乡村空间。

蒲江县将以乡村振兴为契机，统筹城乡建设，依托已有的全域发展基础，突出“小城大景”的蒲江公园城市特色。守护生态本底，积极落实生态保护的刚性要求，坚持“山水林田湖生命共同体”，塑造以蒲江河、临溪河河谷生态为核心的“四湖两河两丘一屏障，多环全景”的多元景观风貌格局，形成“青山、绿水、秀林、沃田、雅院”的整体风貌；依托本底资源，创新经营模式，塑造山水田园大地景观，构建“山地森林公园＋滨水湿地公园＋大田景观公园＋天府林盘公园＋微型生活公园”的乡村公园空间格局，打造成都市全域公园体系的西部亮点。全域建设绿道系统，联合蒲江河、临溪河滨河绿道和甘成路绿道共同建构乡村振兴景观环，作为带动全域绿道环线的主线（图 3）。

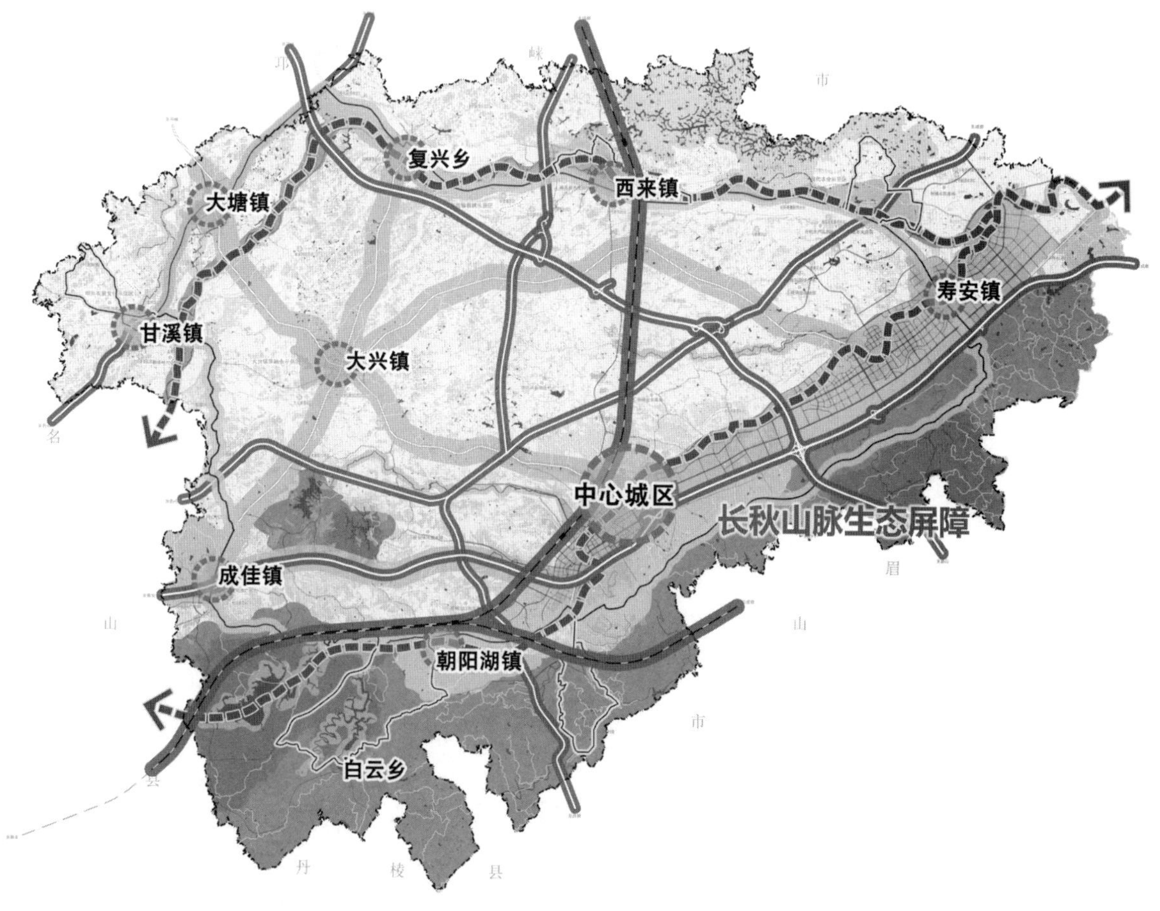

图 3　全域公园城市空间框架

5 结语

随着我国城镇化进程的不断深入，乡村地区的发展必将面临越来越严峻的资源紧约束的现实，乡村收缩的客观趋势也将长期存在。本文引入精明收缩理论，结合成都市蒲江县乡村振兴战略空间规划实践，认为应当直面乡村收缩的现实，主动引导要素优化配置与空间重构，基于资源评估从全域角度进行统筹规划，以主体功能区和乡村单元为载体引导产业与空间要素的适度集聚，实现土地集约高效利用；围绕多元化的生活场景构建，提升公共服务配套水平，修复保护生态环境，营造优美宜居城乡环境，从而实现乡村经济的提质增效和人居活力的持续提升。

空间增长并不是发展的唯一前提，以精明收缩理念引导乡村地区未来的发展是一条更加健康、更可持续的道路。随着机构改革和国家空间政策的重构，未来乡村地区的规划工作还有很大的展望空间，需要不断统筹协同、创新实践。

［参考文献］

［1］游猎．农村人居空间的“收缩”和“精明收缩”之道：实证分析、理论解释与价值选择［J］．城市规划，2018（2）：61-69．

［2］POPPER D E，POPPER F J．Small can be beautiful：coming to terms with decline［J］．Planning，2002（7）：20-23．

［3］PALLAGST K M．Dsa ende der wachstumsmaschine［J］．Berliner Debatte Initial，2007（1）：4-13．

［4］郭炎，刘达，赵宁宁，等．基于精明收缩的乡村发展转型与聚落体系规划：以武汉市为例［J］．城市与区域规划研究，2018（1）：168-186．

［5］黄璜，杨贵庆，米塞尔维茨，等．“后乡村城镇化”与乡村振兴：当代德国乡村规划探索及对中国的启示［J］．城市规划，2017（11）：111-119．

［6］自然资源部办公厅．自然资源部办公厅关于加强村庄规划促进乡村振兴的通知［J］．自然资源通讯，2019（11）：22-23．

［7］马超，高建梅，何得桂．日本六次产业发展经验及其对我国农村产业兴旺的启示［J］．生产力研究，2019（3）：105-112．

［8］孙莹，张尚武．我国乡村规划研究评述与展望［J］．城市规划学刊，2017（4）：74-80．

［9］彭震伟．小城镇发展与实施乡村振兴战略［J］．城乡规划，2018（1）：11-16．

［10］张立．我国乡村振兴面临的现实矛盾和乡村发展的未来趋势［J］．城乡规划，2018（1）：17-23．

［作者简介］

胡佳瑞，硕士，注册城乡规划师，中级工程师，上海同济城市规划设计研究院有限公司副主任规划师。

以“四态”重塑促历史文化名村更新与转型

——以昆明市海晏村为例

□王晶，翟辉，彭琬凌

摘要：受自然环境制约的历史文化名村在求发展过程中，因生态本底遭到破坏而走向衰败。生态文明建设对历史文化名村的保护与发展显得尤为重要，而“四态”建设则是生态文明在空间建设上的投影。本文将“四态”重塑与历史文化名村结合，研究生态视角下以“四态”重塑促历史文化名村更新转型的路径，并以昆明市呈贡区滇池流域内的海晏村为例，通过文献研究和实地调研，针对生态环境衰败、传统业态衰落、空间形态变异、文态空间衰减的问题，以生态为本、形态为体、业态为径、文态为魂对其进行重塑，达到保护生态本底、改善村落环境、实现村庄转型发展、能够自主造血的目的。

关键词：“四态”重塑；历史文化名村；海晏村

随着资源趋紧、环境污染严重和生态系统破坏等问题加剧，生态文明建设将可持续发展提升到绿色发展的高度。生态文明建设不局限于城市建设，乡村的可持续发展同样是生态文明建设的一部分。而“四态”重塑即生态环境、功能业态、历史文态和空间形态的重塑，与生态文明建设内涵一致。“四态”最初是文化旅游景区设计实践中总结出的科学理论模型，后来扩展成为规划建设领域一套重要的实践和评估系统。目前生态本底思想在乡村建设中仍处于实践探索阶段，村落要良性发展一方面有赖于良好的生态环境，另一方面也对环境产生积极或消极影响，生态坏境在发展中不免遭受开发性、建设性破坏。本文基于生态文明建设背景，将“四态”重塑与历史文化名村保护、发展结合，选择位于云南最大淡水湖滇池流域的市级历史文化名村海晏村为例，通过“四态”重塑达到村落系统空间转型与更新的目的，对保护滇池流域内村落物质环境和生态环境有重要意义，以期为面临类似生态问题的其他历史文化名村的保护提供积极借鉴。

1　“四态”的内涵及与生态文明建设的联系

生态文明建设强调在发展生产、改善生活中最大可能节约资源，做到发展与保护统一，使生态系统和经济系统有机融合，实现绿色发展。“四态”包含历史文态、空间形态、功能业态和生态环境，其中生态环境建设是其他“三态”的基础前提、重要本底。历史文态指在发展中潜移默化形成的风俗习惯、宗教信仰、民俗活动，承载了一个聚落的历史记忆，体现了一定的承袭性、变迁性和时代性，本文具体指村庄中的精神信仰和信仰空间；空间形态包含街区的路网结构和街巷风貌、院落的组合模式、建筑单体的特有形制、建筑细部的特殊样式等，本文指基于街巷空间形成的空间形态、传统民居院落形制和公共空间；功能业态指聚落内的产业发展，本文包含海晏村的传统渔业和农耕；生态环境指整个聚落中人、空间、建筑、环境的整体保护，是整个聚落良性持续发展的重要因素，本文指湖岸线、宅间农田和排污沟渠形成的生态空间。可见“四态”体现了生态文明的内涵，是生态文明建设在空间建设上的投影。

2 乡村“四态”重塑的案例实践

2.1 研究范围及概况

海晏村隶属于云南省昆明市滇池国家旅游度假区大渔片区，紧邻滇池东岸，北起罗家村，南止梅家山（祥和陵园），西临滇池东岸，东接环湖东路，毗邻呈贡新区，通过唯一的柏油路与城市道路衔接。村内现有农业人口2546，劳动力人口1823，占全村人口的72%，其中有统计的常年外出务工人员42人。实际调研中发现还有部分外来人口。老龄人口占比较高，实际留在本村的劳动力较少。

2.2 外部因素：特殊背景影响村庄发展

2.2.1 历史村镇是历史文化名城的价值之一

历史文化名村是我国遗产保护体系中观层面的村落遗产保护体制，历史文化名村通常有严谨的选址，经过人为建设的积累并和自然环境相得益彰，是历史、文化与自然环境融合的综合体现，是人类物质文明的宝贵遗产。昆明作为第一批历史文化名城，其中海晏村作为历史村镇，其渔文化保存至今，民居多样，是环滇池流域保存至今的古渡口、码头之一，是呈贡文化遗产的组成部分，也是体现昆明历史文化的重要村落。

2.2.2 村落位置具有生态环境的特殊性

海晏村处于滇池一级、二级保护区范围内。在滇池治理中，围绕“十二五”末期的水质达标要求，明确环滇池形成滇池生态圈、文化圈、旅游圈，形成滇池环湖生态屏障、生态旅游区、文化旅游休闲体验区。尽管目标提出已久，但仍在落实过程中，村民的生产生活仍对环滇池的环境保护产生影响，同时打造“三圈”也对村落保护发展有制约和促进双重作用。

2.2.3 政策指向为村落发展提供契机

《云南省“十三五”旅游发展规划》提出建设特色旅游村，在改善民生的同时提升乡村旅游质量和水平。此外，《关于促进乡村振兴的指导意见》鼓励发展休闲农业和乡村旅游，同时要注重资源保护利用。土地是村民就业的第一空间，除耕地外，通过乡村旅游能为村民提供更多就业空间。海晏村紧邻滇池，虽然周边已有村庄被征收，但海晏村作为环滇池流域幸存的村庄之一，处在水域与城市环境的缓冲区，不应被城市化，而应依托已有政策支撑，转向村落保护和发展。

通过以上梳理可知，海晏村历史村落的价值和政策指引是未来更新和转型的优势背景。此外，现状堪忧的生态环境距离建设“三圈”还有较大差距，良好的发展前景依赖优良的生态环境又受其制约。

2.3　内部因素：系统空间破碎限制村庄发展

2.3.1　生态空间衰败

海晏村得天独厚的地理环境和悠久的历史造就其特有的生态格局。在 2016 年 6 月，海晏村被列为昆明市第一个历史村镇。在选址方面，海晏村选址于梅家山脚下湖湾，有“藏风”作用，避免受西南风的影响；朝北紧临滇池，向西面对西山“睡美人”，可谓“枕山环水面屏”，称得上“背山面水，三围农田”的天然避风港。

回顾历史。海晏村自南诏时期就是滇池东岸的一个水路转换接口，明清时期更是繁盛的贸易码头，是古代“游憩设宴、望山观海”的消遣地，故有“河清海晏，时和岁丰”之说。得天独厚的地理位置使海晏村自古形成繁盛的渔业，形成“山—村、古渡口—河、湖—田—渔”的独特生态格局，它是目前滇池仅存的四大古渡口之一。

正面现实。海晏村处于人口增长和基础设施不足的矛盾中，生态环境衰败、生态空间破碎。村庄湖岸线向水体蔓延，由于泥沙沉积，沿滇池边建筑密度增加，湖岸线逐渐向水体蔓延，岸线与建筑之间形成很多杂乱无章的荒地，无人问津。村内排污设施落后，不成系统，村内灌溉水渠、入滇河道和排污管道相互连通，直接面向滇池排污；民居采用明沟排污，裸露于村中巷道，给村民带来极差的环境体验。此外，房前屋后的农田废弃散布在村中，缺乏有序的整理规划，成为消极、不成体系、破碎的生态空间。总之在审视滇池及其周边的村落后发现，人工环境与自然环境在过渡中产生矛盾，影响二者的良性发展。

2.3.2　业态空间衰落

污染与城市引力双重作用下的渔业衰败。通过上文分析可知，滇池与海晏村都面临严峻的生态环境问题，而且捕鱼期受限，村内继续从事捕鱼的村民数量大不如前。此外，由于部分农田被征收，全村有耕地总面积约 1507 亩（其中田 1258 亩，地 249 亩，1 亩≈0.067 公顷），人均耕地约 0.59 亩（低于联合国粮农组织所确定的人均耕地 0.795 亩的警戒线）。目前仅种植少量蔬菜，甚至部分村民无田可种。加之靠近主城区，外出打工的人数逐渐增加，曾经规模化的捕鱼和耕种都不复存在，村庄赖以生存的基础产业式微，由此衍生的加工业和交换贸易更无从谈起，曾经繁盛一时的码头已成为历史。

2.3.3　文态空间衰减

长期以来形成的捕鱼业和对外贸易促进了原住民的对外交流，佛教、道教和基督教通过河运贸易陆续传入村内，在贸易促进下形成了兼收并蓄、包容共生的良好传统，主街上还保留着历史上因打鱼卖鱼而兴起的早市。但现实是文化的空间保护利用状况堪忧，目前村内保持基督教信仰的原住民仍占大多数，而唯一的基督教堂空间简陋，使用率低；石龙寺作为昆华女中旧址、村内佛教代表，缺乏修缮，虽尚有残存但无人使用；吕祖阁、关圣宫作为道教的承载空间，前者已经废弃，后者被居民占为己有。这些文化空间虽未挂牌保护，但仍是重要的历史建筑，可为外来者传递悠久丰富的历史故事。此外，早期的寨门仅存一处，主街的拱桥已消失。宗教文化没落、空间表征方式令人担忧，“一市、一码头、一拱桥、二寨门、三庙宇”的文态空间已经不完整。

2.3.4　形态空间变异

从整体空间形态看，以规则有序的鱼骨状路网为支撑，主街保留着青石板，其他支路通过一条主干连接，同时也是渔村文化在村落形态上的投影；街巷尺度保存较好，从主街到次巷，尺度逐渐变窄，街巷交错（图 1）。令人惋惜的是，位于主街上代表村落历史与形象的东西寨门和拱桥都已破败或被损毁。从建筑基因来看，虽然大量历史建筑在“文化大革命”中遭到破坏，但还遗存两套院落（七十二道门和萧大中故居）被挂牌保护，其他如萧家大院、越战老兵故居等自清朝遗存至今的院落未挂牌保护，不过也都是重要的历史建筑，以及部分半颗印或一颗印的民居，加上其中的村民便成为村落活态历史的代表。保留的院落呈以下四种模式：“一”字形，L形，U形，“回”字形。遗憾的是部分传统民居人去楼空，存在建筑构件损坏甚至倒塌，导致形制不完整的现象。同时村庄外缘新建大量独栋民居，在整体风貌上都与本土的一颗印民居有很大差异，破坏了整体风貌（图2）。形态空间变异，村落整体系统面临衰败，亟待更新与转型赋予村落新的生命力。

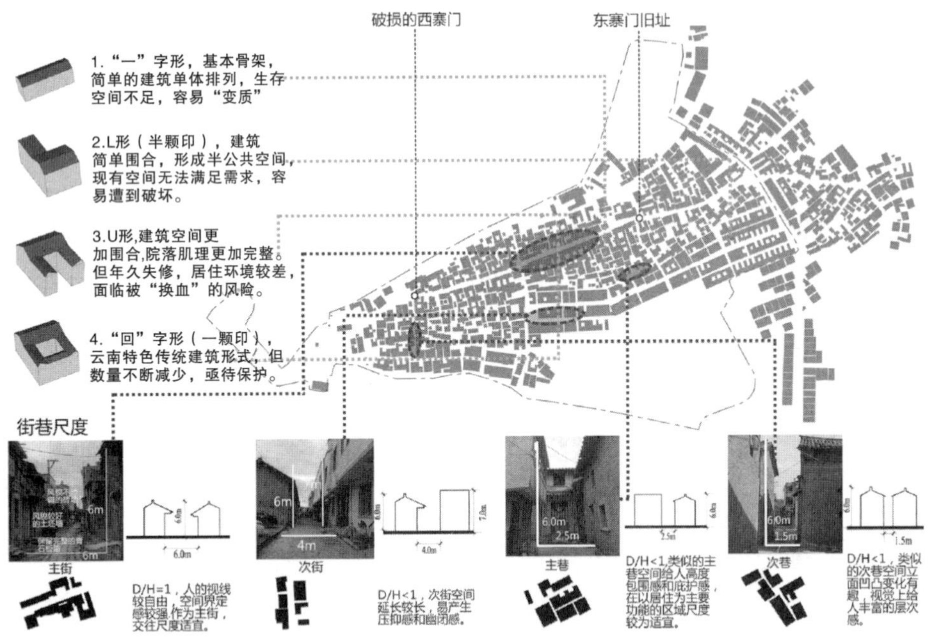

图1　街巷肌理与院落模式

图2　村庄航拍图

3　通过“四态”重塑构建历史文化名村更新转型路径

本文分别通过修复生态基底、修补空间形态、重塑渔村文态和转型渔村业态，探索促进历史文化名村复兴与转型的路径（图3）。

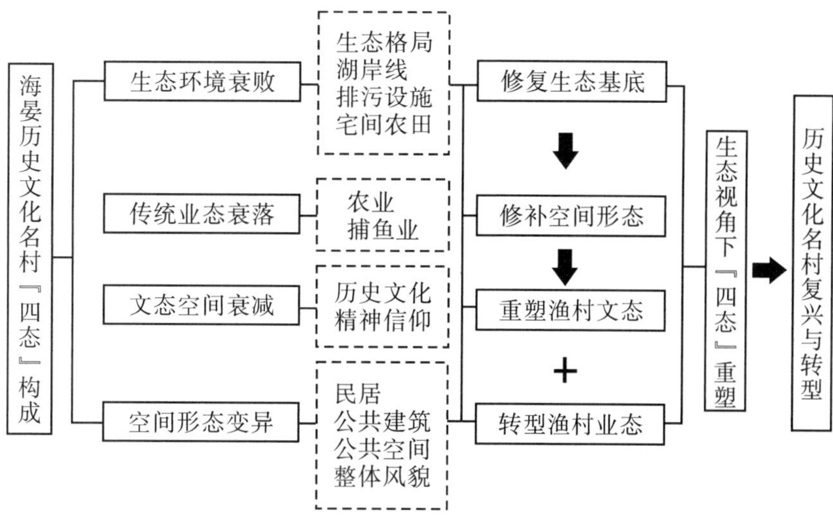

图3　海晏村“四态”重塑的路径

3.1　生态基底的修复

滇池作为云南最大淡水湖泊，生态环境极其敏感，滇池周边生产和建设活动都会对其产生影响。首先，改造村内基础设施，加入排污沉淀设备，禁止直接向滇池排污。其次，利用房前屋后农田进行可食地景种植，利用沉淀物质进行灌溉，构成微农业循环系统（图4）。将养殖业和渔业结合，改造湖边废弃荷塘，将种植、养殖业与渔业结合形成农基鱼塘和莲藕—鸭塘，构建生态循环系统。最后梳理和净化村内河道，梳理滨河建筑空间，适当腾挪拆除危房、风貌异化建筑、废弃工厂以降低建筑密度，腾退出适当的公共空间；利用沿岸的起伏地形，结合水位线变化，种植水生植物以净化水体，形成微型滨河湿地。并将人工驳岸改造为更亲水、生态的驳岸形式，如鱼塘生态修复型、缓坡结合平台式、自然缓坡式、缓坡结合观景平台式，增加滨河空间的亲水性。

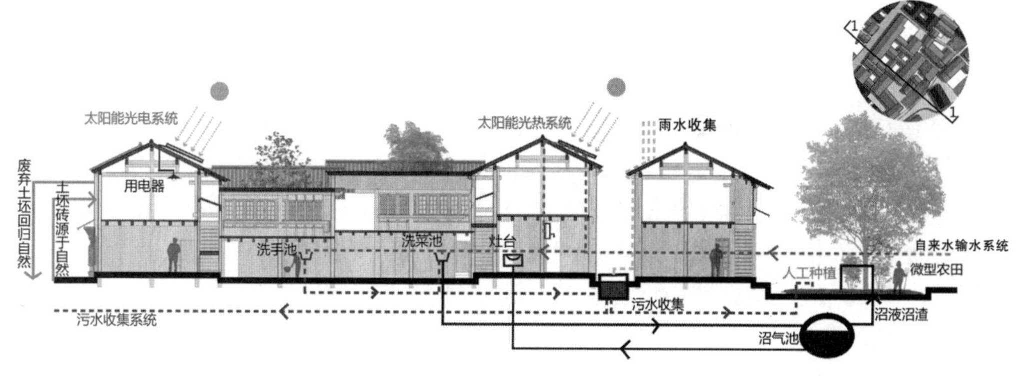

图4　微农业循环系统示意图

3.2　空间形态的修补

空间形态是村落文化的载体，也是发展其他功能业态的基础。首先，针对风貌异化、密度较高的建筑群，通过减法适当拆除腾退空间，通过加法植入微型农田，种植可食地景；或改造为公共空间，改善外部人居环境。其次，针对建筑单体改造，提取当地一颗印特有元素，从色彩、材料、细部装饰和特殊植物搭配等多方面解读乡土建筑特色，解析当地一颗印形制与其变体，提取民居的形制来改造联排村民自建房。改善已有传统民居居住条件，利用自然能源、基础设施和农田构成光热、光电系统，雨水收集、污水处理灌溉的能量循环系统，通过居住系统的生态调节回应生态环境（图 5）。最后，形成鱼骨状路网与宅间溪流交错，串联民居与点状农田的空间形态。

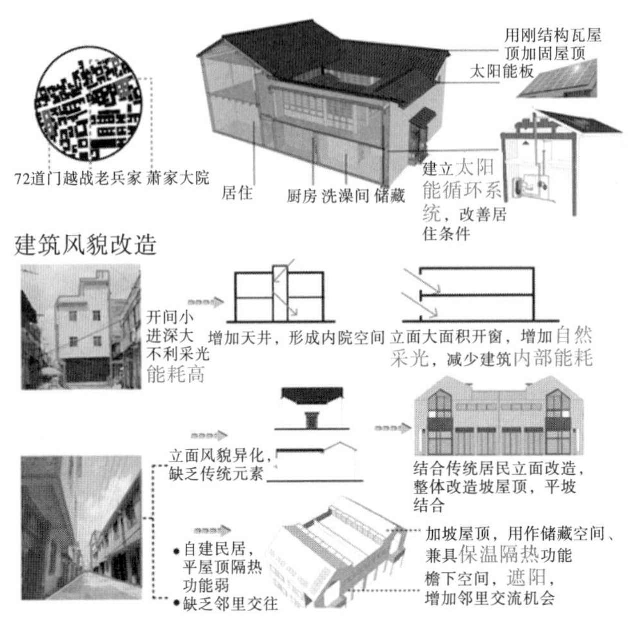

图 5　村民自建房改造

3.3　渔村业态的复兴

基于生态环境改善和空间形态修补，重振第一产业，发展第二、第三产业，重塑业态活力。将观光渔业与微型农业结合，随着滇池水质治理，捕渔期从 2012 年的 9 月 26 日至 10 月 10 日延长至 11 月 19 日，可把捕渔期渔业和农基鱼塘结合，引入技术人员进行技术指导，由村集体配合管理及环境维护；同时利用改造的农基鱼塘发展农家乐，形成原住民和城市游客的互动体验；重建渔产业链，形成鱼产品加工售卖渠道、鱼主题餐饮等一系列观光渔业。在非捕渔期，利用整理腾退出的微型农田种植作物，城市居民可点对点承包种植和定期采摘、烹饪，当地村民进行经营管理，用此手段让废弃消极空间变为有经济价值的微型农田生产空间。引入乡村创意产业，利用改善的滨湖空间开展滨湖观光以及写生、科技考察、摄影等衍生活动；修缮闲置民居，探索宅基地的有偿利用，可以引入传统手艺人，结合当地特色打造创意作坊。也可结合村民意愿，对闲置民居植入民宿、餐饮功能进行有偿利用，吸引外来游客留宿体验。最终，在生态基底修复和空间形态修补的前提下，在政策、技术的引导和村集体的配合下，形成以生态、微型农业为基础的，集农业种植与体验、民俗观光和创意产业的业态组合，利用当地产业吸引原住民返乡，利用引进的技术人员反哺乡村建设。此外，业态的复兴和文态的重塑不分先后，相互影响、相互渗透。

3.4　渔村文态的重塑

文态包含村庄无形的历史和文化，也是区别于其他村庄的特征所在和灵魂气质所在。以空间要素和产业要素为载体，修复和重建东西寨门、宗教空间，把已废弃客堂改为渔文化与村落历史展示空间、鱼产品加工展示空间；在开渔期恢复传统的风俗节庆，在标识系统设计中加入渔文化元素（图 6），通过空间展示、游客亲历的方式展示村庄文化内涵。结合空间形态修补，恢复“一市、一码头、一拱桥、二寨门、三庙宇”的文态空间骨架。

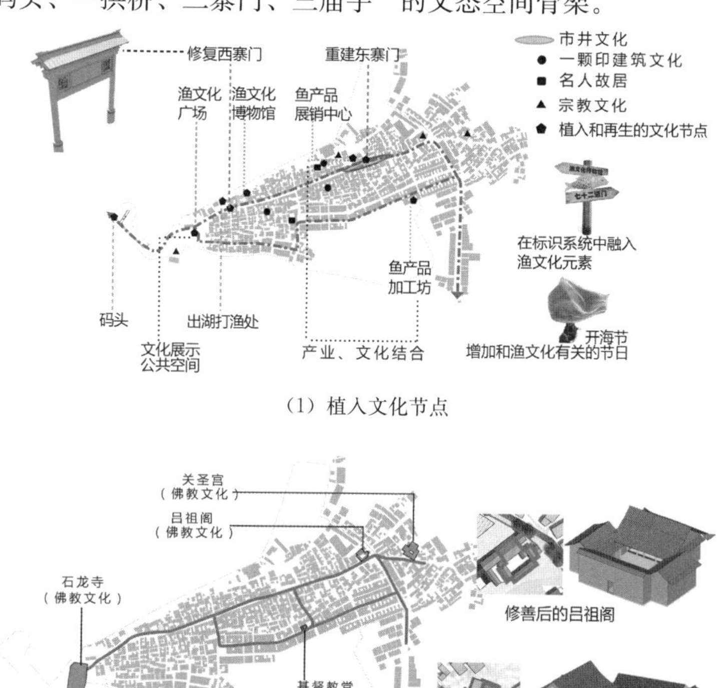

（1）植入文化节点

（2）宗教空间修缮

图 6　渔村文态重塑

4　结语

历史文化名村保护不是只保护单个构成要素，也不是静态保护，而是考虑原住民在其中的生产和生活，因地制宜地把对生态环境的依赖和侵蚀转化为正向的保护和利用，实现绿色发展。本文针对海晏村提出基于生态本底的“四态”重塑，以生态修复为本底、形态修补为载体、业态复兴为手段、文态重塑为灵魂，基于“四态”重塑与融合，使面临衰败的渔村焕发生机，转型发展乡村旅游、吸引原住民返乡，实现自主造血。当然通过“四态”重塑促进村落更新和转型不止以上内容，还涉及乡村用地模式转变与相应政策的配合、土地利用与产业模式转变的配合以及相应的政策导向，这些都是让历史文化名村保护更新真正落地不可忽视的重要因素，在今后的研究中还可进一步探讨。

[本研究得到国家自然科学基金（515782070）资助。]

[参考文献]

[1] 林犀，戴志中. 论风情商业街地点性的实现 [J]. 重庆建筑，2016（3）：12-14.

[2] 丁晋清. 科学把握生态文明建设新要求 [N]. 人民日报，2015-12-29（7）.

[3] 陈铁夫. 历史街区“四态”保护更新理念的深入思考与探索 [J]. 城市建筑，2015（27）：293-294.

[4] 昆明计划 3 至 5 年内建成环滇池生态圈、文化圈、旅游圈 [EB/OL]．（2013-02-19）[2020-06-06]．http：//www. yn. gov. cn/ywdt/zsdt/201302/t20130219 _ 164097. html.

[5] 何远江. 历史文化村落保护更新规划的探索：以海晏村为例 [J]. 云南建筑，2015（1）：88-93.

[作者简介]

王晶，昆明理工大学硕士研究生。

翟辉，教授，博士生导师，昆明理工大学建筑与城市规划学院院长。

彭琬凌，昆明理工大学硕士研究生。

利川市传统村落文化景观特征及保护策略探析

□韦琼春，万艳华，刘佳，万尘心

摘要：作为中华文明瑰宝的传统村落，承载着丰富的文化景观，具有极大的价值意义。然而，伴随着我国城镇化发展，许多传统村落的文化景观面临着诸多保护与传承问题。本文以利川市传统村落文化景观为研究对象，运用文献分析与田野调查相结合的研究方法，深入探讨其构成要素与特征，并以问题为导向提出保护与传承策略。

关键词：传统村落；文化景观；保护策略；利川市

1　引言

传统村落文化景观是村民长期适应自然与社会变迁的产物，它记录并保存着传统村落形成与发展的历史，折射出当时当地的经济、社会、文化，体现出地域人群的宇宙观、价值观和人生观，具有真实性、地方性、多样性等特色。

然而，由于地域的隔绝与研究的落后，利川市传统村落丰富的文化景观遗存难为外人所知，一直未能引起足够的关注，而自然性消融、掠夺性蚕食、破坏性开发却无一不在吞噬其传统文化景观特征。本文运用文献分析与田野调查相结合的研究方法，旨在通过分析利川市传统村落文化景观的构成要素，深入挖掘其文化景观特色，并以问题为导向提出保护与传承策略，最终实现利川市传统村落的可持续发展。

2　相关概念与研究对象界定

2.1　相关概念

人类通过在自然环境中建造住所、开辟道路、耕种土地等行为来改变其生存环境，以获得生存发展的可能；且在发展到一定阶段之后，还会形成一定的风俗习惯、宗教信仰及娱乐方式，从而形成具有特色的民族文化。这种由人类在适应与改造自然的过程中所创造出来的物质或精神劳动的综合成果就是文化景观。因此，文化景观强调的是人类对自然的作用力，有别于未受人类影响或改造的自然景观。

与一般村落文化景观不同，传统村落文化景观是建立于具有较为久远历史的传统村落之上，体现了传统村落历史文化特色及其动态延续性。其亦具有相互依存、难以分离的物质与非物质两种特性，又可分为物质文化景观与非物质文化景观两种类型。

传统村落物质文化景观具有可视性特点，是人们在自然资源环境的基础上创造出来的有形文化因素，如构成传统村落整体风貌的选址与格局、构成传统村落的各类建构（筑）物等。传统村落非物质文化景观是需要人们感知的无形的人文因素，包括生产习俗、生活习俗、节庆民俗、歌舞戏曲、传统技艺和宗教信仰六个方面，是传统村落文化独特个性的体现（表1）。利川传统村落亦不例外。

表1　传统村落文化景观构成

大类	中类	小类
物质文化景观	整体风貌	选址因素、山水格局、聚落形态、街巷空间等
	传统建筑	民居建筑、公共建筑、附属建筑等
非物质文化景观	生产习俗	农事安排、农事习惯等
	生活习俗	民族服饰、饮食习惯等
	节庆民俗	传统节日、婚嫁习俗、丧葬习俗等
	歌舞戏曲	音乐、舞蹈、戏曲、杂技等
	传统技艺	建筑技艺、剪纸、工艺美术、生产技艺等
	宗教信仰	原始宗教、人为宗教等

2.2　研究对象界定

鄂渝交界的武陵山区，过去曾长期属于“老少边穷”地区，现代化起步较晚，原生状态的传统村落文化景观遗产保存良好。本文的研究对象是利川市已入选国家级传统村落名录的18个传统村落（表2）。

“改土归流”以后，大量汉民进入鄂西地区；武陵山区解放以后，汉族多居住于城镇，少量的汉人与当地土家人杂居后也已“土家化”，生活、生产与土家族无异。因此，本文讨论的利川市传统村落均属于土家族聚居或土家族与少量苗族混居的少数民族传统聚落。

表2　利川入选国家级传统村落名录

序号	名称	所属乡镇	入选国家级传统村落名录批次
1	海洋村	凉雾乡	第一批
2	鱼木村	谋道镇	第二批
3	张高寨村	沙溪乡	第二批
4	老屋基村老街	忠路镇	第二批
5	长干村张爷庙	忠路镇	第三批
6	水井村	柏杨坝镇	第三批
7	山青村	毛坝镇	第三批
8	石板村	毛坝镇	第三批
9	向阳村	毛坝镇	第三批
10	人头山村	毛坝镇	第四批
11	太平村	谋道镇	第五批
12	高仰台村	柏杨坝镇	第五批

续表

序号	名称	所属乡镇	入选国家级传统村落名录批次
13	黎明村	建南镇	第五批
14	合心村	忠路镇	第五批
15	双庙村	忠路镇	第五批
16	钟灵村	忠路镇	第五批
17	纳水村	凉雾乡	第五批
18	金龙村	文斗乡	第五批

3　利川传统村落选址与格局特征

3.1　强调实用的传统村落选址

3.1.1　依山傍水

利川属喀斯特地貌发育地带，山地丘陵广布，河流水系流经山涧之中。自古以来，被誉为土家族“母亲河”的清江流域就是利川先民的聚居之地，清江及其支流流经的区域是利川传统村镇分布最密集的地区。此外，郁江、梅子江、毛坝江等及其支流沿岸也是利川土家人的聚居区。利川传统村落多选址于山间的缓坡地带或谷地，背靠青山，沿水而居，以满足生活与生产需求。

3.1.2　靠近耕地

利川传统村落是以农业生产为经济基础的小农社会，由于山多地少，耕地异常珍贵，为了便于劳作、节约成本，土家人多选择靠近耕地建村。因而，利川村落大多与耕地交错布局或零散分布于耕地之中，十分灵活。

3.1.3　交通便捷

受地形限制，便捷交通对于利川传统村落的选址尤为重要。明清时期，利川传统村落一般选址于人流与物流往来密集的盐道、河流所经之处。利川 18 个传统村落中因盐道而兴的就有 13 个，而建成之后几乎都与盐运有所联系。

3.1.4　利于防卫

利川传统村落选址还考虑了居住的安全性。历史上的利川，朝廷征战、土王混战、民族争斗时有发生，村落防卫尤为重要；其中，还不乏因防卫而建立的传统村落。

出于防御需求，这类传统村落多选址于四周均为悬崖峭壁的高山之上。鱼木村就是这类传统村落选址的典型代表。寨子坐落于险峻的山顶之上，四面为悬崖峭壁，寨上林木葱茏。清同治年间的《万县志》称：“鱼木寨山高峻，四周壁立，广约十里，形如鼗鼓，从鼓柄入寨门，其径险仄。”

3.2　因地制宜的传统村落格局

3.2.1　山水格局

利川传统村落尤其注重山体、水系、农田与道路的山水格局关系。以老屋基村老街为例，老街坐落于山谷之中，由南向北延伸，建筑布局于街道两侧。老街北面是缓缓流淌的姚家河，西面是奔流不息的郁江，东面是巍峨蜿蜒的佛宝山余脉。郁江西岸是农田，开阔平坦，自由灵动。

3.2.2 聚落形态

利川地区以山地为主，陡坡多、平地少，俗称“地无三里平”，在一定程度上制约了传统村落的聚落形态与发展规模。根据地形地貌的不同，其传统村落出现了自由散点布局，带状、指状布局和团状布局三种聚落形态特征（图 1 至图 3）。

（1）海洋村

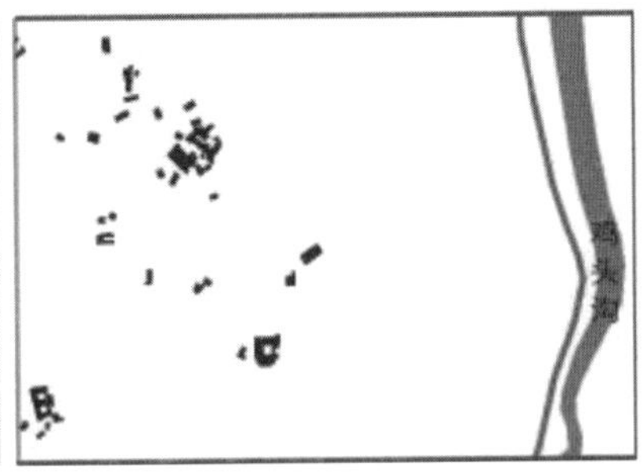

（2）山青村　　（3）鱼木村

图 1　自由散点布局形态特征

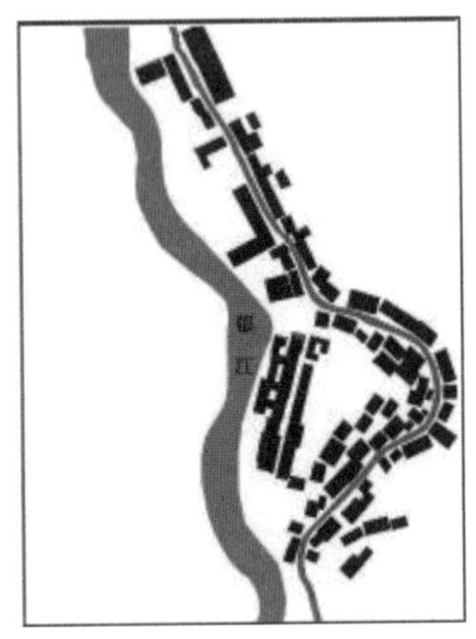

（1）老屋基村老街

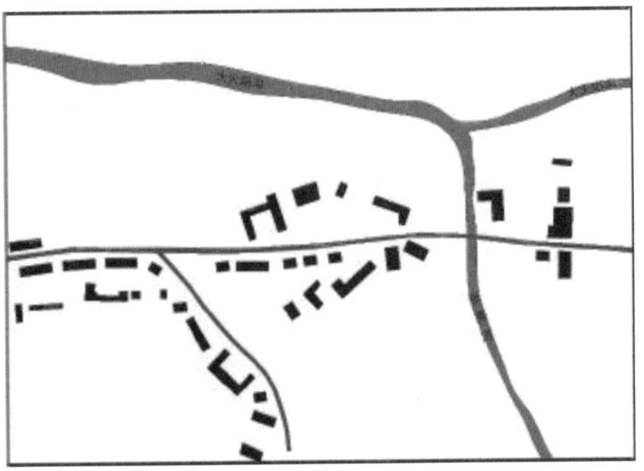

（2）长高寨村

图 2　带状、指状布局形态特征

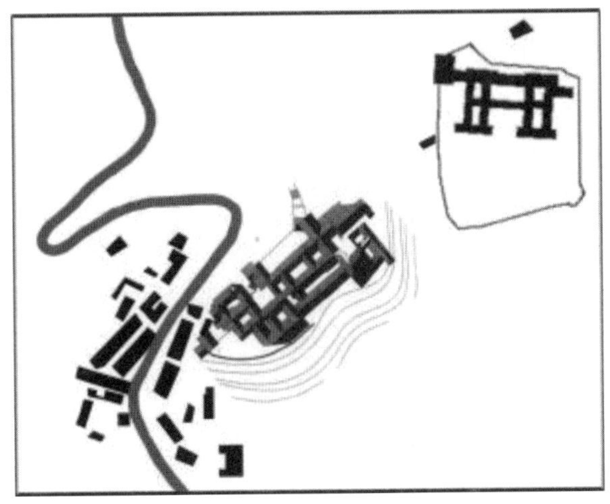

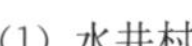

（1）水井村

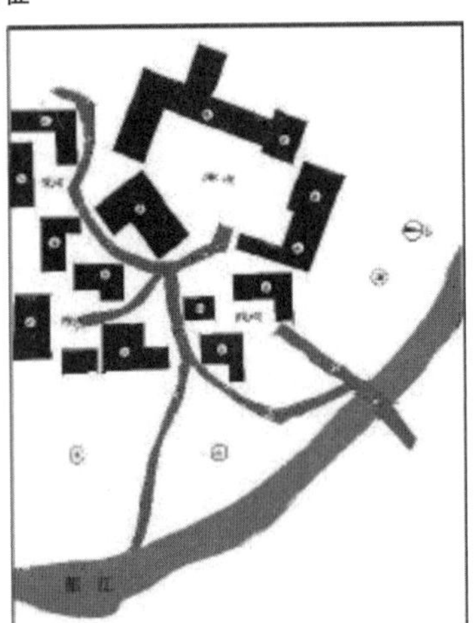

（2）长干村张爷庙

图 3　团状布局形态特征

3.2.3　街巷空间

利川传统村落的街巷空间具有自然性和随机性特征，基本上沿着等高线展开，主要是为了方便村民通行，加强建筑之间的交通联系。因此，其传统村落中的街巷常有曲折、陡峭之势。街巷宽1～3米不等，材料一般为就地取材的青石条或碎卵石。

4　利川传统村落建筑特征

4.1　多样化的民居建筑

4.1.1　吊脚楼

利川传统村落的吊脚楼属南方典型的半干栏式木构架建筑，由远古的巢居演化而来。其尊崇“借天不借地，天平地不平”的原则，讲求节约耕地、因地制宜，一般依山傍水而建，取高就低；建筑形式多呈虎坐式，注重稳定性，一般在平地或斜坡上以木柱支起，上坡木柱较短、下坡木柱较长，以形成支撑的平面；吊脚的厢房就在支撑的平面上修建。

利川土家吊脚楼的装饰十分讲究，多见于檐口、山墙、屋脊、柱础、门窗等部位。如吊脚楼上屋檐的翘角、挑柱的“垂莲盛开”、柱础的“石狮滚绣球”、门窗上的吉祥如意纹饰，无不体现了古朴灵秀之美（图4）。

（1）挑柱

（2）挑檐

（3）柱础

图4　利川传统村落的吊脚楼装饰

4.1.2　岩壁居

岩壁居发源于远古时期的穴居。这种利用天然洞穴加以改造而作为栖身场所的古老居住方式在南方几近销声匿迹，但在利川的清江流域仍有遗存。清江流域属喀斯特地貌发育地带，洞穴密布，其中适宜居住的岩洞都被改造成洞舍。岩壁居多分布于异常艰险的岩壁或崖壁之上，目前在利川传统村落中以鱼木寨与船头寨遗存较为丰富。

4.1.3　合院式庄园

由于利川地区以山地丘陵为主，平地面积不大，其传统村落的合院式庄园是土家族吊脚楼与中国传统合院的结合体或大型的吊脚楼群，具有非常浓郁的地域特色。在利川，这种庄园主要位于明清时交通与商运发达的柏杨坝镇，如水井村的李氏庄园。

李氏庄园修建于清光绪年间，占地约4000平方米。整个庄园采用抬梁式与穿斗式的混合式梁架，是砖墙的四合院与木结构的吊脚楼群相结合的建筑形式。主体建筑为三进四厢，共有24个天井，各个天井由高低错落的房屋围合而形成24个各成系统又环环相扣的建筑群组合。

4.2　汉文化影响下的公共建筑

4.2.1　宗祠建筑

在鄂西地区，少数民族血缘聚落的宗族文化表现与湖北其他地方有所差异，不一定以祠堂为祭祀和村落核心，而只有家底雄厚的大姓才建造宗祠。因此，除水井村有较大的宗祠外，其他的传统村落则即便是类似家祠的建筑也非常少见。

水井村的李氏宗祠建于清道光年间，依山而建，坐东南向西北，由城堡和祠堂两部分组成。祠堂为砖木结构，建筑布局与南方汉族宗祠大同小异，即“前为大门嗣启闭，中为祖堂伸跪拜，后为后寝栖神灵。两侧围房庖福，借歇宿治饮食。”

4.2.2 宗教类建筑

汉地佛教与道教进入利川地区的年代较早，因此，利川传统村落中也有较多的寺观。如张高寨村中的雷音寺，据说当年香火很旺，但现今只剩下一块石碑。

建于民国初期的长干村天主教堂规模较大，在当时也颇具影响力，是附近教徒集聚之地。教堂背靠青山，坐北朝南，前望平坝，风水环境得天独厚。教堂建筑面积为680平方米，是典型的一正两厢的三合水式吊脚楼，且采用了单边吊脚的独特形式。

4.2.3 会馆类建筑

利川古为川盐外运的必经之道，沿途曾修建不少客商与行业工人集聚的会馆建筑，但如今遗存不多。长干村的张爷庙是保存较好的会馆建筑之一。

张爷庙坐西向东，始建于民国初期，占地面积约为1300平方米。张爷即张飞，张爷庙是民国时期屠宰工人供奉行业祖和集会的主要场所。张爷庙采用穿斗木构架，为一进两厢的三合水吊脚楼建筑。

4.3 独具匠心的附属建筑

4.3.1 防御建筑

由于战乱连连，历史上利川传统村落安全尤为重要。一些防御需求较迫切或经济实力较雄厚的传统村寨都会修建具有防御性质的建筑，如寨门、卡门、炮楼及带有枪孔、炮孔的寨墙等。

寨门是传统村寨的标志性建筑，是重要的边界象征，也是狙击外敌入侵的重要关卡，前、左、右三方全以规整条石砌筑而成，门上方开有两排射击孔；卡门是利川传统村落中另一个十分重要的防御构筑物。如鱼木寨四周峭壁如削，整个山寨“一个寨门进，一个卡门出”：“寨门”指鱼木寨寨门，“卡门”就是奇险无比的三阳关卡门。

4.3.2 墓葬建筑

土家人“事死如事生”，非常讲究墓葬，力所能及，绝不马虎。因此，墓葬建筑遗存在利川传统村落中较为普遍，其中又以鱼木寨的墓葬建筑最为恢宏富丽且艺术成就最高。鱼木寨现存清代墓碑10余座，可大致分为庭院复合式、阁楼复合式、牌坊复合式、神龛复合式和单体圣牌（令牌）式五种。墓碑高均在5米以上，大都雕刻精美；题刻、铭文、联语往往辞藻华丽，书法工整，被称为“土家族的十三陵”。

5 利川传统村落非物质文化景观特征

5.1 农耕为重的生产习俗

自古利川传统村落以农耕为重。其生产活动以种植业为主，分水田和旱地耕作，主要栽种稻谷、苞谷、红薯、土豆等农作物。在过去很长一段时间，苞谷、红薯、土豆是当地主要粮食作物，现以稻谷为主；经济作物则以茶叶、坝漆、中草药、烟草为主。

由于生产力水平低下，地形复杂，利川地区曾长期采用刀耕火种的原始生产方式。在传统的生产中，土家人常常采用互相帮工的集体劳动方式，而劳动时，则以打锣、唱歌助威，即“薅草锣鼓”。之后文化交流频繁，先进的生产方式和生产工具传入，利川地区农业发展迅速，传统村落的耕作习惯与发达地区的汉族已相差无几。

5.2　土苗特色的生活习俗

5.2.1　民族服饰

利川地区土家族的服饰演变大体分为两个阶段：改土归流以前，土家族男女都穿短衣和筒裙，赤足椎发，服饰不分男女；改土归流后，清政府在利川土家地区推行民俗改革，服饰逐渐趋于汉化，并有了男女老幼之分。

如今的土家族服饰中，女装一般为上装无领满襟，袖大而短，以有颜色布作外托肩；下装有裤和百褶裙两种，裤脚大而短，以遮住膝盖为宜，称为“前遮羞，后遮沟”。男装分为无领对襟衣和长衫，裤子短而大、无花边；腿缠青色裹腿，腰系青布带，老人喜青色、青年人喜白色。头巾较长，常包成大盘。

5.2.2　饮食习惯

出于生存环境的同一性，利川传统村落的少数民族在饮食习俗上有许多相似之处，一首“油茶苞谷酒，泡菜土腊肉，盐菜酢广椒，合渣懒豆腐”的顺口溜是当地少数民族相似的饮食内容的写照。土、苗都喜好饮酒、喝茶，特别是油茶汤。差异较大的是，土家人好腥膻，尤喜辛辣，特色食品是合渣、霉豆腐、豆腐菜、米豆腐、血豆腐、米粑粑等豆类制品；苗族人则喜酸辣，特色食品是酸汤与腌酸鱼肉。

5.3　丰富而独特的节庆民俗

5.3.1　传统节日

利川传统节日种类繁多，其内容多与人们的生产生活、宗教信仰、社会交际、祭祀纪念、文化娱乐等活动相关（表3）。

表3　利川地区传统民族节日一览表

农历	传统节日	节日安排
一月一日	春节	穿新衣，亲友往来相贺
一月十五日	元宵节	赏花灯、“赶毛狗”，齐集摆手堂、跳摆手舞
二月二日	社日	切腊肉、和糯米，与蒿菜蒸熟吃，称为“吃社饭”
三月三日	上巳节	姑娘上山采摘野葱、苦蒜，等待心上人“讨葱讨蒜”
三月初	清明节	家家户户上坟，“标墓”“送宝盖”
四月十八日	牛王节	宰猪，切大块肉，合糯米蒸熟，祭祖兼待客
五月五日	端午节	悬艾蒿、菖蒲于门，饮雄黄酒
五月十五日	大端午节	吃粽子、赛龙舟
六月六日	祭向王节	杀牛祭祖
七月十二日	女儿会	土家族未婚男女对歌言情，寻找心上人
七月十二日或十三日	月半节	妇女回娘家省亲
七月十五日	中元节	封包纸钱，焚之祭祖

续表

农历	传统节日	节日安排
八月十五日	中秋节	吃月饼，“偷瓜”
九月九日	重阳节	吃舂米粑
十二月二十三日	送年节	“打阳尘”，亲友互送礼物
十二月二十八日或二十九日	赶年节	提前一天过年，杀牛、杀猪祭祖

利川传统村落的少数民族在与汉族的长期交流中也吸收了汉族的节日习俗，如元宵赏花灯、端午赛龙舟、中秋吃月饼等；在本土节日中，则以牛王节和赶年节最为隆重。

5.3.2 婚嫁习俗

哭嫁是土家族婚俗最大的特色。“桃夭时节卜佳期，无限伤心叙别离。哭娘哭嫂哭姐妹，情意缠绵泪如丝。”土家姑娘在十一二岁时就要学“哭嫁”。哭嫁哭得好的嫁女被认为是聪明和知礼的人，有肚才和口才；相反，会被认为愚笨不识礼，会被看不起。哭嫁歌内容很多，包括哭开声、哭爹娘、哭哥嫂、哭骂媒人等，反映了土家姑娘出嫁的复杂心理。

5.3.3 丧葬习俗

利川一些传统村落至今仍保持着浓厚的跳丧习俗。村寨里，无论谁家老人去世，必请师傅打丧鼓；丧鼓一响，相邻数寨齐来奔丧。所谓“听见丧鼓响，脚板就发痒”“人死众人哀，不请自己来”。跳丧舞还是利川当地送还人情的独特方式。“热热闹闹送亡人，欢欢喜喜办丧事”，反映了土家人为老人进入另一世界感到欣慰而在祭奠亡灵、安慰生者时高歌狂舞的特殊感情方式。绕棺舞、撒尔嗬都是利川地区常见的“丧舞”。

5.4 形式多样的歌舞戏曲

利川土家人性格豪迈开朗，情感炽热奔放，沿袭巴人以歌舞明志的表达方式。在长期的民族交流中，土家族又吸取了其他民族文化的精髓，丰富了歌舞戏曲的内涵，逐渐形成了利川传统村落非物质文化景观中独具特色的部分。

利川传统村落歌舞戏曲形式多样，涉及场合十分广泛，按其性质，可分为丧葬祭祀类、社交娱乐类、生产劳动类等（表4）。

表4 利川传统村落歌舞戏曲类型

类型	具体种类
丧葬祭祀类	跳丧舞、绕棺舞、端公舞、苗鼓舞、摆手舞、孝歌等
社交娱乐类	肉连响、利川灯歌、山民歌、利川小曲、谋道四节莲湘舞、谋道吹打乐、打土地、哭嫁歌等
生产劳动类	薅草锣鼓、各种劳动号子歌等

5.5 注重装饰的传统技艺

5.5.1 吊脚楼营造技艺

吊脚楼是采用檐柱吊脚的穿斗式木构架建筑，营造吊脚楼所需的梁、柱、板、椽、檩、枋等均用木材加工而成。吊脚楼修建之前要先筑好地基，制作好需要的木构件。这些工作完成之后，再依次进入营造工序。吊脚楼的营造分为排柱，立房，上主梁，上檩子，钉椽子，上瓦、楼板和墙板，装修，上油漆共8道工序。

此外，在营造过程中，工匠们还会根据主人的需要，对屋脊、山墙、檐口、挑柱、栏杆、门窗等部位进行精美的装饰。张高寨村至今仍有一支以滕树伦为掌墨师的吊脚楼营造团队。

5.5.2　剪纸工艺

剪纸又称“剪窗花”，是当地最普遍的传统装饰艺术，已流传了200多年，以山青村的剪纸最为闻名。主要装饰于窗户或门口上，题材广泛、花样繁多，涵盖了神话传说、戏曲人物、吉禽瑞兽、花鸟鱼虫等内容。剪纸风格或妩媚娇艳，或淳朴华丽，具有浓厚的生活气息。

5.6　多神崇拜的宗教信仰

5.6.1　具有多神信仰特征的原始宗教信仰体系

土家人的自然崇拜类型多样，既有土地、山、河、树木等自然实体的崇拜，又有火、雨、雷、风等自然现象的崇拜，还有牛、羊、狗、五谷等自然生物的崇拜。

土家人由巴人对白虎的单一崇拜信仰发展到以白虎为图腾，白虎崇拜成为土家人精神生活的重要内容。他们将白虎画像悬挂于堂屋之上或将白虎雕刻于建筑之上，以求其庇护家宅安宁。

历史上，土家地区曾长期处于土司统治之下，土王崇拜就是土司统治的产物。土王多是土家族强宗大姓的族祖神。由于各地强宗大姓的差异，不同区域的土王又略有不同。利川地区主要祭祀田、覃、向三姓土王。

5.6.2　人为宗教与原始宗教相互融合、共同发展

“改土归流”后，土家族与汉族之间的民族隔离格局被打破。为了祈求精神上的寄托和庇佑，土家人学习汉族供奉行业神，如酒坊工人供奉关帝，烧盐工人供奉炎帝，屠宰工人供奉桓侯（张飞）等。

道教、佛教和行业神等人为宗教的传入使利川土家地区的宗教信仰更为丰富，既有原始崇拜的诸神，又有道教、佛教和行业所属的多种神祇，形成了原始宗教与人为宗教撞击融合、共同发展的多神崇拜局面。

6　利川传统村落文化景观现状问题与保护策略

6.1　传统村落文化景观现状问题

6.1.1　整体风貌存在不协调状况

受城镇化发展的影响，利川一些传统村落出现的砖混小洋楼、铝合金门窗户、不锈钢栏杆与其古朴的整体风貌格格不入。此外，色彩艳丽的垃圾桶、随意穿插的电缆等给利川传统村落的整体风貌造成了不良影响。由于基础设施建设不到位，还有一些传统村落仍存在着垃圾随意堆积、污水随意排放的现象。所有这些，都会逐渐破坏利川传统村落文化景观风貌。

6.1.2　传统建筑遗存质量堪忧

土家族吊脚楼为全木构建筑，而木材的耐久性远不及石头，更何况这些吊脚楼动辄就有上百年历史。随着时间的推移，木材会由于风吹、雨打、日晒等因素而出现潮湿、腐蚀、坍塌等自然老化现象。此外，虫蛀与火灾也加速了传统建筑的侵蚀。现存的传统建筑中，很大一部分没有经过防虫与防火的处理，被虫蛀空的梁柱和被火肆虐过的断垣残壁时常可见。一些无人居住的吊脚楼院内杂物堆积，火患严重。

6.1.3　非物质文化景观传承不佳

一项关于利川民俗文化认知的调查显示[①]，民众对龙船调、肉连响、利川小曲、干龙船、哭

嫁、唱孝歌、绕棺舞等的认知度较高，而对打土地、坐活夜、行拦门礼、白虎崇拜等的认知度低。由于现代生活的冲击，非物质文化景观失去了继续发展的土壤，渐渐远离年轻人的认知范畴，导致他们对曾经广泛流行、具有神秘心理特质的跳丧舞与哭嫁等民俗文化感到迷茫，因而对于非物质文化景观的传承表现得无所适从，甚至持淡漠的态度。

6.2 传统村落文化景观保护策略

6.2.1 整体风貌保护策略

针对利川传统村落整体风貌存在不协调状况的问题，在坚持原真特色的原则上，可采用不同的保护与整治措施。对于传统建筑残缺的部分进行修补复原和日常维护保养，以保持整体风貌的历史原真性，原则上“只修不建，修旧如旧”，其主要针对的是文物保护单位和保护类建筑，如大水井古建筑群以及风貌保存较完好的民居建筑等。对于利川传统村落普遍存在的仍有人居住的民居建筑，可在不改变建筑立面、高度和内部装饰的前提下进行修缮维护，在不改变传统建筑的形式、布局、颜色、材质的基础上进行一定的设计以满足生活需求。对于对整体风貌影响不大的建筑如年久失修、成为危房的吊脚楼等，可以采用立面整治的措施，保证其与传统村落风貌相协调，且反映利川传统特色。此外，要对利川传统村落中新建的基础设施进行管控，避免其破坏和谐的整体风貌。

6.2.2 建筑保护策略

要保护好利川传统村落建筑，必须引入吴良镛先生的“有机更新”理论，针对单个建筑进行必要的改造、改善、更新，如加强木构架吊脚楼的防火功能，改良其卫生、通风等条件，使内部设施满足现代生活需求，让村民愿意继续居住其中。从单个建筑的改造到群体建筑的改造，是对利川传统村落建筑保护的过程，其传统村落的文化景观特征将在这个过程中得以传承与延续。

目前利川传统村落普遍存在“空心化”问题，村落中出现了许多无人居住的空房，而没有“人”的居住，会加速传统建筑的衰败。因此，在有机更新的基础上，在有条件的传统村落合理利用传统建筑，适度开展以饮食民宿、民俗体验为主的文化生态旅游，既能创造新的就业岗位、吸引外出务工村民“回巢”，又可为利川传统建筑保护重新注入活力。

6.2.3 非物质文化景观保护策略

一是要推动传统民俗融入生活，建立活态传承机制，具体可从两方面进行。其一是重视传统节日，积极开展各种民俗活动，并融入歌舞戏曲，促进非物质文化景观内涵与仪式的结合。如多途径宣传推广利川当地具有特色的女儿会、牛王节、赶年节等传统节日，开展与其相适应的民俗仪式，形成全民活动庆典。其二是改良传统民俗，使之在现代生活中继续传播。如将四节莲湘舞融入广场舞、将摆手舞与体操相结合并进入校园，既能让人强身健体，又达到广泛流传的目的。

二是要培养文化传承人，构建完善的非物质文化传承体系。目前利川市针对传承人采用授予称号并表彰奖励的方式，以调动传承人的积极性，使具有特色的非物质文化得到鼓励与发展。要实现可持续传承，首先应做好传统村落非物质文化景观遗产的教育工作，培养年轻传承人，以解决民族文化后继无人、面临失传的问题；其次是要构建完善的非物质文化景观传承体系，区别对待不同传承状况的非物质文化景观遗产，采取不同的保护与传承措施，运用文字、录音、数字化多媒体等多种形式全方位记录，建立资源数据库。

7　结语

作为世界文化遗产的一种，文化景观在国内受关注较晚。本文以文化景观作为研究视角，针对利川市传统村落文化景观，从选址格局、传统建筑和非物质文化景观三个方面深入认知其外在特征；同时，深入分析利川市传统村落文化景观现状问题，从整体风貌、传统建筑与非物质文化景观三个方面提出保护与传承策略，以期从根本上实现利川市传统村落文化景观的可持续发展。然而，传统村落文化景观涵盖面极广、涉及领域很多，对其的保护更是一个十分复杂的系统工程，远非一个专业或部门所能完成。因此，本文旨在抛砖引玉，引发大家共同思考，积极探索多学科合作的传统村落文化景观保护模式以及全面完善的保护机制，真正实现传统村落文化景观的可持续发展。

［注释］

①引自《利川市城市发展战略研究》关于民俗民族文化的现状调查问卷结果。

［参考文献］

［1］湖北省利川市地方志编纂委员会. 利川市志［M］. 武汉：湖北科学技术出版社，1993.

［2］张良皋. 巴史别观［M］. 北京：中国建筑工业出版社，2006.

［3］李晓峰. 两湖民居［M］. 北京：中国建筑工业出版社，2009.

［4］李百浩，万艳华. 中国村镇建筑文化［M］. 武汉：湖北教育出版社，2008.

［5］王红英，吴巍. 鄂西土家族吊脚楼建筑艺术与聚落景观［M］. 天津：天津大学出版社，2013.

［6］单霁翔. 走进文化景观遗产的世界［M］. 天津：天津大学出版社，2010.

［7］韩锋. 世界遗产文化景观及其国际新动向［J］. 中国园林，2007（11）：18-21.

［8］SARAH L. S E. Hunter-gatherer cultural landscapes：a case study for a GIS-based reconstruction of the shell mound archaic in the falls of the ohio region of Indiana and Kentucky［J］. Pro Quest Dissertation & Thesis Database，2009.

［9］CYNTHIA MARNIE Z. The cultural landscape of iceland：a millennium of human transformation and environmental change［J］. Pro Quest Dissertation & Thesis Database，1997.

［10］张成瑜. 村落文化景观保护与可持续利用［J］. 国际学术动态，2009（3）：10.

［作者简介］

韦琼春，硕士，规划师，任职于武汉市规划研究院。

万艳华，博士，教授，任职于华中科技大学建筑与城市规划学院、湖北省城镇化工程技术研究中心。

刘佳，硕士，助理规划师，任职于长江勘测规划设计研究有限责任公司。

万尘心，香港大学博士研究生。

丘陵地区传统村落防御性空间价值挖掘与保护

——以菏泽市巨野县前王庄村为例

□丁佳艺，徐敏，韩树娟，付梦姣，张永婷

摘要：丘陵地区传统村落的防御性空间具有较高的历史、人文和科学价值。随着历史变迁和社会环境变化，其防御性特色销蚀严重，对其防御性空间价值的研究与保护紧迫而必要。本文以菏泽市巨野县传统村落前王庄村为例，追溯其历史渊源，从宏观区域防御性空间布局、中观村落防御性空间结构和微观院落防御性空间及建筑工艺三个维度，对其防御性价值加以深入探究。在此基础上，研究相关保护文件与条例的不足之处，提出了“区分层次管理，合理规划保护；依法依规保护，活化利用开发”的建议措施，以期为国内防御性传统村落的遗产价值挖掘提供实践基础，同时唤起人们对防御性聚落活化及保护利用的思考。

关键词：丘陵地区传统村落；防御性价值；保护思考；前王庄村

1　引言

复杂多变的地貌特征、背山面水的地理环境和动荡不安的历史条件，使得部分丘陵地区传统村落的空间充满了防御性色彩，具有较高的历史、人文和科学价值。随着社会发展变化，新建村落的空间构成摆脱了设防形式，防御性传统村落的空间防御体系往往不再受重视，其独特的寨门、碉堡式民居等具有防御性价值的空间要素也出现了乏人管理、逐渐破败的状况，这对历史文化保护提出了紧迫的现实课题。

国内部分学者在这方面已经开展了研究。张兵华等人研究了永泰、闽清、福清等闽东地区的特殊自然地理环境和社会生存空间下所形成的防御性乡土民居建筑；王金平等人以晋北地区边防独特军事地位和动荡不安的历史条件为依托，探究了晋北地区堡寨式聚落的防御特征；贺海芳等人以湘赣边界的丰城市厚板塘村为研究对象，分析了赣西地区古村落的防御性特征；田林等人以堡寨式聚落防御和非防御性公共空间为研究切入点，探究了豫北堡寨式聚落公共空间的更新策略。纵观防御性传统村落的研究，在地域上多集中在闽东、西北和赣西地区，在齐鲁地区鲜有研究案例，同时缺少对丘陵地区传统村落防御性空间体系的深入挖掘。

因此，为了深入研究丘陵地区传统村落防御性空间特征的价值内涵，弥补防御性传统村落在研究上的地域不均衡性，完善其保护利用体系，本文选取鲁西南丘陵地区具有一定代表性的防御型传统村落——前王庄村展开实证研究，通过实地调查、现场测绘等多种途径，深入探究其防御性特征的历史渊源，从宏观、中观和微观三个维度对其防御性价值进行解构分析，并提出相应的保护措施。

2　前王庄村防御性特征的历史渊源

前王庄村始建于明清时期，距今已有400多年的历史。据《王氏族谱》及《前王庄村志》记载，王氏自山西洪洞县大槐树迁移至嘉祥县申家村，又经过几次迁徙，于明洪武十三年（1380年）定居于现今村址，立村名“王庄”。在历史时期，前王庄村是周边24个自然村中最富裕的一个村，王氏利用村落周边肥沃的土地开展生产活动并买卖流转土地，兼开各种作坊如酒坊、染坊等，不断扩大经营，最终富甲一方，为前王庄村购置建设大批石头房，并且营建防御型堡寨奠定了经济基础。

明末清初，巨野徐鸿儒农民起义和榆园军起义事件使得大量巨野人流离失所，部分人铤而走险，走上偷盗之路。社会动乱和寇匪横行的历史背景促使前王庄村开始重视村落的防御需求和功能。村民就地取材，利用石材构建了整体坚固、做工精良的防御型民居建筑和军事堡垒，为利于集中防御，将民居院落聚集分布，形成了“相互守望”的建筑格局，并依照防御需求进行巷道组织，形成了前王庄村最初的防御性村落肌理。为了进一步确保村中财产安全，村民开始在村庄外围构筑寨墙、护城河进行自卫，与村内防御型建筑、巷道布局一起形成了系统且完整的防御性聚落结构。

随着我国城乡经济的迅猛发展和社会生活的急剧变化，20世纪50年代起，村内居民逐渐从古寨中的石头房搬离，开始在寨墙内空地及寨墙外围区域建新房，村庄经济发展和文化保护之间的矛盾日渐突出。目前，国家与政府正在对前王庄村开展各项保护修缮工作，这也对古寨防御性空间价值的挖掘和研究提出了挑战。

3　前王庄村防御性空间价值挖掘

3.1　宏观维度——区域防御性空间布局

区域性防御空间通过村落选址来体现，常利用天然屏障包括自然的地形、山、水等来保证村落的安全性，多选取易守难攻、通道数量有限、便于控制和防御的地带，反映了人们避凶趋吉的环境心理追求和对安全的生存环境的重视，这是一种防御意识的表现。

前王庄村地处的核桃园镇山体资源丰富，有青龙山、金山、沤山、鲜白山、齐山、孙山等。前王庄村西边有虎山为险，北边有青龙山做屏障，再加上蔡河由北向南穿过村庄东部，成就了背山面水、负阴抱阳之势，使得前王庄村成为一个全方位的天然防御体系。村落周围起伏变化的山地丘陵地形，易守难攻，可以有效地阻碍入侵者的长驱直入，军事战略优势明显，曾在解放战争时作为刘邓大军羊山战役的后方根据地。

3.2　中观维度——村落防御性空间结构

前王庄村在村落防御空间的布局设计上体现了封闭性、围合性和中断性对空间连续体的压制。村落外围设置线性坚固的墙体，或闭合环绕，或辅以险要地势，村落内部的路网系统及其辅助系统错综复杂，住宅院落最大限度减弱与街巷空间的直接渗透。前王庄村的这种防御空间结构由外至内可以大体划分为3道防线，即寨墙与护城河、村内各坊坊门与巷道及碉堡式民居。此3道防线彼此相辅相成，共同捍卫前王庄村的安全。

3.2.1 寨墙与护城河

前王庄村周边的山体为其提供了天然的防御屏障，村落外围的寨墙也依就山体与地势而建，将村落围合。大部分是由夯土筑成，用城墙包砖以加强其坚固性。寨墙设有完整的城门、城楼系统，建有南北两个寨门。其中仅北寨门处残存城墙，实测城门宽为 3.625 米，寨门进深 4.850 米，寨墙厚约 60 厘米。这两处寨门是寨内通往外界的主要通道。寨墙沿途共设立 10 个炮楼，每个炮楼内可容纳 10 人，均有 1 门重达 100 千克以上的加农炮并配备炮弹，整个城寨配置长 2.3～2.4 米、重 15 千克的抬枪 32 支。寨墙内侧还有加高的夯土，可上人进行防御。种种防御性功能的设置使得寨墙成为整个防御系统中最为坚实与基本的部分。同时，寨墙外围引活水设护城河，河道宽约 1.5～2 米，深度约一人深。“宁隔千山，不隔一水”，护城河成为抵御入侵者天然的屏障，与寨墙共同形成了村落的第一道防线（图 1）。

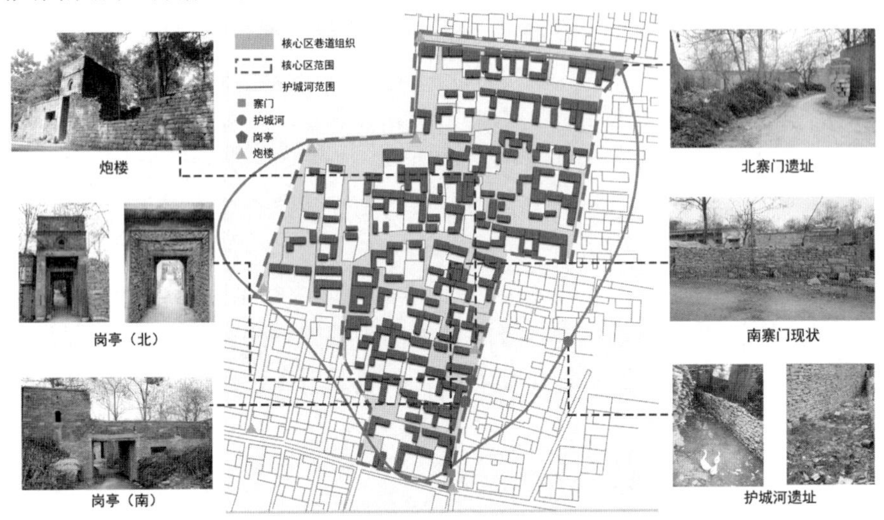

图 1 第一道防线防御性要素分布

3.2.2 巷道与坊门

前王庄村道路系统的布置多是从防御的角度来考虑，形成“丁”字形组织形式。这种防御型的道路组织使得狭窄的巷道走向曲折多变，无一能贯穿全村，有的与其他巷道连通，有的则成端巷，可以用来阻断或分散敌人的进攻。同时，狭窄的巷道和两侧高大的院墙、建筑山墙组成了防御型村落特有的巷道幽深防御空间，为内部巷道创造出一种神秘的气氛，使陌生人产生一种恐惧的心理，复杂的巷道系统本身也就形成了一道无形的防御构筑。

巷道之间再设“街门”，又称“坊门”，堪称防御型村落的“内城墙”。单一坊门的防御面积较小，大多为保护村中某一大家族的生命及财产安全。村落建宅之初，通常是较为富裕的亲兄弟几个并排成一线而居，因此只要在院前主要干道两侧加筑坊门各一座，夜晚及战时关闭，就可以成为坚固的防御。历史时期，前王庄村内坊门多达 10 余座，防御作用集小为大，在防御性系统的构建中扮演了重要的角色（图 2）。

3.2.3 碉堡式民居

碉堡式民居是在前王庄村的众多民居中最重要的防御性建筑，其多为寨内核心区中德高望重之人或富裕之人的居所，一般建设在寨内需要重点防御的部位，如迄今屹立村寨西北角处的碉堡楼，于其屋顶之上可以俯瞰到大半村落之景，防御地位不言而喻。这些碉堡式建筑多为二层楼结构，为满足其坚固需求，底座多采用大体积的条形巨石，尺寸可达 35 厘米长×57 厘米高×80

厘米厚，建筑墙体厚度达 80 厘米。二层楼上具有高达 2 米的垛口，且均配备于院落内部东西各厢房，用以瞭望及射击；垛口与垛口之间堆满碎石，用以战时向敌人投掷。堂屋的碉堡楼门窗洞口狭小，且每个门窗处的门闩和窗栓多达 5 个，为不易攻破且财不外泄之意，防御功能特征明显。除碉堡式民居外，村内大多民居以一层为主，建筑密集相连，屋顶户户连通，在战时紧急防御时可快速从不同地方向城门或炮楼等重点防御部位集结。如此，村中的碉堡式建筑用以镇守四方，周边民居也可自成防御（图 3）。

图 2　第二道防线防御性要素分布

图 3　第三道防线防御性要素分布

3.3　微观维度——院落防御性空间及建造工艺

3.3.1　院落防御性空间

院落防御性空间主要是指建筑组合成院落的防御形式，其是空间防御体系微观维度的重要组成部分。前王庄村每一处民居都是由单座建筑和一些围墙环绕而成，自成一个封闭的体系。院落大部分采用三合院或四合院的形式，形成以庭院为公共中心的向内的家庭组合体。院落空间相对狭小，四周为相对高大的建筑单体，中间仅容天井一间，形成了“居高临下”的防御空间组织。且院落之间相互紧贴，每一处民居仅一面临街或巷，另外三面与其他院落相邻，形成相互守望之势（图 4）。

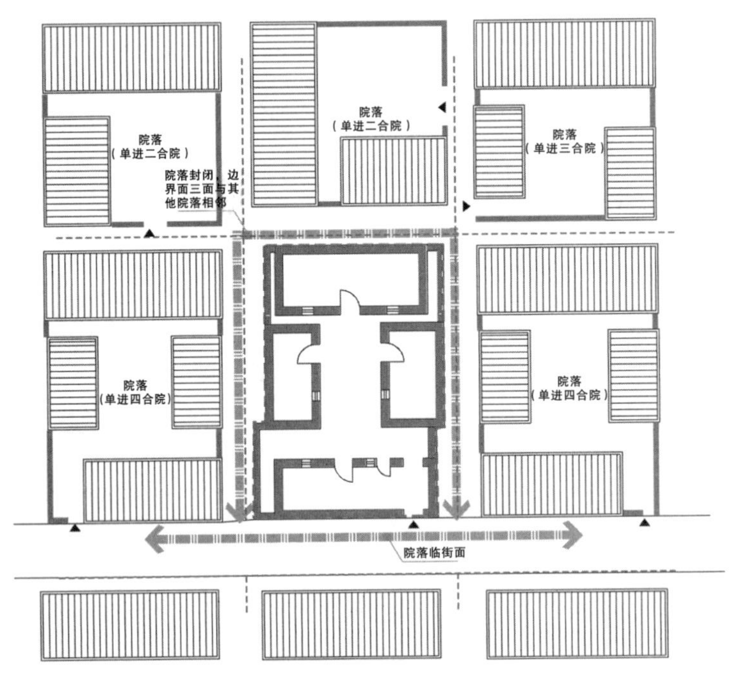

图 4　院落防御性特征分析

3.3.2　单体防御性建造工艺

单体建造工艺的防御性特征主要体现在建筑用料、建筑体量、建筑形式、建筑装饰四个方面。其一，前王庄村建筑材料主要以青石为主，用以构筑石墙平顶房、石墙硬山起脊房、一层石墙二层青砖瓦房等民居建筑，砌筑过程须错缝搭接，避免出现直缝，以保证墙体的强度和稳定性。其二，村落内建筑墙体厚实，以厚度为 20～30 厘米的青条石垒建而成，其门、窗体量较小，建筑单体多以 8 米×6.6 米和 12 米×6.6 米的长方形为主，高度在 4.5～11 米之间，属于防御性较强的建筑体量形式。其三，村落内石头建筑形式丰富，平屋顶一般都设置 60～200 厘米高的女儿墙，有的在女儿墙上设置瞭望台，有的直接在女儿墙之上建有防御性城墙的“垛口”。同时建筑单体开窗较少，按照形状可分为拱券形和长方形，长方形窗户的尺寸一般都在 1 米×1 米以内，以木骨内置，以防挖掘冲撞。其四，村落中防御型建筑的装饰较少，多以“祈福”目的为主，如单体建筑屋顶脚线，常见方砖菱角朝外铺设形式，酷似古代“鹿砦”，有防御的意味，丰富了前王庄村的精神防卫体系（图 5）。

3.4　防御性空间价值综述

通过对前王庄村宏观区域防御性空间布局、中观村落防御性空间结构和微观院落防御性空间及建筑工艺三个维度的深入研究，可知防御性空间的历史、科学、艺术与人文价值凸显。具体表现在：宏观维度下前王庄村背山面水、负阴抱阳的防御性地理位置以及当时社会动乱、寇匪横行的历史背景，是其防御性得天独厚的历史地域特色；中观维度下村落从外至内的三道防线，形成了具有重重关卡的多层次、全方位防御体系，是其防御性空间科学布局的写照；微观维度下融合四合院和军事堡垒的民居建筑兼具有封闭性特征和相互守望之势，是清末民初我国防御型民居建筑的标本，呈现出其丰富的艺术价值。同时，以“祈福”为内涵和“鹿砦”状的建筑细部装饰反映了人们对美好、安定、富足生活的向往，丰富了村落的精神防御体系。

图 5　门窗及细部石雕工艺图示

4　防御性空间的保护思考

4.1　防御性空间保护现状

巨野县现已出台《巨野县核桃园镇前王庄村传统村落保护发展规划》，其中把前王庄分为核心保护区、建设控制地带、环境协调区三个层次，分层次确定保护具体原则和措施，并对各类建筑进行分类保护、修缮与改建。规划对前王庄古村防御性空间保护是可行且具有借鉴意义的，但也存在一定问题，如现划定核心区保护范围过小，规划中忽略对现存的寨墙、寨门和护城河遗址的价值挖掘而弱化防御性聚落特色，相关条例文献出台慢、古建筑保护措施相对滞后等，都直接影响了前王庄村古村落防御性空间的保护。此外，其他各类规划文本中虽也涉及了前王庄村（表 1），但同样均对其防御性空间价值并没有足够的重视。

表 1　巨野县现已出台的相关保护开发文本

规划文本	相关摘要
《巨野县核桃园镇前王庄村传统村落保护发展规划》	该规划从总体上对前王庄村进行了分区域、分层次规划，还明确了村落的空间格局和总体风貌

续表

规划文本	相关摘要
《山东省巨野县乡村旅游发展总体规划》	该规划在对巨野乡村旅游资源进行了细致探究的基础上，对巨野乡旅游发展在多方面做出规划，而位于规划中金山板块的前王庄村并不突出
《金山旅游区发展总体规划》	该规划对金山片区做出现状分析后，系统全面地阐述了对金山旅游区的整体规划。前王庄村位于片区中的白虎山文化休闲区，规划联合白虎山及周边村落共同发展
《山东省巨野县旅游发展总体规划》	在该规划推出的旅游路线中，几乎每一条都会经过前王庄村。这充分显示了前王庄村的优越地理位置在旅游发展中发挥的巨大作用，而在乡村重点项目中，并没有前王庄村

4.2 防御性空间保护方法

4.2.1 完善分区管理，合理规划保护

对于前王庄村的防御性空间保护，可以借鉴历史名村划定保护区的方式，参考《巨野县核桃园镇前王庄村传统村落保护发展规划》的层次划定方式，对接前王庄村古村落防御性空间结构体系，将前王庄村由外至内分为环境协调区、建设控制地带、核心保护区和重点保护建筑四个层次，因地制宜地实施相关的保护措施，以更好地保护前王庄村的传统空间格局，尽可能维持古村落的防御性村庄风貌。

其中，划定重点保护建筑的目的是为重点保护前王庄村古村落内院落防御性空间及其建造工艺。划定有代表性的碉堡式民居和院落等重点保护建筑，对其维护、修缮与使用做出严格限定以确保其原始防御、建造工艺等价值不被破坏，其他建筑可在原貌基础上进行修缮或一定程度的改造后使之产生新的使用价值。核心保护区和建设控制地带重点保护古村落的村落防御性空间结构，其建设范围应以寨墙和原护城河的范围为基础再向外扩展 10～20 米，其主要保护对象是由建筑向外扩展至巷道、寨墙，因此该区域内原则上不允许新建建筑物、构筑物或改变原有街巷结构，保护好前王庄村古村落内部风貌的原始性，才能从根本上保证其防御性空间的完整性与价值性；建设控制地带位于核心保护区外围，该区域内的发展与建设需要被重点限制，合理规划，保证其建设不会对古村落的风貌、布局产生影响。最外围的环境协调区目的是为保护古村落宏观维度上区域防御性空间布局的价值，其目的是确保能够展现出前王庄村内防御措施的重要性与必要性。该范围主要针对村落周边自然环境及空间进行保护，需要保证村落周边生态环境的原生性，严令禁止对前王庄村周边山体、水体和植被的破坏。同时，由于区域内多为村民新宅，建设过程中应加以积极引导，促使自然和人文环境与古村落相协调。

4.2.2 依法依规保护，活化利用开发

当地政府应尽快出台《传统村落保护利用实施意见》，加快研究制定《传统村落保护与利用条例》，在我国现行法律法规的基础上，结合《传统村落保护管理办法》等部门规章，将具有一定代表性的历史建筑、文化遗产等尽快纳入保护范畴，将前王庄村传统村落的防御性价值保护置于重心。

同时，发掘利用古寨防御性特色，打造文化体验项目，联合周边 7 个防御性特色传统村落制定防御性专题特色旅游路线，以乡村旅游带动防御性村落空间的保护与活化。通过合理规划、

修缮维护、规范治理，重现历史遗产原貌，盘活民间人文资源，发掘古建筑艺术价值，丰富区域精神文化生活，带动和促进现代经济社会发展。

[本研究得到国家自然科学基金青年项目（51808305）资助。]

[参考文献]

[1] 张兵华，陈小辉，李建军，等．传统防御性建筑的地域性特征解析：以福建永泰庄寨为例 [J]．中国文化遗产，2019（4）：91-98.

[2] 陈建军，贾志强．晋北堡寨型村庄的特色挖掘与保护规划实践：以旧广武历史文化名村保护规划为例 [J]．上海城市规划，2014（3）：69-77.

[3] 贺海芳，郑侃，况红英．赣西地区古村落的防御性特征及其缘由解析：以丰城市厚板塘村为例 [J]．装饰，2019（8）：130-131.

[4] 田林，衡秋歌．豫北堡寨式聚落公共空间的更新策略研究：以小店河传统村落为例 [J]．遗产与保护研究，2016（6）：86-91.

[5] 郑旭，王鑫．堡寨聚落防御性空间解构及保护：以冷泉村为例 [J]．南方建筑，2016（6）：19-24.

[6] 刘源．中国传统园林空间防御特性分析 [D]．郑州：河南农业大学，2013.

[7] 孙艳玉．山东省菏泽市核桃园镇前王庄村保护与发展设计研究 [D]．济南：山东工艺美术学院，2018.

[8] 魏群．中国传统居住社区的空间形态及其流变 [D]．厦门：华侨大学，2007.

[作者简介]

丁佳艺，青岛理工大学本科生。
徐敏，博士，青岛理工大学副教授。
韩树娟，青岛理工大学本科生。
付梦姣，青岛理工大学本科生。
张永婷，青岛理工大学本科生。

齐鲁地域文化辐射下传统村落型遗产活化路径探索

——基于鲁西前王庄村与鲁东凤凰村的比较

□徐敏，韩树娟，丁佳艺

摘要：优质传统村落型遗产的复兴与活化是乡村振兴战略中的重要议题。文章以同处齐鲁地区、在特有鲁派文化地域辐射影响下的鲁西山地特色传统村落（前王庄村）与鲁东滨海特色传统村落（凤凰村）进行比较，在深入剖析两地村落的地理区位、历史演进、聚落现状保护特点及问题的基础上，思索未来遗产活化发展思路等方面的共性与差异性，以期探索传统村落型遗产活化发展的地域模式，为地域文化辐射下地区乡村振兴战略政策的具体实施与发展提供较为完善的借鉴思路。

关键词：国家级传统村落；地域文化辐射；乡村遗产活化路径；共性与差异性

随着党的十九大报告中乡村振兴战略的正式提出和逐步实施，使得特色传统村落的传承与发展在乡村振兴进程中的乡村社会经济繁荣、文化兴盛方面担当了日益重要的角色。

有关传统村落保护、复兴及活化的研究中，有关比较研究的内容较少，且主要涉及平面形制、村落演化、旅游开发模式、空间商业化变迁等方面的比较，但涉及村落综合比较，特别是遗产型村落复兴与活化的比较研究较少。而相同政区和文化背景下的特色传统村落，既有因各自的气候和自然地理条件等方面差异而存在的千变万化的多样性和差异性，又因历史渊源、文脉传承等文化地理层面存在诸多的共性和联系。因此关于临近政区和相同文化背景下的特色传统村落传承和建设发展的比较研究，对于地方政府制定可操作的且能满足地域文化下多样化的乡村振兴策略有重要指导意义。鉴于此，本文通过剖析同在齐鲁大地、又在自然地理环境上极具代表性的两个传统村落——鲁西山地前王庄村与鲁东滨海凤凰村在以上多方面的共性和差异性，进一步思考传统古村落传承与活化发展的新思路，以期对地域性传统村落活化发展提供借鉴，更好地促进齐鲁乡村振兴。

1　研究对象概况

本文分别选取山地与滨海特色传统村落——前王庄村与凤凰村进行比较分析。二者同处鲁派文化地域辐射影响下，分别代表鲁西鲁东两种典型传统村落，具有地理环境差异（图 1）。

前王庄村地处鲁西南山区，以“山水相宜”为特色。境内山丘众多，属黄河冲积平原的地质，并有丘陵分布，土壤肥沃，地势平坦。属暖温带大陆性气候，四季分明，气候温和。北临黄河，水资源丰富。由于所有的房屋围墙都用石头垒砌，因此早期被称为“石头寨”。2016 年入选为第四批国家级传统村落。

凤凰村地处鲁东沿海，以“依山傍海”为主要特色。丘陵地势，地质条件良好，村域范围内山丘众多。属沿海温暖带季风和低山丘陵湿润温凉气候，气候宜人，四季分明。村域有两处水库，水源充沛，水质清澈；山体植被覆盖率高，种类丰富，自然生态环境良好。2013 年入选第二批国家级传统村落。

在悠久鲁派文化的影响下，两村均具有悠久的历史、丰富的文化底蕴、特点鲜明的民居建筑。同时，当地“自下而上”自发进行传统村落复兴和传承模式探索，虽处于不同的发展阶段，但在现状保护及发展思路方面具有相似特点，值得研究。

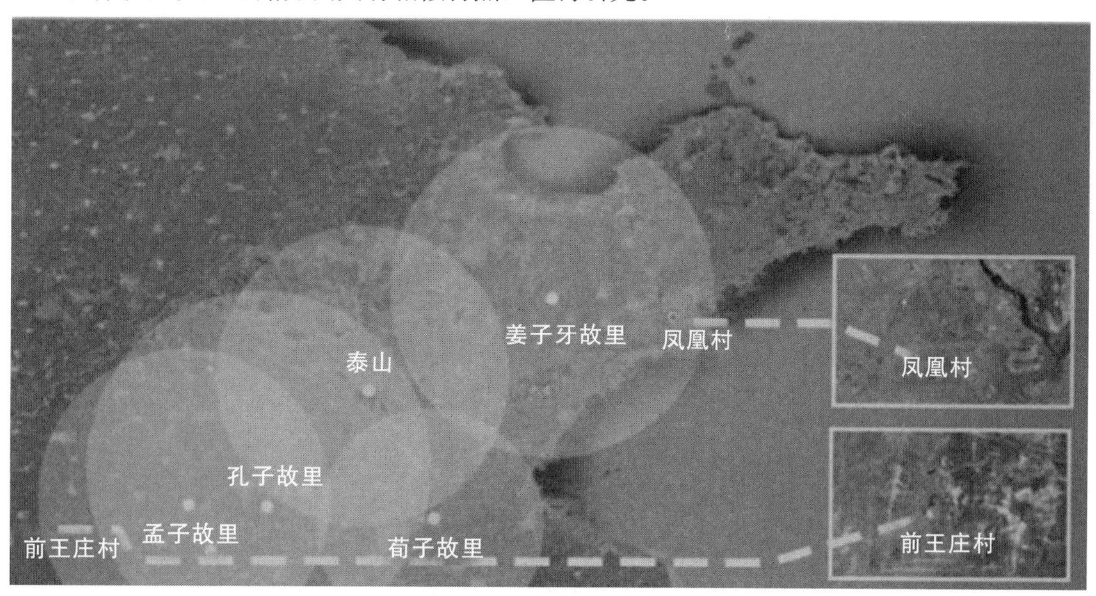

图 1　前王庄村与凤凰村在齐鲁地域文化辐射中所处地理位置

2　村落遗产资源历史与现状的比较分析

2.1　地理区位与村落演进进程比较

前王庄村历史悠久，自明末清初建村时起，已有 400 多年历史。其形成过程演变可分为 5 个时期，即起源时期、防御性聚落构筑时期、20 世纪 50 年代村庄第一次外扩时期、80 年代村庄第二次外扩时期和保护修缮时期。自建村以来，一直保持特色的石头民居建筑，宅院原有的四合院结构以及门墩、窗、青砖小路等保存至今。

凤凰村历史悠久，自明朝永乐年间迁此建庄，繁衍至今已有 400 多年历史。其形成过程演变可分为 4 个阶段，即迁入起源阶段、中期扩张阶段、稳定发展阶段和现代规划阶段。因先辈们到南方贸易，受特色地域文化影响，传统民居兼具北方、福建建筑风格。

两村村落演进对比见表 1。

表 1　前王庄村与凤凰村村落演进进程对比表

时期/阶段	前王庄村	凤凰村
迁人起源	据族谱：明洪武辛未年，王氏族人从山西洪洞县迁到申家村后，部分人员相继外迁，仅三世祖三子林永守申家村，后由于人口众多、土地不够，从第 11 世迁居于此定居，名为王庄村，后向北发展，分为前、后王庄 2 个行政村，属核桃园镇	据族谱：明永乐年间（1043—1424 年），房氏由云南乌沙卫“歌乐屯”来此立村，取意“古阡之北”命名为北阡。1946 年，以北阡河为界分 2 个村，河北沿用原名北阡，河南因靠近凤凰山而名为凤凰村，属金口镇
防御性聚落构筑/中期扩张	明末清初，地方寇匪横行，前王庄村构筑城寨自卫，形成系统且完整的堡垒式村落民居群。防御性聚落布局完整、防御性建筑风格突出。建筑同村落方向一致，每一处住宅都是由若干单座建筑和一些围墙之类环绕成一个庭院。其建筑外貌、结构、功能都属于明清北方典型防御型古民居建筑	明万历年间（1573—1620 年），即墨县令许铤上奏朝廷取消禁海，开放金口、沙子口、青岛口和沧口四口岸发展经济。经 100 多年快速发展，清乾隆年间（1735—1795 年），金口港出现通四海、达三江的繁荣景象。因凤凰村不断与外界通商，生产力提高，土地使用紧张，开始向村落外延进行土地扩张
村庄外扩/稳定发展	第一次外扩：1950—1960 年，村庄迎来新中国后第一次生育高潮，原寨内石民居四合院无法容纳多子女家庭成家立业的需求，居民纷纷外迁。第二次外扩：1980 年左右，物质条件改善，居民（尤其是年轻人）趋向更新式居住方式，村落空间逐渐向东拓展	族谱经十世祖昕章公和十一世祖栋庭公修缮：北阡金口港地处五龙河，经数百年泥沙淤积，最终导致其完全失去航运条件。随之，凤凰村的村庄形态发展趋于稳定
古村落保护修缮/现代规划	自 2000 年至今，国家与政府对前王庄村开展各项保护修缮工作；2008 年，全国第三次文物普查，巨野县文物普查队对建筑普查；2014 年 5 月，巨野县人民政府公布其为县级文物保护单位，5 月 26 日，于中心街南树立县级文物保护标志碑；2014 年 12 月 22 日，菏泽市人民政府公布其为市级文物保护单位；2015 年，被评为山东省文物保护单位；2017 年，被评为中国传统村落及省级历史文化名村	自 2012 年起，即墨金口镇凤凰村先后开展各类规划。《山东青岛即墨市金口镇凤凰村规划》（2012 年）：基于整体性、原真性、可识别性、可持续性、分类保护原则，将村庄划分为传统风貌保护区和风貌协调区。《即墨市金口镇总体规划》（2013 年）：重点关注经济发展、特色塑造、提升职能三方面内容，发挥金口区位优势，对接区域经济体，接受区域产业辐射。《即墨市金口镇凤凰古村村庄建设规划》（2016 年）：保护、发展、建设美丽乡村精品示范村；传承、整合传统历史文化资源，引导村庄建设规划

2.2　现状空间形态特色比较

2.2.1　村落空间肌理

前王庄村分为现代民居区和传统古建筑区（图 2）。现代民居区包括住宅居住区和村委，占地 17.27 公顷，住宅建筑南北向。传统古建筑区主要指村庄西南部的传统古建筑群，共 86 户，合计 158 栋，因只有部分居民在原址翻盖新房且居住人数不多，房屋多闲置，传统村落格局保存良好，保存较好的街巷位于整个古群落建筑群的西南位置，胡同长约 100 米，宽约 2 米。

凤凰村分为传统风貌区和现代风貌区（图 3）。传统风貌区建筑共有 143 栋，但原态建筑甚少，大部分长期空置或常年失修，虽主体结构完好，但残损较严重。现代风貌区建筑约有 78

栋，体现红瓦、黄墙、青基座的整体村庄风貌，村外公共界面以黄墙、青灰蓝墙裙为主。整个村落空间结构井然有序。

图 2　前王庄村村落建筑现状图

图 3　凤凰村村落建筑现状图

2.2.2　特色民居建筑价值发掘

前王庄村的特色石民居与凤凰村的传统建筑在特征、风格等方面具有较高的研究价值。特别是在民居建造工艺方面：前王庄村石民居建筑形式为石墙平顶房、石墙硬山起脊房、一层石墙二层青砖瓦房，石墙体的砌筑分干砌和浆砌两种，干砌纯粹依靠石材接触面，而浆砌则需要黏土砂浆、石灰混合等作黏合剂。凤凰村传统建筑多为木结构、砖石围合，有“墙倒房不塌”的特点。建筑从下往上依次是台基、下碱、上身、屋面，台基和下碱为石块砌筑，上身由石块直接裸露在外或外加抹灰（表 2）。

表 2　前王庄村与凤凰村建筑价值对比

项目	前王庄村	凤凰村
建筑风格	明清时期特色建筑群落，砌石接缝紧密，线条层次匀称。就地取石材建设，古朴粗犷，有浓郁的鲁西南地区特色	主要是庭院式民居，形成于明清时期。主房为坡顶，辅房多为平顶。村内古建按官品等级建造，特别是房氏祖屋带有明显“官式”色彩
建筑材料与特色工艺	以青石为主，内部结构和装饰则用木材。门、窗、细部石砌、砖雕工艺。墙体砌筑包括规整石墙（石块大且规整，错缝搭接，干砌）、平毛石墙（石块大小较均等，水平垒砌，黏土黏结）、乱毛石墙（石块大小不一，横竖自由垒砌，碎石嵌缝，干砌）	主要为砖、石、木。细部石砌、砖雕工艺。墙体砌筑包括毛石墙（乱毛石或平毛石与水泥砂浆或混合砂浆砌筑）、规整石墙（石块大且规正，错缝搭接，干砌）、不规整石墙（切割、拼接不规整石块）
保存现状	现存古建占地约 6700 平方米；共 86 户，合计 158 栋。因缺少维护多数已破坏，但仍能展示当年风貌，建筑群防御性特征明显	①民居建筑：现存明清民居古建筑院落因一直保持居住功能而保存完好，有极好历史遗存原真性。②公共建筑：祠堂遗址（乾隆年间）现为村委大院，牌坊遗址（乾隆年间）、尼姑庵庙遗址（永乐年间）因年久失修而毁坏

2.2.3 村落非物质文化遗产

前王庄村非物质文化遗产丰富，且保存状况良好，如扭秧歌、揉花篮、担经、打花棍、弹棉花、纺织等；凤凰村的刘家油坊、房家磨坊、封缸老酒坊等一批老手艺外导成为工业化技术，又重新复活。这些对齐鲁非物质文化遗产的弘扬具有深远的意义（表3）。

表3　前王庄村与凤凰村非物质文化遗产留存状况对比表

村落名称	非遗名称	简介
前王庄村	扭秧歌	新年、端午等重大节日，组织队伍互相祝福、娱乐。村邻之间还会比歌赛舞
	揉花篮	已有500余年历史，近些年濒临失传。如今村民重新发掘传承
	担经	又称“担花篮”，每班四个老斋公（老太太），三人表演一人打经板（竹制）。三副经挑中六种花篮，花篮竹制精巧，有龙、虹、狮子、虎、宝瓶等式样
凤凰村	金口民间故事	情节曲折跌宕，语言富有地方特色，突出颂扬传统民族美德。讲述者阶层构成多样，听众广泛
	金口天后宫庙会	主要有3次大的庙会：一旨在给天后圣母“拜年”，亦叫“唱灯节”。二旨在为天后圣母“庆寿”。三是九月九庙会，又曰重阳节
	地瓜酒制作工艺	以红、紫薯为原料，配以特制小麦陈曲和麦饭石矿泉水酿制而成。口味甜美，深受喜爱，其制作技艺已流传几百年

2.3 传统村落现状及未来保护发展的共性与差异性分析

同属齐鲁特色传统村落，前王庄村与凤凰村在现状及未来保护发展所遇的挑战具有共性。

①文化底蕴深厚，旅游资源丰富。历史悠久，规模庞大，民居建筑特色鲜明，自然、旅游与文化遗产丰富，与周边景区可联系成片区，具有很大的发展空间。

②“自上而下”财政支持低效，传统观念与市场力量抗衡。自上而下、层层覆盖的规划体系下，地方缺乏获取发展潜力和投资机遇的信息平台，市场行为追求的乡村资源开发和资本投入保值增益与传统物质文明观念相悖，导致政府财政支持和社会资本低效流失。

③乡村文化主体流失，人才匮乏制约发展。村民对村落未来发展具体规划不了解，相关部门及老一辈工作者存在观念发展上的时间差，农民群体大规模转移、青壮年作为建设主力严重流失，乡村凋敝，村庄空心化、人口老龄化现象严重。

④开发、生产路径不明晰，缺乏系统指导。凤凰村目前第二产业缺失、第三产业及服务业未规划，产业发展处于原始阶段且发展方向不明确；前王庄村虽处于建设初期，但确切的开发思路与生产路径不明晰，旅游开发局限于农家乐、观赏性古建，开发模式单一，缺乏创意。

由于所处地理位置的差距及其他客观或主观原因，前王庄村与凤凰村存在不同的地域特色。主要体现在村落风貌及建筑风格方面。

①前王庄村作为山地村落，山水相宜。建筑取材因地制宜，为特色石头建筑，古村与新村差异明显，以中心街为分界线，寨墙相隔，一边是现代化的新型建筑，一边是完全用石头砌成的明清时期建筑物。院落大部分是四合院结构，仍完整保持着原有的建筑格局。

②凤凰村作为滨海村落，依山傍海。建筑以住宅为主，材料多为青砖、灰瓦，带有福建建筑风格。院落格局由传统的“一”字形、“正房＋倒房”的格局逐步向L形、U形、“回”字形

演变，住宅面积需求不断增加。

3　基于案例比较的传统村落特色资源潜质与活化思路分析

3.1　具有遗产旅游潜质的村落资源比较

两村作为历史悠久的传统古村落，拥有丰富的自然、历史、文化遗产，包括原生自然风景、特色民居建筑、风俗文化等，均可转变为地域特色鲜明的旅游资源（表 4）。

表 4　前王庄村与凤凰村旅游资源对比

	前王庄村	凤凰村
旅游资源	与临近尹口村、前山王村（省级历史文化名村）、付庙村都属山东鲁西南地区特色村落，拥有悠久文化历史和旅游资源。核桃园镇：金山旅游区（金山、金山庙会等）、白虎山旅游区（生态农业观光园）	明清古建筑：现有 56 处。房氏故居、胡同、细缝花墙、垂檐瓦脊、砖石雕刻整体保存完好。特色文化：金口庙会、海商信仰、传统技艺、饮食习俗、海商传说等。滨海特色旅游路线：凤凰村凭借地理位置及传统村落优势，主要承担滨海特色旅游功能
旅游优势	历史时期依托白虎山，如今也是其风景片区中不可分割的一部分。是一个非常集中、大规模的古民居群及典型防御聚落，且保存完好。周边两小时车程范围内景点众多，交通便利	地缘优势：位于鲁东滨海沿岸，远离市中心喧嚣，距离又相对较短，是周末出游好去处。资源优势：拥有古村古建、特色文化、传统习俗等一类旅游要素，景色优美，生态环境良好。经济优势：位于国内准一线城市（青岛）经济辐射近郊区域内，就业条件优越

3.2　基于问卷与访谈的村落发展政策实施效果解读

研究团队对前王庄村与凤凰村政府人员及村民分别进行访谈及问卷调查，结合实地考察得出如下结论：目前两村处于不同的发展阶段，前王庄村的各类政策规划要求较明晰，村民对村庄遗产价值与保护发展认知程度较高，且由于地处内陆，村域面积不大，就地就业条件良好。而凤凰村现处于发展初期，现阶段政府主要解决旅游工艺与游客餐饮问题，村民对本村遗产价值及发展认知程度较低。因地处城市近郊区域，受青岛经济辐射影响大，外出打工就业率高（表 5）。

表 5　基于问卷与访谈的前王庄村与凤凰村现状及发展问题对比

	前王庄村	凤凰村
古村特色不凸显	整体或细部规划中，忽略了防御性聚落特色，未充分挖掘其中价值	—
传统民俗文化流失	传统节日习俗被简化；草编、柳编、石刻等民间技艺得不到应有的继承发扬	地瓜酒制作，酒坊、房式磨坊，因传承者缺失、“移风易俗”传承状况不乐观
“空心”现象严重	随着生活水平提高和生活方式改变，古村已不能满足现代年轻人对舒适宽敞的独立居住空间的需求，加上大量人员外出务工，居住者大量流失	
与村民缺乏沟通，活化措施不完善	修缮好的房屋被搁置，无人理睬，无法实现可持续发展	村南枣树林因政府工作大面积砍伐，村民大多不明缘由，且工程未完善

续表

	前王庄村	凤凰村
村民参与度、保护发展认知意识不高	一半以上村民不太了解村里有关村落保护的相关政策、措施；由于缺乏资金，古村宣传力度不够	政府现今工作指南为“政府牵头、村庄主抓党建和旅游”。村民多外出打工，对古村保护发展认知意识较弱
资金经费不足，基础设施薄弱	缺少广场、卫生室、公厕等服务设施；排水、绿化及道路硬化等配套不完善	结合“古村发展”主题，建设方面“求同存异”，尽可能保证原有风貌的完整性。目前缺失具体管理章程，排水、绿化、道路硬化等配套不完善
旅游业发展薄弱，客流量不足	现有农家乐及民宿产业处发展初期，各类旅游、景区规划未投入实施，客流量不大	政府计划与周边联合发展“旅游带”，先解决配套及工艺品问题，目前缺乏餐饮、民宿和加工厂等。因环境整治与基础设施不完善，客流量较少

3.3 传统村落遗产价值发掘与活化的主要共性与差异性

同属齐鲁传统村落，前王庄村与凤凰村在现状保护与发展思路方面存在异同。

前王庄村属鲁西南山地村落，凤凰村属鲁东滨海村落，两者地理环境差异较大，但都被列入“中国传统村落”与“省级历史文化名村”名录，具有丰富的自然、历史、文化遗产，同属等级高且有特色的传统村落。

作为历史悠久的特色古村，受当地政府和村民重视，在相关上位规划政策的约束下，地方及村民自下而上自发地进行古村活化发展模式的探索，都以优质遗产为出发点发展乡村旅游业，保护利用与活化模式探索思路相似。

目前两村发展阶段不同。前王庄村的发展较为成熟，具有过渡时期的特征；而凤凰村还处于起步发展阶段，存在资金经费不足、旅游规划不到位、保护力度不足等问题。

4 结论及地域传统村落活化建议

综上，前王庄村和凤凰村两个齐鲁地区的特色传统村落，虽然在自然地理环境、村落起源、遗产资源特色等方面具有明显的差异，不过在现阶段的乡村振兴及文化兴村的历史背景下，两者展现了更多相同的遗产保护和活化的思路，并且表现出了两个比较典型阶段中的村落发展特色。通过对比，文章提出对齐鲁地区传统村落型遗产活化的路径思考。

4.1 基于“资源—网络”模式下“上下结合”的发展路径

从长远角度看，古村落要避免衰落实现复兴，归根结底要增强资金和资源的回流，而这离不开政府“自上而下”的财政投入、指导与地方“自下而上”积极投身建设。结合我国传统村落发展现实，将“自上而下”的财政支持与“自下而上”的补充动力相结合。同时，有机整合地域文化大背景下的古村特色自然、人文资源与网络技术，使村落保护发展得到更多关注，争取更高等级项目和资金支持。在“资源—网络”的发展模式下，结合政府“自上而下”的措施、财政投入和地方村民“自下而上”的保护、建设，探寻出适宜古村落保护利用的长久发展路径。

4.2 基于“地域文化辐射”角度下的“古村发展建设”路径

突出地域文化影响，根植乡村的“历史记忆”与“物质遗产”，在实施乡村振兴战略中共同实现物质文明和精神文明的复兴；深入挖掘文化内涵，提炼本土村庄文化的传说、建筑、饮食、信仰、习俗等特色，开发一系列参与性强的文娱活动。在齐鲁地域文化辐射下，实行“凝核、延链、联合、拓域”手段的古村发展建设。

（1）凝核——保护乡村文化行动。

采取适宜的保护观念，遵循科学引导，挖掘文化内涵，并适度开发，推进乡村文化的传承和发展。

（2）延链——重振乡村魅力行动。

深入挖掘传统村落的文化遗产（包括物质与非物质遗产），并进行功能改造和利用，发挥其在历史、文化、艺术及经济等方面的多重价值。

（3）联合——双遗产保护相融合。

关注物质文化遗存的静态保护，兼顾非物质文化遗产的活态传承。动静结合，以保护促发展，以发展助保护，延续传统村落无限的生命力。

（4）拓域——文创旅游开发行动。

将乡村旅游与文化创意产业融合发展，挖掘乡村文化资源，为乡村旅游优化升级开辟新路径。

4.3 基于“生态文明建设”的乡村可持续发展建设路径

生态文明建设是古村落可持续发展的根本，许多村落由于过度开发，生态环境遭到破坏，村庄发展被制约。为保证其永续发展，应把生态文明建设放在战略首位，积极稳妥解决历史遗留问题，在人、自然、社会和谐发展下实现乡村的可持续发展。

（1）保留村庄传统生活方式——原生态原则。

展示村落传统的生活方式与建筑形式，保留村落原有形态和格局，尽量减少对原建筑物主体结构破坏，对原有建筑进行修缮与改造。

（2）加强基础设施建设与环境整治。

改善村庄的基础设计建设问题，加建公共活动场所，加强村落环境的综合整治，为村落的保护利用提供良好的空间环境。

（3）实施产业布局，进行业态植入。

古村现状业态结构发展程度不同，应先升级优化农业生产方式，开发经营品牌产业，再从第一产业逐渐向第三产业或服务业转变。发展村落多元经济，拓宽村民就业渠道，减少劳动力外流，使集体和个人都能获得一定经济收益，实现可持续发展。

[本研究得到国家自然科学基金青年项目（51808305）资助。]

[参考文献]

[1] 王炎松，叶超. 江西移民对湖北民居平面形制的影响探究：基于阳新地区三个传统村落民居平面形制的对比分析 [J]. 南方建筑，2019（4）：1-6.

[2] 李文兵，余柳仪，陈望雄. 网络嵌入视角下传统村落旅游自组织演化分异：宜春天宝古村与贾家古村的比较研究 [J]. 中南林业科技大学学报（社会科学版），2018（5）：83-91.

[3] 焦梦菲. 传统村落旅游开发模式探讨：江西婺源思溪延村、李坑、篁岭对比分析 [C] // 中国城市规划学会，东莞市人民政府. 持续发展　理性规划：2017 中国城市规划年会论文集（18 乡村

规划). [出版地不详]: [出版者不详], 2017.
[4] 张菁. 创造性破坏视角下的传统村落空间商业化变迁研究：江西婺源李坑村、汪口村、江湾村对比分析 [J]. 南方建筑，2017 (1)：55-62.
[5] 黄璜，杨贵庆，米塞尔维茨，等."后乡村城镇化"与乡村振兴：当代德国乡村规划探索及对中国的启示 [J]. 城市规划，2017 (11)：111-119.
[6] 王国恩，杨康，毛志强. 展现乡村价值的社区营造：日本魅力乡村建设的经验 [J]. 城市发展研究，2016 (1)：13-18.
[7] 张颖. 文化创意视角下山东乡村旅游优化升级研究 [J]. 中国农业资源与区划，2017 (10)：192-197.
[8] 张薇，秦兆祥. 日本"魅力乡村建设"有哪些好做法 [J]. 人民论坛，2017 (25)：120-121.
[9] 贺红茹. 英国乡村田园景区开发经验及对中国的启示 [J]. 世界农业，2018 (2)：154-158.

[作者简介]

徐敏，博士，青岛理工大学副教授。
韩树娟，青岛理工大学本科生。
丁佳艺，青岛理工大学本科生。

新时代背景下乡村旅游地区可持续发展探索
——以《桂林阳朔遇龙河两岸地区旅游发展与空间规划》为例

□王磊，倪剑

摘要：在落实生态文明建设、乡村振兴的时代背景下，如何谋求传统乡村旅游地区的可持续发展成为重要课题规划项目。本文以阳朔遇龙河两岸地区旅游发展和空间规划为例进行探索，提出3个建议：一是强化国土空间管控，严格控制建设用地增量，提升存量空间品质，形成因地制宜的空间管控措施；二是落实乡村振兴战略，挖掘遇龙河两岸地区特色鲜明的旅游景观，发展乡村旅游产业，改善乡村人居环境，给每个村庄公平的发展机会；三是完善遇龙河两岸地区旅游产品体系，丰富旅游产品类型，提升旅游服务职能，建设国际一流的旅游度假区。

关键词：乡村振兴；旅游发展；生态保护；空间管控

1　前言

2012年11月党的十八大明确将生态文明建设与经济建设、政治建设、文化建设、社会建设等五个方面作为新时代“五位一体”总体布局的战略方向，确定了生态文明建设的战略地位。2015年9月，为加快建立系统完整的生态文明制度体系，加快推进生态文明建设，中共中央、国务院印发了《生态文明体制改革总体方案》，将生态文明建设放在突出地位，融入经济建设、政治建设、文化建设、社会建设各方面和全过程，坚持发展是第一要务，必须保护森林、草原、河流、湖泊、湿地、海洋等自然生态；构建空间规划体系，加强全域的空间管控和空间治理，将山水林田湖草作为一个生命共同体，统筹考虑自然生态各要素，实行最严格的生态管控。

为了贯彻落实新时代的生态文明建设理念，2018年3月，第十三届全国人民代表大会第一次会议批准《国务院机构改革方案》，通过设立自然资源部，统一行使所有国土空间用途管制和生态保护修复职责，加快建立国土空间规划体系。坚持底线思维，把生态保护红线、永久基本农田保护红线、城镇开发边界作为调整经济结构、规划产业发展、推进城镇化不可逾越的红线。

2　案例概况

2.1　阳朔旅游发展历程与基础

“桂林山水甲天下”，几百年来作为赞美桂林山水景色的不朽名句可谓家喻户晓，而阳朔更是连续4年（2014—2017年）蝉联“中国最美丽县城”第一名（中国城市竞争力研究会《中国最美丽县城排行榜》)，阳朔已然成为“美”的代名词。

阳朔的旅游发展可以分为3个阶段。

(1) 入境观光游(1978—1991年)。

1978年，国务院确定阳朔县为对外开放县。1984年，阳朔县第一版总体规划确立了“旅游立县”的战略发展思路，规划提出依托漓江山水、大榕树景区等自然景观形成主题鲜明的山水观光旅游产业。自此之后，旅游人数增长迅猛，特别是外国游客量增长迅速。

(2) 文化游与观光游并重(1992—2011年)。

1992—2011年，国家加快改革步伐，入境旅游与国内旅游并行发展。特别是1995年实行双休日制度后，城市居民闲暇时间增多，假日旅游出现井喷现象。阳朔县的旅游市场从县城和主要景点开始向全县扩散，旅游接待从城镇走向农村。1997年以后，县政府开辟遇龙河、龙颈河漂流，建立遇龙河两岸攀岩基地，村民和旅游者合作开设了各类民宿酒店。

(3) 乡村体验游(2012年至今)。

2012年后，旅游产业成为阳朔县支柱产业。国内外游客数量稳步提高，而且游客重游率较高，同时，乡村旅游成为阳朔县旅游产业的主要市场。阳朔县现有国家级农业旅游示范点2个，区级农业旅游示范点4个，农家乐400余家，2016年休闲农业接待人次为420万。

目前，阳朔旅游已形成以观光为核心，以休闲度假为特色的综合旅游模式。

2.2 规划场地发展现状

2.2.1 场地概况

本次规划场地位于桂林市阳朔县西南部，距桂林市区50千米，距阳朔市区3.5千米，321国道和包茂高速分别在东西两侧纵贯全区。根据《漓江风景名胜区总体规划》，沿遇龙河两侧地区属于漓江风景名胜区二级保护区。规划范围总面积约86平方千米，包含旧县村、遇龙村、观桥村、骥马村、凤楼村、龙潭村和矮山村等7个行政村和64个自然村，现状常住人口约2.4万。规划场地南部包含阳朔国家级旅游度假区。2019年5月19日国家文化旅游部授牌成立桂林市阳朔县遇龙河旅游度假区，也是广西第一家国家级旅游度假区。

2.2.2 资源条件

(1) 自然景观资源。

①自然资源非常丰富多样。

场地内山峰峰林秀丽，姿态万千，属于典型的喀斯特峰林地貌地区，遇龙河两岸峰丛分布尤为密集，层次丰富。规划范围内河流连贯，全程水系共有三段，即乌龟河、遇龙河和金宝河，三段水系彼此联通，汇合流入漓江。水量充足，水面开阔，水体面积约3.72平方千米，占总面积的4%。场地内林地面积约为46.52平方千米，占总面积的55%，且林地质量较高，全部为公益林地；基本农田面积约13平方千米，占总面积的15%，现状耕地沿遇龙河两岸分布，主要集中在北部，易形成良好的田园风光景观。

②景观风貌独一无二。

场地内具有全球景观形态最优的喀斯特地貌，形态多样，包括溶洞、峡谷、峰丛、石林等，观赏价值极高，被《中国国家地理》于2005年评选为五大最美峰林之一。

遇龙河两岸前有水、近有峰、后有山，具有“近景、中景、远景”的景观层次，俨然一副优美的“山脉为屏、峰丛为底、河流为景”的山水画卷，与中国山水画有异曲同工之妙，可以说是中国山水的独特代表(图1)。

遇龙河两岸与最著名的漓江兴坪段一样具有 5∶2 的山水比例关系（图 2），此山水比例条件下，山体倒影完整，视觉效果极佳，遇龙河仿佛微缩的漓江。在人的尺度下，漓江适宜游览性远观；遇龙河两岸的景观则更符合人的尺度，更亲切，宛如小家碧玉，更适宜停留观赏。

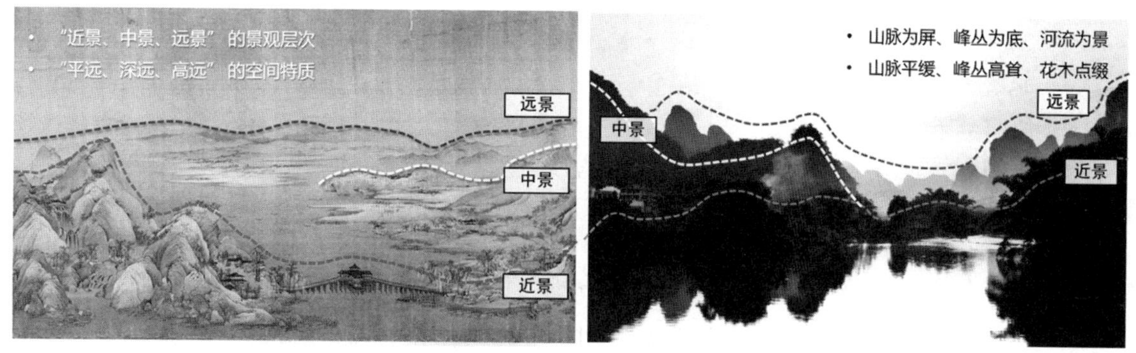

图 1　独特的山水景观

图 2　山水比例关系图

（2）文化特色资源。

①物质文化遗存历久弥新，底蕴深厚。

规划范围内包含国家级传统村落、国家级历史文化名村 3 处，为旧县古民居、遇龙堡村及龙潭古民居。旧县古民居现存 44 座传统古民居，多为南方传统的青砖灰瓦马头墙建筑，古民居之间彼此院院相通、户户相连，院中有院、门中有门。古建筑形式多样，时间跨度大、工艺精湛，体现了中国不同朝代的建筑艺术。遇龙堡村及龙潭古民居以明清古民居建筑群为主，文化底蕴深厚，古建筑群气势恢宏。

规划范围内共有文物保护单位 5 处，其中富里桥、遇龙桥和仙桂桥 3 处为区级文保单位，凤凰桥和归义古城遗址 2 处为县级文保单位。

②非物质文化遗存丰富多元。

遇龙河两岸地区的文化体现是桂北地区的文化缩影。本地区以山水文化、历史文化、建筑文化、耕读文化、饮食文化和民俗文化为价值核心。有国家级非物质文化遗产5项，为中元节(资源河灯节)、龙胜瑶族服饰、桂林渔鼓、广西文场和彩调；有自治区级非物质文化遗产10项，为瑶族羊角舞、瑶族香龙舞、零零落、黄昌典毛笔制作技艺、侗族草龙草狮制作技艺 、油茶制作工艺（恭城油茶)、瑶族吹笙挞鼓舞、贺郎歌、桂林三花酒传统酿造技艺及桂林豆腐乳制作工艺。饮食文化中，阳朔特色啤酒鱼、各式酿菜等更是阳朔饮食文化亮丽的名片。

(3) 旅游服务资源。

①景区景点类型较多。

遇龙河两岸旅游景区景点类型丰富，依托蜿蜒幽深的遇龙河、峰峦挺秀的喀斯特石林山峰、茂密繁盛的亚热带常绿森林，形成了地文景观、水域风光、生物景观、天象与气候景观、遗址与遗迹、建筑与设施、旅游商品、人文活动等8个主题的景区景点，现有旅游单体景点122个，著名旅游景点包括4处AAAA级旅游景区，分别为世外桃源、聚龙潭、天籁蝴蝶泉和图腾古道。

②接待设施类型多样，民宿特色突出。

遇龙河两岸地区有481家各类旅游住宿设施，其中主题度假型酒店10家、环保低碳型酒店259家、中档舒适型酒店123家、家庭型酒店95家。遇龙河两岸地区民宿主要集中在景区、河边、田间及乡土文化显著的地区。通过几十年的发展，陆续出现了秘密花园、墨兰山舍、可可花园、格格树等特色民宿，但是其他相当多的民宿还属于农家乐形式，缺乏品牌和持久性的发展。

2.3 存在问题

虽然阳朔的旅游经过了几十年的发展，遇龙河两岸的旅游发展也取得了显著的成绩，但是随着人民日益增长的美好生活的需要，对遇龙河两岸旅游发展提出了更高的要求。面对高标准和可持续的旅游发展，目前还存在着几方面的问题。

2.3.1 村庄建设缺乏管控与引导

规划范围内村庄风貌混杂，建筑高度缺乏协调。村民新建民房除传统桂北风格外，还有部分简约风格、美式乡村风格、简欧风格等，缺乏整体风貌控制，村庄与村庄间建筑风貌及色彩相似，缺少可识别性。同时，建筑高度控制不够，传统村落核心区域建筑高度一般在2～3层之间，其他区域的新建民房普遍在3～5层之间，新建建筑层数较高，与传统建筑反差很大。

2.3.2 旅游产品单一，没有形成产品体系

(1) 游览方式单一，景观资源利用不足。

目前遇龙河两岸对山水的游览方式仅由竹筏沿水路观赏，或采用步行、骑行的方式沿河流两岸道路进行游览性观赏，游览方式单一。滨水游览步道建设不完善，而且现状仅有部分路段有滨水景观道，整体线路不连续，并且部分段道路未硬化。同时，两岸滨水景观缺乏设计，缺乏水岸景观和驻足观赏点，沿河道路布置单一；人与水的亲密性不够，近水却不亲水，未能达到“慢下来、停下来、走进去”的游览体验。

两岸农田景观资源的利用缺失。现状农田撂荒情况严重，农田景观荒废，农业景观价值没有展现，仅在春季有部分农田种植油菜花，形成较好的景观效果，其余季节景观较差。

(2) 本土文化资源彰显不够。

规划范围内历史文化村落较多，而且有相当数量的传统民居，但是由于建设引导和管控不足，导致新建建筑的风格与传统建筑风格融合不够。同时，由于对非物质文化遗产的挖掘和利

用不够重视，导致本土文化特色的传承和发扬不充分。

（3）景点开发处于初级阶段，没有形成产品体系。

虽然遇龙河两岸目前建设开发了很多景区和景点，但开发还处于初级阶段，没有相应的后续产品，未形成旅游产业链。旅游产品没有形成适应多元需求、消费升级的旅游消费市场，综合消费、度假经济等产品供给不足，尚未引入“一站式”旅游度假区。

2.3.3　基础设施建设落后，环境品质不高

目前，规划范围内现状部分村庄用水仍为井水和山泉水。现状村庄缺乏明晰的排水体系，以明沟和自由散水为主，没有污水管道及污水处理设施，污水直接排放入河流，造成水体污染。现状村落和景区公共厕所较少，而且农户的生活垃圾由各户自行处理，垃圾随意倾倒的现象较为普遍。

规划场地内主要道路偏窄，人车混行严重。主要道路红线宽度 8 米左右，除小汽车外，还有旅游巴士、旅游观光车、自行车等多种交通工具通行，人车未分流，出行安全矛盾突出。同时，旅游区内还缺乏完善的停车设施，除景区大门处的停车场外，没有独立的公共停车场。

2.3.4　管理多头，缺乏统一管理平台

遇龙河两岸涉及多个管理单位，包括桂林漓江风景名胜区管理委员会、十里画廊遇龙河景区管理委员会、阳朔县遇龙河景区旅游发展有限公司、阳朔山水交通投资运营有限公司和三个镇政府等。多个管理主体管理范围不统一、管理职责重叠，造成运营效率不高、管理多头等问题（表 1）。

表 1　各部门管理对象及职能统计

管理主体	管理对象	管理职能
桂林漓江风景名胜区管理委员会	风景名胜区二级保护区	漓江风景名胜区执法、管理和保护
十里画廊遇龙河景区管理委员会	遇龙河景区	景区保护、管理、宣传
阳朔县遇龙河景区旅游发展有限公司	遇龙河竹筏漂流	经营竹筏漂游、竹筏休闲游服务
阳朔山水交通投资运营有限公司	旅游集散中心和景区内接驳线路	对阳朔县域范围内的国有资产的经营、管理和项目投资、风险投资、项目融资、投资管理、交通类基础建设
镇政府	乡镇村庄事务	负责全镇经济和社会宏观管理、指导

总体来看，遇龙河两岸地区具有优越的旅游基础、绝佳的景观环境、厚重的文化积淀与日趋完善的区位交通，有条件成为阳朔旅游度假的核心地区，是推动阳朔休闲旅游向度假经济提升的核心引擎。

3　目标与愿景

在重新审视资源优势与问题的基础上，面向阳朔全域旅游发展目标，明确遇龙河两岸地区的发展目标为诗意栖居的中国范例、世界级山水田园度假区，并进一步确定该地区发展的三大定位：一是喀斯特田园生态旅游区。凸显世界级喀斯特山水田园风光，保持生态资源丰富的乡村田园生活，以秀美的山水风光吸引国内外客源，以淳朴的乡村生活留住旅游者的脚步。二是国际休闲度假乐园。提高遇龙河旅游区的国际吸引力，建设具有国际水准的休闲娱乐空间，打

造宜居宜游的度假胜地。三是乡情文化体验魅力区。通过旅游体系建设，将乡土文化和旅游产品结合，形成可体验、可感知、可参与的体验空间，提升遇龙河两岸地区独具特色的文化魅力。

4 路径与策略

在全域空间资源要素管控的背景下，严格生态保护，强化“山水林田湖草生命共同体”的理念，通过以下几方面探索传统乡村旅游地区的可持续发展路径，实现人与自然的和谐共生。

4.1 严控生态本底，强化空间管控

分别将坡度、灾害等级、林地、河湖水系、耕地、矿产资源、建制镇、村庄、风景名胜区等刚性限制要素进行分级分析，并进行空间落位（表2）。

表2 刚性限制要素用地适宜性评价表

刚性限制要素	禁止建设区	限制建设区	场地基本情况
坡度	坡度大于25%的陡坡地	坡度为8%～25%的地区	基地坡度多为0～8%之间，遇龙河东岸距河道较近地区、金宝河两岸地区较为平坦，适宜建设。地块北部及遇龙河西岸和东岸距河道较远地区坡度大、变化急剧
灾害等级	重（地质灾害危险区）	中、轻（地质灾害易发区）	场地内基本无地质灾害发生，地质状况稳定，利于开发
林地	森林公园内的珍贵景物、重要景点和核心景区	森林公园其他地区、林地（包括防护林、用材林、经济林、薪炭林、特种用途林）	林地较为集中，以公益林为主，公益林区域内以保护为主
耕地	基本农田	一般农田	基本农田较多，且多集中在遇龙河两岸，禁止开发
土地类型	河流、江河、湖泊、运河、渠道、水库等水域	滨水保护地带（滨河带、库滨带）；矿产资源密集地区	建制镇等已建设区集中于场地南部。场地内拥有少许矿产资源集中地
风景名胜区	特级保护区、一级保护区	二级保护区、三级保护区	红线内区域基本位于漓江风景名胜区二级保护区内

除刚性要素的叠加外，由于场地的特殊性还需要进行弹性要素的叠加，包括喀斯特峰林资源保护区域的识别和农田景观资源的保护。遇龙河喀斯特地貌景观是世界上发育最完美、最典型的喀斯特地貌，是极为珍贵且不可再生的具有世界意义的自然遗产，因此需要对喀斯特峰林集中区提出相应的管控要求。如对农业景观资源集中地区有限制的进行开发，以保护农田景观为主，形成良好的田园风光。

根据刚性要素和弹性要素的叠加分析，划定禁止建设区、限制建设区、适宜建设区和已建成区。遇龙河沿岸约1千米范围内大片区域和1千米外至红线内零星区域生态敏感度较高，属于禁止建设区；场地南部的十里画廊段和场地北部有条件的进行适度开发，中段零星分布适宜建设区，相关建设应依照相关城乡规划进行，同时必须严格遵守风景名胜区规划的相关要求（表3）。

表3　用地适宜性评价及管控要求

类别	面积（平方千米）	比例（%）	管控要求
禁止建设区	26.67	31.52	范围依法确定，区内严格禁止与限制建设要素无关的建设行为。按照国家规定需要有关部门批准或者核准的、以划拨方式提供国有土地使用权的建设项目，确实无法避开禁止建设区的，必须经法定程序批准，必须服从国家相关法律法规的规定与要求
限制建设区	47.02	55.58	范围依法或由城乡规划确定，区内原则上禁止城镇建设，按照国家规定需要有关部门批准或者核准的建设项目在控制规模、强度下经审查和论证后方可进行
适宜建设区	5.59	6.61	城镇建设应依照城乡规划进行。建设项目必须严格遵守风景名胜区规划的相关要求
已建成区	5.32	6.29	现状建设用地

在用地适宜性评价的基础上，构建生态格局，形成两大生态片区、三大生态廊道和多个生态节点。构建生态格局是全域旅游空间发展的基础，是生态旅游的前提，是旅游可持续发展的必然路径（图3）。

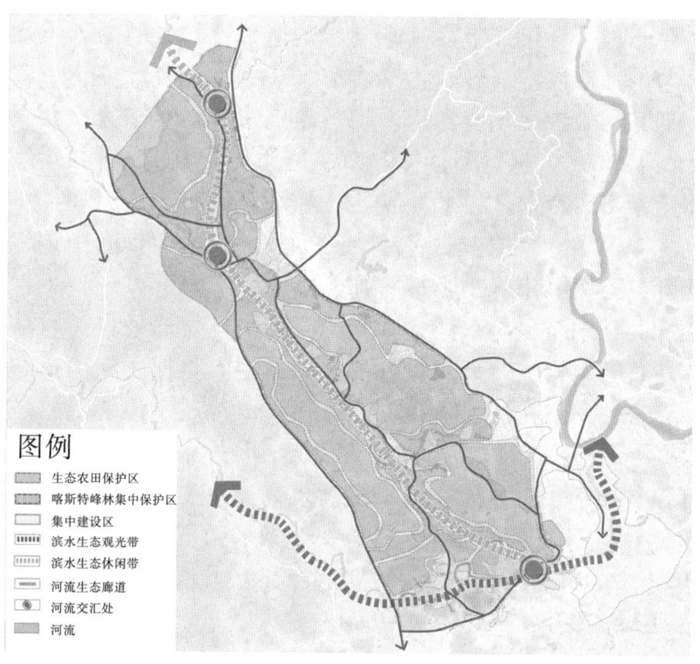

图3　生态结构示意图

两大生态片区是指生态农田保护区和喀斯特峰林集中保护区。生态农田保护区要求严禁占用基本农田，可结合现状村庄适度开发农业综合体。喀斯特峰林集中保护区要求禁止新设石料开采点，场地内部原有采石点应在论证研究后确认是否停止开采，并逐步进行生态恢复。封山育林，适度进行人工造林，保护喀斯特石山生态系统的稳定。同时，加强石山景点的安全管理，严格控制游客容量，防止过量游客对石山景观造成破坏，保证山缘线20～50米范围内无新建建筑。

三大生态廊道分别是滨水生态观光带、滨水生态休闲带与河流生态廊道。其中，滨水生态观光带与滨水生态休闲带要求严格限制改变或影响岸线自然属性的开发建设活动。同时，要求定期疏浚河道，确保行洪通畅。河流两侧15～20米范围内禁止永久性建筑建设，防止农业面源污染。以资源承载力为依据，严格控制漂流游客数量。河流生态廊道要求疏浚河道，确保行洪通畅，禁止截弯取直、河道硬化等破坏水生态环境的建设行为。

生态节点指河流交汇处，此区域是生态较为敏感的区域，应实施水量与水质监控，禁止任何破坏河流生态的建设行为。

在生态格局的基础上，严格土地利用控制与管理，在漓江风景名胜区二级保护区内禁止建设独立的游娱文体用地、休养保健用地、购物商贸用地和其他旅游设施建设用地。新增建设用地主要包括道路交通用地、管理设施用地及公共设施（驿站）用地。

4.2 完善产品功能，加快村庄转型发展

结合现状旅游产业发展情况，积极构建完整的度假产业链条和产品体系，打造“1＋4＋X”产业模式。其中“1”指一项基础为核心观光资源（如历史遗迹、遇龙河山水、乡村田园和传统村庄风貌）；“4”指4大产业类型（休闲度假、文化体验、主题观光和康体养生），将不同功能的休闲产业项目进行整合，形成度假产业集群，提供多样化产业服务，满足细分市场需求；“X”指在此基础之上的若干软性服务。4大产业类型均有大量项目补充，充实了度假产业链条和产品体系。

依托本土文化特色，加强全年节事活动策划，塑造独特的旅游品牌。通过策划全年节事活动，为游客增添全季节的活动体验。春季为踏青季，节事活动有壮族三月三、遇龙油菜花文化节、遇龙河踏青节、遇龙河旅游文化节和遇龙河写生摄影节。夏季为文化季，节事活动有阳朔牛王节、遇龙民宿设计评选赛、遇龙民俗体验节、遇龙河激流节、遇龙巡游夜和阳朔尝新节。秋季为丰收季，节事活动有白沙六月二十山节、遇龙美食文化节、金秋稻香节、遇龙河采摘节、遇龙河养生文化节、遇龙河国际攀岩节。冬季为运动季，节事活动有中国攀岩俱乐部联赛、遇龙渔火节、遇龙河国际自行车文化节和遇龙书画节。

加强乡村风貌引导，再现与深耕乡情景观魅力。本次规划通过保护村庄特有的自然资源及风貌要素，延续村庄特色建筑格局，形成良好的空间景观，将遇龙河两岸地区的村庄分为六大类，分别为临水边村庄、临道路村庄、临山村庄、临农田村庄、传统型村庄和临城镇村庄，进行功能提升和风貌整治。优化村、林、山的高度关系，历史文化村庄严格控制原有高度尺度，坚持林下遮蔽的高度控制原则。山体周边第一排建筑高度不得超过2层，新建建（构）筑物高度不超过3层，建筑层数为1～2层；新建或改建的建筑层数不得超过3层（含3层）。其他传统村庄严格控制新建建筑层数，坚持林间掩映的高度控制原则，控制新建建筑层数为3～3.5层，局部4层。

4.3 加强环境治理，实现高品质发展

规划通过加强道路交通梳理与组织和改善市政基础设施的方式提升乡村环境品质，为旅游发展提档升级打下坚实基础。

在道路交通组织方面，采取“内外分区、外快内慢，中心集散、多点控制，公交优先、慢行成网”的特色交通组织模式。将高速、国省道等对外交通疏解到规划场地的外围，内部是游览道路和慢行道路；在旅游区边缘建设集散中心，作为内外交通换乘接驳地区。在旅游区内部建设多个驿站系统，作为组织慢行空间的重要节点；在度假区内体现公交优先原则，控制小汽车出行比例。总体上不突破道路承载能力上限，突出慢行交通的特色。

在市政基础设施改善方面，对于排水系统，近期采用明沟与暗沟结合的雨污合流制，远期采取雨污分流制，建设污水管线，相邻村庄共用一处小型污水处理设施；对于环卫系统，重点清理房前屋后和村巷道杂草杂物、积存垃圾，清理沟渠、池塘、溪河淤泥、漂浮物和障碍物，设垃圾集中收集点，增加公共厕所及无障碍设施；针对防洪排涝，加快建设乡村防洪工程，在防洪工程设计范围内不得修建与防洪无关的永久建筑物，同时加大力度清除沿河两岸的阻水建筑物。

4.4　注重现代化运营，实现高水平管理

规划建议通过现代化的数据信息系统，建设投资运营平台和信息管理平台，提高现代化运营管理水平。

强化政企合作，充分发挥政府控制力优势和企业的执行力优势，搭建遇龙河旅游发展投资运营平台。通过投资运营平台实现两方面的效果，一是控制核心资源，包括土地资源和特许经营权资源；二是组建多个二级开发主体，由投资运营平台统一管理。土地资源可以租赁村庄集体用地或者采用集体土地入股的方式进入投资平台统一管理，获得土地使用权后，投资平台可进行统一的旅游项目建设。特许经营权包括特色交通经营、旅游区商标知识产权、特色旅游商品经营和一体化平台结算权利。投资运营平台的建设旨在集中优势资源，避免多头管理，将资源优势最大化，提高资源利用效率。

信息管理平台包含三方面的内容：一是现状空间资源管理，将生态资源进行数据化处理后，可通过信息平台有效观察资源的利用情况；二是规划项目管理，将审批后的规划设计项目录入平台，监控后续操作，将规划切实可行的进行落地；三是旅游区运营空间数据管理平台，其集合了建筑建设、道路交通、公共服务和基础设施数据，是资源调配的主要平台，集中解决管理服务不到位、管理政策落实不力的问题。同时，推进平台化结算，实现消费、销售、信息汇集，缩短买票流程，降低运营压力，便于动态管理。

5　结语

党的十九大报告指出，经过长期努力，中国特色社会主义进入了新时代，这是我国发展新的历史方位。我国社会主要矛盾已经转化为人民日益增长的美好生活需要和不平衡不充分的发展之间的矛盾。生态文明建设理念是发展的核心理念，乡村振兴是城乡共同发展的重要战略举措。

在新时期，中国旅游已进入度假经济的时代，旅游人群向年轻化、个性化方向发展，并呈现出新的出游方式，如家庭游、自由行、房车游、营地游、自驾游等。其中，乡村旅游备受青睐，回归自然、体验生活是现代人追求的一种自然的休闲方式。对于传统乡村旅游地区的可持续发展，一是应加强生态基底保护，明确“绿水青山就是金山银山”理念；二是要保护好本土文化，强化物质文化遗存的保护，同时要做好非物质文化遗产的传承和发扬，形成自身的特色名片；三是加强村庄环境、风貌整治，为高品质的旅游发展提供基本保障；四是运用现代化的信息手段，实现高水平的运营与治理。

[作者简介]

王磊，硕士，高级规划师，注册城乡规划师，中国城市建设研究院有限公司市政工程设计研究院总规划师。

倪剑，硕士，高级规划师，任职于中规院（北京）规划设计有限公司。

川东村落地域性创作之源

——以玉丰村花果山规划为例

□尹伟

摘要：本文结合笔者在川东玉丰村花果山规划设计创作中的体会，阐明传统是重新审视创作的基础，提出从村落空间、村落民居、村落环境精神文化作为地域性创作的策略和方法。

关键词：村落；地域性；规划；玉丰村

不同的生活、生产与文化在不同的气候与地理高度上缤纷绽放。在时代快速发展的今天，最繁华的都市与最封闭的村落呈现出共时性，地域性的形成不仅受到在地性特征的影响，而且与新环境不断地相互作用。同时，地域文化无时无刻不受到现代强势文化的影响与冲击，一些地区的村落文化在动摇、调整、平衡中被重新定义。

如何将地域性融入不断变化的现实之中，适应新的需求和变化，已经成为地域性创作无法回避的问题。地域性具有在地性，作为联系历史和现在的媒介，并不是要逐渐消退或墨守成规，而是要重新赋予新的规划和设计观点，让原有的传统成为地域性的创作源泉。在玉丰村花果山规划设计中，我们秉承这样的理念寻根问源。

1　背景与思考

玉丰村位于四川遂宁市射洪县，同中国的许多普通乡村一样，这里没有健全的公共设施，也没有丰富的经济资源。区域内仍然大量保留着传统的生活习俗，有着独特的浅丘地形与气候特点，生活和生产的特点也一直延续至今。这里的人们世代延续着人与自然的和谐共生理念，这也是他们千年来赖以生存的生活方式。

当今的中国是世界上最大的“建筑工地”，一切的好与不好，建筑师和规划师都参与其中，每个设计师身不由己地被推着走。中国的设计师一直处于分裂的状态：一方面生产出大量解决民生问题的普适性建筑，另一方面却执着地保持对少数特殊地域性创造与理论探讨的坚守。这种少数特殊性的坚守，放弃了对普遍性的思考，过于关注特殊在整体中的位置，有聚焦视觉的意义。同时，城镇化的飞速发展与乡村文化的日渐衰微形成了较大的差距，这种共时性的快速建设把地域性的连续性切割了，缺少对结构性的研究，忽略了针对现实普适性的设计策略。

面对乡村的规划和设计，是用现代形态去取代乡村的原始状态，或是全力推行城镇化的指标，又或是刻意留下设计师的个人意志，是每一个设计师必须面对的抉择。乡村与新的城镇具有共时性，它是无数可能性的交叉网络中的一点，并因为各种变化和发展带来动态的演变。在乡村规划中，我们应该用适宜的设计方法和理念，以尊重乡村传统的延续为基础，结合在地性重塑乡村人文生活，去寻找川东村落地域性创作的关键要素和方法。

2　村落地域性创作启示

规划、建筑和景观设计的本质是处理各种关系：人和人的关系、人和自然的关系、城市和社会的关系、乡村与传统的关系、材料与节能的关系、物质和人文的关系……每一个地域都有各种主要的矛盾要解决。在社会发展的推动下，人们的生活方式发生大量改变，尽管产生了大量的新的城市和乡村元素，但现代人依然要保持千百年以来的一些传统，如庭院夜谈、田园生活、休闲散步等。这些活动和生活方式如同保留的村落和建筑一样古老，也正是这种生活方式的保留和漫长演变，才使得地域性创作具有了生长性和延续性。

2.1　村落空间的启示

所谓聚落，即人们因为族姓或地域限制而聚居的地方，小到家庭，大到村庄。人们在聚落中自然发生社交活动，这种社交活动因为生活、生产、习俗等往往聚集在某个地域内发生，所以产生越来越紧密的联系，形成稳定的人文关系。

射洪玉丰村地处四川盆地中部丘陵区，岷江、沱江、嘉陵江三江环绕，依山傍水，形成“浅丘共三江”的山水格局，有着独特的居住方式。调研中发现，浅丘的村落大都分散而居，布局自由，既没有形成平原村落那样的规模，又没有山地村落的聚集度，因此规划通过提炼其空间特征性，延续传统的生活方式，寻找新的规划方法和源泉。

2.1.1　田园散居

散居是当地自古以来稳定的一种居住习惯。玉丰村及其相邻村落广泛分布于浅丘地貌之中，依山分散布局，因地制宜，规模不一，形成依山就势的聚落群。聚落的规划没有千篇一律的规矩和教条思想，而是根据每处地形地貌的变化，形成错落有致的空间形态。因此玉丰村花果山规划在总体构思中提出了“有机布局，融入自然”的发展模式，保留浅丘底部平坦区的原有田地、山腰的树林，浅丘顶部沿等高线依次展开规划布局，形成与周边典型村落形态特征相似的布局。新聚落强调与自然环境呼应，山、田、院有机融为一体，形成自由生长的布局特点，营造出居、产、游的现代田园人居环境。

2.1.2　挤出的立体街道

传统村落布局首先将最好的农田、林地留出来，剩余用地先满足供人生活使用的建筑空间，最后留出必要的街道空间。昆明理工大学的教授翟辉提出“挤出街道”设计概念，将束河和玉丰村两地的聚落空间对比，发现玉丰村聚落多位于浅丘之上，呈现出向平面和竖向同时扩展的空间。这种立体模式广泛分布于周边，形成具有代表性的浅丘地形聚落特点。

我们在玉丰村浅丘地形中，寻找到众多规模不等的小聚落，并通过已有的聚落方式来组织新的建筑群体，使其与周围环境相得益彰。

玉丰村花果山规划将这一方法提炼出来，采用当地最简单的建筑原型，突出整体的统一性，形成有特色的群体空间，并根据地形和功能调整每个建筑的体量，因此整体风貌得到了较好的控制，同时呈现出不同的外部空间变化。山地适宜建设面积有限，但居住功能面积增加，因此必然向竖向发展而形成立体空间，可在二层设计空中街道，与一层街道错落联系，形成立体街道。

2.2 村落民居的借鉴

诚如费孝通先生所言，乡村建筑的传统性是因为不流动而发生的。即使远离现代社会，只要当下需要传承生活或生产方式，旧的传统也一定会被重新定义，并以新的方式获得重生。那么，哪些是我们应该借鉴的，在新传统中我们可以延续、复兴并得到民族和社会广泛认同的东西呢？

玉丰村是川中丘陵地区一个非常普通的村庄，但同时也代表了本区域中大量的村落特征。玉丰村传统民居中都以山地合院、坡屋顶、深挑檐、土坯墙为主要特征。建筑的主要功能是服务于人，所以在对建筑的设计上，我们秉承“以人为本”的精神，提取了普通民居的3个基本元素——山地合院、坡屋顶和深檐廊，将这3个元素从形式上进行重组与创新。

2.2.1 挖掘民居平面特色

村落定居时期具体的民居建筑样式已无从考证，从现有保留的民居来看，民居建筑基本平面布局为“一正”或“一正两侧”：平面围绕合院布局，正厅位于中间，空间较大，作为堂屋，两侧布局卧室或厨房，单出一间独立平房圈养牲畜。从调研中可以发现这样的平面和功能具有统一性和连续性。设计以合院为基础进行立体化的重构，使得上下两层都可以延续原有的合院空间，同时因为建筑依山就势呈现立体化的新特点，增加了建筑的公共性与艺术性。

2.2.2 顺应气候条件的坡屋顶与深挑檐

气候条件是影响村落民居空间形态和营建的另一重要因素，川东盆地雨量充沛、气候潮湿，因此建筑采用坡屋顶形式，延院落凹进形成“灰空间”，挑檐长度为1.5～2米，形成特有的深挑檐，对多雨、炎热的气候具有较好的适应性。

玉丰村平均气温高、湿度大，尤其是夏季较湿热。为应对这一情况，将坡屋顶和深挑檐重新组合，坡屋顶在形态上适应丘陵起伏的山势，深挑檐消除雨季和夏季气候对居民生活的影响。将流动的空间和深挑檐重新组合，在室内外形成东西贯通的、通风良好的穿堂空间，南向普遍设置挑檐，遮挡阳光直射，并形成适宜活动的灰空间，有利于通风降温。

2.3 村落环境精神文化的构建

传统聚落环境空间形态由自然生态、人工物质形态和精神文化形态组成，其中精神文化形态构建的精神支柱是中国传统哲学思想树立的理想信念。村落规划在创造融于自然、宜于生活的物质空间的同时，也极为重视环境精神的构建，力图传承乡土的人文精神文化。

2.3.1 以自然山水传达生态文明

村落所形成的是适应自然的农耕文化，大地山河是他们赖以生存的物质空间，千百年的融合创造了“天人合一”的理想生境。在村落规划中，将“适应自然”视为环境精神文化构建，以自然之美孕育新的规划理念，构建现代山水的生态文明观。规划设计中在利用环境的同时注重对环境的保护，这主要体现在对浅丘地貌的保护。规划采取顺应等高线分高度的方式合理利用高差关系，将建筑群有机分布于浅丘之中，同时有意识地保护山体的整体性，体现人与自然和谐共处的理想境界，实现山中有村落、村落中有景的和谐共生关系。

2.3.2 延续富有血缘亲情的家园精神，注重村民参与

玉丰村民居体现了中国内向哲理的院落式民居，讲究尊卑有定、长幼有序的家庭观。院落成为家庭的私密空间，是一个几代人和睦相处、共同欢乐的空间。而在村落间的树下、水井旁、石板边等公共空间构建交往的场所，人们可在这里讨论家事、村事、国事，形成强烈的家园认

同感。

花果山由高低两个浅丘组成，小浅丘靠近村庄入口，布置村民活动中心，包括乡村农业知识图书室、活动中心。高浅丘视线较好，相对独立和安静，规划了村民活动中心、人民食堂、民宿、家禽养殖、林业种植等产业，为村民提供一个交流、生产的空间，并让乡村的生活方式现代化。

传统不是过时的包袱，而是我们重新审视创作的基础，地域性的创作不能就空间论空间，而应该在空间、人文上都有所考虑，规划布局思想、建筑空间和文化精神内涵都是地域性创作的重要因素，让设计本身带上乡村的生活方式，让现代与传统宽容对话，并踏踏实实规划好乡村每一件日常的小事，让它们在时间的流逝中，慢慢凝固成新的文化。

［本研究得到中央高校基本科研业务费专项资金项目青年教师基金项目（2016NZYQN06）资助。］

［参考文献］

［1］吴良镛. 人居环境科学导论［M］. 北京：中国建筑工业出版社，2001.

［2］赵兵. 守望乡情：中国传统村落可持续发展之路［M］. 南宁：广西科学技术出版社，2018.

［3］业祖润. 现代住区环境设计与传统聚落文化［J］. 建筑学报，2001（4）：44-47.

［作者简介］

尹伟，西南民族大学建筑学院副教授。

第六编

城乡产业规划与发展

基于城市关联网络和产业价值区段的平湖市产业发展研究

□杜凤姣

摘要：浙江省平湖市位于长三角上海、杭州两大都市圈的交界处，在长三角区域一体化发展上升为国家战略、上海联同周边城市建设上海大都市圈、浙江加快建设大湾区大花园大通道等背景下，平湖所处的区域发展环境发生了深刻变化。平湖市应结合自身优势，主动把握区域一体化发展趋势所带来的新机遇，依托产业创新发展提高在区域中的竞争力。本文采用城市关联网络和产业价值区段两种研究方法，评估平湖在上海和杭州两大都市圈中的产业发展地位、优势和问题；从临沪城市竞争合作和融入上海动力两个视角，研究平湖在区域产业中的发展潜力；针对化工创新、先进制造业、商贸物流等平湖特色产业提出未来发展建议。

关键词：区域协同；城市关联网络；产业价值区段；平湖市

1　研究背景

浙江省平湖市位于浙江省东北部杭嘉湖平原腹地，长三角上海、杭州两大都市圈的交界处，直接与上海市金山区接壤。在长三角区域一体化发展上升为国家战略、上海联同周边城市建设上海大都市圈、浙江加快建设大湾区大花园大通道等背景下，平湖市所处的区域发展环境发生了深刻变化。总的来看，这种变化突出体现在三个方面：一是城际基础设施建设水平将大幅提升，同城化互联互通的便利性进一步优化；二是科技创新功能对区域经济格局的重塑作用日益凸显，G60科创走廊承担起区域高质量发展的引擎角色；三是核心城市上海的核心功能能级提升越来越离不开周边城市的支撑，都市圈功能网络组织的重要性进一步凸显。平湖市应结合自身优势，主动把握区域一体化发展趋势所带来的新机遇。因此，在区域协同背景下，研究平湖市产业发展在区域中的地位、发展问题和发展潜力，可为研究大都市圈周边城市发展路径提供参考。

2　研究方法

2.1　城市关联网络分析方法

国际研究表明，城市关联网络是城市体系研究的重要方法，而企业关联网络则是城市关联网络的有效表征。城市关联网络的本质是城市之间的经济联系，而企业是城市关联网络的“作用者”，众多企业的区位策略界定了城市之间的关联网络。本文采用企业关联网络的总部—分支法，识别和解析平湖在区域关联网络中的地位与发展问题。

城市关联网络研究涵盖上海和杭州两大都市圈共 9 个城市，包括上海市、嘉兴市、杭州市、绍兴市、宁波市、舟山市、苏州市、无锡市、南通市，共计 49 个县或县级市，其中市辖区统一合并为一个研究单元。企业数据来源于第三次经济普查。

城市之间的关联网络，包括三种关联方式。其中，城市的外向关联是指企业总部所在城市与企业分支机构所在城市的关联，表征城市的外向辐射能力；城市的内向关联指企业分支机构所在城市与企业总部所在城市的关联，表征城市的内向集聚能力；城市的总关联则是外向关联和内向关联之和。因此，每个城市都包含 2 个层面的 3 个数据，分别是一个城市与另一个城市的外向关联值、内向关联值和总关联值；一个城市与区域内所有城市的合计外向关联值、合计内向关联值和合计总关联值。

2.2　产业价值区段分析方法

本文采用区位商的分析方法，在上海大都市圈和杭州湾大湾区 2 个层面对平湖市产业价值区段进行分析，并与金山区和昆山市进行对比。产业分类方法参考唐子来（2018）的研究（表 1），将制造业细分为劳动密集型、资本密集型和技术密集型。区位商是依据各个城市的各个产业部类产值在城市生产总值中占比和区域范围所有城市各个产业部类产值在区域生产总值中占比的比值，从中可以考察各个城市的价值区段特征。如果平湖市某个产业部类的区位商大于 1，表明该产业部类在平湖市生产总值中的占比大于该产业部类在区域生产总值中的占比；如果某个产业部类的区位商接近 1，表明该产业部类在平湖市生产总值中的占比和该产业部类在区域生产总值中的占比基本持平；如果某个产业部类的区位商小于 1，表明该产业部类在平湖市生产总值中的占比小于该产业部类在区域生产总值中的占比。

地区生产总值和细分行业产值来自上海、嘉兴、宁波、舟山、苏州、无锡、南通、杭州、绍兴 9 个城市，以及平湖市、上海市金山区和昆山市 2012 年和 2017 年的统计年鉴（2011 年和 2016 年数据）。

表 1　基于价值区段的第二产业分类

<table>
<tr><th colspan="2">产业分类</th><th>国民经济行业分类</th></tr>
<tr><td rowspan="3">制造业</td><td>劳动密集型制造业</td><td>农副食品加工业，食品制造业，纺织业，纺织服装、鞋、帽制造业，皮革、毛皮、羽毛（绒）及其制品业，木材加工及木、竹、藤、棕、草制品业，家具制造业，造纸及纸制品业，印刷业和记录媒介的复制业，文教体育用品制造业，橡胶制品业，塑料制品业，非金属矿物制品业，金属制品业</td></tr>
<tr><td>资本密集型制造业</td><td>烟草制品业，石油加工、炼焦及核燃料加工业，化学原料及化学制品制造业，化学纤维制造业，黑色金属冶炼及压延加工业，有色金属冶炼及压延加工业，通用设备制造业，专用设备制造业，交通运输设备制造业</td></tr>
<tr><td>技术密集型制造业</td><td>医药制造业，通信设备、计算机及其他电子设备制造业，仪器仪表及文化、办公用机械制造业</td></tr>
<tr><td>其他工业</td><td colspan="2">石油和天然气开采业，电力、热力的生产和供应业，燃气生产和供应业，水的生产和供应业，非金属矿物采选业，有色金属矿采选业，煤炭采选业，黑色金属矿采选业，其他采矿业</td></tr>
<tr><td>建筑业</td><td colspan="2">建筑业</td></tr>
</table>

3　城市关联网络视角下平湖的地位和发展问题

3.1　平湖在关联网络中的总体地位较低

企业总关联度既体现了基于地理邻近的区位特征，又呈现出基于经济实力的层级特征，城市之间的总关联度取决于地理邻近和经济实力之间的均衡。研究区域的总关联度可以分为 5 个层级。上海市中心城区是首位中心，杭州市市辖区、苏州市市辖区、宁波市市辖区是次级中心。平湖市在网络中的合计总关联度排名第 34 位，地位不高。在邻沪 6 个县（市）中，平湖市的总关联度排在第 3 位，其中外向关联度排在第 2 位，内向关联度排在第 3 位。

3.2　产业联系以与嘉兴和杭州的联系为主，上海次之

从平湖市的企业联系情况看（图 1），平湖市与嘉兴市市辖区联系最强，其次是杭州市市辖区，与上海市中心城区的联系排在第 3 位。从邻沪 6 个县（市）的前四位关联城市看（表 2），第 1 位关联都是所在城市市辖区。平湖市和嘉善县的第 2 关联是杭州市市辖区，说明浙江省会城市对地方城市的影响力较高；由于南京不在研究范围内，昆山市、海门市和启东市的第 2 关联城市是上海市中心城区，表明上海市作为长三角地区的首位核心城市和江苏省主要城市紧密关联；太仓市的第 2 关联城市是昆山市，昆山市对太仓市的经济影响力显著。对比平湖市出行空间分布数据，平湖市人口对外出行中，在上海方向主要集中在金山区、浦东新区等；在嘉兴方向主要集中在南湖区、嘉善县、海盐县等，且至金山区的出行占比最高，高于上海市中心城区和嘉兴市其他区县。整体来看，平湖市与上海市的联系较为紧密。

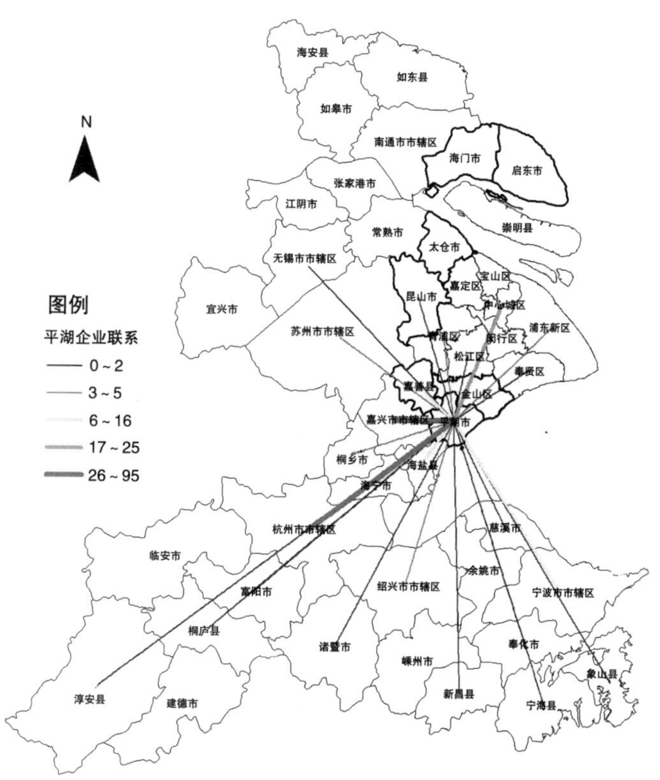

图 1　平湖市企业关联示意图

表 2 邻沪县（市）的前四位关联

	第 1 关联	第 2 关联	第 3 关联	第 4 关联
平湖市	嘉兴市市辖区	杭州市市辖区	上海市中心城区	海盐县
嘉善市	嘉兴市市辖区	杭州市市辖区	上海市中心城区	宁波市市辖区
昆山市	苏州市市辖区	上海市中心城区	太仓市	张家港市
太仓市	苏州市市辖区	昆山市	上海市中心城区、常熟市	
海门市	南通市市辖区	上海市中心城区	苏州市市辖区、常熟市	
启东市	南通市市辖区	上海市中心城区	苏州市市辖区	常熟市

3.3 平湖具有一定的企业总部吸引力

总的来看，与上海市产业联系比较紧密的地区除周边城市市辖区外，还包括慈溪市、江阴市、常熟市等市（图 2）。邻沪 6 个县（市）中，平湖市与上海市的总关联度排在第 4 位，处于中等水平。其中，外向关联度排在第 2 位，内向关联度排在第 4 位。因此相对来看，总部在平湖市，分支机构在上海市的企业数量虽然不如总部在上海市、分支机构在平湖市的企业，但前者在区域中的排名仅次于昆山市。

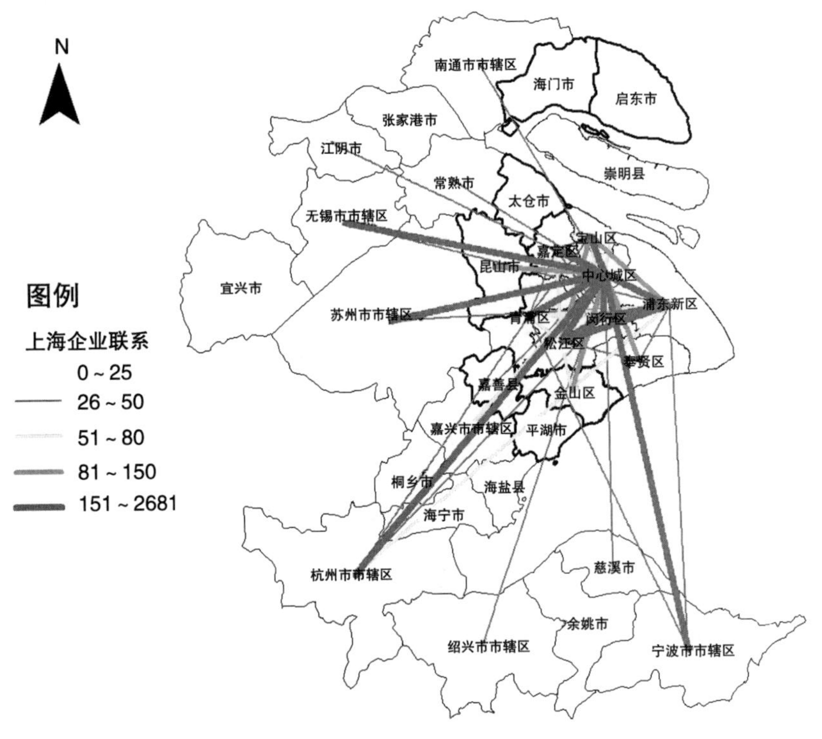

图 2 上海市产业关联示意图

4　产业价值区段视角下平湖的产业发展特征

4.1　第二产业是平湖市首位主导产业，资金密集型制造业增长快

2011年和2016年平湖市各产业中（表3），第二产业一直是首位主导产业，第三产业是次级主导产业，但基础总体较薄弱，产业结构转型滞后于区域总体水平。根据钱纳里工业化阶段理论，平湖市处于工业化后期阶段。第二产业中，劳动密集型制造业和技术密集型制造业占比都有所下降，资金密集型制造业占比提高，且增长较快。

表3　2011年和2016年平湖市各产业部类产值占比和增长率

	第一产业	第二产业						第三产业	合计
		劳动密集型制造业	资金密集型制造业	技术密集型制造业	其他工业	建筑业	小计		
2011年占比（%）	4.54	24.47	26.85	1.49	6.73	3.75	63.29	32.17	100
2016年占比（%）	2.87	19.78	29.97	1.20	4.34	2.53	57.82	39.31	100
2011—2016年增长率（%）	−14.99	8.63	49.76	8.44	−13.23	−9.41	22.77	64.17	34.38

4.2　劳动密集型产业具有明显优势，技术密集型产业匮乏

平湖市在上海大都市圈和杭州湾大湾区的产业价值区段都略有上升，但仍处于较低水平，具有相对优势的仍是传统的劳动密集型产业。2011年和2016年，三大产业区位商基本保持稳定（表4），第一产业和第二产业区位商始终大于1，第三产业始终小于1。

第二产业中，劳动密集型制造业区位商下降（图3），但始终是区位商最高的产业部类，纺织服装、服饰业，皮革、毛皮、羽毛及其制品和制鞋业，造纸和纸制品业三大产业占据主导地位；资金密集型制造业区位商略有上升（图4），且始终大于1，在杭州湾大湾区更有优势，化学原料和化学制品制造业优势突出；代表转型趋势和创新发展的技术密集型产业却处于弱势地位（图5）。

表4　2011年和2016年平湖市各产业部类在上海大都市圈和杭州湾大湾区的区位商

区位商		第一产业	第二产业						第三产业
			劳动密集型制造业	资金密集型制造业	技术密集型制造业	其他工业	建筑业	小计	
上海大都市圈	2011年	1.93	2.51	1.11	0.16	3.18	0.81	1.27	0.67
	2016年	1.50	2.40	1.49	0.17	2.95	0.60	1.41	0.69
杭州湾大湾区	2011年	1.76	2.34	1.17	0.26	2.23	0.78	1.35	0.64
	2016年	1.40	2.28	1.63	0.27	2.01	0.63	1.53	0.65

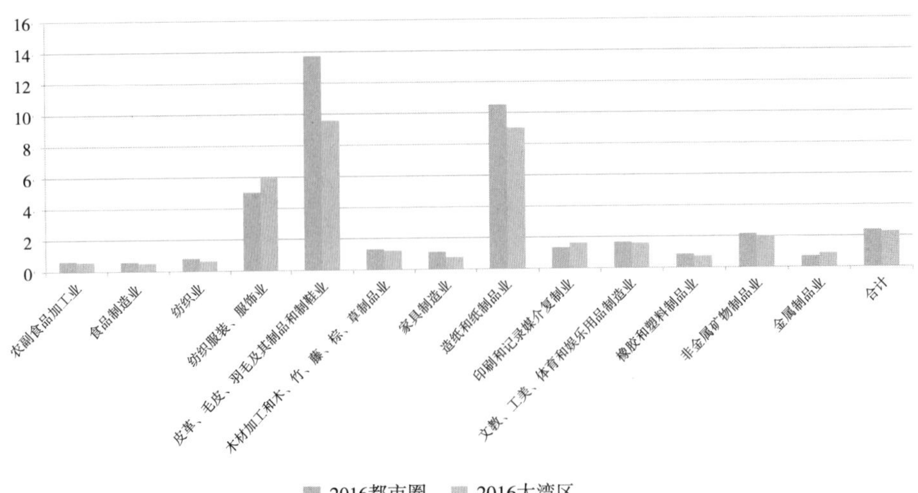

图 3　2016 年平湖市劳动密集型制造业细分行业区位商

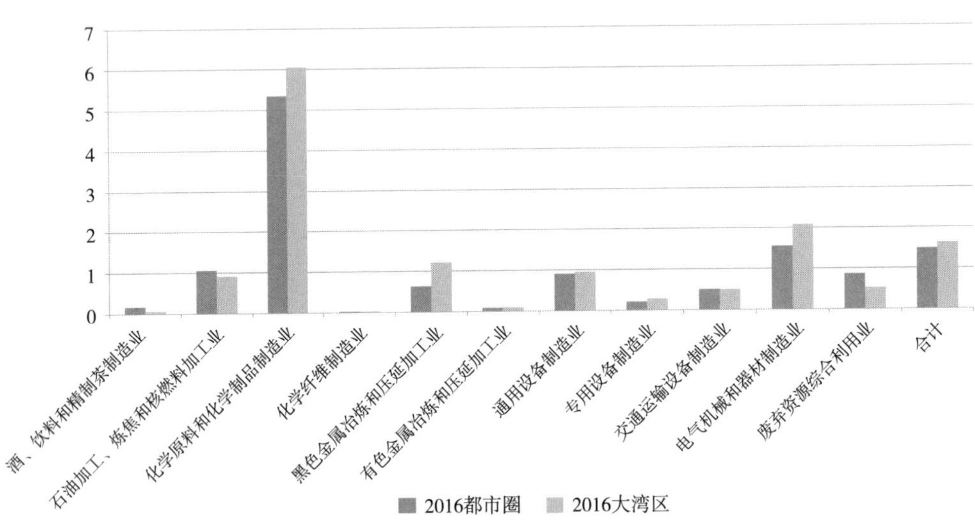

图 4　2016 年平湖市资金密集型制造业细分行业区位商

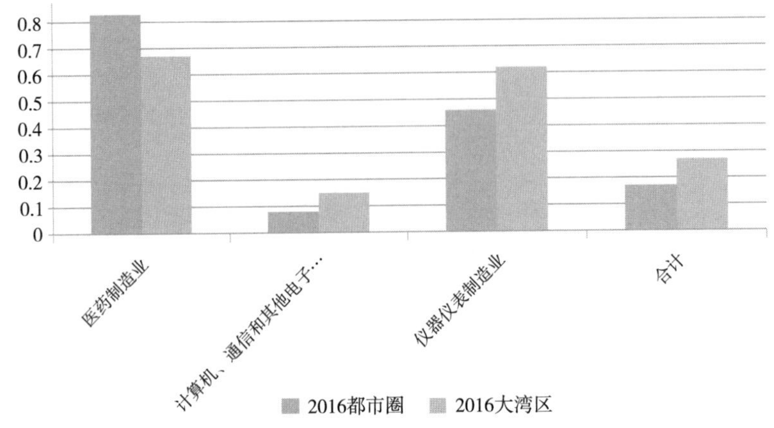

图 5　2016 年平湖市技术密集型制造业细分行业区位商

4.3　技术密集型制造业相比昆山市短板明显，石化产业与上海市金山区呈现错位发展

从平湖市和昆山市、上海市金山区 3 个市（区）在上海大都市圈的产业价值区段对比来看（图 6），昆山市的位置明显高于上海市金山区和平湖市。但三者仍处在第二产业主导的工业化后期，第三产业区位商都小于 1。平湖市的区域特色产业包括农业、服装、皮革、造纸、化工等；上海市金山区的则是石油化工、食品、橡胶塑料、有色金属加工、医药等；而昆山市的则是电子设备制造、仪器仪表制造和其他设备制造等。

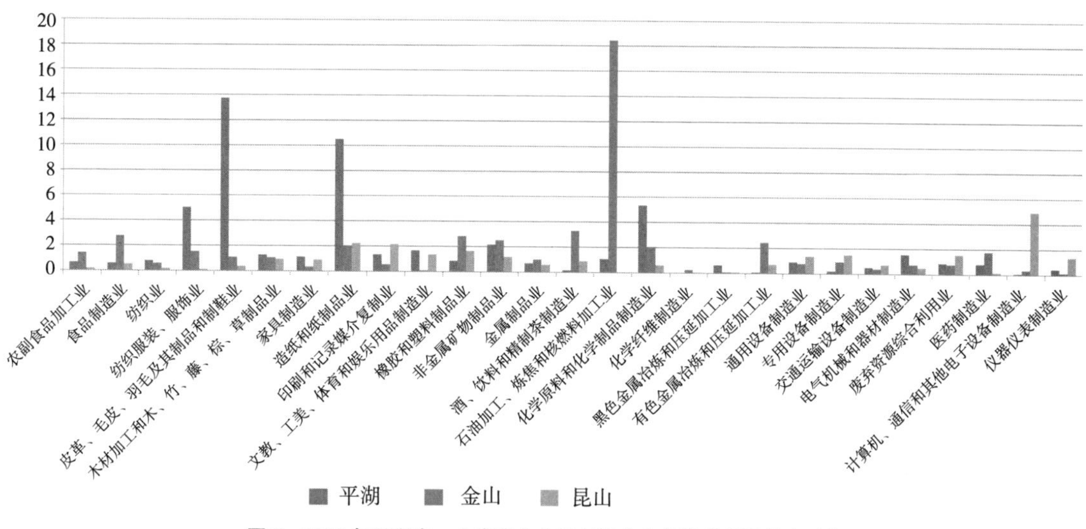

图 6　2016 年平湖市、上海市金山区与昆山市细分行业区位商对比

5　临沪竞合和融沪动力视角下平湖市在区域产业中的发展潜力

5.1　近沪城市差异化的功能定位

2018 年，平湖市在全国综合实力百强县（市）中排名第 47 位（表 5），落后于昆山市、太仓市、海门市、启东市，在嘉善县之前。从与邻沪县（市）现状主要产业类别比较来看，在装备制造、化工新材料和电子信息产业等方面存在一定的同质竞争。未来在主导产业选择上，平湖市要进行差异化的功能定位，与邻沪县（市）形成错位竞争与合作（表 6）。从产业发展时序及空间梯度扩散规律来看，上海市未来外溢的产业、功能相对高端，这是平湖市接轨上海市的重要后发优势。根据平湖市接轨上海市发展阶段的判断，目前正处于起步期，可承接上海全球城市的科创、贸易、航运、金融等高端功能转移，依托生态人文环境优势、空间承载优势和低成本优势，推进质量、动力和效率三大变革，着重发展以“新技术、新产业、新业态、新模式”为代表的“四新”经济。

表 5 平湖市与其他邻沪县（市）主要产业对比

	2018 年综合实力百强县（市）排名	距上海市中心直线距离（千米）	现状主要产业类别
昆山市	1	50	通信设备、电子信息、高端装备制造、新材料、机器人与智能制造
太仓市	7	41	精密仪器、电子信息、汽车配件、化工
平湖市	47	75	先进装备制造、化工新材料、电子信息、节能环保、服装箱包
嘉善县	50	68	装备制造、电子信息、木业家具、服装纺织
海门市	20	79	装备制造、轻纺、建筑装饰、生物医药
启东市	31	66	海洋装备、船舶工业、渔业、生物医药、化工

表 6 近沪地区接轨上海产业、功能对比表

城市	对接策略	接轨上海阶段	产业与功能对接
平湖市	接轨上海，与沪同城	起步期：前期准备和产业承接阶段	(1) 张江长三角科技城（平湖产业园）（新型生物、电子信息、新材料、高端制造、智能制造）； (2) 深化与虹桥商务区、上海自贸区等对接联系，2017 年从上海引进高层次人才项目 10 个以上
昆山市	沪昆同城	成熟期：已实现与沪同城，互动发展	(1) 高校与科研院所的产学研合作； (2) 形成总部经济集群； (3) 高端制造业扩产； (4) 上海迪士尼乐园相关配套
太仓市	融入上海	成长期：深度对接阶段，开始向同城化发展	主动对接上海自贸区、全球科创中心、虹桥商务区、张江高科技园区、迪士尼乐园等重点功能区，承接上海制造业、生产性服务业
嘉善县	深度接轨上海	成长期：深度对接阶段，开始向同城化发展	(1) 建设临沪产业合作园区，推动上海高端科技创新成果转化； (2) 毗邻地区一体化发展示范区建设，推进枫南集镇联动开发； (3) 加强上海自贸区嘉善项目协作区、上海人才创业园建设； (4) 农产品供应
启东市	跨江融合、接轨上海	萌芽期：交通与产业对接合作阶段	(1) 大力发展生物医药产业，深化与上海张江、紫竹、北大生科院合作，推进建设专业化的生物医药园区； (2) 强化八大园区（海洋产业、船舶产业、医药化工、旅游度假、农产品供应等）与上海区镇、重点企业的合作共建
海门市	跨江融合、接轨上海	萌芽期：交通与产业对接合作阶段	(1) 大力发展“区中园”“园中园”接轨载体平台，推动海门产业园区与上海产业平台合作共建； (2) 与上海高校、各类科研院所、研发机构开展广泛合作，培育一批高水平的创新型园区、高成长性的创新型企业、高附加值的创新型产业集群

5.2 上海全球城市核心功能的外溢

基于对伦敦、纽约、东京等国外大都市圈各项功能网络（金融网络、文化网络、高端制造网络、轻工制造网络、重工制造网络、贸易网络、物流网络等）的研究，总结大都市圈在不同空间尺度所承载的不同功能（表7），从而为判断平湖市在上海大都市圈内应承接或重点培育发展的功能提供依据。

表7　全球主要大都市圈功能集聚区分布经验总结

范围	定位	主要集聚功能
0～5千米	全球城市核心功能的集聚区（中央活动区）	金融前台、文化行业总部、媒体总部、与总部结合的创新研发、国际贸易企业总部和高端消费娱乐、旅游服务
15～30千米	边缘城市的重要功能节点	金融中后台、主题性文化创意和文化创新、教育科研、科研机构集聚区、轻工制造、都市型工业、大型综合物流枢纽、会展、居住与居住服务、休闲娱乐
30～60千米	新兴功能培育区域	金融中后台，文化设计、制作、策划、出版等环节，生产结合型研发，高端制造，高科技产业，大型综合物流枢纽，居住与居住服务，休闲娱乐，旅游度假
60～120千米	综合性城市培育区域	为制造服务的分研发中心和服务中心、重工制造、特色轻工制造、大型综合物流枢纽、贸易相关的制造业、医疗、高等教育等独立的城市服务功能、居住与居住服务
特殊地区（海湾、空港）		为制造服务的分研发中心和服务中心、重工制造业、化工、港口物流、国际贸易公司的营业部门、滨海休闲旅游

根据对上海金融、贸易、航运和科技创新四大核心功能的分析（图7），依托平湖市所具有的交通区位、生态环境、人文底蕴和综合成本等禀赋优势，明确平湖市在上海“五个中心”建设中可以承接的主要功能，从而为上海建设卓越的全球城市和具有世界影响力的社会主义国际化大都市提供服务支撑，成为上海全球城市功能网络中的重要组成部分。在金融功能方面，平湖市可承担中后台服务。集聚新兴金融资源，依托浙江省活跃的民营资本，吸引财富管理机构，打造民间财富管理平台。在贸易功能方面，平湖市将承接自贸区功能溢出，承担区域性商贸服务。依托国际服装、箱包城和进出口商品城，积极发展区域性专业市场、跨境电子商务、商务会展等功能。在航运功能方面，平湖市可承担航运相关服务和新型物流。打造海河联运的港口新城，成为上海南翼的港口联动合作区，积极发展商贸物流、保税物流、冷链物流等新型物流。在科技创新功能方面，平湖市可承担中试孵化和创业服务相关功能。积极发展科技服务、信息服务、创业孵化、成果转化和专业检验检测，吸引上海科技成果在当地实现产业化，打造高层次人才创新创业基地。

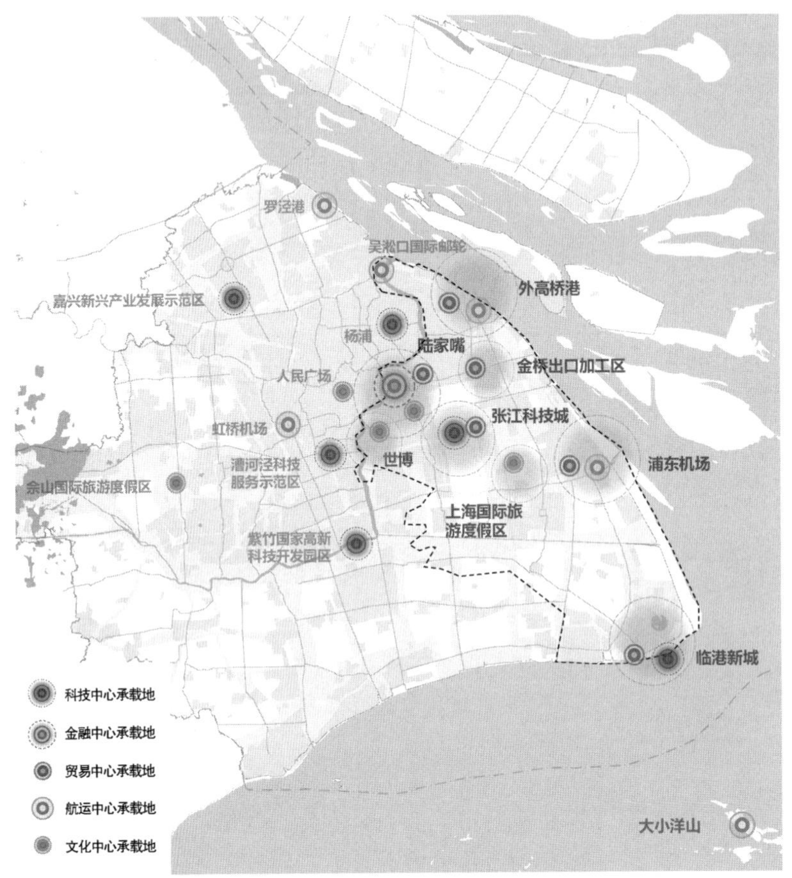

图 7　上海全球城市核心功能载体空间分布示意图

5.3　上海先进制造业的疏解

通过对上海大都市圈内主要产业园区规模布局和主导产业发展的梳理分析，总结以上海为核心的先进制造业扩散规律及同等圈层距离下避免同业竞争，来明确平湖市未来的主导产业方向。上海大都市圈 0～30 千米范围内主要布局都市型产业园区，如张江高科技园区、漕河泾新兴技术开发区、金桥镇、虹桥镇、紫竹科学园区等，以金融、商务、生产性服务业、战略性新兴产业为主导；上海大都市圈 30～50 千米范围内主要布局郊区工业园区，如松江经开区、青浦工业园区、嘉定工业园区等，以装备制造为主导；上海大都市圈的滨江沿海地区布局港口工业园区，如太仓港经开区、乍浦经开区、独山港经开区等，以临港装备制造、化工为主导。以苏州市为核心距离 30 千米左右布局有吴江经开区、昆山高新区等，以电子信息、智能制造为主导；以嘉兴市为核心距离 30 千米左右布局有嘉兴经开区、秀洲高新区、平湖经开区、嘉善经开区等，以装备制造、电子信息为主导。因此，平湖市可重点发展高端装备、电子信息等产业。同时根据“上海 2035”规划，上海工业仓储用地将减量 300 平方千米左右。近期聚焦的“3＋5＋X”[①]地区（表 8、图 8），尤其是桃浦、南大、吴淞等转型地区，主要疏解高耗能高污染的一般制造业和价值链非核心功能环节，平湖市可积极承接精细化工、现代物流、生物医药等相关产业溢出。在沿海产业带上，基于与临港地区和上海市化工产业基地的联动发展考虑，平湖市可重点承接精细化工、生物医药等相关产业溢出，成为临港地区和上海市金山区龙头企业上下游延伸配套基地。

表8　上海主要产业基地主导产业

产业园区	主导产业
桃浦	都市型创新产业
南大	都市型创新产业
吴淞	钢铁、冶金、物流
吴泾	化工、能源
高桥	石油化工
金山第二工业园区	精细化工、生物医药、化工物流
星火开发区	机械加工、电子、仓储

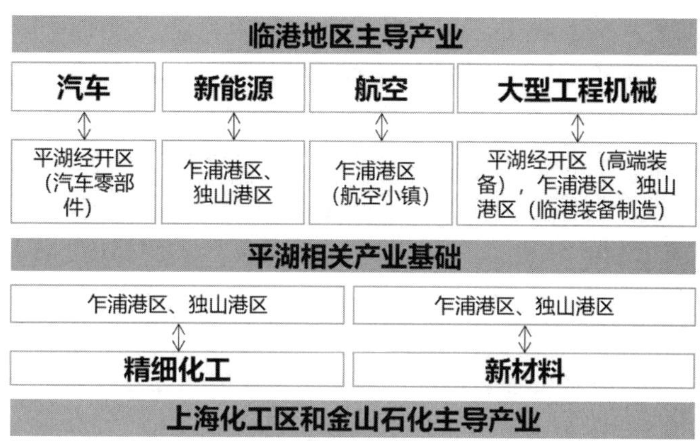

图8　上海临港地区、上海化工区和金山石化主导产业与平湖联动示意图

5.4　上海商贸、会展、物流等特色优势产业配套

在国家倡导消费升级的大趋势下，面对上海这一巨大消费市场，依托现有的国际服装城、箱包城、进出口商品城、童车城和综合保税区等商贸平台，平湖市可进一步加强专业市场培育，利用互联网发展新的商贸模式和业态，着重发展电子商务、新零售、直营连锁、特许经营网络等业务，与上海虹桥商务区、自贸区及特色商贸区等形成联动效应。

此外，根据国际大都市圈的发展经验，会展产业作为现代生产性服务业是都市圈中重要的组成部分，中国国际进口博览会每年在上海虹桥召开，将催热区域会展产业的大发展，虹桥国家会展中心将成为带动区域发展的重要引擎之一。随着沪乍杭与沪嘉城际铁路的开通，平湖市距离虹桥综合枢纽的距离将缩短至60分钟车程，距离浦东机场缩短至90分钟车程，可依托便捷的交通优势，积极培育会展延伸链相关支撑产业，包括会展分会场主办、会场服务、文化旅游等。

在新一轮全球信息技术革命中，以阿里巴巴、京东等代表的互联网企业重塑了商业零售版图和物流体系，发展出新零售和新型物流。目前，阿里巴巴、京东、当当、唯品会、聚美优品、苏宁等电商物流平台以上海郊区县为核心，开始向紧邻上海周边的昆山市、嘉兴市等扩散。在嘉兴市新一轮城市总体规划中，已明确加快实现嘉兴机场“军改民”，并规划建设长三角重要的中小企业物流商贸中心。平湖市可依托与沪接壤的区位优势，聚焦发展基于互联网为电商和新零售服务的保税物流、跨境电商物流、冷链加工物流等新型现代物流产业。

6 未来重点产业发展建议

（1）“化工＋科创”带动临港产城融合发展。

从区域产业竞争优势比较来看，平湖市以新材料和生物医药等为代表的精细化工产业具有相对优势。平湖市紧邻上海石化，可依托现有的化工产业基础和优势，向前端研发和后端高附加值的精细化工产品延伸，与上海石化、金山石化共建生物医药化工产业园区，发展绿色化工，实现化工产业的提质增效。打造化工新材料科创中心，提升科创研发服务能级，在专业研究、创新孵化、中试小试等方面形成联动效应，成为化工创新的重要平台。

（2）“制造＋科创”聚焦主导产业集群。

从科技创新环节看，平湖市高端制造产业基础良好，但高等教育和研究机构薄弱，可借鉴上海临港地区模式，聚焦汽车和智能制造等先进装备制造业，注重应用研发和成果转化。从区域创新协同看，平湖市应充分发挥区位、商务成本和环境优势，积极发展创新服务，注重中小企业培育孵化，打造“科创中心”，构建“加速器＋孵化器＋众创空间”的创新孵化模式。平湖市应与上海东华大学纺织学院等通过技术合作、人才引进，建设创新加速器园区、智能工厂、数字化车间等，引导和推动服装、箱包等传统企业加快生产装备的智能化改造提升。同时，向产品设计和研发、品牌服务、体验消费、渠道拓展等高附加值环节延伸，通过 OEM－ODM－OBM 等形式嵌入全球价值链，积极打造本土品牌。

（3）聚焦商贸和新型物流，提升服务水平。

一是加快促进商贸转型，培育专业服务。加快商品流通与服务消费的融合，推动与信息、金融、物流、旅游、会展、文体等产业的联动发展，从单纯的商品交易向展览展示、信息处理、产品研发、旅游购物等综合性功能转变，促进商业模式和商业业态不断创新。鼓励各类商贸市场主体利用互联网逐步形成“线上＋线下”“商品＋服务”“零售＋体验”的融合式发展新格局。二是打造新型物流，强化航运服务。承接上海国际贸易和航运中心建设，紧紧抓住上海自贸区新片区和嘉兴机场长三角重要的中小企业物流商贸中心建设机遇，充分发挥稀缺港口资源和综合保税区优势，打造江海联运的港口新城。平湖市应以现代物流为抓手，完善和组织仓储、临港工业、商贸、金融保险等航运服务。

［本研究得到 2019 年上海市人工智能创新发展专项资金计划（2019－RGZN－01015）资助。］

［注释］

①“3＋5＋X”包括临港地区、虹桥商务区、世博地区 3 个重点地区，桃浦、南大、吴淞、吴江、高桥 5 个整体转型地区，星火开发区、金山第二工业园区等 X 个区级产业园区。

［参考文献］

［1］唐子来，李涛，李粲．中国主要城市关联网络研究［J］．城市规划，2017（1）：28-39.

［2］张泽，唐子来．证券资本流动视角下的城市关联网络特征：以上海为例［J］．同济大学学报（社会科学版），2018（3）：54-61.

［3］张王雁，潘庆．基于区位熵理论的皖江城市带产业结构分析［J］．云南地理环境研究，2010（6）：39-44.

［4］李文强，罗守贵．基于区域经济一体化的上海都市圈产业分工研究［J］．经济与管理研究，2011

(3)：54-63.

[5] 陈晨，赵民. 中心城市与外围区域空间发展中的“理性”与“异化”：上海周边地区“接轨上海”的实证研究 [J]. 城市规划，2010 (12)：42-50.

[作者简介]

杜凤姣，硕士，工程师，任职于上海市城市规划设计研究院。

关于县城发展夜经济的探索

——以浮梁县为例

□曾毅

摘要：本文以浮梁县为例，分析其夜经济现状情况和发展夜经济的主要问题，提出发展夜经济的主要思路。通过“政府引导、市场主导、政策扶持、重点打造”，全面促进浮梁县百业繁荣。

关键词：夜经济；县城；探索

“夜经济”是指从18:00至次日凌晨2:00所发生的服务业类经济活动，是以当地居民、工作人群和游客为消费主体，以休闲、旅游、购物、健身、文化、餐饮等为主要形式的现代城市消费经济。一个县城如何发展夜经济，并通过夜经济带动城市消费需求、促进产业结构调整，在当前复工复产的背景下显得极具意义。

1　浮梁县夜经济现状情况

浮梁县位于江西省东北部，隶属景德镇市，地处赣、皖两省交界处，是鄱阳湖生态经济区38个重点县（市、区）之一，属高效集约发展区。浮梁县旅游资源丰富，拥有国家AAAA级旅游景区3个，国家AAA级旅游景区4个，2018年全年接待国内外游客人数达1055.8万人次，旅游总收入79.1亿元。

浮梁县城现状主城区约6平方千米，城市人口约5.5万人，县城沿昌江北岸展开，主要通过景北大桥、金岭大道与景德镇市区联系。县城与景德镇市中心城区仅一江之隔，距离景德镇市中心人民广场仅8千米，县城已纳入景德镇市中心城区范围，市县同城基本一体化。

因为浮梁县城居住人口偏少，县城的夜经济还只局限于简单的超市购物、广场舞、休闲散步、饮食等生活基本活动，夜游、夜玩、夜娱等带动性夜经济活动基本为零。

2　发展夜经济的主要问题

浮梁县发展夜经济主要存在以下三方面问题：

一是当地政府重视程度不高，政府主导性推荐力量不足。

二是相关配套鼓励政策缺失，财税支持夜经济发展力度不大。

三是县城旅游发展速度不快，尤其是市县同城一体化，在浮梁县城过夜的游客少之又少。

3　发展夜经济的主要思路

作为“与世界对话的国际瓷都后花园”定位的浮梁县，要紧紧抓住景德镇陶瓷文化传承创新试验区建设契机，依托现有景德镇学院、江西陶瓷工艺美术职业技术学院等大专院校在县城的优势，充分发挥浮梁县衙等旅游景区效应，不断完善建设山水花园县城，通过“政府引导、市场主导、政策扶持、重点打造”，全面促进浮梁县百业繁荣。

3.1　政府引导、市场主导

发挥政策杠杆的撬动作用，让参与的商业资源和市场主体既能看到短期效益，又能获得长期红利，如此其才真正有参与的主动性、自我改造和升级的积极性，并以商气聚合达到人气聚集的效应。

一是成立浮梁县夜经济建设工作领导小组，统一部署、协调督导夜经济涉及的商业、城管、文化、环保、社区等各相关部门，明确各部门管理范围和职责分工，研究具体措施，制定实施方案，并认真组织落实。

二是出台《浮梁县关于进一步繁荣夜间经济的实施意见》，确定浮梁县夜经济发展的总体思路，找准发展定位，拟订出夜经济发展战略和路线图，制订夜经济发展目标，明确夜经济发展的方向，从而全面确定浮梁县夜经济发展的框架。通过具体的措施，明确传达县委、县政府全面发展夜经济的决心，从而吸引更多的人和资本投入到夜经济活动中，让更多的人享受夜经济带来的实惠，进一步刺激消费升级，带动县域经济的繁荣和发展。

三是加快对城市现有管理体系的梳理和调整，既要规划好夜间经济的空间布局，也要理顺城市公共服务体系运行机制，特别是在夜间公共安全、交通应急处理、公共医疗等方面要有足够保障，为夜间经济发展创造良好环境。

四是不断完善公共基础设施配套建设，为发展夜经济提供基础保障。特别是在公厕、公共停车场等方面，要按旅游城市的标准，根据服务半径均衡配套建设。优化城市公交网络，合理配置商贸集聚区车辆班次，延长夜间运营时间。支持符合户外营业资质的品牌商店开展夜间户外营销活动。加大环境卫生的垃圾清运力度，提升餐饮废弃物资源化利用和无害化处理水平。

3.2　政策扶持、重点打造

发挥党和政府的中心领导作用，通过出台一系列鼓励夜经济发展的政策，让全社会的组织与个人在夜经济活动中有信心、有保障、有盼头，从而全面促进消费升级，让人民受益。

一是制订鼓励发展夜经济的优惠政策，通过税收减免、完善执业环境、电费区间优惠政策等配套，保障其发展空间和秩序，引导其良性发展，破除阻碍夜间经济发展的各种隐性壁垒。

二是降低门槛，简化审批程序，实施包容审慎监管，试点在夜间特定时段，允许有条件的餐饮街、小商品市场等业态开展“外摆位”试点。

三是出台政策支持居民二次创业，鼓励居民在 8 小时以外通过兼职、开店经营、走街等多种形式开展合法经营活动，在增加居民个人收入的同时，刺激社会消费，繁荣县城夜经济发展。

4　重点建设思路

应从“食、玩、乐、游、购”的角度出发，全方位、立体化的建设夜经济。通过编制好的县城夜经济发展战略，最终形成“一轴一带二心多点”的夜经济发展建设空间，重点建设一批夜经济亮点。“一轴”是重点打造从景北高速公路到老浮梁大桥的朝阳大道夜经济主轴，通过对朝阳大道商业夜点的重点建设，形成浮梁县夜经济发展的主动轴；“一带”是昌江百里风光带，通过昌江百里风光带的夜间亮化美化工程，形成浮梁县夜经济的景观带；“二心”是重点打造以古县衙、韵琴湖区域和三贤湖区域的夜文化活动中心，结合旅游、饮食、休闲、娱乐、购物形成浮梁县东西、老旧两个夜生活聚集中心；“多点”是在县城范围内以美食广场、购物街、街头公园等形成各类功能明确、活动导向的夜经济业态生活点。具体来说，要从“有看点、有尝点、有说点、有动点、有买点”来指导浮梁县夜经济的发展。

4.1 有看点

一是编制县城夜间亮化美化规划，有重点、有目标、有特点地建设一批如古县衙、三贤湖、昌江风光带、天宝公园、南苑广场周边等夜间景观焦点，争取在2年内建设成具有浮梁地方特色、独具浮梁山水文化的夜间景观。

二是集中编排一部具有瓷茶文化，展现浮梁秀美山水，独具浮梁韵味的实景歌舞演出，通过光、电、多媒体等形式专门用于夜间表演，从而形成浮梁县夜生活的品牌，丰富夜间生活。

三是通过降价的方式，鼓励古县衙等景区开展夜间旅游，从而在不同时段体会浮梁县景点之美，特别是在夜间欣赏不一样的美。

四是鼓励博物馆、图书馆、文化馆等文化场馆开设夜间专场，满足人们在工作之余对精神层面的需求。

4.2 有尝点

一是发挥浮梁美食的品牌，结合“二心”配合旅游和对外推广，重点建设浮梁美食苑、美食园，集中展示浮梁的传统风味小吃、民间土菜等本地美食，让游客在舌尖上体验千年古县的历史文化。

二是重点宣传打造以滨江东路、滨江西路、三贤街为主的当地特色美食一条街，通过集中经营的方式，为居民提供更多的饮食消费目的地，吸引全县人民乃至景德镇市区的居民到浮梁来消费。

三是利用目前暂未建设开发的空闲地，如卡梅尔小镇南面、景德镇学院东面、陶瓷职业技术学院东面等地方，有组织、有管理，按照卫生、干净、实惠的要求，设一批夜间大排档类的美食大广场，为普通老百姓提供接地气的夜间活动。

4.3 有说点

在夜间不断满足人民群众对生活品质提高的需求，丰富老百姓晚上娱乐活动内容。

一是相关部门提前谋划好并广而告之，精心安排下个月的各项文化活动表，引导市民积极参与自身感兴趣的活动，从而带动浮梁县夜经济的发展。

二是在三贤湖、古县衙广场等地，通过文化沙龙、音乐节、露天影院等多种方式，打造视听盛宴，丰富夜间活动类型，绘画出美轮美奂的浮梁夜景。

三是在南苑广场、天宝公园广场等街头公园、小广场，以当地戏曲表演、民乐演奏等传统民间曲艺为主，把植根于本土乡情的具有浮梁县特色的民俗风情进行集中展现，宣传推广浮梁县深厚的文化传统，同时促进本地居民积极参与。

4.4 有动点

通过夜间活动互动，让居民从健康出发，主动的投入夜经济中来。

一是全面开放天宝公园运动场、各学校的运动场所，同时积极在三贤湖、浮梁县第一中学南面等地建设一批体育运动场地，让广大人民群众在8小时之外，主动投入健身运动之中，促进县城夜经济的繁荣。

二是依托百里昌江风光带，重点推出三贤夜游昌江游览项目，通过上至古县衙、下到宝石的经典水上游览线路，进一步丰富县城夜间游玩项目，在宣传浮梁县旅游景点的同时，带动景区旅游的发展。

三是结合街头绿地，建设一批街头巷尾小广场，方便老百姓夜间进行广场舞、街舞、交谊舞等交流。

4.5 有买点

通过商品市场的建设，突出夜间购、购夜间的消费行为。

一是对朝阳大道夜间购物主轴进行重点打造，鼓励经营网点延时服务，特别是在福万家超市、日新超市、浮梁大润发超市周边提供室外场地、休息空间等，使其形成浮梁县的购物中心。

二是在浮红街、平安街等街道规划夜间跳蚤市场，零门槛提供给夜间经营的人，满足县城老百姓的日常生活购买需求，在提高人民群众收入的同时，繁荣浮梁县经济。

三是在古县衙、三贤湖公园规划建设具有当地旅游特色文化的购物街，集中展现浮梁县的茶业、陶瓷、文化产品、特色小吃、手工艺品等，在满足旅游市场的同时，更好地宣传浮梁县。

5 结语

浮梁县城建设只有短暂的30年，由于县城人口数量偏少，同时又与景德镇市同城一体化，导致不管是县城的消费、休闲等活动，还是大量的游客消费大多集中在景德镇市区。发展夜经济是浮梁在绿色经济发展中一个很好的抓手，这不仅是浮梁较好的选择，更是浮梁的特色。本文试通过对浮梁县发展夜经济的思考，希冀对县级层面的夜经济发展有所借鉴。

［作者简介］

曾毅，工程师，任职于浮梁县自然资源和规划局。

外生型特色小镇发展策略初探

——以聊城东昌府区郑家镇为例

□郭亚成

摘要：特色小镇作为构建新型城镇化新格局的关键举措，已愈发受到业界与民众的关注。然而，特色小镇基于产业、文化等要素的侧重或不同而种类众多，并在发展过程中遇到若干亟待解决的问题。本文以聊城东昌府区郑家镇的规划实践为例，从外生型特色小镇的概念、特征、发展理念等方面进行了论述，并针对郑家镇面临的机遇与问题，提出构建多元互融社会形态、统筹镇域产业和建立内外长效联动机制等发展策略，以期为今后村镇振兴与转型发展，特别是具有外生型特征特色小镇的发展提供参考。

关键词：外生型特色小镇；郑家镇；问题；策略

1 引言

在历经数十年大规模城镇化高速增长发展之后，我国的社会经济进入了一个崭新发展时期：面向增长速度的换档期、发展动力的转换期与结构调整的转型期。当前，大城市建设逐步进入存量时代，“大城市病”也日益加剧，交通拥堵、空气污染、水资源短缺等进一步凸显，进城务工人员及其家属市民化进程滞缓，就地城镇化也随之成为突出问题。对此，我国政府将新型城镇化作为国家战略，特色小镇成为构建新型城镇化格局的重要举措和助推全面实现小康社会目标的关键手段，获得了社会各领域的广泛关注。

2016 年 7 月，住房和城乡建设部、财政部、国家发展和改革委员会联合发布的《关于开展特色小镇工作的通知》指出，计划于 2020 年前，将在全国培育 1000 个各具特色、富有活力的特色小镇。2016 年 9 月，《山东省创建特色小镇实施方案》印发，明确指出特色小镇是区别于行政区划单元和产业园区，具有明确产业定位、文化内涵、旅游特色和一定社区功能的发展空间平台。2017 年中央“一号文件”《关于深入推进农业供给侧结构性改革、加快培育农业农村发展新动能的若干意见》提出，将大力培育宜居宜业特色村镇，围绕有基础、有特色、有潜力的产业，建设一批农业文化旅游“三位一体”、生产生活生态同步改善、一二三产业深度融合的特色村镇。2018 年 9 月，中共中央、国务院印发《乡村振兴战略规划（2018—2022 年）》，坚持农业农村优先发展（图 1）。

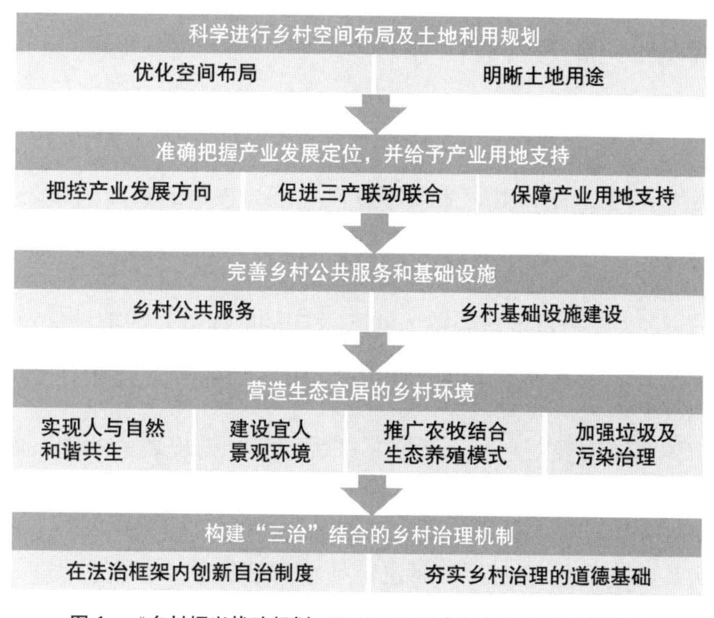

图 1　《乡村振兴战略规划（2018—2022 年）》核心内容框架图

2　外生型特色小镇的概念与特征

特色小镇的发展方向与类型受到产业、环境、居住及文化等多种要素及其结构的综合影响，根据发展要素需求，可以将特色小镇分为内生型特色小镇和外生型特色小镇两种。其中，内生型特色小镇主要依托本地文化、资源、环境等要素进行发展；外生型特色小镇一般是以具有竞争优势的某个产品或产业链某个环节为依托，充分利用特色小镇的区位、市场、政策及创新优势，形成该产业与城镇生产、生活相融合的特色产业功能集聚区，更为强调与外部产业的分工合作，并满足外部市场的需求。这种划分尊重小镇发展规律并有助于明确特色小镇的培育方向。外生型特色小镇具有以下三个基本特征。

（1）利用外部要素推动发展。

位于城区圈层之外的小镇利用上位规划布局结构调整、城市产业转移、消费需求外溢等时机，逐步形成了具有鲜明特色产业的集聚区。有的小镇集文化展示、商贸物流、旅游休闲于一体，吸纳周边人口前来消费；有的小镇形成了专业化的工业生产及商贸物流等产业集聚区。

（2）基于当地要素形成品牌。

依托当地发展实际与要素禀赋（如某些资源、某项工艺、某类产业），不断传承发展并逐步形成了一定影响力和品牌效应，如以某些手工制品生产、农副产品加工、机械部件加工等为主的小镇最为明显。

（3）产业有待转型升级。

当前国内有相当数量的小镇虽具有一定的产业、就业与服务功能，但大多存在技术含量偏低、规模偏小、创新能力偏弱等问题，从而陷入低端制造、低端加工和低端服务的困境。此类小镇以生产制造业作为经济引擎，急需通过引进新技术、创新管理模式等手段来促进产业转型升级与改造。

3 郑家镇现状概述与SWOT分析

3.1 现状概述

郑家镇位于聊城城区西25千米处，隶属于东昌府区。该镇北靠堂邑镇，西与冠县的定远寨乡、桑阿镇、莘县河店镇交界，东临张炉集镇，南与沙镇接壤，是东昌府区西部工业重镇。全镇南北长13.1千米，东西宽7.8千米，镇域总面积67.5平方千米，镇区位于镇域中部。郑家镇全镇辖55个行政村，2012年末镇域总人口为4.6万，是全国最大的轴承保持架生产基地。2007年被山东省政府和省机械办公室授予"特色产业镇"和"山东省轴承保持架制造业基地"。从城镇体系而言，郑家镇具有以下特征。

（1）从省域城镇体系结构规划来看，聊城郑家镇地处结构规划中的"一圈"，即以济南为核心的山东省内陆城镇密集区——济南都市圈。

（2）从人口与城镇化聚集导引区来看，郑家镇地处济南都市圈人口产业密集带。

（3）从省域城镇等级结构规划来看，郑家镇处于第四级别，即一般镇。现状小城镇根据发展条件和基础，采取择优发展措施。

（4）从聊城市发展导引来看，郑家镇既是聊城市的中心镇，也是省域在聊城市内的6个重点建设的小城镇之一。

3.2 基于内外部竞争环境和竞争条件（SWOT）分析

郑家镇当地政府基于郑家镇得天独厚的交通条件（位于东昌府区、冠县和莘县三县（区）交界处的几何中心位置，东临德商高速公路、南临青兰高速公路、北依济聊馆高速公路，镇域内西南位置3年内建成占地4500亩的聊城民用机场）、现有支柱产业实力（已成为全中国最大的轴承保持架生产基地，也是全国大型平垫圈生产基地）和国家出台一系列发展特色小镇的政策方针等方面因素与优势，现着力将郑家镇打造成轴承保持架智能制造特色小镇，属于典型的外生型特色小镇。本项目团队就此对郑家镇进行前后多次现场勘察与调研后，根据其在区位、交通等方面的先天优势，以及大小数百家轴承保持架制造加工企业各自为政式零散分布、居住用地布局混乱、存有消防隐患等方面的不足，并对山东省关于申报特色小镇具体政策文件等要素进行了全面解读，得出针对郑家镇的SWOT分析（表1），为郑家镇后续进行特色小镇合理化规划布局提供了必要的准备条件和设计依据。

表1 郑家镇SWOT分析

SWOT分项	主要表现
优势	①区位优势：郑家镇位于聊城城区西25千米处，行政隶属于东昌府区。该镇北靠堂邑镇，西与冠县的定远寨乡及桑阿镇、莘县河店镇交界，东临张炉集镇，南与沙镇接壤，是东昌府区西部工业重镇。 ②交通优势：东临德商高速公路、南临青兰高速公路、北依济聊馆高速公路，辖区内将于3年内建成占地4500亩的民用航空机场，距离规划中的高铁站约10分钟车程。 ③用地资源优势：现状用地充足，土地储备资源丰富，地势北高南低，场地平均坡度在1%～2%之间，场地建设条件较好，自然坡度能较好地满足市政工程管线的铺设

续表

SWOT 分项	主要表现
劣势	①规划范围内现状建成区大部分建筑质量较差，建筑过于密集，用地分布混杂，城镇基础设施和公益性设施建设滞后，绿化偏少，街道景观一般。 ②规划范围内居住用地比较分散，发展较慢，基本上为未改造的建筑质量一般的平房，居住用地住宅建筑密度大，建筑布局混乱，建筑间距极小，有严重的消防隐患，亟待改造
机遇	①中央“一号文件”助力特色小镇建设，习近平总书记提出特色小镇大有可为等政策导向。 ②从省域城镇体系结构规划来看，聊城市地处结构规划中的“一圈”，郑家镇从人口与城镇化聚集引导区来看，地处济南都市圈人口产业密集带。 ③郑家镇周边具有高铁、机场、高速公路等发达交通网络，具有巨大的货物需求，为郑家镇带来崭新的发展机遇
挑战	①村庄分布较散，占地面积较大，整合具有一定难度。 ②基础设施建设滞后于郑家镇未来的高速发展。 ③镇区内分布多家机械加工企业，如何将生产、生态与生活进行有机融合是一巨大挑战

4　外生型特色小镇发展理念与思路

4.1　发展理念

4.1.1　工业社区一体化

工业社区理论（Industry Community）旨在改变以往工业区的旧有开发模式（图 2）：单一的用地性质，毫无活力的生活环境，极少的居住人口。为实现工业与居住、配套设施等功能要素的有机统一，规划提出全新的“工业社区”用地开发模式，不仅要“业”，亦需要“居”“商”“学”“养”，以创造良好的生产、生态与生活品质。工业社区用地本身是一种结合了一般居住与非污染工业且复合度较高的特殊用地，主要目的是为工业服务，同时促进居住、商业和教育等用地的开发。

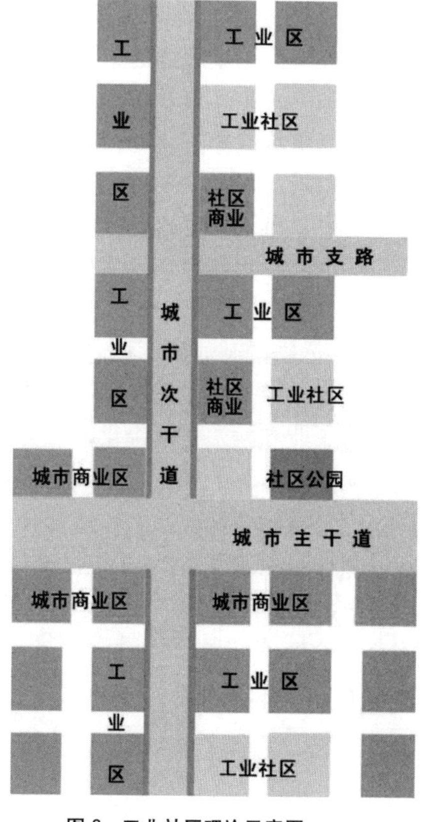

图 2　工业社区理论示意图

4.1.2　信息入库与体系建立

全面梳理郑家镇的地理分布、历史沿革、空间形态等数据信息，建构镇区数据信息模型，形成小镇发展潜力评价数据体系与地理信息系统（GIS）时态数据库，使研究对象从“三维空间”拓展到“三维空间＋时间”，将研究对象的平面图形、文献记录等相关信息按时间先后进行系统化组织，从而对研究郑家镇尤其是其镇区的演变历程提供了科学有效和可视化的研究分析平台。引导社会资本的理性投向，减少投资的盲目性。

4.1.3 约束性与持续性的“三生”互联

随着郑家镇轴承保持架和汽车配件等相关制造产业的转型升级，郑家镇空间布局也将发生巨大变化。整体发展必须基于环境友好的理念，把环境保护作为小镇发展的约束性条件，逐步形成可持续发展的运营机制。将生态、生活和生产从孤立存在转向三位一体的互联互动发展模式（图3），在镇区整体空间与环境层面形成一种整体联动的发展格局，同时也契合了打造一个以智能制造产业为支撑、多元化生活体验为基础、富有生态活力的产业特色小镇的规划发展目标。

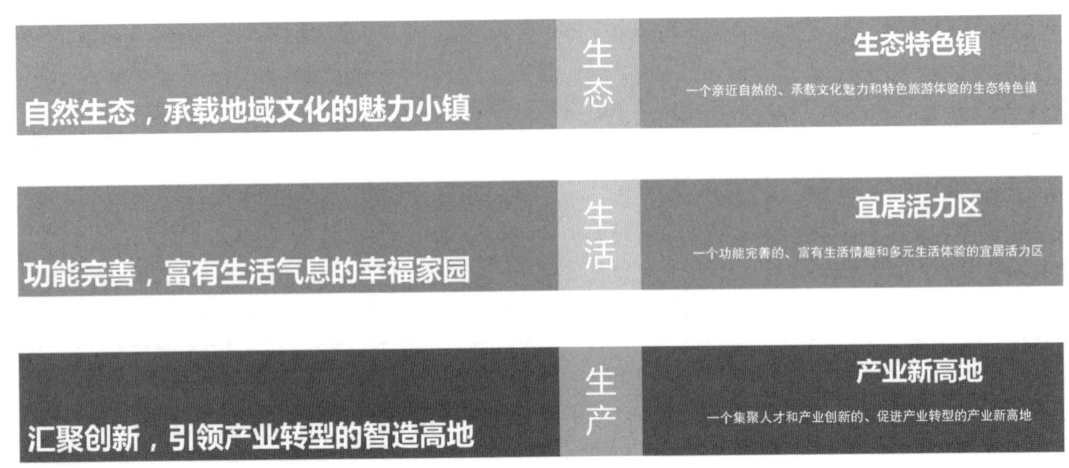

图3 生态、生活和生产三位一体示意图分析

4.1.4 激发公众参与，共同治理

国外特色小镇成功的主要因素之一就是公众积极参与小镇规划、建设与管理等诸多方面事务。我国小城镇管理效率相对不高且存有盲区，建设过程中难以有效全面地保护小镇公众的各项权益，也难以充分调动公众参与的积极性，除体制机制等固有因素外，公众对小镇发展相关事务参与不足也是一个较为普遍的现象。激发公众的积极参与虽有助于小镇的良性发展，但过程也并非易事，需要政府以开放的心态形成共同治理的有效机制，将公众的意见和建议进行线上与线下的收集梳理，然后按重要与紧迫程度等要素整合为专业导则性文件，为后续的相关规划设计实践提供参照。

4.1.5 体制机制创新，打造软实力

创新小镇规划建设机制，系统性与高标准实施专项规划编制，指导管控小镇未来的整体品质，为企业和融资主体提供强有力的政策保障与扶持。特色小镇的孵化过程需要一定的时间积累，从前期策划、规划布局到分期建设、运营完备起码也要10年的时间周期，通过机制创新形成小镇自身的体制软实力，能够使当地政府尊重小镇发展规律，形成“小火慢炖式”的理性心态，从而有效避免对本地企业拔苗助长式的消极干预。另外，通过体制创新，积极谋划设立“小镇设计师”或“小镇运营官”等相对自主的技术管理岗位，从专业技术角度对小镇发展蓝图、布局框架、运营管理等方面进行战略把控，力争“一张蓝图干到底”，真正实现镇、产、人、文、景的融合发展。

4.2 发展思路

在参照上位规划与政策的基础上，结合郑家镇现状实际的优劣势与时代机遇，理性审视与把控镇区发展定位，在对郑家镇镇域与镇区的空间格局、产业分布、村落人口数据等信息入库

整合并对机制创新、共同治理等方面进行相关研究的基础上，运用科学合理的小镇规划理念与相应发展策略来实质提升小镇居民的生活幸福指数，实现郑家镇在社会效益、经济效益和生态效益上的综合效益最大化，规避发展失衡及效益短板的产生（图 4）。

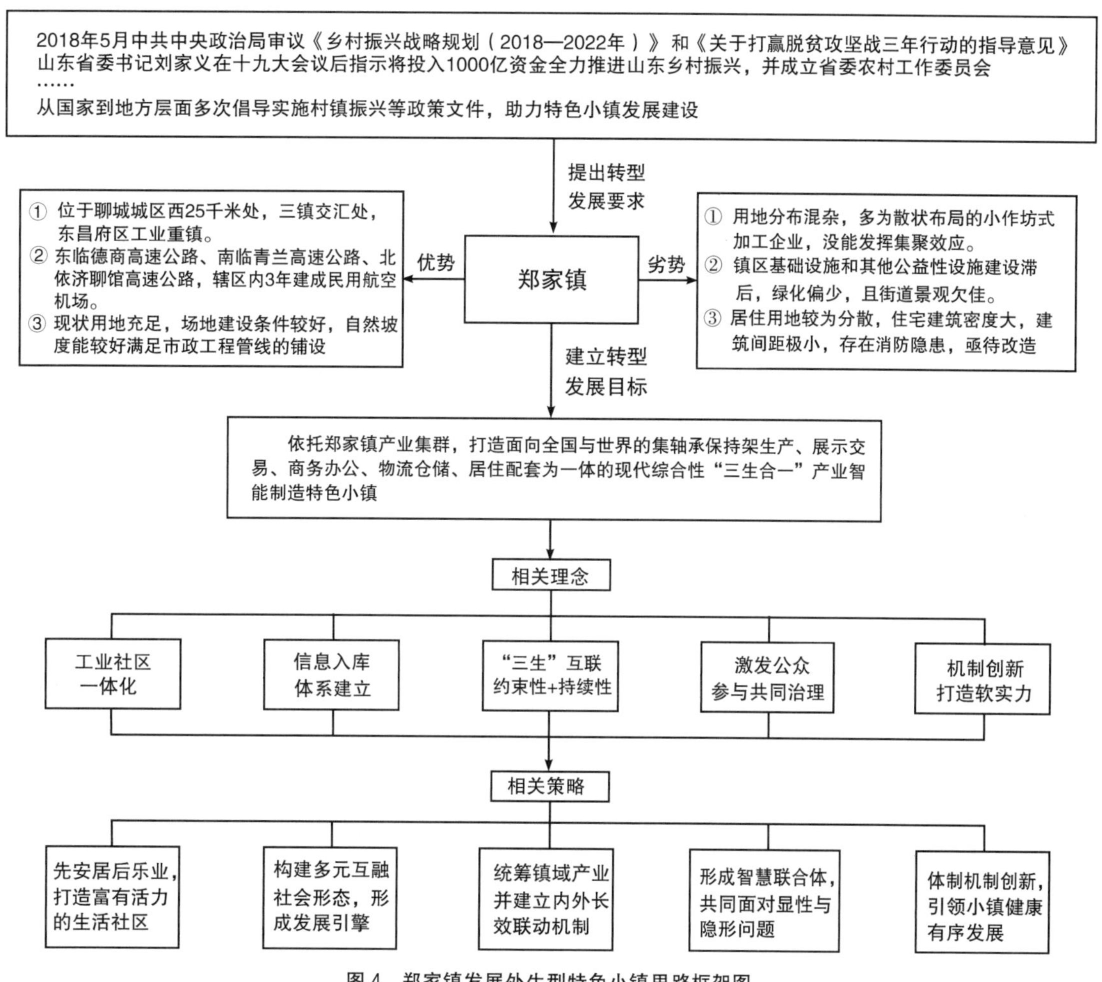

图 4　郑家镇发展外生型特色小镇思路框架图

5　郑家镇的规划发展策略

5.1　先安居后乐业，打造富有活力的生活社区

郑家镇当前共辖 54 个行政村，依据国家、省市有关城镇化进程的预测和分析并结合郑家镇经济发展来看，村庄人口一方面向镇区集聚，实现由农村向城镇的转移；另一方面，剩余人口将逐渐集中到交通便利、生活方便、环境良好的就近社区聚集，迁村并点是一种必然趋势。同时，具备外生型属性的郑家镇需注入中高端产业研发与制造人才，生活空间品质水准提升必然是关键要素之一。从规划的合理性和可实施性考虑，郑家镇村镇结构体系分为镇区、中心社区和基层社区三级布局。

镇区位于镇域中部，是集全镇经济、商贸、教育和行政管理中心等的综合型职能社区，要着重配套商业、文化、教育、医疗和其他服务设施，加强街区绿化、生态公园的布局，提高生活居住品质，既服务全镇，又为镇区人口服务，吸纳更多的技术人才、周边人口和农村人口向镇区转移，实现先安居后乐业。在规划中应尤其注重公共空间活力节点的塑造，结合社区空间形态逐步形成一个集景观、服务、接待、聚会为一体的半径区间 100 米的社区客厅（图 5）。

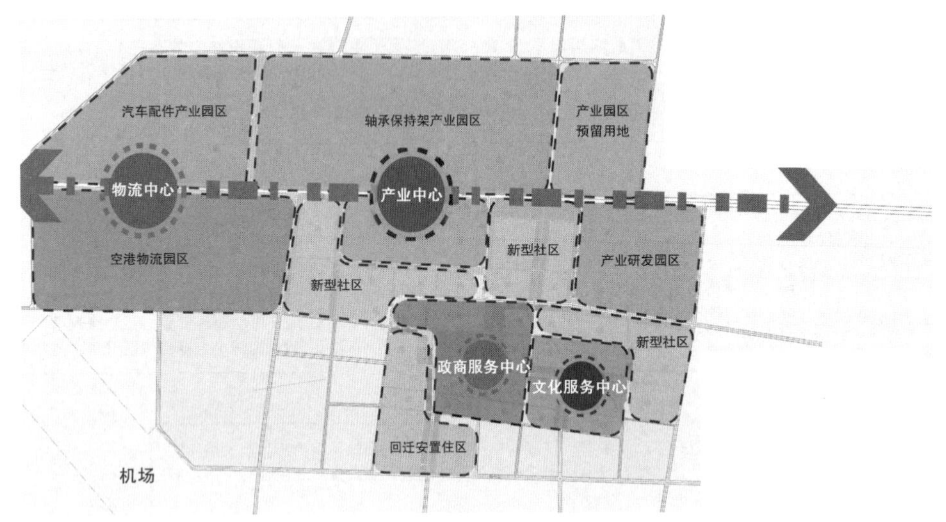

图 5　郑家镇镇区职能分区示意图

5.2　构建多元互融社会形态，形成发展引擎

对于外生型特色小镇，在剖析其区位条件、场地状况及基础设施等物理形态的同时，尤其应关注塑造业态丰富的社会形态，从中医整体观思维出发来研究各种社会形态之间的相互作用，而非“头痛医头、脚痛医脚”式的只盯着某种形态的数据变化或业绩走向。在以往出现过个别“跑偏”的小镇，如只关注产业的规模产值，政策、运营和金融等形态没有匹配跟进，实质是在往产业园区的方向发展，小镇的合力效应没有得到有效彰显，从长远看会衍生出若干在生态、配套设施等方面的隐形负债，这是得不偿失的。因此，在布局策划郑家镇特色小镇发展蓝图时，应注重协调并捕捉郑家镇在政策形态、产业形态、运营形态、金融形态和互联网形态之间的交集与合力，形成郑家镇走向特色小镇的发展引擎（图 6）。

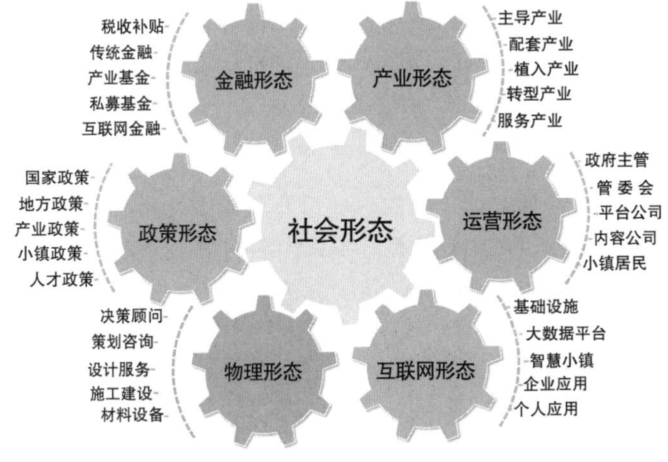

图 6　物理形态与社会形态组织结构图

5.3 统筹镇域产业并建立内外长效联动机制

依托郑家镇轴承保持架和汽车配件制造两大支柱产业，有序提升配套服务业服务容量与能力，结合郑家镇农业种植项目，开展休闲采摘、田野骑行、大地景观等项目，延长第一产业链条，实现第一产业与第三产业互动；同时借助农业生产合作社，实现第一产业与第二产业互动，整体形成“工服互动—产业联动—耦合发展”。同时，着眼与镇域外周边镇之间的长效联动机制建设，形成区域竞合（Co-opetition）发展，强调合作的重要性、战略制定的互动性和系统性，有效克服传统企业战略过分强调竞争的弊端，通过企业的竞合联合若干企业的优势，共同开拓市场、参与市场竞争。另外，站在产业链全周期高度考虑产业未来突破点与增长点，郑家镇与周围相关产业园区在功能规划上应该考虑错位发展，发挥各自产业优势，协调配合、互利共赢。

5.4 形成智慧联合体，共同面对显性和隐形问题

在对既往特色小镇工程项目进行实地调研和查阅相关文献后，越发感到规划设计在小镇项目里必须承担设计之外很多责任，那么在分配并不充裕的设计时间时，需要怎样的工作方法才能完成这么大规模的项目，并且如何判断设计是“好”的，而不是造成更大的破坏？这些都需要认真思考并研究适当的解决方案。在规划设计之初，除要关注当地居民的使用诉求、设计建议，以及项目与周边用地、环境交通等方面的关联程度外，还应该组织郑家镇当地政府联合设计单位、金帝集团和亿沣集团等代表性企业、社区管委会、基金公司等机构或部门形成智慧联合体，来共同面对小镇现存的显性问题和未来可能会出现的隐形问题。按照近期开发重点启动区、中期和远期释放与升级土地存量资源的目标进行合理分期并有序推进（图7）。

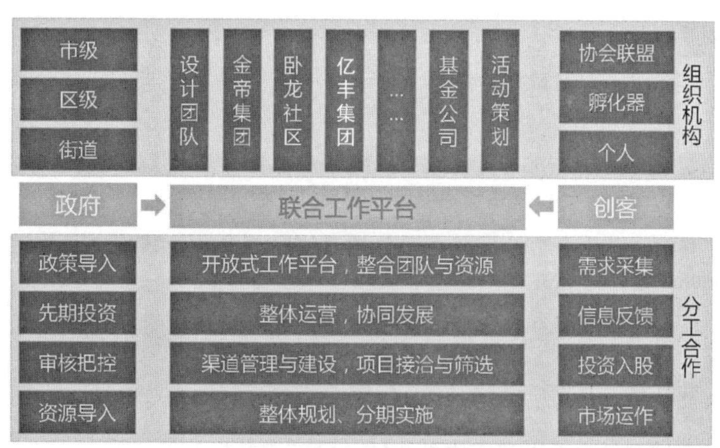

图7　郑家镇智慧联合工作平台组织框架图

5.5 体制机制创新，引领小镇健康有序发展

引领郑家镇健康有序发展需要进行一定的机制创新改革，强大的机制软实力是一个小镇的核心竞争力，也是“天时地利人和”中“人和”的塑造者。在郑家镇体制机制创新方面有以下四点：一是积极构建城乡一体发展的机制改革，探索城乡在管线、环卫、绿化等基础设施方面的统筹方案，尽早实现环卫市政一体化目标；二是构建产业创新发展的管理机制，招商时始终站在全产业链角度进行精准招商；三是初步形成绿色低碳发展模式，培育低碳文化，避免再走

先污染后治理的老路；四是发动居民献计献策，居民是小镇的主体，政府不应错位和越位，通过郑家镇电视台、板报、广播等形式进行宣传，开通特色小镇建设专线电话，并策划“我为特色小镇建设添光彩”等系列活动，营造小镇主人翁氛围，从而使郑家镇特色小镇持续健康地发展。

6 结语

2018年5月31日，中共中央政治局召开会议，审议《乡村振兴战略规划（2018—2022年）》和《关于打赢脱贫攻坚战三年行动的指导意见》；山东省将投入1000亿元资金全力推进山东乡村振兴，并成立省委农村工作委员会……从国家到地方，都表明要在村镇振兴方面有所作为，特色小镇建设为村镇振兴提供了新的发展思路，尤其是具备一定产业基础的村镇，应结合自身资源、区位等条件禀赋在产业转型、人才集聚、环境美化和机制创新等方面形成发力点。本文以郑家镇塑造发展特色小镇作为剖析样本并就其面临的问题提出了相应策略，以期为外生型产业小镇的转型振兴提供些许参考。

[参考文献]

[1] 住房和城乡建设部政策研究中心，平安银行地产金融事业部. 新时期特色小镇：成功要素、典型案例及投融资模式 [M]. 北京：中国建筑工业出版社，2018.

[2] 王沈玉，张海滨. 历史经典产业特色小镇规划策略：以杭州笕桥丝尚小镇为例 [J]. 规划师，2018 (6)：74-79.

[3] 莫洲瑾，王丹，曲劼. 历史经典型特色小镇的产业联动发展之路：以西湖区龙坞茶镇为例 [J]. 华中建筑，2017 (6)：84-90.

[4] 唐慧. 国内特色小镇研究综述 [J]. 湖北经济学院学报（人文社会科学版），2018 (3)：11-14.

[5] 董兴林，牛春云. 青岛西海岸新区特色小镇可持续发展评价研究 [J]. 青岛农业大学学报（社会科学版），2017 (1)：40-45.

[6] 赵士雯，赵艳华，国福旺. 新型城镇化背景下的天津特色小镇培育策略研究 [J]. 城市，2016 (10)：22-25.

[7] 许益波，汪斌，杨琴. 产业转型升级视角下特色小镇培育与建设研究：以浙江上虞e游小镇为例 [J]. 经济师，2016 (8)：90-92.

[8] 温燕，金平斌. 特色小镇核心竞争力及其评估模型构建 [J]. 生态经济，2017 (6)：85-89.

[作者简介]

郭亚成，国家一级注册建筑师，青岛理工大学讲师、硕士研究生导师。

红色文化遗存的活化保护与创新利用模式

□苏航

摘要：红色文化遗存是开展红色教育、发展红色旅游的重要物质载体。本文探讨了红色文化遗存的相关概念与特征，分析了在新时代背景下发展红色旅游、实现文旅融合的重要作用和意义，提出了对红色文化遗存进行科学保护与合理利用的核心原则与主要模式，包括遗存本体保护、历史场景展现、纪念空间构建、文旅融合发展等方面，并通过大量的实践案例予以具体阐释。

关键词：红色旅游；文化遗产；保护利用；创新活化；文旅融合

1　引言

在中国革命和建设进程中，中国共产党团结和领导全国各族人民坚定信念、艰苦奋斗、不怕牺牲、团结奉献、求真务实、建功立业，积淀形成了以中国化的马克思主义为核心的先进文化和红色文化。2014 年习近平总书记在视察南京军区机关时，强调“要把红色资源利用好、把红色传统发扬好、把红色基因传承好”，这是我国开展红色教育、发展红色旅游的重要遵循。我国红色旅游日益蓬勃发展，全国红色旅游接待游客已达 13.04 亿人次（2017 年），红色旅游已成为加强爱国主义与革命教育的重要途径、推动革命老区社会经济发展的重要引擎。但作为红色旅游发展基础、红色文化物质载体的红色文化遗存，目前在保护与利用方面还存在着一些不足。

首先是概念定义不清，围绕这一载体有多种名称，缺少明确精准的表述方式与概念界定。其次是管理依据不足，正是由于缺乏明确的定义，导致各地对于红色文化遗存的保护与管理缺少适用的依据，多数仍沿用文物保护单位的管理办法。最后是活化利用不足，文化遗产资源普遍存在利用效率偏低、活化产品质量不高、业态融合与创新不足、禁限条款设置不清、产业培育国际化程度不高等问题。红色文化遗存是中国优秀革命传统文化的重要载体，更应积极响应“创造性转化、创新性发展”的时代要求。

笔者长期从事红色纪念地的规划设计工作，负责了韶山、红安、南泥湾等地的规划编制。本文结合笔者在实际工作中的研究总结与实践经验，对上述问题进行分析，并通过规划及实施案例予以具体说明。

2　红色文化遗存的概念与特征

2.1　红色文化遗存的概念

红色资源是中国共产党领导中国人民在革命和建设实践中留下的历史遗存与承载的思想资

源、文化资源、物态资源。其思想资源包括政治思想、政党制度、思想品格、价值观念等资源形态；其文化资源包括革命的制度文化、精神文化、行为文化等资源形态；其物态资源包括革命遗址、革命文物及在历史遗存基础上建立起来的烈士陵园、博物馆、展览馆、纪念馆等。

红色文化遗存主要是指红色资源中的物态资源，其名称最早在我国第一部设区市制订的地方性法规——《龙岩市红色文化遗存保护条例》中正式提出。本文认为红色文化遗存的形态主要包括：①重要机构、重要会议旧址；②著名人物故居、旧居、活动纪念地、纪念设施及其遗物；③与重要历史事件、革命运动、重要战斗有关的遗址、遗迹和代表性实物；④反映革命历史、革命精神的重要文献资料和代表性实物；⑤其他与红色文化相关的具有代表性的遗址、遗迹和实物；⑥产生于当代并现存的各类红色文化物质载体。

2.2 红色文化遗存与相关概念的辨析

关于“红色文化遗存”这一概念存在多种相近表述，包括“红色文化资源”“红色文化遗产”“红色文物”等。《龙岩市红色文化遗存保护条例》中的“红色文化遗存”是指新民主主义革命时期，中国共产党团结带领各族人民进行革命活动所遗留的，具有纪念、教育意义或者史料价值的遗址、遗迹和实物。

本文认为，随着红色文化内涵与外延的不断拓展，红色资源的概念不应仅限于某一历史时期，而应具备与时俱进、兼容并蓄的特征。凡能够反映爱国主义、革命主义精神的物质载体，都有可能成为红色文化遗存。例如，体现生态文明建设的塞罕坝国家森林公园、体现国家南海主权的三沙市，都是红色文化遗存的当代鲜明实例。同时“遗存”（Remains）一词相较于“遗产”（Heritages），既包含了过去历史的遗迹，又体现了延续至今或仍在发生的现存，能够更好地体现红色资源物态载体的概念特征。

“文化遗产”通常指有形文化遗产，根据《保护世界文化和自然遗产公约》，其包括历史文物、历史建筑、人类文化遗址，具体体现为古遗址、古墓葬、古建筑、石窟寺、石刻、壁画、近代现代重要史迹及代表性建筑等不可移动文物，历史上各时代的重要实物、艺术品、文献、手稿、图书资料等可移动文物，以及历史文化名城（街区、村镇）等。我国的红色文化遗存有很大一部分作为近现代文物被列入了各级文物保护单位，这一部分又被称为“红色文物”。从上述“红色文化遗存”的概念来辨析，可以认为红色文化遗存包含了一部分文化遗产，但同时还包括了未列入文物范畴的相关物质遗产，以及随着时代发展不断产生、出现的当代红色文化物质载体。红色文化遗存与相关概念的范围关系如图1所示。

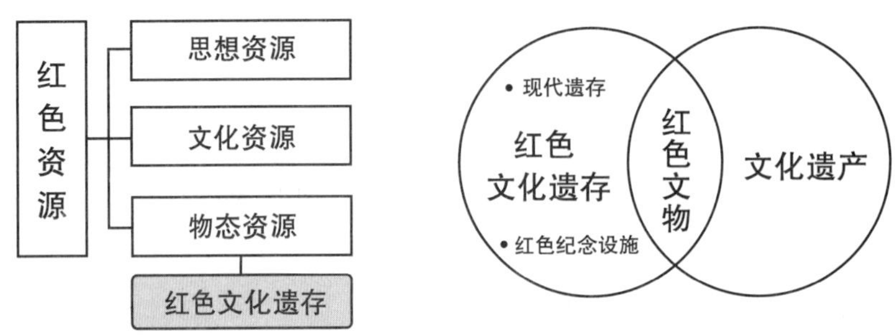

图1 红色文化遗存与相关概念关系

3 红色文化遗存保护与利用的创新模式

3.1 保护与利用并重，实现红色文化的创造性转化与创新性发展

红色文化遗存是革命精神与红色文化的重要载体和信息宝藏，是保护、传承、弘扬红色文化的主要载体和渠道，因此必须科学而严格地进行保护。同时，对于红色文化遗存的可持续发展与活化利用亦同等重要。近年来，文化遗产领域也开始反思保护与可持续发展之间的关系，人们开始意识到，遗产应当不再只是“局限于对历史加以被动保护的角色”，而是应“提供工具和框架，协助决定、规划和推动未来社会的发展”。遗产保护对可持续性及可持续发展的贡献必须通过社会、经济和环境这三大支柱体现出来。尤其对于红色文化遗存来说，展示与宣传革命精神与红色文化是其天然的使命与功能。因此红色文化遗存不能仅局限于被动保护，必须充分考虑如何实现“活态”传承和“活化”利用，“让收藏在禁宫里的文物、陈列在广阔大地上的遗产、书写在古籍里的文字都活起来”，讲好红色故事，实现红色文化的创造性保护与创新性发展，为广大人民群众提供更加优秀的文化产品。

3.2 保护与修缮遗存本体，坚持真实性与完整性原则

自《威尼斯宪章》(1964) 诞生和现代环境保护运动发祥至今，真实性和完整性一直是文物古迹保护与生态保护领域的基本内容。红色文化遗存的保护应秉持真实性与完整性的原则。但红色文化遗存与文化遗产一样，是随着历史的演进而呈现出不同时间阶段特征的，因此对红色文化遗存的真实性保护首先应明确定位其所依据的时间锚点与历史资料。反映红色文化遗存真实性的时间点选取，通常应以最能够反映遗存红色文化价值的时期或事件为原则。对真实性的另一个理解在修复方式层面。在很多情况下，“推测式”“夸大式”的重建会降低遗存的真实性，从而影响遗存的价值。在某些情况下，对不完整的建筑、结构与景观进行重建又可以认为是合理的，因为重建可以提升其真实地表现价值的能力。正如“突出普遍价值”是所有文化遗产保护的核心与导向一样，对于任何红色文化遗存，都应从是否“真实地”表现或表达了其所代表的最为突出红色文化价值的角度，去衡量评估修复的成效。

完整性的关键词是“整体性”、“无缺憾性”和“不受威胁”。红色文化遗存的完整性保护，一方面是指避免仅就单体的独立保护，而应将遗存所处的周边环境、重要景观、视线视廊等一并统筹考虑，建立整体性的保护框架，并提出切实可行的保护要求；另一方面是指以遗存所反映的红色文化价值为导向，尽可能构建整体性的资源框架或系列遗存，使其能够完整地反映红色文化的价值特色和叙事过程。例如，在红安七里坪镇的红色文化遗存保护中，规划跳脱了原有的单点式保护，构建了点、线、面、区相结合的完整空间保护体系（图 2、图 3）。

图 2　红安七里坪镇长胜街旧址修缮

图 3　红安七里坪镇光浩门旧址修复

3.3　展现历史场景，营造特定时代感与沉浸式体验

红色文化遗存大多都有其特定的历史年代，这为打造其独特的时代感与场景感提供了天然的基础条件。而文化旅游的核心是“求异”与“求知”，即追求体验不同的文化氛围与生活方式、深入了解具体的历史事件与人物故事。“3N”旅游中的“怀旧（Nostalgia）”也成为当下旅游的主要目的之一。可以看出，红色文化遗存自带的年代感与故事性构成了其红色教育之外的独特吸引力，人们希望沉浸在追忆往昔岁月、感念青春芳华的文化氛围中。因此，红色文化遗存的利用应当充分营造时代场景、讲好红色故事，使游客获得全方位、沉浸式的游览体验。在红安县七里坪镇项目中，规划着重营造 1930 年的时代氛围，修复了列宁市经济公社、红四方面军指挥部、苏维埃合作饭堂、苏维埃银行、七里坪工会、红军中西药局、七里坪革命法庭等设施，除历史建筑外，包括街道的环境景观、装饰陈设、功能业态、背景音乐及工作人员的服饰仪容、精神面貌都尽可能地展现“列宁市”时期的主题风貌，再现鄂豫皖中心红军小镇的历史风采。

此外，大量红色纪念地是基于一定历史事件建立的，但实体遗存非常有限。这些重大历史事件由于缺乏实际的空间载体，也就缺少了让游客可感可知的展示途径，必须通过特定的环境、景观与场景将其展现出来。文化遗存的保护不只是对空间的保护，还是对时间的保护，是对历史真实的再现。例如，延安南泥湾是 1940 年前后陕甘宁边区大生产运动的光辉旗帜，但随着岁月的流逝，除一首被世人广为传颂的歌曲外，游客是无处感受到那一段历史事件的。因此规划中除修缮旧址外，还进一步恢复了“千亩稻田”“遍地牛羊”“鲜花满山”等历史场景，并通过大生产情景街区、红色艺术雕塑等手段，再现那一段激情燃烧、轰轰烈烈的革命岁月（图 4）。

图 4　南泥湾大生产千亩稻田场景展现

3.4　讲好红色故事，构建完整清晰的叙事空间

红色文化遗存是红色故事的发生地，讲好红色故事是开展爱国主义教育、传承红色基因的重要手段。但如何“讲解”？“讲解”技巧的运用也是要着眼于时代，放眼于世界的。目前我国各地红色旅游不同程度地存在着传统有余、时代感不足，令人少感甚至无感的现实问题。这主要缘于红色故事的碎片化展示与宏大化叙事。

在一个红色纪念地内，红色文化遗存的分布通常是分散的。一处红色文化遗存往往仅承载了一个历史片段，如果纪念地内不能有效整合这些零散的故事碎片，游客在短时间内就无法感知出完整的故事脉络，对红色故事的了解只能是片面的，是一种缺乏前后文语境的“节选”。红色纪念地往往都是围绕着一至两处核心遗存开展游览活动的，这样一方面会导致游客在某处的过度集中，另一方面其他大量的遗存点却无人问津。以韶山为例，毛泽东故居不足500平方米的空间在高峰日接待游客超1万人次，而相邻的滴水洞景区年接待游客量不足故居的1/10，客流空间分布极不均衡。另外，我国红色纪念地教育与展示一向以宏大叙事为导向，有斗争残酷性的渲染，有惊心动魄的战斗，有可歌可泣的事迹，以达慎终追远之目的。但针对广大青少年爱国主义教育不能只靠宏大叙事，不能只是一味庄重严肃的教育，要有平视感，要用细致、真实、鲜活的故事去打动人心。

在韶山项目中，规划通过深度挖掘毛主席在韶山的成长故事与革命经历，突破红色文化遗存单点展示的方式，以“求知、求学、求索、求是”的韶山故事串联起空间上的散点资源，形成主席文化展示的空间叙事脉络，全方位、系统性展示毛主席在韶山幼年生活、少年启蒙、青年革命及老年回望的生平事迹，构建完整的伟人纪念地域。故事的选取既有毛主席的革命事迹，也有年少的生活趣事、家人的温暖情怀、乡邻的三两见闻，既使游客更加深入立体地了解毛主席故事，又将游览空间由故居一点拓展到纪念地全域，实现景区的均衡发展。

3.5　构建纪念空间，全面展现红色文化精神内涵

红色纪念地通常都具有参观瞻仰、教育学习、缅怀纪念等功能，并组织大量的各类纪念活动，因此在功能上需要提供相应的纪念场所和仪式空间。同时，因红色文化遗存多为片段化展示，而游客需要更为全面地了解一处纪念地及红色事件的完整全貌，并期望对纪念对象有更为深入细致的认知，纪念空间则提供了这一途径和方式。

纪念空间通常结合红色文化遗存进行建设，其类型包括纪念馆、博物（展示）馆、纪念广场、纪念性雕塑、纪念园等，也可以是以上几种类型的组合。对于红色纪念地来说，纪念空间也是游客的必游之地，许多纪念空间都成了红色纪念地的标志性形象景观，如天安门广场及人民英雄纪念碑、韶山的毛泽东纪念广场、井冈山的红旗雕塑、橘子洲的青年毛泽东巨型雕塑、西柏坡的“新中国从这里走来”领导人铜像、南泥湾的党徽广场等，都是纪念空间的杰出范例。

一个优秀的纪念空间应具备良好的主题性、艺术性与功能性。主题性是指纪念空间的展示应该紧扣红色文化遗存的核心文化价值，主旨鲜明且立意高远，既充分展示红色文化遗存所承载的事件特征，又能对其内涵进行提炼与升华。艺术性是指纪念空间应当艺术化的塑造展示空间，构建形态优美且令人印象深刻的标志性形象景观，使纪念空间具备较高的游赏价值。功能性是指纪念空间应充分考虑游览的功能需求，以及各类纪念活动的组织方式，并能满足举办大型节庆活动的多功能使用要求。在南泥湾三五九旅纪念广场的设计中（图5），规划紧紧围绕“又战斗来又生产，三五九旅是模范”这一核心主题，通过“军队、军垦、军魂”三个维度展现

三五九旅的光辉历程与卓越价值。在艺术形式上，通过“军旗”展馆（象征不朽军魂）、文字雕塑（毛主席题字番号）、地图广场（三五九历史足迹）、纪念碑刻（王震将军评价）等手法塑造标志性纪念空间。在功能性方面，通过广场、纪念馆、游客中心、入口门户相结合的方式，满足多种使用需求。

图 5　南泥湾三五九旅纪念广场设计图

3.6　文旅融合发展，创新文化遗存多元利用方式

红色文化遗存中保留有大量的建筑设施，主要包括各类故居、机构旧址、事件发生地等，这些建筑大多在修复后仅作为展示馆或是空置起来，并没有得到充分合理的利用。借鉴国内外同类型文化遗产的利用现状，主要有三种利用方式：

一是用作主题纪念场馆。这种方式较为常见，主要针对重要历史人物故居、重大历史事件发生地、重要纪念场所等具有重大参观价值的文化遗存。通常围绕核心人物或核心事件进行全方位的展示与纪念。

二是作为原功能继续使用。一些文化遗存在历史事件发生时就具备使用功能，并且能够延续至今的，应尽可能保持原功能继续使用，如美国的海明威酒吧、俄罗斯的普希金餐厅、英国的马克思图书馆等。这些设施有的局部设置了纪念性的座位或雕塑景观，但整体并没有改变为纪念性场所，而是延续了原有的用途，体现了一种文化的连续性。

三是用作文化教育设施。即将一些纪念性的遗存，转变为其他类型的文化使用功能，主要包括博物馆、文化创意及研学教育三个方向。博物馆式利用如美国的富兰克林故居，虽然本体已经损毁，但并没有复建，而是围绕着原址建设了富兰克林科学博物馆，内容包括了展览馆、科技馆、博物馆、剧场等，成为宾夕法尼亚州访问量最大的博物馆。文化创意式利用是近年来的一种趋势，多处红色旅游景区都引入了“红色文创”的相关内容，从红色影视基地、红色艺术剧场到红色文创书店，文旅融合的程度愈发深入。例如，在延安南泥湾项目中，通过将红色文化遗存与研学教育相结合，在桃宝峪将八路军炮兵学校旧址改造为延安市南泥湾干部培训学院的文化研学基地，提供教学礼堂、炮校书屋、窑洞宿舍、集训广场、炮兵文化纪念馆等系列特色教育设施（图 6、图 7）。通过建设国家级红色教育培训基地，体现红色文化遗存“传递红色火种”“传承红色基因”的时代意义，使其成为“南泥湾精神”在新时期的传播与延续，取得了很好的实施效果。

图 6　南泥湾“炮校书屋”

图 7　南泥湾干部培训学院

4　结语

红色文化遗存是重要的红色资源，是红色基因与红色传统的重要载体。红色文化遗存既包括一部分文化遗产，却又不仅限于此，而是随着时代的演变与进步不断地扩充内容、丰富内涵。对红色文化遗存既要科学地保护，更要合理地利用，使其在不同的时代背景和文化语境下都能够持续不断地发挥作用。红色文化遗存不能“只保不用”，也不能“过度利用”，应更多地围绕着红色核心主题，创新多种文化展示利用方式，进而体现红色旅游作为政治工程、文化工程、富民工程、民心工程的综合功能。本文根据近年来的相关研究与规划实践在这方面进行了一些探讨，希望相关专家学者能够共同深入研究。

[参考文献]

[1] 傅柒生. 传承红色文化　保护革命文物 [EB/OL]. (2018-02-26) [2020-06-08]. http://www.ncha.gov.cn/art/2018/2/26/art_722_147137.html.

[2] 李坤. 当前我国文化遗产创新性保护利用的成就、问题及政策建议 [J]. 中国文物科学研究，2019 (4)：7-11.

[3] 周金堂. 把红色资源红色传统红色基因利用好发扬好传承好 [J]. 党建研究，2017 (5)：46-48.

[4] BOCCARDI G. 世界遗产与可持续性：关注世界遗产公约政策和流程中的社会、经济和环境问题 [D]. 伦敦：伦敦大学，2007.

[5] 张成渝. 国内外世界遗产原真性与完整性研究综述 [J]. 东南文化，2010 (4)：30-37.

[6] 联合国教育、科学及文化组织. 世界遗产申报筹备：2011 年第二版 [M]. 联合国教育、科学及文化组织，2011.

[7] 联合国教育、科学及文化组织. 世界文化遗产地的管理 [M]. 联合国教育、科学及文化组织，2013.

[8] 蔡永海. 从“3S”到“3N”看旅游观念的环境伦理价值走向 [J]. 环境教育，2006 (11)：61.

[9] 张维亚，喻学才，张薇. 欧洲文化遗产保护与利用研究综述 [J]. 旅游学研究，2007 (0)：266-271.

[10] 戴斌. 红色旅游的大数据与小故事 [N]. 中国旅游报，2017-05-12 (A03).

[作者简介]

苏航，高级规划师，中国城市规划设计研究院文化与旅游研究所主任规划师。

成都市近郊田园综合体绿色发展策略研究

□尹伟，宋思思

摘要：文章以成都市近郊田园综合体为研究对象，探究田园综合体快速发展与乡村生态性之间的矛盾，通过实地调研法、指标评析法对成都市近郊田园综合体绿色发展进行评估，得出田园综合体绿色发展的评析标准，最终为田园综合体的绿色发展提出建议。

关键词：乡村振兴；绿色建设；生态建设；乡村综合体；近郊

2012年，我国第一个田园综合体——“无锡田园东方”出现；2016年，“无锡田园东方”成为全国田园综合体的模范；2017年，“田园综合体”首次被写入中央“一号文件”。田园综合体对乡村发展、乡村振兴、乡村建设、特色乡村发展具有积极作用，但田园综合体的快速发展，逐渐暴露一些严重问题。本文从田园综合体绿色发展的角度，以成都市近郊田园综合体为研究对象来探究田园综合体绿色发展策略，以期促使田园综合体生态、绿色、可持续发展。

1 背景与思考

田园综合体在2017年首次写入中央“一号文件”，成为一项重要的国家战略，国家大力关注和推动田园综合体的发展，振兴乡村经济，缩小城乡差距。2017年，财务部印发的《关于开展田园综合体建设试点工作的通知》中确定18个省份开展试点，四川省是其中之一。成都市田园综合体建设处于国内领先地位，且成都市是四川省的省会，带头建设田园综合体，能更好地体现城乡融合。

为响应国家战略，成都市快速发展田园综合体，但在这一快速扩张的过程中，也暴露出了一些问题。其中，田园综合体的发展与乡村的生态性保护这一矛盾较为突出，如耕地的胡乱占用、生态环境的破坏等。因此，如何平衡田园综合体的长远发展与乡村生态性保护是田园综合体发展的重要方向。

本文通过实地调研法、指标评析法对成都市近郊田园综合体进行研究。实地调研法：使用区域调查和区域分析的方法对选定的成都市近郊区田园综合体进行实地调研，收集第一手资料，并对资料进行整理、分析。指标评析法：根据实地调研，对资料进行整理、分类，建立评析标准，最终对成都市近郊田园综合体绿色建设进行策略研究。

2　成都市近郊田园综合体绿色发展概况与研究

2.1　“绿色田园综合体”背景

在经历了快速城镇化的时代，作为城市建设者，越来越注重城市的可持续发展，注重城市精细化设计、城市生态性，绿色城市也越来越被重视。田园综合体也需紧跟现代化城市建设进程，关注可持续发展、绿色发展等生态建设理念。

2.2　成都市近郊田园综合体调研分布情况

成都市位于四川省中部成都平原，地势平坦、河网纵横、物产丰富，农业发达，但市内农村与城市发展差距依旧很大。因此，为缩小贫富差距，响应国家战略，发展了众多田园综合体。

田园综合体作为衔接城市与乡村的媒介，主要分布在城市近郊。我们根据资料的收集与筛选，选取成都市 10 个田园综合体作为研究对象进行调研。这 10 个田园综合体位于主城区的东、南、西、北四个方向，分布较为均匀。

3　田园综合体绿色发展策略对比

3.1　田园综合体绿色发展策略对比

选取 10 个成都市近郊田园综合体（多利农庄、幸福公社、天府红谷、天府新兴·和盛田园东方、柏杨湖生态农庄、中国西部枇杷博览园、紫颐香薰山谷、聚峰谷、我的田园、大梁酒庄）进行研究，通过实地调研情况、资料收集与查阅，分别从田园综合体的各种产业、文化传承、自然环境、生活状况、交通通达等方面进行调研与分类，最终将研究成果总结归纳为绿色产业、绿色文创、绿色环境、绿色生活、绿色交通五个方面，整理对比成都市近郊田园综合体绿色发展现状（表 1）。

表 1　成都市近郊田园综合体绿色策略对比

绿色发展现状	绿色产业	绿色文创	绿色环境	绿色生活	绿色交通
符合绿色发展要求（个）	5	3	4	4	3
不符合绿色发展要求（个）	5	7	6	6	7
不符合绿色发展要求的占比（%）	50%	70%	60%	60%	70%

3.2　研究结论

通过成都市近郊田园综合体绿色发展的横向对比可知，成都市田园综合体绿色发展不尽如人意。其中，绿色文创和绿色交通方面比较滞后：绿色交通方面，因田园综合体位于成都市近郊，交通不是很便利，较多田园综合体无法通过公共交通直达；绿色文创方面，较多田园综合体没有提炼出自己独有的文化创意和品牌，不具有优势。绿色环境和绿色生活方面问题也突出，多注重田园综合体的收益，而忽视自然环境的保护，垃圾处理问题较为严重。绿色产业方面，多数成都市近郊田园综合体都有打造自己的绿色产业，但是在生产的过程中忽略了很多绿色产业方面的问题。总而言之，成都市近郊田园综合体的绿色发展还存在较多问题，影响其可持续发展。

4 成都市近郊田园综合体绿色发展策略分析

4.1 绿色发展策略

4.1.1 绿色产业

（1）规划发展绿色产品。

绿色产品能让游客有安全、自然、健康的体验，对于部分自然采摘农产品的售卖也更有利。在成都市田园综合体的农业生产过程中，应严格遵循成都市的土地管理政策，结合现代农业、产业进行生产开发，整改土地，建设绿色农田，积极利用现代先进技术，发展生态农业。在田园综合体生产加工过程中，可以建立绿色加工生产链。

（2）合理打造观光农业。

结合成都当地特色，合理打造特色产业，建设具有成都特色的田园综合体，实现产业与旅游业的融合。可以进一步发展现代农业、发展景观农业，包括部分农业景观、果林景观、苗圃菜蔬景观等。结合成都市地形地貌，重点发展应季蔬菜、特色花卉、瓜果等。还可以开展一些如田园观光、农业体验之类的活动。利用当地固有资源，创造价值，通过旅游业带动第一产业和第二产业更好地发展。

4.1.2 绿色文创

（1）文化梳理。

重新对成都市近郊田园综合体自身及周边文化进行梳理。针对梳理出的主要物质文化与精神文化，重点注意村落的重要建筑、村落建筑肌理等，切勿有所遗漏。

（2）文化传承。

文化传承需要做到如下几点：挖掘文化，对成都市近郊田园综合体自身及其周边的文化进行深度挖掘与保护；保存自然风貌，对其独有的自然风貌进行保护，避免其被破坏；对田园综合体中存在的传统建筑进行保护，后期考虑结合其建筑肌理进行改造；保留生活印记与公共记忆的记忆节点，对于田园综合体的主人——农民来说，田园综合体的改造也需要考虑到他们的情感，保留部分重要记忆节点既能让他们从中找到归属感，又能引起游客共鸣。

（3）文旅融合。

提炼出成都市的地方文化、独特文化、建筑形态、文化演艺，结合打造具有当地特色的文化品牌。进一步从当地现存文化中发现及培育新文化，使得文化与产业协同，实现部分产业转型升级，如结合乡村旅游的产业，形成文化旅游产业。

4.1.3 绿色环境

（1）绿色循环农业规划。

以绿色循环农业为基础，有效利用环境优势进行种养结合，结合科技与生态，推进农业生产绿色化、农村废弃物资源化，创建绿色品牌，增加产品附加值，通过绿色产业带动循环、创意、休闲等农业的发展，拓展田园综合体功能，进一步推进农村一二三产业融合发展。

（2）水系保护与规划。

对成都市田园综合体内部的水系，包括河流、水塘、水池等进行保护，减少污染，避免废弃物的排入；对已经被破坏的水体进行治理、修复。应对田园综合体内部水系进行合理规划，充分利用水体资源。

（3）生活污染防治。

在田园综合体的农产品生产和其他产品加工过程中，对废水排放、垃圾污染、随意焚烧等破坏环境的行为进行控制。对内部村民进行绿色低碳知识的宣传与学习。

4.1.4　绿色生活

（1）垃圾分类规范。

对田园综合体生产生活过程中制造的垃圾进行集中、规范处理，融入现代文明理念和绿色生活方式。严格根据成都市垃圾分类管理制度进行垃圾分类，对村民和游客进行垃圾分类规范宣传。

（2）绿色能源利用。

在生产生活过程中，部分基础设施可以使用太阳能、沼气、秸秆气化等清洁能源。成都市田园综合体的村民可使用小型户用沼气。在农业生产方面，可以采用“养殖—沼气—施肥”微循环形式，也可以采用集中化、规模化的发展方式将清洁能源进行转化和贮存。

（3）绿色建筑设计。

建设田园综合体时，考虑绿色能源、规划场地、建筑景观、室内环境等因素，从建筑外部条件、技术设备系统、建筑主体三个方面实现绿色运行。建筑形式可以按照《被动式超低能耗绿色建筑技术导则》进行建设与改造。对建筑的围护结构进行低能耗设计，使用高效新风热回收系统或自然通风和节能光源。

（4）生态康养。

田园综合体注重生态康养，提供康养条件。针对多种旅游方式，结合成都市当地实情，打造适合当地的康养方式，充分利用阳光、水源、新鲜空气等优势自然条件，为城市居民提供休憩、康养的场所。

4.1.5　绿色交通

（1）鼓励绿色交通出行方式。

改善成都市田园综合体交通出行条件，使其更好地与公共交通接驳。现阶段成都市近郊田园综合体还不能有效同公共交通接驳，且公交车次数较少，间隔时间较长，缺少共享交通规划。应尽量减少私家车等高能耗的交通出行方式，鼓励当地村民与游客优先使用绿色出行方式。

（2）交通设施采用绿色环保材料。

在田园综合体内部建立慢行系统，采用环保材料如高环保水性EAU，完美实现跑道、步道、地坪的结合。

4.2　田园综合体绿色发展综合评价

从绿色产业、绿色文创、绿色环境、绿色生活、绿色交通五个方面，分别设置18项建设指标，制定成都市近郊田园综合体绿色发展综合评价指标表（表2）。控制性指标为建设绿色田园综合体必须达到的指标，而引导性指标是建议绿色田园综合体的发展方向。

表 2　成都市近郊田园综合体绿色发展综合评价指标

类别	序号	指标	指标属性
绿色产业	1	基础产业生产设施、绿色农业	控制性指标
	2	绿色加工、循环农业生态产业链	引导性指标
	3	绿色产品生产	控制性指标
	4	发展生态农业、特色产业、与旅游业结合发展	控制性指标
绿色文创	5	重点文化梳理	引导性指标
	6	重要文化保护与传承	引导性指标
	7	特色建筑特色街巷保护与改造	控制性指标
	8	发展文化产业、有地方特色、形成文化与产业协同转型	控制性指标
绿色环境	9	绿色品牌的建立	引导性指标
	10	耕地土壤的污染程度较轻	控制性指标
	11	水体较为洁净	控制性指标
	12	村民对绿色低碳知识的满意与知晓度	控制性指标
绿色生活	13	垃圾分类处理、规范游客与村民	控制性指标
	14	使用绿色能源、可再生清洁能源	引导性指标
	15	采用绿色建筑材料，进行低能耗设计	控制性指标
	16	加入生态康养、融合特色元素	控制性指标
绿色交通	17	绿色交通出行	控制性指标
	18	内部交通设施使用绿色环保材料	引导性指标

4.3　田园综合体绿色发展优化策略

4.3.1　坚持绿色建设规划引领

从绿色产业、绿色文创、绿色环境、绿色生活、绿色交通五个方面，对田园综合体绿色发展进行引导、规划，从田园综合体立体性、平面协调性、风貌整体性、文脉延续性等方面进行引导和控制。

4.3.2　全面融合创新绿色生产

融合地域特色农业、产业、休闲体验、文化创意及美丽新村建设，促进旅游发展，引进人才，从产业、环境、文旅、生活多方位创新打造区域性品牌。

5　结语

本研究以成都市近郊田园综合体为例，通过实地调研法，考虑其可持续发展的长久性，提出田园综合体绿色发展策略，通过绿色产业、绿色文创、绿色环境、绿色生活、绿色交通五个方面全方位地对成都市近郊田园综合体进行评价，并设置 18 项建设指标构建田园综合体绿色发展综合评价指标体系，提出控制性指标和引导性指标，提供田园综合体绿色发展的方向。对田园综合体绿色发展提出坚持绿色建设规划引领、全面融合创新绿色生产的发展建议，进一步促进田园综合体绿色、可持续发展。

［本研究得到中央高校基本科研业务费专项资金项目青年教师基金项目（2016NZYQN06）资助。］

［参考文献］

［1］张磊.地铁沿线城市综合体功能定位研究：以成都市为例［D］.成都：西华大学，2014.
［2］安静.成都城市综合体发展现状、问题与对策研究［D］.成都：西南交通大学，2014.
［3］赵婷.田园综合体发展策略研究［J］.建筑工程技术与设计，2016（19）：3199.
［4］白春明，尹衍雨，柴多梅，等.我国田园综合体发展概述［J］.蔬菜，2018（2）：1-6.
［5］迮寒露.浙江省田园综合体理论研究与规划实践［D］.杭州：浙江农林大学，2018.
［6］刘竞文.绿色发展与田园综合体建设：模式、经验与路径［J］.世界农业，2018（2）：35-41.

［作者简介］

尹伟，西南民族大学建筑学院副教授。
宋思思，西南民族大学建筑学院本科生。

大学城戴维斯的发展和规划

——美国当代城市增长管理的典型案例研究

□蒋正良，石峰，冯琳哲，臧倩

摘要：戴维斯市是加州城市增长管理理念最早的实践者，也是十分“纯粹”的大学城。本文通过回溯戴维斯总体规划实施50多年以来的城市规划建设历程，指出戴维斯大学城今日诸多增长管理成就，都始于最初规划和研究。同时，本文介绍当前戴维斯对增长管理与发展间矛盾的分析和取舍，从不同视角综合展示戴维斯大学城的发展历程和未来，尤其是渗透在戴维斯城市规划理念深处的增长管理和内生式发展等核心理念。

关键词：戴维斯市；增长管理；内生式发展；大学城

1 前言

自1958年第一版戴维斯市综合规划出台以来，城市与相邻的加州大学戴维斯分校（英文简称“UCD”）携手发展。UCD已跻身全美公立大学前十；而戴维斯市作为美国20世纪70年代生态社区开发的成功范例，已经成为公众心目中的宜居城市。戴维斯市在加州2400处区域宜居性评选中位列43位①，达到比肩伯克利和比弗利山庄的高度。也正因为如此，舆论评价戴维斯市虽仅是一座6万多人的小城，却特色鲜明——拥有“接近大城市的区域识别性”，长期享有“美国自行车之都”、“最传统的美国中心区”和“田园生态城市”等美誉（图1）。

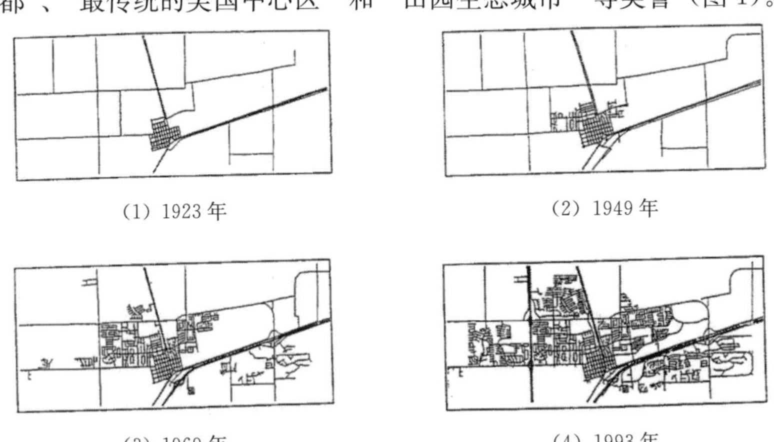

(1) 1923年　(2) 1949年

(3) 1969年　(4) 1993年

图1　戴维斯市城市空间拓展历程

2　戴维斯的城市发展历程和四次主要规划

戴维斯市的历史可以追溯到1868年，联系旧金山湾北岸和萨克拉门托的加州太平洋铁路经过戴维斯夫妇的农场，铁路货站城市戴维斯维尔（Davisville）由此诞生。1959年，加州大学决定在戴维斯市发展综合性大学，开创了戴维斯市日后具有世界领先水平农学特色大学城的发展历程。到目前为止，4版城市总体规划和10余次修编为城市发展提供了综合技术支持。纵观历次规划，对比今天戴维斯城市发展成就，其多年来所坚持的规划理念、由宏观控制到细节雕琢的规划过程、多方参与的规划决策方法都令人印象深刻。

2.1　1958年戴维斯总体规划——自然主义的规划

1956年规划的80号州级公路穿过戴维斯市。作为旧金山和萨克拉门托两地之间的近郊农业品集散地，戴维斯市因此快速增长并面临发展失控的危险。为此，1958年约洛县编制了包含其下属戴维斯市在内的《约洛县分散发展地区总体规划》，这是戴维斯市的第一次总体规划。

约洛县位于加州中央山谷，用地由山地、优质农田和排洪区构成。此次规划具有明显的美国自然主义理念，认为最好的城市发展方式，是在保护富饶的农业资源和空间多样性的基础上进行集约发展。基于自然条件进行各项合理判断，如灌溉区对城市用地范围的影响、农田质量对建设范围的影响等。城市规模从7735人增至1980年的3万～3.5万人。

该时期戴维斯规划的主要目标是“令人愉悦的居住社区，是服务于周边农业地区的贸易中心，也是加州大学（当时戴维斯农学院隶属于伯克利分校）设施的社区”。为此，城市首先要提供高品质的居住质量；其次，城市还要与大学的发展相协调，提供中央商务区等高品质公共设施。

面对大规模拓展的居住用地，戴维斯市采取了“邻里单位”理念。通过城市教育局的教育布局体系，尝试在每700居民和2个邻里范围建设一座小学，保证每户进入学校不超过1个主要干道。当时的居住区分类系统被冠以1－A，1－B……共14处；规划的6处居住区被冠以2－A，2－B……。今天戴维斯市的城市空间结构完全保持了该规划的格局。

规划实施后，戴维斯市1963年城市人口快速增加到1.175万，且研究预测到1985年城市人口将进一步增长到7.5万～9万，甚至有人提出了将城市规模提高到11万人的建议。在此背景下，戴维斯综合规划在1964年和1969年进行了两次修编。1969年修编中，规划根据预测，将1990年规划目标人口提高到9万。此外，该规划名称也由“综合规划（Master Plan）”更改为“总体规划（General Plan）”。文件中解释了“总体”的含义，是能“整体构建所有的土地利用和（道路市政等）设施的边界和位置”，这为此后通过总体规划进行增长管理提供了最早的政策支持。

在规划内容方面，两次修编还有3处主要变化。首先，1959年，加州大学在戴维斯农学院基础上创办了综合性大学，1969年规划修编顺势将城市性质由居住社区调整为“大学城（University Town）”，并附有一系列规划措施：紧邻大学地区布置景观良好、设施完备的城市中心；中心区的尺度和比例要充分同步行和自行车活动相协调，并服务于学校访客、学生父母及访问学者。其次，在1964年修编中，为加强城市发展的紧凑性，在规划目标中增加了“避免蛙跳式发展（Leaf Frog）”。最后，规划开始构建“综合交通系统”，致力形成自行车系统，并使其同其他交通方式的冲突降到最低。UCD图书馆的孤本资料《1958年约洛县总体规划》文本中，记载了读者（也或许是规划管理者）对1964年规划第二阶增加的2－H，2－G，2－F，以及1969

年3—A、B、C位置的涂写补充，这些最晚于1969年确定的用地范围构成了戴维斯市今天的最终发展边界，显示出戴维斯的城市发展构建在“具有增长边界的邻里单位”的基本理念上。

2.2 1973年戴维斯总体规划——增长管理的强化

戴维斯市1973年总体规划首次提出了“增长管理”理念，是继佩塔卢马（Petaluma 1972）[②]后加州第二座增长管理城市。当时戴维斯市规模为3万人左右，距1969年规划的9万人目标尚远，但城市膨胀导致各种弊端初显，使人们看到了控制增长的必要。相比于佩塔卢马，戴维斯选择增长管理更多的是一种主动要求，今天看更是农学大学城为保持田园特点所做出的未雨绸缪。进一步分析，一方面当时戴维斯市2/3的就业来自教育和文化业，给城市带来浓厚的文化氛围；同时，戴维斯市此时已展示出一些独特品质，人们渴望培育一种迎接不同社会特点、文化和观点的多元社区气氛。在此背景下，新一轮城市总体规划在1973年通过，并在此后4年内每年各完成一次修编，1977年最终定稿。此次规划获得了广泛的赞誉，城市发展控制和社区感得到强调，自行车系统、城市遗产保护等最有特色的内容初步形成。

“大学城”的城市性质在规划中得到巩固，并以构建“内生式发展（Internally Generated Development）”模式加以强化。在戴维斯下一版总体规划（1984年）的发展目标中，进一步解释了“内在发展”的含义：城市总体规划城市土地利用图中，仅包含容纳内部需要的土地数量，即居民的需求和地区公平住房需求。规划去除了大学和居住社区外的大多数功能，包括新商务、工业，甚至是研究机构等，但保留通过（大学城）内生需求的方式。时至今日，戴维斯仍旧不欢迎炒房团，拒绝大规模房地产和工业园区投资等所有“快速发展”的投机行为。

这一次规划中，戴维斯市首次讨论了“增长管理”。最初源于戴维斯市民为保持和提升当前的生活质量与社区感的愿望，人们不愿看到城市过度扩展后出现的高额公共设施投资、税负的增加、社区认同感的丧失及农业景观的消失等。在有276人参加的问卷调查中，有53%的人选择反对和强烈反对增长。规划委员会随后举行了听证会，建议1990年最大人口规模调整回4.5万～5万人，作为指导、规划和控制的依据。此后在1977年又进一步将5万人的规划目标延长到2000年。相应地，城市用地规模恢复同1958年规划用地规模（4138英亩）近似的4308英亩（1英亩≈0.405公顷）。

此次戴维斯总体规划充分体现出美国当时地方政府在规划工作中同加州州政府的协调互动。一方面，此轮总体规划根据1965年加州法律增加的65302条款，强调了总体规划的保护要素，并将保护要素作为规划文本的首要内容。另一方面，此轮总体规划在理解加州法律的同时，还在加州法律规定的水资源、能源矿产等保护要素外，将文化纳入保护范围。1972年戴维斯市已经开始了历史建筑和地标的研究。1973年1月15日，戴维斯市通过了关于历史和文化地标的法规651号。此后，法规内容又上报到加州公园和休闲地区部，并被作为加州历史综合规划的一部分。

2.3 1984年戴维斯总体规划——新的发展框架

1984年总体规划维持原版规划到2000年5万人的城市规模。规划有几个特点：第一，包含一项城市发展边界线概念（Urban Limit Line）和农业区缓冲带的概念，杜绝城市蔓延。第二，采用对未形成组团的零星发展用地（Unincorporated）进行填充（Infill）的开发模式，提升用地的紧凑性。第三，规划认为应区别对待城市中心和郊区的规划和设计。不同于中心区明确的功能界定，郊区的商业用地可以采用混合利用土地的方式，应对发展需要具有一定的弹性。第四，新规划强调戴维斯市要进一步保持已获得的“美国自行车之都”的美誉。坚持做到全部城市道路覆盖自行车道，并在机动车车速超过 35 英里/时（1 英里≈1.609 千米），或车流量过大处，考虑设置路外自行车道。这些开创性工作都在此后形成了各项专项规划或针对性城市法规，引导了戴维斯市城市规划工作的进一步发展。

规划实施过程中，核心问题仍然是增长管理。在规划出台次年，戴维斯市人口为 4.87 万，几乎达到 2000 年的规划目标。对此进行的市民投票中，通过了一项名为“按照合法情况下最慢的发展”的倡议，接受年均 1.87%的增速（之前 20 年的平均增速为 6.4%）。为此在 1987 年底通过的规划修编中，将 2010 年的目标人口定为 7.5 万。同时，也确定了在提高城市密度的前提下，通过限制小汽车并适应自行车和步行的慢速生活，以及降速后城市景观和艺术品质的提升，令城市向精细化发展的规划框架。

2.4　2001 年戴维斯总体规划——细节的完善

1984 年戴维斯总体规划中的一些核心理念逐渐被公众广泛接受，如增长管理、填充式更新和自行车交通等。2001 年总规仍继续强调社区生活品质和小城镇特色两个发展愿景，同时将 2010 年城市规模减少到 6.4 万人口。

此轮规划周期中，增长管理继续向更大的地域空间和精细度发展。戴维斯议会考虑到当时城市化发展速度，城市想要保持目前“田园城市”风貌，不仅要严守自身的发展边界，同时还要避免戴维斯市所属的约洛县周围地区，尤其是北侧的伍德兰德市向戴维斯市方向过度发展，保持空间分隔，否则戴维斯和伍德兰德将在多年后连成一片，戴维斯作为“田园景观的小城市”的社区感将不复存在。为此，1987 年戴维斯市同约洛县签署了“财政转移支付协议（Pass Through Agreement）”，戴维斯市根据约洛县增长管理情况为其提供补贴，作为约洛县牺牲发展，同戴维斯市共同实践增长管理的补偿。2001 年总体规划对戴维斯城市居住用地有两方面要求，一是由于新开发用地稀少，必须采用更紧凑的开发方式；二是在现状邻里中倡导填充式开发，加倍珍惜土地。

2001 年版总体规划中自行车和景观系统规划特色是持续 10 多年探索的成果。早在 1988 年，戴维斯市就提出了将整个城市的绿带全部联系起来的概念。它虽源于美国传统的波士顿绿环概念，但却创新性地将绿环与自行车系统结合，凸显了戴维斯的城市空间特色。1991 年编制并于 1993 年修编的戴维斯自行车道规划，大大增加了路外自行车道数量，达到 29.1 英里，与路内自行车道长度相当（36.8 英里）。相对于在普通城市道路中划出的“路内”自行车道，“路外”自行车道位于公园、绿化带等城市道路之外，更加安全并具有骑行的情趣，因此也更受年轻人和自行车初学者欢迎。戴维斯自行车系统的最成功之处，在于它有意识地建立各社区和目的地的联系，并加强了自行车道穿越高速公路、铁路、小溪和主要街道等物理屏障的功能。如 UCD 和城市核心区同南戴维斯被铁路和 80 号州级公路分隔处，属于 1993 年自行车道规划的节点设计。通过在漂塔溪（Putah Creek）两侧公共绿带内设置的 3 处下卧自行车立交涵洞，形成了联系大学、中心区和郊区居住区的畅通自由的路外自行车道路系统。人们可以在途经优美的溪流和林地后，安全愉悦地往返于学校和郊外住区，即使有高速公路的苜蓿叶和铁路线分隔，“花园城市”的整体感依然不改（表 1）。

表 1 戴维斯主要总体规划对应的城市现状人口、UCD 在校生数量、主要增长管理理念和对城市特色的作用

规划版本/规划期末人口（万）	UCD 学生总数/城市人口（万）	城市主要发展战略	规划实施后的城市特色
1958 年版/30000～35000（1980）	2200/7735	有吸引力的居住社区，同时与大学的发展相协调	农田保护和紧凑发展，邻里式城市
1964 年修编/35000（1980）	7000/11700	避免蛙跳式发展（Leaf Frog）	紧凑发展城市
1969 年修编/90000（1990）	11000/23000	将城市性质确定为大学城；将自行车系统纳入整个交通综合系统之内，并致力使自行车系统与其他交通方式的矛盾降到最低	大学城和自行车之都得以确立
1973 年版/50000（1990）	13500/30950	确立增长管理的政策	坚持低速增长，保持田园小城镇特色
1977 年修编/50000（2000）	15500/35000	进一步加强增长管理，确立内生式发展模式。历史资源保护和建筑能源保护标准	大学城作为城市发展核心，城市人口、就业、产业等进一步单纯化。历史街区被保护
1984 年版/50000（2000）	18000/39200	“按照合法情况下最慢的发展方式”的新的城市规划框架形成。提出城市发展边界线概念、填充式发展、混合利用土地的方式	路外自行车系统
1987 年修编/50000（2000）	19314/42800	戴维斯同约洛县签署了“财政转移支付协议”，推进区域增长管理。周围环绕着农田、自然栖息地和保护区。编制分区规划	城市周边的田园风光被强化。城市各分区具有鲜明特色
2001 年版/64000（2010）	26426/61000	1987 年总体规划中，开发用地面积和单位总数不增加。完成大量专业规划和分区规划。填充式发展	绿带系统与路外自行车系统被整合。紧凑发展城市
2007 年修编/64000（2010）	29672/64600	借助 UCD 大学产学研的强大经济杠杆效应，推动发展	科技创新城市

3 戴维斯目前增长管理的关键问题

近年来，戴维斯城市规划理念保持了稳定、连续。新版总体规划编制也已启动，原计划 2019 年底完成。但作为总体规划主要内容的交通、住房等专项内容也都完成了修订，准备工作已经成熟。2017 年颁布的《城市状况报告 2017》，对总体规划的主要矛盾问题向公众进行通气，为下一步提出的综合解决措施提供背景和铺垫，并对这些新的规划政策进行预热和探路。从中看出，未来戴维斯仍然会坚持增长管理政策，但本次总体规划在诸多具体政策问题上，面临重要抉择。

一是城市用地匮乏。2017 年战略报告显示，戴维斯市的空地仅剩总用地的 3.3%，只相当于不足 4 年的发展空间。2016 年戴维斯市曾上调了高密度居住用地的密度指标，每英亩住宅数

从最初的6～24户大幅提升到24～40户，但对于至少着眼于10年以上周期的规划工作，这显然不够。

二是土地增量机制失效。现行的“戴维斯城乡用地的转换机制（Measure J/R）”曾被认为是戴维斯一种创新的土地增量机制，其机制通过公民投票决定农业用地可否调整为城市建设用地。但在过去17年里，实际仅办理的4宗农业用地调整中，拟作为住宅开发的3宗农业用地转换均被否决。直白地说，这一公众投票机制在它存在的十几年里，并未在拓展住宅建设用地问题上起到任何实质作用。2017报告也在最后“需要讨论的问题”中，将2020年12月是否应延续该转换机制，以及应如何优化机制这一问题抛给公众。显然，戴维斯议会的类似工作已经在进行中。

三是戴维斯大学城的内生性发展战略为通过用地功能转换增加住宅发展用地提供机遇。目前戴维斯坚持内生性发展，提升大学城“纯度”。在用地规划方面，体现为强化教育科研产业及其配套的住宅功能，降低其他工业等其他产业比例，这为戴维斯增加居住用地提供了可能性。如80号高速公路两侧用地，以往规划均因噪声影响而作为工业用地，但在戴维斯内生性发展战略背景下，对公路两侧非住宅用地的业态性质限制极为严格，除政府管理、市政设施和商业服务外，对其他科技研发行业的引入标准很高。以闲置多年的齐尔斯大道（CHILS）3820号用地为例，在多次高科技企业招商未果后，规划态度有所松动。2018年9月的该用地住宅开发规划听证会上，讨论的焦点转变为用地内历史建筑保护和现状绿化保存，没有涉及用地性质调整，证明2017年城市状态报告的建议已经被政府采纳，新一轮城市总体规划中必将进一步提升城市住宅用地比例，内生性增长模式进一步强化。

4　戴维斯增长管理的启示

大学城和增长管理都是当代潮流话题，戴维斯市是加州城市增长管理理念最早的实践者，也是十分纯粹的大学城。多年来的增长管理理念高度切合大学城的定位，匹配大学精神，在城市规划中体现了大学特有的追求卓越、创新精神和人性关怀等品质。

如果我们看到戴维斯市半个多世纪的发展历程，几代人的坚持和智慧，并牺牲了快速发展的短期实惠，想必也会感慨戴维斯大学城今天的规划成就来之不易。回溯历史，城市发展的主要基调来自半个多世纪前的决策。1958年第一次总体规划确定了城市用地范围和空间布局，随后1969年明确了大学城的城市性质，并在此后将增长管理和自行车系统等作为城市发展基调。可以说，戴维斯对最初城市理念的坚持和稳定持续的政策创新优化才是其今天成就的源泉。

戴维斯的增长管理是城市规划成功的基础。在该政策的执行态度方面，经历了从20世纪70年代后对低速发展政策的刚性规定；再到当前戴维斯的增长管理已经成为涉及城市规划、城市财政、公众参与等多方面复合化的综合治理活动，甚至是超出城市边界，成为与约洛县区域联动的协同发展机制。

戴维斯增长管理同戴维斯大学城的城市功能有紧密关系。增长管理政策始于1973年版规划，政策的推出即以大学城的城市定位为背景和依据，此后城市和UCD规模保持稳定比例，历次城市总体规划更是将增长管理作为共同的规划目标。从中看出，戴维斯作为大学城，城市规划行业深受大学知识分子独立思考和集体决策文化风气影响，50年来抵御美国郊区蔓延发展趋势，坚持城市容量控制理念和小城镇风貌；同时，UCD传统农学院的自然主义倾向也支持戴维斯低速发展和“高品质田园城镇”的规划政策；此外，戴维斯大学城居民中特有的高学历、低龄化、人口的高流动性等特点，是城市规划中提倡城市集约发展、住房多样性、慢行系统、新型城市空间等增长管理规划政策的根本前提和基础……这些方面结合在一起，构成了戴维斯成功推行增长管理不可缺少的条件。

戴维斯大学城为我们提供了一项增长管理的典型案例。尽管每个城市的发展资源条件千差万别，规模有大有小，但只有根据自身资源和优势，坚持各自不可替代的发展优势，才能在当今充满竞争的环境中走向最为适合的可持续发展之路。

[注释]

①戴维斯位列加州最佳社区43位，该数据来自美国知名社区统计网站 NIche. com。

②加州第一个民众选举决定的增长管理城市佩塔卢马：佩塔卢马原为乳制品和家禽养殖城市。1969年，当加州交通部（Caltrans）将101号高速公路修抵佩塔卢马时，随着寻找廉价住房的旧金山工人涌入，1970年城市增加了约600套住房；1971年提升到900套。学校不堪重负，废水处理系统瘫痪。1972年，佩塔卢马市民投票通过增长管理法令，每年新建住房不超过500套。

[参考文献]

[1] DAVIS. Davis community development department. City of Davis general plan [R]. Davis：City of Davis，2007.

[2] YOLO COUNTY . Yolo County master plan project. Master plan of the county of Yolo and cities of Woodland，Winters，Davis. Woodland [R]. Yolo County，1958.

[3] DAVIS，YOLO COUNTY. City of Davis，Yolo County，California General Plan [R]. City of Davis，1969.

[4] MOORE M，JACOBSON T，BALSHAW J，et al. Petaluma marks 30 years of growth control [J]. California Planning & Development Report，2002（4）.

[5] DAVIS. Davis planning commission. General plan：city of Davis，1974—1990 [R]. City of Davis，1974.

[6] DAVIS. Davis planning commission. City of Davis general plan [R]. Davis：City of Davis，1974.

[7] DAVIS. Davis community development department. City of Davis general plan [R]. Davis：City of Davis，1987.

[8] FRANCIS K，JONES S，DAWSON K. “The Davis greenway plan”：a collaborative planning project between the city of Davis and the university of California [R]. City of Davis，1987.

[9] Davis department of community. Development and sustainability state of the city report [R]. City of Davis，2017.

[10] 甘霖. 从伯克利到戴维斯：通过慢行交通促进生态城市的发展 [J]. 国际城市规划，2012（5）：90-95.

[作者简介]

蒋正良，博士，青岛理工大学副教授，加州大学戴维斯分校访问学者。

石峰，博士，青岛理工大学规划系副系主任、副教授。

冯琳哲，青岛理工大学本科生。

臧倩，青岛理工大学本科生。

第七编

城市防疫规划探索

新冠疫情对城市医疗规划建设的启示

□卢醒秋，李雅静，刘平（通讯作者），周浩

摘要：公共卫生事件的发生和自然灾害有相似之处，城市规划不能完全阻止公共卫生事件的发生。规划只能在有限的资源条件下，为不确定的风险做准备。只有通过每次灾后的反思和总结，挖潜备用医疗空间，加强基层医疗建设，健全国家公共卫生应急管理体系，才能将其带来的危害减少到最小。本文以武汉“两山”医院、方舱医院建设为例，总结其建设先进性、流线合理性，希望基层医疗点的建设可有所借鉴。

关键词：公共卫生；“两山”医院；方舱医院

党的十八大提出了2020年全面建成小康社会的宏伟目标，由此我国的医疗卫生服务体系必须坚持为人民健康服务的导向，在“病有所医”上持续取得新进展，实现人人享有基本医疗卫生服务，以全民健康促进全面小康。但是，重大传染病特别是新发传染病与输入性传染病威胁仍将长期存在，给居民健康带来严峻挑战。同时，慢性疾病防治任务依然艰巨。2019年12月以来，湖北省武汉市陆续出现新型冠状病毒感染的肺炎病例，其传播速度之快、感染范围之广、防控难度之大，是新中国成立以来我国发生的重大突发公共卫生事件之一。在这次疫情中暴露出很多问题，如传染病疫情防控在防灾减灾规划和医疗卫生专项规划中都少有涉及，因为传统的经验认为这部分内容似乎不能称之为灾害，并且与城市规划建设关系不太紧密。因此，本文针对突发公共卫生事件，从城市医疗机构布局及医疗建筑设计角度出发，讨论一些可以直接或辅助降低呼吸道传染病大规模暴发的风险的措施。

1　健全公共卫生服务体系，挖潜城市“冗余空间”

要改革完善疾病预防控制体系，健全公共卫生服务体系，优化医疗卫生资源投入结构，加强与完善医院、基层社区卫生服务机构的防疫建设。

武汉作为国内医疗资源相对丰富的大城市，有许多一流的大型三甲综合医院，但此次疫情中仍出现救治能力严重不足的情况。大型三甲综合医院建设的初衷并不针对目前这种呼吸道烈性传染病大规模暴发情况，无法承担大量的突发传染病的救治，这不是预见性不够，而是医院定位不同，无法完全满足这样的极端需求。而且传染病医院的设计和综合医院的设计理念、管理模式、医疗流程等方面也大相径庭。理论上可以在大型三甲综合医院建设初期考虑满足这种需求，但过度的防护会降低医院日常的使用效率，提高设计标准也会带来投资的增加，这些问题都需要综合权衡。

因此，加强基层防控能力的建设势在必行。要坚决遏制疫情扩散输出，大幅度充实基层，

特别是社区力量，加大流行病学调查力度，织密织牢社区防控网，实行严格的网格化管理，坚持关口前移、源头把控，开展拉网式筛查甄别，对确诊患者“应收尽收”，对疑似患者“应检尽检”，对密切接触者“应隔尽隔”，管好每一个风险环节，尽可能不留死角和空白。

但加强基层防控的建设也就意味着要加强基层医疗服务机构空间上的投入。鉴于我国目前社区医院规模都较小，仅仅满足一般社区居民基本医疗服务需求，用地不充裕，因此建议在城市新区社区医院规划阶段，在合适区域预留用地；在老社区有条件的情况下，基层医疗点需考虑局部区域临时隔离，使之符合集中救治的要求。

除此之外就是充分挖潜城市的备用地、冗余空间，针对性预留应急集中救治的条件区域。“冗余空间”字面上的意思是“多余的空间”，本文是指城市在紧急状态下，短期内可以迅速启用，用于人员疏散、避难、隔离、物资储备及政府指挥等的空间。冗余空间就是为了在重大公共安全事件的初发期和可控期内预留出城市运行的空间余量，运用这个余量，可以对城市中发生剧烈变化的突发事件进行有序的管理，以最大程度地减缓事态进一步向暴发期演变。

2　运用城市冗余空间对公共安全事件进行有效管理

为应对这次疫情，武汉不仅火速建设了雷神山医院和火神山医院（以下简称“两山”医院），且从 2020 年 2 月 5 日起，已全面将会展中心、体育场馆、学校等陆续改造为 16 家方舱医院，集中收治新型冠状病毒感染的肺炎轻症患者。在疫情的关键时期建设方舱医院被认为是关键之举，有效缓解了武汉医疗资源紧张，解决了轻症患者的收治难题。

“两山”医院属应急集中收治医院，解决的是最基本的医疗功能需求，满足疫情的救治需要、保障医护人员的安全。大灾当前，“两山”医院对环境和周边居民的潜在风险暂时被搁置一边，不过总体来说“两山”医院的选址基本还是合理的（图 1）。火神山医院位于武汉蔡甸区，毗邻知音湖（知音湖不是武汉的备用水源）；雷神山医院位于武汉江夏区，毗邻黄家湖（因为军运村的建设，基础设施完善）。从选址来看，均与密集人口地区保持了一定距离，基本可以算作是备用地、冗余空间。“两山”医院选址在这两处还有以下 4 个原因。

图 1　武汉火神山医院、雷神山医院选址区位示意图

第一是安全性，根据面对的主要灾害类型，从防范地震、台风、洪水等防灾要求出发，备用地要处于最为安全的空间。火神山医院临近武汉职工疗养院，雷神山医院本身就位于军运村内，均是经客观实践验证过的安全的空间。第二是能保障短时期内的物资供应。该区域周边基础设施配套完善，其位置处于外界方便补给的地区，便于在受困的情况下保障物资供应。第三是能够实现快速疏散。该区域交通便利，在公共事件事态发生剧烈变化的时候，受灾人群能够迅速转移到该地。第四是能够有效与周边环境隔离。这两处土地资源较为充裕，周边居民稀少，便于管理。

城市中应存在大量的冗余节点。节点应在城市中呈网络型设置，其核心作用是物资储备和人流的避难与管制。

从本次疫情来看，各方舱医院就是各区域必备的冗余节点。居家隔离政策被证明进一步诱发了大规模传染之后，才考虑紧急征用体育场馆、会展中心、学校和仓库作为临时备用的传染病医院和隔离点，开展轻症患者和疑似患者的收治工作。这些设施在原来的建设过程中，本来就有较高的安全性与快速疏散的考虑。如果地方政府在可控期内，能够及时地将重症患者收治在备用传染病医院，并有足够空间集中隔离轻症患者，有可能降低疫情扩散的速度。

2.1　“两山”医院建设的先进性

由于疫情的急迫性，“两山”医院设计建设周期尽可能缩短。从这一角度看，武汉“两山”医院与2003年北京的小汤山医院核心布局差别不大，但相比较17年前的小汤山医院，“两山”医院在设计施工上还是有若干较大的进步。

首先是建造工艺有较大升级。小汤山医院利用预制混凝土房现场组装，没有固定尺寸，对建设进度和后期使用有一定影响。而“两山”医院采用了装配式集装箱活动板房，规格统一，工厂化生产后现场快捷组装，在施工效率、模块标准化、定制灵活性上都更具优势（图2）。集装箱式活动板房上部荷载较轻，对地基承载力的要求较低，大大简化了地基处理和建筑基础的设计施工，缩短了建设周期。

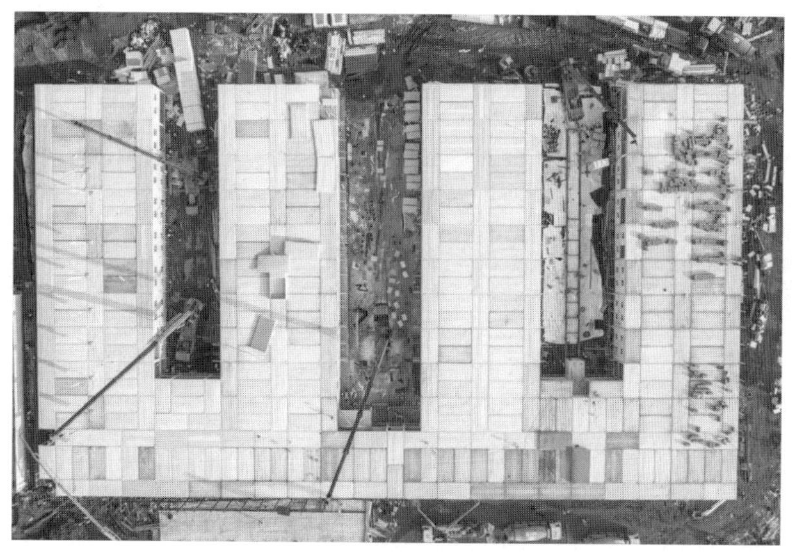

图2　火神山医院二号住院楼板房

其次是“两山”医院采用了易操作、模块化、平台化、易维护的智能化系统。在内部搭建网路平台，外部建设5G基站，实现无线网络全覆盖，实现内部信息管理及远程管理与通信。

最后是建筑信息模型（BIM）技术运用。通过虚拟建造，对设计可能存在的问题予以分析、排查，提高建造效率。火神山医院毗邻知音湖，因此设计中采用了地下防渗和污水、雨水、医疗垃圾全收集全处理等措施，确保医院的施工建设及后期使用不造成环境污染，避免出现病毒散播的情况。

2.2 方舱医院的基本功能和建设特点

启动建设方舱医院，正值武汉疫情最严峻的时候。当时武汉医院一床难求，上万病人散布在家庭、社区和社会上无法及时收治。据此，中央提出了“应收尽收，应治尽治”的工作方针。一个多月时间里，16家方舱医院累计收治轻症患者1.2万余人，扭转了被动的防治局面。

新冠肺炎患者80%～85%的都是轻症，这种轻症甚至是可以自愈的，关键是要使这部分病人得到隔离，不会作为传染源扩大疫情传播。方舱医院有三项基本功能：一是隔离，把病人收到隔离场所，切断其和家庭、社会的接触所造成的传播；二是治疗，对轻症病人给予符合疾病规律和特点的医疗照护；三是监测，一旦发现病人病情加重，迅速转送到定点医院接受强化医疗。

方舱医院的建设有三大特点：一是大容量。使用会展中心、体育场馆、学校、仓库等大空间场所，可以满足一般医疗要求，能迅速收治大量病人。最初启用的3家方舱医院提供了4300多张床位，把大量滞留于家庭的患者带到方舱里来，显著减少了社区传播，加强了患者救治。二是高速度。方舱有基本的病区、隔板、床位等；划分出污染区、缓冲区和非污染区，达到“三区二通道”的医院感染控制要求（图3）；配备基本的医疗设施，在极短的时间内高效建成。三是低成本。利用现有场所，仅增加床板、隔板、床头柜，改造好临时厕所、盥洗池，接入水电等基础设施即可（图4）。其他花费亦低于或至少不高于普通医院。

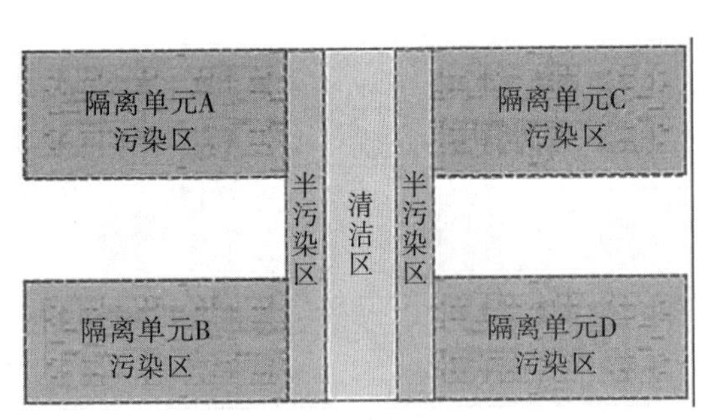

（1）污染区、半污染区、清洁区

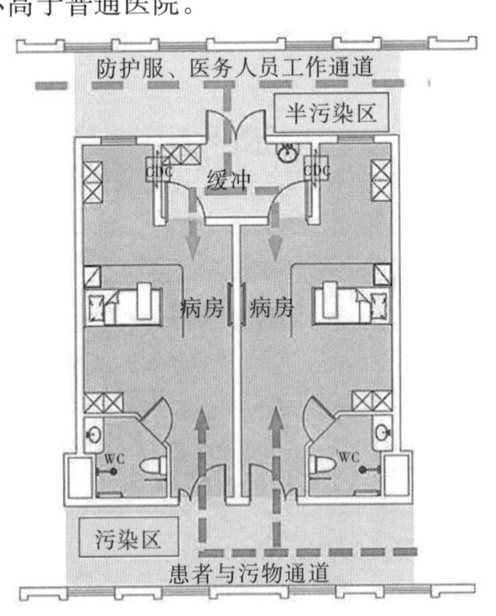

（2）医务人员、患者通道

图3 “三区二通道”分离模式

图 4　体育馆方舱医院

2.3　可复制的经验总结

目前来看，“两山”医院和方舱医院的建设经验都是可以快速复制的，其核心设计诉求就是通过合理分区与流线组织实现隔离。这也是目前所掌握的最有效手段，在没出现更新、更有成效的建设技术之前，该建设模式应该会被持续、广泛采用。“两山”医院的设计挑战主要在于配合工期、解决现场情况等技术层面，有一定传染病医院设计经验的设计单位一般都能胜任。

方舱医院建设主要用最少的时间、最小代价建设并交付，故在设计施工过程中应尽量利用现有成熟的材料和技术。在严格的院感规范和流程设计下，16 所方舱医院收治效果符合预期；更为重要的是，舱内未出现医护人员感染病例。方舱医院可以作为成熟有用的经验，运用到今后大的疫情防控之中。新冠肺炎疫情在全球已具备大流行特征，我国奔赴伊朗、伊拉克、意大利等国际应急援助的专家团队，已向当地提出了建设启用方舱医院的建议，这是一个适用有效的“中国方案”。

3　战“疫”反思，对城市医疗设施规划的启示

疫情过后，如果政府增加投资到公共卫生等领域，提高国家的公共卫生供给质量，通过增加医疗设施来解决现有医疗与公共卫生系统不充足、不合理、不平衡的问题，就不仅仅是增加达到收治传染病标准的病床数或医院，还应包括与控制传染相关的各类设施。这些设施有相当一部分和平时医院本身的诉求不一样，其运营、维护成本在医院的正常经营中无法兼顾。因此在讨论疫情结束后医院建设规划改进的同时，要多维度地分析今后各种变化的可能性。

3.1　大型综合医院建设“留白”

建议在有条件的情况下，大型综合医院按照医院的不同级别、救治能力，进行系统防疫功能规划，做好资源的“平战结合”。

扩充常规发热门诊的传染病接诊能力，预设紧急疫情下可应对最大就诊病人流量负荷的硬件配备，平时划出富余部分空间安置其他功用，战时可实现快速转换；在各类医院建设标准中，提高建设用地的床均面积标准，对医院建设要留出“白地”，作为应急防疫储备用地，纳入标准规范。做好地面硬化铺装，水电管线设施配备齐全，平时场地作机动使用，战时可迅速搭建临

时设施应急。

3.2 补充基层卫生机构防疫功能

作为分布覆盖最广的基层社区卫生服务机构，普遍未设置传染病发热门诊，没办法接诊发热病人，公共卫生防疫功能部分缺失。疫情突发时，基层社区卫生服务机构不能在第一时间对本社区感染人群进行初步筛查导流，难以起到“第一道拦洪坝”的作用。

对于社区防疫则需要基础配套设施，国家已明确规定新型冠状病毒的防疫工作要从社区抓起。完善补足其防疫功能设施，增加发热门诊，少量设置留观病床。疫情紧急时，其可完成初步的筛查导流工作，并与大型医疗机构、公共卫生部门、定点传染病医院信息联动，为病人分流转诊提供信息指导。

武汉市主城区内有1200余个社区，这里面既包括人数超过10万人的大型社区，也包含大量缺少物业管理、分布分散的传统社区。因此，需要充分挖潜更多的城市冗余节点。事实证明，部分规模较大的社区卫生站、学校、广场的地下空间在本次疫情中都起到了积极的收治病人的作用（图5、图6）。

图5 武汉首义广场地下室方舱医院

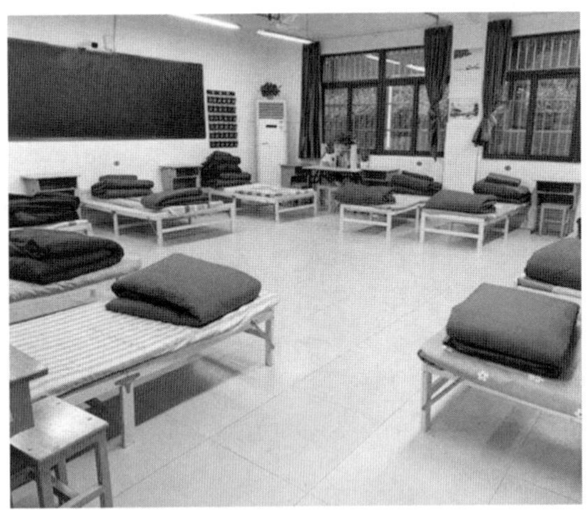

图6 武汉石牌岭高职中学临时改建为“方舱”

社区医疗点就是应对突发事件的“储备”，平时可像普通医院那样接诊，一旦出现突发事件，应能迅速改造为综合医院的特殊门诊，承接瞬时暴增的首诊。社区内的私人医疗从业者、退休医生甚至医学院的学生，都可登记为“预备役”医生，接受防传染培训。

4 结语

2020年2月14日，习近平主持召开中央全面深化改革委员会第十二次会议，会上强调确保人民群众生命安全和身体健康，是我们党治国理政的一项重大任务。针对这次疫情暴露出来的短板和不足，我们还需完善重大疫情防控体制机制，健全国家公共卫生应急管理体系。实现“健康中国”，我们需要更完善的分级诊疗体系，以满足人民不同的医疗需求。在医疗服务体系中，分级诊疗体系是目前国际上公认相对高效的医疗服务模式，不仅在日常运转中可以提升医疗资源的利用效率，也可以大大延展医疗服务体系的承载力。通过这次疫情，相关工作者要在平时的医疗规划体系设计中加上一些战时的容量，以免陷入“平时不好用，战时用不了”的困局之中。

[参考文献]

[1] 周建军，桑劲. 城市“冗余空间”的规划与管理：基于“新冠肺炎”疫情的思考［EB/OL］.（2020-02-18）［2020-06-06］. http：//www. planning. org. cn/news/view? id=10404&cid=0.

[2] 筑医台资讯. 疫情冲击后的医院设计思考：同济设计院三位专家领衔解读［EB/OL］.（2020-02-05）［2020-06-06］. https：//xw. qq. com/amphtml/20200205A0JBYM00.

[作者简介]

卢醒秋，高级工程师，武汉正华建筑设计有限公司设计一院二所所长。

李雅静，正高级工程师，注册城乡规划师，湖北省城市规划设计研究院规划二院副院长。

刘平，副主任医师，硕士研究生导师，华中科技大学同济医学院附属梨园医院骨科副主任。

周浩，高级工程师，北京京林联合景观规划设计院设计总监。

基于防控公共卫生风险的健康城镇化空间指标体系探索

□舒美荣

摘要：城镇化地区人口高度流动、空间高度集聚与疾病的不确定性所带来的公共卫生风险，是我国在城镇化过程中面临的巨大挑战。现有城镇化研究集中于经济、社会、人口、生态、文化等方面，而对城镇化地区的公共卫生风险研究较少，COVID-19 的暴发与防控引发了对健康城镇化的探讨。本文以城镇化地区公共卫生风险评估入手，探索建立健康城镇化的防控空间指标体系，认为应充分体现规划前瞻性、引导性、统筹性，预留公共卫生与健康空间指标、加强防疫设施建设，采用平灾结合、防控有界、互联共享的公共健康防控体系，形成以社区为基础的防疫单元。

关键词：公共卫生风险；健康城镇化；防控空间；指标体系

1 引言

自工业化促进城镇化以来，传染病是城镇化地区所面临的最大公共卫生问题。19 世纪以来，全球曾遭遇英国霍乱、欧洲疟疾、埃博拉等传染性疾病，导致了大量人口死亡。2019 年底发生在我国武汉的新型冠状病毒（COVID-19）肺炎是我国快速城镇化以来遇到的传染性强、扩散速度快的传染病之一。传统城镇化以“数量规模、经济发展”为导向，在人居环境、公共卫生预防与控制等方面存有短板。城镇化地区人口高度流动性、空间高度集聚性与传染病的不确定性，增加了城镇化地区突发公共卫生事件的可能性。

据超星统计，现有城镇化风险相关研究共 30080 个，主要集中在经济风险控制与管理、生态风险评价、结构变动引起的社会风险等方面，而关于城镇化公共卫生风险的研究尚属空白。

城镇化地区的公共卫生风险具有超越身份与阶级，具有不可计算性、不可感知性，甚至全球性。本文以 COVID-19 所引发的公共卫生风险为切入点，探索健康城镇化的防控空间体系与指标需求。

2 城镇化公共卫生及衍生风险评估

2001 年我国加入世界贸易组织（WTO），融入全球市场，带来了两大转移：一是世界人口密集型产业向我国转移；二是国内农村多余劳动力向城镇地区转移。两大转移促使我国进入快速城镇化发展轨道。据国家统计局数据显示，我国城镇人口自 4.80 亿人（2001 年）增至 8.31 亿人（2018 年），城镇化率由 37.61%（2001 年）增至 61.55%（2018 年），年增长率为 1.13%。

处于快速发展阶段的城镇化体现出两大特征：高数量、低质量。城镇化在一定程度上提高了人民生活水平、公共设施配置水平、经济发展水平，但同时城镇化地区人口高度集中、空间高度集聚，生态环境让位经济发展，使得城镇化地区存有公共卫生风险与衍生风险的隐患。

2.1　城镇风险防控规划缺失，急性防疫系统不完善

传统城镇化的风险防控规划集中在洪涝、地震、火灾、地质灾害等自然风险与灾害方面，而对常规疾病医疗机构的选址与布局、对城乡公共卫生服务体系的构建不够重视。

目前城镇已形成综合医院、中医医院、专科医院等类型，以及基层、社区、乡镇、村卫生院（室）等层级的医疗卫生系统。近 10 年来，医疗卫生机构数量逐年缓增，年增长率仅为 2.3%，而疾病防控中心数量由 3536 个（2009 年）不增反减至 3442 个（2018 年），专业公共卫生机构和卫生监督所（中心）的数量不见增长。全国传染病医院 164 个（2017 年）分布于北京市、青岛市、徐州市等地区，绝大部分城镇地区缺乏传染病医院（图 1、图 2）。

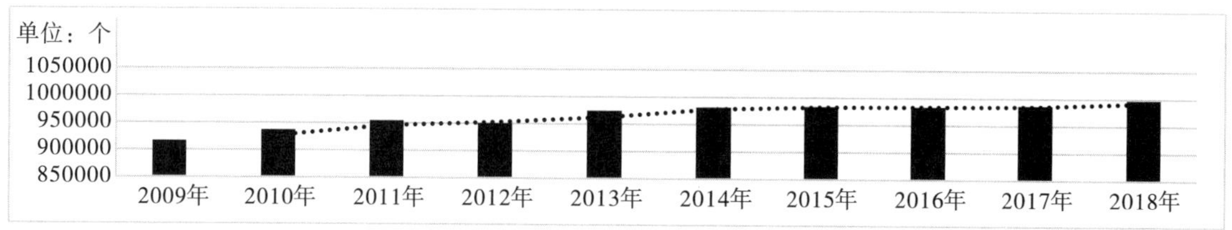

图 1　近 10 年医疗卫生机构数变化示意图

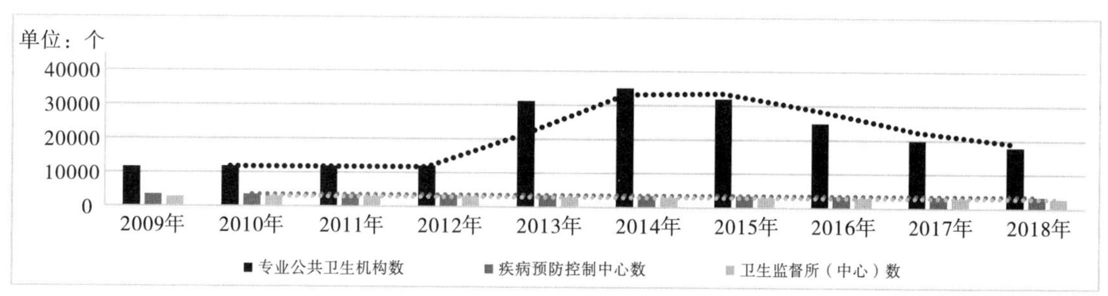

图 2　近 10 年公共卫生防控机构数量变化示意图

2.2　城镇应急保障规划缺失，防控支撑系统不完善

根据《中华人民共和国城乡规划法》（2019 年修正），规划区范围、规划区内建设用地规模、基础设施和公共服务设施用地、水源地和水系、基本农田和绿化用地、环境保护、自然与历史文化遗产保护及防灾减灾等内容，是城镇总体规划的强制性内容。物流仓储用地不属于强制性编制内容。

应急突发事件（比如公共卫生事件）的防控需物资供应、仓储及调配、运转、管理等环节支撑。而从国家到地方编制的突发事件应急体系建设规划都缺少与之配套的空间规划，无法有效保障应急仓储用地指标及空间落位。

2.3　小结

通过以上分析，可知风险防控规划及应急保障规划缺失导致防疫系统与应急物资支撑系统不完善，因此当突遇 SARS、COVID-19 等传染性强的疾病时，城镇化地区相比乡村反而显得脆

弱。笔者认为有必要从规避公共卫生及衍生风险角度出发，加强有关规划引导与管控，构建城镇防控空间体系并引导空间指标的量化、落位。

3 防控公共卫生风险的健康城镇化空间指标体系探索

从疾病与健康角度来看，其指标体系包括预防、治疗、康复等阶段。与此对应，笔者认为健康城镇化的防控空间体系应包含疫前预防与监测、疫时防控与保障、疫后疗愈与康养三大子系统。本次讨论重点为疫时防控与保障系统。

3.1 防控空间指标体系

本文探讨的防控空间聚焦于传染性强、传染速度快的疾病在暴发时所需的空间。因此类疾病具有扩散快、不确定性大、不可捉摸且短时难以研制出疫苗的特点，所谓“传染无界而医治、隔离有界”，本着“控制传染源、切断传染链、隔离易感人群”的基本防疫原则，结合医疗防控的全流程性，统筹安排公共卫生与健康安全的医疗空间（传染病医院）、轻症集中隔离空间、愈后患者和待确诊患者观测空间、医疗垃圾应急处置空间等，保障该类空间与生活区、生产区不产生负向效应。

防控空间尤其是固定医疗空间的选址，应在主导下风向且避开人流密集、水源保护等敏感地段，配置功能体现平灾结合、平灾兼容、平灾转换的特点；综合医院用地适当预留用地指标，以应对防疫期间应急医疗空间的就地扩建。

利用体育馆、展览馆等高大空间机动转换成模数化、标准化、隔断化的方舱医院，快速集中收治轻症患者，同时为愈后患者提供缓冲再观测场所。利用城市郊野公园位于城市边缘地带、生态环境优良的特征，结合方舱医院的组织形式作为防疫空间的补充单元。

医疗固弃物严禁混入生活垃圾收运系统，应采取“专车、专人、专袋、专点”统一收集转运，并在应急收集运输过程中采用卫生防疫消杀等措施。医学垃圾应急处置空间适宜在现有垃圾厂就地扩建，防疫期间医学垃圾处理厂参照生活垃圾处理工程项目用地指标标准在现址预留1～2公顷的弹性空间（表1）。

表1 城镇化地区防控空间指标体系

指标体系	定量管控（用地规模）	定位引导
传染病医疗空间	＜250床：1公顷 250～399床：1～2公顷 400床以上：1.5～3公顷	选址于地质条件良好、市政配套设施齐备、交通便利的位置，并远离人口密集、水源保护地等敏感地段
应急医疗空间	综合医院预留20%留白用地指标	在已建成的综合医院建筑中改造应急收治区，应将应急收治区设置在相对独立的区域（与其他医疗用房间距大于或等于20米）或集中设置于建筑端部
轻症隔离空间	1～2处郊野公园	结合体育馆、展览馆等高大空间及城市郊野公园等开敞空间，采用方舱医院的组织形式形成城市应急空间
医学观测空间	1～2处郊野公园	结合体育馆、展览馆等高大空间及城市郊野公园等开敞空间，采用方舱医院的组织形式形成城市应急空间
医疗垃圾应急处置空间	1～2公顷	就近垃圾处理厂预留1～2公顷的弹性用地
防控单元医疗设施	每个社区各配1处100平方米的疾控用房	结合原有社区医疗卫生设施配置

3.2　保障空间指标体系

城镇地区是购买农产品商品与服务的区域，物资生产能力较弱，防控期封闭式管理、公共交通停摆、商业服务点关闭等应急措施对居民生活造成很大的影响。同时防控期医疗物资需求呈指数级增长，医疗器械等物资储备基地、疫苗研发生产基地等物资保障空间也是健康城镇化应考虑的重点之一。

结合农业资源与区划，战略布局物资（生活性或生产性）供应基地和存储空间；结合高校（医学类）平台加强科研储备。通过对全民健康的大数据动态监测，划分防控等级、识别城乡相对安全区域，构建应急交通与物流通道。

根据城镇化地区农产品流通及居住人群组织特点，以社区为主体建立基础防控单元，以城乡信息化、智能化平台为技术支持系统，整合消费需求与产品供应的关系（C2B）。建立物资供应基地或物资（生活性或生产性）流通中心，通过应急疏运交通通道配送至 5 分钟防控圈及社区防控单元，精准保障防控健康运作（表 2）。

表 2　城镇化地区保障空间指标体系

指标体系	定量管控	定位引导
城乡生活性物资流通中心	大于 5 公顷/处	临近居住用地，与城市对外货运枢纽有便捷联系，服务半径 2～3 千米，与居住区、医院、学校等的距离不应小于 1 千米
城乡生产性物资流通中心	6～10 公顷/处	依托工业区或仓储物流用地设置，服务半径 3～4 千米，与居住区、医院、学校等的距离不应小于 1 千米
城乡应急交通与物流通道	快速路宽度大于 25 米；主干路宽度 40～50 米；每条车道宽度 3.5～3.75 米	每个方向有 2 条应急防控通道，满足消防车辆、保障物资运输车辆通行的需要
互联网技术支持平台	在社区居委会或者物业中心配置 50～100 平方米用房	以社区为防控单元，设置数据管理平台，动态采集与监测人群健康数据信息，精准管控以小区为主体的防控单元
慢行交通通道	宽度大于 14 米；每条车道宽度 3.0～3.25 米	满足居民生活和通勤出行需要，与应急通道空间不重叠，尽量利用社区街道或城市支路组织慢行交通通道，并设置无障碍设施

4　结语

2020 年的战“疫”充分体现了多专业联动的重要性，规划作为提供公共产品的技术支持专业，更应体现前瞻性与引导性，预留防疫空间；同时城镇化地区作为“生存防疫共同体”，应增强空间韧性与弹性，提升治愈力与免疫力。

在国土空间规划体系的大环境下，实行全域管控、严守生态底线已是行业共识。城镇化发展由量聚向质变转型，城镇化地区更关注微更新及未来社区建设，同时健康城镇化也是人民的需求与关注重点。而规划师下沉社区与乡村，形成基础空间规划服务机制，引导社区与乡村等基础防疫单元健康运行。

在此次战“疫”中，“互联网＋农业”、OTO（Online To Offline）订单农业保障了隔离群体的基本生活，体现了乡村与农业地区未来大有可为。同时将会催生人工智能化、大数据应用、宅经济、无人机物流等新经济业态发展，减缓乡村低端劳动力转移，从而使城镇平稳发展。那么，如何保障乡村劳动力的就业率与推进城镇化？笔者认为应从政策上引导低端制造业及农副产品加工业向中心城镇转移，引导农村人口就地城镇化，加强城镇化韧性，减少人口远距离迁徙所带来的疾病传染，以此消减过度集中城镇化所带来的公共卫生健康风险。

随着人口老龄化趋势加重，笔者认为应重视对城镇化地区慢性病的防控，并从规划上保障慢性病康养用地指标与空间落位。

［参考文献］

［1］中国中元国际工程有限公司“抗击新型冠状病毒感染的肺炎疫情应急医疗设施建设”专家组．中国中元传染病收治应急医疗设施改造及新建技术导则［S/OL］．［2020-3-21］．http：//www.sohu.com/a/370444705_683365.

［2］中华人民共和国住房和城乡建设部，中华人民共和国国家发展和改革委员会．传染病医院建设标准：建标 173—2016［S］．北京：中国标准出版社，2016.

［3］浙江省住房和城乡建设厅．方舱式集中收治临时医院技术导则（试行）［S］．杭州：浙江省住房和城乡建设厅，2020.

［作者简介］

舒美荣，注册城乡规划师，工程师，任职于西安建大城市规划设计研究院。

新冠疫情对我国城市基本公共服务设施均等化的启示

□刘韶军，刘宗明，苏省，郭展，李红蕾

摘要：本文结合当前疫情，首先分析我国对城市基本公共服务设施均等化的要求，然后分别从城市整体层面、城市区级层面、城市社区级层面分析为实现城市基本公共服务设施均等化所应重点从事的工作，最后提出为了实现城市基本公共服务均等化建设，还要充分培养、依托当地人才，加大对本土人才的培育和使用，为本土人才的发展创造良好条件。

关键词：疫情；基本公共服务设施；均等化；社区；本土人才

近年来，我国在推进基本公共服务均等化建设上取得了明显成效，各级各类基本公共服务设施不断改善，城乡区域间生活水平和公共服务的差距逐步缩小。但在教育、医疗卫生、社会保障等关系群众切身利益的领域，还存在优质资源分配不均衡等问题。如本次武汉疫情防控因医疗公共设施不足，为了推进落实“四集中”，征用酒店、民营医院、党校、大学宿舍等场所建设隔离点，收治疑似患者和密切接触者，征用运动场馆建设方舱医院，让确诊患者得到了迅速集中收治。国务院印发《“十三五”推进基本公共服务均等化规划》指出，“基本公共服务均等化是指全体公民都能公平可及地获得大致均等的基本公共服务，其核心是促进机会均等，重点是保障人民群众得到基本公共服务的机会，而不是简单的平均化”。《中共中央关于坚持和完善中国特色社会主义制度推进国家治理体系和治理能力现代化若干重大问题的决定》进一步提出，“完善公共服务体系，推进基本公共服务均等化、可及性。……强化提高人民健康水平的制度保障……让广大人民群众享有公平可及、系统连续的健康服务”。黄奇帆认为，“疫情之后，国家要加大对教育、卫生、文化等公共设施的投资，尤其是加大公共卫生服务设施的投资，满足人民群众的需要，形成社会服务的平衡”。实现基本公共服务均等化，是促进社会健康发展、体现社会公平的迫切需要。

城市发展规模效应导致城市资源汇集能力强、效率高，城市功能高度集中，也使城市对基本公共服务资源利用的集中程度更高。这种基本公共服务资源的高度集中，就如东汉末年曹操将战船用绳索连接，虽然稳固，但缺乏灵活性。正如石楠所说：“一旦大难来临，基础保障的短板暴露无遗，医疗卫生服务全线供不应求、民众缺乏防疫防灾意识。”许多学者仍然在探讨城市规模与效应之间的关系，但毋庸置疑，本次疫情来临之时仍然依靠政府的应急施策及医护人员的救治，说明在城市环境各项公共设施建设方面仍然需要加强。武汉作为此次疫情的重灾区，所暴露出来的问题是城市缺乏应急能力，而这与公共服务设施配套均等化密切相关。英国政府早在 1872 年颁布《公共卫生法》，把全国划分为不同的健康区，每个区建立一个卫生局，这样便建立了一套从中央到地方的卫生与健康机构。1875 年，英国《公共卫生法案》以立法的形式巩固了公共卫生的地方管理机制，授权地方政府通过政府财政建立自己的医院，地方管理获得了更多的权力，公共卫生管理的能动性正式由国家立法认可转至地方权威，地方也第一次有充分的地方管理系统以有效处理公共卫生问题。教育、医疗、科技等高端资源具有公共物品属性，打破差异化配置公共资源的行政层级安排，实现均衡配置，这是城市环境高质量均衡发展的切入点。

在城市整体层面，统筹运用各领域各层级公共资源，促进各级公共服务资源有效整合、科学布局、均衡配置。建立健全公共服务体系、合理配置公共服务资源、公平分配公共产品和公共服务，制订基本公共服务均等化的标准体系，使城市不同地区的人们享有大致相等的公共服务水平，实现公共服务均等化的基本要求。还要注重城市社会系统的全方位协调和协作，协调城市优质资源在城市各个地区的最佳配置，在城市各个地区之间建构灵活的管理体系和空间体系，统筹好各个地区的组织、协作和支援，保障具有抵抗各种灾害能力的空间资源，形成功能相对独立的城市多中心的布局结构，增强城市空间结构适应各种突发性灾害的灵活性，以降低公共安全风险。协调好各个地区内各个社区生活圈之间的应急道路设置，保障交通通达性。

在城市区级层面，武汉市在本次疫情防控方面，区级政府发挥了重要作用。武汉市政府对各行政区实行层层压实防控责任，加强工作调度、强化组织协调，切实保障疫情防控工作体系协调高效运转，既保证政令畅通，又以上率下，精准施策。但城市内各市辖区政府调控能力不强，因为很多区政府职能在地级市政府，如公安、国土资源、规划、工商等由市局直管。今后应加强区级政府公共服务的协调能力，提升基层治理能力，进一步下放责权，明确责任，采用分层管理机制，实现城市管理重心下移。区级政府要拓展城市公共设施发展新空间，加强本区公共服务设施建设。认真研究区级范围内公共服务设施均等化问题，协调区内各个功能区的公共服务设施配置。协调好社区公共服务设施共享共建，处理好区政府、街道办事处的关系，合理划分职责权限。依据“街道办事处是城区政府的派出机构，对社区具有指导、协助和服务、监督的职能”的规定，今后要强化街道办事处的社会治理和社区公共服务功能，培育和发展基层社区组织，发挥社会组织建设和加强居民自治组织建设的引导作用，引导居住社区公共服务设施的共享共建工作，为社区服务业发展创造环境。

在城市社区级层面，武汉市在应对传染病暴发时，社区在防控疫情、及时分诊、监督核查方面发挥了积极作用，也在维护社会稳定方面发挥了重要作用，使整个城市群体得到了安全保障。社区是城市系统最基本的空间单元，与市民生活直接相关。在本次疫情中，由于社区的封闭式管理，社区成为居民主要的活动空间，为居民提供了良好的健康服务工作，极大地密切了社区与居民的关系，说明社区作为城市系统最基本的空间单元，具有不可替代性，这也对社区的公共服务供给能力提出了前所未有的挑战。但长期以来，社区公共服务设施未得到长足的均衡化发展，如在社区医疗资源方面，政府的医疗资源和医疗投入多流向大型医院，社区卫生服务及医疗条件相对较差。本次疫情早期，发热症状者纷纷涌向协和、同济等三甲医院，造成对医疗资源的严重挤兑，不仅耽搁就医，还极大地增加了交叉感染的风险。医疗卫生公共设施和社区关系极为密切，美国公共卫生领袖温思络提出“公共卫生是通过有组织的社区努力来预防疾病、延长寿命、促进健康和提高效益的科学和技术”。《中共中央关于坚持和完善中国特色社会主义制度推进国家治理体系和治理能力现代化若干重大问题的决定》提出：“加快推进市域社会治理现代化。推动社会治理和服务重心向基层下移，把更多资源下沉到基层，更好提供精准化、精细化服务。”习近平在《全面提高依法防控依法治理能力　健全国家公共卫生应急管理体系》（2020 年 2 月 14 日在中央全面深化改革委员会第十二次会议上的讲话）中指出，“要健全公共卫生服务体系，优化医疗卫生资源投入结构，加强农村、社区等基层防控能力建设，织密织牢第一道防线”，“要平战结合、补齐短板，健全优化重大疫情救治体系，建立健全分级、分层、分流的传染病等重大疫情救治机制”。因此，要全面发动社区的主动性，保障每个社区生活圈单元具备相对独立的抗击灾难、自救互助的能力，特别是在人员流动限制的情况下，充分发挥基层医疗设施的重要作用，提升医疗卫生机构服务能力。社区诊疗不仅能缓解大医院的就诊压力，使医疗资源得到高效利用，还可以有效减少患者到医院看病路途上带来的交叉感染风险。国务院印发《“十三五”推进基本公共服务均等化规划》指出：“全面推进公立医院综合改革，推动形成基层首诊、双向转诊、急慢分治、上下联动的分级诊疗模式。”今后要加强面向健康城市、韧性城市的社区配置标准研究，还要进一步提升社区层面的治理能力，通过转变政府职能，引领社区自治。给予社区一定的人事权、财权等，并充分发挥居民的主体作用。日本就是一个推崇“社区营造”地域治理模式的国家，这种地域治理模式是以居民为主体，通过社区行政和居民的协调合作来达到社区建设的目的。社区营造有效整合了社会资源并凝聚了社会各利益主体的力量，自下而上地促进了社区共建共治过程，其治理体系从行政化指令模式转向政府、市场、社会协商共治模式。具有法律地位的社区自治组织大量涌现，有效承担起社区自治中民主决策的权力监管，有效地调动了民间力量。在社区管理方面，由于城市老旧社区规模较大，实行集中管理难度较大，因此要充分研究社区和居住小区管理分工、公共设施配建共享问题。今后还要进一步探讨社区公共设施满足居民多层次多样化需求，充分运用社会力量的调节作用，从而使社区真正在提升社会公平、改善民生、化解社会矛盾等方面成为政府的基层单元组织，形成连续的居住社区、居住小区、居住组团等序列化公共设施服务空间体系。

城市基本公共服务均等化建设还要充分培养、依托当地人才，加大对本土人才的培育和使用。一是要加强专家型等高精尖人才队伍建设，充分发挥当地高技能人才在经济社会发展中的重要作用。二是要培养多层次应用型人才。当地人才对实际情况了解较为深入，当地政府可以及时倾听和回应专家意见，赋予公众知情权。特别是在武汉疫情萌芽阶段的早期判断与应对上，极为需要第一时间组织了解当地情况的专家团队提供决策建议。比如，2 月 22 日上午，湖北省省委书记、省新冠肺炎疫情防控指挥部指挥长应勇请来 8 位来自武汉市定点医院、方舱医院的院长和医疗专家座谈，针对突出问题和困难，现场研究、协调解决，使一些问题能够得到快速解决。此外，湖北省委组织部、省人社厅印发《关于对新冠肺炎疫情防控一线专业技术人员实行人事人才倾斜政策措施的通知》（鄂人社发〔2020〕3 号），明确对参加新冠肺炎疫情防控一线专业技术人员职称评审、岗位晋升、人才项目评选、人才招聘引进等方面的倾斜政策。在疫情防控最吃紧的时候，出台系列人事人才倾斜政策，为疫情一线广大医务、检验检疫、防疫科研攻关等专业技术人员鼓劲提气，为本土人才的发展创造良好条件，提供广阔的事业平台，实为关键。

［参考文献］

［1］黄奇帆．新冠肺炎疫情下对中国公共卫生防疫体系改革的五点建议［N/OL］．第一财经日报，2020-02-13［2020-06-08］．https：//www.yicai.com/news/100500338.html.

［2］石楠．免疫［J］．城市规划，2020（2）：1.

［3］栾凤廷．市辖区政府职能转变的问题与对策研究［J］．行政科学论坛，2019（4）：36-40.

［4］刘志平．疫情下的中国公共卫生体系［EB/OL］．(2020-02-15)［2020-06-08］．https：//bbs.guahao.com/topic/116258514801819650.

［5］范建红，梁肇宏，赵亚博，等．资本、权利与空间：日本社区营造的经验与启示［J］．城市发展

研究，2020（1）：101-109.

［作者简介］
刘韶军，郑州大学建筑学院教授，郑州大学城市规划设计研究院有限公司院长。
刘宗明，建筑师，任职于郑州大学城市规划设计研究院有限公司。
苏省，中级规划师，任职于郑州大学城市规划设计研究院有限公司。
郭展，注册城乡规划师，中级规划师，任职于郑州大学城市规划设计研究院有限公司。
李红蕾，注册城乡规划师，中级规划师，任职于郑州大学城市规划设计研究院有限公司。

基于突发疫情的生活圈公共服务设施配置研究

——以湖北省武汉市为例

□杨帆，张建辉

摘要：随着城市面貌和公共服务设施水平不断改善，居民的公共服务设施需求也在不断提高，需求与发展相对适宜。但是，在面对突发的公共卫生事件时，前者矛盾点突显，粗放型的城市发展理念和“以物为本”的城市发展观导致城市公共服务设施供给与需求矛盾显现。本文从生活圈的理论出发，讨论突发疫情时生活圈公共服务设施配置体系对于一个城市面对突发公共卫生事件时的公共服务设施尤其是医疗卫生设施、商业服务业设施、便民服务设施等资源的调配，提出一种将整个疫区作为一个整体单元的城乡公共服务设施配置模式，以期对疫情突发时的国内城乡公共服务设施配置的相关研究有所启示。

关键词：突发疫情；生活圈；公共服务设施配置

1　引言

改革开放40多年以来，我国的城市面貌和公共服务设施建设水平明显改善，居民的公共服务设施需求也大幅提高。但长期以来，粗放型的城市发展理念和“以物为本”的城市发展观导致城市公共服务设施供给与需求矛盾日益激化。一方面，城市各级公共管理部门的供给能力参差不齐，公共服务的供给呈现空间上的不均衡与受益人群的不均衡特征，大城市内部公共服务设施供给存在空间分异，进而导致社会分异加剧，影响了城市社会的和谐稳定；另一方面，我国城镇化建设进程逐年加快，公共服务设施建设发展不充分，公共服务设施的供给速度往往滞后于常住人口的增长速度，这对健全城市公共服务设施、完善城市功能、实现公共服务资源的均等化、精准化配置和提升居民满意度构成了挑战。

随着国家公共服务均等化、新型城镇化及和谐宜居城市建设等发展战略的相继实施，城市公共服务设施配置问题已经引起社会广泛关注。公共服务设施空间分布对当地城市居民生活质量有很大影响，有规划和地理界的学者从公共服务设施的空间配置研究入手，研究了公共服务设施的配置现状、空间差异和均等化布局等问题。李彬等人通过调查辽宁省14个地级市的基本公共服务质量，构建了基本公共服务质量评价指标体系，分析了基本公共服务质量差异的演变过程与空间格局的关系。王士君等人利用长春市中心城区大型商业网点的调研数据，探讨大型商业网点的区位特征及区位选择的影响因素。高军波等人分析了不同类型公共服务设施的整体空间分布特征。池娇等人用电子地图兴趣点（POI）描述实体建筑物的空间和属性信息，定量划分城市功能区并分析了城市的空间结构。吴康敏等人基于百度 POI 数据研究不同类型商业中心的分布特征和商业空间结构模式。郑文升等人分析了中国基础医疗卫生资源供给水平的总体差异与空间格局，研究基础医疗卫生资源供给的区域差异与医疗卫生体制改革、国家区域政策热点分布、人口大规模流动、资源供给管理体制及医疗卫生服务需求之间的关系。

总体来说，国内研究主要关注公共服务设施配置的优化布局、空间格局、居民需求和满意度及配置影响因素等内容。但是，面对突发的公共卫生事件时，对公共服务设施配置的研究目前还存在大量空白。21 世纪以来，一些极具突发性和社会危害性的传染病疫情高频率地侵袭着人们的安全，非典、甲型 H1N1、H7N9 流感、埃博拉病毒、2018 年的“非洲猪瘟”及 2020 年的新型冠状病毒肺炎，短则几个月长则一两年，每一次疫情的暴发都造成了巨大的经济损失。在这种突发疫情频发的大背景下，研究基于突发疫情时生活圈公共服务设施配置体系对于一个城市面对突发公共卫生事件时的公共服务设施尤其是医疗卫生设施、商业服务业设施、便民服务设施等资源的调配具有重大意义。鉴于此，本文从生活圈的理论出发，提出一种将整个疫区作为一个整体单元的城乡公共服务设施配置模式，以期对疫情突发时的国内城乡公共服务设施配置的相关研究有所启示。

2 突发疫情时生活圈的城乡公共服务设施配置研究

2.1 突发疫情的主要特性

疫情是指传染病的发生和流行情况。突发疫情是指在短时间内突然发生，并广泛传播的具有流行性的急性传染病。根据疫情的波及范围、危害程度、对社会经济的影响，一般将传染病疫情分为特别重大（Ⅰ级)、重大（Ⅱ级)、较大（Ⅲ级）和一般（Ⅳ级）四级。突发疫情的成因具有多样性，不仅与动物疫情、致病微生物、药品危害等有关，还可能与环境污染、生态破坏、重大自然灾害的发生密切相关。突发疫情的分布具有差异性，在时间分布上，不同的季节，传染病的发病率会不同；在空间分布上，传染病的区域分布不一样，此外还有人群的分布差异等。突发疫情的传播具有广泛性，当前我们正处于全球化的时代，一旦传染病具备三个基本流通环节，即传染源、传播途径和易感人群，它就可以通过现代交通工具在毫无国界的情况下广泛传播。突发疫情的危害具有复杂性，不但对人的健康有损害，而且对环境、经济乃至政治都有很大的影响，如 2003 年的 SARS 病毒和 2020 年的新型冠状病毒肺炎均对我国造成了重大的经济损失。

2.2 突发疫情时生活圈的划分

“生活圈”一词最早来源于日本，它指的是某一特定地理、社会村落范围内的人们日常生产、生活的诸多活动在地理平面上的分布，以一定人口的村落、一定距离圈域作为基准，将生活圈按照村落—大字—旧村—市町村—地方都市圈进行层次划分。国内学者将“生活圈”一词用来界定城市居民为了满足生存、发展与交往的需要而进行的各种日常活动所涉及的空间范围，包括人们从居住地到工作、教育、医疗等生产、生活服务提供地及其他居民点之间移动的行为轨迹，其在空间上反映为圈层形态，具有方向性、与相邻领域的重叠性等属性特征。

在突发疫情情况下，生活圈的划分遵循以人为本与医疗服务便利性相结合的原则，以时距和交际关系为依据。具体方法：通过网络民意调查方式获取疫区居民为了得到医疗卫生及生活服务等公共服务愿意付出的时间成本来估算合适的时距，再借助 ArcGIS 分析平台对城乡生活圈层进行划分，构建由居家安全生活圈、社区生活圈、易感染生活圈、危险生活圈组成的在突发疫情时的城市生活圈体系，进而在四级生活圈内配置相应的公共服务设施（表 1）。

表 1 城市生活圈体系的职能划分、时间划分与空间划分

作者及年份	生活圈体系	
柴彦威，1996	职能划分	满足日常基本生活需求的基础生活圈；通勤、通学构成的低级生活圈；区级行政管理和满足高级活动需求的高级生活圈
	时间划分	15 分钟生活圈；30 分钟生活圈；1 日生活圈
	空间划分	单位生活圈；同质单位集合构成的生活圈；以市辖区为基础的生活圈
袁家冬，等，2005	职能划分	满足居民最基本生活需要的基本生活圈；满足居民就业、游憩等需求的基础生活圈；满足居民偶发性需求的机会生活圈
	时间划分	15 分钟生活圈；1 日生活圈；1 周生活圈
	空间划分	社区生活圈；城市及外围城乡接合部生活圈；城市及近郊生活圈
熊薇，等，2010	职能划分	满足日常活动基本需求的基本生活圈；参与城市范围的活动、满足更高水平生活需求的城市生活圈
	时间划分	15 分钟生活圈；1 日生活圈
	空间划分	社区生活圈；城市生活圈
孙德芳，等，2012	职能划分	包含幼儿园、诊所等低等级公共服务的初级生活圈；包含小学教育等中等水平公共服务的基础生活圈；包含中学、医疗等较高等级公共服务的基本生活圈；包含县级行政职能和高等级公共服务的日常生活圈
	时间划分	15 分钟步行生活圈；15 分钟自行车出行生活圈；30 分钟公共汽车出行生活圈；1 日生活圈
	空间划分	以基层居民点半径 800 米范围；基层村民点半径 1.8 千米范围；以基层居民点半径 15 千米范围；县域生活圈
柴彦威，等，2015	职能划分	满足居民最基本的需求的社区生活圈；满足购物、休闲等略高级生活需求的基础生活圈；包含通勤行为的通勤生活圈；以居民偶发行为为基础，满足高等级休闲购物活动需求的扩展生活圈；与邻近城市进行通勤、休闲活动的协同生活圈
	时间划分	15 分钟生活圈；1 日生活圈；1 周生活圈；1 月甚至更长时间的生活圈
	空间划分	社区（居住小区）生活圈；居住组团生活圈；包括工作地的生活圈；都市区生活圈；城市群生活圈
本文，2020	职能划分	满足基本社交功能的居家生活圈；满足日常生活基本需求和最低医疗保障的社区生活圈；满足基本医疗服务的易感染生活圈；满足全面医疗服务的危险生活圈
	时间划分	1 分钟生活圈；15 分钟步行生活圈；15 分钟自行车出行生活圈；1 日生活圈
	空间划分	以家庭为单位的一家一户生活圈；包含小药店、门诊的社区生活圈；包含中小型医院的区级生活圈；包含疫情诊断定点医院的完善生活圈

2.3 基于突发疫情时生活圈的公共服务设施配置体系

公共服务一般是由政府部门、国有企事业单位等公共管理部门为了满足公民生活、生存和发展的需求，生产、提供各种公共产品与服务的总称；公共服务设施是指为居民提供公共服务和公共产品的各种公共性、服务性设施，具体包括教育、医疗卫生、文化、体育、交通、社会福利与保障、行政管理与社区服务、邮政电信和商业金融服务等设施。在突发疫情时，由于急性传染病传播的广泛性，国家政府部门会发布突发公共卫生事件应急响应，通过强制性政府行为实施严格的交通卫生检疫，严格管制公众聚集活动，保证信息的及时准确发布，加强卫生医疗设施建设，保障基本的居民生活保障等。本文主要探讨突发疫情时城市公共服务设施的配置，包括医疗卫生设施、商业服务业设施及便民服务设施 3 个大类共 10 个项目。

传统的公共服务设施在考虑到城市居民正常生产、生活的情况下，往往遵循相对集中的空间配置原则，并且考虑到不同公共服务设施的空间格局、可达性、配置影响及居民的需求和满意度等因素。当面对突发疫情，城市居民的活动范围受限，公共服务设施应摆脱中心集聚的束缚而在更广阔的地域范围内选择更适宜的地点布局；同时医疗卫生设施服务的人群激增超过其能够承担的最大限度，因此医疗卫生设施配置应保证能应对突发的一般公共卫生事件。本文在借鉴城市社区公共服务设施配置经验的基础上，考虑到在突发疫情情况下公共服务设施配置的扩容性，构建能兼容突发疫情时的基于四级生活圈的疫区公共服务设施配置等级体系（表 2）。

表 2　突发疫情时生活圈的公共服务设施配置体系

设施分类	设施项目	设施配置内容	居家安全生活圈	社区生活圈	易感染生活圈	危险生活圈
医疗卫生设施	社区（村）卫生所（医疗点）	常见病医疗	0	[1]	[1]	[1]
	一级医院	常见病医疗、保健、理疗、康复	0	0	[1]	[1]
	二级医院	医疗、防疫、保健、理疗、康复	0	0	[1]	[1]
	三级医院	医疗、防疫、保健、理疗、康复	0	0	0	[1]
商业服务业设施	综合百货商店、商场	日常生活用品	0	0	[1]	[1]
	菜市场或生鲜超市	基本饮食原材料	0	[1]	[1]	[1]
	便利店、小超市	基本生活用品	0	[1]	[1]	[1]
便民服务设施	垃圾中转站	垃圾收集	0	[1]	[1]	[1]

注：0 表示该项目不必配置，[1]表示该项目必须配置。

3　突发疫情时武汉市生活圈公共服务设施的优化配置

3.1　研究区域概况

武汉市是中国中部地区的中心城市，是全国重要的工业基地、科教基地和综合交通枢纽、联勤保障部队机关驻地。全市辖13个区，总面积8569.15平方千米，2019年地区生产总值1.62万亿元，2019年末户籍人口908.35万。

3.2　研究区域公共服务设施配置现状

在2019年突发新型冠状病毒肺炎以前，武汉市公共服务设施配置现状：

（1）在医疗卫生设施方面，全市共有医疗卫生机构6330个，病床9.59万张，卫生技术人员10.67万，其中医院398个，基层医疗卫生机构5853个，专业公共卫生机构79个。根据2020年湖北省卫生健康委员会官方网站统计的湖北省各市区医院等级数据显示，武汉市社区卫生医疗点256个，一级医院80个，二级医院50个，三级医院43个，其中三级甲等医院24个，未定级医院83个。

（2）在商业服务业设施方面，全市共有综合百货商店或超大型商场21个，菜市场或生鲜超市584个。

（3）在便民服务设施方面，全市共有便利超市3500所，垃圾中转站92个。

总体来说，武汉市公共服务设施配置优于全国总体水平，在湖北省各市的公共服务设施配置水平中处于领先地位。

3.3　基于突发疫情时武汉市生活圈的划分

根据生活圈的划分原则和武汉市的实际情况，采用网络数据分析的方式，在研究区域内对城市居民为了获取公共服务设施所愿意付出的时间进行调查。经河海大学社会发展研究所2020年2月发表的《应对新冠肺炎疫情的社会生态与行为》全国调查简要报告（http：//www.ringdata.org/research/360.html）的统计数据发现，在调查的8138份有效问卷中，93.64%的受访者根据疫情信息自愿调整自己的活动安排，只保留基本网上社交能力，和家人一起待在居住地；91.36%的受访者对于疫情期间小区禁止外来人员入内，村口的封闭行为积极接受；在疫情时期，96.96%的受访者支持关闭娱乐场所，81.52%的受访者接受停止中大型商业设施运营，94.80%的受访者愿意停止餐饮、文娱、体育、旅游等经营活动。综合考虑武汉市多数居民疫情期间的出行意愿和公共交通设施服务禁止的情况下，把各个生活圈层的具体划分标准界定为：以城市居民点为中心，时距为步行1分钟的地域范围为居家生活圈；以居民点为中心，时距为步行15～45分钟的地域范围为社区生活圈；以居民点为中心，时距为自行车车程15～45分钟的地域范围为易感染生活圈；以整个疫区的地域范围为危险生活圈。

原则上，居家生活圈是一个以家庭居住地为单位的日常生活空间范围，满足基本的生活条件，接触人群为家人，安全系数最高。社区生活圈是一个以社区为单位的日常生活空间范围，能够满足日常的生活所需和最基本的医疗卫生服务，接触人群大多数为熟悉人群，安全系数一般。易感染生活圈能够满足较高层次的医疗卫生和生活服务，接触的人群较复杂，有感染传染病的可能。危险生活圈能够提供综合的医疗卫生和全面的生活服务，接触的人群具有较高直接或间接接触传染病源的可能，较容易感染传染病。

3.4 突发疫情时武汉市公共服务设施配置引导

(1) 配置原则。各级生活圈的城市公共服务设施在保证基本的日常生活需要的基础上，在突发疫情时均应具备一定能力的扩容性。低一级的生活圈层的居民可以使用更高一级生活圈层内的公共服务设施所提供的公共服务，低一级的生活圈层的公共服务设施也应该有分担高一级生活圈层公共服务设施的压力，公共服务设施在疫区范围内应统筹配置且坚持公平与效率的原则。

(2) 配置思路。根据各级生活圈服务的划分，将武汉市各个层级的生活圈层中的医疗卫生设施、商业服务业设施和便民服务设施进行补充和优化，并根据每个生活圈层的人口密度，找出各个生活圈层的公共服务设施配置的中心，在现有武汉市公共服务设施配置的基础上合理规划和布局，保证每个生活圈层的公共服务设施能独立承担各自圈层内的人群服务，并预留有一定的空白来应对突发事件。

(3) 配置引导。突发疫情时武汉市公共服务设施配置要充分考虑城市居民在保证自身安全情况下的出行意愿和愿意付出的时间代价来获取对应的公共需求服务，使武汉公共服务设施的配置兼具人性化和科学性。武汉市公共服务设施的配置以居民出行意愿和政府的交通管控为出发点，为不同的生活圈配置相对应的公共服务设施，在以家庭为单位的居家生活圈范围内提供最基本的生活保障，在以社区为单位的社区生活圈内提供最基本的医疗保障和基本的便民服务设施，在易感染生活圈内提供较高层级的医疗保障和较为全面的日常生活服务，在危险生活圈内提供全面综合的医疗卫生服务和完备的公共服务设施。

[参考文献]

[1] 郑杭生. 中国人民大学社会发展研究报告2008：走向更讲创新的社会：社区建设与制度创新 [M]. 北京：中国人民大学出版社，2008.
[2] 武汉市统计局. 武汉统计年鉴2017 [M]. 北京：中国统计出版社，2017.
[3] 武汉市统计局. 武汉统计年鉴2018 [M]. 北京：中国统计出版社，2018.
[4] 周素红，王欣，农昀. “十二五”时期公共服务设施均等化供给与保障 [J]. 规划师，2011 (4)：16-20.
[5] 赵明，林华. 居住区公共服务设施配建指标体系研究 [J]. 城市规划，2002 (12)：72-75.
[6] 王登嵘. 新时期组团城市中区域性公共服务设施配置新视角：以佛山高明区为例 [J]. 人文地理，2005 (6)：92-97.
[7] 赵民，赵蔚. 社区发展规划：理论与实践 [M]. 北京：中国建筑工业出版社，2003.
[8] 张大维，陈伟东，李雪萍，等. 城市社区公共服务设施规划标准与实施单元研究：以武汉市为例 [J]. 城市规划学刊，2006 (3)：99-105.

[作者简介]

杨帆，高级工程师，注册城乡规划师，深圳市蕾奥规划设计咨询股份有限公司济南分公司设计总监。
张建辉，高级工程师，任职于山东省城乡规划设计研究院。

公共健康视角下的大型社区公共服务设施配置更新策略

——以北京市天通苑北二区为例

□刘雅萌，李婧

摘要：2019 年底新冠肺炎疫情的暴发是全球的重大突发公共卫生事件，它不但对全民生活、社会经济等各方面造成了巨大的冲击，也对城市运行方式、运行系统提出了新的要求，需要重新设计和调整以满足未来的城市生活需要。本研究以天通苑北二区为研究对象，聚焦社区公共服务设施配置，通过分析当前公共服务设施配置及分布现状，结合疫情期间暴露出的相关使用问题进行综合研究，进而提出公共健康视角下的大型社区公共服务设施配置思路及策略。通过对比常规状态和疫情时期下居民对公共服务设施使用及需求的异同，结合公共服务设施空间布置特点，综合使用人口、现状配置等相关数据来进行比较研究，从公共服务设施的布置类型、布置半径、新型智慧手段的加入等方面，结合公共服务设施的使用及管理机制提出大型社区公共服务配置的更新及完善，探索未来大型社区公共服务设施配置的更新策略及方法。

关键词：大型社区；公共健康；公共服务设施；更新策略

1　前言

新冠肺炎疫情的暴发不仅严重影响了我们日常的活动，还使我国的医疗卫生体系、经济社会乃至社会管理体系都受到了前所未有的冲击，给予我们残酷的教训，让公共健康再次成为全民关注的热点。长时间的居家生活使得居住区的建设受到越来越多人的关注，使人们对于社区生活有了更加深入地了解和新的思考，让我们开始反思我国在居住区公共服务体系建设中所存在的问题。

公共服务配套设施是居住生活中不可或缺的一部分，我国公共服务设施的配置标准从 1993 年的千人指标，到 2002 年部分地方在沿用千人指标的基础上增加了服务规模的划定，再到 2018 年最新版居住区规范中废弃了千人指标，提出“生活圈”的概念，表明我国在通过不断修订公共服务设施配置的标准、完善其灵活性，来适应城市发展中不断变化的公共服务需求。但由于各地、各住区皆存在着不同的差异，使得其所面临的公共服务设施配置问题不可能通过居住区规范中提出的总体原则来解决，这种普适的原则终归存在一定的局限性。此外，以往对于公共服务设施的研究通常以完成基本的公共服务保障为关注点，对于其与公共健康之间关系的统筹考虑略显不足。

2 研究综述

公共健康（Public Health），也称为公共卫生。由于1854年伦敦霍乱暴发，使得公共卫生运动逐渐兴起，公共健康也逐渐受到各界人士的关注，对于公共健康的研究并不仅限于医学范畴。公共卫生与城市规划管理等部门通过制定一系列计划，试图以规划的途径进行包含社区在内的各层面的规划与设计，来促进精神环境、建筑空间及基础设施等方面的提升，从而产生积极的成效，以达到良好的公共健康水平。通过总结目前关于公共健康的研究可以看出，规划在公共健康研究领域的关注点大多集中在城市各类空间环境建设及相关政策制度的制定上。近年来，国外对于公共健康的研究从最早的理论层面到能够具体地指导城市建设的实践层面，从健康城市的理念出发，逐渐延伸到城市中各类空间的建设指导。而国内的研究由于起步较晚，虽然部分地区已经开始关注公共健康问题，但关于公共健康的研究仍稍显不足。与此同时，由于国内大多数的规划建设仍以保障最低标准的配置为主要做法，缺乏引导居民积极参与公共健康活动的具有促进意义的设施建设，使得我国的公共健康水平仍然没有较大提升。

伴随着大型居住区发展过程中各种问题和矛盾的日益突显，天通苑作为典型的大型居住区成了热点关注地区，以其为主要对象的相关研究也随之增多。天通苑是建设于20世纪90年代末的超大型居住区，位于城市外围发展区，距离北京中心城区较远，与外界相对隔离。其用地性质较为单一，以居住用地为主，辖区内的配套公共服务设施层次少、品质低，多以基本设施为主，无法形成完善的公共服务设施圈层。加之其建设规模十分庞大，相当于一个新城的体量，使得无法用传统社区的公共服务设施标准来进行配置，因此，研究天通苑地区的公共服务设施配置是十分必要且有意义的。但目前学者关于天通苑的相关研究多从通勤出行的角度出发，通过问卷获取调研数据来探讨居民出行基本特征。通过定位、通信技术等研究方法分析城郊大型居住区居民通勤特征，利用可视技术刻画通勤模式，为解决城郊居住区通勤问题提供独特视角。利用GIS空间分析系统对居民的日常活动空间进行研究，进而挖掘大型居住区存在的问题。还有少数研究关注城郊大型居住区与中心城区之间的轨道交通路径，利用出行数据进行算法分析，对交通路径进行优化提升。部分学者则将研究范围聚焦于天通苑地区的生活环境，通过调研和数据分析，探究大型居住区街道活力的构成关系与影响因素。

然而受到疫情影响，天通苑地区与中心城区的联系被迫割断，成为一个大型“孤岛”，进入了自给自足的状态。在这种情况下，天通苑地区的公共服务设施配置问题开始凸显。居民长距离的出行减少、活动范围受到局限，社区内部的公共服务设施配置是否能够满足居民日常生活的需求就变得尤为重要。公共服务设施的布局、种类、可达性等条件对居民生活水平起到决定性的影响，因此，公共服务设施的合理配置直接关系到人居环境的可持续发展。当前关于公共服务设施的研究多集中在需求配置、可达性和均等化等方向。相关学者从均等化角度出发，研究公共服务设施均等化的内涵界定，总结当前发展特征，探究均等化发展的途径，关注这一概念在空间层面的具体落实。通过多元数据分析公共服务设施的覆盖水平，进行布局合理性的评估，从而提出优化策略。部分学者则通过开展实证调查，从设施类型、可达性及设施使用评价等多方面入手，借助兴趣点（POI）进行大数据分析，模拟公共服务设施的空间供给水平，进而提出设施配置策略。

公共服务设施作为保障居民日常生活的重要物质设施，不仅直接影响到居民的生活水平和生活方式，且在一定程度上影响到居民身体及心理健康。目前有关于公共服务设施配置的研究多以传统社区类型为主，提出普适性的配置策略。但在此次疫情期间，大型居住区在公共服务使用和管理中暴露出了一些独有的问题。因此站在公共健康的视角下考虑公共服务设施的配置，除常规研究中考虑的满足基本需求、划定服务半径等方法外，还应着重考虑特大公共卫生事件下的应对机制与应对策略，关注大型社区、开放社区等有别于传统类型社区的管理、配置新模式，在保障基本需求的前提下尝试提升公共服务设施品质。

此次研究结合疫情期间对于公共健康的思考，以天通苑为例，重点针对大型社区这一特有类型社区的公共服务设施配置进行研究，进而提出具有针对性的相关配置优化策略。

3　天通苑大型居住区公服设施使用现状研究

3.1　研究样本概况

天通苑隶属北京市昌平区（图 1），位于北五环与六环之间，是亚洲最大的生活性居住区。天通苑占地面积约 8 平方千米，规划建筑面积 600 多万平方米，分属天南、天北两个街道办事处，包含老苑 6 个区、西苑 3 个区、东苑 3 个区、北苑 3 个区、中苑 3 个区，以及“丽水园”等 20 多个分区，共 600 多栋住宅楼 68000 多住户。本次选取的研究样本为天通苑北二区，占地面积约 0.33 平方千米，是天通苑内具有代表性的超大尺度社区。北二区交通相对便捷，四周道路均有公共交通线路，社区周边的商业配套设施充足，沿街分布有满足日常需求的超市及餐饮，附近分布有国泰、华联等多个商圈。步行距离内坐落有一家大型综合性三级公立医院，而休闲配套的大型公园绿地则相对较远。北二区北侧为太平庄北街，仅作为城市公路，布置有 10 米宽绿化带，沿街无配套设施，南侧为太平庄中二街，东西两侧分别为立水桥东三路和立水桥东一路。共设有 5 个出入口，分别位于小区的南侧、东侧和西侧。除东侧步行小门外，其他均为人车同行的大门，其中南门是连接社区外大型公共服务设施最为便捷的主要出入口。小区内有 41 栋住宅楼，共计 6616 户居民，但固定车位总数仅为 2600 个。公共广场位于社区中部，由东西两侧出入。北二区居民主要以中青年为主，不乏一大部分携父母、子女共同居住（表 1、图 2）。

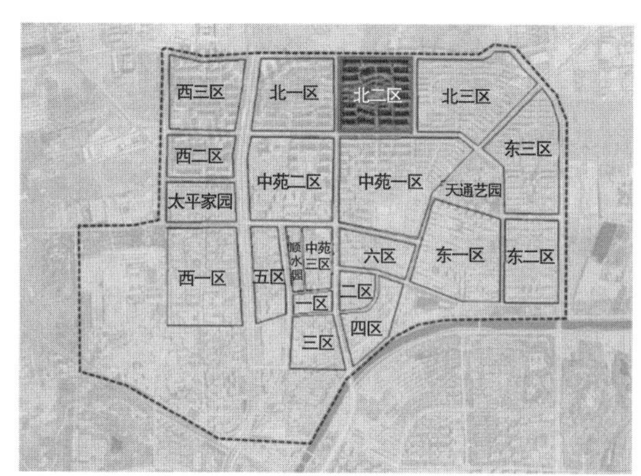

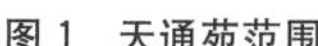

图 1　天通苑范围

图 2　天通苑北二区概况

受到疫情的影响，全市各个街道社区都逐步开始实行封闭管理政策，天通苑北二区虽与传统社区尺度相差甚远，却采取了与传统社区大致相同的运行管理方式。在疫情期间，北二区仅开放南侧大门作为唯一的社区出入口，且进行了社区封闭，社区居民需持出入证、身份证双证通行，禁止非社区居民（包括快递、外卖等服务人员）进入。在这种情况下，社区内部的公共服务设施的配置是否完备就直接影响到了居民的日常生活品质。

表 1　天通北苑二区基础信息

基础信息	数据
建筑年代	2004—2005 年
建筑类型	板楼、塔板结合
楼栋总数	45 栋
房屋总数	6616 户
车位数	地上 1850 个；地下 750 个

3.2　公共服务设施配置及使用现状

（1）商业配套使用现状。

天通苑北二区外的东西两侧分别为北三区和北一区，三个社区间道路的两侧分布有各类型的小型商业配套，北二区社区内部的商业配套则集中在南门入口两侧，布置有餐饮、商超等多个类型的设施，以满足居民日常购物需求。但由于社区尺度过大，居民通常会选择就近出入口外的商超进行日常购物，且由于北二区居民以中青年为主，所以有大量居民会选择网购、外送等方式进行日常用品的采购。社区内常态化时期为开放式管理模式，快递、外送均可进入社区内部，并且在社区道路沿街和住宅楼间布置有多家快递柜，方便居民的取寄。从日常角度来说，北二区居民的日常购物需求基本能够得到满足，但由于周边均为居住区，商业配套多以社区层级为主，层次较为单一，配套质量有待提升。而大型商业设施的距离并不适宜步行出行，因此并非居民日常购物的首选，但由于社区内网购的便利条件，使得更高层级的购物需求得以弥补（图 3）。

受到疫情影响，天通苑北二区采取了封闭管理的措施，使得居民的日常生活习惯被打破。由于仅开放南侧大门，导致北侧及东、西两侧的居民无法前往距离较近的商超进行采购，尤其是社区北侧居民承担了更长的徒步距离。且由于疫情正值春节期间，快递、外送工作人员短缺，且社区禁止非居民入内，使得天通苑地区的快递、外送采取了封闭小区的取件模式，即在出入口外侧布置摊位。对于中心城区的传统社区来说，这种做法不会过于加重居民的负担，而对于北二区这类的超大社区来说，则是对居民造成了极大的影响，以距离南门最远的 41 号楼为例，从东北角的 2 单元步行至南门需要花费大约 15 分钟的时间。且从北二区配套设施的布局来看，无论是实体商超采购还是外卖网购，均需前往社区的同一地点——南门，这无疑加重了疫情期间的人员聚集，非但不能提升居民的便利，还易造成交叉感染（图 4）。

图 3　北二区内外商业设施分布

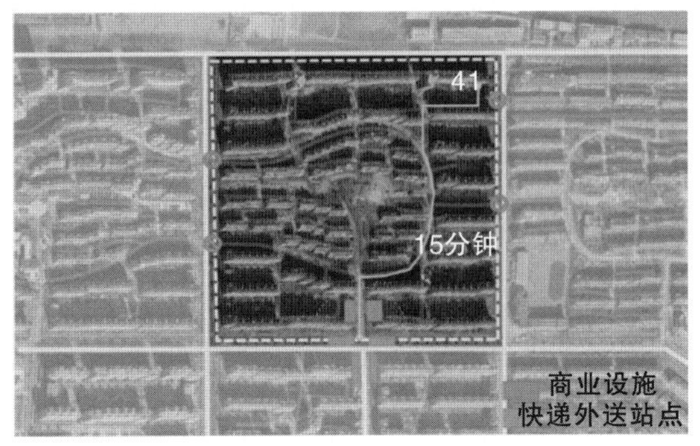

图 4　北二区疫情期间购物情况

（2）文体及医疗配套设施使用现状。

天通苑范围内缺少已建成的大型文体设施，在北二区内仅有一家社区图书馆，社区外现有的小型文体设施都存在着品质低、利用率低的问题。在医疗设施方面，距北二区 1 千米处有一家大型综合性三级公立医院，周边分布着多家中医专科医院及小型药房，且北二区南门内有 1 家中医专科门诊，基本能够满足居民的日常就医需求（图 5）。在疫情期间，室内文体设施全部暂停营业，专科医院也基本处于停滞状态。由于与中心城区的交通隔断，天通苑地区的就医则全部集中在唯一的一家公立医院，在加重医护人员工作负担的同时也增加了疫情及其他传染病传播的风险。

图 5　北二区内外医疗设施分布

（3）公共空间和绿地使用现状。

天通苑辖区范围内共有两个较大的配套公园，分别为天通艺园和天通苑街心花园，两个公园面积较小，多为周边居民进行遛弯、跑步、跳舞等运动的场地。但两个公园距离天通苑北部较远，不适合步行前往，且疫情时期不便外出，因此居民多选择在社区内部的公共绿地进行室外活动（图 6）。北二区内的主要公共活动空间为社区中心的活动广场，部分居民会选择在楼间绿地进行日常户外活动，北二区内的可活动公共绿地面积约为 20000 平方米。但由于北二区有住户 6616 户约 15000 人，人均可活动面积仅为 1.3 平方米。除去春节归家的北漂居民，其人口依旧众多，北二区内仅有的几块小型绿地空间不足以满足居民的户外活动需求（图 7）。大量研究表明，绿地对提升公共健康起着积极的作用。即使疫情期间需尽量减少外出，但无论儿童、老年人或是中青年均需要一定的户外活动。由于长时间的居家隔离，居民对于绿地公共空间的需求愈发强烈，尤其是儿童和老年人对户外活动的需求更加迫切，所以有大量的老年人及带孩子的家长会选择在社区内的公共空间进行活动。但社区内部的绿地空间相互独立、缺乏联系，仅服务于临近住宅楼的居民，因此规模效应较弱，并不能在整个社区内促进形成规模大、持续性强的居民活动（表 2）。并且由于活动场地限制，加之疫情期间重视人与人之间的安全距离，使得许多人选择在路边进行户外活动。但北二区内道路为人车共行，在路边活动无疑是十分危险的。

北二区绿地空间的缺失和碎片化建设在很大程度上抑制了居民的公共活动行为，导致居民的活动被绿地空间所限制，无法形成可连续、安全稳定的公共活动空间。因此，积极考虑解决社区内活动空间不足及保障户外活动安全性的问题是十分必要的。

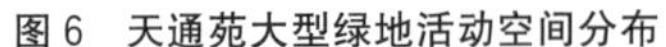
图 6　天通苑大型绿地活动空间分布

图 7　北二区绿地活动空间分布

表 2　天通苑北二区公共绿地使用情况调研表

公共绿地		①	②	③	④	⑤
绿地面积（平方米）		4400	10000	1800	2200	2100
活动人数	平日（人）	5	20	5	5	5
	周末（人）	5	30	10	10	10
	疫情（人）	10	15	15	10	10

注：活动人数为概数。

4　公共健康视角下的大型居住区公共服务设施配置思路及策略

近年来，天通苑地区虽然在逐步完善交通和生活配套等方面的基础设施建设，公共服务的质量也逐渐提高，但由于早期规划的不足极大地限制了后期空间的发展，使得天通苑地区的公共空间发展受到阻碍，与中心城区的公共空间形成断层，公共服务设施等物质基础较为薄弱，且较难得到系统的提升。经由此次疫情，更是暴露出大型居住区比传统社区面临着更多需要考虑和解决的公共服务设施配置及使用问题。因此要提升大型居住区内的公共空间品质和公共服务设施质量，改善居民日常生活环境，就必须充分利用现有的空间资源和物质资源来构建有效的社区公共服务设施体系。

4.1　突破传统的公共服务设施圈层划分方式

在传统定义上，我们通常认为社区是城市的基本单元，目前北京的一刻钟社区服务圈也是按照街道办事处的行政管理范围进行划分的，通常将一个街道办的范围划分为 1～2 个生活圈。因此，对于生活圈的讨论基本上是框定在社区的范围内，以行政单元进行划分，并未关注服务圈范围内的真实时空特征。目前的服务圈划分方式对于中心城区的传统社区来说，尺度相对合理，能够在按照配置要求布置的前提下提升社区的公共服务设施水平。但将这种普适的概念应用于天通苑这类超大型社区则过分牵强。

对于超大型社区，最为有效的方式是对社区进行空间分割，按照不同单元居民的活动范围考虑各类公共服务设施的综合配置，通过在分割单元界线处布置公共绿地、共享设施（快递柜、共享单车租赁）或公共基础设施等方式，缩小社区服务圈范围，缩短居民基本社区生活的通勤距离。通过空间分割还可将原本大尺度、使用效率不高的配套设施进行分割与更新，综合考虑社区人口结构，配置更高品质、更加贴合社区需求的公共服务配套设施（图 8、图 9）。

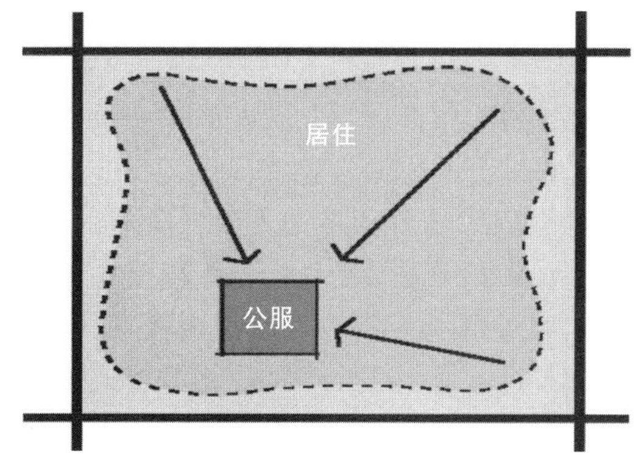

图 8　传统大型社区公服基础设施配置示意图

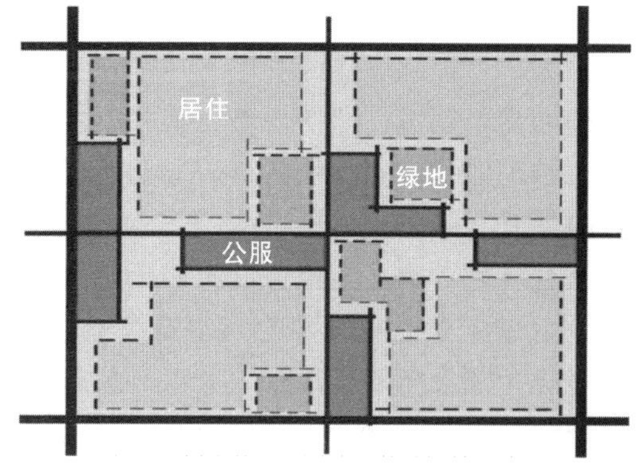

图 9　划分单元配置公服基础设施示意图

4.2　改善绿地公共空间品质与布局模式

在社区中合理布局绿地公共空间，不仅有利于居民的身体健康、便于户外活动，而且在特殊时期还可用于临时设施的搭建，作为社区的公共应急空间。因此，应充分考虑社区特点和居民特征来提升社区公共空间的品质。

无论对于哪种类型的社区，公共活动空间不足一直以来都是社区公共服务配套提升所面临的难题，对于大型社区来说更是如此。在公共空间和绿地的品质提升过程中，首先应重点梳理现有绿地空间，减少实用性低的社区景观绿地，设计适宜居民活动的品质空间。其次应充分利用对社区进行空间分割和功能置换后产生的碎片空间，将这些小微空间进行二次设计，来填补基础设施或公共空间的缺口。再次则是要改变现有大型社区中采用的中心集中式的点状绿地布置方法，将社区内的碎片化绿地进行线性连接并考虑多元化的绿地公共空间功能布置。最后应考虑解决大型社区内的停车与行车问题。在社区内可根据分割单元分别布置现代化综合停车设施来替代传统的地面停车位，这样在增加停车位的同时，还缩短了停车位与住户单元之间的距离（图 10）。采用分单元建设的形式，不仅减少了车辆在社区中穿行的频率，大大提升了户外活动和步行的安全性，还增加了社区内道路两侧的活动空间，可作为连接点状绿地的线性廊道。

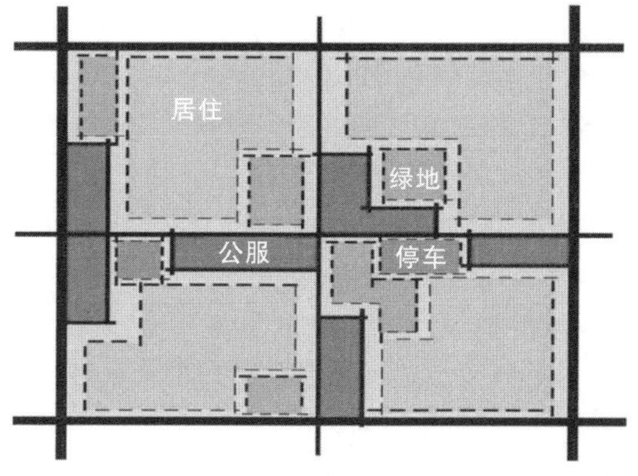

图 10　在出入口、单元交界处增设综合停车设施

4.3 建立公共健康的快速反馈与服务机制

公共服务设施的使用和管理不仅要考虑日常居民的使用，更要考虑到特殊时期的应对策略。大型社区的管理应按照城市的等级进行考虑，建立区域网格化和信息化的管理体系，明确所在区域的城市管理和居住区管理的内容分工与责任划分。由于大型社区居民认同感低、归属感差，因而迫切需要创造良好的环境与条件，加大推动社区治理的工作力度。在社区内部应建立完善的社区治理模式，实行社区自治与共治，充分发挥社区委员会的作用，组织居民互帮互助，在特殊时期互相鼓励，共同应对突发事件。要长期进行社会组织培育和社区志愿者队伍的建设，通过整合社区各类公共服务资源和公益服务项目，有计划地安排志愿活动岗位，搭建社区志愿服务平台以应对特殊时期的人力资源需求。与此同时，在社区工作中应逐步实现无人化管理，以信息化智能设备取代现有的人工处理方式。如可通过人脸识别、红外体温检测等智能手段进行健康筛查，实现社区门禁功能的自动化；利用现代化5G智能平台，实现无人送货、垃圾回收等智能设备的远程实时交互，真正意义上做到无人化，有效降低人工作业的健康风险。

5 结语

随着新冠肺炎疫情的暴发，作为隔离单元的社区成了人群聚集的主要场所，发挥了重要作用，也让我们意识到社区这道防线内的基础设施配置与管理是多么重要。在完善大型社区基础设施配置方面，应充分考虑到大型社区面积广、人口多的特殊性，不能一味地参照普适的规范进行配置，应从增加基础设施配置和缩小配置单元两个方面入手，解决大型社区公共基础设施配置不足和可达性低的问题。在设计时除考虑日常居民需求和便捷，也要保障社区基础设施与生活环境对灾害风险的抵御能力。将社区内的公共服务设施进行混合配置，有效地把控日常生活保障与疫情防控的衔接。在管理机制方面，应考虑将大型社区进行单元划分，以单元为基本单位，发动社区居民、委员会参与社区自组织，完善社区志愿服务平台，壮大社区志愿者队伍，同时加强引入无人化现代技术，减少人工作业风险，在应对社区日常管理的同时，为特殊时期的布局打好坚实的基础。

本文以北二区为主要研究对象，研究观点和结论适用于大部分大型社区，虽具有一定的代表性，但由于各社区之间普遍存在差异，因而不可一概而论。此次借助疫情时期探讨大型社区存在的问题，并提出策略及见解，以期能为解决大型社区公共服务设施配置问题的研究提供一些参考。

[本研究得到国家自然基金青年基金项目（51708002）资助。]

[参考文献]

[1] GREEN C G，KLEIN E G. Promoting active transportation as a partnership between urban planning and public health：The co-lumbus healthy places program [J]. Public Health Reports，2011 (S1)：41.

[2] 张文尝，王成金，马清裕. 中国城市居民出行的时空特征及影响因素研究 [J]. 地理科学，2007 (6)：737-742.

[3] 申悦，柴彦威. 基于GPS数据的城市居民通勤弹性研究：以北京市郊区巨型社区为例 [J]. 地理学报，2012 (6)：733-744.

[4] 申悦，柴彦威. 基于GPS数据的北京市郊区巨型社区居民日常活动空间 [J]. 地理学报，2013 (4)：506-516.

[5] 熊杰，关伟，黄爱玲. 社区公交接驳地铁路径优化研究 [J]. 交通运输系统工程与信息，2014 (1)：166-173.

[6] ZHENG K Q. Simulation of communication system and its software [D]. Beijing：Tsinghua University，1987.

[7] 张哲浩，公伟. 探究社区街道活力影响因素与提升策略：以北京天通苑为例 [J]. 设计，2018 (15)：155-157.

[8] 李阿萌，张京祥. 城乡基本公共服务设施均等化研究评述及展望 [J]. 规划师，2011 (11)：5-11.

[9] 梁伟研，姜洪庆，彭雄亮. 基于多源数据的社区生活圈公共服务设施布局合理性评估研究：以广州市越秀区为例 [J]. 城市建筑，2020 (5)：25-28.

[10] 周岱霖，黄慧明. 供需关联视角下的社区生活圈服务设施配置研究：以广州为例 [J]. 城市发展研究，2019 (12)：1-5.

[11] 公伟. “开放社区”导引下的老旧社区公共空间更：以北京天通苑为例 [J]. 城市发展研究，2019 (11)：66-73.

[12] 杨俊宴，史北祥，史宜，等. 高密度城市的多尺度空间防疫体系建构思考 [J]. 城市规划，2020 (3)：17-24.

[13] 桂家友. 城市新建大型居住社区的管理困境与创新治理：以上海市浦东新区为例 [J]. 上海城市管理，2015 (1)：42-48.

[14] 褚妍，鲁旭，姚文珏. 回天有数：基于大数据的城市体检与综合治理平台 [J]. 建筑创作，2018 (5)：68-77.

[15] 钱洁，赵晔琴. 上海大型居住社区高质量发展的理论分析与政策探讨：基于上海市五个大型居住社区的经验调查 [J]. 上海行政学院学报，2020 (1)：78-87.

[作者简介]

刘雅萌，北方工业大学建筑与艺术学院硕士研究生。

李婧，北方工业大学建筑与艺术学院副教授。

浅析大数据与防灾防疫生活圈的若干问题

□杨帆，张建辉

摘要：随着全球信息技术的发展，大数据技术发展突飞猛进，通过获取医疗卫生、气象地质、社会环境等相关因素的数据，能够研究某种传染病暴发的原因及潜在暴发区域，实现对该传染病扩散的有效预判和防控，对一些突发的灾情、疫情进行预判，并协助灾情、疫情发生后的信息及时发布、资源调配、人员管控等，能最大程度地帮助有关部门更好地进行防灾防疫决策。

关键词：大数据分析；防灾防疫；生活圈；防御体系

1 引言

21世纪以来，一些极具突发性和社会危害性的灾情、疫情越来越高频率地侵袭着人们的安全，非典、流感、埃博拉病毒、地震、台风、海啸、特大洪涝、特大暴雪及2020年的新型冠状病毒肺炎等，短则几个月长则一两年，每一次都造成了巨大的经济损失。大数据分析技术能够在海量数据中发现有效信息，进而可以对一些突发的灾情、疫情进行预判，并协助灾情、疫情发生后的信息及时发布、资源调配、人员管控等，能最大程度地帮助有关部门更好地进行防灾防疫决策。

目前，有部分学者对此类问题进行了研究。祝丙华详细介绍了以大数据分析为基础的基于网络、社会和自然因素、医疗、病原监测等不同大数据来源的传染病监测预警系统。高昭昇通过整合医疗卫生、气象地质、社会环境等相关因素的数据，研究某种传染病暴发的原因及潜在暴发区域，实现对该传染病扩散的有效预判和防控。陈湉基于大数据分析技术设计了一个地震后紧急物流资源调度模型，该模型可提高灾后伤员的救治和紧急物资调度的效率，缩短资源配送时间。陈彬研究了一种基于网格化、大数据和人工智能的输配电线路抵御强台风预警方法。

2 大数据与防灾防疫生活圈的相关理论分析

2.1 大数据

大数据是指无法在短时间内用传统技术或工具对其进行获取、管理、处理、分析和服务的海量数据的集合。大数据具有体量巨大、类型繁多、处理速度要求快、难以辨识及价值密度低五大特征。目前大数据的数量级别已由TB级快速升到PB级甚至ZB级别。大数据的数据类型包括文字、视频、音频、网络日志等，采集到的数据中往往还存在重复数据、噪声数据、缺失数据等。大数据价值密度低，如在连续不断监控的视频中，可能有用的数据仅1～2秒。大数据技术是指从各种类型的数据中快速获得价值信息的一种技术、方法或手段。一般而言，大数据技术包括数据存储、数据处理、数据分析和数据可视化四层架构，对于大多数的领域和行业来说，对数据的分析、挖掘和应用研究是其最主要的关注内容。

2.2　防灾防疫

防灾防疫是指预防或防御灾害、传染病，防止或减少灾害、传染病的发生，尽可能避免人员伤亡、财产损失。防灾防疫的基本途径包括：在灾难或传染病发生前，对其发生的时间、地点区域、类型、严重性、特征等信息进行预测和预防，及时对灾难或传染病做一些规避措施；在灾难或传染病发生时，做好人员救治、物资调配、民心安抚、社会稳定等方面的工作，以减少或避免人员伤亡、财产损失，同时防止灾难或传染病的升级或二次发生；在灾难或传染病发生后要吸取教训、记住不足、积累经验、加强建设，提高防灾防疫的能力。

3　大数据与防灾防疫生活圈的若干问题

3.1　防灾防疫面临的挑战

监测预警能力不强，各级政府、机构对灾情疫情的监测网建设有待加强完善，预报能力有限，对灾情疫情信息的预报、发布机制不健全。防控体系不健全，应急响应不及时，防御体系不完善，事件发生时的信息发布、人员管控、物资调配体系有缺陷。基础设施建设滞后，具体包括公共卫生设施建设不完善，疫病诊断检测设备不到位，抗旱工程及配套设备的投入不足，水库工程损害严重，河道和堤防工程隐患多，抗旱、防雹的基础设施、设配不达标等。人们的防灾防疫意识薄弱，重大灾疫知识和防灾防疫的科普教育水平不足，没有统一的防灾防疫科普规划，缺乏经常性的防灾防疫科普宣传活动，社会公众防疫减灾的意识和能力有待提高。

3.2　大数据与防灾防疫相关性问题

当今时代，政府各个部门所拥有的数据是最基础的资源，能够为防灾防疫提供无穷的后备力量，通过大数据分析技术对海量的数据来源进行挖掘，最大程度保证政府部门做好防灾防疫决策。针对防灾防疫目前面临的挑战，我们逐一分析防灾防疫与大数据分析的相关性。第一，大数据分析技术的发展能够提高突发事件的监测预警能力。通过对获取的防灾防疫相关数据进行结构化与非结构化分析，抽取突发事件发生前的种种异常数据，并描述这些数据的特征，研究其关联特性，实现对突发事件的提前预警，打造健全的监测预警系统。第二，大数据分析有助于保障灾情疫情信息发布及时、人员流动控制、物资协调到位，健全突发事件防御体系。充分利用多来源数据，借助数据挖掘和可视化技术等完成一套完整的分析系统，形象展示人员流动、资源调配、事件发展情况。第三，大数据分析可以指导基础设施建设。大数据分析技术可充分结合人民的出行意愿、政府的管控措施、灾疫的发展态势，科学有效地制定完善的基础设施，尤其是公共卫生设施建设方案。第四，加强防疫减灾教育普及，提高公众防疫减灾意识。利用大数据技术手段，智能化地向人们推送各方面有关防疫减灾方面的常识，包括其发生原理、特性、规律、危害性、防控措施和预防手段等一体化的防疫减灾知识，通过各类渠道全方位多角度向公众进行宣传，提高公众的防疫减灾意识。

3.3　“大数据＋防灾防疫”的可行性分析

技术实现角度。现在计算机技术不断发展，计算机的计算能力日益增长，数据库优化技术不断提高，大数据分析的效率越来越高，为防疫减灾的智能化提供了保障；人工智能算法的飞速进步促进了大数据技术的发展，云计算技术使得数据挖掘在实际应用中更加高效与快捷；先进的可视化技术使防疫减灾数据的展示更直观、形象、明了，便于人们理解；区块链技术的日益成熟让防疫减灾数据的共享更加安全。

社会效益角度。减少人员伤亡、降低财产损失是防疫减灾最主要的目标之一，政府可以充分利用现有的大数据整合各方面资源，积极探索一个全天候的监测预警系统，实现突发情况的提前预警研判，探索一条完善的防疫减灾解决方案，实现事件信息的及时发布，人、物、力方面的最优配置。探索一条灵活可变应对复杂事件的基础设施建设方案，实现病可医、民可生、障可清、毒可判、人可救、菌可灭。探索一个全方位多层次的防疫减灾知识科普系统，普及防疫减灾常识，提高公众的防疫减灾意识。

3.4 构建“大数据分析+防灾防疫”框架的思考

理论应用层。它是防灾防疫与大数据结合框架中最基础的部分，它对大数据分析算法具有很高的要求，包括对数据分析程序、步骤和结果的准确理解与认识。

数据存储与处理层。减灾防疫数据有许多不同的分类，根据数据特征可以划分为结构化、半结构化、非结构化数据，也可以划分为元数据、主数据、业务数据；根据数据内容还可以分为视频、文件、语音、地理信息系统（GIS）、业务交易类等各种数据。整合多个来源的海量数据需要强大的存储系统，而传统的数据库仅能用来存储结构化数据，因此产生了 HDFS、NoSQL 等可用于存储结构化、半结构化和非结构化数据的存储系统。对存储系统里的数据进行预处理，清洗一些不完整、含噪声、不一致的“脏”数据，为计算机数据分析模型提供基础。然而随着数据规模增大，海量数据的存储会出现分布式后带来的数据处理上的复杂度和时效性问题，因此在传统的云计算相关技术架构上，整合 Hive、Hadoop 等框架的相关技术形成大数据处理层的能力。

信息整合层。也可以说是数据分析层。它将上层预处理的相关数据进行下一步整理、筛选、变换、合成，形成防疫减灾需要的数据仓库。专业的数据分析人员以此为数据源，针对要解决的问题，用不同的数据挖掘方法或工具，通过挖掘大数据的价值将数据信息变为分析报告。大数据的出现使得使用更加复杂的模型来更有效地表征数据、解释数据成为可能。利用层次化的架构学习对象在不同层次上的表达，以解决更加复杂抽象的问题。知识计算通过对大数据进行高端分析，抽取出有价值的知识，并把它构建成支持查询、分析和计算的知识库。可视化技术通过交互式、动态化及大规模的展示，可以让用户更好地理解分析的结果，帮助人们分析大规模、高维度、多来源、动态演化的信息，并辅助做出实时决策。

管理应用层。数据分析人员将数据分析报告及时传达给防疫减灾相关部门，使得各个部门能够群力群策，科学应对、及时防范，发挥协同作战能力。在传达过程中，不同部门得到的是相应的决策方案，这使得防疫减灾决策更加智慧化，从而整体提高防疫减灾的效率。

4 大数据分析技术优化防灾防疫决策

4.1 建立监测评估体系，提高监测评估能力

监测评估是突发事件预报预警和救援的基础，也是提高防疫减灾及时性、有效性的基础。随着防疫减灾能力的提高，利用大数据分析与云计算技术可建设高时空密度、自动化和多要素

的现代化综合监测预警网络，实现对相关数据的及时获取、精确分析、准确判断、高效监测，做到对事件状况的合理预测、提前预警，加强灾前预评估、灾中跟踪评估和灾后综合评估。

4.2 建立突发事件应急防御体系，提高突发事件应急防御能力

建设基于大数据分析技术的应急防御网络，充分调配各方面的人力、物力、财力资源，以最快的速度、最集约化的方式组织起对突发事件的防御工作，从而将其危害降到最低。在决策方案的基础上，强化应急预案实施，提高灾害疫情应急处理能力，设立防疫减灾的综合管理领导小组，负责防疫减灾工作决策、部门联动和综合应急管理。

4.3 完善基础设施配置体系，提高应对能力

在现有的基础设施配置基础上结合灾疫防控的策略，利用大数据分析技术指导减灾防疫设施建设，制定和完善防控规划，将减灾防疫列为常规工作，变灾后被动救济为灾前主动防御。

4.4 建立公众服务体系，提高社会公众防疫减灾意识

防疫减灾知识普及是一项系统工程，需要政府、各有关部门、社会公众通力合作协作配合，需要专业技术人员、决策管理人员与用户体验人员间的协调配合。基于大数据分析技术，建立由手机、电脑、网络、电视、电台和报纸等媒体组成的全方位科普宣传网络，卫生、质检、气象、教育及其他各级相关部门可利用科普宣传网络向社会公众宣传普及防疫减灾知识，提高公众防疫减灾意识。

5 总结

将大数据技术引入防灾防疫生活圈中，能发挥大数据在“互联网＋”时代的突出优势，有效提高防疫减灾的及时性、有效性，建设基于大数据分析技术的应急防御网络，提高突发事件应对能力。但在将大数据融入防灾防疫生活圈时，依旧需要政府、各有关部门、社会公众通力合作协作配合，通过各类渠道全方位、多角度地向公众进行宣传，建立公众服务体系，提高公众的防疫减灾意识。

［参考文献］

［1］祝丙华，王立贵，孙岩松，等．基于大数据传染病监测预警研究进展［J］．中国公共卫生，2016（9）：1276-1279．

［2］高昭昇，曹晋军，冯柳，等．基于大数据的传染病爆发、预测和预警等应用分析［J］．中国卫生事业管理，2016（4）：270-272．

［3］陈湉，林勇．大数据分析背景下地震后紧急物流资源调度模型设计［J］．地震工程学报，2018（6）：1343-1349．

［4］陈彬，舒胜文，黄海鲲，等．沿海区域输配电线路抵御强台风预警技术研究进展［J］．高压电器，2018（7）：64-72．

［作者简介］

杨帆，高级工程师，注册城乡规划师，深圳市蕾奥规划设计咨询股份有限公司济南分公司设计总监。
张建辉，高级工程师，任职于山东省城乡规划设计研究院。

面向突发公共卫生事件的社区风险治理转型路径研究

□杨光辉，余珂，黄冬翔，陈桂良

摘要：社区作为城市治理的基本单元，是推进我国治理体系和治理能力现代化建设的基石。随着全球突发公共卫生事件的频繁发生，作为疫情防控的第一道防线，社区治理水平、应急能力的提升，其理论和实践意义重大。本文指出当前我国社区应对突发公共卫生事件时，在风险治理主体、视角、空间和工具上面临困境，未来需聚焦社区自组织能力、“高危”致病空间识别与管控、韧性空间、智慧社区建设等方面，加快推进社区风险治理主体从单一主体走向多元主体、治理视角从事后应对到事前预防、治理空间从物质空间到韧性空间、治理工具从现状监测到动态预警的转型，全面提升社区治理水平。

关键词：突发公共卫生事件；社区风险治理；转型路径

1 引言

改革开放以来，我国逐步推进了行政管理和制度空间重心的下移，基层成为社会治理的基础和重心。党的十九届四中全会聚焦国家治理体系和治理能力建设，要求构建基层社会治理新格局，不断提升基层社会治理水平。2003年非典疫情后，以“一案三制”（应急预案，应急管理体制、机制、法制）为基础的中国应急管理体系逐步建立起来，但2020年的新冠肺炎疫情再次对公共卫生防控体系带来了巨大冲击。

城市社区是应对突发公共卫生事件的第一现场和基础防线，社区风险治理能力对防灾减灾的效果有重要影响，是实现社区治理能力现代化的重要内容。我国社区治理研究起步较早，主要聚焦在三个方面：一是评述国外社区治理理论与实践进展，如彭翀、郭祖源等人对国外社区韧性理论与实践进行了评述。二是构建社区韧性或健康评价体系，如赵强构建了包括社区环境、社区经济、社区自我调节能力和社区系统内部资源循环利用在内的健康生态社区评价体系。三是研究国内社区治理路径、阶段、模式等。如姚媛从社区抗逆力角度出发，研究实证了社区影响因素和作用路径，并提出了社区抗逆力的治理对策；陈伟东等人认为我国社区治理体制改革需要经历政府职能社区化、部门职能协作化、居民组织组织化、政府职能社会化、城乡社区一体化五个过程；郑艳、王文军等人从低碳韧性城市的视角，探索了建设内容、协同领域及协同措施。

社区灾害风险治理的研究刚刚起步，其中关注洪涝、台风等气象灾害，以及滑坡、泥石流、地震等地质灾害的较多，对社区应对突发公共卫生事件的治理能力研究较少。我国学者对疫病灾害的关注始于2003年的SARS危机，如薛澜、张强提出了我国危机管理体系和部门改革的建议；张惠以2014年华南地区登革热疫情暴发为背景，对城市中不同社区灾害弹性表现及其影响因素进行探索。

正如美国公共卫生领袖人物温斯洛（Charles Edward A. Winslow）所说，公共卫生是通过有组织的社区努力来预防疾病、延长寿命、促进健康与提高效益的科学和艺术。面对日益频繁发生的突发公共卫生事件，加快构建韧性社区需求迫切，本文将聚焦突发公共卫生事件下社区风险治理主体、视角、空间和工具四个方面，分析现状困境并提出转型路径。

2　风险治理主体转型：从单一主体到多元主体

2.1　社区风险治理主体困境："低协同化＋低组织化"

（1）部门分割下的"低协同化"。突发公共卫生事件时，基层社区表现出来的风险治理效能低下的逻辑背后是我国纵向到底而横向分割的行政管理体制。随着政府职能社区化推进，管理服务中心下移，基层工作业务琐碎、资源短缺、重复劳动等问题日益凸显，社区居委会被行政套牢，难以满足重大突发公共卫生事件对社区应急治理能力的要求。若基层行政体制没有改革，则基层社会应急治理结构的优化就难以推进。

（2）行政主导下的"低组织化"。当前，我国社区运行的行政化程度较高，社区中心工作主要围绕上级政府指示开展，重视社区居委会、党组织建设，但社区社会组织培育不足，政府过大、社会过小，基层自治和自我治理能力不强。面对突发公共卫生事件，社区权力和资源有限，技术力量单薄，难以应付繁重的应急工作。虽然在重大疫情发生时，政府会紧急号召社区党员、群众组成临时组织，但社区非营利组织、社会团体、志愿者等群体尚未成为应急体系下的制度化主体，政府与非政府组织间缺乏可持续的组织化行动和制度化协同，社区自我组织程度不高。

2.2　突破主体困境：迈向以社区居委会为核心的多主体风险治理格局

社区组织按功能可分为5类：基层政权组织（社区党组织、社区居委会等）、专业服务组织（物业公司、家政服务公司、社区医疗机构、社区养老机构等）、维权组织（业主委员会等）、兴趣组织（合唱队、舞蹈队、健身队等）及社区志愿者组织。除基层政权组织外，其他均属于社区自组织。

国家推动社区治理，建设社区共同体，社区不仅成为利益共同体，更是命运共同体，因此应赋予多元化社区组织一定权力和责任，鼓励群众参与社区民主议事和决策，真正推动政府职能下沉。社区居民来自各行各业，平时应充分调动各专业社区居民的积极性，组建医疗防控、心理咨询等专业组织，为社区居民提供答疑服务，提高社区归属感。

社区居委会具有双重功能，它既是政府职能基层化的实际执行者，也是为居民服务、组织居民自治的居民代言人。社区风险治理应以社区居委会为核心，提高社区自组织能力，充分发挥社区党员、志愿者、各类兴趣爱好组织等力量的协同性，组建应急团队，形成社区互助圈，提高应对重大疫情和加快推进社区治理能力现代化的高效性。若发生重大突发公共卫生事件，可迅速转换成应急专业团队，由无序状态转变为相互协同的自组织状态，为居民提供关于医疗防控、心理咨询等各种紧急服务。

3 风险治理视角转型：从事后应对到事前预防

3.1 社区风险治理视角困境：事后被动式治理

当前，我国医药卫生体制改革是围绕医保、医疗和医药领域展开的，重医轻防和防治分离的局面还未根本扭转，社区风险治理也更多是疫情发生后的被动式、救火式应对管理，对预防突发公共卫生事件重视不足。随着关注事后响应的城市应急管理模式暴露出诸多局限，强调事前预防的风险治理模式逐步成为全球关注并实践的重点。例如，英国在2004年颁布《民事应急法案》后，陆续出台了以风险预防为核心理念的《应急规划与准备指南（2012年）》《风险评估指南（2013年）》，从事后响应转向风险预防。

随着风险预防理念的深入，人们逐渐关注风险源的产生、触发机制和转变过程，但风险源的多样性、诱发机制的复杂性也同时对突发公共卫生事件事前预防能力提出了更高的要求。风险预防和控制是一个系统工程，需要一个完善的风险预警和评估机制。

3.2 突破视角困境：强化风险预防，构建评估体系，识别管控“高危”风险空间

从社区人口、空间环境、设施配置、经济发展、文化、体制机制等方面选取相关因子，构建社区健康评估体系。同时，充分考虑社区应对突发公共卫生事件的适应能力，尤其是公共空间根据应急需求可迅速在结构、功能等方面做出弹性调整的可能性。在构建评估体系基础上，系统开展社区健康评估工作，分级分类分时有序开展相关整治改造工程。

强化社区“高危”公共卫生风险空间识别与管控。利用风险清单、系统分析、情景分析等方法识别“高危”公共卫生风险源，包括家禽养殖场、活禽交易市场等空间，对社区风险源进行治理。从环境、功能、管理等角度制定社区“高危”空间改造行动，绘制公共卫生高风险源空间分布图，对“高危”空间出台具体使用行为的负面清单。

4 风险治理空间转型：从物质空间到韧性空间

4.1 社区风险治理空间困境：空间与设施的脆弱性

尽管物质层面是社区应对突发公共卫生事件最基本的层面，但目前仍有大量社区尤其是老旧小区在医疗服务机构、养老设施、公园绿地配置等方面未达到国家相关标准，基础设施老化、缺位、配置水平不高，缺少消防通道、应急避难场所等必要的防灾空间与设施，绿地与开场空间也不充足。例如新冠肺炎重点疫情区武汉部分老城区就存在尚未设置社区卫生服务中心或防疫站的问题，应急状态下难以发挥社区应有功能。社区空间与设施类型的缺失、功能的不完善、布局的不合理，直接影响社区应对突发公共卫生事件的能力。

4.2 突破空间困境：提高社区空间韧性

社区空间是社区各要素的物质载体，是承载居民生活的主要场所，提高社区空间韧性能有效缓解面对突发公共卫生事件的压力，是社区风险治理的关键。社区空间韧性的提升包括良好空间环境的建设，以及空间防灾能力的建设。

首先，需从数量、质量、空间布局等方面提高社区基础设施配置水平，包括社区卫生服务中心、社区绿地、消防、给排水、供电等市政基础设施。强化基层医疗卫生服务机构的防疫职能，提高设施配置标准和人员配备水平。充分发挥社区卫生服务中心的分散优势，建立“分区分级接诊，医院集中救治”的应急模式，将首诊和康复工作下放到基层医疗机构，最大程度分担突发重大公共卫生风险时医院的救治压力。

其次，优化社区土地使用结构和布局。一般而言，工业和交通用地存在污染隐患，部分市政设施用地（如垃圾填埋厂或焚化厂、垃圾转运站、污水处理厂）和物流仓储用地（如危险品仓库、物流配送中心）具有污染风险。通过限制具有污染风险的用地在人口集聚区布局，适当增加绿地，同时在污染源和人群集聚活动范围设置适当距离或防护设施，优化通风系统，有效降低公共卫生事件发生的概率。

最后，需重点提高社区空间调整弹性。由于重大公共卫生事件一般具有突发性、紧急性等特征，因此提高社区空间的弹性，在位置、功能、结构等方面可根据需要随时做出调整，如设置可移动的空间边界、冗余空间资源预留、易更换材料的场地等，均是增强社区应对突发公共卫生事件韧性能力的关键。

5　风险治理工具转型：从现状监测到动态预警

5.1　社区风险治理工具困境：监测预警信息系统的不完善

2020年新冠肺炎疫情再次暴露出我国疫情监测信息系统的不完善，由于缺乏实时动态预警，疫情初期政府和社会似乎没有掌握太多的主动权，大数据实时动态监测地图、大数据人口流动分析等现代科技手段在疫情中后期才逐渐发挥重要支撑作用。而在社区层面，由于缺乏社区大数据平台的支撑，难以对重点监测跟踪的人群实现精细化服务管理，社区工作人员更是耗费大部分精力做着大量重复性工作，社区智慧化管理严重不足。

5.2　突破工具困境：搭建时空云平台，提高社区智慧化管理水平

当前，我国正在大力推进智慧社区建设，充分利用大数据信息化分析手段，构建“健康＋应急管理＋空间监控”社区时空云平台，强化公共卫生安全风险的动态预警，提升社区应对突发公共卫生防控能力。一是完善社区居民健康大数据平台。掌握社区居民基本信息、健康状况、居民电子健康档案，尤其是社区高龄老人、残疾人士等重点人群信息，可在疫情时为其提供代购代办、短时照料等人性化服务。二是完善社区应急管理平台。采集管理应急信息，包括日常体温填报、居民日常生活物资采购、消毒场所、高危人群监测、特殊群体帮扶等信息，为社区网格化智慧管理提供基础数据。在法律许可范围内对相关病例空间行为轨迹进行精准监测，协助相关部门决策分析，及时有效遏制疫情的进一步蔓延。三是完善社区重点空间监控平台。对超市、菜市场、小区出入口、广场、药店、快递收取点等人流较为密集的公共场所进行实时监控，识别人群聚集风险点，并自动模拟人群快速疏散流线。

6　结语

现代城市规划起源于公共卫生问题，也将回归于城市健康。作为直接面对突发公共卫生事件的基本单元，推进面向突发公共卫生事件的社区风险治理，是当前城市可持续发展的迫切要求，也是跨学科、跨专业的前沿议题。在分析当前社区面向突发公共卫生事件治理主体、视角、

空间和工具存在问题的基础上，本文提出加快推进社区风险治理主体从单一主体走向多元主体、治理视角从事后应对到事前预防、治理空间从物质空间到韧性空间、治理工具从现状监测到动态预警的转型路径，以期为我国社区风险治理拓展新的思路与方法，真正推动城市突发公共卫生复杂问题在社区尺度内得到最高效率的解决。

[参考文献]

[1] 彭翀，郭祖源，彭仲仁. 国外社区韧性的理论与实践进展 [J]. 国际城市规划，2017（4）：60-66.

[2] 赵强. 城市健康生态社区评价体系整合研究 [D]. 天津：天津大学，2012.

[3] 姚媛. 城市社区抗逆力的影响因素及治理对策研究 [D]. 成都：电子科技大学，2019.

[4] 陈伟东，孔娜娜，卢爱国. 政府行动与社会行动衔接：中国社区发展战略 [J]. 社会主义研究，2010（5）：56-60.

[5] 郑艳，王文军，潘家华. 低碳韧性城市：理念、途径与政策选择 [J]. 城市发展研究，2013（3）：10-14.

[6] 薛澜，张强. SARS事件与中国危机管理体系建设 [J]. 清华大学学报（哲学社会科学版），2003（4）：1-6.

[7] 张惠. 城市社区灾害弹性及其影响因素研究 [D]. 武汉：华中科技大学，2016.

[8] 翟国方. 城市公共安全规划 [M]. 北京：中国建筑工业出版社，2016：198-199.

[9] 孔娜娜. 行动者、关系与过程：基层社会治理的结构性转换 [D]. 武汉：华中师范大学，2012.

[10] 刘佳燕，沈毓颖. 面向风险治理的社区韧性研究 [J]. 城市发展研究，2017（12）：83-91.

[11] 申佳可，王云才. 韧性城市社区规划设计的3个维度 [J]. 风景园林，2018（12）：65-69.

[12] 孙立，田丽. 基于韧性特征的城市老旧社区空间韧性提升策略 [J]. 北京规划建设，2019（6）：109-113.

[13] 王兰，廖舒文，赵晓菁. 健康城市规划路径与要素辨析 [J]. 国际城市规划，2016（4）：4-9.

[作者简介]

杨光辉，硕士，工程师，广州市城市规划勘测设计研究院国土与空间规划设计所规划师。

余珂，硕士，高级工程师，广州市城市规划勘测设计研究院国土与空间规划设计所副总工程师。

黄冬翔，工程师，广州市城市规划勘测设计研究院国土与空间规划设计所规划师。

陈桂良，硕士，助理工程师，广州市城市规划勘测设计研究院国土与空间规划设计所规划师。

新冠肺炎疫情引发的国土空间规划思考

□姜智军，王路生

摘要：我国2020年初暴发的新冠肺炎疫情，属于突发性公共卫生事件，事件的应对过程产生了各方面的问题，迫使我们加强对城市（乡）公共安全与综合防灾相关内容的反思。本文通过总结问题，挖掘与之对应的有关国土空间规划相关内容，从宏观城市理想规模的探讨，到中观卫生防疫策略及医疗设施规划的深化延展，再到微观的乡村地区防疫管控具体问题等进行多层次的反思，探寻加强国土空间规划应对此类事件的有效办法。

关键词：最优城市规模；卫生事件预测；防疫策略；应急设施选址与拓展；乡村应急信息通道

1　引言

2019年12月1日国际顶级医学期刊《柳叶刀》发表第一例新冠病例相关论文为此次疫情事件的公开起点，2020年1月15日国家疾控中心启动一级应急响应，随后1月20日钟南山院士证实“人传人”“有医务人员感染”，至2020年1月23日上午10点武汉封城，武汉防疫保卫战正式打响。由于感染人数较多，仅2月12日0～24时新增确诊人数就达到13436人，武汉市确诊人数远远超过医院承受能力，医疗设施迅速告急，导致较多确诊患者得不到及时有效的治疗，不得不选择居家自我隔离，引起了疫情防控的局部失控，引发了较严重的社会卫生问题。

本次疫情当前并未完全结束，但本次卫生事件的暴发与恶化的过程当中，不仅暴露了卫生部门、行政管理等部门的一系列问题，而且有关城市（乡村）发展及应急防疫卫生公共设施的规划、建设、管理在城市建设中存在一定的功能缺失，由此引发了人们关于本次疫情对国土空间规划相关内容的反思。

2　规划存在问题

本次防疫作战行动还在进行中，但在疫情发展初期及扩散过程中，通过官方数据与公开信息，有关国土空间规划专业领域存在的问题主要反映在以下几个方面。

2.1　武汉市巨大的人口数量，使得抗击疫情面临重大挑战

武汉中心城区常住人口约1100万，本次封城后依旧有约900万人（根据武汉市政府公布数据），由于疫情呈现不规则点面扩展，且采取有效措施时间相对较晚，城市无法做到分区域封锁阻隔，只能城市整体封闭。在一个900万人口基数的城区内进行整体防疫封锁控制，阻止疫情蔓延难度较大，医疗物资供应保障要求高；初期控制不力，疫情传染速度快，传染人口数量大，

造成了非常严重的后果。

另外，城内医疗人员、医疗资源、物资供应在疫情初期极其短缺，单个城市系统内的医疗力量无法有力阻止疫情蔓延，暴露出严重的供给问题。超大型城市在面对传播迅速的疫情时，呈现出一些先天缺陷。

2.2　已有医疗设施容量不足，存在巨大缺口

已有的医疗卫生设施数量不足，缺乏拓展空间，导致疫情初期大量病人无法收治，新冠肺炎重症患者由于得不到及时治疗整体死亡率较高。

武汉市 2 月 6 日 0～24 时新增确诊病例 1501 例，累计 11618 例。而至 2020 年 2 月 7 日，武汉市 28 家定点医院床位已扩张到 8895 张，火神山医院 1000 张病床已交付使用，雷神山医院 1600 张病床将于 8 日交付使用，两家医院一起用于收治重症、危重症患者。已投入使用的 3 家方舱医院共有床位 4250 张。正将部分学校改造为定点医疗点，预计增加 5400 个床位。随着疫情的扩散，原来有限的检测资源无法及时满足诊断需求，随着检测能力的增强，新增病例呈现高速增长，其中 2 月 12 日 0～24 时，武汉市新增确诊 13436 例。这样，即使加上临时学校定点医疗点的床位，也远远不能满足新冠病例入院治疗的床位需求，仍存在巨大缺口。

2.3　新建医院床位增速远低于病例增速，错过管控最佳时间窗口

火神山医院修建时间为 1 月 24 日至 2 月 2 日，修建雷神山医院为 1 月 25 日至 2 月 8 日。尽管火神山医院 10 天建成，堪称世界奇迹，但总体还是反映出新建医院容量不足，新建医院选址、设计、施工还是占用了宝贵的疫情初期的最好防控治疗时间窗口，不利于疫情的快速控制。在这两所医院建设的 16 天中，武汉市新增床位需求达 13089 床，两所医院新增 2600 床位，床位增长速度远远落后于病例增长速度（表 1）。

表 1　火神山医院、雷神山医院建设期（16 天），武汉市新增病例床位需求统计表

日期		新增（人）	死亡（人）	出院（人）	床位需求（床）	床位需求合计（床）	
2020 年 1 月	24 日	77	15	1	61	13089	火神山医院、雷神山医院建成，新增床位 2600 床
	25 日	46	7	8	31		
	26 日	80	18	2	60		
	27 日	892	22		870		
	28 日	315	19		296		
	29 日	356	25	7	324		
	30 日	378	30	21	327		
	31 日	576	33	36	507		
2020 年 2 月	1 日	894	32	32	830		
	2 日	1033	41	53	939		
	3 日	1242	48	79	1115		
	4 日	1967	49	65	1853		
	5 日	1766	52	63	1651		
	6 日	1501	64	103	1334		
	7 日	1985	67	164	1754		
	8 日	1379	63	179	1137		

注：数据来自湖北省卫健委、新华网官方账号。

2.4　轻症、疑似患者没有得到有效管理，加速疫情蔓延

轻症患者数量众多，这部分人群长期得不到全部收治，初期被安排居家隔离。但由于轻症患者住所广泛分布于各居住区，隔离防护设施差，潜在扩大了传染面，加速了疫情蔓延。

2.5　防疫医护人员工作期间缺乏独立住所，穿梭病区与居住小区存在防护隐患

实行机动车禁止上路管制后，医务人员及其他必要的交通需求难以满足，仅靠志愿者自驾参与协助或自行车交通解决上下班通勤明显存在不便；同时大量医护人员频繁在隔离病房与普通居住区往返，交通出行与生活期间存在一定的卫生防护隐患。

2.6　乡村地区信息传递存在混乱和滞后性，管控存在一定困难

乡镇及农村地区获得疫情信息较慢，国家宣传至基层的渠道较窄，疫情初期没有得到乡镇村民的最大重视，造成了疫情在乡村一定程度的快速扩散；另外也由于宣传和信息方面的原因，在防疫过程中出现一些不当措施，如由于缺乏及时的防疫信息和统一的管理信息，村庄自行封路，阻碍了必要车辆如救护车、物资补给车等特种车辆的通行；乡村宣传力度较弱，出现较多的聚众活动和闯岗、阻碍防疫关卡检查的事件。

3　反思

在本次疫情发生过程中出现的问题，引发了关于城乡规划建设的一些反思，既有关于城市规模控制的思考，也有关于城镇公共安全与综合防灾内容的思考，同时也包括了对乡村地区防疫管控一些具体问题的思考。

3.1　反思一：超大城市的巨大人口基数在应对卫生突发危机事件时具有一定局限性

（1）超大型城市公共服务设施级别高，人均占有设施数量相对合理，但公共设施规模大，集聚度高，一旦某几个大型公共设施（如卫生医疗设施）瘫痪或者运行困难，会加剧危机的扩大。

根据《2018年武汉市卫生健康事业发展简报》，截至2018年末，武汉市有三级甲等医院27个（含部队医院）。三甲医院具备完整的针对本次疫情的人员、技术与设备，但在病情暴发初期，随着一些大型医院相关科室的医务人员相继感染，医院迅速大量丧失医疗救护能力。一旦一所医院呼吸科室有10多个医护被感染，从安全阻隔方面考虑，这所医院基本功能就会丧失，或将暂停对外营业（至2月10日，据不完全统计，目前武汉市医护人员感染数已经在千例以上）。因此，为挽回颓势，需要全国医务人员，包括军方医院人员与设备的支持。

本次危机过后，应加强城市关键卫生医疗防疫设施和其他公共服务设施关于应对突发事件的硬件和软件设施建设，执行安全规程，包括相关预警与反应预案的完善。对于发热、呼吸等传染病高风险医疗科室，应注重日常诊断防护措施及加强对设备与人员的安全防护与备份。

（2）超大城市人口数量大，一旦出现卫生突发事件，整个封闭在城市内部的人群均为潜在感染人群。人口基数大，居住环境类型复杂，卫生防控出现问题的风险大，组织执行需要较大的人力物力支持。

由于超大城市出于节约城市运行成本的考虑，社区工作机构的工作场所与人员应该是按照

最高效率的中低限配置，容易造成人力投入不足，社区卫生防疫管控工作存在巨大压力。另外在疫情初期及发展期，武汉市社区的管控始终存在缺口，实行小区、社区封闭管理的时间（2月11日）甚至晚于疫情相对不严重的广西南宁市（2月6日）。

社区是城市各项管理的基本单元，为应对未来城市综合安全，应严格按《城市居住区规划设计标准》配套社区服务设施，在社区设备、人力上加强建设，包括加强社区医疗机构的力量等，并应做好扩充人员准备，做好平时培训工作，应急时可快速投入。

（3）选择最优城市发展规模，优先对300万～500万人口城市提供政策支撑与科学发展指引，保障未来合理的城镇化方向。

在未来全国城镇体系规划及各项关于城市发展的政策中，应切实落实以300万～500万人口规模为较优规模的主导思想。城市过小，市场容量小，吸纳外来就业人口的能力较差，公共服务配套设施经济性及效益较差；超过1000万人口规模的城市尽管在高成本的支撑下，各项资源承载力能够基本满足城市的发展与生存，但会存在应对突发事件的脆弱缺陷与各项“城市病”。

本次卫生防疫事件促进了对新型城镇化思路的进一步思考。从北京提出建设雄安新区，疏解北京非首都功能，用“跳出去”建新城的办法，解决“大城市病”问题这一党中央的重大决策部署看，我国政府已经明确意识到超大城市的运行存在一些潜在的不利因素。根据2019年12月中共中央办公厅、国务院办公厅印发的《关于促进劳动力和人才社会性流动体制机制改革的意见》中的第四点：“以户籍制度和公共服务牵引区域流动。全面取消城区常住人口300万以下的城市落户限制，全面放宽城区常住人口300万至500万的大城市落户条件。完善城区常住人口500万以上的超大特大城市积分落户政策。”可知，我国已推出具体实现最优城市规模的具体推动政策，进一步明确了积极鼓励300万～500万人口规模的城市发展，是未来城镇化的主要发展方向。

3.2 反思二：需要进一步完善城市医疗设施应对突发卫生防疫事件的能力，城市公共安全与综合防灾规划应包含突发卫生防疫事件的预测预防与应对措施等内容

（1）在城市国土空间总体规划阶段，应提出卫生防疫的目标与原则，对于不同的防疫卫生事件提出分级标准，并提出不同的应对策略。

医疗卫生设施规划应新增对重大传染病发生的相关分析与预测，增加对防疫应急病房（床位）容量预估、非常时期新建应急医院等针对性内容。

在考虑防疫病房容量时，应有设立临时防疫医院的选址预案，选择城市下风向、下游地段，在城市非建设用地内考虑临时防疫医院的多处选址。应急医院可不包括急诊、门诊、行政管理等建筑，床位占地面积应采取较低标准，容积率取0.7，应急医院用地规模可采用床数与单位床位占地面积计算，床位占地参照略低于1000床规模综合医院的65.12平方米/床标准（2002年普查数据）。在选址地段，应提前做好给水、排水、污水处理、医疗垃圾处理、电力、通信、环卫等各专项内容的设施支撑。

对具备条件的三甲医院，每个城区指定1～2所定点传染病防治医院，提出相关改造标准与要求进行设施改造，保障疫情初期的应对需求。

（2）在城市国土空间总体规划或详细规划阶段，增加对于细节问题的考虑安排。

为保证医疗设施具有一定的临时拓展能力，可考虑在规划新增医疗设施用地紧邻布置一定数量的公共绿地，或公共停车场用地，平时为居民休闲游憩、停车提供服务，应急时可快速平

整，建设可拆卸装配式的预制医疗舱室，拓展医院容量。采用在已建医院周边快速拓展病房有两个优势：一是可共享已有医院的医疗设施设备，建设量小，建设时间短，方便快捷，便于在疫情初期扩大病例收治，降低负面影响；二是经济性较好，如采用战略储备库方式对可拆卸装配式医疗舱室进行平时储备，疫情结束后消毒入库，重复使用，满足各种突发疫情的应急响应。若必须采用新建临时防疫医院时，可选择提前在预定选址上进行施工图设计并备用，缩短建设时间。

同时考虑到重大疫情发生时地区机动交通可能会被管制，从安全卫生和便利性方面考虑，防疫医院的医护人员需要就近拥有一定规模的有安全保障的临时住所等，这些应在规划阶段进行用地考虑。

同时在详细规划阶段，应统计城市大型体育场馆或仓库、大专院校宿舍的规模、面积，潜在改造容纳床位，作为响应方案决策的基础资料；并对未来新建体育场馆或部分仓储设施提出改建成临时隔离医院的设计要求，如清洁用水水源接口、电力电信线路容量、洗漱间、足够容量的公共厕所、污水处理等设施。条件允许时，应考虑一定的医护住宿设施。

3.3　反思三：重视广大乡村地区卫生防疫建设，加强宣传，提高应急响应效率

对于卫生防疫战役来说，广大乡村地区的优点与缺陷都很明显。乡村地区本地人员流动性相对较低，对于阻止病情扩散有一定的优势；但乡村地区信息较闭塞，对于疫情信息了解比较滞后，基础防疫宣传不到位，容易造成疫情不被重视，群众不理解，对于设卡管控、阻止集会等防疫行为不配合等，对防疫产生较大阻碍作用，同时乡村地区不具备防治烈性传染病的医疗条件。一些病患由于接收信息滞后，不重视，一是延误了救治的最佳时间，二是无意识中感染周边人群，加速疫情扩散。

对于乡村地区医疗设施落后、信息滞后，宣传力度弱等问题，应有针对性地采取一些对策。

（1）加强乡村医疗资源投入及人员支持，新建设施考虑一定的防疫综合功能要求。

在经济力量允许的前提下，新建村委大楼应考虑一定的隔离需求房间，设施上能保证有清洁的水源，生活污水统一收纳，不自然排放，便于疫时统一消毒处理。这样即使疫情暴发在乡村，也具备一定的收纳隔离能力，为医疗反应赢得时间。注重基层组织人员选拔，加强基层管理人员日常卫生防护培训，便于应急队伍组建与防疫响应。

（2）加强村庄基层服务组织各项建设，对应急事件有预案，有人员管控，保证向上级反映渠道畅通。

加强基层管理人员管理培育，落实相关负责人责任，做到应急时期专人负责情况汇报，保障信息反馈及时有效，保障管控执行有力推进；同时上级部门应制定标准化的行动预案并下发，定期组织学习与演练；非常时期确保执行“零报告制度”。

（3）建立高效而具有广大覆盖面的官方信息通道，保障信息及时有效，宣传及时到位。

对于乡镇、乡村特别是乡村地区，结合未来4G、5G网络的建设完善，应该建立统一的宣传广播专线与本地上级应急部门相连，在乡村各居民点设置广播室及扩音器等固定设施，有利于非常时期（如防疫、防灾）第一时间传递官方宣传和管控信息，缩短执行时间，并对注意事项进行基层宣传告知，获得居民理解，减少相关政策推行的阻力。

（4）加强对野生动物非法捕猎、交易的打击。

乡村地区是各种野生动物与人类活动交叉的区域，此次疫情暴发很有可能与野生动物传播病毒有关。应在乡村地区做好预防阻击工作，林业主管部门与森林公安部门联合加强对野生动

物捕杀与交易的打击查处力度，将风险扼杀在萌芽状态，加强普法宣传，保护野生动植物。

4 结语

本次新冠疫情防控以我国医疗部门为主体，其他部门紧密配合，特别是在党中央的有力组织和领导下，目前防疫战役的胜利曙光已经显现。在本次抗击新型冠状病毒的战役中暴露的一些问题，需要我们积极反思，吸取教训，并在今后的各项工作中积极改善。

希望我们对本次事件的回顾和反思，能够促成社会各专业领域、各部门改进和完善相关制度，能够把“人”的失误降到最低限，让我们在面对下一次的危机事件时更有底气与信心，这正是对本次防疫战役反思最有意义的价值所在。

［参考文献］

［1］周芳丽. 城市规模与环境污染：规模效应还是拥挤效应：基于地级城市面板数据的实证分析［J］. 大连理工大学学报（社会科学版），2020（1）：34-41.

［2］李秀玲. 东北地区三大城市群规模结构的分形特征研究［J］. 东北师大学报（自然科学版），2019（2）：45-50.

［3］钟艺. 南宁市城市公共安全应急管理机制问题研究［D］. 南宁：广西民族大学，2019.

［4］丰燕，聂宇航. 美丽乡村建设中的医疗卫生设施规划研究：以荆州市沙市区为例［J］. 居舍，2019（21）：98-99.

［5］方聪. 新时代综合医院整合式规划及建筑设计研究［J］. 建筑技术开发，2019（17）：71-72.

［作者简介］

姜智军，高级规划师，广西城乡规划设计院规划一所副所长。

王路生，教授级高级工程师，广西城乡规划设计院院长、党委副书记。

疫情期间的交通管理措施及其对交通规划工作的启示

□毛建民

摘要：交通管理对预防与控制新冠病毒的传入、传播至关重要。本文在分析疫情期间交通特征变化的基础上，从时间、空间两个维度提出应急交通策略，并分别针对对外交通和城市交通提出应急管理措施，进而从规划层面探讨了此次疫情对交通规划工作的启示，从应急交通规划与空间布局、应急交通组织规划、建立应急交通综合信息平台等方面进行了思考，以期为应急交通管理工作提供思路和启示。

关键词：新型冠状肺炎；交通应急；应急策略

此次新型冠状病毒肺炎具有广泛的传播性，为切断传播途径，各地普遍启动重大突发公共卫生事件一级响应，采取了延长假期、居家隔离等严格的防控措施。交通是城市生产生活、疫情防控工作开展的基础，在疫情防控和复工复产叠加的关键时期，如何在确保疫情防控的同时保障城市居民的正常出行，是这次疫情应急管理中面临的重大难题。

1　疫情期间交通特征变化

1.1　客运交通

突如其来的疫情导致交通特征发生巨大变化，呈现出出行需求减少、出行方式向个体方式转移等特征。出行需求方面，在大多数城市采取“封城禁行”交通管制措施和公众对疫情防患心理的作用下，休闲、社交、旅游等需求大幅减少甚至终止，城市交通仅需保障抗疫、防疫人员通勤，以及满足收治疑似人员和部分居家隔离人员必不可少的就医、购物需求；出行方式方面，需求变化引起出行方式也发生相应变化，加上防控传染病中关于尽量减少人与人之间相互接触的要求，公共交通出行方式的选择人群大幅减少，人们远距离出行优先选择私密性较好的私人汽车或出租车，近距离的出行则采取步行、骑自行车等方式完成。

1.2　货运交通

防疫期间医疗救援物资、医护及防控人员生活物资是货运的主要保障对象，同时疫区居民的基本生活物资也是保障城市居民正常生活必不可少的，需给予上述物资的货运车辆充分的优先通行权，确保各类应急车辆、应急物资顺利抵达，保障疫区人员生活物资供给。

2 疫情期间交通应急策略

2.1 突发公共事件应急响应研究

突发公共事件主要分为自然灾害、事故灾难、公共卫生事件和社会安全事件等，其应急响应研究主要集中在安全生产及自然灾害领域，对公共卫生事件应急的研究较少。而各城市的安全专项规划也是以防灾减灾为主，涉及公共卫生的内容很少。

目前，我国已有部分学者对应急领域进行相关研究，如黄晓燕研究了突发公共卫生事件应急处置能力的快速评估方法，对突发公共卫生事件应急处置能力进行评估；毛健慧对城市突发事件建立应急物资调度模型，给出突发事件应急救援流程；田芳对我国交通应急管理以案例形式进行回顾并提出政策建议等。

突发公共事件是指因为人或者自然的一些因素，在某一区域内已经或者马上要发生非常态事件，该区域内大部分或全部的常态生活、生产活动都有可能要受到非常大的影响和改变的状况。在这种情况下，城市交通管理部门要协同其他城市公共行政管理部门一起积极努力地维持交通系统最为基本的正常运行，并且为城市基本的应急行动提供必需的应急交通保障，城市应急交通具有时间性、高效性、对象性、约束性、严肃性和牺牲性等六大基本特点。

2.2 不同时期交通应急策略

根据世界卫生组织提出的传染性病毒连续性曲线，可将疫情划分为警戒期、流行期、过渡期和消退期四个阶段，不同阶段采取不同的交通应急策略。

①警戒期。卫生部门根据疫情特征发出预警后，政府相关部门应加强信息沟通和共享，禁止举行大规模的集聚性公共活动。对人流集聚度高的地区施行适当管制和疏导，对人群集聚度高的公共交通采取消毒清洁及限制载客密度等措施。

②流行期。根据病毒的传播特点，必要时采取交通阻断措施。在保障医疗物资、防疫物资及医务工作者通勤交通的基础上，对其余交通采取严格的交通管制措施，如封闭高速公路，关闭机场、火车站等以切断传染途径。城市内部在必要的情况下停运城市公交，隔离人员的基本物资需求通过采取步行和私人小汽车方式予以解决。

③过渡期。在病毒尚未完全控制、工厂企业逐步复工的情况下，交通管理需同时做好防疫抗疫与复工复产保障两方面。此时应进一步细化管控措施，制定分级分类管控策略，调整出行时间，鼓励个体化、定制化出行，逐步恢复工厂企业所需的原材料、产品货物运输，保障复工复产人员的基本出行服务。

④消退期。在疫情控制较为明朗、社会经济生活恢复的时期，在组织个体机动化出行的同时，逐步恢复公共交通在城市交通中的主体地位，适时调整公共交通发车班次、提升车内人员载客率，促进社会经济全面和根本恢复。

2.3 不同区域交通应急策略

（1）交通流分类。

按照“突出重点、统筹兼顾，分类指导、分区施策”原则，结合疫情实际情况和发展态势，综合考虑人口流动性和集聚度等因素，划分“红黄绿”三类防控区域，其交通流按起止点（OD点）所处位置可以分为8项，具体见图1。

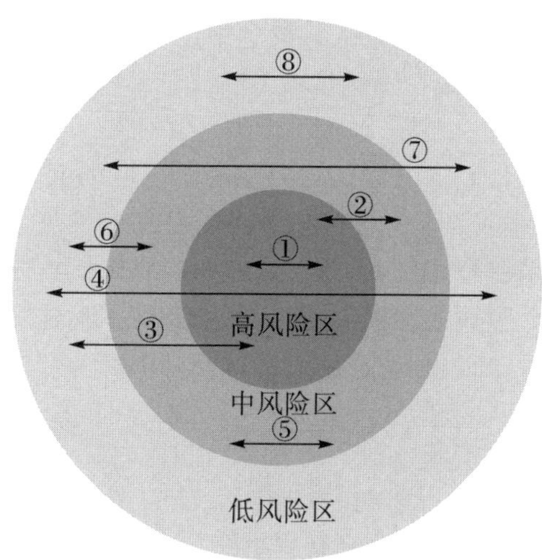

图 1　按 OD 点位置的交通流分类

第一类：①为高风险区内交通，②③为高风险区与中、低风险区交通，④为穿越高风险区交通。此四类交通流的 OD 点中至少有一点或是路径位于高风险区内，只要出行就有很大风险，需采取严格限制措施。

第二类：⑤为中风险区内交通，酌情采取交通管制措施；⑥为中风险区与低风险区交通，⑦为穿越中风险区交通，应逐步恢复此类交通运输服务。

第三类：⑧为低风险区内交通，应全面恢复交通运输服务。

（2）分区交通管制措施。

高风险区。实施“外防输入、内防扩散、严防输出”的防控策略，保障防疫人员出行，对社区和住宅小区实施封闭式管理，严格控制人员和车辆进出，加强重点场所、重点环节管控，最大限度减少人员向中、低风险区域流动，对应上述第一类交通流。

中风险区。实施“外防输入、内防扩散”的防控策略，区域内的住宅小区继续实行封闭式管理，逐步恢复城市公共交通服务，逐步恢复与低风险区域的交通联系，对应上述第二类交通流。

低风险区。实施“外防输入”防控策略，严格控制高风险区域人员流入，保持与中风险区域间主要通道的交通畅通，本区域内全面恢复公共交通服务，对应上述第三类交通流。

3　疫情期间交通应急措施

3.1　对外交通

在“外防输入”的防疫策略下，对机场、火车站、长途汽车客运站、客运码头等接驳枢纽建议采取如下措施。

①鼓励采取小汽车和出租车方式接驳。有条件的情况下建议采取私人小汽车接驳，延长枢纽周边机动车停车场免收停车费时长；保障巡游出租车运力供给，对枢纽周边禁停管理措施进行调整，如延长即停即走的时长和增加上落客区域；鼓励符合条件的网约车或志愿者进行接送业务。

②公共交通接驳采取预约制。通过线上预约的方式预定公共交通工具，公共交通根据预约

情况开辟相应的专用线路或点对点运输服务，减少中途上下客带来的交叉感染风险；轨道交通根据预约情况采取小编组、高频次、大站车等运营组织方式，减少乘客站内候车时间，提供快速、低密度的客流疏散服务。

③车站步行通道实行到发分离。根据到发送旅客所采取的交通方式不同，划定相应进出站通道，避免人流流线交叉。

④高速公路个体化出行采取登记制。对出入境、疫区出入车辆与人员进行健康检测、信息登记和交通出入许可管制等，对病人、疑似病人及其密切接触者实施临时隔离、留验和移交地方卫生行政部门指定机构。

3.2 城市交通

在“内防扩散”的防疫策略下，可采取从源头减少需求、调整出行方式、降低公共交通客流密度、采取无接触式配送等措施降低疫情传播风险。

①降低交通需求，调整时空分布。鼓励有条件的企事业单位推行弹性工作和居家办公等模式，工厂企业就近提供过渡期宿舍，鼓励工作或居住地相邻人员组成固定搭档，以拼车方式减少通勤出行需求；倡导各园区、楼宇等管理主体结合实际分区域、分单位、分部门、分楼层错日、错时上下班，减少交叉感染风险。

②动态调整出行结构，各种方式互相配合。私人小汽车、出租车、自行车等交通方式因具有个体化运输的特性，在防疫期间是相对安全可靠的出行方式。对私人小汽车出行管制应适当宽松，如成都取消小汽车单双号限行措施，天津出台鼓励个体化出行的十条措施；在做好驾驶员和车辆卫生防疫的基础上鼓励出租车出行，如北京、上海、西安等多个城市通过减免承包金、发放补贴，将其作为公共交通的重要补充；公共交通易出现大量乘客聚集，是疫情管控的难点，各城市应结合自身情况与其他交通方式互相配合，如重庆对无个体交通出行条件的人群开通“渝约公交”专线，在最大限度降低疫情蔓延风险的基础上，保障防疫人员出行需要和市民的基本出行需求。

③降低公共交通载客密度，加快客流疏散。近日，交通运输部出台《关于分区分级科学做好客运场站和交通运输工具新冠肺炎疫情防控工作的通知》，对城市公共汽电车、轨道交通等提出明确要求，如轨道交通可在站外加强疏导，引导乘客分散进站候车，通过缩短营运区段调整、延长行车间隔、临时关闭站点等措施控制车站拥挤度，减少交叉感染风险；常规公交增加运力调配、缩短发车间隔，加快客流疏散、降低车内载客密度，并根据实际需求开行大站车、区间车，减少乘客在公交车辆上的交叉接触时间。

④鼓励生活必需物资的无接触配送服务。针对居家隔离等受控人员，制定专人负责的生活物资无接触配送方案，以及生活垃圾收集方案；推广无接触配送服务，满足居民生活物资需求。

4 对交通规划工作的启示

目前的交通规划基本上都是按照常态下进行的考量与规划，对非常态下的以人的移动为出发点的全过程服务规划考虑不够。规划作为一个具有预测性、前瞻性的工作，需要站在规划的角度针对应急交通开展相关研究，提升应对突发公共卫生事件的能力。

4.1 应急交通规划与空间布局

目前绝大多数的城市交通规划中很少将应急交通列入专章研究，关于应急交通的研究也是以疏散交通流为主。为应对突发公共卫生事件，交通管理需要在城市发展之初就考虑给予空间保障，并将其纳入国土空间规划进行控制。

①基础设施布局。武汉火神山、雷神山医院的选址建设带来的启示是城市规划需要“留白”，作为突发公共卫生事件下战略预留用地；方舱医院的改建启示我们在规划阶段应注重空间的复合利用，确保紧急情况下功能快速转换。交通基础设施是应对突发公共卫生事件的重要前提，在规划阶段应考虑以下四个方面：一是交通规划需充分考虑城市未来可能出现的不确定性和风险，交通基础设施网络要有弹性和韧性，需考虑在阻断情况下的应急交通组织因素；二是规划阶段需对交通基础设施开展应急能力评估，在风险分析的基础上进行严格论证，提高城市交通应急保障能力；三是交通基础设施需与医疗卫生设施、防疫物资保障设施规划紧密结合，对配套交通设施适当超前建设，提高城市应对疫情的快速处置能力；四是加强基础设施体系自身的防疫水平，如在交通枢纽、轨道站点车站内预留隔离设施等，增强基础设施的安全能力。

②路权空间分配。规划需重视各种交通方式的路权空间分配，既鼓励城市常态下广大居民的健康出行、绿色出行，又确保非常态下的城市交通应急保障。处理好城市各交通方式间的关系，规划思路应从“路网规划”转向“路权规划”。在疫情期间，个体化出行在防止疫情蔓延方面具有重要作用，应优先保障步行、自行车等绿色交通方式运行空间，注重慢行空间分配；公共交通承担的是公众基本出行的需求，集约化程度高，空间上应给予充分保障；紧急车辆（警车、急救车、物资保障车等）基于公共利益需要，可划定专用车道或与公交车道合用，享有优先通行权；私人小汽车应采取有序发展、合理使用的策略，鼓励合乘方式出行，构建“公交车专用道＋合乘车”的复合型车道，赋予通行权利。

③社区交通微循环。疫情期间，社区作为疫情防控的基础空间单元，基本生活需求都在社区范围内解决，居民的出行距离、出行方式等发生显著变化。规划除需要完善社区公共服务设施外，在交通上需更加注重构建便捷舒适的微循环系统，作为“社区生活圈”的重要支撑。一是构建高密度、包容共享的支路网，既为慢行交通提供空间载体，也可提升城市空间活力；二是构建连续、舒适、高品质的步行网络，社区内步行系统需与社区外的步行设施（尤其是斑马线、人行天桥等）和公共交通站点衔接，形成流畅、连续的慢行交通流线；三是布局公共自行车租赁点和自行车停车位等设施，使非机动交通成为公共交通“最后一公里”便捷接驳系统。

4.2　开展应急交通组织规划

《城市综合防灾规划标准》（GB/T 51327－2018）对城市灾后的应急保障要求落实在基础设施建设上，如针对交通提出了城市疏散救援出入口、应急通道的布局要求和应急保障分级要求，但对应急交通组织并无指引。

应认真总结疫情期间应急交通管理方面的经验和教训，开展应急交通组织专项规划编制，提出规划指引，制定交通应急预案，作为城市防灾减灾规划的重要内容。研究内容应包括但不限于：制定突发公共卫生应急交通组织预案，提升交通枢纽、指挥中心、医疗卫生设施和物资储备场所等关键性救援设施的交通系统可靠性；制定交通运输工具防控方案，制定各种城市交通方式的交通组织策略和措施，最大限度保障城市居民正常生活；构建应急交通组织机构，实现跨部门政策协同、高效动员社会力量的应急决策机制和组织模式，并定期进行演练，不断提升实战能力。

4.3 建立应急交通综合信息平台

交通大数据在此次防疫中发挥了重要作用。通过大数据实现人口流动信息的共享和精准定位，制定分层分级交通管控策略；利用大数据可连续观测的特点，跟踪流动人员搭乘交通工具的班次、时间、地点及路径等信息，实现出行全过程记录，形成可追溯的出行链信息，提高防控措施的精准性；利用信息化等手段对城市交通运行情况进行监测，动态调整交通组织方案，增强交通服务的可靠性。

因此，应建立交通综合信息与应急管理信息管理融合平台。通过对交通运行信息进行集成管理，实现综合信息监测、预警提醒、决策分析等功能，为科学指挥调度提供支持。通过建立应急信息共享机制，实现城市应急管理部门与交通运行管理部门信息共享，推动应急救援向政府、企业、媒体、社会等各方力量协调联动转变。

5 结语

突发公共卫生事件既具有偶然性也具有必然性，而城市交通作为人的活动和物资的流动的基础，在疫情防控方面至关重要。本文分析了疫情期间的交通特征变化，提出应急交通策略和措施，并从交通规划层面进行了初步思考，希望能为交通应急管理体系建设提供参考。但对在构建国土空间规划体系背景下如何将突发公共卫生事件应急管理作为空间治理融入空间规划没有深入讨论，还需要进一步的研究。

[参考文献]

[1] 刘铁民. 突发事件应急响应规范化势在必行："7·23"甬温线特大铁路交通事故应急响应反思[J]. 中国安全生产科学技术，2011 (9)：5-10.

[2] 祝燕德，肖岩，廖玉芳，等. 气象灾害预警机制与社会应急响应的思考 [J]. 自然灾害学报，2010 (4)：191-194.

[3] 龚鹏飞. 城市道路交通突发事件应急响应分级研究 [J]. 现代城市研究，2015 (3)：23-25.

[4] 中国城市规划学会. 新型冠状病毒感染肺炎疫情下对城市安全规划思考 [EB/OL]. (2020-02-09) [2020-05-06]. https：//mp. weixin. qq. com/s/K3DRwuLLG60hCarUYnpXPw.

[5] 黄晓燕，陈颖，何智纯. 城市突发公共卫生事件应急处置核心能力快速评估方法的研究和应用[J]. 中国卫生资源，2019 (3)：236-240.

[6] 毛健慧. 城市突发事件下的应急救援组织研究 [D]. 西安：长安大学，2019.

[7] 田芳，赵光辉，刘玥彤. 中国交通应急管理现状与政策研究 [J]. 中国市场，2019 (5)：5-10.

[8] 汪峰. 城市道路交通系统的应急交通组织研究 [D]. 重庆：重庆交通大学，2006.

[9] 王健. 建议公共运输行业制定《新型冠状病毒应对计划》[EB/OL]. (2020-02-22) [2020-05-06]. http：//m. buses. cn/news/30 _ 22795. html.

[10] 新华社. 国务院联防联控机制印发《关于科学防治精准施策分区分级做好新冠肺炎疫情防控工作的指导意见》[EB/OL]. (2020-02-18) [2020-05-06]. http：//www. gov. cn/xinwen/2020-02/18/content _ 5480514. htm.

[11] 孔令斌. 地震灾害与交通系统应急规划 [J]. 城市交通，2008 (3)：5.

[12] 黄伟. 疫情其间看城市交通：逻辑、对策和新趋势 [EB/OL]. (2020-02-22) [2020-05-06]. https：//mp. weixin. qq. com/s/BmfC89jgUJBwFsRerPJKaQ.

[13] 周涛，程坦. 论从“路网规划”到“路权规划”的公交规划转变［C］. //中国城市规划学会城市交通规划学术委员会. 协同发展与交通实践：2015 年中国城市交通规划年会暨第 28 次学术研讨会论文集.［出版地不详］：［出版者不详］，2015：115-118.

［作者简介］

毛建民，硕士，高级工程师，任职于重庆市交通规划研究院。